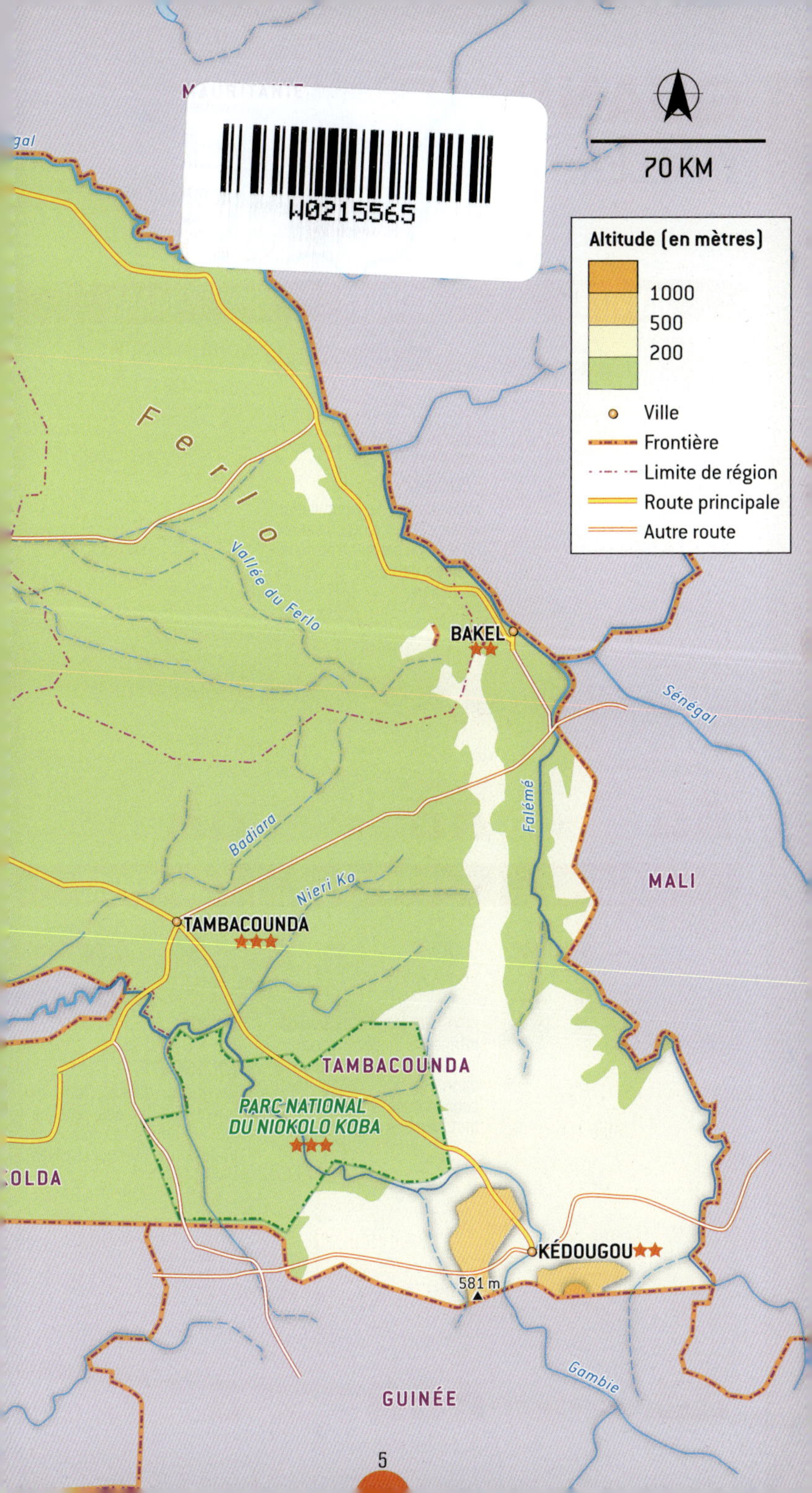
70 KM
Altitude (en mètres)
1000
500
200
Ville
Frontière
Limite de région
Route principale
Autre route
Ferlo
Vallée du Ferlo
BAKEL
Sénégal
Falémé
Badiara
Nieri Ko
MALI
TAMBACOUNDA
TAMBACOUNDA
PARC NATIONAL DU NIOKOLO KOBA
KOLDA
KÉDOUGOU
581 m
Gambie
GUINÉE

QUAND Y ALLER

JANVIER

17° / 25°

FÉVRIER

17° / 25°

FESTIVAL A SAHEL OUVERT
(PODOR)
Impliquant la population locale dans son organisation, ce festival promet trois jours animés de concerts, débats et ateliers.

MARS

17° / 25°

JUILLET

25° / 30°

AOÛT

25° / 30°

FÊTE DU KANKOURANG
Intrigante et déconcertante, la fête du Kankouran, ce djinn sortant de la forêt coupe-coupe à la main, promet bien des frissons !

SEPTEMBRE

24° / 30°

LA FÊTE DU HUMEUBEUL
(OUSSOUYE)
Sacrifices, danses, lutte et prières, la fin des récoltes est synonyme de joie, paix et de bonne humeur chez les Diolas !

Le Sénégal bénéficiant d'un climat tropical, la meilleure période pour s'y rendre est durant la saison sèche, qui s'étend de novembre à mai. Les températures sont idéales, oscillant autour de 25°C. Cependant à l'intérieur des terres, la chaleur est étouffante et le thermomètre peut facilement atteindre les 40°C. De juin à octobre, la saison des pluies peut freiner certains voyageurs. Toutefois, en Casamance et dans le Sénégal Oriental, les paysages dévoilent une végétation luxuriante.

AVRIL

18° / 25°

REGARDS SUR COURS
(ÎLE DE GORÉE)

© WYNIAN - SHUTTERSTOCK.COM

Gorée se dévoile et ouvre les portes de ses belles maisons coloniales aux visiteurs et aux artistes dévoilant leurs œuvres.

$ $

MAI

20° / 26°

BIENNALE D'ART CONTEMPORAIN AFRICAIN
(DAKAR)
Dakar est en ébullition autour d'une myriade d'expositions faisant la part belle à l'art contemporain africain. Incontournable !

SAINT-LOUIS JAZZ
(SAINT-LOUIS)
Talents prometteurs et pointures du jazz se succèdent sur les scènes saint-louisiennes pour des nuits musicales inoubliables !

$ $

JUIN

23° / 29°

FESTIVAL DUO SOLO DANSE
(SAINT-LOUIS)
Duos, performances urbaines et ateliers divers, la danse contemporaine africaine dévoile toutes ses facettes, durant ce festival.

$

OCTOBRE

24° / 30°

FESTIVAL MÉTISSONS
(SAINT-LOUIS)
Concerts de musiques métissées, expositions et conférences, ce festival promet une programmation pleine de découvertes !

$

NOVEMBRE

23° / 29°

ENTRE'VUES
(SAINT-LOUIS)
A l'instar de Gorée, Saint-Louis dévoile l'intimité de ses maisons pittoresques, pour une découverte singulière de son patrimoine.

GORÉE CINÉMA
(ÎLE DE GORÉE)
Des films africains projetés sur un écran sur la plage de Gorée, pour une échappée cinématographique, à la belle étoile.

$ $ $

DÉCEMBRE

20° / 27°

LE FANAL DE SAINT-LOUIS
(SAINT-LOUIS)
Une belle remontée dans le temps à travers des défilés de fanaux, des scènes théâtrales, des danses effrénées et feux d'artifice.

FESTIVAL LES BLUES DU FLEUVE
(PODOR)
Concerts, expositions, défilés de mode et spectacles traditionnels, le quai de Podor est en ébullition pendant trois jours !

$ $ $

LES BONNES RAISONS D'Y ALLER

© LEX THOONEN - SHUTTERSTOCK.COM

UNE DESTINATION SOLEIL

Du soleil toute l'année, quelques pluies en hivernage, le climat est bien agréable !

UNE HOSPITALITÉ LÉGENDAIRE

Des salutations amicales, des invitations conviviales, bienvenue au pays de la Teranga !

© PICCERELLA - ISTOCKPHOTO.COM

© ANGELO DAMICO - SHUTTERSTOCK.COM

UNE MUSIQUE COLORÉE

Des percussions au mbalax, en passant par le hip-hop, on danse, on chante tous les jours !

© ANTON_IVANOV - SHUTTERSTOCK.COM

UNE RICHESSE CULTURELLE ÉTONNANTE

Peuplé d'une myriade d'ethnies, le Sénégal est une véritable mosaïque culturelle !

© ANDREW CRIBB - ISTOCKPHOTO.COM

UN ARTISANAT VARIÉ

Sculpture en bois ou peinture sur verre, vannerie ou poterie, les Sénégalais ont un don !

© CURIOSO.PHOTOGRAPHY - SHUTTERSTOCK.COM

UNE DESTINATION SÛRE

Une démocratie stable, une tolérance exemplaire, qu'il fait bon parcourir le Sénégal !

© CURIOSO.PHOTOGRAPHY - SHUTTERSTOCK.COM

DES PAYSAGES DIVERS

Des terres arides aux mangroves luxuriantes, le Sénégal offre un vrai dépaysement !

LES BONNES RAISONS D'Y ALLER

UNE AVIFAUNE INCROYABLE

Avec plus de 650 espèces d'oiseaux répertoriées, le pays est prisé des ornithologues.

© CHARLES-HENRY THOQUENNE - SHUTTERSTOCK.COM

© KEESHASKITCHEN.COM - SHUTTERSTOCK.COM

UNE CUISINE COPIEUSE

Du fameux tiep bou dien au yassa poulet, les portions sont toujours généreuses !

© RACONETS - SHUTTERSTOCK.COM

DES HÉBERGEMENTS DIVERSIFIÉS

Des campements aux lodges, en passant par les maisons d'hôtes, à chacun son logement !

LES 12 MOTS-CLÉS

#ARACHIDE

Des racines aux feuilles, toute la plante de la cacahuète se consomme au Sénégal ! On retrouve ses graines en apéritif, grillées et salées, ses feuilles dans la sauce mafé accompagnant bœuf ou mouton, son huile dans les liants des savons ou encore ses racines dans les tisanes médicinales. En bref, un produit incontournable des ménages sénégalais !

© MARHERO - ISTOCKPHOTO.COM

#ATAYA

Il désigne le rituel préféré des Sénégalais, celui de prendre le thé en famille ou entre amis, autour de longues discussions. Un vrai moment de partage et de détente, où l'on prend le temps de déguster trois verres de thé à la menthe. « Le premier amer comme la vie, le second, fort comme l'amour et le dernier, suave comme la mort ». Imparable !

© AGARIANNA76 - SHUTTERSTOCK.COM

#BOLONG

Spécifique à l'écosystème des régions du Sine-Saloum et de Casamance, le *bolong* est un bras de mer soumis aux rythmes des marées, qui peut s'enfoncer jusqu`à 250 km à l'intérieur des terres. Il est bordé de mangroves à palétuviers et ses eaux sont riches en poissons, huîtres et coques. On y observe également de nombreuses espèces d'oiseaux.

#DIBITERIE

C'est dans ces échoppes, parfois de fortune, que s'achète du *dibi*, de la viande grillée, généralement du mouton, mais qui se décline selon les disponibilités. Bien assaisonnée, elle est servie dans du pain, avec des oignons et parfois des frites. Toutefois attention à la tourista, ces établissements sont loin des normes d'hygiène recommandées.

#KARITÉ

Espèce commune des savanes de l'Afrique de l'Ouest, le karité, qui signifie « arbre à beurre » en wolof, pousse dans le Sénégal oriental, du côté de Kédougou. Ses noix servent à fabriquer un beurre très gras, réputé pour ses vertus hydratantes et nourrissantes. Il est vendu à l'état brut sur les marchés ou utilisé dans les produits cosmétiques.

© ALVARFUENTE - SHUTTERSTOCK.COM

#MBALAX

Popularisé dans les années 80 par Youssou N'dour, le mbalax incarne l'identité musicale sénégalaise. Cette musique, très singulière et facilement reconnaissable, mélange rythmes ternaires et percussions et s'accompagne d'une danse effrénée. Dans les taxis, boîtes de nuit ou lors d'une fête populaire, le mbalax se consomme sans modération !

#PALABRE

La palabre, c'est tout un art de vivre au Sénégal. A l'ombre d'un grand arbre, on discute des problèmes du village pour tenter de les résoudre. Parfois, ces longues discussions sont oiseuses, juste histoire de passer le temps, de prendre le thé. Elle prend aussi le sens de « tchatche » lors des négociations, une technique pour mieux convaincre.

LES 12 MOTS-CLÉS

#PIROGUE

Le nom du pays viendrait du wolof « sunu gal », notre pirogue. Ces longues embarcations, creusées souvent dans un seul tronc d'arbre, sont utilisées principalement par les pêcheurs, qui les surchargent de poissons. A Mbour, Kayar et Saint-Louis, leurs alignements offrent un instantané coloré et le retour des pêcheurs, un spectacle saisissant.

© GIULIANO DEL MORETTO - SHUTTERSTOCK.COM

#SALUTATIONS

Que ce soit en arabe, en wolof ou en français, les salutations sont d'une importance primordiale au Sénégal. S'adresser à quelqu'un sans l'avoir salué constitue même un véritable affront ! Au téléphone, dans la rue et les bureaux, on demande toujours à la personne si elle va bien. Les nouvelles s'éternisent souvent, de la famille jusqu'au travail.

#TERANGA

Véritable leitmotiv dans tout le pays, la teranga désigne l'hospitalité sénégalaise, humble, chaleureuse et généreuse. Bien plus qu'une valeur, elle est un état d'esprit partagé par toutes les ethnies, dans une volonté de vivre ensemble harmonieusement. De l'accueil chaleureux aux nombreuses invitations, les Sénégalais sauront vous recevoir !

#THIEP BOU DIENNE

C'est le plat national du Sénégal ! A base de riz cuit dans une sauce tomate, il est servi avec du poisson garni d'une farce relevée et avec des légumes frais, tels du chou blanc et des patates douces. Il se déguste entre amis ou en famille, à la cuillère ou à la main. Si vous êtes l'invité des Sénégalais, vous l'aurez sans aucun doute au menu !

#THIOURAYE

Encens à base d'écorces, de plantes aromatiques et de résine, c'est l'arme de séduction des femmes sénégalaises, dont chacune a sa propre recette ! Leurs effluves, musqués et capiteux, font tourner rapidement la tête des hommes. Traditionnellement, le thiouraye est utilisé pour embaumer maisons et vêtements, mais aussi à des fins mystiques.

VOUS ÊTES D'ICI, SI...

- Vous connaissez le fils du cousin de l'oncle éloigné de la femme de votre ami, car ici le réseau relationnel est tellement vaste qu'on a toujours une connaissance commune, même à 200 km de là !
- Palabrer à l'ombre d'un baobab, le verre de thé à la main, est devenu votre passe-temps favori. Car on vous l'accorde, on est bien entre amis, à discuter des dernières nouvelles du village, tout l'après-midi.
- A tous les coins de rue, vous vous arrêtez saluer vos amis, et qu'au bout de quelques heures, vous n'êtes toujours pas arrivé à destination, car il a fallu prendre des nouvelles des parents, des affaires et de la santé de chacun de vos amis, sans oublier personne !
- Vous vous laissez porter par les rythmes effrénés du *mbalax*, même si vous savez que vous n'êtes pas à la hauteur des Sénégalais et que vous risquez de faire rire toute l'assemblée !
- Vous parlez *tuutu-tuuti* wolof, et qu'il devient tout de suite plus facile de négocier, même avec votre accent très marqué !

MON SÉNÉGAL

Par Rozenn Le Roux, auteure du guide

© DR

Interview

Passionnée par les voyages, Rozenn Le Roux a quitté sa Bretagne natale pour découvrir d'autres horizons. Son diplôme de journaliste en poche, elle part acquérir un temps une expérience professionnelle à Saint-Louis du Sénégal. Là, elle couvre les actualités de la région et réalise des reportages avant de s'installer à Malaga. Elle retourne régulièrement dans ce pays pour partager ses bons plans.

IDÉES DE SÉJOUR

De la capitale trépidante à la cité pittoresque de Saint-Louis, en passant par les *bolongs* du Sine-Saloum ou de Casamance et les réserves animalières du pays, le Sénégal offre une multitude d'itinéraires et de possibilités d'excursions qu'il faudrait y rester au moins un mois pour découvrir toutes ses richesses. Cependant, en une dizaine de jours, il vous sera possible d'avoir un bon aperçu du pays de la Teranga. Le parcours classique consiste à découvrir Dakar et la presqu'île du Cap-Vert, passer quelques jours dans le nord du pays, prendre du bon temps sur la Petite Côte et sillonner la mangrove du Sine-Saloum en pirogue. Pour ceux qui auraient le temps, la Casamance et le Sénégal oriental sont des régions verdoyantes où les traditions animistes sont restées intactes. Et le Fouta-Toro, une remontée dans le temps, le long du fleuve Sénégal. Bien que l'option soit onéreuse, la location d'une voiture vous fera gagner un temps précieux.

PREMIÈRE FOIS AU SÉNÉGAL

Le Sénégal ★★★★ est une terre de soleil éternel et d'aventure, riche en paysages magnifiques, contrastés et en rencontres fortuites. Il est à l'image de l'Afrique telle qu'on se la représente à travers ses contes, ses griots, sa culture animiste et ses villages de cases. Bref, celle qu'on raconte aux enfants pour les faire rêver.

› Dakar et Gorée

Matinée à la découverte du plateau, le centre-ville ★★ de Dakar ★★★ (p.95). L'après-midi, excursion sur l'île de Gorée ★★★★ (p.136). Retour le soir, dîner aux Almadies ★★.

› Saly, Mbour et le retour de pêche

Direction la Petite Côte ★★★ (p.147). Arrêt à la Somone (p.155) pour faire un plouf à la plage, déguster quelques huîtres, puis direction Mbour (p.167) pour assister au retour de la pêche en fin d'après-midi, spectaculaire. Dormir à Saly ★★★ (p.158)pour goûter à la vie nocturne de la station balnéaire.

› L'île aux Coquillages

Départ pour Joal ★★ (p.174), visite de l'île aux Coquillage Fadiouth ★★★ (p.172) le matin. L'après-midi, road trip sur la route des salines du Siné Saloum ★★★ (p.175) jusqu'à Palmarin ★★★ (p.180).

› Pirogue et mangrove

Balade en pirogue dans les bolongs et les villages sérères. Découverte de la mangrove, dégustation d'huîtres de palétuviers. Le soir, observation des hyènes en calèche ou combat de lutte traditionnelle.

› Farniente

Farniente sur la plage, dégustation de grillades de poissons et départ pour Dakar ★★★ (p.95).

› Lac Rose et désert de Lompoul

Départ à l'aube pour le lac Rose ★★★ (p.143), la Grande Côte et Saint-Louis ★★★ (p.275) en voiture, halte dans le désert de Lompoul ★ (p.269). Soirée à la belle étoile sous les tentes maures.

› Vers Saint-Louis

Balades à dos de chameau et à pied, préparation du thé. Départ pour Saint-Louis ★★★ (p.275) en fin d'après-midi. Dîner sur l'île de Ndar pour goûter à l'atmosphère de la ville.

› Saint-Louis

Visite du village de pêcheurs Guet-Ndat (p.296) en calèche le matin, balade dans Saint-Louis ★★★ (p.275) et sur l'Hydrobase (p.295) l'après-midi. Dîner dans la vieille ville.

› Observation des oiseaux au parc du Djoudj

Matinée : visite du parc du Djoudj ★★★ (p.298), après-midi : retour sur Dakar ★★★ (p.95).

› Marché et farniente

Le matin : achat des derniers souvenirs au marché de Soumbédioune. Après-midi : visite de l'île de NGor, farniente à la plage avant d'aller dîner dans un restaurant chic avec vue sur l'océan.

INTERVIEW

UN PAYS AUX DIVERS ATOUTS

PAROLE À PAPE MAHAWA DIOUF, DIRECTEUR DE L'ASPT

Le monde vit une situation inédite face au Covid-19. Comment l'Etat a-t-il géré la crise ?

Le Sénégal a eu une gestion millimétrée de la crise. Très vite, il y a eu différents comités qui ont accompagné les décisions de l'Etat. Il n'y a pas eu de confinement, mais des mesures ont été mises en place, dont un protocole sanitaire rigoureux.

Le tourisme reste une priorité. Quels sont les points forts du pays ?

Le Sénégal a de nombreux atouts, notamment par sa position géographique au bord de l'Atlantique. Nous avons des stations balnéaires comme Saly-Portudal, le désert de Lompoul et des fleuves qui constituent des écosystèmes exceptionnels. Nous sommes aussi un peuple accueillant, d'une grande diversité ethnique, qui vit en paix.

Est-il facile de s'y déplacer ?

Ces dernières années, il y a eu beaucoup d'efforts qui ont été réalisés dans les infrastructures de transport. C'est un pays qui est en train d'être désenclavé. Les touristes ont ainsi la possibilité d'avoir du dépaysement grâce aux infrastructures qui ont été mises en place.

Après des années d'accalmie, de nouvelles tensions ont agité la Casamance. Est-il toujours sûr d'y voyager ?

Il est absolument sûr de voyager sur tout le territoire, y compris en Casamance. C'est d'ailleurs l'une des plus belles régions du Sénégal pour ses nombreux attraits touristiques, tant au plan culturel, écotouristique et balnéaire.

Le Sénégal est l'une des destinations préférées des Français. Le pays reste-t-il bien desservi ?

Il faut savoir que près de 51 % du trafic émetteur à destination du Sénégal provient de la France et de la Belgique. Le Sénégal possède donc une bonne desserte aérienne avec la France, entre les vols directs et avec escale.

SE REPÉRER / SE DÉPLACER

DE L'AÉROPORT AU CENTRE-VILLE

A votre arrivée à l'aéroport Blaise Diagne, plusieurs options s'offrent à vous pour rejoindre Dakar, Saly ou Thiès. La solution la plus simple est de voir en amont avec votre hôtel s'il dispose d'un service de navette gratuit ou payant à l'aéroport. Si tel n'est pas le cas ou si cette option s'avère onéreuse, vous pouvez emprunter un taxi à votre sortie à l'aéroport, vous aurez l'embarras du choix. Il est quand même conseillé de s'adresser à un chauffeur officiel, reconnaissable à son badge. Même si les tarifs restent plus ou moins identiques selon les taxis, n'oubliez pas d'annoncer votre destination en amont et de négocier le prix, qui varie selon la distance à effectuer, avant de monter dans le véhicule. Si ce prix ne convient pas, tentez de négocier ou adressez-vous à un autre taxi. Si vous devez vous rendre dans la capitale, vous pouvez emprunter également les navettes express de la compagnie Dakar Dem Dikk (http://demdikk.com), qui circulent 24h/24 et 7j/7, avec une fréquence moyenne de 30 minutes. L'arrêt de bus est situé à droite, en sortant de l'aéroport. Il vous est également possible de rejoindre Thiès, avec les bus climatisés mis à disposition par la même compagnie.

ARRIVÉE EN TRAIN

Il n'était toujours pas possible, au bouclage de ce guide, d'effectuer le trajet Dakar - Bamako en train, bien que la réhabilitation de cette ligne soit toujours en projet depuis plusieurs années déjà. Il en est de même pour la nouvelle ligne express régionale, qui doit relier le centre-ville de Dakar à l'aéroport international Blaise Diagne, en seulement 45 minutes. Bien que la nouvelle gare de Dakar ait été inaugurée en janvier 2019 ainsi que le premier tronçon rejoignant la nouvelle ville de Diamniadio, le TER n'était toujours pas opérationnel lors de la dernière mise à jour de ce guide, et on attendait impatiemment la date de mise en circulation.

ARRIVÉE EN BATEAU

A proximité de la gare ferroviaire, le port de Dakar abrite une gare maritime d'où il est possible de rejoindre l'île de Gorée et la Casamance. Pour accéder à Gorée, il faut emprunter l'une des chaloupes de la Liaison Maritime Dakar-Gorée (LMDG), qui exploite et gère la desserte. Les liaisons sont fréquentes tout au long de la journée, et il faut une bonne demi-heure pour rejoindre l'île. Compter autour de 5 200 FCFA le trajet aller-retour. Pour aller à Ziguinchor et sur l'île de Carabane, en Casamance, il faudra

© FABIAN PLOCK - SHUTTERSTOCK.COM

Bus à Saint-Louis.

embarquer sur l'un des ferries de la Cosama ((www.cosama.sn), société privée sénégalaise qui exploite cette ligne depuis 2007. Le ferry *Aline Sittoé Diatta* est le plus confortable pour voyager en pleine mer avec ses cabines 2, 4 et 8 places et fait la liaison deux fois par semaine. Compter autour de 30 000 FCFA pour une cabine 2 ou 4 places avec petit déjeuner. Les autres, le *Diambogne* et l'*Aguene*, assurent les liaisons en alternance, mais ne disposent que de fauteuils. Depuis 2014, les bateaux font escale à l'île de Carabane, à l'aller comme au retour. Le jour du départ, pensez à vous présenter plusieurs heures à l'avance à la gare maritime, notamment si vous avez des bagages à mettre en soute. Le départ de Dakar s'effectue en fin de journée, quand celui de Ziguinchor est fixé en début d'après-midi. Les estomacs fragiles éviteront le trajet retour Ziguinchor-Dakar, qui revient à contre-courant et tangue vigoureusement.

© SALVADOR AZNAR - SHUTTERSTOCK.COM

TRANSPORTS EN COMMUN

Cars, bus et taxis-brousse sont les moyens de transports publics les plus courants pour voyager à travers le pays. Cependant, à chacun sa manière de fonctionner. De Dakar, si vous souhaitez vous rendre dans les villes importantes telles Saint-Louis, Tambacounda ou Ziguinchor, vous pouvez emprunter les bus climatisés, et généralement assez confortables, des compagnies privées. Dakar Dem Dikk étant la compagnie la plus sûre, et dont le réseau s'est bien développé ces dernières années dans la capitale et à l'intérieur du pays. Cependant, renseignez-vous sur le point de départ, qui varie selon les sociétés de transports. Pour rejoindre le reste du Sénégal, rendez-vous dans les gares routières où vous pourrez emprunter des cars rapides, des *ndiaga ndiaye* ou des taxis 7-places. Toutefois, évitez les cars rapides, ces minibus aux couleurs dominantes bleu et jaune et les *ndiaga ndiaye*, ces camionnettes blanches d'une quarantaine de places, qui sont vite surchargées, et dont la sécurité des passagers n'est pas la priorité. Les taxis 7-places, appelés plus communément les taxis-brousse, peuvent être une solution pratique pour se déplacer à travers le pays, quoique pas toujours très confortables, surtout lorsqu'on est installé à l'arrière dans ces vieux breaks Peugeot, entre les mamas sénégalaises. A votre arrivée à la gare routière, renseignez-vous auprès du chef de garage ou de ses apprentis pour savoir quel taxi rejoint votre destination. Il vous accompagnera jusqu'à celui qui prépare son départ. Généralement, les prix sont à peu près fixes et peuvent varier selon vos bagages. Sachez cependant que le véhicule ne se met en route qu'une fois les 7 places occupées. Cela peut prendre parfois un peu de temps, surtout si vous êtes le premier client... Il existe aussi des taxis *clandos*, qui à la différence des taxis traditionnels, exercent sans licence, en toute clandestinité. Ils desservent généralement les banlieues de Dakar et relient les villages entre les autres parties du pays. Ces voitures sont souvent en mauvais état, mais très pratiques pour se déplacer en brousse, où l'on trouve souvent des « garages *clandos* ».

AVEC UN CHAUFFEUR

Il existe au Sénégal de nombreuses agences qui proposent la location de voiture avec chauffeur. Elles sont pour la plupart basées à Dakar, et les prix restent corrects, si vous optez pour ce service supplémentaire. L'autre solution, plus économique, est de faire appel à un chauffeur-guide indépendant qui propose des services de transfert à prix fixe selon la distance. Ces transferts, ponctuels et rapides, sont effectués dans des véhicules personnels, bien entretenus et généralement climatisés. Vous pouvez également louer la voiture à la demi-journée ou à la journée complète, selon votre emploi du temps.

© JORDIRAMISA - ISTOCKPHOTO.COM

EN VOITURE

Si vous souhaitez avoir plus de liberté dans vos déplacements, et que la conduite en Afrique ne vous fait pas peur, vous pouvez louer une voiture, dans l'une des nombreuses agences au Sénégal, dont des compagnies internationales, aux tarifs un peu plus élevés, mais au parc très bien entretenu. Généralement, elles proposent des tarifs forfaitaires, avec parfois un nombre de kilomètres inclus ou un prix fixe par kilomètre parcouru. Le véhicule est généralement livré avec le plein, et il vous sera demandé d'en faire de même au retour. Côté assurances, renseignez-vous bien si elle est incluse ou non. On vous conseille cependant la location de voiture avec chauffeur, car même si les infrastructures routières tendent à s'améliorer dans le pays, il vous faudra être très attentif aux enfants ou animaux traversant la route, parfois aussi aux nids-de-poule ou aux travaux. Il est également recommandé de ne pas circuler de nuit, les routes n'étant pas éclairées.

ACCESSIBILITÉ

Le pays n'est pas encore vraiment adapté à l'accueil des personnes à mobilité réduite. Cependant, certaines grandes chaînes d'hôtels ou maisons d'hôtes accueillent facilement ces voyageurs, dans des chambres aménagées spécialement pour les recevoir. Par contre, l'aménagement des transports reste très insuffisant, renseignez-vous bien avant de voyager dans le pays.

PRATIQUE

A VOIR / A FAIRE

HORAIRES

Les musées ouvrent en général de 9h à 13h et de 15h à 19h et ferment le dimanche ou lundi, ainsi que les jours fériés. A Dakar, Mbour ou Saint-Louis, on peut apprécier le retour coloré des pêcheurs vers 17h sur les plages. Quant aux marchés traditionnels, ils s'animent généralement le matin ou en fin de journée.

LES ÉVÉNEMENTS

Des fêtes traditionnelles aux manifestations culturelles, de nombreux événements ponctuent la vie des Sénégalais. Pour certains, les dates sont connues longtemps à l'avance, pour d'autres, elles sont fixées en fonction du calendrier lunaire. Dans tous les cas, renseignez-vous sur place. Vous serez peut-être invité à un baptême ou un mariage, ne laissez pas passer l'occasion : ce sont des fêtes animées et conviviales où vous serez immergé au cœur de la culture sénégalaise.

VISITES GUIDÉES

Il faut distinguer deux types de guides au Sénégal : ceux qui ont la carte officielle délivrée par le ministère du Tourisme, et ceux qui ne l'ont pas. Il est donc recommandé si vous prenez un guide, notamment à Gorée ou à Saint-Louis, de s'assurer que votre guide détient bien cette carte.

C'EST TRÈS LOCAL

Sillonner les dédales des *bolongs*, ces bras de mer bordés de mangroves, en pirogue est une activité incontournable dans les régions du Sine-Saloum et de Basse Casamance. Profitez de ce moment paisible pour observer aigrettes, balbuzards, ou autres limicoles, et prévoyez avec votre guide une balade sur l'une des nombreuses îles qui jalonnent les *bolongs*. Si vous êtes nombreux, vous pouvez louer une pirogue privée avec un guide. Comptez autour de 60 000 FCFA la location. Sinon, des guides proposent des balades spécifiques pour un prix plus raisonnable.

SE RÉGALER

HORAIRES

Les restaurants ouvrent en général de 12h à 15h et de 19h à 23h-minuit. Certains, notamment dans les grandes villes, servent en continu. Dans les zones touristiques, de nombreux établissements sont ouverts tous les jours, d'autres ferment le dimanche ou lundi.

BUDGET / BONS PLANS

Tout dépendra du standing de l'établissement. Dans un restaurant sénégalais, vous pourrez déjeuner ou dîner des plats locaux, généralement très copieux, pour environ 4 000 FCFA l'assiette. Dans les hôtels ou restaurants, tenus souvent par les expatriés, vous dégusterez de délicieux plats européens autour de 8 000 FCFA l'assiette. Ici, les produits sont de qualité, notamment la viande que vous pourrez vous permettre parfois de la déguster saignante, et les normes d'hygiène sont respectées.

EN SUPPLÉMENT

Dans les restaurants de standing, il est d'usage de laisser un pourboire, en moyenne 10 % de l'addition. Ce n'est pas le cas dans les gargotes, mais rien ne vous interdit d'en laisser un, notamment pour encourager les structures locales.

C'EST TRÈS LOCAL

Les dibiteries sont des établissements, parfois de fortune, spécialisés dans la viande grillée, souvent du mouton. Les normes d'hygiène n'y sont pas toujours respectées.

A ÉVITER

Certaines gargotes ou dibiteries de fortune sont à éviter, si vous ne souhaitez pas que la tourista vous guette.

FUMEURS

Depuis janvier 2017, il n'est plus possible de fumer dans les lieux publics, notamment dans les restaurants. Bien que cette loi ait tardé à être respectée, elle est aujourd'hui appliquée strictement dans les restaurants. Certains établissements ont aménagé des espaces fumeurs.

Restaurant dans le Delta de Sine-Saloum.

PRATIQUE

FAIRE UNE PAUSE

HORAIRES

Bars et cafés sont en général ouverts toute la journée à partir de 8h ou 9h, et ce jusqu'à 22h voire 1h -2h du matin. A l'heure de l'apéro, certains établissements proposent des *happy hours*. Dans les grandes villes, comme Dakar, Saly et Saint-Louis, nombreux bars organisent des concerts de groupes locaux.

C'EST TRÈS LOCAL

Outre les sodas dont les Sénégalais sont friands, vous pourrez vous rafraîchir avec de délicieux jus locaux comme les jus de *bissap*, de *bouye* (fruits du baobab) et de tamarin. « Le vin sénégalais », comme on surnomme le jus de *bissap* rouge, est consommé à travers le pays principalement en jus, en sirop ou en thé. Pour couper son goût acidulé et amer, il est souvent très sucré et coupé avec des sodas. Pour les amateurs, la Gazelle est la bière locale, brassée à Dakar depuis 1928 ! C'est une bière blonde, légère qui titre à 4,2°. On lui préfère souvent la Flag, au goût jugé plus fin et plus fruité.

FUMEURS

Il n'est pas autorisé de fumer dans les cafés et les bars. Parfois, des espaces fumeurs sont aménagés.

(SE) FAIRE PLAISIR

HORAIRES

Concept-stores, galeries et boutiques diverses ouvrent en général tous les jours, de 9h à 19h. Certains ferment parfois à l'heure du déjeuner, d'autres s'octroient une ou deux journées de repos, généralement le dimanche et/ou le lundi. Cependant, le vendredi après-midi, nombreux commerces sont fermés. De même que durant le ramadan, beaucoup réduisent et adaptent leurs horaires.

BUDGET / BONS PLANS

Sur les marchés artisanaux, il vous faudra négocier les prix. Petite astuce : divisez le prix annoncé par deux, puis augmentez-le petit à petit jusqu'à ce que vous tombiez d'accord avec le marchand.

C'EST TRÈS LOCAL

Installés dans les villes importantes du Sénégal, les villages artisanaux, gérés par les chambres des métiers, regroupent sculpteurs, bijoutiers, couturiers, entre autres artisans locaux, dont chacun possède sa case traditionnelle qui sert à la fois d'atelier et de boutique. Vous y trouverez tous les souvenirs incontournables du Sénégal, mais il faudra négocier !

LES ATTRAPE-TOURISTES

Lors de l'achat d'une sculpture, il arrive souvent que le marchand vous affirme que le bois est de l'ébène. Méfiez-vous cependant si le bois n'a qu'une couleur, il se peut que ce soit une autre essence. On reconnaît aussi ce bois précieux par son poids, plus lourd que d'autres espèces.

BUDGET / BONS PLANS

Le Sénégal offre un florilège d'activités à faire sur place : pêche, chasse, safaris, *birdwatching*, balades en pirogues... Chacun pourra donc s'adonner à ses passions, à des tarifs généralement abordables. Certains campements et lodges se sont spécialisés dans la chasse et proposent des séjours forfaitaires de mi-décembre à fin avril. La plupart du temps, ils s'occupent de toutes les formalités pour obtenir les permis. Avec ses 700 km de côtes, le Sénégal offre aussi la possibilité de nombreux loisirs nautiques : voile, plongée, surf, ski nautique, canoë-kayak... Les meilleurs spots se trouvent sur la Petite Côte et sur la presqu'île du Cap-Vert (Pointe des Almadies, Ngor). Alors que l'hiver commence à s'abattre sur l'Europe, il serait dommage de ne pas profiter des températures agréables du pays. La Casamance recèle sans aucun doute les plus belles plages du pays, mais vous pourrez aussi lézarder sur les plages de la presqu'île du Cap-Vert ou de la Petite Côte. A défaut de séjourner dans ces régions, de nombreux établissements à l'intérieur du pays disposent d'une piscine où vous pourrez vous prélasser sur des transats. Côté safaris, les touristes qui sont déjà allés dans les parcs du Kenya, de Tanzanie ou d'Afrique du Sud risquent d'être très déçus... Cependant, il existe quelques réserves privées et parcs nationaux où il est possible d'observer quelques girafes importées d'Afrique du Sud, des rhinocéros ou des antilopes. Le Parc du Niokolo Koba recèle quelques spécimens de lions et d'éléphants, dont quelques-uns auraient été vus du côté du mont Assirik en janvier 2020. Sinon, vous observerez singes, gazelles, phacochères, mais aussi avec un peu de chance, crocodiles et hippopotames. Cependant, le Sénégal est plutôt connu comme une destination ornithologique, avec ses 650 espèces d'oiseaux répertoriés. Troisième réserve ornithologique au monde, le Parc du Djoudj offre un majestueux spectacle, entre décembre et mars, lorsque pélicans, canards hivernants et flamants roses affluent par milliers. D'autres lieux sont propices à l'observation d'oiseaux : les bolongs du Sine-Saloum, de Casamance ou encore la Réserve naturelle de la Somone. De manière générale, ouvrez bien les yeux autour de vous !

LES ÉVÉNEMENTS

Si vous avez l'occasion durant votre séjour d'apprécier les régates de pirogues dans l'un des ports de pêche du pays, ou un combat de lutte à Dakar ou dans un village, n'hésitez pas une seconde !

Observation des oiseaux à La Somone.

PRATIQUE

SORTIR

HORAIRES

Dans les grandes villes, clubs et discothèques ouvrent à partir de 22h-23h, et ce jusqu'au petit matin !

BUDGET / BONS PLANS

Il existe au Sénégal deux Instituts français, à Dakar et Saint-Louis, ainsi que deux Alliances françaises, à Ziguinchor et Kaolack. Une autre Alliance est basée à Banjul, en Gambie. Ces centres culturels programment de nombreux événements, des concerts aux pièces de théâtre, et constituent une bonne option pour sortir.

TRANSPORTS NOCTURNES

Vous trouverez facilement des taxis à la sortie des boîtes de nuit. Levez la main ou sifflez à la sénégalaise pour interpeller le chauffeur. Les tarifs sont plus élevés qu'en journée, mais toujours abordables.

A PARTIR DE QUEL ÂGE

Sénégalais et touristes peuvent entrer en discothèque à partir de 18 ans. Une tenue correcte est exigée.

FUMEURS

Il est interdit de fumer dans les clubs et discothèques. Parfois, des espaces sont réservés aux fumeurs.

PRATIQUE

SE LOGER

BUDGET / BONS PLANS

Campements, hôtels, lodges, maisons d'hôtes et auberges, il existe un large choix d'hébergements au Sénégal. Même s'il y en a pour toutes les bourses, les prix dépendront du confort que vous recherchez et aussi de la ville où vous allez loger. A Dakar, par exemple, il vous sera difficile de trouver un hébergement bon marché et il vous faudra souvent débourser le double qu'à l'intérieur du pays. Du côté des hôtels, plusieurs catégories s'offrent aux voyageurs, de la structure familiale aux grandes chaînes de luxe. Les hôtels milieu de gamme allient de bonnes prestations (piscine, wifi, salle de bains intérieure...) et une convivialité hors pair. Ce type d'hébergement est un bon compromis, mais il faut y mettre le prix, entre 45 et 100 €. A Dakar, Saly et Cap Skirring, les hôtels de luxe offrent tout le confort recherché par un Occidental qui voudrait se frotter au Sénégal sans se frotter à l'ambiance locale : boutiques, plage privée, piscine, restaurants et animations diverses. Hormis Dakar, la plupart d'entre eux proposent des excursions à leurs clients, dans les parcs ou réserves, des balades en pirogue, de la pêche au gros... Les prix varient selon les prestations, mais il faudra souvent débourser entre 80 et 150 € pour une nuit. Pour plus ou moins le même prix, vous pourrez aussi loger dans les lodges ou écolodges de luxe, offrant des cadres exceptionnels en pleine nature, comme au cœur du désert à Lompoul, au bord de la mangrove ou sur une île dans le Sine-Saloum. Plusieurs maisons d'hôtes ont fleuri ces dernières années. Elles sont tenues par des familles sénégalaises, mais aussi par des Européens. L'ambiance y est chaleureuse et conviviale, et vous pourrez bénéficier de tous les conseils et bons plans de vos hôtes ! Le prix varie généralement selon le confort de l'hébergement, entre 20 et 50 € la nuitée. Les campements, eux aussi, ont poussé comme des champignons ces dernières années. On les trouve à l'intérieur du pays, généralement dans des endroits reculés. C'est la meilleure façon de découvrir le Sénégal et de s'immerger dans la culture. Ils sont charmants, conviviaux, et quelquefois proches de la catégorie « hôtels ». Cependant, il faudra parfois accepter de mettre de côté son confort occidental le temps du séjour. Les chambres sont logées dans des cases ou bungalows, et équipées du strict minimum. Souvent, les sanitaires sont situés à l'extérieur, et il vous faudra prendre la douche à l'africaine, avec un seau d'eau froide, qui a tendance à être tiède, ou que vous pourrez demander à faire chauffer. En Casamance, les campements villageois sont gérés par la Fédération des Campements Villageois (FECAV), qui assure une homogénéité dans les prix et dont les bénéfices sont utilisés dans des activités d'intérêt communautaire. Les prix sont très variables selon l'endroit et l'état des cases, et varient entre 10 et 15 € par personne. Sachez également que les établissements sont tenus de faire payer une taxe touristique de 1 000 FCFA par jour et par personne, incluse ou non dans le tarif annoncé.

A RÉSERVER

Pensez à réserver plusieurs jours à l'avance dans les lodges ou campements situés sur des îles ou dans des endroits isolés.

C'EST TRÈS LOCAL

En maison d'hôtes, dans les auberges ou dans les campements, vous serez généralement invité à partager le fameux *ataya*.

POUR LES GOURMANDS

En maison d'hôtes, dans les auberges ou dans les campements, vous pourrez goûter aux jus locaux et confitures artisanales à base de *bissap* ou de *bouye*. Les copieuses spécialités sénégalaises, à l'instar du *yassa* poulet ou *thié bou dienne*, seront également au menu !

FUMEURS

Les établissements sont dorénavant non-fumeur, mais vous pourrez consumer votre cigarette à l'extérieur ou dans les espaces réservés.

LES ATTRAPE-TOURISTES

Attention, dans certaines grandes villes, il arrive que des Sénégalais vous accostent pour vous proposer un logement bon marché, mais souvent insalubre. Ces maisons d'hôtes sont illicites, ne disposant d'aucune autorisation. En cas de problème, inutile de vous préciser que vous n'aurez aucun recours.

ALLO ?

- Pour appeler du Sénégal vers la France, composez le + 33 suivi du numéro de votre correspondant sans le 0.
- Pour appeler de France vers le Sénégal, composez le + 221 suivi du numéro à neuf chiffres.

Le voyageur peut généralement utiliser son téléphone portable au Sénégal, certains opérateurs ayant des partenariats avec les compagnies étrangères. Mais cette option est très coûteuse à la fois pour l'émetteur et le récepteur de l'appel, et nous vous conseillons de l'éviter. L'option la moins onéreuse, et aussi bon marché, est d'acheter une carte sim locale. Depuis 2007, il est obligatoire pour les clients de s'identifier dans une agence ou un distributeur agréé par les opérateurs, où vous devrez présenter votre passeport. Bon à savoir : une fois votre carte sim identifiée, elle est valable un temps illimité. Ainsi, les voyageurs qui viennent d'une année sur l'autre peuvent utiliser la même carte ou se rendre dans une agence pour récupérer leur numéro. Une fois la carte activée, un crédit vous est offert pour vous souhaiter la bienvenue. Pour recharger, il vous faudra ensuite acheter une carte de téléphone auprès des boutiquiers, des vendeurs ambulants ou dans une agence. Pour activer la 4G, vous devrez convertir votre crédit en données internet. Renseignez-vous sur les offres proposées par votre opérateur.

SANTÉ

Hormis la pandémie du Covid-19 qui sévit dans le monde et pour laquelle il est important d'adopter les gestes barrières, le Sénégal ne présente pas de gros risques sanitaires. Cependant, il est important de suivre quelques règles élémentaires d'hygiène et de prévention. Aucun vaccin n'est obligatoire pour rentrer au Sénégal. Cependant, il est recommandé d'être vacciné contre la fièvre jaune et l'hépatite A. Pensez également à vos rappels DT Polio si vous n'êtes pas à jour. Les plus aventureux se prémuniront également contre la typhoïde, la rage, l'hépatite B et la méningite à méningocoque. Enfin, il n'est jamais superflu de faire une visite de contrôle chez le médecin et de faire un bilan dentaire. Il serait trop bête de se trouver bloqué par une rage de dents ou d'être obligé de rentrer plus tôt que prévu pour une petite maladie. Pensez à faire un stock de médicaments utiles avant de partir : antidiarrhéique (avec et sans fièvre), anti-vomitif pour le mal

© BUZ - ISTOCKPHOTO.COM

des transports par exemple, pourquoi pas antibiotiques contre les bronchites/rhumes, aspirine/paracétamol, anti-inflammatoires. Il existe toute l'année au Sénégal un risque de paludisme, maladie transmise par les moustiques, qui est cependant moindre durant la saison sèche, notamment dans la région du Centre-Ouest. Il est donc recommandé de consulter son médecin avant le départ pour se faire prescrire un traitement anti-paludisme. Pensez également au spray anti-moustiques pour renforcer votre protection, et si possible, dormez sous une moustiquaire imprégnée d'un insecticide. Au Sénégal comme dans de nombreux pays, les troubles intestinaux sont les problèmes les plus courants. Le fait de changer de régime alimentaire est déjà source de perturbations, mais lorsque s'ajoute à cela une nourriture épicée préparée dans des conditions d'hygiène pas toujours aux normes européennes, cela se traduit la plupart du temps par de fortes diarrhées, également connues sous le nom de tourista. Il vaut mieux prévoir un traitement, au cas où cela vous arriverait. Il faut aussi être vigilant sur l'eau et ne pas boire celle du robinet. Vous pouvez acheter avant votre départ des pastilles pour purifier l'eau, il faudra dans ce cas-là attendre un peu pour la consommer. Vous pouvez aussi acheter des bouteilles d'eau minérale, dont le prix varie entre 500 et 1 500 FCFA.

À défaut, préférez un soda ou un jus, qu'une eau dont vous ne connaissez pas la provenance. Pour recevoir des conseils avant votre voyage, n'hésitez pas à consulter votre médecin. Vous pouvez aussi vous adresser à la société de médecine des voyages du centre médical de l'Institut Pasteur au ✆ 01 45 68 80 88 (www.pasteur.fr/fr/sante/centre-medical) ou vous rendre sur le site du ministère des Affaires étrangères à la rubrique « Conseils aux voyageurs » (www.diplomatie.gouv.fr/voyageurs). Si vous possédez une carte bancaire Visa® et MasterCard®, vous bénéficiez automatiquement d'une assurance médicale et d'une assistance rapatriement sanitaire valables pour tout déplacement à l'étranger de moins de 90 jours (le paiement de votre voyage avec la carte n'est pas nécessaire pour être couvert, la simple détention d'une carte valide vous assure une couverture). Renseignez-vous auprès de votre banque et vérifiez attentivement le montant global de la couverture et des franchises ainsi que les conditions de prise en charge et les clauses d'exclusion. Si vous n'êtes pas couvert par l'une de ces cartes, n'oubliez surtout pas de souscrire une assistance médicale avant de partir.

URGENCES SUR PLACE

En cas d'urgences, vous pouvez joindre le Consulat de France au (+221) 33 839 52 62. Il se chargera de vous aider, vous accompagner et vous fournir une liste de « notoriété médicale », que vous pouvez retrouver sur le site https://sn.ambafrance.org. En cas de problèmes graves, c'est aussi lui qui prévient la famille, et qui décide du rapatriement. Pour connaître les urgences et établissements aux standards internationaux, consultez les sites : www.diplomatie.gouv.fr et www.pasteur.fr. Pour joindre les pompiers, composez le 18 depuis n'importe quel téléphone et le 17, pour la police ou la gendarmerie.

SÉCURITÉ

Il n'existe pas de problèmes majeurs de sécurité au Sénégal. Ce ne sont pas les sollicitations dont vous ferez l'objet pour acheter de tout et de rien qui doivent vous gâcher le séjour. Le pays est sûr, un minimum de prudence et de logique doit vous permettre d'éviter tout désagrément. Évitez d'exposer de façon ostentatoire vos signes extérieurs de richesse (appareil photo, caméscope, etc.), ainsi que de vous baigner de nuit sur certaines plages, notamment à Dakar. Respectez également les règles de prudence au niveau des frontières principalement, notamment frontière malienne et mauritanienne. Les principaux points de passage sont à Rosso et Diama, qui sont proches de la mer, et faciles à contrôler. Le temps d'attente est long, et on vous conseille celui de Diama, un peu plus rapide. Pour connaître les dernières informations sur la sécurité sur place, consultez la rubrique « Conseils aux voyageurs » du site du ministère des Affaires étrangères (www.diplomatie.gouv.fr/fr/conseils-aux-voyageurs). Sachez cependant que le site dresse une liste exhaustive des dangers potentiels et que cela donne parfois une image un peu alarmiste de la situation réelle du pays. Néanmoins, depuis octobre 2016, la Casamance n'est plus considérée par la France comme une « zone à risques ». Vous pouvez vous y rendre en toute sécurité, tout en gardant une vigilance renforcée. Une femme peut tout à fait voyager seule au Sénégal, mais elle sera souvent convoitée, car les jeunes Sénégalais sont de vrais dragueurs-nés ! À elle d'user de ruses pour éloigner ses prétendants : un refus sur le ton de la blague, une fausse alliance ou l'annonce d'un projet de mariage suffit souvent à faire comprendre que vous n'êtes pas intéressé. Dans certains lieux touristiques, notamment sur la Petite Côte où le tourisme sexuel est de mise, il est plus difficile de faire passer le message. Mais soyez patiente, restez zen !

LGBTQ

L'homosexualité au Sénégal est interdite. Elle est passible d'une peine de prison pouvant atteindre jusqu'à cinq ans d'emprisonnement et une amende de 100 000 jusqu'à 1,5 million de FCFA.

AMBASSADE ET CONSULATS

L'ambassade et le consulat de France sont tous deux situés à la même adresse à Dakar : 1, rue El Hadji Amadou Assane Ndoye. Vous pouvez contacter l'ambassade au ✆ +221 33 839 51 00 et le consulat au ✆ +221 338 395 262. Au Sénégal et en Gambie, le consulat est assisté de consuls honoraires, dans les grandes villes, qui sont bénévoles, de nationalité française ou non. Ces agences consulaires peuvent assurer votre sécurité, vous conseiller ou vous venir en aide en cas d'urgences. Vous trouverez la liste de ces consuls honoraires sur : https://sn.ambafrance.org/Consuls-honoraires-3040.

© GIULIANO2022 - ISTOCKPHOTO.COM

Plage de Saly.

POSTE

Dans les deux sens, il faut trois à cinq jours pour qu'une lettre affranchie au tarif avion fasse le trajet entre Paris et Dakar. Poster son courrier ailleurs qu'à Dakar peut notablement modifier ce temps, mais depuis une ville avec une poste, mieux vaut compter entre une petite semaine et dix jours. Timbres et enveloppes s'achètent dans les postes. Les timbres peuvent parfois se trouver dans les hôtels. Il ne reste plus qu'à trouver une boîte aux lettres. En dehors de la poste, bonne chance. Pour les colis, ce peut être un peu plus long. Il est plus prudent de les envoyer par Chronopost, DHL ou Universal Express si vous voulez être sûr qu'ils arrivent en temps voulu. Se renseigner auprès de différentes agences pour leur représentation à l'intérieur du pays.

MÉDIAS LOCAUX

Au niveau de la liberté de la presse, le Sénégal fait figure de bon exemple en Afrique subsaharienne, puisqu'il est placé à la 47e place du classement mondial de Reporters Sans Frontières 2020. Des chaînes de télévision aux journaux, magazines et sites internet, le paysage médiatique sénégalais est pluriel et diversifié. Voici les principaux quotidiens que vous pourrez facilement vous procurer : *Le Soleil* (étatique), *Sud Quotidien* (www.sudonline.sn), *Wal Fadjri, Le Matin, Le Quotidien* (www.lequotidien.sn), *L'Observateur*, *Vox Populi*. Côté hebdo, *La Gazette* (www.lagazette.sn) offre un regard plus critique sur les actions gouvernementales tandis que *Week-end* aborde la vie des people, une sorte de *Voici* local, qui a beaucoup de succès. A Dakar, vous pourrez facilement vous procurer la presse internationale. Vous pourrez aussi la consulter sur place dans les Instituts français de Dakar et Saint-Louis. Longtemps décriée, surnommée par les Sénégalais « Rien tous les soirs », la première chaîne publique - la RTS pour Radiodiffusion télévision sénégalaise - fut longtemps dénigrée, car l'essentiel de ses programmes tournait autour de l'ancien président et de sa famille. Engagée dans un processus de modernisation, elle tente de changer la donne. Par ailleurs, depuis les années 2000, le paysage audiovisuel sénégalais (PAS) s'est progressivement ouvert aux chaînes privées. Aujourd'hui, une dizaine de chaînes se partagent les faveurs d'un public friand d'informations, de divertissements et de télénovelas sud-américaines ou bollywoodiennes.

Pour ceux qui ne veulent rien perdre de l'actualité française et internationale, TV5 Monde (TV5 Afrique au Sénégal) est accessible dans tous les hôtels qui proposent la télévision : reprenant les journaux télévisés des principales chaînes du monde francophone avec une demi-heure de décalage, elle diffuse également séries, films et documentaires liés au continent africain. De plus en plus d'hôtels, à Dakar comme dans les grandes villes, proposent les programmes diffusés par satellite. Il n'est également pas rare de trouver dans les bars ou les restaurants une télévision branchée sur France 24. Pour s'informer sur la culture, l'histoire, religion, faune et flore du pays, il existe plusieurs sites internet plutôt bien fournis. Le site Au Sénégal (www.au-senegal.com) est l'un des meilleurs sites pour connaître les bons plans, les fêtes traditionnelles, informations pratiques... Cependant, au niveau des établissements, il n'est pas toujours bien mis à jour. Deux autres sites très intéressants pour découvrir en amont le pays : www.planete-senegal.com et www.senegal-online.com. Pour connaître les événements et les bonnes adresses à Dakar : www.agendakar.com ou www.sortiradakar.com. Pour les passionnés d'ornithologie, deux blogs très bien renseignés par des experts : www.ornithondar.blogspot.com.es et www.senegalwildlife.wordpress.com.

DÉCOUVRIR

A l'origine terre d'empires disloqués, le Sénégal a vu son unification avec la colonisation française, entre guerres et coopérations. Au fil du temps, les différentes ethnies établies sur son territoire ont appris à cohabiter harmonieusement, dans une entente exemplaire. Ce pays multiethnique, aux religions et croyances populaires diverses, est aujourd'hui une véritable mosaïque culturelle, aux traditions profondément ancrées. Des fêtes populaires aux cérémonies animistes, en passant par les pèlerinages religieux, le Sénégal vit au rythme d'une myriade de festivités tout au long de l'année. Sans parler de son festival international de jazz, réputé au-delà des frontières pour sa programmation éclectique, et qui se déroule dans l'envoûtante cité coloniale de Saint-Louis. Côté artisanat, les Sénégalais ont un véritable don, des sculptures en bois au tissage réalisé à la main, en passant par la peinture sous verre et la vannerie.

FLEUVE SÉNÉGAL

De la confluence des rivières Bafing et Bakoye au Mali, prenant toutes deux leurs sources en Guinée, naît le fleuve Sénégal, véritable emblème du pays de la Teranga dont il porte le nom. Dans sa longue traversée de 1 750 km vers l'océan Atlantique, il arrose le Mali, la Mauritanie et le Sénégal, tout en servant de frontière à ces deux derniers pays, avant de se déverser en aval de Saint-Louis. Ce fleuve, l'un des plus importants d'Afrique de l'Ouest, a toujours été un moteur économique essentiel dans le développement des villages, notamment dans la vallée du fleuve Sénégal. Navigable jusqu'à Podor en toute saison, il fut d'ailleurs le témoin d'un commerce prospère au début du XXe siècle. Certes nostalgique de cet âge d'or, il suit son cours en irriguant les terres, alimentant les villes en eau, en offrant des ressources halieutiques aux populations et même en inspirant les artistes. Petit tour d'horizon d'un fleuve pas comme les autres.

Un fleuve frontière

C'est dans les montagnes du Fouta-Djalon, en Guinée-Conakry, que les rivières Bafing et Bakoye prennent leurs sources avant de se rejoindre près de Baloufabé, au Mali, à environ 900 km de l'océan Atlantique. Là, se forme le fleuve Sénégal qui continue sa traversée jusqu'à croiser à 30 km en amont de Bakel son affluent le plus important, la Falémé, qui naît à 650 km de là dans la partie nord du Fouta-Djalon. Le fleuve marque alors jusqu'au barrage de Diama, près de Saint-Louis, la frontière entre le Sénégal et la Mauritanie. Entre le Diéri, zone sèche propice à l'élevage, et le Walo, zone inondable aux terres fertiles, se sont développés de nombreux villages peuls, wolofs et maures. Parfois même, certains villages sénégalais et mauritaniens se font face, séparés seulement de quelques mètres par le fleuve Sénégal. Ces riverains partagent bien souvent des traits culturels, tissent des liens et se sentent parfois même autant Mauritaniens que Sénégalais. À l'instar de Rosso et son homonyme mauritanien, les échanges commerciaux entre ses villes jumelles y sont nombreux, des produits du quotidien au matériel électronique en tout genre, très prisés des Sénégalais qui en tirent quelques avantages au niveau des prix. Ainsi, tout au long de la journée, pirogues et bacs motorisés font des allers-retours incessants, transportant marchandises, passagers et véhicules. Deuxième porte d'entrée au Sénégal après l'aéroport Blaise Diagne, Rosso se verra d'ailleurs prochainement doter d'un pont reliant les deux rives, afin de faciliter la libre circulation et les échanges entre les deux pays. Cependant, malgré la bonne entente qui semble régner, le fleuve fut aussi une source de conflits entre les deux pays. En 1989, de violents affrontements éclatèrent entre les paysans sénégalais et mauritaniens, qui virent s'appauvrir leurs conditions de vie à la suite des barrages réalisés sur le fleuve Sénégal. Les relations diplomatiques furent rompues et la frontière sénégalo-mauritanienne fermée jusqu'en mai 1992.

Un fleuve au passé mythique

Dès le XVIIe siècle, tous les regards sont tournés vers Saint-Louis, qui abrite alors un port commercial de grande importance, notamment de la traite négrière, de l'or et de la gomme arabique. Le fleuve Sénégal, navigable en toute saison jusqu'à Podor, et durant l'hivernage jusqu'à Kayes, au Mali, permit de développer un commerce florissant à l'intérieur des terres, désenclavant ainsi plusieurs villages. Au début du XIXe siècle, le commerce de la gomme s'intensifie, attirant de nombreux négociants français, notamment bordelais et marseillais, qui élèvent le long des quais des entrepôts où l'on stocke et s'échange les marchandises. Richard Toll, Dagana, Podor, Matam et Bakel deviennent ainsi des escales fluviales incontournables et des pôles commerciaux d'importance. Cependant à la fin du XIXe siècle, le négoce de l'arachide détrône peu à peu celui de la gomme arabique, et se développe à Dakar et Rufisque, plus proches des centres de production. Ce commerce prospère tend alors à décliner, de même que la capitale de l'Afrique de l'Ouest, jusque-là Saint-Louis, est transférée à Dakar en 1902. Le transport fluvial se réduit aux personnes et au courrier, oubliant ainsi son prestigieux passé de négoces. En 1935 sont créées les Messageries du Sénégal qui détiennent alors le monopole du trafic sur le fleuve. Pour défier cette navigation spécifique, est conçu dans les chantiers hollandais le *Bou el Mogdad*, un navire de 52 mètres de long doté d'une coque en excellent acier. À partir des années 50, le bateau sillonne le fleuve de Saint-Louis à Kayes au Mali, en passant Richard Toll, Podor et Bakel, et devient l'un des principaux moyens de transport et de communication entre les villages les plus reculés du nord du Sénégal, le pays étant dépourvu de routes à cette époque-là. À son arrivée dans les comptoirs, c'est toute une population qui s'agite

Le fleuve Sénégal vers le village de Kayes, dans le nord du pays.

et qui vient à sa rencontre pour récupérer courriers et marchandises. Mais le transport routier se développe dans le pays, et le *Bou* devient moins utile aux populations. Abandonné sur les quais de Saint-Louis pendant plusieurs années, il est acheté par un Français, Georges Consol, qui lui offre une nouvelle jeunesse. En 1980, il devient un bateau de tourisme qui effectue des croisières entre Saint-Louis et Podor. Cette période ne dura qu'un temps, car à la suite de la construction du barrage de Diama, il quitte le fleuve Sénégal pour rejoindre la Casamance puis la Sierra Leone, la Guinée-Bissau et le Sine-Saloum. Éloigné pendant plusieurs années de sa chère région de Saint-Louis, il faudra attendre 2005 pour que le *Bou* retrouve son fleuve d'origine, racheté par Jean-Jacques Bancal, un Saint-Louisien passionné, et plusieurs associés. Le 16 octobre 2005, toute la population saint-louisienne attend impatiemment son retour, agglutinée sur les quais, lorsque le Pont Faidherbe, fermé depuis plus de 20 ans, pivote lentement pour laisser rentrer ce bateau légendaire, sous le regard nostalgique, mais joyeux des badauds. À peine un mois plus tard est organisée la croisière inaugurale entre Saint-Louis et Podor, la première de toute une série, qui se déroule depuis toutes les semaines d'octobre à mai, retraçant ainsi son parcours historique.

Une coopération interétatique unique

Alors que de terribles sécheresses s'abattent sur la vallée du fleuve Sénégal et que les cultures sont menacées par la remontée des eaux salées sur près de 250 km, le Mali, le Sénégal et la Mauritanie décident en 1972 d'unir leurs efforts pour maîtriser les ressources en eau, tout en les exploitant de manière rationnelle, avec des aménagements nécessaires. Naît alors une coopération solidaire entre les États, l'Organisation pour la Mise en Valeur du fleuve Sénégal (OMVS), que la Guinée rejoindra en 2006. L'une des premières réalisations de l'Organisation est la construction du barrage de Diama, à 27 km en amont de Saint-Louis. Mis en exploitation en 1985, il a pour vocation principale de bloquer l'avancée du sel marin à l'intérieur afin de rendre les terres propices à l'agriculture. Ainsi, en période de crue, ce barrage mobile s'ouvre pour assurer l'écoulement habituel du fleuve, et se ferme en période d'étiage pour éviter la remontée des eaux salées. Il sert aussi de réservoir d'eau potable, lui qui alimente entre autres le lac de Guiers, lui-même fournissant Dakar en eau à 60 %. Bien que cette construction ait sauvé l'agriculture dans la vallée, elle a cependant, comme tout barrage, engendré une modification des écosystèmes. C'est ainsi qu'à l'embouchure, l'eau douce peine à s'écouler et le fleuve se fait envahir par l'océan, quand en amont du barrage, les eaux qui désormais stagnent, entraînent la prolifération de plantes envahissantes, à l'instar du typha. Né également de cette coopération, le barrage de Manantali, au Mali, construit sur l'un des affluents du fleuve Sénégal, le Bafing, permet aussi de réguler les débits du fleuve et de favoriser l'irrigation des terres. De plus, depuis 2001, il produit de l'électricité, qui est ensuite répartie entre les pays actionnaires, dont le Sénégal reçoit 33 % de cette production. Le rêve de l'OMVS ? Rendre le fleuve navigable via un chenal long de 905 km, reliant Saint-Louis au port fluvial d'Ambidédi, ville située à 40 km de Kayes au Mali, afin de désenclaver certaines villes et stimuler le commerce. Mais ce projet ambitieux, à l'étude depuis 40 ans, nécessite des investissements si coûteux et des travaux si conséquents, qu'il faudra attendre encore plusieurs années avant que ce rêve devienne réalité.

© ANZE FURLAN / PSGTPRODUCTIONS

Le pont Faidherbe traversant le fleuve Sénégal, Saint-Louis.

Une vallée fertile

Traversant des régions semi-arides, la vallée alluviale du Sénégal, qui s'étend de Bakel à Dagana, constitue l'une des principales zones d'inondation du fleuve. Son lit, qui déborde parfois jusqu'à 25 km de large en période d'hivernage, fertilise des millions d'hectares de terre. Ses rives sont ainsi devenues un centre vital de première importance, attirant depuis la nuit des temps de nombreuses tribus venues y pratiquer l'élevage et l'agriculture. Avec près de 40 000 hectares cultivés en 2018, la riziculture irriguée est l'activité principale de la vallée durant l'hivernage, dont les aménagements se sont multipliés ces dernières années. Le pays qui vise l'autosuffisance en riz a placé la vallée du fleuve Sénégal au cœur de ce défi, et depuis, la production ne cesse de croître, jusqu'à atteindre près de 60 % de la production nationale. L'autre moteur économique de la région est sans aucun doute la production de sucre de canne, dont les champs de la Compagnie Sucrière Sénégalaise s'étendent sur plus de 12 000 hectares aux portes de Richard Toll. Créé en 1970, son complexe agro-industriel, qui emploie jusqu'à 8 000 personnes en pleine saison, permet de réaliser sur place tout le processus des opérations de transformation de la canne, en sucre raffiné dont la production a atteint près de 145 000 tonnes en 2018. En octobre, commence la décrue qui laisse derrière elle des terres exondées et fertiles, permettant ainsi différents types d'exploitation horticole. Tomates, aubergines, potirons, pastèques et maïs, une grande variété d'espèces y est cultivée par les paysans. Bien que la production locale soit loin derrière celle du riz ou de la canne à sucre, l'horticulture attire de plus en plus de multinationales qui y voient un avenir dans la vallée. Outre les Grands Domaines du Sénégal, la Société de cultures légumières, implantée depuis 2006 à Diama, s'est également imposée comme leader dans le secteur, en exportant plus de 90 % de ses fruits et légumes.

Mame Coumba Bang, la déesse du fleuve

Dernière ville arrosée par le Sénégal, construite sur une île estuaire du fleuve, Saint-Louis serait sous la protection d'une déesse, Mama Coumba Bang, qui vivrait dans les eaux douces du fleuve. Selon une croyance animiste locale, cette belle femme, vêtue d'un magnifique boubou coloré, avertissait des dangers qui guettaient les habitants de Saint-Louis, lorsqu'elle venait faire son marché. Pour éviter ces malheurs, elle leur recommandait de faire des offrandes, avant de s'enfoncer, la calebasse sur la tête, dans les eaux profondes. Ainsi, pour chasser le mauvais œil, les Saint-Louisiens prirent l'habitude de faire des libations, en versant du lait caillé pour rendre hommage à celle que l'on surnomme « grand-mère ». Son histoire, inscrite dans la légende populaire, a inspiré plus d'un artiste, comme les griots qui chantent ses mémoires au rythme du balafon ou de la kora. Peut-être d'ailleurs croiserez-vous lors de votre séjour à Saint-Louis, musicien, conteur ou écrivain longer les rives du fleuve Sénégal, en déclamant quelques bribes d'une future composition ? Car Saint-Louis inspire les artistes du monde entier, qui une fois le Pont Faidherbe franchi, s'imprègnent de cette atmosphère si magique, entre fleuve et océan.

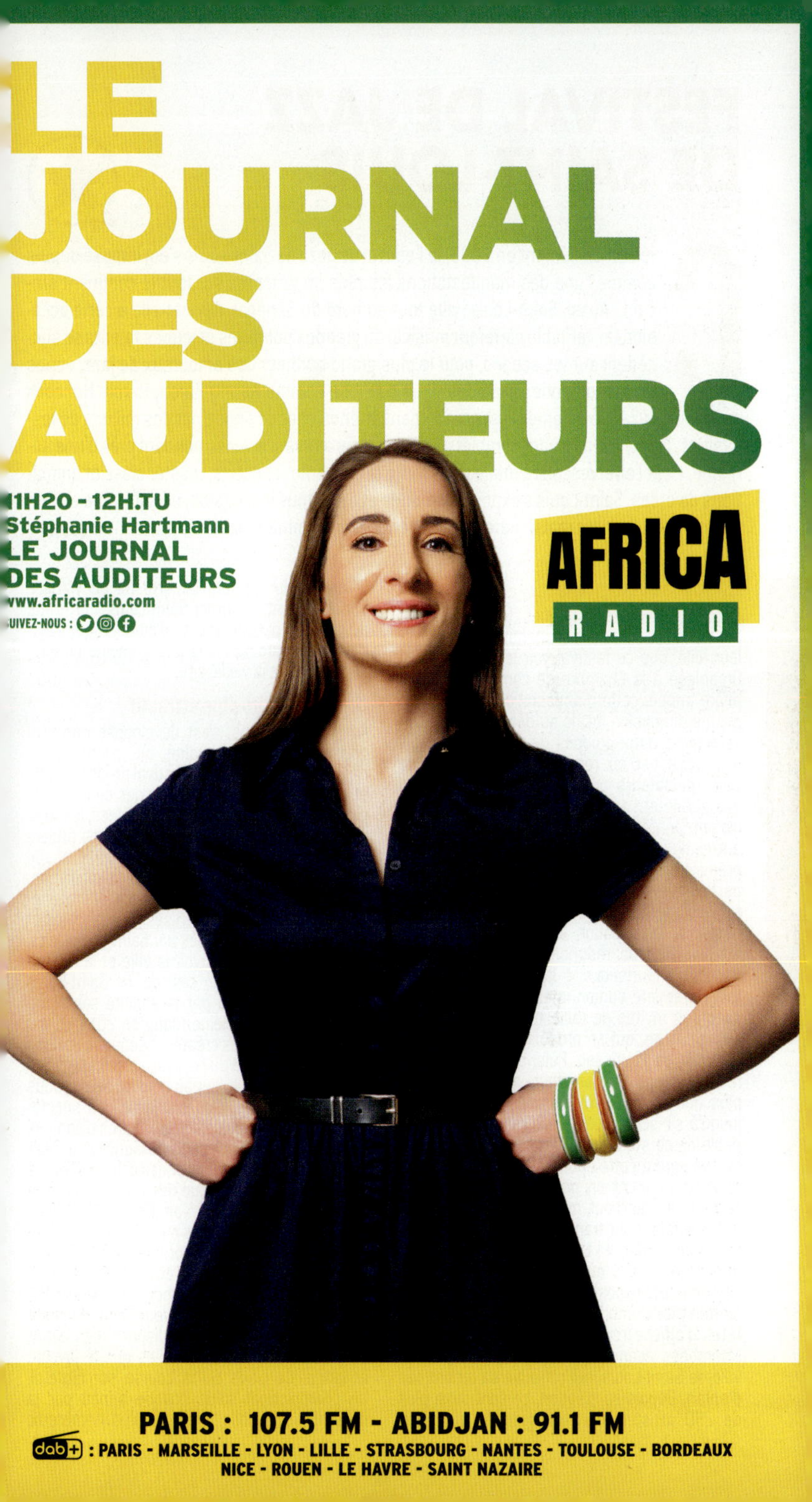

LE JOURNAL DES AUDITEURS
11H20 - 12H.TU
Stéphanie Hartmann
LE JOURNAL DES AUDITEURS
www.africaradio.com
UIVEZ-NOUS :
AFRICA RADIO
PARIS : 107.5 FM - ABIDJAN : 91.1 FM
dab+ : PARIS - MARSEILLE - LYON - LILLE - STRASBOURG - NANTES - TOULOUSE - BORDEAUX
NICE - ROUEN - LE HAVRE - SAINT NAZAIRE

FESTIVAL DE JAZZ DE SAINT-LOUIS

Créé officiellement en 1993, le Festival de Jazz de Saint-Louis s'est imposé depuis comme l'une des manifestations les plus importantes sur tout le continent africain. Aussi, Saint-Louis, ville tout au nord du Sénégal, devient-elle à cette occasion un véritable carrefour musical où grandes pointures et jeunes talents se succèdent sur les scènes, pour le plus grand bonheur des amoureux de jazz, venus du monde entier. Avec des têtes d'affiche comme Kenny Baron, Herbie Hancock ou Marcus Miller, l'événement est grandement attendu chaque année par des milliers de festivaliers, les hôtels affichant complet plusieurs mois à l'avance. Ainsi, pendant près d'une semaine, c'est l'effervescence totale dans toute la cité, entre concerts, master class et animations diverses. Saint-Louis s'expose au monde et attire tous les regards, elle qui vibre au son du jazz jusqu'au petit matin. Retour sur ce rendez-vous immanquable du jazz contemporain.

Un succès instantané

C'est à l'initiative de jeunes Saint-Louisiens, passionnés de jazz qui souhaitaient faire vibrer leur ville, que ce festival voit le jour en 1991. Organisée à la Chambre de commerce la première année, cette manifestation musicale n'a qu'une dimension locale au départ, accueillant seulement deux groupes de Saint-Louis. Mais le succès est au rendez-vous avec près de 250 spectateurs présents pour cette édition inaugurale et l'année suivante, se crée l'association Saint-Louis Jazz, sous l'impulsion entre autres du Centre Culturel Français. L'événement prend alors une dimension nationale, avec la participation de groupes de Dakar, dont le Quartet de Pape Niang. Avec le soutien de quelques hôteliers, l'association souhaite pérenniser le festival, afin de redynamiser et donner une impulsion touristique à la ville. Naît alors la toute première édition internationale en 1993, avec des invités de taille tels Roy Haynes et Archie Shepp, qui se produisent dans l'ancien entrepôt de Peyrissac. Puis, chaque année, le festival prend de l'ampleur, attirant toujours plus nombreux les mélomanes férus de jazz, jusqu'à s'inscrire comme un rendez incontournable de ce style musical. Le budget est pourtant maigre à cette époque-là, mais les grands noms y viennent en nombre, le président de l'époque Abdou Diouf, mettant même son avion à disposition pour transporter musiciens, techniciens et matériel ! La place Faidherbe devient une scène à ciel ouvert, les événements off, conférences, expositions en marge du festival se font plus nombreux, les hôtels complets, les têtes d'affiche remarquables. Sans parler des retombées économiques importantes pour la ville de Saint-Louis, qui retrouve sa renommée d'antan. Depuis sa création, ce sont ainsi plus de 250 artistes, dont de grandes pointures telles Randy Weston, Gilberto Gil ou Wallace Roney qui ont fait vibrer Saint-Louis au rythme du jazz. De purs moments d'émotion qui s'inscrivent aujourd'hui dans le patrimoine culturel immatériel de la vieille cité.

Un off toujours plus attractif

Au fil des éditions, s'est développée une programmation off de qualité, qui contribue au rayonnement culturel du Festival de jazz. Hôtels et restaurants s'animent avec des concerts de groupes locaux aux talents indéniables, les rues accueillent des défilés de mode et des projections de films, des foires valorisent le travail artisanal local : la ville est en totale ébullition, jusqu'au petit matin. Plusieurs de ces événements se sont ainsi pérennisés dans le temps et sont aujourd'hui labellisés par Saint-Louis Jazz, dans le but de promouvoir la ville et la culture sénégalaise. C'est le cas de la Saint-Louis FashionWeek, initiée par la styliste saint-louisienne Maam Madeleine Niang en 2014, et qui fait la promotion des créateurs sénégalais. Ainsi durant le week-end du festival, se déroulent des défilés hauts en couleur au bord du fleuve, sous le regard toujours plus enchanté des spectateurs. Ou encore du défilé de voitures d'époque, organisé par le club Auto Retro/Sénégal, qui fait le bonheur des amateurs et des collectionneurs de toutes parts, ainsi que des projections cinématographiques en plein air. C'est aussi l'occasion pour les associations partenaires de sensibiliser le public à travers conférences et débats, sur des thèmes que sont l'environnement et la sauvegarde du patrimoine local. Les personnes à mobilité réduite ont aussi leur heure de gloire avec une compétition handisport regroupant des disciplines sportives telles que le javelot, le lancer de poids ou la course sur fauteuil. Un championnat salué chaque année par la présence du public, toujours plus nombreux.

© ANZE - STOCK.ADOBE.COM

La ville de Saint-Louis où se déroule un festival de jazz de renommée mondiale.

Sans parler de la foire artisanale valorisant la création sénégalaise ou des processions rythmées par chants et danses de toutes ethnies, montrant ainsi toute la richesse de la culture sénégalaise. Saint-Louis bouillonne dans ses moindres recoins.

Le festival, révélateur de talents

Outre les grandes célébrités du jazz, le festival surprend aussi par des prestations majestueuses d'artistes africains, moins connus des spectateurs, mais qui offrent aussi de grands moments d'émotion au public. Au Tennis Club qui accueille l'After Jazz par exemple, les artistes locaux comme Carlou D ou le Groupe Xalam ont la vedette, au grand plaisir des festivaliers qui découvrent de nombreux talents. D'ailleurs, grâce à ce festival, certains d'entre eux ont été révélés à l'international, à l'instar de Khabane Thiam, icône du jazz à Saint-Louis, du chanteur-griot Abdou Guité Seck ou d'Ablaye Cissoko, grand joueur de kora. Ce Saint-Louisien de cœur, présent depuis le début du festival, anime aujourd'hui la deuxième scène du festival, autour d'une jam-session qui se déroule à l'Institut français. Intitulée « Autour de minuit », cette scène qui « ne respecte pas l'ordre, permet aux jeunes artistes de côtoyer les monuments de la musique », explique le talentueux koriste. Conteurs, rappeurs, danseurs, artistes en tout genre se succèdent ainsi jusque tard dans la nuit, salués chaleureusement par les nombreux mélomanes venus les écouter. Car c'est cela aussi le festival de Saint-Louis, un brassage culturel, où tous les instruments et voix s'entremêlent dans une euphonie agréable pour une ambiance festive des plus magiques.

Un festival menacé ?

Bien que le Festival de Jazz de Saint-Louis soit devenu un événement majeur du jazz à travers le monde, il n'en reste pas moins confronté à des difficultés liées à l'organisation, mais aussi d'ordre financier. Certes, les partenaires publics et privés, mécènes et sponsors sont nombreux, mais depuis plusieurs éditions maintenant, les budgets sont péniblement bouclés et les difficultés financières s'accumulent d'année en année, certains bailleurs de fonds s'étant même retirés de l'aventure. Le festival, désireux de satisfaire un public toujours plus exigeant, a-t-il vu trop grand pour certaines éditions ? Quoi qu'il en soit, les organisateurs ont franchi un nouveau cap en 2019, en faisant muer l'association organisatrice en fondation. Un nouveau statut qui devrait favoriser la pérennité du festival, tout en mobilisant les ressources financières suffisantes à la professionnalisation du Saint-Louis Jazz, dans tous les secteurs. Le Festival de jazz a-t-il encore de beaux jours devant lui ?

TISSAGE

Tradition ancestrale, le tissage s'est répandu à travers les continents, où chaque peuple s'est approprié cet art, en développant des techniques différentes. Au Sénégal, cet art est pratiqué principalement par les peuples Mandjak, Peul et Toucouleur dont les hommes perpétuent cette tradition sur de grands métiers à tisser. Seul ou accompagné d'un assistant, avec du fil en coton ou en laine, le tisserand manipule méticuleusement les lisses du métier, pour créer un pagne aux motifs symboliques. Ainsi à chaque ethnie, son pagne. De la naissance à la mort, il accompagne les peuples dans les moments importants de la vie. Outre sa fonction première d'habit, il raconte aussi une histoire, conjure le mauvais sort et porte même chance. Ces traditions étant menacées par l'évolution de la société, le pagne est aujourd'hui revisité par les stylistes contemporains qui lui donnent un nouveau souffle. Retour sur les différentes facettes de cet art.

Une tradition ancestrale bien gardée

Que ce soit chez les Mandjaks, les Halpulaars ou les Sérères, l'art du tissage est un secret bien gardé, voire mystérieux, qui se transmet de père en fils, et parfois seulement au sein d'une unique caste. Sur de grands métiers à tisser en bois, seul ou à plusieurs selon les ethnies, ils répètent spontanément des gestes bien précis, à un rythme cadencé, confectionnant ainsi des bandes colorées, dont la teinture du fil est confiée aux femmes. Ces bandes, qui sont ensuite assemblées par un couturier, représentent des motifs symboliques, souvent mystiques, racontant l'histoire d'un peuple, avec ses valeurs, ses rites et sa culture. Parfois, ces motifs seraient même révélés par leurs ancêtres, dont certains tisserands seraient habités la nuit par l'esprit de leurs aïeuls… Quoi qu'il en soit n'est pas maître-tisserand qui veut, et ce secret si bien tenu est parfois même hors de portée des apprentis, dont certains useront de ruse auprès de leur maître pour connaître tous les filons de cet art. Chez les Peuls et les Toucouleurs, ce savoir-faire est détenu par les Maboubés, une caste spécifique de ce groupe ethnique commun, les Halpulaars. Cependant, à chaque ethnie sa spécialité, les Peuls tissant la laine et les Toucouleurs le coton, pour réaliser couvertures et boubous. Une affaire de famille où rien n'est laissé au hasard, du métier à tisser qui se transmet de génération en génération jusqu'aux gris-gris offerts pour éloigner les mauvais esprits et apporter des affaires prospères. Il existe aussi des tisserands ambulants qui vont de maison en maison réaliser de belles pièces d'étoffe sur mesure, s'installant dans la cour avec leur métier à tisser.

Le pagne tissé, une identité culturelle

Au Sénégal, le pagne tissé accompagne certaines ethnies à chaque étape importante de la vie, du baptême à l'enterrement, en passant par le mariage ou autres cérémonies. Ce tissu rempli d'histoires à travers ses motifs et couleurs sert avant tout à protéger celui qui le porte, en conjurant le mauvais sort ou en lui portant chance. Ainsi, la jeune mariée sera-t-elle conduite au domicile conjugal, vêtue entièrement d'une étoffe tissée, style de talisman qui, selon les croyances populaires, lui offrira toutes les chances de réussir son mariage. De même que la femme célibataire si elle souhaite trouver un mari devra porter un pagne durant trois jours consécutifs, tout en accompagnant ce rituel de formules mystiques prononcées par son griot de naissance. Si ce protocole est bien respecté, la femme sera comblée sous peu. Ainsi, ces objets de valeur, rangés soigneusement dans les maisons, revêtent plusieurs fonctions. Qu'ils servent à protéger le nouveau-né, accompagner le défunt dans l'au-delà, de boucliers contre les personnes jalouses ou contre le mal en général, le pagne tissé fait partie intégrante des cultures

Métier à tisser traditionnel, Gambie.

ethniques peules, diolas ou sérères qui les parfument même pour accroître leur pouvoir de protection. Jupes, châles ou boubous, les Sénégalais le portent aussi comme vêtement, notamment lors des jours de fête où ils se parent de leurs plus beaux atours. En cadeau, il est reçu comme un véritable honneur et une marque de respect. Bien que rarement, on ira même jusqu'à le dérouler sur le passage d'une personne méritante pour l'honorer. Plus qu'un symbole identitaire, il est un objet de prestige, incontournable du quotidien sénégalais.

Les tapisseries de Thiès, le prestige local au-delà des frontières

À l'initiative de Léopold Sédar Senghor qui souhaitait faire rayonner les arts plastiques sénégalais à travers le monde, la Manufacture nationale de tapisseries voit le jour à Thiès en 1966. Pour parfaire leur formation, le président-poète décide d'envoyer les artisans se former en France dans les manufactures royales des Gobelins et d'Aubusson, pratique qui continue jusqu'à nos jours. À leur retour, ils travaillent pour l'État qui choisit les modèles et achète les productions. Ainsi depuis plus de cinquante ans, ont été tissées entièrement à la main de nombreuses tapisseries murales, de tailles variables et au tirage limité, dans cet atelier prestigieux, renommé au-delà des frontières. À travers ces véritables chefs-d'œuvre, le Sénégal rayonne aujourd'hui dans le monde entier. Outre dans les institutions sénégalaises, on peut voir ces fresques dans les palais de chefs d'État, dans les sièges internationaux comme la Banque mondiale ou le FMI et même à l'aéroport d'Atlanta aux États-Unis ! Devenues les Manufactures sénégalaises des arts décoratifs en 1973, elles se diversifient dans différents domaines de production tels que la peinture et sculpture. Pourtant, malgré leur rayonnement à l'étranger, elles connaissent des situations difficiles depuis les années 80, elles qui restent toujours dépendantes de l'État et de ses subventions devenues de plus en plus rares. Heureusement qu'elles retrouvent une nouvelle vigueur avec certaines commandes, dont la plus remarquée fut en 2008, par le siège des Nations unies. Près de trois ans de travail minutieux pour offrir au siège la plus grande œuvre tissée par les Manufactures depuis son histoire. En laine et en coton, cette tapisserie de 24 m² représente le Magal de Touba, ce grand rassemblement annuel des Mourides, et orne désormais depuis fin 2012 le siège des Nations unies.

Le tissage, une tradition revisitée

Outre toute la symbolique qu'il renferme, le pagne tissé plaît par ses couleurs harmonieuses, la beauté de ses motifs et surtout pour la qualité exceptionnelle de ses étoffes. Le plus réputé est sans aucun doute le pagne tissé mandjak, qui offre à la fois un tissu souple, doux et épais. Des stylistes sénégalaises de renom comme Collé Sow Ardo ou Angélique Diédhiou en ont d'ailleurs fait leur matière de prédilection. C'est aussi le cas de la créatrice Maï Diop à Saint-Louis, d'Aïssa Dione et ses articles de décoration ou encore de la designer textile Johanna Brambles, qui collaborent avec des tisserands sénégalais, contribuant ainsi à la préservation de ce savoir-faire ancestral et à sa valorisation. Chaussures, robes, écharpes ou housse de coussin, le pagne se décline aujourd'hui sous toutes ses formes, du vêtement tendance à l'accessoire de mode original ou de déco, jusqu'à devenir aujourd'hui un incontournable de la mode africaine.

GÉOGRAPHIE

Un tiers plus grand que la France, le Sénégal couvre sur 196 722 km² la pointe occidentale du continent africain, au bord de l'océan Atlantique. Outre l'enclave gambienne, il partage ses frontières avec plusieurs pays : au nord la Mauritanie, à l'est le Mali, au sud la Guinée et la Guinée-Bissau. C'est un pays sahélien, en grande partie plat, situé plus ou moins à la même latitude que les Antilles ou la Thaïlande, dans l'hémisphère nord. De sa vaste plaine poussiéreuse s'étendant de Saint-Louis à la Gambie à ses collines verdoyantes aux confins du Sénégal oriental, en passant par les paysages désertiques de Lompoul et du Ferlo, le pays offre quelques contrastes intéressants. Sans parler de ses longues plages de sable fin, parfois dominées par des falaises escarpées, de ses îles de coquillages perdues au milieu des *bolongs* ou de sa langue de sable séparant le fleuve de l'océan. Petit tour d'horizon de la géographie sénégalaise.

Un pays relativement plat

Tourné vers l'océan Atlantique au nord-ouest de l'Afrique, le Sénégal présente les faux airs d'une tête, avec les cheveux tirés vers l'arrière, la presqu'île du Cap-Vert en forme de nez et la Gambie, de bouche. Pourtant, sous cette carte imagée, se révèle un pays où les reliefs sont quasiment absents des paysages, ou alors inattendus. Dans cette zone transitoire qu'est le Sahel, de vastes étendues de plaines ondoyantes et sablonneuses, ne dépassant que rarement les 130 mètres d'altitude du côté du Fouta-Toro, recouvrent une grande majorité du pays. Il faut aller plus au sud-est, dans le pays bassari, pour admirer les premières pentes du massif du Fouta-Djalon, qui culmine de l'autre côté de la frontière en Guinée Conakry, à 1 500 mètres. Encore des collines et quelques canyons creusés dans le Niokolo Koba par le fleuve Gambie, mais rien qui ne mérite l'enthousiasme : le mont Assirik, du haut de ses 311 m dans une région qui ne s'élève pas à plus de 400 mètres, n'est que prémices à la chaîne de montagnes qui ne prend véritablement de l'altitude qu'une fois passé, au sud, la frontière avec la Guinée. Quant au littoral, qui s'étend sur plus de 700 km le long de l'Atlantique, il présente également peu de relief, à l'exception de la côte volcanique du Cap-Vert où les fameuses collines des Mamelles à Dakar culminent à plus de 100 mètres d'altitude. Enfin, sur la Petite Côte, les célèbres falaises ocre de Popenguine et de Toubab Dialaw surplombent de magnifiques plages de sable fin, prisées des surfeurs qui viennent affronter les vagues de l'Atlantique.

Un réseau hydrographique limité

Ce territoire à la monotonie apparente et au climat majoritairement sec dispose d'un réseau hydrographique peu dense, composé entre autres de fleuves, de rivières et de lacs. Le plus

Les falaises de Popenguine.

© GYIKKA - SHUTTERSTOCK.COM

Désert de Lompoul.

emblématique du pays est sans aucun doute le fleuve Sénégal, navigable de Saint-Louis jusqu'à Kayes. Long de 1 750 km, il prend sa source en Guinée-Conakry puis trace une partie de son cours au Mali, pour finir par embrasser le Sénégal et la Mauritanie, qu'il sépare, en y creusant une bande de terre fertile au cœur de la plaine aride sahélienne, avant de se jeter dans l'océan Atlantique, du côté de Saint-Louis. Le fleuve Gambie est le deuxième cours d'eau du pays par sa taille et son débit. Mais, en réalité, à son entrée sur le territoire sénégalais depuis la Guinée, à peine a-t-il le temps d'irriguer le pays bassari que déjà, il s'évade vers la Gambie pour se jeter près de Banjul. Le fleuve Casamance, quant à lui, sillonne le sud du pays d'est en ouest, sur plus de 320 km, avant de terminer sa course dans l'océan Atlantique, de manière assez incongrue. À plus de 200 km de là, le delta s'élargit en des centaines et des centaines de bras de mer, appelés *bolongs*, dont plusieurs se perdent dans les terres, formant ainsi des marigots dont l'eau stagnante est salinisée par les marées montantes.

Plus marquant encore qu'en Casamance, le delta du Sine-Saloum, classé Patrimoine mondial de l'Unesco depuis 2011, est une ria irriguée par l'eau de mer qui contribue à alimenter les deux fleuves fossiles éponymes lors des marées montantes. Asséchés une bonne partie de l'année, le Sine et le Saloum ne sont alimentés en eau douce qu'en saison des pluies, mais en quantité insuffisante pour qu'ils puissent se soustraire au mouvement des marées pour s'écouler vers la mer. Ce canal de *bolongs* offre à ceux qui s'y aventurent en pirogue de superbes paysages de mangroves, ponctués d'une myriade d'îlots sauvages. Outre ses trois grands fleuves, plusieurs lacs, lagunes et mares complètent le réseau hydrographique du pays à l'instar du lac de Guiers et des mares de la région des Niayes.

Les zones humides protégées

Bien que le Sénégal possède un climat plutôt sec et aride, le pays est ponctué de plusieurs zones humides, abritant une exceptionnelle diversité biologique. La convention Ramsar, l'un des plus anciens accords sur l'environnement, vise à enrayer leur dégradation ou disparition, en reconnaissant entre autres leurs fonctions écologiques. Parmi les 170 pays signataires, le Sénégal a ratifié cette convention en 1977. Depuis, huit sites sénégalais ont été inscrits sur la Liste des zones humides d'importance internationale. Citons entre autres la Réserve ornithologique de Kalissaye, nichée dans le delta du fleuve Casamance, le Parc national des oiseaux du Djoudj, vaste réseau de lacs et d'étangs saumâtres, la Réserve naturelle d'intérêt communautaire de la Somone, composée d'une lagune, de chenaux, d'une mangrove et d'un estran sableux ainsi que le Parc national du Delta du Saloum, avec son labyrinthe de bras de mer. Ces aires protégées, dont la superficie atteint près de 160 000 hectares au Sénégal, ont vocation à préserver les milieux les plus productifs de la planète.

Lompoul, l'unique désert du Sénégal

Quasiment à mi-chemin entre Dakar et Saint-Louis, se dévoilent à moins de 10 km de l'océan les paysages féeriques du désert de Lompoul. Un peu comme sorti au milieu de nulle part, il offre un avant-goût des déserts mauritaniens, bien que beaucoup plus petit puisqu'il s'étend seulement sur plus de 30 km. Ses dunes, d'un sable fin de couleur ocre, voire rouge à certaines heures de la journée, atteignent parfois jusqu'à 50 mètres de hauteur.

Le lac Retba doit sa teinte rose orangée à des micro algues.

Ici, la végétation pousse peu et les températures peuvent grimper à plus de 40 °C en pleine journée et descendre à moins de 20 °C la nuit. Outre ce petit désert de dunes, on trouve quelques zones semi-désertiques constituées principalement de savanes arbustives, dans la région du Ferlo, au nord-est du Sénégal. Depuis plusieurs décennies maintenant, le désert gagne de plus en plus de terrain sur les régions du Sahel, dont celle du Ferlo n'est pas épargnée. Pour lutter contre cette désertification, onze pays africains, dont le Sénégal, se sont engagés à planter une Grande Muraille Verte de 7 800 km de végétation de Dakar à Djibouti, mêlant dattiers du désert, acacias et jujubiers. Le projet, qui a commencé en 2008, est loin encore des aspirations visées, et seulement près de 15 000 hectares ont été plantés jusqu'à présent au Sénégal.

Des îles à perte de vue

Au large des côtes ou perdues dans les méandres des *bolongs*, le Sénégal recèle une kyrielle d'îles, dont certaines sont de véritables refuges pour oiseaux. Nichée dans la baie de Dakar, l'île de Gorée est assurément la plus connue du pays, de par son lourd passé lié à la traite négrière. Mais elle offre également de jolis paysages, elle qui est formée de laves refroidies et dominée au sud par un plateau granitique. Au milieu de la rade que forme la côte sud de la presqu'île du Cap-Vert, ce joyau de l'Atlantique est abrité des vents océaniques, pour le bonheur des navires qui peuvent facilement y accoster. Également à quelques encablures de Dakar, ses voisines : l'île de Ngor et celles de la Madeleine, elles aussi d'origine volcanique. D'un côté, le paradis des touristes qui viennent profiter des plages, protégées par une barrière rocheuse. De l'autre, un archipel vierge composé de deux îles et doté d'une biodiversité remarquable. Le delta du Sine-Saloum n'est pas en reste, lui qui offre un environnement exceptionnel ponctué de près de 200 îles et îlots. Au fur et à mesure que l'on s'enfonce dans les *bolongs*, on découvre des îles vierges tapissées de coquillages et peuplées d'une myriade d'oiseaux, mais aussi quelques îles habitées à l'instar de Mar Lodge. Avec son dédale de bras de mer qui s'avancent dans les terres, la Casamance recèle également de nombreuses îles, sauvages ou habitées. La plus grande d'entre elles est celle de Carabane, située à l'embouchure du fleuve Casamance. Constituée d'un banc de sable et d'alluvions, elle offre un cadre paradisiaque, avec ses belles plages bordées de palmiers. Citons également les îles d'Egueye, Ehidje, Eloubaline et Wendaye, véritables petits coins de paradis, parmi toutes les autres.

Le lac Rose, un phénomène singulier

Situé à 35 km au nord-est de Dakar et à quelques centaines de mètres de l'océan, le lac Retba, plus connu sous le nom de lac Rose, fait partie de la zone des Niayes, qui s'étend de la presqu'île du Cap-Vert à Gandiol. Autrefois rattaché à l'Atlantique, il s'est asséché avec le temps et la sécheresse, jusqu'à être séparé de l'océan par des dunes de sable. Ce lagon de 3 km², peu profond, concentre environ 380 grammes de sel par litre, soit cent fois plus que la mer Morte : autant dire qu'on y flotte comme un bateau ! Mais ce qui attire surtout les voyageurs curieux est la beauté du site, qui dévoile une couleur rose orangé, lors des journées ensoleillées et peu venteuses. Cette teinte est due à des micros algues qui, pour se protéger du soleil et de la forte concentration en sel, fabriquent un pigment rouge de la famille des carotènes. Ce phénomène se produit également dans les lagunes du delta du Saloum, notamment à Palmarin, où les femmes creusent des puits dans lesquels s'infiltre une eau très salée du bras de mer. Ces cônes prennent alors des couleurs multiples, passant du jaune au rose ou du bleu au vert, qui sont dues à des micros algues. Du ciel, le spectacle est magnifique !

Des cordons sableux fragiles

De la presqu'île du Cap-Vert à Saint-Louis, le littoral de la Grande Côte est protégé sur environ 180 km par un cordon sableux, qu'on appelle les Niayes. Entre ses dunes blanches, qui peuvent s'élever jusqu'à 20 mètres de hauteur, se trouvent d'anciens lits de rivières gorgés d'eau douce. Les terres y sont très fertiles, et les cultures maraîchères, nombreuses. Tomates, choux, oignons, salades et même courgettes y poussent aisément au plus grand bonheur des habitants. Plus au nord, entre fleuve et océan, la Langue de Barbarie, bande de sable blanc, s'étend sur une trentaine de kilomètres de la frontière mauritanienne jusqu'à l'embouchure du fleuve Sénégal. Elle qui était une véritable barrière naturelle protégeant les villages de la côte Atlantique, est aujourd'hui menacée de disparition. À la suite de fortes crues et un risque d'inondation de la ville de Saint-Louis en 2003, les autorités agissent rapidement et décident d'ouvrir une petite brèche, à 7 km au sud de la ville, pour évacuer l'eau douce. Or, cette décision non réfléchie mène à une véritable catastrophe écologique : la brèche s'élargit vers le sud à vue d'œil et l'eau salée envahit le fleuve, entraînant la montée des eaux, la salinisation des terres autrefois fertiles et la disparition de villages. Aujourd'hui, aucune mesure durable n'a été mise en place pour enrayer ce phénomène. De plus, avec la montée des eaux dues au réchauffement de la planète, le littoral sénégalais est particulièrement exposé à l'érosion. Ce phénomène est notamment visible entre autres sur la Petite Côte où les hôtels sont menacés par l'avancée de la mer et au village de Guet Ndar, à Saint-Louis où l'eau commence à détruire les habitations des pêcheurs.

NATURE

Zone transitoire entre le désert du Sahara et les forêts tropicales, le Sénégal présente une faune et une flore intéressantes, tant sur le plan aquatique que terrestre. Certes, la diversité n'y est pas aussi riche qu'au Kenya, et les grands mammifères seront sans doute difficiles à voir en dehors des parcs nationaux et réserves, eux qui ont été la cible de nombreux braconnages. Néanmoins, les passionnés d'ornithologie seront fascinés par l'incroyable diversité de l'avifaune, avec plus de 650 espèces répertoriées dans tout le pays. Entre Saint-Louis et Cap Skirring, le Sénégal dévoile un double visage. Celui de la savane au nord, où acacias et baobabs ponctuent le paysage sur une grande majorité du territoire. Quand le sud, lui, s'enorgueillit d'une végétation luxuriante, entre palmeraies, rizières et mangroves. Des terres arides aux zones humides verdoyantes, petit tour d'horizon de la faune et de la flore qui font la beauté du Sénégal.

Une faune en danger

Bien que le Sénégal ne soit pas le pays le plus représentatif de la faune africaine, il sera néanmoins facile d'y rencontrer chèvres, moutons et même dromadaires dans le Sahel, mais aussi singes, phacochères ou varans, en cours de route ou lors d'une expédition en brousse. Lions, éléphants et panthères, dont les populations ont été décimées sous les effets du braconnage et de la perte irrémédiable de leurs habitats, restent cependant très difficiles à observer. Pour espérer les voir, il faudra se rendre au sud-est du Sénégal, dans le parc national du Niokolo Koba, qui protège l'une des ultimes grandes brousses d'Afrique occidentale. Tel une arche de Noé, ce sanctuaire naturel, inscrit depuis 2007 sur la liste du patrimoine mondial en péril, rassemble un large éventail de la savane saoudienne dont 80 espèces de mammifères comme les élands de Derby, la plus grande espèce d'antilope en Afrique, hippotragues, buffles et hippopotames. Le Sénégal ayant vu disparaître une grande partie de sa faune, des réserves privées, à l'instar des réserves de Bandia et Guembeul, ont été créées afin de réintroduire certaines espèces comme la gazelle dama ou l'élan de Derby. Elles offrent de sympathiques safaris où il est possible de voir cette faune africaine disparue à l'état sauvage cohabiter avec phacochères, singes verts et patas. À l'extrême sud-est du Sénégal, près de la Guinée, la réserve naturelle communautaire de Dindéfello, encore peu connue des touristes, accueille l'équipe de la Fondation Janes Godall qui travaille à la protection du Chimpanzé de l'Afrique de l'Ouest (*Pan troglodytes verus*), dont il reste à peine 500 spécimens au Sénégal. Dans le respect de cette espèce menacée, des observations y sont organisées avec des écoguides bien formés.

Une avifaune d'exception

Véritable paradis des oiseaux, le Sénégal est prisé par les ornithologues du monde entier. Et pour cause, plus de 650 espèces y ont été répertoriées dont près d'un tiers regroupe des oiseaux migrateurs venant d'Europe ou d'Afrique.

© MACIEJ WLODARCZYK - SHUTTERSTOCK.COM

Pélicans dans le parc national du Djoudj.

Des rapaces aux limicoles, en passant par des espèces colorées de toute beauté, vous pourrez y observer, entre autres, balbuzards pêcheurs, rolliers d'Abyssinie, flamants roses, spatules, ibis sacrés, tisserins, martins-pêcheurs, etc. On y rencontre également une vingtaine d'espèces inscrites sur la liste mondiale des oiseaux menacés d'extinction comme la grue couronnée, le flamant nain ou le bateleur des savanes. Entre les nombreux deltas, les embouchures et les marigots qu'abrite le Sénégal, plusieurs sites sont propices à l'observation des oiseaux. Le plus remarqué est sans aucun doute le Parc national du Djoudj, troisième réserve ornithologique du monde, qui devient le sanctuaire des oiseaux migrateurs d'Europe occidentale, entre décembre et avril. Flamants roses, pélicans blancs et plusieurs espèces de canards hivernant, entre autres, débarquent par colonies entières. Le spectacle est grandiose, notamment entre janvier et février, où le parc abrite des millions d'oiseaux. Plus au sud, le delta du Sine-Saloum, l'une des plus importantes zones humides de l'Afrique de l'Ouest, offre aussi un paradis aux oiseaux, de par son labyrinthe de *bolongs* et sa végétation exceptionnelle. L'avifaune y est variée avec plus de 400 espèces recensées, observables pour la plupart tout au long de l'année. On y croise entre autres balbuzards, aigles pêcheurs, pélicans, hérons, aigrettes, chevaliers et martins-pêcheurs. Le site est aussi réputé pour abriter le premier site mondial de reproduction de la sterne royale sur l'une des îles aux oiseaux du delta. Avec ses denses forêts et son labyrinthe de bras de mer, la Basse Casamance accueille environ 200 espèces d'oiseaux, dont des bulbuls, des calaos et des coucals. Bien que son parc national soit toujours fermé au public, la Casamance est partout un paradis ornithologique, ne serait-ce que dans les jardins d'hôtels et les campements. Il existe bien d'autres sites d'observation au Sénégal à l'instar de la lagune de la Somone, du Parc national des îles de la Madeleine, réserve ornithologique depuis 1949, ou la langue de Barbarie. Finalement, en ouvrant bien les yeux, vous pourrez aisément vous régaler, tout au long de votre séjour.

Une vie marine riche

Ourlé sur plus de 700 km par l'océan Atlantique, le Sénégal est réputé dans le monde entier pour ses eaux poissonneuses, notamment celles autour du Cap-Vert. Leur richesse est due à un phénomène océanique appelé le *upwelling*, qui est lié au vent des alizés éloignant les eaux de surface vers le large et permettant ainsi aux eaux des profondeurs, riches en sels nutritifs, de remonter. Avec la lumière du soleil, les planctons, bases de la chaîne alimentaire, s'y développent, attirant ainsi une myriade de poissons. Parmi les nombreuses espèces recensées, on peut citer les capitaines, soles, dorades, marlins bleus, thiofs, barracudas, mérous, espadons ou encore tarpons. Dauphins à bosse de l'Atlantique et lamantins, plus rares, apprécient, quant à eux, particulièrement les eaux saumâtres à l'embouchure du Sine, Saloum et de la Casamance où vous aurez peut-être la chance de les observer. Les fleuves, rivières et marigots grouillent également de poissons d'eau douce comme les hydrocyons, les silures ou les tilapias qui cohabitent parfois avec crocodiles et hippopotames.

© ANTPUN - STOCK.ADOBE.COM

Nénuphars, parc national du Djoudj.

Une flore disparate

Composé d'écosystèmes variés, le Sénégal offre une panoplie de paysages, allant des terres désertiques aux forêts luxuriantes. Au fur et à mesure que l'on descend du nord, épineux, acacias et baobabs apparaissent, rompant la monotonie des steppes sahéliennes. La savane se fait de plus en plus dense au sud, laissant place aux forêts tropicales, mangroves et rizières. Les fromagers étonnent par leurs racines, les flamboyants et bougainvilliers éclairent l'hivernage de leurs feux ; manguiers, bananiers, avocatiers, papayers régalent les palais, surtout en Casamance ; les palmiers (à huile, rôniers, dattiers) rappellent partout que la latitude est intertropicale. Tout ce paysage de végétation se colore notablement avec l'hivernage : les arbres et les plantes fleurissent, et la région revêt un manteau beaucoup plus vert. Quant à la mangrove, écosystème spécifique des régions du Sine-Saloum et de la Casamance, elle se développe à l'embouchure des fleuves où l'eau est saumâtre. Si elle semble hostile à l'homme, elle est en revanche un refuge pour bon nombre d'espèces animales comme la mangouste, la loutre, les singes et les hyènes. Mais aussi des crustacés comme les crabes violonistes, crevettes, coques et les fameuses huîtres qui s'accrochent aux racines des palétuviers.

Le baobab, emblème du Sénégal.

Les palétuviers, roi de la mangrove

Les palétuviers désignent plusieurs espèces d'arbres et d'arbustes ligneux qui sont les seules à pousser les pieds dans l'eau salée, grâce à leur faculté d'adaptation au milieu marin. Prospérant le long des rivages marins et des embouchures, ils supportent la forte salinité de l'eau et l'ennoiement régulier grâce à leurs racines aériennes. Ce sont des espèces vivipares dont la graine germe sur l'arbre avant de se détacher et se fixer dans la vase, permettant de continuer la colonisation des berges. Cette composition diverse forme des forêts amphibies que sont les mangroves. Ils ont également la propriété de pouvoir absorber une grande quantité de CO_2 par leurs feuilles, véritables pièges à carbone. Afin de protéger cet écosystème qui a disparu d'environ un quart depuis les années 1970, le Sénégal mène depuis plus de 10 ans l'une des plus grandes campagnes de reforestation des mangroves. Depuis 2008, ce ne sont pas moins de 79 millions de palétuviers qui ont été replantés, permettant ainsi de lutter contre le réchauffement climatique et de régénérer les ressources halieutiques. Un bel exemple que montre le Sénégal à ses voisins, mais aussi à certains pays occidentaux.

Le baobab, emblème du Sénégal

Arbre de la famille des Bombacacées, le baobab africain (*adansonia digitata*) pousse dans tout le Sénégal, notamment dans les zones arides. Cet arbre-bouteille peut atteindre une hauteur de 20 mètres à son plus jeune âge, mais en vieillissant, il se tasse au profit de son tronc qui peut approcher les 30 mètres de circonférence. Les trois quarts de l'année, ce géant de l'Afrique tropicale manque de feuillage, semble à nu et l'enchevêtrement de ses branches fait penser qu'il a poussé à l'envers, les racines saluant le ciel. Au Sénégal, c'est un arbre multi-utilitaire auquel on associe des symboles forts, évoquant la vie et la mort. Ses fruits donnent un jus plein de calcium et de vitamines, le jus de *bouye*. Ses feuilles, fraîches ou séchées, entrent dans la cuisine locale ou dans la réalisation de tisanes médicinales. Son écorce se prête à la confection de cordes, de paniers, de hamacs, voire des habits. Ses graines fournissent de l'huile. Cependant, sous ses allures éléphantesques, le baobab dissimule une énorme sensibilité : son bois est mou, son tronc est souvent creux. En pays sérère, il servit de tombeau aux griots, dont la tradition voulait qu'ils soient enterrés loin du cimetière. Bien plus qu'un symbole figurant avec le lion sur les armoiries du Sénégal adoptées sous Senghor en 1965, le baobab est un arbre sacré qui peut veiller sur la savane pendant plus de 2 000 ans ! Et pourtant aujourd'hui, il est menacé de disparition dans toute l'Afrique, et le Sénégal ne fait pas figure d'exception. Victime du changement climatique, le baobab l'est aussi de l'exploitation forestière. Près de Bandia, un projet d'extension d'une cimenterie a fait disparaître l'une des plus belles forêts de baobabs du Sénégal, où il ne reste aujourd'hui plus qu'un cinquième de sa superficie originelle. La Casamance est, quant à elle, la cible d'exploitations forestières juteuses et illégales dont les dégâts sont visibles dans les régions de Kolda et de Sédhiou. Il faudra sans doute que le gouvernement sénégalais réagisse rapidement pour enrayer ce fléau avant qu'il ne soit trop tard.

CLIMAT

Avec plus de 3 000 heures de soleil par an, le Sénégal est une destination agréable tout au long de l'année, qui jouit d'un climat tropical humide au sud et d'un climat désertique de type sahélien, au nord. Mais que l'on soit à l'intérieur du pays ou sur la côte, les températures enregistrent quelques différences, influencées entre autres par les courants marins. Ainsi, quand il fait 26 °C à Dakar en janvier, Tambacounda enregistre 34 °C. Outre ses différences de climats, le Sénégal est aussi soumis à deux saisons distinctes par sa situation en zone intertropicale. D'octobre à mai, s'installe la saison sèche caractérisée par de chaudes températures, un soleil radieux et de rares pluies. Puis, de juin à septembre, la saison des pluies, appelée l'hivernage, où le climat devient plus humide, notamment en Casamance, région la plus arrosée du pays. Retour sur ces saisons qui marquent le cycle du Sénégal.

La saison sèche, une période idéale

À partir d'octobre et ce jusqu'en mai, le Sénégal jouit d'un climat chaud et sec. Pendant toute cette période, les températures oscillent autour de 26 °C, voire 40 °C à l'intérieur du pays. C'est donc le moment idéal pour bronzer sur les plages de Casamance, parcourir les *bolongs* en pirogue, observer les oiseaux migrateurs ou parcourir les réserves animalières. Cependant, balayée par les alizés, la Grande Côte, qui s'étend de Dakar à Saint-Louis, offre des températures plus fraîches, notamment en janvier et février où elles descendent parfois au-dessous de 15 °C la nuit. À l'inverse, les villes de l'intérieur du pays sont de vraies fournaises, comme Matam et Tambacounda où le baromètre affiche 40 °C dans l'après-midi. Cette saison est aussi la période où souffle l'harmattan, ce vent chaud et sec provenant du Sahara. Les températures en journée sont étouffantes, plus froides la nuit, l'air rempli de poussières et la visibilité amoindrie durant plusieurs jours. Bien que la saison soit dite « sèche », elle est parfois ponctuée d'épisodes pluvieux inattendus, appelés la « pluie des mangues ». Née d'une dépression septentrionale, elle n'arrose généralement que très peu le pays à cette période.

L'hivernage, la mousson africaine

Avec l'arrivée de la mousson, la saison des pluies débute au sud-est du Sénégal dès le mois de mai et s'installe progressivement dans tout le pays. Elle se caractérise par des températures élevées, un climat humide, et des précipitations plus ou moins fréquentes selon les régions, accompagnées d'orages, parfois violents. Outre le fait qu'elle arrose les sols, la pluie purifie l'air des poussières de l'harmattan. C'est d'ailleurs pour certains la plus belle saison au Sénégal, avec ses jolies lumières, une nature renaissante et une mer aux températures agréables. La Casamance, avec les pays bédik et bassari, sont les régions les plus arrosées, avec un pic pluviométrique important en août et un ciel nuageux à longueur de journée. De nombreuses routes sont impraticables comme celles du Parc du Niokolo Koba, qu'il est préférable de visiter en période sèche. Le nord et le centre sont, quant à eux, relativement épargnés par la pluie, avec des précipitations qui tombent par prompts épisodes. Quand il pleut près de 500 mm à Ziguinchor en août, Saint-Louis enregistre à peine 100 mm de pluie. Avec son climat humide et ses eaux stagnantes, cette saison est aussi celle des moustiques, vecteur du paludisme. Il convient donc de prévoir du produit anti-moustiques et un traitement anti-paludisme durant tout le séjour.

Route inondée près du village d'Ossouye en Casamance.

ENVIRONNEMENT

Pays d'Afrique de l'Ouest subsaharienne, le Sénégal est composé d'une grande diversité de milieux : littoral, forêts, désert, mangroves, savane, brousse, fleuves et lacs salés. Il en résulte une biodiversité exceptionnelle, protégée en partie dans des parcs nationaux, mais encore menacée. L'environnement est une question de plus en plus prégnante au Sénégal. Le pays est confronté à la déforestation, à des insuffisances en matière de gestion de l'eau et des déchets. La qualité de l'air est un sujet de préoccupation, ainsi que les effets du réchauffement climatique. Le pays a décidé d'engager la transition agro-écologique en 2015 et de bâtir un « Sénégal vert », selon les mots du Président de la République, Macky Sall. Si la corruption entrave certaines démarches, des initiatives à différentes échelles voient le jour. En témoigne la grande muraille verte, qui s'étend d'est en ouest de l'Afrique et apporte une réponse concrète à la désertification.

Espaces naturels et parcs nationaux

Le Sénégal compte 7 parcs nationaux (dont un fermé) et des réserves naturelles qui protègent les différents écosystèmes présents dans le pays. Ils sont aussi des lieux privilégiés pour observer la faune et la flore.

Le Parc national du Niokolo-Koba : situé dans la région de Tambacounda, il est traversé par le fleuve Gambie et ses affluents. Ancienne réserve de chasse, agrandi successivement, il protège les écosystèmes de la zone bioclimatique soudanienne : savanes boisées, forêts sèches et ripisylves. Il abrite de nombreuses espèces animales (hippopotames, crocodiles, éléphants, élan de Derby, lion, oiseaux, etc.) et plus de 1 500 espèces végétales. Il figure depuis 2007 sur la liste du Patrimoine mondial en péril de l'Unesco. Les raisons ? Le braconnage, les feux, l'assèchement prématuré des mares, l'utilisation de terres pour des pratiques agricoles et la divagation du bétail.

© MARIUSZ_PRUSACZYK - ISTOCKPHOTO.COM

Delta du Saloum.

Le Parc national des oiseaux du Djoudj : situé dans le delta du Sénégal, il est classé site RAMSAR et inscrit au Patrimoine mondial de l'Unesco. Véritable sanctuaire pour les oiseaux et notamment les migrateurs, il abrite en effet la troisième réserve ornithologique du monde. On y dénombre environ 350 espèces d'oiseaux migrateurs. Avis aux curieux ou passionnés le parc peut se découvrir en pirogue.

Le Parc national de la Langue de Barbarie : situé à quelques encablures de Saint-Louis du Sénégal, il est composé, outre d'une « langue » de sable ou cordon dunaire, de zones humides autour du fleuve Sénégal. Il se découvre également par bateau et abrite de nombreux oiseaux migrateurs.

Le Parc national du Delta du Saloum : il comprend une importante partie du delta du fleuve Saloum, et protège des écosystèmes de mangroves, de marais maritime tropical (tan), mais aussi des espaces côtiers et une savane boisée. Site RAMSAR pour l'intérêt de ses zones humides, le parc abrite des mammifères (hyènes, singes, dauphins) et de nombreux poissons et oiseaux.

Le Parc national des îles de la Madeleine : situé au large de Dakar, cet archipel est constitué d'îles volcaniques, sanctuaires d'oiseaux, de quelques reptiles et d'une flore endémique.

Le Parc national de la Basse-Casamance : situé dans la région de Ziguinchor, il est actuellement fermé depuis plusieurs années suite à un conflit qui a vu la pose de mines sur son territoire.

Un pays soumis à de multiples pollutions

L'environnement devient un sujet de plus en plus prégnant dans le pays et notamment la question des pollutions liées aux activités humaines. Le pays qui s'est équipé de stations de mesures peut quantifier de manière plus étayée sa qualité de l'air et notamment le taux de particule

© AFRICA924 - SHUTTERSTOCK.COM

Le littoral volcanique des îles de la Madeleine.

fine. Celui-ci est très élevé dans la capitale, atteignant des niveaux parfois 7 fois supérieurs aux valeurs-seuils préconisées par l'OMS. Les causes de la pollution atmosphérique sont multiples : parc de véhicules vétustes et fortement émissifs, fort trafic automobile en ville, brûlage des déchets et combustions à l'air libre, déforestation, poussières apportées par le vent du Sahara. Parmi les solutions mises en place pour diminuer les émissions atmosphériques figure le train express régional de Dakar, premier train rapide de l'Afrique de l'Ouest francophone, inauguré en 2019. Le président de la République a par ailleurs promis « la tolérance zéro » pour les véhicules polluants, en attendant des mesures concrètes. Par ailleurs les dispositifs de filtration sont souvent inexistants ou défaillants, et la plupart des combustions (chauffage, brûlage des déchets) sont réalisées en foyer ouvert. L'assainissement de l'eau reste une préoccupation : les eaux résiduaires sont souvent rejetées dans le milieu naturel sans épuration, faute de dispositif. A noter, les autorités se sont attaquées au plastique. En effet, une loi de 2015 interdit les sacs plastique légers et rend payant les sacs épais : une réglementation qui vise à la fois la réduction et le réemploi du plastique. Des initiatives locales sont également en œuvre, parmi lesquelles des actions de sensibilisation. Des associations, pêcheurs et écoles, s'associent pour organiser des opérations de nettoyage des côtes et de récupération des filets de pêche abandonnés.

La restauration des milieux et la lutte contre la déforestation

La déforestation est un des maux qui accable le pays. Elle dégrade les milieux naturels, détruit et érode les sols, et contribue à la désertification de certaines régions. La région de la Casamance est particulièrement impactée par l'exploitation illégale de bois précieux. Entre 2005 et 2010, on estime que le déboisement représentait la superficie de 150 terrains de football par jour. Des actions portées par l'Océanium de Dakar, association fondée par la grande figure écologiste Haïdar El Ali, ont permis de replanter 150 millions de palétuviers en 2006 dans les mangroves des fleuves Saloum et Casamance.

La Grande muraille verte

Il s'agit d'un projet panafricain qui a vu le jour en 2007. L'objectif est de lutter contre la désertification et de restaurer les écosystèmes sahéliens. Traversant le continent d'est en ouest sur une bande de 15 km de large et 7 600 km de long (dont 535 km au Sénégal), cette grande muraille est dédiée aux projets tels que plantations d'arbres, mises en place de jardins communautaires, clôtures pour éviter le surpâturage, etc. Cependant le projet peine à atteindre ses objectifs, avec 12 000 hectares reboisés au Sénégal sur les 850 000 prévus. Les difficultés sont notamment l'approvisionnement en eau ou encore la divagation du bétail.

Vers la transition agro-écologique

Le Sénégal s'est engagé dans une démarche de transition agro-écologique, afin de développer une agriculture résiliente et productive. Celle-ci se veut inclusive et compte susciter l'émulation en Afrique de l'Ouest. Le pays travaille avec la FAO, mais aussi avec la Communauté économique des Etats d'Afrique de l'Ouest. Il est également engagé dans un « Projet d'appui aux femmes dans l'agriculture et le développement durable ». Le Sénégal compte aussi sur les partenariats public-privé et la créativité de ses entrepreneurs. Une start-up locale a ainsi mis au point une application permettant aux agriculteurs de déclencher et d'arrêter leur arrosage à distance, évitant de longs trajets et des consommations de carburant.

HISTOIRE

Entre empires et royaumes, le Sénégal est à l'origine un territoire divisé où s'alternent migrations et conquêtes, et où l'islam s'introduit petit à petit chez les ethnies. A l'arrivée des colons européens, se créent les premiers comptoirs où le commerce des esclaves, de l'or et de la gomme arabique se développe. Le Sénégal octroyé à la France et l'esclavage aboli, les colons tentent d'imposer leur modèle et de pacifier le territoire. Mais les marabouts s'opposent au pouvoir colonial, tout en répandant l'islam. À son accès à l'Indépendance en 1960, cette toute jeune République, présidée alors par Léopold Sédar Senghor, se cherche, entre élections et changements politiques. La Casamance, qui rêve de sa propre autonomie, se rebelle durant près de 25 ans. L'alternance politique suit son cours tant bien que mal, et le pays tente de se développer en multipliant les investissements. Retour sur ces grands moments de l'Histoire.

Le temps des empires

DU IIIe AU XIe SIÈCLE

Naissance de l'empire du Ghana, situé entre les vallées du Niger et du Sénégal. Le royaume prospère grâce à sa production et exportation d'or vers l'Afrique du Nord et l'Europe. Entre-temps, au IXe siècle, l'empire du Tekrour voit le jour au nord-est du Sénégal actuel dont la capitale est Podor. Il est peuplé de Noirs de haute stature qui vivent de l'agriculture et de l'élevage. En 1080, les Almoravides, moines guerriers berbères, envahissent le Tekrour et entreprennent l'islamisation du Sénégal. Sa capitale rasée, l'empire du Ghana est détruit.

XIIIe SIÈCLE

Un peu avant la moitié du XIIIe siècle, le musulman Ndiadiane Ndiaye s'empare du pouvoir dans la région du Walo. Une fable le présente comme un descendant d'un chef almoravide qui émerge de l'océan pour régler un contentieux entre pêcheurs. D'abord pris pour un *djinn* (génie), il est ensuite célébré comme celui qui a été choisi pour unifier les Wolofs et les gouverner. D'où sa réputation de fondateur du royaume du Djolof. Étendant son royaume, Ndiadiane Ndiaye régit un véritable empire, qui, en plus du Walo, englobe le Cayor, le Baol, le Sine-Saloum, le Dimar et une partie du Bambouk, laissant libre le Tekrour. Cet État, qui voit sa hiérarchie régulée en des codes précis, incarne vraisemblablement la pierre angulaire de l'identité wolof, le principal groupe ethnique du pays actuel.

Guerrier wolof.

DÉCOUVRIR

DU XIIIe AU XIVe SIÈCLE

Le rayonnement du royaume Djolof est toutefois ombragé par celui du tout-puissant empire du Mali, sous la férule duquel il tombera régulièrement pendant les siècles suivants. Les griots chantent les Malinkés, habitants du Mandé (région mandingue), comme originaires d'Arabie. Plusieurs souverains se succèdent et élargissent sans cesse la limite des frontières. L'empire du Mali est le fer de lance de l'ouverture de la Méditerranée vers l'Afrique. Ses caravanes berbères arpentent les routes commerciales des oasis, troquant or, ivoire et plumes d'autruche contre sel, cotonnades et verroteries vénitiennes. Dans ses villes, de Djenné à Tombouctou, hauts lieux d'échanges culturels entre les mondes noir et islamique, coexistent musulmans et chrétiens, juifs et animistes. Entre-temps, enlisé dans des querelles de succession, le royaume du Djolof, globalement sous la coupe de l'Empire songhaï jusqu'au XVIe siècle, se scinde en plusieurs entités autonomes qui n'en conservent pas moins la même organisation.

XVe SIÈCLE

Le temps des colonies

En 1444, les Portugais atteignent les côtes sénégalaises. Très vite, ils installent les premiers comptoirs à Rufisque, Gorée et Joal.

XVIe SIÈCLE

La traite des Noirs, organisée par les Portugais, débute. Les serviteurs convertis au christianisme sont envoyés ensuite dans les plantations de cannes à sucre des Canaries, de Madère et des Açores. Les colons hollandais achètent l'île de Gorée et construisent le premier fort.

Le fort de Gorée.

DU XVIIe AU XIXe SIÈCLE

Baptisée ainsi en l'honneur du roi de France, Saint-Louis est fondée sur l'île de N'Dar par le Normand Louis Caullier en 1659. Idéalement située, elle devient le point de départ de plusieurs expéditions et le premier comptoir français en Afrique. En 1677, les Français chassent les Hollandais de Gorée, et s'y installent. Tout en luttant pour garder leurs comptoirs, les Européens y développent un important trafic d'esclaves. On estime que 12,5 millions d'Africains ont été embarqués de force en Amérique, dont un peu plus d'un dixième n'a pas survécu à la traversée.

30 MAI 1814

Objet de convoitise des Hollandais, Britanniques et Français, le Sénégal est octroyé à la France lors de la signature du traité de Paris. Les Français tentent d'y établir une colonie agricole produisant coton et indigo. Le projet échoue et le commerce y devient l'activité principale.

27 AVRIL 1848

Plusieurs dizaines d'années après les Britanniques, la France abolit définitivement l'esclavage dans ses colonies.

1818-1889

Louis Faidherbe

Militaire français ayant participé à la conquête de l'Algérie, Louis Faidherbe, à son arrivée au Sénégal en 1852, apporte avec lui le modèle de l'Algérie, qui l'influencera tout au long de sa carrière. Nommé gouverneur en 1854, il applique la même politique énergique au développement de la colonie qui s'embourbe dans les méandres de l'après-esclavage, dont le commerce est paralysé par des exactions en tout genre. Il met fin au système de coutumes par la manière forte, obtenant une amnistie des Trarza et l'annexion du Walo à la colonie. Il entreprend aussi la pacification de la région intérieure, où il se retrouve opposé au Toucouleur Oumar Tall puis au roi du Cayor, Lat Dior Diop. Homme d'administration, il habille les territoires conquis d'un modèle où les dirigeants coloniaux utilisaient les élites locales pour diriger avec plus de souplesse. Il crée entre autres les tribunaux indigènes, met en place la ligne de chemin de fer Dakat–Saint-Louis et aménage les ports de Rufisque et de Dakar. Cependant, le modèle algérien expose son revers de la médaille et nombreux sont ses détracteurs. Les commerçants bordelais se retournent contre lui en raison de sa politique commerciale, jugée sévère. Il laisse sa place de gouverneur à Émile Pinet-Laprade, en 1865.

DE 1854 À 1865

Louis Faidherbe est gouverneur de la colonie. Il est le fer de lance de l'expansion territoriale, toujours justifiée par l'optimisation du commerce. Sa route croise celle d'Oumar Tall, fondateur de l'Empire toucouleur. En 1857, les deux troupes s'affrontent à Médine et deux ans plus tard, à Matam. Après des conquêtes infructueuses, Oumar Tall se résigne à signer un traité de paix avec les Français en 1860.

Louis Faidherbe.

DÉCOUVRIR

1883 Création du mouridisme par Cheikh Ahmadou Bamba., qui fonde la cité de ses rêves, Touba. C'est aussi le début de sa persécution par le pouvoir colonial.

1895 Création de l'Afrique occidentale française (AOF), regroupant les territoires sous domination française. La capitale est Saint-Louis. La même année, Cheikh Ahmadou Bamba est emprisonné puis déporté au Gabon.

1902 Dakar devient la capitale de l'AOF, en remplacement de Saint-Louis. Elle est gouvernée par Ernest Roume qui lance des travaux d'urbanisation. Fin novembre, Cheikh Ahmadou Bamba revient d'exil, acclamé par la foule. Le 14 juin 1903, il se constitue prisonnier puis est envoyé en résidence obligatoire en Mauritanie.

1916 Blaise Diagne, devenu le premier député africain noir de l'Assemblée nationale française, réussit à faire adopter la loi du 29 septembre 1916 promulguant la nationalité française aux habitants des Quatre Communes (Dakar, Gorée, Rufisque et Saint-Louis).

1872 - 1934

Blaise Diagne

À sa naissance en 1872 sur l'île de Gorée, son père, un Sérère du Sénégal, et sa mère, une Mandjak de Guinée portugaise (Guinée-Bissau), lui donnent le nom de Gaiaye Mbaye Diagne. Le jeune Diagne se révèle brillant et séduit un patriarche parmi les mulâtres de l'île, Adolphe Crespin. Ce dernier l'adopte, l'inscrit à l'école des Frères de Ploërmel et lui donne les prénoms de Blaise et d'Adolphe. Blaise Diagne semble avoir eu presque un siècle d'avance sur son temps. Il entre dans l'arène politique à l'époque où le combat politique est la chasse gardée des Européens et des mulâtres. Il en fait l'expérience au fil de ses périples scolaires dans des territoires français d'outre-mer et face à une administration coloniale manquant d'esprit d'ouverture. Surnommé la « Voix de l'Afrique », lui qui est le premier Africain noir à siéger au Palais Bourbon, il obtient pour les habitants des Quatre Communes, la nationalité française. Il prône également le rapprochement des Noirs sénégalais de la métropole, ce qui justifie pleinement à son goût l'enrôlement des 200 000 tirailleurs dans le conflit « européen » de la guerre 14-18. Argumentant contre ses détracteurs qu'« à efforts communs, sacrifices communs » finissait par correspondre une « destinée commune », Blaise Diagne se range du côté de l'humanité, celle de l'avenir du Sénégal et de la France, qu'il désirait unis par-dessus tout.

Le Sénégal indépendant

1956 Après la création de l'Union française en 1946, le statut des colonies change. Elles sont désormais considérées comme des « départements et territoires d'outre-mer ». Les premiers jalons de l'émancipation sont posés.

1960 Le Sénégal accède à son indépendance au sein de la Fédération du Mali. Mais les désaccords pour nommer les responsables sont tels que le 20 août, la Fédération éclate et l'Assemblée proclame l'indépendance du Sénégal. Le 5 septembre, Léopold Sédar Senghor est élu Président de la République sénégalaise. Il entame un mandat de 7 ans.

18 DÉCEMBRE 1962 Accusé d'avoir porté atteinte aux droits du Parlement, le Premier ministre, Mamadou Dia est arrêté ; Léopold Sédar Senghor exerce alors l'ensemble du pouvoir exécutif.

3 MARS 1963 Le président organise un référendum pour obtenir l'approbation de la nouvelle Constitution pour instituer un régime présidentiel. Le oui l'emporte triomphalement avec 99 % des voix.

1906-2001

Léopold Sédar Senghor

À la fois poète et politicien, Léopold Sédar Senghor a sans aucun doute marqué son siècle. À Paris où Senghor fonde *L'Etudiant noir* avec Aimé Césaire et Léon-Gontran Damas, c'est l'écrivain engagé qui parle. Ses poèmes, il les cache pourtant, jusqu'à ce que la reconnaissance politique, en 1945, le consacre député du Sénégal. C'est alors qu'il publie *Chants d'ombre*, son premier recueil de poèmes. Il se bat avec ses mots pour la négritude dans un « racisme antiraciste » autant qu'il se bat pour mener son pays vers la voie qu'il considère comme la meilleure, celle de la non-tutelle, avec un retour vers les valeurs fondamentales. Le triomphe aux élections de l'année 1951 est surtout dû à la campagne qu'il a menée en brousse, parcourant le pays pour y répandre sa traînée de socialisme à l'africaine, cette troisième voie qu'il revendique comme non importée. Au moment des indépendances, Senghor émeut le général de Gaulle par ces mots de décembre 1959 : « En ce moment même où nous réclamons l'indépendance, nous vous le demandons, restez avec nous, car il se fait tard. » L'homme politique aurait-il utilisé la rhétorique du poète ? Le « deux-en-un » se fait élire en 1963 à la tête du pays avec plus de 99 % des voix. Il faut dire qu'en tant que candidat unique d'un parti unique, Senghor incarne moins la démocratie que son successeur, son ancien Premier ministre Abdou Diouf, qui prend sa place lors de sa démission en 1981. Du Senghor auto-déchu, on ne retient surtout que le poète et l'homme de culture, premier Africain membre de l'Académie française.

MARS 1976 Dans la perspective des élections qui approchent, l'Assemblée nationale adopte une loi d'amnistie de tous les prisonniers politiques et entérine le multipartisme.

26 FÉVRIER 1978 Élections présidentielles. Pour la première fois, Léopold Sédar Senghor affronte un candidat de l'opposition, qui n'est autre qu'Abdoulaye Wade. Cependant, le président sortant remporte les élections, avec 80,20 % des suffrages.

31 DÉCEMBRE 1980 À l'âge de 74 ans, Léopold Sédar Senghor quitte volontairement le pouvoir et laisse sa place à son Premier ministre Abdou Diouf.

DÉCEMBRE 1982 Premiers affrontements en Casamance lors d'une marche pacifique des séparatistes qui tourne au drame. C'est le début d'une rébellion indépendantiste armée.

27 FÉVRIER 1983

Vers la transition démocratique

Abdou Diouf est confirmé dans ses fonctions de président par un scrutin au suffrage universel. Il remporte plus de 83 % des votes. Ce même jour ont lieu les élections législatives qui sont remportées par le Parti socialiste avec près de 80 % des suffrages.

FÉV RIER 1988

Contexte économique et social de crise. Le Président Abdou Diouf est reconduit dans ses fonctions, avec 73 % des voix. L'opposition conteste les résultats. Affrontements. Proclamation de l'état d'urgence. Le chef de file de l'opposition, Abdoulaye Wade, accusé de violences pendant les élections, est arrêté et condamné à un an de prison.

1989

Créée en 1981, la Confédération de la Sénégambie est dissoute. À la suite du pillage des boutiques tenues par des Mauritaniens au Sénégal, environ 200 Sénégalais sont massacrés à Nouakchott et à Nouadhibou, dans le nord de la Mauritanie. Le couvre-feu est instauré.

1994

Dévaluation du FCFA de 50 %. Cette décision provoque une tension sociale. Celle-ci donne lieu à de violentes manifestations à Dakar qui conduisent à l'arrestation de l'opposant Abdoulaye Wade qui passe quelques mois en prison.

MARS 2000

Alternance pacifique

Le Président sortant, Abdou Diouf, est battu au deuxième tour de l'élection présidentielle par Abdoulaye Wade, qui l'emporte avec 58,49 % des voix. Ce dernier nomme Moustapha Niasse, Premier ministre.

JAN VIER 2001

Une nouvelle Constitution est adoptée par référendum. Le mandat présidentiel est entre autres réduit de 7 à 5 ans. Deux mois plus tard, Mame Madior Boye est la première femme sénégalaise à accéder au poste de Premier ministre, succédant ainsi à Moustapha Niasse.

AVRIL 2001

Élections législatives. Le parti au pouvoir et ses alliés remportent 89 sièges sur les 120 de l'Assemblée nationale.

SEPT EMBRE 2002

Le ferry *Le Joola*, qui assurait la liaison entre Ziguinchor, en Casamance et Dakar, fait naufrage au large de la Gambie, faisant près de 1 900 morts selon les autorités, plus de 2 000 selon des familles de victimes. Seuls 64 survivants ont été retrouvés.

30 DÉC EMBRE 2004

Accord de paix signé entre le gouvernement sénégalais et les rebelles casamançais du Mouvement des forces démocratiques de Casamance (MFDC). La situation sur le terrain s'apaise alors considérablement, laissant entrevoir une reprise des activités touristiques et commerciales.

25 FÉV RIER 2007

Le chef de l'État sortant, Abdoulaye Wade, est déclaré vainqueur de l'élection présidentielle dès le premier tour, avec 55,86 % des suffrages.

3 JUIN 2007

Élections législatives, boycottées par la majorité de l'opposition politique et remportées par la coalition du parti au pouvoir (Coalition Sopi). Ces élections permettent l'installation d'une Assemblée nationale élargie, qui passe de 120 à 150 députés.

19 AOÛT 2007 Le Sénat, qui avait été dissous en 2001, est rétabli en mai 2007, sous la présidence d'Abdoulaye Wade et des élections sénatoriales sont organisées. 35 sièges, dont 34 pour le PDS, sont pourvus par les grands électeurs (députés et élus locaux) sur les 100 du Sénat.

22 MARS 2009 Élections municipales marquées par une victoire de la coalition d'opposition, *Benno Siggil Senegaal* (« S'unir pour un Sénégal debout », en wolof), dans les principales municipalités du Sénégal, dont Dakar, Kaolack ou Thiès. La coalition au pouvoir, Coalition Sopi, l'emporte dans des villes comme Tambacounda, Kolda ou Ziguinchor.

4 AVRIL 2010 Célébration en grande pompe du 50e anniversaire de l'indépendance du Sénégal. Le Monument de la Renaissance, à Dakar, est inauguré à cette occasion.

23 JUIN 2011 De violentes manifestations ont lieu dans tout le pays contre un projet de réforme constitutionnelle visant à l'élection simultanée, au suffrage universel direct, d'un président et d'un vice-président. Le gouvernement retire finalement le projet de loi dans la soirée. S'ensuit le « Mouvement du 23 juin », regroupement de partis de l'opposition et de la société civile, qui manifestera sans relâche, une fois par mois au minimum, jusqu'aux élections. Objectif : invalider la (3e) candidature annoncée d' Abdoulaye Wade et mettre tous les moyens en œuvre pour que la présidentielle 2012 se déroule dans la transparence.

30 JANVIER 2012 La validation de la candidature d'Abdoulaye Wade par le Conseil constitutionnel et l'invalidation de celle de Youssou N'Dour marquent le début d'une campagne électorale émaillée de violence et d'incidents. Au bord de la rupture, la population s'en remet pourtant au pouvoir des urnes, menée par la coalition d'opposition.

25 MARS 2012 Le Président sortant Abdoulaye Wade est battu au second tour de l'élection présidentielle par Macky Sall, qui l'emporte avec 65,80 % des voix. Il reconnaît aussitôt la victoire de son adversaire. Macky Sall lui succède le 2 avril.

1ER JUILLET 2012 Élections législatives : la coalition du président Macky Sall, Benno Bokk Yakaar, remporte 119 sièges sur les 150 que compte l'Assemblée nationale. Une assise confortable pour espérer bien gouverner.

20 MARS 2016 Référendum : le Président Macky Sall fait appel au peuple pour voter pour ou contre une révision constitutionnelle. Les points soumis sont, entre autres, le rétablissement du quinquennat présidentiel, une réforme du Conseil constitutionnel, le droit aux candidats indépendants de se présenter aux élections. Le « oui » l'emporte avec 62,7 % des voix.

30 JUILLET 2017 Élections législatives. La coalition présidentielle *Benno Bokk Yakaar* remporte majoritairement les élections avec 125 des 165 sièges de l'Assemblée nationale, et 49,48 % des suffrages exprimés. Les partis de l'opposition dénoncent une « mascarade électorale » à cause d'une polémique sur l'organisation du scrutin. Le parti de l'ancien Président Abdoulaye Wade remporte seulement 19 sièges.

28 FÉVRIER 2019 Élections présidentielles. Le président sortant, Macky Sall, est réélu dès le premier tour avec 58,27 % des voix pour une durée de 5 ans. Il devance de loin ses opposants, l'ancien Premier ministre Idrissa Seck remportant 20,5 % des voix et Ousmane Soko, 15,67 %.

4 MAI 2019 L'Assemblée adopte le projet de révision de la Constitution, avec 124 voix, contre 7 « non » et 7 abstentions. Cette révision prévoit, entre autres, la suppression du poste de Premier ministre, de la motion de censure et l'impossibilité au président de dissoudre l'assemblée.

14 MAI 2019 Le Président Macky Sall promulgue la loi de suppression du poste de Premier ministre, renforçant ainsi le régime présidentiel du pays. Mahammed Dionne, Premier ministre depuis le 6 juillet 2014, est alors démis de ses fonctions et devient Secrétaire général de la présidence.

© ALEXANDROS MICHAILIDIS - SHUTTERSTOCK.COM

Le président Macky Sall.

MARS 2021 Manifestation de soutien à Ousmane Sonko, principal opposant de Macky Sall. Les rues de Dakar, ainsi que plusieurs villes du pays, s'embrasent. Le gouvernement fait état de 13 morts.

TOP 10

PERSONNAGES HISTORIQUES

De la colonisation française à l'Indépendance, et ce jusqu'à aujourd'hui, le Sénégal a été marqué par la présence de personnages charismatiques, des guerriers influents aux hommes politiques ambitieux, qui ont influencé le cours de son histoire. Voici les plus illustres de ces figures.

LOUIS FAIDHERBE

Premier gouverneur du Sénégal, il pacifie la colonie, développe le commerce et les infrastructures.

LÉOPOLD SÉDAR SENGHOR

Le président-poète mène son pays vers l'indépendance, tout en gardant des liens avec la France.

BLAISE DIAGNE

Député au Palais Bourbon, il obtient la nationalité française aux habitants des 4 Communes.

LAMINE GUEYE

Avocat et député africain, cet illustre politicien fut un fervent défenseur des droits en Afrique.

LAT DIOR DIOP

Dernier roi du Cayor, ce guerrier lutte contre l'expansion coloniale, jusqu'à en perdre la vie.

AHMADOU BAMBA

Fondateur du mouridisme, ce résistant au pouvoir colonial rassemble des milliers de fidèles.

AMINATA SOW FALL

Pionnière des lettres africaines, elle a reçu plusieurs prix prestigieux pour ses romans engagés.

ALINE SITOÉ

Héroïne de la résistance en Casamance, cette prêtresse effraya le pouvoir colonial par ses miracles.

MAME MADIOR BOYE

Première femme chef du gouvernement, elle œuvre à la parité en nommant des femmes ministres.

OUMAR TALL

Chef de la confrérie tidjane, il propage l'islam en Afrique de l'Ouest et résiste aux colons.

LES ENJEUX ACTUELS

Sous l'impulsion du Plan Sénégal Émergent, le Sénégal vit une croissance économique en pleine expansion, avec un taux au-dessus des 6 % depuis 2015. Initié par le président Macky Sall en 2014, ce nouveau modèle de développement devrait permettre au pays d'accélérer sa marche vers l'émergence économique à l'horizon 2035. Construction d'un pôle urbain attractif, d'infrastructures modernes, autosuffisance en riz, amélioration des conditions de vie ou encore développement du tourisme, les projets ne manquent pas. Pourtant, derrière cette bonne santé économique, se cache un pays de plus en plus endetté où près de la moitié de la population vit sous le seuil de pauvreté. Le Sénégal a donc encore de nombreux défis à relever avant que sa forte croissance bénéficie à tous ses habitants. D'ailleurs, la découverte de gaz et pétrole au large de Saint-Louis suscite de nombreux espoirs. Petit tour d'horizon d'un pays tendant vers l'émergence.

Vers une émergence du Sénégal en 2035 ?

Au beau fixe depuis 2015, la croissance économique a permis un certain nombre d'améliorations dans le pays, notamment au niveau des infrastructures qui tendent à se moderniser dans différents domaines. L'ouverture du nouvel aéroport, la mise en place prochaine du TER, le désenclavement de la Casamance, la construction en cours du pôle économique de Diamniadio qui promet de désengorger Dakar sont autant d'investissements, qui, certes creusent la dette publique, mais qui offrent au Sénégal de nouvelles perspectives d'avenir. Sous la houlette du Président Macky Sall, le Plan Sénégal Émergent, adopté en 2014, jette les bases d'une stratégie innovante de développement, qui repose sur une économie forte et durable, le développement humain et une meilleure gouvernance. Bien que plusieurs secteurs commencent à bénéficier de ce système, permettant au pays de maintenir une belle croissance, ce plan profite encore peu à la population, dont la croissance du PIB par habitant reste encore faible, de l'ordre de 0,6 % par an. La pauvreté touche encore près de la moitié des habitants, les taux de chômage et d'analphabétisme restent élevés, dans un pays où la population, dont la moitié à moins de 20 ans, est chaque année toujours plus nombreuse. Avec un Indice de Développement Humain de 0,514 en 2018, la route est encore longue pour qu'émerge une classe moyenne capable de tirer son économie vers le haut. Outre maintenir sa croissance économique en développant les investissements notamment privés, l'État devra améliorer les conditions de vie de sa population, ce qui passera sans aucun doute par des investissements importants en matière de santé, d'éducation et d'emploi, s'il veut atteindre son objectif à l'horizon 2035.

DÉCOUVRIR

© DAMIAN PANKOWIEC - SHUTTERSTOCK.COM

Destination balnéaire idéale, le Sénégal possède de jolies plages, comme celle du Cap Skirring.

Le tourisme, un moteur de développement

Avec moins de 2 millions de touristes en 2019, le Sénégal peine à s'imposer comme une destination touristique de premier choix. Des conflits en Casamance à la crise économique de 2018, en passant par l'épidémie d'Ebola qui n'avait finalement pas affecté le Sénégal, de nombreux facteurs ont perturbé ces vingt dernières années la bonne santé du tourisme au pays de la Teranga. Sans parler de la crise sanitaire mondiale du coronavirus qui affecte l'année 2020 et qui risque d'être un important manque à gagner pour tous les professionnels du tourisme. Pourtant connu comme l'un des pays les plus stables d'Afrique, le Sénégal possède de nombreux atouts touristiques indéniables. À commencer par son accueil et son hospitalité légendaires, qui font toute la réputation de ce pays ensoleillé. C'est aussi une destination balnéaire agréable, avec plus de 700 km de côtes, où certaines plages, notamment celles de Casamance, offrent de véritables paysages de cartes postales. Le pays attire aussi de nombreux ornithologues et chasseurs qui viennent s'adonner à leur passion. Ces dernières années, l'offre culturelle s'est aussi développée avec l'ouverture de plusieurs musées à Dakar et à Saint-Louis, issus pour la majorité d'initiatives privées. Pour relancer son activité touristique qui représente actuellement près de 6 % du PIB, le Sénégal mise sur le développement d'infrastructures modernes, facilitant l'arrivée et le déplacement dans le pays. Ainsi, depuis l'ouverture de l'aéroport Blaise Diagne fin 2017, le trafic aérien a repris de plus belle, avec une augmentation de plus de 8 %, notamment avec l'arrivée de nouvelles compagnies comme Air Sénégal. Des autoroutes à péage ont vu le jour facilitant le déplacement des populations, d'autres sont en projet. Quant au pont transfrontalier de Farafenni, inauguré en 2019, il permet, outre de favoriser les échanges économiques entre le Sénégal et la Gambie, de désenclaver la Casamance, l'une des plus belles régions. Le pays de la Teranga se veut ainsi ambitieux pour les cinq prochaines années et souhaite atteindre l'objectif de 5 millions de touristes, à l'horizon 2025.

L'agriculture, un potentiel à exploiter

Représentant autour de 15 % du PIB du pays et employant près de la moitié de la population, le secteur agricole tend également à se dynamiser et se moderniser, lui qui est aujourd'hui au cœur du Plan Sénégal Émergent. Entre agriculture vivrière et de rente, le Sénégal tente de trouver un juste équilibre pour diversifier sa production agricole, acquérir l'autosuffisance alimentaire et augmenter ses exportations. Car pendant de nombreuses décennies, la culture de l'arachide, au centre des investissements de l'État, eut le monopole du secteur, elle qui représentait jusqu'à 80 % des exportations. Cependant, à partir de 1970, cette filière connaît une crise sans précédent, et les agriculteurs peinent à écouler leurs récoltes, ce qui entraîne une baisse du cours et un manque à gagner important pour les agriculteurs. Ce n'est qu'à partir de 2015 que le secteur reprend des couleurs, avec une production de plus d'un million de tonnes d'arachides, dont la Chine se retrouve aujourd'hui le principal acheteur. Après cette crise, l'État change de stratégies et mène différents plans d'action pour développer ce secteur. C'est ainsi que de nombreux investissements sont réalisés de Saint-Louis à Podor, dans la vallée du fleuve Sénégal, dans le but entre autres d'acquérir l'autosuffisance en riz. Bien que ce défi n'ait toujours pas été relevé, lui qui était prévu pour 2017, la production rizicole du Sénégal a cependant été multipliée par quatre, entre 2014 et 2019. Outre le riz, le gouvernement s'est enfin décidé à faire de l'horticulture l'un des leviers du secteur, en investissant dans la vallée du fleuve Sénégal et sur la bande littorale des Niayes. Tomates, oignons, haricots verts, maïs et courges, la production, en forte croissance depuis 2012, a atteint près de 1,5 million de tonnes en 2018. Pas de quoi encore couvrir la totalité des besoins du pays, mais ce secteur à fort potentiel offre quelques perspectives d'avenir.

Ressources minières et hydrocarbures, des filières prometteuses ?

Du phosphate à l'or, en passant par le zircon, le fer et le cuivre, entre autres métaux et minéraux, les sous-sols sénégalais offrent une grande richesse minière dont le pays n'exploite qu'une partie. Par son nouveau code minier plus souple adopté en 2016, le Sénégal souhaite attirer de plus en plus d'investisseurs et générer plus de ressources de l'exploitation des minerais, tout en préservant les populations alentour. Car ce secteur, s'il est bien encadré, pourrait devenir un moteur de croissance et de prospérité pour le pays dans les années à venir, lui qui emploie pour l'instant environ 14 % de la population. Déjà avec plus de 1,6 million de tonnes produites en 2019, le phosphate constitue l'un des piliers de ce secteur, dont l'exploitation remonte depuis les années 40. Bien que le Sénégal soit le 16e producteur mondial, il souhaite atteindre le top 10 dans les prochaines années. De même qu'il ambitionne de devenir l'un des plus grands exportateurs d'or du continent africain d'ici 2035, dont la production a atteint 12,57 tonnes en 2018. Outre les mines Sabodala et de Kharakhéna, près de Kédougou, la mine de Mako, exploitée depuis 2018, offre de grandes perspectives d'exploitations et donc de revenus pour le pays.

Votre numéro en kiosques !
AMINA mag
MODE BEAUTE SOCIETE LIFESTYLE PEOPLE CULTURE AGENDA AMINA TV
RETROUVEZ VOTRE MAGAZINE PRÉFÉRÉ SUR LE WEB !
www.amina-mag.com
NOUVELLE VERSION
Retrouvez nous sur facebook.com/aminamagazine
et twitter @aminamagazine

Côté hydrocarbures, la découverte depuis 2014 d'importants gisements de pétrole et de gaz au large des côtes sénégalaises suscite de nombreux espoirs auprès du gouvernement et des populations. Plusieurs compagnies pétrolières étrangères commencent à investir le pays pour démarrer l'exploitation de ces ressources aux alentours de 2022, dont les réserves sont estimées à plus d'un milliard de barils de pétrole et environ 1 100 milliards de m^3 de gaz. Le Sénégal entrera donc prochainement dans la cour des pays producteurs d'hydrocarbures et pourrait même se hisser dans le top 10 des producteurs de gaz en Afrique. Mais si cette manne offre de nouvelles perspectives pour le pays, bénéficiera-t-elle aux populations ? Seul le temps nous le dira...

Les enjeux du pays

Si la politique, et en particulier sa démocratie, place le Sénégal en tête de nombreuses nations africaines, son économie ne suit pas. Dakar est loin d'avoir dans ce domaine le leadership de l'Ouest africain, rôle qu'on attribue plus volontiers à Abidjan, en Côte d'Ivoire. Son PIB, malgré un taux de croissance annuel moyen de 6,5 %, est encore trop faible. Le Sénégal, qui figure au palmarès des États les plus aidés d'Afrique, a du mal à surmonter sa dette extérieure estimée à plus de 7 100 milliards de FCFA en 2018, et qui augmente chaque année. Les grands pontes de Dakar, qui abrite 90 % des industries, ne compensent pas le chômage, qui atteint autour de 15 % de la population. Un taux qui grimpe à 27 % pour les moins de 25 ans. L'exode vers l'étranger n'est pas non plus une mince affaire dans certaines provinces, car le travail a la réputation de faire vivre plus facilement du côté des contrées européennes. C'est ce qui explique ces gens manquants à Podor ou à Bakel qui, dans Paris, se lèvent plus tôt que la moyenne et s'habillent en vert pour s'occuper des poubelles ou pour réaliser des travaux difficiles et mauvais pour la santé. Tout cela afin d'envoyer un mandat à la fin du mois et faire vivre la famille demeurée là-bas. L'exode ne touche pas que la classe moyenne et le pays souffre cruellement d'un manque d'élites. L'économie du pays tend à être prise en main par les organismes internationaux que sont le Fonds monétaire international (FMI) et la Banque mondiale (BM). Les résultats structurels sont là, mais les industriels dénoncent des modèles inadéquats importés d'autres pays et qui s'appliquent mal au contexte sénégalais. Cependant, le Sénégal aspire à relever son économie d'ici 2035, diversifier ses ressources économiques, moderniser le pays et améliorer le quotidien des populations. Peut-être que les revenus qu'il tirera de ses futures exploitations d'hydrocarbures l'aidera-t-il dans sa quête d'un avenir meilleur tant pour son économie que ses habitants ?

© CESAR J. POLLO - SHUTTERSTOCK.COM

Rizières en Casamance.

ARCHITECTURE

Les anciens royaumes du Sénégal laissèrent place, à l'initiative des marins portugais découvrant la côte au XVIe siècle, aux premiers ports de traite négrière. L'île de Gorée est ainsi une archive vivante de l'histoire de l'esclavagisme. L'architecture sénégalaise s'est développée durant plus de trois siècles, entre style colonial et métisse – une spécificité du pays. En matière d'architecture, le Sénégal est une exception sur le continent. Il ne connut ni souverain bâtisseur ni de château luxueux, pas non plus de palais royal comme au Bénin, ou d'empire tout puissant comme au Mali, pas de vestiges monumentaux comme au Zimbabwe, ni même de pyramides devant lesquelles les touristes prennent la pose et s'extasient. Non, au Sénégal, qu'elle soit vernaculaire, métisse, coloniale ou contemporaine, l'architecture est modeste. Pourtant, le visiteur pourra constater que cette dernière n'est pas sans intérêt, bien au contraire.

Les vestiges protohistoriques de Sénégambie

L'architecture de la région d'Afrique de l'Ouest correspondant aujourd'hui au Sénégal remonte au néolithique. De nombreux mégalithes sont encore debout pour témoigner des prémices d'une proto-architecture. Les cercles mégalithiques de l'île de Fadiouth en sont un bel exemple. Dans toute la région de Sénégambie, entre les deux fleuves du même nom, ils sont près d'une centaine, quatre-vingt-treize précisément, et classés au Patrimoine mondial de l'Unesco. Les cercles sont répartis sur quatre sites : Sine Ngayène, Wanar, Wassu et Kerbatch. Les pierres, allant de huit à quatorze, sont taillées à partir de roches volcaniques ou de Latérite, qui forme des concrétions faciles à travailler. Ils s'inscrivent dans un plus grand ensemble de sites où l'on retrouve aussi des pierres non dressées et des tumulus protohistoriques remontant aux Ier et IIe millénaires avant notre ère.

L'architecture vernaculaire

Etouffées par la puissance coloniale et les rivalités intestines, les sociétés traditionnelles n'ont jamais utilisé ni considéré l'architecture comme une marque de pouvoir. Néanmoins, leur génie et leur intelligence se sont manifestés à travers un habitat strictement fonctionnel, admirablement beau par sa sobriété et privilégiant l'usage des matériaux locaux : la pierre, la terre, le bois et la paille. Ce génie s'est manifesté indistinctement dans toutes les régions du Sénégal, depuis les cases de terre du Sénégal oriental, naturellement climatisées et parfaitement adaptées aux rigueurs du climat, jusqu'à la Casamance et ses magnifiques cases à *impluvium,* dont les toitures en forme d'entonnoir permettent de recueillir l'eau de pluie, et ses étonnantes cases à étages – sans oublier les cases peules sahéliennes, dont la légèreté et la facilité de montage conviennent au mode de vie nomade. Chez les peuples d'agriculteurs, les greniers à grains qui accompagnent les maisons sont une constante, quels que soient les matériaux avec lesquels ils sont fabriqués, on les retrouve toujours surélevés par rapport au sol, afin de préserver leur contenu des rongeurs.

L'architecture vernaculaire répond dans tous ses détails, à l'instar de la cosmogonie dogon, à des impératifs mystiques et ancestraux, que l'on peut deviner dans l'organisation fractale de l'habitat et la forme organique des concessions.

Le double héritage de l'architecture métisse et coloniale

Les îles de Gorée et de Saint-Louis, listées toutes deux au Patrimoine mondial de l'humanité par l'Unesco, sont considérées comme des chefs-d'œuvre de l'architecture coloniale. Cette appréciation doit être nuancée. Il convient, en effet, de distinguer l'architecture métisse de l'architecture coloniale. En effet, si elles se sont bien développées à l'époque coloniale, ces deux villes ont été bâties par la bourgeoisie métisse qui a monopolisé le pouvoir économique et politique du pays pendant près de trois siècles. Cet habitat si caractéristique, avec ses arcades, ses vérandas et ses cours ombragées, a été conçu et construit par les signares [les femmes métisses de Gorée et Saint-Louis] et leurs descendants, qui s'opposaient souvent vivement à l'autorité coloniale. La maison Guillabert, construite en 1900, tout comme l'Hôtel du palais à Saint-Louis, sont de beaux exemples de l'architecture de la bourgeoisie métisse de l'époque.

La Maison des esclaves de Gorée [p.138] est l'un des lieux les plus symboliques de la traite négrière. Datant de 1776, il s'agirait de la dernière esclaverie en date de Gorée. Son escalier à deux flèches encadre un couloir central chargé d'histoires. Il ouvre directement sur la mer, créant une percée de lumière vive au cœur du bâtiment. C'est par là que les esclaves seraient partis pour un voyage sans retour.

Du moins, c'est ce que racontait son conservateur à tous les visiteurs. Les recherches historiques ont déterminé qu'il s'agissait en fait de la demeure de la signare Anna Colas, mais il n'en demeure pas moins que le lieu participe au devoir de mémoire – l'étage de ce beau bâtiment ocre sert aujourd'hui de musée. L'opiniâtreté de son conservateur, Boubacar Ndiaye (1922-2009), a contribué à placer Gorée au cœur de l'histoire de l'esclavagisme jusqu'à ce que l'île soit placée, en 1978, sur la liste du Patrimoine mondial de l'Unesco. Il y avait sûrement du bon à tant affabuler !

Pour leur part, les colons produisaient dans ces villes une architecture monumentale destinée à impressionner les autochtones et à marquer leur pouvoir, militaire tout d'abord, administratif par la suite. Ainsi, alors que s'apaisaient les rivalités entre les nations, l'ancien fort de Saint-Louis, fondé en 1659, est devenu palais du gouverneur. Celui édifié plus tard à Dakar par le gouverneur Roume inspirera toute une série d'ouvrages surchargés au style néoclassique, tels que la Chambre de commerce ou la Mairie.

Mélange des genres

Quelques édifices dakarois se distinguent par leur originalité et leur éclectisme parfois déroutant, comme la cathédrale du Souvenir africain (p.105), inaugurée en 1929. Ses tours sont le reflet de l'architecture néo-soudanaise qui a le vent en poupe à l'époque (exprimant la synthèse des styles soudanais et coloniaux) tandis que ses multiples coupoles et terrasses sont réalisées dans un pur style byzantin. Ses cariatides ont les traits de jeunes femmes peuls. Ses matériaux sont africains (grès soudanais, marbres tunisiens, bois gabonais) et européens (granit breton et bronzes d'Auteuil). L'édifice est bâti sur un plan en croix grecque, dont le centre est occupé par une vaste coupole éclairée de vingt fenêtres.

La gare de Dakar est bâtie en 1914 dans un style colonial qui semble influencé par l'Art nouveau, comme en témoignent ses grandes façades vitrées et leurs fines structures métalliques, tout comme les auvents et les corniches. Sa couleur ocre et ses toits en pente évoquent pour leur part l'architecture locale et coloniale. Le marché Kermel, à la grande charpente en métal, présente quant à lui des signes d'architectures islamiques sur sa façade, dont la porte est formée d'un grand arc outrepassé, caractéristique de l'architecture mauresque. Il a été entièrement reconstruit en 1997 à la suite d'un incendie. Le marché Sandaga (p.128) se reconnaît à sa dentelle de béton armé reproduisant un moucharabieh. Il est aujourd'hui menacé de démolition. Magnifique exemple du style soudano-sahélien, le Musée Théodore Monod (p.107) d'art africain a été construit en 1931.

Grâce à l'usage du béton, les bâtiments prennent de la hauteur. L'immeuble Maginot à Dakar est représentatif du style architectural des années 1940. Une architecture moderne émerge progressivement. Les immeubles qui entourent la place de l'Indépendance, comme l'université Cheikh Anta Diop (1959) et le grand hôtel de Ngor Diarama, en sont de beaux exemples.

Monument de la Renaissance africaine à Dakar.

Senghor et le parallélisme asymétrique

A l'indépendance, en 1960, le président Senghor, qui vient d'hériter des rênes du pouvoir, souhaite un renouveau esthétique de l'architecture, qui puiserait son inspiration dans la tradition locale. Il redéfinit les canons du style soudano-sahélien et invente le « parallélisme asymétrique », dont il rend l'application obligatoire – et la loi est toujours en vigueur. Les exemples qui se revendiquent clairement du parallélisme asymétrique sont la foire de Dakar, appelée CICES, et sa propre maison sur la Corniche, devenue le musée Senghor. Citons aussi l'emblématique immeuble Kébé, bâti dans les années 1990, il est l'un des plus hauts de Dakar. La ligne irrégulièrement découpée de sa façade crée un jeu de lignes évoquant l'Op'art. En centre-ville, quelques grands buildings s'inspireront en façade de la forme et des couleurs des masques africains ou des tissages traditionnels.

L'architecture contemporaine

Dakar, la vieille ville blanche sur son cap vert, est désormais en pleine mutation. Si elle a bien conservé ses larges avenues ombragées,

© DORSTEFFEN - SHUTTERSTOCK.COM

Cercles mégalithiques, site de Sine Ngayène.

les arbres centenaires disparaissent peu à peu et les chantiers se multiplient. La corniche en bordure d'océan se densifie à mesure que les terrains prennent de la valeur. D'élégants immeubles modernes répondent aux édifices au style épuré des décennies précédentes. Les petites villas aux lambrequins ouvragés et aux épis de faîtage, choisies sur catalogue par les colons, disparaissent progressivement, victimes de la spéculation foncière. La Maison des anciens combattants, inaugurée en 1950, reconnaissable à sa belle façade Art déco ornée d'un grand bas-relief qui suit la courbe du bâtiment au premier étage, est en piteux état. Quelques-unes résistent encore, témoins anachroniques d'une époque révolue. La Porte du troisième millénaire, de Pierre Goudiaby Atepa (1947-), érigée en 2001, est censée symboliser cet intense développement de la capitale. L'architecte sénégalais se distingue aussi l'impressionnant **monument de la Renaissance africaine** (p.108), également à Dakar.

Une jeune génération d'architectes voit aujourd'hui le jour au Sénégal, à l'image du studio AMKNA, qui a récemment été nominé au World Architecture Awards dans la catégorie futurs projets, pour le Centre culturel de Sedhiou. Ce bâtiment en brique offre une toiture aérée en tôle, dont la charpente ouverte se détache des murs d'enceinte, permettant donc à l'air de circuler. En son centre, une ouverture circulaire permet de récolter l'eau de pluie et crée une fontaine intérieure. Son toit à entonnoir est une citation directe des cases à *impluvium* casamançaise, et un hommage au génie local. Les ouvertures sur les façades, encadrées de bois, rappellent quant à elles fortement le parallélisme asymétrique.

Un patrimoine architectural en péril

Mal protégé par des règlements inadaptés, l'absence de crédits et une insuffisante prise de conscience, c'est l'ensemble du patrimoine architectural sénégalais qui est menacé de disparition. La tôle ondulée remplace progressivement la paille et le parpaing de ciment se substitue à la brique de terre crue.

L'apparition des climatiseurs marque l'abandon de la prise en compte des critères climatiques dans le vocabulaire architectural et la disparition des grandes hauteurs sous plafond, des vérandas, des persiennes, des claustras et des brise-soleil. Cela se remarque particulièrement dans les faubourgs de Dakar, où le modèle architectural dominant s'apparente à un cube entièrement recouvert de carrelage, flanqué de loggias aux formes improbables.

En bordure du désert, les bergers peuls se sédentarisent dans des maisons au confort incertain, mais assurément moderne, tandis qu'en Casamance, les cases à *impluvium* se comptent désormais sur les doigts d'une seule main. Les atteintes au patrimoine sont irréversibles et les architectes, chers au cœur de Senghor, en sont parfois les principaux acteurs. Au reste, l'école d'architecture de Dakar a fermé ses portes en 1991. La protection de l'Unesco reste dérisoire et il est désormais fortement question de placer Saint-Louis sur la Liste du patrimoine mondial en péril.

BEAUX-ARTS

La fondation du Musée des civilisations noires symbolise la volonté d'un peuple à valoriser sa richesse culturelle. L'histoire artistique du Sénégal compose avec les traditions et un goût certain pour l'expérience plastique. Première spécificité sénégalaise, le souwèr (sous-verre) émerge au XIXe siècle comme une solution libératrice. Il faut dire que le sens esthétique coule dans les veines du Sénégal. La peinture s'amuse ici à investir chaque support à sa disposition : la peau, l'espace public, les salons de coiffure ou encore les affiches. En plus des lieux d'exposition récemment établis, une incursion au cœur des ateliers d'artistes s'impose pour qui souhaite se familiariser avec la création contemporaine. C'est là que vous entendrez une scène vibrante chanter son hommage à Léopold Sédar Senghor. Nul doute que le poète-président serait fier que Dakar compte désormais parmi les épicentres de la scène internationale.

Art traditionnel

L'art africain traditionnel combine toutes les formes de la création. Arts plastiques, musique et danse imprègnent le quotidien au même titre que l'ornement des corps. De fait, l'art, qui est en réalité un concept occidental, reste intimement lié à la religion jusqu'à une époque récente. Chaque œuvre s'enracine dans son lieu d'origine de même que les rites qui lui sont associés. Les cultures diola, peul, malinké et wolof dominent le pays. Ces derniers ont notoirement laissé des masques semainiers, série représentant chaque jour de la semaine.

Dans ce cadre, la sculpture sur bois occupe un rôle essentiel, aux côtés de l'élaboration d'objets, par exemple en métal, en textile ou en perles. La peinture corporelle complète l'art des masques, des bijoux, la musique, la coiffure et les statues décoratives. Contrairement à ce qu'on a longtemps cru, l'art n'est pas anonyme, les créateurs ajoutant un petit signe distinctif sur chaque pièce. Par chance, la photographie a permis de documenter nombre de ces manifestations éphémères de l'imaginaire.

Peintre sur verre dans son atelier, Abkoon.

Pop art sénégalais

Dès le XIXe siècle, la peinture sous verre, ou fixé ou encore souwèr en wolof, offre un moyen de contourner les interdictions de représentation figurative émanant de l'Islam. Typiquement sénégalaises, ces scènes de la vie quotidienne sont figées sur une matrice en verre. Les images sont composées de couches superposées dans un ordre inversé, en commençant par le dessus. Ainsi l'artiste commence par signer, puis dessine les personnages et termine par le fond ou le décor.

Les fixés ont longtemps fait office de photographie bon marché. Gora Mbengue compte parmi les plus populaires des « souwéristes » traditionnels. Les thèmes ont peu évolué avec le temps, jusqu'à la génération montante, incarnée par Serigne Diagne et Germaine Anta Gaye qui se tournent vers l'abstraction.

Les tableaux en sous-verre sont particulièrement visibles à Dakar le long des avenues André-Peytavin et Georges-Pompidou, dans le centre-ville. Ce sont généralement des copies faites au calque, puis reproduites au Rotring sur le verre, mais le prix des fixés de qualité peut paraître prohibitif.

Citons par ailleurs la création par la récup' d'objets, élevée au rang d'art au Sénégal. Nulle part ailleurs vous ne verrez une telle maîtrise du détournement d'objets pour reconstituer véhicules ou personnages typiques.

Ecole de Dakar

Encouragé par le président Léopold Sédar Senghor, ce mouvement de renouveau artistique s'épanouit de pair avec l'indépendance, entre

© TOM PEPEIRA - ICONOTEC

Un fixé sous verre, art populaire du Sénégal.

1960 et 1974. Parmi les figures de proue de la première génération, le politicien Amouda Ba, le peintre Seydou Barry, le figuratif Alpha Walid Diallo ou encore Seyni Awa Camara, née vers 1945 en Casamance. Sculptrice et potière sénégalaise, Seyni demeure une autodidacte, inclassable et acclamée pour ses personnages en terre cuite.

En 1966 le premier festival des arts nègres jette les bases d'un style spécifiquement sénégalais représenté, entre autres, par le peintre abstrait Mor Faye ou Moussa Babacar Sy. Bien vite, une peinture et une sculpture contemporaines s'ébauchent et des noms s'imposent entre 1970 et 1980. Parmi les révolutionnaires, la Gorée de Souleymane Keïta et de Moustapha Dimé, les géants d'Ousmane Sow, avec un petit faible pour l'abstrait, celui de Serigne Mbaye Camara, de Viyé Diba, de Seyni Gadiaga ou de Djibril Ndiaye. Ils se distinguent par l'emploi de tons chauds, de rouges, d'ocres sahéliens et de bleu fertilité. Cette peinture s'exporte vers l'Europe du Nord, séduite par les contrastes, et les Etats-Unis où la nostalgie des aïeux africains fait recette.

Nouvelle génération

Un second souffle créatif rebondit sur l'héritage de l'Ecole de Dakar. Les thématiques se font plus urbaines, le style plus graphique, ou résolument abstrait. Cette nouvelle vague chamboule aussi bien la peinture (Ndoye Douts, Soly Cissé, Modou Dieng) que la sculpture (Ndary Lô). Citons Alioune Diagne, né en 1985, fondateur du mouvement figuro-abstro qui ambitionne de « construire une image figurative à partir d'éléments abstraits ». De près, le spectateur perçoit sur la toile une kyrielle de motifs géométriques tandis que de loin, apparaissent les personnages, danseurs, femmes peules ou parisiennes.

De nos jours, la peinture règne en maître au Sénégal. Elle égaie aussi naturellement les devantures des commerces que les bus ou les affiches publicitaires. Le dessin de style naïf domine l'espace public. Beaucoup s'improvisent artistes et pas seulement par souci d'esthétisme. Il faut savoir que la moitié de la population est aujourd'hui encore touchée par l'illettrisme et dans ce contexte, l'art s'impose comme un moyen de communication accessible à tous. De là, il n'y a qu'un pas jusqu'au street art.

Terre de l'art urbain

La capitale sénégalaise bénéficie d'un climat grandement favorable qui lui a permis de se constituer une scène culturelle florissante, notamment dans le quartier populaire de Médina. C'est dans cette partie défavorisée, mais incroyablement bouillonnante de la ville que Docta a fait ses premiers pas. Pionnier de l'art urbain sénégalais, il aborde à travers ses peintures murales des sujets politiques, de santé et d'éducation. Selon lui, le message à transmettre passe avant l'aspect visuel. L'essentiel est de communiquer, tout en intégrant l'œuvre à son environnement. Dans ce but, il commence par nettoyer les abords et demander l'autorisation des habitants, toujours ravis de voir leurs murs revalorisés. Docta a accompli un long chemin depuis ses premiers graffitis. Outre sa réalisation d'une fresque dans l'atrium du musée Guggenheim de Bilbao, l'artiste chapeaute le Festi Graff, lancé avec son association Doxandem Squad.

Chaque année, la manifestation d'art urbain la plus incontournable du continent africain rassemble une quarantaine de graffeurs aux côtés de danseurs, slameurs, DJ et créateurs d'une vingtaine de nationalités.

Dans ce milieu masculin, Dieynaba Sidibé, alias Zeinixx, met son art au service de la cause des femmes sénégalaises. La première graffeuse du pays appose son « blaze girly » sur les murs de Dakar, de la Corniche jusqu'au stade Pikine, en passant par la façade de l'ambassade des Etats-Unis. Aujourd'hui, sa renommée dépasse les frontières du continent africain.

Tendances actuelles

« *Les pouvoirs publics ne prennent pas conscience de cette effervescence et ne la soutiennent pas, contrairement aux nombreuses initiatives privées*, déplore Marina Sow, à la tête de **la maison Ousmane Sow** (p.108). Elle n'a pas attendu les aides officielles pour transformer la demeure de son père en musée, inauguré lors de la 13e biennale Dak'Art. Consacrée exclusivement aux artistes vivant sur et hors du continent, la manifestation d'art contemporain a été instituée par l'Etat du Sénégal en 1989 faisant d'elle la pionnière du genre sur le continent. Durant un mois, la foire réunit 75 artistes issus d'une trentaine de pays. A cela s'ajoute le festival off, dispersé sur 320 sites.

Comme partout, la création sénégalaise s'expose dans les galeries, principalement concentrées à Dakar. Et pour compléter ce panorama, il est bon d'accorder du temps à la **Galerie nationale d'art** (p.105) et au **musée Théodore Monod d'art africain de l'IFAN** (p.107). Saluons

© PHILIPPE PRUDHOMME - STOCK.ADOBE.COM

Masques traditionnels.

la galerie Cécile Fakhoury, la plus importante d'Afrique, basée à Abidjan, Dakar et Paris. Egalement la galerie Atiss, fondée par Aïssa Dione qui a lancé la carrière de l'éclectique Soly Cissé, désormais coté à l'international. Mais en Afrique, les collectionneurs peu habitués à passer par un intermédiaire se rendent directement dans les ateliers des artistes. N'hésitez pas à frapper à leur porte pour prendre le pouls de la scène artistique contemporaine.

L'art photographique

Le Musée de la Photographie de Saint-Louis (p.278) offre à l'art photographique un lieu digne de son histoire sur le sol africain. Centre d'archives et de promotion, ce musée resitue la ville de Saint-Louis au cœur des échanges entre l'Europe, l'Amérique et l'Afrique.

La photographie arrive en Afrique avec les explorateurs puis les colons européens qui trouvent ainsi un moyen de témoigner de leurs découvertes sur le Vieux Continent. Ceux qui s'installent en Afrique souhaitent immortaliser leur nouveau mode de vie. C'est ainsi que des studios européens ouvrent au début du XXe siècle à Saint-Louis. Les Sénégalais embauchés comme assistants se forment sur le tas à l'usage de l'appareil photographique.

L'essor de la photographie se produit durant l'entre-deux-guerres. Le premier photographe sénégalais, Meïssa Gaye, né en 1892, intègre le métier en 1923 à Dakar, à la même époque que d'autres grands noms de la photographie sénégalaise, tels que Mama Casset et Amadou Gueye dit « Mix Gueye ». Il est alors de bon ton de se faire photographier chez soi paré de ses plus beaux atours, ou de se rendre dans un studio renommé pour se faire tirer le portrait un jour de fête ou au retour d'une pêche fructueuse. La religion musulmane, majoritaire au Sénégal, ne s'oppose pas au portrait photographique. Bien au contraire, il est bien vu de se faire photographier pendant la prière à la mosquée.

L'explosion de studios à Dakar comme à Saint-Louis permet aux classes populaires d'accéder à cette pratique. L'âge d'or des portraitistes sénégalais s'étale de 1950 aux années 1980. La population se presse pour prendre la pose au Studio Diop, à l'African Studio ou au Tropical Photo. Les photographes appuient leur renommée sur leur talent artistique, et plus sur la seule maîtrise technique. Adama Sylla fait partie des premiers artistes à s'aventurer à l'extérieur pour documenter son quartier de Guet N'Dar à Saint-Louis ou les paysages de sa région.

De jeunes artistes se présentent comme les héritiers de cette tradition de portraitistes. Les images d'Omar Victor Diop racontent une Afrique urbaine et fashion. A l'instar d'Elise Fitte-Duval, Antoine Tempé ou Fabrice Monteiro, nombre de photographes étrangers choisissent de s'établir à Dakar, la capitale artistique d'Afrique de l'Ouest.

MUSIQUES ET SCÈNES

Lorsque l'on parle de musique sénégalaise, nous vient forcément en tête l'image du visage de Youssou N'Dour. « Roi du mbalax » – l'esthétique nationale – l'artiste éclipserait presque par son succès l'ensemble de la création locale, pourtant si riche. Du hip-hop à Dakar au jazz à Saint-Louis – et son immense festival – en passant par le blues mandingue ou les musiques traditionnelles jouées à la kora et aux sabars, il faut plus d'un voyage pour embrasser pleinement la culture musicale du pays. Comme dans beaucoup d'autres endroits du globe, la musique sénégalaise avance en funambule sur la fine frontière entre tradition et modernité. Ici, l'art est à la fois un reflet de la société contemporaine et en même temps, un lieu où préserver et valoriser l'héritage culturel. Ainsi dans la musique contemporaine, on croise souvent – pour ne pas dire tout le temps – des sonorités, rythmes ou percussions, vieux de plusieurs siècles.

Musique traditionnelle

Instrument parmi les plus symboliques du pays, le tam-tam qui servait autrefois à communiquer est aujourd'hui un ingrédient des cérémonies. Son rythme, axé sur la répétition des sons, pousse l'auditeur à la transe. Le tam-tam le plus réputé du Sénégal est le *sabar*, très fin et tout en longueur, qui se joue à la main et avec une baguette. Terme wolof, *sabar* désigne à la fois l'instrument, un style de musique, une forme de danse et une fête traditionnelle. Une troupe complète ne comprend pas moins de sept musiciens jouant des sabars différents et s'accordant tous sur le *nder*, le sabar en chef. Parmi les grands percussionnistes, il est indispensable de retenir Doudou Ndiaye Rose, classé « Trésor humain vivant » en 2006 par l'Unesco (rien que ça) et créateur du gorong yéguel, un *sabar* se jouant assis. Toujours côté percussion, citons aussi le *tama*, d'origine sérère, et que l'on appelle également le « tambour parlant » (ou *doum doum*) car il se joue avec une baguette qui peut moduler les sons comme une voix, et joue un rôle important dans les rythmiques de basses.

On trouve par exemple le tama dans le *njuup*, cette musique sacrée puisant son origine dans la religion sérère, et plus particulièrement dans les sons et chants qui accompagnent le rite de passage du *ndut*. C'est du *njuup* que descend le fameux mbalax, genre national.

« Pincez tous vos koras, frappez les balafons ». Le fait que cette phrase introduise le *Lion Rouge*, l'hymne national du Sénégal (écrit par Léopold Sédar Senghor) résume à lui seul l'importance de ces instruments emblématiques dans le cœur des Sénégalais. La kora est une harpe-luth mandingue à 21 cordes, dont on retrouve les premières traces dès la fin du XVe siècle en Afrique sahélienne (Sénégal, Mali, Gambie, Guinée, Sierra Leone...). Elle est parente d'autres harpes-luths très populaires comme le bolon (à trois cordes) ou le n'goni (de 4 à 7 cordes). La facture de l'instrument se constitue d'une calebasse, caisse de résonance sur laquelle est fixé un manche central cylindrique en bois de santal ou en acajou. Les cordes de nylon sont réparties en deux rangées parallèles sur un chevalet perpendiculaire à la table d'harmonie en peau de vache. Deux baguettes situées de part et d'autre du manche permettent au musicien de tenir l'instrument dont les cordes sont jouées avec le pouce et l'index de chaque main. Les vedettes de l'instrument dans le pays sont Lamine Konté, un des griots les plus populaires de la culture mandingue, et dans une veine traditionnelle Toumani Diabaté ou Ballaké Sissoko. Plus modernes, Ali Boulo Santo et surtout le grand Djeli Moussa Diawara (demi-frère de Mory Kanté) ajoutent des effets ou marient l'instrument à des genres comme le jazz, le blues, le flamenco ou la salsa. Citons également, le compositeur Jacques Burtin qui a introduit la kora dans l'univers orchestral de la musique contemporaine. L'abbaye Saint-Benoît de Keur Moussa, dans les environs de Dakar, est célèbre pour son atelier de fabrication de kora, qui produit depuis le début des années 1970 des instruments respectant les traditions de la confection. Un beau rendez-vous pour entendre quelques-uns des meilleurs musiciens de cette région du globe est le Festival de Folklore et de Percussions de Louga. Un must. L'autre instrument iconique, c'est le balafon, ce xylophone composé d'un support en bois ou en bambou, sur lequel sont disposées des calebasses surmontées de lattes de bois de tailles croissantes. Aussi, quelque part entre traditions poétique et musicale, les griots sont le verbe du Sénégal, son Histoire, sa bibliothèque et le mètre-étalon de sa chanson. Ces bardes sont toujours très présents et comptent même dans leur rang quelques vedettes comme Ablaye Cissoko (surtout connu en tant que jazzman, mais se définissant comme « un jeune griot mandingue ») ou Lamine Konté, le grand joueur de kora. Il n'est pas rare d'entendre des griots lors de certaines occasions et des entités comme la Maison de l'Ecotourisme (p.180) de Palmarin proposent d'emmener des voyageurs dans les soirées où ils officient.

Musique populaire

Pilier de l'identité sénégalaise, on pourrait presque résumer l'expression musicale populaire locale au mbalax. Omniprésent et facilement identifiable, le genre naît dans les années 1970, fusion de rythmes et instruments traditionnels (dont le *njuup*) et de genres plus modernes comme le zouk, le funk ou le jazz. Mais c'est une décennie plus tard, dans les années 1980, que le mbalax explose avec le succès international de Youssou N'Dour, le maître du genre. Outre ce dernier, le mbalax compte quelques grands noms comme Baaba Maal aussi surnommé « roi du yéla » (musique de l'ethnie toucouleur dont il est membre) ainsi qu'Ismaël Lô, un des musiciens les plus médiatisés d'Afrique, passé par le mbalax, mais plus folk, soul et jazz. Aujourd'hui, le genre continue à évoluer et se marie au coupé-décalé, à la pop ou au hip-hop.

Aussi, depuis les années 1960-1970 un courant d'influences latine et occidentale a irrigué la musique sénégalaise. C'est à cette époque et dans ce contexte qu'un grand groupe sénégalais voit le jour : Orchestra Baobab. Si la première heure de gloire du groupe date des années 1960 où il est connu dans toute l'Afrique de l'Ouest, il va connaître un succès en deux temps. Dans les années 1980, les nouvelles icônes telles que Youssou N'Dour et Xalam ainsi que la vague du mbalax emportent tout sur son passage. L'Orchestra Baobab fait face à une traversée du désert. Mais c'était sans compter sur un certain Nick Gold, directeur de World Circuit et spécialiste des retours sur le devant de la scène d'anciennes gloires (la renaissance du Buena Vista Social Club, c'est lui). Il organise leur retour en 2001, réédite leur album *Pirates Choice* et le succès frappe de nouveau à la porte. L'occasion pour le monde entier et les jeunes générations de re(découvrir) cette musique incroyablement chaloupée, métissage d'influences du monde entier, chantée en wolof, français ou espagnol. S'ils sont programmés sur scène, c'est à ne manquer sous aucun prétexte !

Et des scènes, le pays n'en manque pas, à commencer par le Centre Culturel Blaise Senghor de Dakar, plutôt dynamique et parfois bien programmé. Sinon, **l'Institut français de Dakar,** (p.131) stratégiquement implanté au cœur de la ville, a su proposer aux Dakarois une offre culturelle riche et variée. Tout au long de l'année, l'Institut français accueille de grandes personnalités dans tous les domaines artistiques et c'est notamment ici qu'ont débuté et se sont produits les plus grands musiciens, à l'image de Youssou N'Dour, Ismaël Lô, Cesaria Evora, Tiken Jah Fakoly et bien d'autres. Autre grand lieu culturel en ville, le **Théâtre National Daniel Sorano** (p.131) propose, outre les représentations du Ballet national et les pièces de théâtre, de nombreux concerts de musiciens et chanteurs sénégalais plus ou moins connus.

Joueur de kora.

En province, on conseillera Le Petit Saint-Trop' de Saly, petit bar très agréable proposant des concerts d'artistes locaux ainsi que le Centre Culturel Cisko de Cap Skirring, sans aucun doute l'adresse la plus intéressante pour sortir en ville et voir des concerts.

Le jazz

Si la « mbalaxmania » ne dégonfle pas, dans le Sénégal d'avant Youssou N'Dour, le jazz était roi (ou presque). Parlez-en à de vieux Dakarois et vous verrez à quel point leur culture jazz est étoffée. Demeure sur place un public passionné et surtout des créateurs à l'imagination débordante. Parmi eux, Ablaye Cissoko est un des plus courus. Tout du moins à l'internationale puisque sa réputation à l'extérieur du pays dépasse malheureusement sa renommée au plan national. Grand joueur de kora – qu'il « taquine » depuis l'âge de 2 ou 3 ans – Ablaye Cissoko dirige aujourd'hui une grande formation sénégalaise de jazz : le Saint-Louis Jazz Orchestra. D'autres jazzmen du pays à connaître sont Mor Thiam (le père du rappeur Akon) fabuleux percussionniste, Ali Boulo Santo, virtuose de la kora ou Herve Samb, guitariste qui a le vent en poupe.

Evidemment, lorsque l'on parle jazz au Sénégal, on pense immédiatement au Festival International de Jazz de Saint-Louis. C'est ici que chaque année se produisent les plus grands noms du jazz depuis son lancement en 1993. Autrement, au Plateau à Dakar, on trouve dans la cave de l'hôtel **Le Djoloff** (p.112), un club de jazz où sont organisés le week-end des concerts de qualité. Notons également qu'à Cap Skirring, le **Bayonnais** (p.227) est le spot incontournable non seulement pour prendre un bon petit déjeuner à la française, mais aussi pour des concerts de musique diola ou de jazz.

Le rap

Existe-t-il un recoin du monde qui n'ait pas été touché par le hip-hop ? Le Sénégal ne fait pas exception, la jeunesse urbaine locale y ayant trouvé un véhicule idéal pour s'exprimer. Les pionniers des années 1990, Didier Awadi et Amadou Barry (alias Duggy Tee) – et leur groupe, le fameux Positive Black Soul (PBS) désormais séparé – ou Daara-J, groupe du célèbre Faada Freddy, sont toujours très populaires et côtoient de jeunes prodiges comme Dip Doundou Guiss, étoile montante du rap sénégalais. Dans l'ensemble, les textes – chantés en wolof, français ou anglais – sont truffés de jeux de mots puisés dans la sagesse populaire et dénoncent les torts, les tares et les travers de la société et ses dirigeants.

Un très bon rendez-vous pour écouter du rap au Sénégal, est le Yakaar, Festival International des Musiques Urbaines. Anciennement « Hip-Hop Awards », l'événement est un plateau de

© A KATZ - SHUTTERSTOCK.COM

Le chanteur sénégalais Youssou N'Dour.

découverte de nouveaux talents et de redécouverte des pionniers du hip-hop et des cultures urbaines sénégalaises.

Danse

En tête des danses sénégalaises, on trouve bien entendu le fameux *sabar*, terme qui désigne à la fois la danse, l'instrument et la fête organisée à l'occasion d'un mariage ou d'un baptême. Avec le temps, le répertoire traditionnel du *sabar*, ses lieux de représentation et ses fonctions ont évolué, mais ses gestes demeurent, à la fois sensuels, physiques et acrobatiques.

Aussi, la scène de danse contemporaine est plutôt active au Sénégal. L'Ecole des Sables – aussi appelée Centre international en danses traditionnelles et contemporaines africaines – fondée à Toubab Dialaw par l'illustre Germaine Acogny, a formé toute une génération de danseurs chorégraphes dans le pays à sa « technique Acogny », synthèse des danses traditionnelles d'Afrique de l'Ouest et des danses classique et moderne occidentales. Une référence incontournable au niveau continental et international. La discipline bénéficie d'ailleurs d'un festival de belle ampleur, le Festival Duo Solo Danse, qui, durant trois jours et trois nuits, propose de nombreuses représentations chorégraphiques contemporaines de qualité.

LITTÉRATURE

Ce n'est rien de le dire, la littérature sénégalaise se porte très bien. Preuve étant l'abondance dont jouit le lecteur français quand l'envie lui prend de la découvrir, le choix lui étant laissé entre les écrits des figures tutélaires telles que Léopold Sédar Senghor et ceux d'une légion de nouvelles plumes : Fatou Diome (*Les Veilleurs de Sangomar*, 2019, Albin Michel), Aminata Zaaria (*La Nuit est tombée sur Dakar*, 2004, Grasset), Mamadou Mahmoud N'Dongo (*Kraft*, 2015, Gallimard), Mohamed Mbougar Sarr (*De purs hommes*, 2018, Philippe Rey) ou encore Felwine Sarr (*Afrotopia*, 2016, Philippe Rey), pour n'en citer que quelques-unes. Par ailleurs, les liens entre le Sénégal et la France étant forts, notamment par l'usage d'une langue commune, il serait impossible de ne pas se laisser tenter par cette double culture mise au service d'une prose novatrice, à l'instar de David Diop qui, avec *Frère d'âme*, a remporté le Prix Goncourt des Lycéens en 2018.

De Phillis Wheatley à Léopold Sédar Senghor

La somme que représente la littérature orale africaine est si importante que les travaux des chercheurs, à l'exemple de Veronika Görög, ne font sans doute que l'effleurer. Nous nous attarderons ici sur la littérature écrite, et sur sa première représentante sénégalaise, Phillis Wheatley, dont l'histoire est aussi fascinante que tragique. Née vers 1753, la fillette est victime du commerce triangulaire et est débarquée à Boston en 1761. Achetée par un homme qui lui léguera son nom, elle bénéficie néanmoins d'une certaine éducation, promulguée par Mme Wheatley et la fille de celle-ci, et prouve surtout dès sa prime adolescence sa grande intelligence.

Phillis Wheatley.

Epoustouflant la bonne société bostonienne par ses traductions d'Ovide, elle impressionne tout autant à quatorze ans quand elle écrit ses premiers poèmes. En 1773, elle publiera à Londres – l'ouvrage ayant été refusé aux Etats-Unis – un recueil, *Poems on Various Subjects, Religious and Moral*, non sans avoir eu à démontrer l'année précédente, lors de ce qui pourrait s'apparenter à un procès, qu'elle était bien l'auteure de ses vers. Affranchie à la mort des Wheatley, Phillis se marie en 1778. Ni son talent ni cette union ne l'empêcheront de sombrer dans la misère et d'y trouver la mort en 1784. Une cinquantaine d'années après son décès, deux ouvrages paraîtront et figurent toujours aujourd'hui dans la liste des classiques.

De l'autre côté de l'Atlantique, la littérature commence également à s'écrire dans la langue du colon, le français, qui est toujours langue officielle, mais cohabite avec six langues nationales et autant d'idiomes vernaculaires. Si l'on peut citer le récit de voyage né sous la plume du métis Léopold Panet, décédé en 1859 après une vie pour le moins épique, en matière de romans d'aucuns se disputent encore sur la première œuvre à en mériter le titre. *Le Réprouvé* de Massyla Diop gagne les faveurs de certains, d'autres lui préfèrent l'autobiographie de Bakary Diallo (1892-1978) qui, dans *Force bonté*, relate son expérience de tirailleur sénégalais durant la Grande Guerre, les uns penchent en faveur de *La Bataille de Guilé* écrit en 1908 par Amadou Duguay Clédor, les autres privilégient *Les Trois volontés de Malic* dans lequel Amadou Mapaté Diagne (1886-1976) évoque son village, Diamaguène, et la cohabitation entre héritage africain et influences occidentales.

Quoi qu'il en soit, c'est à la faveur d'un poète mondialement renommé que la littérature sénégalaise gagne véritablement ses lettres de noblesse. Né le 9 octobre 1906 à Joal, Léopold Sédar Senghor connaîtra un destin hors du commun, littérairement aussi bien que politiquement. Fils d'une bonne famille ayant trouvé fortune dans le commerce, c'est en France qu'il part faire ses études à 22 ans. Agrégé de grammaire, premier Africain à remporter ce concours, il devient professeur. La Seconde Guerre interrompt ce brillant parcours, il échappera de peu à la mort et connaîtra les camps de prisonniers. A l'issue du conflit mondial, il se lance en politique. Elu député en France, il exerce également des fonctions dans son pays natal, et à l'heure de l'indépendance de celui-ci, en 1960, est désigné à l'unanimité pour présider l'Assemblée fédérale. Mais Léopold Sédar Senghor est également le représentant d'un courant littéraire qu'il contribuera à forger avec Aimé Césaire, son ami qui le premier en 1935, dans le troisième numéro de la *revue L'Etudiant Noir*, usera du terme de « négritude ». Les définitions en sont autrement complexes et soulèvent maints positionnements plus ou moins radicaux, Senghor ne cessera d'ailleurs de réfléchir, de soupeser et de mettre en balance le rejet du colonialisme avec l'assimilation d'une langue qu'il a faite sienne et qui lui a permis d'exprimer une poésie qui se découvre aux éditions Points. Membre de l'Académie française depuis 1983, ses funérailles en 2001 souffriront de la cuisante absence de hauts responsables politiques du pays qui avait pourtant salué son audace intellectuelle.

Du XXe au XXIe siècle

S'il est difficile de rivaliser avec la notoriété acquise par Senghor, la littérature du Sénégal n'en reste pas moins si dynamique et si féconde qu'elle en est admirable par sa richesse. Ainsi, le contemporain de Senghor, Ousmane Socé Diop (1911-1973), est couronné en 1947 par le Grand Prix littéraire d'Afrique occidentale pour *Karim, roman sénégalais*, paru en 1935. Deux ans plus tard, il raconte à demi-mots son amour impossible pour une Blanche dans *Mirages de Paris*. C'est enfin pour ses *Contes et légendes d'Afrique noire* – publiés en 1938, mais toujours disponibles aux Nouvelles éditions latines – qu'il se fait connaître.

Il s'attache à récolter les mythes issus de la tradition orale, puis référencera les chansons de geste dans *Rythmes du Khalam*. Cette démarche se poursuivra grâce à Birago Diop (1906-1989), proche de Senghor, qui fera paraître en 1947 *Les Contes d'Amadou Koumba* et une version enrichie et préfacée par son ami à peine dix ans plus tard. Ses *Contes et Lavanes* remporteront pour leur part le Grand Prix littéraire d'Afrique noire en 1964.

Les écrivains oscillent entre la volonté d'explorer le patrimoine sénégalais et l'attrait pour une France qu'ils décrivent dans leurs ouvrages. Ainsi, Ousmane Sembène (1923-2007) marque les esprits en 1956 avec *Le Docker noir* (à se procurer chez Présence africaine), fruit de son expérience sur les quais marseillais. Il fera une remarquable carrière, aussi bien en littérature – plusieurs titres se dénichent facilement en librairie – qu'au cinéma, se faisant repérer dès son premier long-métrage, *La Noire de...* (Prix Jean-Vigo 1966).

À la même époque, Cheikh Hamidou Kane, né en 1928, fait paraître un titre emblématique, *L'Aventure ambiguë* (1961) qui n'en finit plus de susciter débats et essais. Ce roman, à lire en 10-18, demeure très actuel, il évoque le parcours initiatique et le déchirement entre deux cultures du jeune Samba Diallo, élevé selon l'enseignement coranique puis étudiant dans l'Hexagone. Les difficultés des femmes, quant à elles, font l'objet de deux livres importants d'Abdoulaye Sadji, décédé prématurément en 1961 : *Maïmouna* et *Nini, mulâtresse du Sénégal* qui se découvrent également aux éditions Présence africaine. Enfin, dans le domaine du théâtre, Cheikh Aliou Ndao rafle les récompenses pour ses pièces qui ressuscitent l'histoire ancestrale de son pays, et donne aussi à lire en wolof un roman, *Buur Tilleen*.

Cette effervescence est portée par la volonté de transmettre affirmée par un groupe qui dès 1947 fait paraître une revue littéraire, *Présence Africaine*, qui deux ans plus tard deviendra la maison d'édition éponyme, puis une librairie qui se visite depuis les années 60 dans la capitale française, au 25 bis, rue des Ecoles. A la tête de cette initiative, un homme, Alioune Diop, né en 1910 à Saint-Louis, qui rêve de panafricanisme et d'émancipation culturelle. Sous le patronage d'intellectuels, Sartre, Camus, Gide... – Diop est alors sénateur et vit à Paris – et grâce à ses contributeurs prestigieux, la publication, qui est éditée simultanément en France et au Sénégal, remporte tous les suffrages. Ce talent à fédérer, parfois au détriment de l'élaboration d'une œuvre personnelle, sera salué à l'heure de sa mort survenue en 1980, et continuera de s'exercer bien au-delà de celle-ci. Dans son équipe rapprochée se trouvait également le poète Lamine Diakhaté (1928-1987) qui sera lui aussi l'un des chantres de la *négritude* mais dont les textes sont aujourd'hui malheureusement plus compliqués à trouver.

La place des femmes

L'indépendance de 1960 rime aussi avec émancipation féminine, fait notable les femmes sont particulièrement bien représentées dans la littérature sénégalaise. Les premiers essais sont dus à Kiné Kirama Fall qui exerce en poésie (*Chants de la rivière fraîche*, 1975), à Nafissatou Niang Diallo qui s'essaye à l'autobiographie dans *De Tilène au plateau* la même année, et à Annette Mbaye d'Erneville qui lance une revue féminine, *Femmes de soleil*, et s'attelle à l'écriture enfantine (*Chansons pour Laïty*, 1976). Mais c'est Aminata Sow Fall, née à Saint-Louis en 1941, qui réellement s'engagera dans une littérature critique et qui, d'une plume acérée, n'hésitera pas à égratigner les travers de la société dans laquelle elle a été élevée. Dans *La Grève des bàttu ou Les Déchets humains* (éditions du Rocher), elle imagine la rébellion de mendiants s'opposant à un ministère chargé de procéder au désencombrement des rues pour répondre aux exigences touristiques. Saluée par ses pairs, couronnée par de prestigieuses récompenses, féministe revendiquée, Aminata Sow Fall est d'ores et déjà considérée comme une auteure classique dont chaque roman est à dévorer. Tout aussi importante, Mariama Bâ (1929-1981) veut mettre en exergue les inégalités entre les hommes et les femmes. Dakaroise, de naissance et de mort, orpheline de mère, elle grandira sous la férule d'un père appelé à devenir ministre, dans un milieu traditionaliste tourné vers l'Islam. Un seul de ses romans paraîtra de son vivant, *Une si longue lettre* qui, en 1979, sous le mode épistolaire, décrit ce qui était jusqu'alors tabou : le sort des veuves face au poids des invectives coutumières. Ce succès en raz-de-marée répond aux souffrances des femmes soumises aux diktats patriarcaux, il laissera place à une seconde vague, celle de la maladie qui l'emportera avant même que ne paraisse son second roman consacré aux différences inconciliables d'un couple mixte.

La littérature féminine emprunte également les traits de Mame Younousse Dieng, qui écrit en français et en wolof, de Sokhna Benga, auteure et directrice littéraire aux Nouvelles éditions africaines du Sénégal, et de Khadi Hane qui réside en France et dont les romans sont publiés par Denoël (*Des Fourmis dans la bouche*, 2011) et par Grasset (*Demain, si Dieu le veut*, 2015). Une nouvelle génération qui s'est affirmée sous la tutelle d'une femme forte, aux mille vies et mille combats, Ken Bugul qui dans son œuvre à vocation autobiographique a décrit aussi bien l'abandon de sa mère (*De l'autre côté du regard*), ses paradis artificiels de jeune adulte en Belgique (*Le Baobab fou*) que ses errances amoureuses et mortifères (*Cendres et braises*).

TOP 10

LECTURE

Portée par la voix de l'incontournable Léopold Sédar Senghor, la littérature sénégalaise nous est très vite devenue familière, pour preuve les succès rencontrés par Mariama Bâ avec *Une si longue lettre* ou par Fatou Fiome avec *Le Ventre de l'Atlantique*.

RÉCIT DE VOYAGE

Ebène. En 1958, le journaliste polonais arrive sur un continent qu'il sillonnera de long en large. Il livrera l'un des plus beaux portraits d'une Afrique terrible et fascinante.
Ryszard Kapuscinski, *Editions Pocket.*

DEVOIR DE MÉMOIRE

© EDITIONS ZULMA

Murambi, le livre des ossements. C'était l'objet de la résidence d'écriture à laquelle l'auteur a participé et qu'il a consacrée à ce roman qui, telle une enquête, revient sur le génocide rwandais.
Boubacar Boris Diop, *Editions Zulma.*

PHILOSOPHIE

© CNRS EDITIONS

Bergson postcolonial. Le philosophe sénégalais s'interroge sur l'influence de la pensée d'Henri Bergson sur celle de deux figures de la lutte anticoloniale, Léopold Senghor et Mohamed Iqbal.
Souleymane Bachir Diagne, *CNRS éditions.*

LITTÉRATURE ENFANTINE

15 contes du Sénégal. Là où les plus jeunes apprennent la malice animale et la sagesse qui peut être tirée des histoires de la brousse, le plus fort n'est pas toujours celui qu'on croit.
Jean Muzi, *Editions Flammarion.*

ESSAI POLITIQUE

Pourquoi il faut croire en l'Afrique. Le Président du Sénégal s'interroge sur l'avenir du continent africain, sur son potentiel et sur sa croissance. L'Afrique occupera-t-elle la première place au XXIe siècle ?
Macky Sall, *Editions Cherche Midi.*

HISTOIRE D'AMOUR

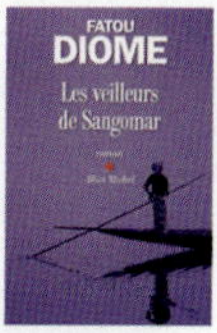

© ALBIN MICHEL

Les Veilleurs de Sangomar. Coumba a perdu son mari dans le naufrage du *Joola* en 2002. Retirée à Sangomar, elle invoquera les Ancêtres pour surmonter ce grand chagrin.
Fatou Diome, *Editions Albin Michel.*

L'ÂME D'UN PEUPLE

© EDITIONS NEVICATA

Sénégal : la pirogue des marchands. Plongée personnelle et enrichissante dans un pays multiple, l'auteure raconte son Sénégal et ouvre des pistes de réflexions sur le passé et l'avenir de celui-ci.
Sabine Cessou, *Editions Nevicata.*

POÉSIE

© EDITIONS POINTS

Œuvre poétique. L'intégralité des poèmes d'un homme qui occupa de hautes fonctions politiques, mais qui est surtout à l'origine du mouvement de la Négritude avec Aimé Césaire.
Léopold Sédar Senghor, *Editions Points.*

NOUVELLE VOIX

© EDITIONS PHILIPPE REY

De purs hommes. Le cadavre d'un homme est déterré et exposé à la vindicte populaire parce qu'il était homosexuel. Le narrateur va partir à la recherche du passé de cet inconnu.
Mohamed Mbougar Sarr, *Editions Philippe Rey.*

VOYAGE EN GASTRONOMIE

© EDITIONS DE LA MARTINIÈRE

Sénégal, cuisine intime et gourmande. Plus qu'un livre de recettes, un prétexte donné au chanteur pour raconter son enfance et évoquer la chaleur des repas célébrés en famille.
Youssou N'Dour et Isabelle Rozenbaum, *Editions de la Martinière.*

A L'ÉCRAN

Le 7e art sénégalais est sûrement l'un des plus riches et des plus anciens du continent africain. Comptant de nombreux talents dans ses rangs tels que Abacar Samb Makharam, Soumanou Vieyra ou encore Ousmane Sembène (membre du jury du festival de Cannes en 1967), le cinéma sénégalais connaît pourtant une période difficile au début des années 1980 jusqu'aux années 2000. Des infrastructures comme la Société nationale de la cinématographie ont du mal à développer des fonds pour les cinéastes du pays et de nombreux cinémas de la périphérie de Dakar, jadis empanachés, mettent progressivement la clé sous la porte. Un renouveau apparaît cependant au début des années 2010, avec des cinéastes comme Alain Gomis (et ses œuvres *Tey en wolf* ou *Félicité*), Moussa Touré (*La Pirogue*) ou la réalisatrice Mati Diop (*Atlantique*) qui permettent au cinéma sénégalais de briller dans les plus grands festivals du monde comme la Berlinale ou le festival de Cannes.

Les débuts

C'est en 1955, qu'un collectif de cinéastes africains, dirigé par les Sénégalais Paulin Soumanou Vieyra et Mamadou Sarr, réalise *Afrique-sur-Seine* et met ainsi (peut-être pour la première fois) l'Afrique à l'honneur au cinéma. Un petit succès, qui commence avec des images d'enfants insouciants qui jouent et s'ébrouent dans le fleuve avant de transporter les spectateurs à Paris, les y promenant en bus ou à Vespa, sur de grandes artères reconnaissables sur les cartes postales. On prend un verre à la terrasse d'un café, on finit la soirée en dansant la salsa, tout en s'interrogeant et en commentant la vie des Africains dans cette « capitale du monde, de l'Afrique noire », comme le commente Vieyra lui-même. Deux ans plus tard, le groupe récidive en signant *Un homme, une vie, un idéal*. Les jalons sont posés, les envies ciné-sénégalaises provoquées. Reste tout de même à faire du cinéma africain sur l'Afrique.

Le réalisateur Alain Gomis, entouré des deux producteurs Arnaud Dommerc et Oumar Sall, avec le prix du Grand Jury reçu pour son film Félicité, 67e Berlinale.

Le bouillon de production des années 1960, celui qui donne au pays nouvellement indépendant son titre de Saint-Germain du continent, y pourvoit. Paulin Soumanou Vieyra et d'autres futures figures comme Abacar Samb Makharam, Yves Badara Diagne et Momar Thiam entrent progressivement dans la danse. Blaise Senghor, fondateur de l'Union cinématographique africaine (UCINA), coproduit, entre autres, *Grand Magal à Touba*, un film qui obtient l'Ours d'argent à Berlin. Ces brillantes années 1960, c'est aussi et surtout la révélation du talent cinématographique de l'écrivain Ousmane Sembène, qui est fait membre du jury du festival de Cannes en 1967. Sembène et sa *Noire de...* marquent incontestablement cette décennie, et son « meyotage » (la débrouille du réalisateur pour financer ses films) est le lot de nombreux amateurs qui commencent à se faire un nom.

Des années 1970 à nos jours

Les années 1970 marquent un tournant pour le cinéma sénégalais. L'école Sembène cède le pas à des visions nouvelles, comme celle de Djibril Diop Mambéty, dont *Touki Bouki* laisse une forte empreinte. Des structures apparaissent. Le petit monde des réalisateurs s'organise : on voit naître les Cinéastes sénégalais associés (CINESEAS) et le Bureau de la cinématographie. Et enfin, l'Etat lui-même lance un certain nombre d'élans visant à booster les productions nationales. En 1972, apparaît la Société nationale de la cinématographie (SNC) puis, la Société d'importation, de distribution et d'exploitation cinématographique (SIDEC, 1973). Cependant si tous ces noms reflètent une volonté de bien faire, aucune organisation n'arrive à tenir les promesses faites au 7e art sénégalais. En 1978, le Fonds de soutien à l'industrie cinématographique (FOSIC) veut remplacer la SNC, puis, en 1984, c'est au tour de la Société nouvelle de production cinématographique (SNPC) de tenter de prendre le relais, en vain. L'Etat se désengage en 1990, propose un plan de relance en 1994, et le motif semble se reproduire une fois encore. Désormais, les réalisateurs se tournent vers les fonds internationaux, notamment le fonds panafricain pour le cinéma et l'audiovisuel, lancé en 2010 par la Fédération panafricaine de cinéma, avec le soutien de l'OIF. A Dakar, où le cinéphile a le choix entre une quarantaine de sites au début des années 1980, seuls quelques lieux diffusent encore des films : l'Institut français, le Goethe Institut ou encore Au cinéma ce soir, une association qui projette au théâtre Sorano, quelques jours par mois, les mêmes films, à quelques semaines près, que ceux que l'on peut voir à Paris. Après 25 ans d'absence dans le paysage sénégalais, la capitale se dote récemment de deux complexes cinématographiques, Canal Olympia Teranga, près du Grand Théâtre, et le cinéma Sembène Ousmane, boulevard Martin Luther King, qui propose des projections en 2, 3 et 5D. Privés du 7e art trop longtemps, les Sénégalais affluent à nouveau dans les salles.

Alain Gomis et renouveau

Les temps sont durs donc, mais la page ne semble pas être définitivement tournée, car malgré le manque de moyens, de visibilités, des noms émergent : Moussa Sène Absa, Mansour Sora Wade, Joseph Gaï Ramaka, Moussa Touré, Alain Gomis... Ce dernier, né en France en 1972 d'un père sénégalais et d'une mère française, commence sa carrière dans l'audiovisuel comme animateur d'ateliers vidéo pour la ville de Nanterre. En 2001, il réalise son premier long-métrage *L'Afrance*, qui le révèle au monde du 7e art. Suivent *Petite Lumière* (2003), *Ahmed* (2006) et *Andalucía* (2008). L'année 2012 marque un retour en grande pompe pour Gomis, qui voit son long-métrage *Tey en wolof* (*Aujourd'hui*, en français) sélectionné au prestigieux festival de Berlin (film qui remporte l'Etalon d'Or au FESPACO l'année suivante). 2012 est également une belle année pour Moussa Touré, qui présente son œuvre *La Pirogue* au festival de Cannes, dans la catégorie « Un certain regard ». En 2017, Gomis gravit une marche de plus dans sa carrière de cinéaste en remportant le Grand prix du jury lors de la 67e Berlinale avec son dernier opus, *Félicité*. Sorti en salle fin mars 2017, ce long-métrage raconte le combat d'une mère, chanteuse dans un bar à Kinshasa, pour payer l'opération de son fils, victime d'un accident de moto. Tout récemment, la réalisatrice franco-sénégalaise, Mati Diop reçoit le Grand Prix du festival de Cannes, en mai 2019, pour son long-métrage *Atlantique*, un film bouleversant sur l'immigration. L'année 2020 marque quant à elle, la quatrième édition du Festival Films Femmes Afrique, le premier événement cinématographique sénégalais entièrement consacré aux femmes. L'édition de cette année s'est posée à Dakar et est consacrée aux « Femmes en Résistance » continuant ainsi sa contribution pour l'égalité des droits entre les femmes et les hommes au Sénégal. La même année, Tiziana Manfredi et Marco Lena confirment la découverte de pas loin de 5 900 bobines de films sénégalais, trouvés en 2009. De passage au Sénégal pour les besoins d'un permis de tournage, ces chercheurs italiens découvrent ce véritable trésor dans un bâtiment abandonné. Dix ans de formations plus tard et avec l'aide d'Hugues Diaz, directeur de la Cinématographie du Sénégal, Manfredi et Lena restaurent et traitent ce qui semble être l'entièreté des archives audiovisuelles du pays (des années 1960 jusqu'aux années 1980). Une découverte incroyable pour le cinéma sénégalais.

POPULATION

Avec plus de 16 millions d'habitants en 2019 contre à peine 3,5 millions en 1960, la population sénégalaise croît à un rythme rapide, avec un taux de fécondité supérieure à 4 enfants par femme. C'est un peuple jeune dont l'âge moyen ne dépasse pas les 20 ans, d'une espérance de vie à la naissance d'un peu plus de 67 ans. Bien que la population tende à s'urbaniser, elle reste encore principalement rurale, avec un taux d'analphabétisme très élevé. Wolof, Halpulaar, Sérère et Diola, entre une vingtaine d'ethnies, le Sénégal est un kaléidoscope culturel où se mêlent traditions, langues et religions. Dans ce pays aux mille facettes, le « vivre ensemble » est légion : on se côtoie les uns les autres, se taquine entre ethnies et l'on se trouve même des liens de parenté ! C'est aussi une terre d'accueil bien aimée des Libanais, des Chinois et bien sûr des Français. Retour sur cette population bigarrée qui fait toute la force de ce pays.

Les Wolofs, l'ethnie majoritaire du pays

Représentant plus de 43 % de la population, les Wolofs constituent sans conteste l'ethnie la plus importante du pays. Arrivés par le nord-est du Sénégal au XIIIe siècle, ils ont régné sur le royaume du Djolof jusqu'au XVIe, avant que le territoire soit divisé en chefferies puis conquis par le pouvoir colonial français. On les retrouve aujourd'hui principalement à l'ouest du pays, de Saint-Louis à la frontière gambienne, en passant par Thiès, Dakar et Kaolack. À l'instar des Sérères, ils sont organisés traditionnellement selon un système de castes bien défini, où les *geer*, les aristocrates de l'ethnie, dominent cette pyramide hiérarchique. Bien que certaines castes aient disparu avec l'évolution de la société comme celle des esclaves, les Wolofs restent encore attachés aujourd'hui à ce système. Ils vivent depuis toujours de l'agriculture et cultivent traditionnellement le mil, qui était à l'époque la principale base de leur alimentation. Ils sont aussi éleveurs dans les campagnes, pêcheurs à Saint-Louis ou cadres et commerçants à Dakar. Apparentés aux Wolofs, les Lébous sont installés sur la presqu'île du Cap-Vert, bien avant l'arrivée des premiers colons. Ils sont radicalement tournés vers la mer, gardant l'agriculture pour les moments où le poisson se fait plus rare. Mais au-delà d'être une ethnie, le wolof est aussi une langue qui est parlée par environ 80 % de la population, toutes ethnies confondues, en plus du français ou d'autres langues. Outre ce dialecte, la culture wolof s'est aussi répandue dans tout le pays et l'on parle aujourd'hui de « wolofisation », liée à la concentration urbaine et à ce « vivre ensemble » harmonieux.

Wolofs.

Les Halpulaars, une langue commune partagée

Peuls et Toucouleurs, qui représentent ensemble près de 25 % de la population sénégalaise, partagent une langue commune, appelée le *pulaar*, formant ainsi un groupe ethnique à part entière, dont certaines traditions et modes de vie différents selon le peuple. Les Peuls sont des bergers nomades et semi-nomades vivant de l'élevage, qu'on retrouve dans plusieurs pays d'Afrique de l'Ouest, comme au Sénégal, Mali et Mauritanie. Leur origine reste mystérieuse, certains historiens pensant qu'ils viennent d'Égypte, d'autres des Indes. Dès le XVe siècle, on les associe à l'islam, aux grands marabouts et à l'arrivée en Afrique noire des premiers éléments de l'écriture arabe. Au Sénégal, on les retrouve sur une grande partie du territoire, notamment dans le Ferlo, les montagnes du Fouta-Djalon ou en Haute-Casamance. Nombre d'entre eux sont aujourd'hui sédentarisés aux côtés des Wolofs, mais d'autres ont conservé leur tradition nomade, et se déplacent pour nourrir leur troupeau. Leur style de vie est alors rudimentaire, et les familles très nombreuses. Quant aux

© JORDIRAMISA - ISTOCKPHOTO.COM

Toucouleurs, depuis longtemps sédentarisés, ils vivent principalement le long du fleuve Sénégal, de Saint-Louis à Bakel. Le mot Toucouleur serait la déformation du nom de l'ancien royaume qu'ils ont fondé, le Tekrour. Organisé aussi en un système de castes, ce groupe ethnique est très tôt converti à l'islam au contact des commerçants berbères et devient par la suite l'un des principaux diffuseurs de l'islam en Afrique de l'Ouest. Pratiquant encore la scarification, les Toucouleurs se distinguent par les deux incisions réalisées près des tempes. Comme les Peuls, ils sont traditionnellement agriculteurs et éleveurs.

Le peuple sérère, le plus ancien de Sénégambie

Troisième groupe ethnique au Sénégal, les Sérères concentrent environ 20 % de la population. Moins dispersés que les autres peuples, ils vivent principalement dans le Sine-Saloum, le long de la Petite Côte et au nord-ouest de la Gambie. Ce sont les plus anciens habitants de Sénégambie, apparentés par leurs traditions à la culture diola, et par leur dialecte aux Peuls et Wolofs. Ces animistes, résistants à l'islam dès l'arrivée des Almoravides au XIe siècle, sont aujourd'hui majoritairement musulmans, même s'ils comptent de nombreux catholiques dans leur rang. Paradoxalement, les rites animistes font toujours partie intégrante de la vie quotidienne des Sérères, qui portent encore des talismans et organisent des initiations ésotériques dans les forêts sacrées. Traditionnellement pêcheurs et cultivateurs de mil, ils s'illustrent aujourd'hui en politique, littérature, musique et commerce, entre autres domaines. Léopold Sédar Senghor n'était-il pas d'ailleurs sérère et grand politicien et écrivain à la fois ? Héritiers d'un passé prestigieux de guerriers, les Sérères sont avec les Diolas, à l'origine de l'introduction de la lutte comme sport national au Sénégal, eux qui luttaient pour célébrer la fin des récoltes. Ils sont relativement proches des Diolas et Toucouleurs, avec qui ils entretiennent un lien de cousinage, appelé parenté à plaisanterie. Ils ont alors l'obligation de se critiquer et se taquiner, dans une ambiance détendue, mais aussi de s'entraider et de se respecter.

La Casamance, une pluralité d'ethnies

Estimée à moins de 10 % de la population sénégalaise, l'ethnie diola peuple principalement les terres de Basse-Casamance. Son histoire est assez similaire à l'ethnie sérère, car ils ont tous deux résisté à l'envahisseur musulman et au pouvoir colonial. Bien que la population se soit peu à peu convertie autant à l'islam qu'au catholicisme, les traditions animistes restent fortement ancrées dans la culture. Contrairement aux autres ethnies, la société diola est très égalitaire : il n'y a pas de castes, et seuls des rois sont au service du peuple, vivant en toute modestie dans les forêts sacrées du village, à l'instar du roi des Floups, à Oussouye. Les Diolas sont pour la plupart pêcheurs ou agriculteurs, et excellent dans la culture du riz. Outre ce peuple majoritaire dans la région, la Casamance est une zone où se rencontrent plusieurs ethnies. Des Baïnouks aux Balantes, en passant par les Manjaques, Mancagnes, Karones et Bandias, ces groupes minoritaires se distinguent par leurs dialectes, car leurs coutumes animistes sont proches de celles des Diolas.

© CURIOSO.PHOTOGRAPHY - SHUTTERSTOCK.COM

Dans les rues de Dakar.

Les peuples minoritaires du Sénégal

Outre les principales ethnies présentes sur les terres sénégalaises, il existe une myriade de groupes dispersés à travers le pays, mais plutôt minoritaires.

Les Mandingues, qui sont originaires du Mali, sont présents dans l'Afrique de l'Ouest autour des fleuves Sénégal et Niger. Bien qu'ils connurent l'islam au XIe siècle, ils ne se convertirent en masse que beaucoup plus tardivement. Au Sénégal, ils représentent seulement 3 % de la population, et se divisent en plusieurs ethnies : Malinkés, Sociés, Bambaras, Diakhantés et les plus nombreux, Soninkés. Sur les hauteurs du Sénégal oriental, vivent en mode rural trois autres groupes ethniques minoritaires, aux cultures très marquées. Bassaris, Bédiks, qui appartiennent tous deux au groupe Tenda, et Jalonkés conservent ainsi des traditions animistes très fortes. Les plus nombreux, les Bassaris sont connus pour leur rite d'initiation en mai, et vivent autour de Salémata, à 80 km de Kédougou. Entre les deux villes se trouvent les Bédiks, concentrés autour de Bandafassi et d'Iwol. Quant aux Jalonkés, ce peuple de chasseurs venus de Guinée, ils ont passé la frontière pour s'installer au sud de Kédougou. Cohabitant harmonieusement avec les Peuls installés eux aussi depuis longtemps dans la région, ils vivent cependant isolés dans la plus pure tradition villageoise.

Le Sénégal, une terre d'accueil

Des Mauritaniens aux Libanais, en passant par les Cap-Verdiens et les Chinois, sans oublier les Français, la communauté étrangère représente environ 2 % de la population au Sénégal. Terre de migrations et de chassés-croisés, le Sénégal est connu pour son accueil chaleureux et son hospitalité légendaire. Outre les Cap-Verdiens et les Guinéens, les Mauritaniens constituent l'une des communautés africaines les plus importantes vivant sur le territoire sénégalais. Réfugiés dans le pays lors de la crise de 1989, ils ont aujourd'hui trouvé leur place dans le pays en devenant propriétaires d'une bijouterie ou d'un bazar. Ils se partagent ainsi le petit commerce avec leurs homologues sénégalais, ouest-africains, libanais ou chinois. Estimés à environ 25 000 personnes, les Libanais sont pour une grande partie d'entre eux nés au Sénégal, parlent wolof et ne connaissent que très peu le Liban. La première vague migratoire date de la fin du XVIIIe siècle, et à cette époque-là, les Libanais obtiennent le monopole des activités commerciales, notamment celles de l'arachide. Plus tard, lors de la guerre du Liban (1975-1990), une nouvelle vague migratoire mène beaucoup d'entre eux en Afrique, notamment au Sénégal. Les Wolofs pouvant alors ouvrir leur propre commerce, la situation des commerçants libanais se dégrade à la fin des années 90. Les Libano-Sénégalais sont également présents à des postes en profession libérale, mais parviennent encore difficilement à accéder à la classe politique. Il n'y a eu qu'un seul ministre d'origine libanaise nommé au sein du gouvernement, Haïdar El Ali. Pays en sous-développement où les échanges interculturels ont leur importance, plusieurs coopérations bilatérales ont été signées avec de nombreux pays étrangers tels que la France, l'Espagne, et la Chine, pour ne citer qu'eux, entraînant la venue de milliers d'expatriés sur le territoire sénégalais. Depuis la reprise des relations diplomatiques entre Beijing et Dakar en 2005, le nombre de Chinois vivant au Sénégal s'est multiplié, mais reste difficilement chiffrable. On les retrouve dans toutes sortes de métiers, comme dans les commerces et le bâtiment. Du côté des Européens, c'est sans grande surprise la diaspora française qui est la plus importante, dont la communauté est estimée à 25 000 personnes au Sénégal. Certains sont à la tête d'hôtels ou de restaurants, d'autres travaillent dans les écoles françaises, Instituts ou associations et les retraités profitent du soleil, dans leur résidence secondaire.

SOCIÉTÉ

Caractérisé par son sens de l'hospitalité, le pays de la Teranga est une terre chaleureuse où le respect de l'Autre est traditionnellement ancré dans les mœurs. Le Sénégal, par son histoire, se révèle être une mosaïque culturelle où une myriade d'ethnies cohabite harmonieusement, dans un bonheur à l'africaine et une solidarité exemplaire. Pourtant, cette société très hiérarchisée s'avère complexe à comprendre, elle qui mêle au quotidien rites mystiques, pouvoir et religion. Avec plus de 53 % de la population qui vivent dans les campagnes, le Sénégal reste un pays majoritairement rural, même si l'exode s'intensifie depuis plusieurs années. La famille étant un pilier essentiel de la société, on vit encore avec tantes, oncles ou parfois coépouses, dans des concessions qui deviennent vite très étroites. La pauvreté reste omniprésente, et seuls 13 % de jeunes accèdent à l'enseignement supérieur. Retour sur ce pays aux multiples visages.

Vers une meilleure éducation ?

Le Sénégal étant peuplé en majorité de jeunes de moins de vingt ans, l'éducation reste une priorité pour les pouvoirs politiques. Bien qu'on puisse noter quelques progrès en matière éducative ces vingt dernières années, le pays est encore loin de former suffisamment de cadres et de techniciens supérieurs pour gagner en productivité. L'analphabétisme est entre autres encore trop élevé, touchant près de la moitié de la population sénégalaise. Mais ce taux de 54,6 % dissimule de nombreuses disparités, selon l'âge, le sexe et le lieu de résidence. Ainsi, les femmes sont les plus touchées par ce fléau, elles qui abandonnent l'école pour aider leur famille aux champs ou se marier. Cependant, comme les mœurs évoluent et le système éducatif s'améliore, ce taux tendrait à diminuer dans les prochaines décennies. Déjà, le Sénégal affiche une progression remarquable en Afrique en matière de scolarisation à l'école élémentaire, dont le taux est passé de 54 % en 1994 à plus de 82 % en 2005. Certes, la loi de 2004 rendant la scolarité obligatoire et gratuite pour tous les enfants âgés de 6 à 16 ans, en est la principale raison, et montre la volonté de l'État d'offrir une éducation pour tous. Seulement au-delà des chiffres, se cache là aussi une réalité bien désolante : des écoles éloignées des villages, des classes bondées, du matériel insuffisant et des enseignants parfois médiocres. Beaucoup d'élèves décrochent, appelés par les obligations familiales, et seuls 43,7 % d'entre eux accèdent au secondaire. Il existe cependant une véritable élite sénégalaise, particulièrement à Dakar. Créée en 1957, l'université Cheikh Anta Diop à Dakar, qui abrite différentes facultés, a vu sortir de nombreux cadres sénégalais et étrangers de ses bancs. Longtemps considérée comme l'une des meilleures d'Afrique francophone, elle connaît une baisse de la qualité d'enseignement due à un trop-plein d'étudiants, toujours plus nombreux chaque année. Respectivement ouvertes en 1990 et 2007, les universités Gaston Berger à Saint-Louis et Assane Seck à Ziguinchor constituent, elles aussi, deux portes vers l'éducation aux populations les plus éloignées de la capitale. On compte également de nombreuses formations supérieures dans des établissements privés de renom, aux coûts plus élevés et rarement accessibles à toutes les bourses.

"L'école est la clé de la réussite" inscrit sur un mur au Sénégal.

Polygamie ou monogamie, à chaque époux son choix

Pays à majorité musulmane, le Sénégal reconnaît depuis 1972 dans son Code du droit de la famille la polygamie, qui n'est autre que la polygynie, car seuls les hommes peuvent contracter plusieurs épouses. Lors de son premier mariage, qu'il soit musulman ou chrétien, l'époux doit ainsi faire le choix irrévocable de sa monogamie ou de sa polygamie. S'il opte pour la monogamie, il devra divorcer de son épouse avant d'en prendre une autre. Au contraire s'il se marie sous le régime de la polygamie, il pourra épouser jusqu'à quatre femmes. Bien que dans le milieu citadin cette pratique tende à diminuer, elle reste dans le milieu rural une tradition bien ancrée. On estime que près de 35 % des ménages sénégalais sont polygames. L'homme, qui s'impose alors comme chef de ménage, doit veiller aux besoins de ses femmes et enfants ainsi que les traiter de façon égale. Pourtant, qu'elles vivent dans la même concession ou chacune dans sa maison, il existe de nombreuses rivalités et jalousies entre coépouses. Aussi l'obsession d'une femme est-elle de garder tout l'intérêt de son mari pour éviter dans la mesure du possible qu'il aille voir ailleurs et surtout, pour ne pas partager ses privilèges avec d'autres épouses.

Bien que les jeunes citadines désapprouvent cette pratique, parallèlement la polygamie attire de plus en plus de femmes intellectuelles qui y voient dans le rôle de seconde épouse, une forme de liberté et d'indépendance. Elles sont cadres, journalistes, informaticiennes, entre autres métiers, et apprécient ce temps pour soi, lorsque leur mari visite sa première épouse. Parfois aussi, ces jeunes intellectuelles, célibataires dues à la durée de leurs études, cèdent à la pression sociale de la famille, et se laissent prendre comme deuxième ou troisième épouse d'un homme souvent beaucoup plus âgé qu'elles. Au-delà de la religion, la polygamie est avant tout une tradition qui perdure dans la société sénégalaise.

© PHILIPPE LISSAC

Ecolière.

La famille, noyau de la société sénégalaise

Dans ce pays en voie de développement, au chômage élevé et aux bas salaires, la famille tient une place primordiale dans la société. C'est en effet grâce à l'entraide et au soutien familial que les membres peuvent subvenir à leurs besoins. Dans les campagnes, la famille est soudée au sein d'une concession plus ou moins étroite, où les enfants devenus grands subviennent aux besoins des parents trop âgés pour travailler. Si l'un des membres a migré en Europe ou ailleurs, il aura le devoir d'envoyer tous les mois une partie de son salaire pour aider sa famille. On estime que chaque Sénégalais issu de la diaspora mande environ 1 000 € par an aux siens. Il existe au Sénégal, comme dans une grande partie de l'Afrique, un véritable respect accordé aux anciens. Dans ce pays aux traditions orales, les personnes âgées sont considérées comme des sages, gardiens des connaissances ancestrales transmises par leurs parents et grands-parents. Ici, point de maisons de retraite, les anciens sont intégrés au reste de la famille et bichonnés. On les consulte régulièrement pour leur sagesse, savoirs et conseils avisés. Lors d'un conflit dans le village par exemple, si aucune solution n'est trouvée entre les personnes concernées, le Conseil des Anciens se réunit pour trouver un arrangement par le dialogue, remplissant ainsi parfaitement leur rôle d'intermédiaires. Bien que la population ait tendance à s'urbaniser, il est encore peu fréquent de vivre seul au Sénégal, même si ce phénomène est de plus en plus répandu à Dakar. Cependant, pour le travail ou les études, le Sénégalais trouvera bien souvent un cousin, un oncle, une tante ou un ami proche pour l'héberger. Solidarité et hospitalité ne sont-ils pas les maîtres-mots de la société sénégalaise ?

Du marabout au griot, une société hiérarchisée

De même qu'au sein de la famille, la société sénégalaise se révèle à la fois complexe et hiérarchisée. Sans rentrer dans les détails, on peut estimer que les deux extrémités de cette échelle sont représentées par les marabouts en haut et les griots en bas. Un bon marabout est digne d'estime, on le consulte pour un oui ou un non, que ce soit d'ordre religieux, médical ou mystique. Ainsi, dans n'importe quelle ethnie animiste, le marabout sorcier est celui vers qui l'on va en cas d'envoûtement par les mauvais esprits ou par une personne souhaitant se venger, ou à l'inverse pour envoûter quelqu'un. Comme l'on ira voir, selon sa confrérie, un marabout spirituel pour des conseils d'ordre religieux ou même politique. Car ces guides jouent aussi un rôle économique et politique important dans la société sénégalaise, eux qui sont habilités à décider du vrai du faux, du juste ou de l'injuste pour une cour de fidèles, qui leur octroient une obéissance absolue. Jouissant d'un véritable pouvoir sur la population, ils sont utilisés comme administrateurs par les colons durant le développement de l'arachide, acquérant ainsi un rôle considérable dans cette économie. Aujourd'hui, ils sont impliqués dans la politique où ils n'hésitent pas à donner par exemple des consignes de vote. Tout en bas de l'échelle sociale, les griots. Ils sont le verbe de l'Afrique, son histoire et sa bibliothèque. Par leurs contes et musiques, ils transmettent coutumes et traditions, et chantent les louanges des lignées sénégalaises. Seulement ces conteurs d'importance, conviés à l'époque aux cours royales pour les plus grands, ces « réécrivains » de l'histoire sur commande étaient à la fois craints et méprisés. Il fut dit d'ailleurs au Sénégal qu'un griot inhumé faisait baisser le rendement de la terre là où avait lieu la cérémonie. Ils furent donc déposés debout, dans le tronc des baobabs, vêtus de leurs plus beaux habits, mais sans aucune cérémonie. Cette pratique fut interdite par Léopold Sédar Senghor en 1962.

Deux pratiques interdites

Mutilation sexuelle d'origine culturelle, l'excision est interdite au Sénégal depuis 1999 où elle peut être punie d'emprisonnement. Pourtant, près d'un tiers des Sénégalaises sont excisées et ce phénomène perdure dans les régions les plus profondes du pays où les coutumes sont bien ancrées, notamment chez les Peuls et les Toucouleurs. Dans les régions de Matam, de Sédhiou et de Kédougou entre autres, ce sont près de 90 % des Sénégalaises qui sont concernées par cette pratique, réalisée par les femmes âgées sur les plus jeunes. À la manière d'une coutume, elles perpétuent cette pratique de génération en génération, qui reste encore tabou dans la société. Cependant, de nombreuses femmes militent contre l'excision en organisant des campagnes de prévention et de sensibilisation dans les villages les plus retirés, afin de faire changer les mentalités. Quant à l'homosexualité, elle aussi interdite par la loi, elle est fortement dénigrée dans la culture sénégalaise, considérée comme un acte contre nature. Elle est passible de peine d'emprisonnement, allant d'un à cinq ans, et jusqu'à 1 500 000 FCFA

Préparatifs pour un mariage.

d'amende. Difficile alors pour les Sénégalais de vivre pleinement leur homosexualité dans leur pays, où ils ont l'obligation de se cacher pour éviter les sanctions de l'État et les violences homophobes.

La prostitution et le tourisme sexuel, une triste réalité

Des plages de la Petite Côte aux bars de Dakar, la prostitution et le tourisme sexuel constituent des fléaux importants dans ce pays où de nombreuses familles vivent dans la misère. Les locaux restent certes les principaux clients, mais ces dernières années, avec l'augmentation des touristes sur le territoire, le tourisme sexuel a connu un véritable essor, faisant du Sénégal une destination phare pour ce genre de pratique. Il n'est donc pas rare de croiser à Saly, à Mbour ou même ailleurs, un homme blanc avec une jeune sénégalaise. Ou à l'inverse, une Occidentale d'un certain âge avec un Sénégalais viril. Dans cette étrange relation où l'argent a son pouvoir et où naissent parfois des sentiments, l'illusion peut être parfois la pire des trahisons. Certains Européens se laissent tenter par le mariage, et se rendent compte, bien trop tard, du faux-semblant de la relation. Certaines se retrouvent coépouses sans le savoir, d'autres sont une porte vers l'Europe, et encore d'autres se font soutirer de l'argent tout au long de la relation. Certains divorces pouvant être difficiles pour récupérer ses biens. Il ne faut bien évidemment pas stigmatiser tous les couples mixtes, car beaucoup sont aussi fondés sur la sincérité d'une relation amoureuse.

RELIGIONS

Présent dès le XIe siècle au Sénégal, l'islam n'a pas de suite convaincu les populations, très attachées à leurs croyances populaires. Il faut attendre le XIXe siècle pour que se répande la voix de Mahomet, à travers plusieurs marabouts soufis, qui luttent contre le pouvoir colonial en place. Se créent alors différentes confréries musulmanes, incarnées par des figures charismatiques telles Ahmadou Bamba ou El-Hadj Omar Tall qui rassemblent nombreux fidèles. Aujourd'hui, l'islam est la religion de près de 95 % de la population, dont près de la moitié appartient à la confrérie tidjane. Les musulmans cohabitent harmonieusement avec les quelque 5 % de chrétiens, principalement catholiques. Mais comme beaucoup de pays africains, les croyances animistes restent tenaces chez de nombreuses tribus, créant des syncrétismes religieux qui s'ajustent et se redéfinissent. Retour sur les principales confréries et croyances populaires des Sénégalais.

Une symbiose religieuse

Véhiculé par des figures résistantes au pouvoir colonial à la fin du XIXe siècle, l'islam a conquis tardivement la population sénégalaise, qui vit alors dans cette religion le moyen de s'opposer à la colonisation française et ses dérives. Aujourd'hui, le Sénégal est une République laïque à majorité musulmane, tournée vers le soufisme. Nombreux sont les jeunes séduits par la parole du Prophète – ou presque. Car l'islam tel qu'il est pratiqué dans le pays est assez éloigné de celui prêché par Mahomet. Les confréries sont une dérive plus avenante, un intermédiaire plus rassurant que la confrontation directe et solitaire avec Allah, implicite dans le Coran. Les compromis avec la religion des origines foisonnent et les pratiques mystiques en vont de pair. L'appel à la prière par lequel, depuis le minaret, le marabout incite les fidèles à venir prier en arabe, une langue qu'ils ne comprennent pas, n'est qu'un des nombreux paradoxes de cette religion qui a parcouru tant de chemin, subi tant de réajustements avant de trouver sa place dans ce pays multiethnique. La Charia mise de côté, l'islam au Sénégal, qui se différencie parfois selon les confréries, se veut tolérant, basé sur la sagesse et l'intériorisation. Ainsi, qu'il soit Diola, Peul, Wolof ou Sérère, musulman ou catholique, chacun respecte les croyances, les traditions et la religion de l'autre, où tout s'entremêle finalement dans le quotidien des Sénégalais. C'est dans ce souci de vivre ensemble que les musulmans cohabitent harmonieusement avec une minorité de chrétiens qui peuplent principalement la Casamance. Ainsi, n'est-il pas rare de voir les musulmans invitant leurs pairs chrétiens à partager le mouton lors de la Tabaski ou les chrétiens ouvrant leurs portes amicalement lors des fêtes de Noël. Parfois même, les membres d'une famille sont issus bien étonnamment d'une reli-

Messe dans une église catholique.

© ANTON_IVANOV - SHUTTERSTOCK.COM

Danse du Kumpo.

gion différente. Voilà qui fait toute la complexité de la société sénégalaise, mais qui en fait aussi son unité et sa force, maintenant un certain équilibre de la laïcité.

Les confréries soufies, des socles religieux influents

Pays d'Afrique où l'islam confrérique soufi s'est le plus développé, le Sénégal compte de nombreuses confréries musulmanes. Mourides, Tidjanes, Khardes, Layènes, Baye Fall… chacune d'elles vénère son chef spirituel, ayant répandu sa propre vision du Coran dans le pays. On les appelle les cheikhs ou les grands serignes, eux qui ont guidé les fidèles sur la route de leurs convictions, parfois détournées des préceptes de l'islam. Organisées en hiérarchie élaborée, ces confréries sont aujourd'hui gérées par des marabouts, dont la fonction se transmet de père en fils. Ils assurent entre autres l'enseignement du Coran, président des cérémonies, mais guérissent aussi les fidèles et fabriquent des amulettes, pour attirer la chance. De ce contact avec les populations, certains d'entre eux tirent une grande notoriété et un pouvoir important auprès des politiques. La confrérie la plus nombreuse au Sénégal ? Sans aucun doute le tidjanisme, introduit dans le pays par El Hajd Omar Tall, au XIXe siècle et qui regroupe aujourd'hui près de la moitié de la population. Pourtant, paradoxalement, ce sont les Mourides, qui représentent seulement un tiers de la population, dont on entend le plus parler au Sénégal. Peut-être car cette communauté aime se faire remarquer et se porter influente auprès de la société, elle qu'on retrouve entre autres dans les secteurs du commerce et du transport ? Dans tous les cas, elle est l'héritage spirituel d'un homme sénégalais, Cheikh Ahmadou Bamba, qui fonda sa propre voie spirituelle après avoir eu l'apparition du Prophète, à la fin du XIXe siècle. Emprisonné puis déporté au Gabon et en Mauritanie par le pouvoir colonial, ce résistant pacifiste est adulé des foules et rallié par des milliers de fidèles auxquels il enseigne une philosophie liée au travail et au service de la communauté. Chaque année, Touba, ville sainte des mourides, attire des milliers de pèlerins du monde entier qui viennent commémorer le départ en exil de Cheikh Ahmadou Bamba, et se recueillir près de son mausolée. Un rassemblement incontournable pour n'importe quel mouride. Ici, la ville sainte a ses propres règles, qui sont régies par celui qui dirige la confrérie, le grand khalife. Il est entre autres interdit de fumer, de consommer de l'alcool, de pratiquer la sorcellerie et certaines activités sportives. Les Baye Fall, quant à eux, sont les disciples exclusifs d'un marabout mouride. Reconnaissables par leur vêtement en pachtwork et leurs calebasses à la main, ils appartiennent à la communauté mouride puisque leur fondateur, Ibrahima Fall n'est autre qu'un disciple de Cheikh Ahmadou Bamba. Ils doivent consacrer leur vie et le produit de leurs activités à leur marabout qui en contrepartie prie pour eux, les soustrayant ainsi de leurs obligations religieuses. Les confréries Khadrya et Layène, elles, sont minoritaires. La première, fondée en Mauritanie, autorise la pratique du mysticisme tandis que l'autre la bannit.

Les talibés, les disciples de la rue

Au moment où l'islam s'installe au Sénégal, de nombreuses écoles coraniques, appelées *daara*, ouvrent leurs portes à travers le pays. Elles ont vocation dès le départ à former de grands intellectuels et islamologues par des enseignements pointus du Coran et des savoirs ésotériques, tout en donnant une éducation exemplaire dans tous les domaines.

© LENA HA - SHUTTERSTOCK.COM

Ventes d'amulettes.

Les familles y envoient leurs garçons, âgés de moins de 12 ans, qui sont confiés à un maître coranique pendant plusieurs années. Ces élèves, qu'on nomme talibés, y apprennent l'arabe, récitent des textes religieux, font des travaux manuels et sont éduqués à certaines valeurs de la vie. Tout au long de cette formation, les talibés sont également amenés à demander l'aumône, le *yarwan* en wolof, afin d'assimiler certaines qualités que sont l'humilité, l'auto-gérance de la faim, la persévérance et la gratitude envers l'autre. En sortant de la *daara*, les talibés étaient alors des personnes bien éduquées qui avaient assimilé les valeurs fondamentales de la vie. Mais toutes religions ont leurs dérives, et ces écoles devinrent très vite un lieu où les familles les plus pauvres confièrent leurs jeunes garçons à un maître coranique, souvent abusif du système. Aujourd'hui lorsqu'on parle de talibés, ce sont les images d'enfants en haillons, sales et affamés, arpentant les rues avec leurs boîtes de conserve à la main, qui nous viennent à l'esprit. Demandant l'aumône à tous les passants, toquant aux portes des familles pour récupérer les restes de nourriture, ils sont sous l'emprise d'un marabout, qui en échange de quelques pièces, les loge et parfois les nourrit. Plusieurs articles et enquêtes ont révélé les conditions de vie déplorables de ces enfants défavorisés, dans ces écoles qui n'en sont plus vraiment. L'enseignement du Coran est bien souvent occulté par l'obligation de ramener de l'argent, sous peine de châtiments corporels ou autres. Cette exploitation des enfants au nom de l'islam, bien que réprouvée par cette religion, a pris une grande ampleur dans le pays, où l'on estime que plus de 100 000 talibés vivent en pensionnat dans les *daara* du Sénégal. Bien que de nombreux cas de maltraitances aient été dénoncés par des organisations nationales ou internationales, le gouvernement sénégalais tarde à prendre des mesures fortes pour endiguer ce phénomène. Élaboré en 2014, un projet de loi a bien été déposé pour encadrer le statut des écoles coraniques, mais à ce jour, il attend toujours d'être soumis au parlement. L'influence des marabouts sur le pouvoir en est-elle pour quelque chose ? Faudra-t-il attendre d'autres révélations chocs de maltraitance pour que l'État se réveille et garantisse à ces enfants le droit à l'éducation ?

L'animisme, une croyance encore bien vivante

Croyance ancrée bien avant l'islam, l'animisme est encore profondément présent dans la société sénégalaise. Qu'ils soient musulmans ou chrétiens, de nombreux Sénégalais adoptent certains éléments traditionnels dans leurs pratiques religieuses. Ainsi, chez certains chrétiens, la messe dominicale cohabite avec les fétiches, et chez les musulmans, les rituels religieux se mêlent au mystique. Dans ce pays multiculturel, les rites animistes diffèrent selon les ethnies, dont la pratique la plus courante est le port de gris-gris, ces amulettes magiques qui protègent du mauvais œil. Pour ce faire, les Sénégalais n'hésitent pas à consulter régulièrement des marabouts religieux, guérisseurs ou animistes pour se prémunir des maladies et malédictions. D'ailleurs, certains charlatans profitent de la situation, se déclarant marabout pour gagner de l'argent sur le dos des populations. Chez les Bédiks, les Bassaris ou les Diolas, entre autres ethnies, de nombreux rites initiatiques sont encore pratiqués dans les forêts sacrées, où seuls les initiés savent ce qu'il s'y passe. À la fin de ces initiations, des danses sacrées sont exécutées au cœur du village par les porteurs de masques, faisant appel aux esprits de la forêt pour protéger ou assaillir la population. Chez les Diolas et les Mandingues, les figures traditionnelles mythologiques les plus connues sont le Kumpo et le Kankouran, dont ce dernier est le garant de l'ordre et de la justice et donc le plus redouté par les populations. Du côté des Wolofs et des Lébous, eux aussi ont conservé certaines coutumes traditionnelles. Pour attirer par exemple la pluie, ils pratiquent le rituel du Bawnane, une invocation des généreuses divinités, avant de jeter des offrandes à base de mil, de maïs et de lait caillé dans la mer ou dans le fleuve. Bien que l'islam ne reconnaisse pas ces pratiques mystiques, il existe au Sénégal une tolérance de la part des confréries sur ces rites ésotériques pratiqués et transmis de génération en génération. Un syncrétisme religieux où toutes croyances confondues offrent sérénité et protection aux Sénégalais, sous toutes ces formes.

QUE RAPPORTER ?

Sculptures, bijoux, tissus en batik, poteries, peintures sous verre ou en sable, la grande variété de l'artisanat sénégalais en fait également toute sa richesse. Véritables artistes autodidactes, les Sénégalais ont un don naturel pour tout ce qui touche l'artisanat. Mais tout travail mérite salaire, et les artisans seront parfois fermes lorsqu'il faudra aborder les prix. À vous alors de faire appel à vos talents de négociateur ! Des villages artisanaux aux marchés hauts en couleur, en passant par les galeries d'art et concept-stores, il vous faudra parfois un peu de patience pour trouver la perle rare à rapporter dans vos bagages. Certes, l'artisanat sénégalais est riche et varié, mais tellement répétitif, qu'on se retrouve souvent avec les mêmes créations devant les yeux. Pourtant en fouinant un peu plus, du côté des créateurs émergents, on découvre des pièces originales, pour lesquelles on n'hésitera pas une seconde !

Les sculptures, le souvenir par excellence

Que ce soit sur les marchés, les boutiques de souvenirs ou les villages artisanaux, nul touriste ne peut ignorer la kyrielle de sculptures en bois qui trônent sur les étals. Ici, peu de statuettes ou de masques rituels, comme l'on trouve dans d'autres pays d'Afrique Noire, mais des pirogues, des silhouettes africaines et des animaux qui se déclinent à l'identique à travers tout le pays. Des singes de la sagesse à la grande girafe, en passant par la statue du penseur ou de la femme sénégalaise, ces créations sont la plupart du temps fabriquées en bois précieux comme l'ébène ou le teck. Cependant, attention à ne pas confondre l'ébène avec un autre bois, lui que l'on repère à ses deux couleurs, noire et marron clair, et à son poids, plus lourd que le teck. Pour celui qui découvre pour la première fois le Sénégal, l'une de ces sculptures en bois sera sans doute un souvenir incontournable pour décorer sa maison. Car il faut dire que même si la copie est légion dans le pays, les Sénégalais, hommes pour la grande majorité, ont un don prononcé pour la création des sculptures en bois, résultat d'un savoir-faire traditionnel, usité à l'origine pour la réalisation des objets du quotidien. Mais pour ceux dont l'imitation lasse, il faudra se tourner vers des artistes plus marginaux, ceux qui ont adapté cet art à leur temps. Dans un souci écologique, ils ont ainsi imagé des sculptures à base de matériaux recyclés. À partir de vieux pneus, de canettes en aluminium, de capsules ou encore des pièces détachées de vélo, les sculptures ont aujourd'hui un autre visage dans les galeries de certains artistes. Certaines se démarquent des autres par leur originalité, d'autres représentent les mêmes figures que celles en bois, mais soyez-en sûr qu'en cherchant un peu, du côté des galeries d'art ou des concept-stores, vous aurez bien un véritable coup de cœur !

Les fixés, une spécificité sénégalaise

Introduite au Sénégal au début du XXe siècle par les marchands arabo-berbères, la peinture sous-verre, appelée *suwer* en wolof, est aujourd'hui l'un des arts les plus populaires du pays. La technique, très pointue et minutieuse, consiste à étaler les couches de peinture dans l'ordre inverse de la hiérarchie temporelle d'une toile. Ainsi, l'artiste commence-t-il par signer, avant de dessiner les personnages et terminer par le fond ou le décor. Les fixés ont longtemps joué le rôle de photographie à moindre coût, et nombreux sont ceux à s'être fait tirer le portrait de cette façon-là. Cherchez la griffe du défunt Gora Mbengue, parmi les plus populaires des *souwéristes* traditionnels. Ou alors, dans la catégorie des générations montantes, comme celles de Serigne Diagne et de Germaine Anta Gaye, qui proposent des œuvres plus abstraites apportant, aux dires des connaisseurs, un réel changement dans la conception naïve du *suwer* classique. Bien sûr, ces œuvres d'artistes renommés ont un coût, et se trouvent dans les galeries d'exposition. Pour les plus petites bourses, on trouve de jolis fixés, très colorés, mais plus communs, sur les marchés, les échoppes ou à même le trottoir. Réalisés par les artisans de rue, dont certains maîtrisent mieux la technique que d'autres, ils représentent bien souvent les scènes de la vie quotidienne, le portrait de Sénégalais ou des paysages. Cependant, au fil du temps et des demandes, l'inspiration des Sénégalais a évolué et l'on trouve maintenant sur les étals de nombreux fixés aux dessins humoristiques et même aussi des reproductions des couvertures de Tintin, pour les fans !

Le tissu batik, en vêtement ou en déco

Dans les marchés en vrac ou dans les boutiques pliées soigneusement, vous trouverez une multitude de jolies étoffes, très colorées et vendues au mètre, dont il vous sera parfois difficile de faire un choix.

DÉCOUVRIR

QUE RAPPORTER ?

Certains opteront pour le tissu en wax, provenant en grande majorité des Pays-Bas, d'autres pour le batik, ces tissus teints avec de la cire. Au Sénégal, c'est l'affaire des femmes qui perpétuent la technique du batik depuis des générations. Sur des tissus en lin ou en coton, elles marquent les motifs à reproduire puis enduisent de cire les parties qu'elles souhaitent protéger. Le tissu est ensuite trempé dans un bain de peinture d'origine végétale, pour représenter les premiers motifs. Cette étape est répétée plusieurs fois jusqu'à ce que le tissu obtienne l'aspect désiré. Ce sont généralement des peintures chatoyantes qui représentent la vie quotidienne et qui peuvent égayer une pièce, à l'instar d'un tableau. Mais créateurs et couturiers l'ont bien compris, le batik est aussi très apprécié dans la conception de vêtements. On peut ainsi dénicher en faisant les boutiques, notamment artisanales, de jolies robes, tuniques ou pantalons où se mêlent différents tons et contrastes. Et si vous avez craqué pour un tissu et ses motifs africains, pourquoi ne pas l'acheter au mètre et se rendre chez un couturier ? Cela ne vous coûtera qu'une poignée d'euros pour un vêtement sur mesure et à votre goût !

Les bijoux dans tous ces états

Qu'ils servent de talisman ou de simples accessoires de beauté, les bijoux ont toujours fait partie intégrante de la vie des Sénégalais. Il s'y est donc développé un artisanat varié, proposant tout type de bijoux, où chacun pourra trouver son bonheur. Ce métier est attribué particulièrement à la caste sénégalaise des forgerons, les Niénois, dont les secrets de fabrication sont transmis de père en fils. Colliers, bracelets et boucles d'oreilles sont ainsi réalisés en or ou en argent, selon des techniques ancestrales bien gardées. On trouve aussi, sur les marchés ou dans les villages artisanaux, de jolis bijoux en bois, en wax et même en corne de phacochère, qui pourront ajouter une touche sympathique à votre look. De nombreux bijoux sont aussi confectionnés en perles, anciennes ou modernes, et offrent de très jolies parures. À vous de voir le prix que vous souhaitez y mettre, mais les tarifs sont parfois élevés, selon l'authenticité de la perle. Vous trouverez aussi plusieurs boutiques tenues par les Mauritaniens qui proposent colliers, boucles d'oreilles et bracelets d'origine touareg, la plupart du temps fabriqués en argent ou en alliage. Généralement, il vous faudra négocier un peu pour en tirer un tarif abordable. Mais vous commencez à être un expert du marchandage, non ?

Vannerie et poterie, spécificités de Casamance

Bien que l'on trouve facilement des paniers en rônier et des céramiques sur les marchés et dans les villages artisanaux un peu partout au Sénégal, ces deux artisanats sont issus des traditions du peuple diola, qui vit principalement en Casamance. La vannerie y est l'histoire des hommes qui se sont transmis les savoir-faire traditionnels depuis des générations. Assis sur un tabouret, avec de longues feuilles de rôniers à la main, ils tressent avec dextérité des paniers ou des nattes, destinés en premier lieu à la vie

Vente de bijoux vers Toubab Dialao.

Vannerie colorée typique du pays.

quotidienne. Mais avec le développement du tourisme, les vanniers créent aujourd'hui abat-jours, lampes et boîtes à bijoux, parfois colorés à l'encre végétale. Quant à la poterie, elle est l'art des femmes, notamment dans le village d'Edioungou, en Basse-Casamance, où elle est ancrée dans les mœurs depuis des générations. Ici, dans chaque maison, se cache une potière qui a converti un espace de sa cour, en atelier. Pour ses objets du quotidien ou ses créations, elle utilise l'argile extraite des *bolongs*, qui est dessalée puis mélangée à une poussière de coquillages. De là, elle façonne l'objet selon la technique du colombin, l'une des plus anciennes de l'histoire de la poterie, qui consiste à superposer des boudins d'argile, puis à les lisser ensuite à l'aide d'un coquillage. Outre dans le village, ces céramiques sont vendues un peu partout dans la région.

Des produits locaux aux vertus indéniables

Confitures exotiques, miel de Kolda, beurre de karité, liqueur de Warang, poudre d'hibiscus, huile de baobab ou de sésame, le commerce des produits locaux commence peu à peu à se développer au Sénégal, dans les petites boutiques, les épiceries et même dans les concept-stores. À partir de plantes ou de fruits locaux, ces produits sont fabriqués pour la plupart de manière artisanale, gardant ainsi toutes les vertus des matières premières. Les gourmands opteront pour les confitures artisanales dont les parfums naturels ne manquent pas au Sénégal. Bissap, bouye, mangue, tamarin ou pommes de cajou, à chacun sa préférence !

Vous pourrez aussi rapporter dans vos valises du beurre de karité ou de l'huile de baobab, dont les propriétés nourrissantes pour la peau et les cheveux ne sont plus à démontrer. Bien que le beurre de karité puisse s'acheter encore sur les marchés traditionnels au poids et emballé dans un affreux sachet noir, il est aujourd'hui commercialisé, comme de nombreux cosmétiques, dans des packagings plus adaptés et plus hygiéniques.

Pagnes et accessoires tissés, d'une qualité exceptionnelle

Coutume ancestrale africaine, le tissage est un art minutieux pratiqué par différentes ethnies au Sénégal. À l'origine destiné aux cérémonies familiales importantes comme les naissances ou les mariages, le pagne tissé est aujourd'hui devenu un incontournable de la mode africaine, réputé pour sa qualité et la beauté de ses motifs. Les techniques sont restées les mêmes, sur de grands métiers traditionnels où les tisserands aguerris perpétuent minutieusement une tradition depuis des générations. Porte-monnaie, trousses, sacs, housses d'oreiller, écharpes ou plaids, le pagne est aujourd'hui décliné sous toutes les coutures, notamment chez les créateurs et stylistes contemporains qui se sont réapproprié cette matière traditionnelle. Vous aurez l'occasion durant votre voyage d'apprécier cet artisanat dans différentes boutiques, galeries ou ateliers, comme la Maison Singer à Saint-Louis, la galerie Tisserand et l'atelier de Johanna Bramble, à Dakar. Ici, les prix sont fixes et généralement affichés.

SPORTS ET LOISIRS

Il est difficile de savoir quelle est la discipline sportive de prédilection des Sénégalais, tant le football et la lutte sénégalaise font partie intégrante du patrimoine du pays. Reste que comme partout en Afrique, le football est le sport collectif le plus prisé. Outre la lutte, les joutes nautiques et l'awalé sont aussi des activités traditionnelles très populaires. Avec 700 km de côtes, le Sénégal fait également le bonheur des amateurs de sports nautiques. Surf, jet-ski, sports de voile, mais surtout pêche sont très pratiqués. La destination est en effet très prisée par les fanatiques de pêche au gros. Dans les terres, la nature sénégalaise mérite aussi d'être découverte. La flore au cours de balades et de randonnées, entre chutes d'eau et mangroves, ou la faune dans les quelques parcs du pays. Le *birdwatching* est aussi une activité très pratiquée, grâce notamment aux nombreuses embouchures du pays.

Le roi football

Comment s'assurer qu'il n'y aura pas de coupure d'électricité lors de la petite fête que vous comptez organiser samedi ? Regardez s'il n'y aurait pas par hasard un match de football à la télévision ce soir-là. Dans ce cas, vous êtes assuré que la Senelec (la Société nationale d'électricité) ne se compromettra pas à tenter un délestage… Seul souci : vous risquez de ne pas avoir grand monde à votre fête, car ils seront tous devant le poste ! Le football au Sénégal, ce n'est pas un sport, c'est de l'amour ! Chez les garçons, bien sûr, mais chez les filles aussi. Tout le monde porte le maillot des Lions de la Teranga, l'équipe nationale. Mais aussi du Paris Saint-Germain, de l'Olympique de Marseille, de la Juventus de Turin ou du FC Barcelone ! D'ailleurs, dans la rue, tout le monde en vend. Mais le football au Sénégal, on en parle ou on y joue ? Eh bien les deux ! Pas un gosse qui n'aille pas faire un petit tour sur un terrain, voire jouer au ballon sur la route en sortant de l'école.

Lutte sénégalaise.

Côté résultats, les Lions se sont surtout fait remarquer lors de la Coupe du monde 2002 au Japon et en Corée du Sud. Ils y ont battu l'équipe de France, championne du monde en titre, dès le match d'ouverture et se sont ensuite hissés jusqu'en quart de finale. Emmenés par l'entraîneur français Bruno Metsu, le fantasque attaquant El-Hadji Diouf ou encore Salif Diao et Khalilou Fadiga, les Sénégalais vont s'inscrire à jamais sur la carte du football mondial. Après plusieurs années de disette, le Sénégal devra attendre le Mondial 2018 pour se réinviter dans le tableau final d'une Coupe du monde. S'ils ne passeront pas les poules sur le fil, les Lions ont confirmé leur retour au premier plan, grâce à l'attaquant superstar de Liverpool Sadio Mané, vainqueur de la Ligue des Champions. Une renaissance confirmée un an plus tard, lorsque les protégés d'Aliou Cissé atteindront pour la deuxième fois de leur histoire (après 2002) la finale de la Coupe d'Afrique des Nations.

Des activités traditionnelles

- **La lutte sénégalaise.** N'ayant absolument rien à voir avec la lutte gréco-romaine ou la lutte libre, elle est un mélange de traditions et de culture, le tout pimenté par un affrontement physique, la plupart du temps assez rapide. C'est tout un cérémonial qui précède le combat, ce dernier n'étant que l'aboutissement d'une journée festive, les adversaires revêtus d'un pagne coloré combattent, non seulement pour eux, mais aussi pour l'ensemble d'une région, voire d'une ethnie. Les préliminaires sont ponctués par les tam-tams des griots qui accompagnent des poèmes appelés *baks*. Sans gagner autant d'argent que les sportifs occidentaux les mieux rémunérés, les grands noms de la lutte sénégalaise ont un train de vie plus confortable que la plupart de leurs collègues de valeur égale dans les autres disciplines.
- **Les joutes nautiques.** Mer, fleuves, mangroves et lacs… Le Sénégal regorge d'endroits

© OTRAMMARIETA - SHUTTERSTOCK.COM

Joueurs d'awalé.

idéaux pour s'adonner aux joutes nautiques. Du coup, il ne se passe pas une fête sans que les clans, flanqués de bâtons, se disputent l'hégémonie, droits sur leurs pirogues.

L'awalé. Ce jeu fait partie de la famille des mancala. L'awalé se joue à deux, autour d'un tablier en bois rectangulaire creusé de douze trous. Au début de la partie, chaque joueur dispose de 24 graines dans six trous. Il s'agit ensuite de semer les graines une à une en puisant dans ses trous. Les prises se font dans les cases qui ne contiennent qu'une ou deux graines. Le but est d'amasser le plus de graines possible. Plus on s'enfonce dans les terres vers l'est, plus on peut voir les anciens, sous l'arbre à palabres, jouer à l'awalé.

Sur l'eau, des activités en pagaille

Avec ses 700 km de côtes, de Saint-Louis à l'extrême nord jusqu'au Cap Skirring à l'extrême sud, le Sénégal offre la possibilité de nombreux loisirs nautiques : voile, plongée, surf, ski nautique, canoë-kayak, bouées tractées, etc.

On surfe ou on fait du bodyboard à Dakar. Les meilleurs spots se trouvent sur la Petite Côte et sur la presqu'île du Cap-Vert (Pointe des Almadies, Ngor). Le *swell* (la houle) n'est pas tous les jours au rendez-vous, et il vaut mieux se lever tôt pour que les vagues ne pâtissent pas trop du vent (glacis). Des planches peuvent être louées près des Almadies ou à la plage Le Virage. Il existe plusieurs clubs de surf, dont le plus recommandable est le Surfer Paradise sur la Corniche des Almadies, tenu par Oumar, un Dakarois qui a passé 14 ans à Biarritz comme surfeur professionnel et qui propose des tarifs très intéressants et du bon matériel.

Les amateurs de jet-ski, de ski nautique, de wakeboard ou de sports de voile (planches à voile, catamaran surtout) prendront eux la direction de la très touristique Petite Côte (Saly-Portudal, Nianing, Mbour, etc.) ainsi qu'en Casamance, dans le village de Cap Skirring notamment.

Une destination pêche très réputée

Le Sénégal est l'une des destinations de pêche les plus prisées au monde. Mais ici, on ne taquine pas le goujon. Il ne faut pas être équipé léger pour prendre la mer. C'est la diversité des milieux aquatiques qui fait la variété des espèces de poissons : les eaux froides de la Grande Côte, les fonds rocailleux volcaniques de la presqu'île du Cap-Vert, les eaux chaudes de Casamance, les bolongs du Sine-Saloum… Requins, carangues, carpes rouges, marlins, espadons, thons, bars, barracudas, mérous, capitaines, etc., sont présents en très grand nombre. Trois types de pêche sont proposés dans les régions sénégalaises : la pêche en mer, la pêche en mangrove et la pêche en rivière.

La pêche en mer s'effectue à Dakar, sur la Petite Côte et dans une moindre mesure à Saint-Louis, dans le Sine-Saloum et en Casamance. C'est principalement pour le « gros » que vous pêcherez en mer au Sénégal. Plusieurs centres de pêche avec ou sans hébergement sont hyper équipés pour vous emmener, harnaché comme un parachutiste, à la conquête du marlin bleu, du requin ou de l'espadon voilier. Dans la zone nord du pays (de la Petite Côte à Saint-Louis), les différences de température de l'eau entre les saisons sont très importantes, contrairement à la Casamance ou au Sine-Saloum. Ainsi, il vous faudra choisir le bon moment pour partir en fonction des poissons que vous désirez pêcher. Concernant le marlin bleu, c'est pendant les périodes péri-hivernales qu'ils sont le plus susceptibles d'être pris dans les eaux sénégalaises (mai-juin et octobre-novembre). Il est commun d'en sortir des spécimens de 150 kg.

Pour le magnifique espadon voilier, c'est tout le contraire et c'est tant mieux, car ça rend sa pêche complémentaire à celle du marlin. C'est enfin en pleine saison des pluies qu'ils abondent (de fin juin à fin septembre). Les plus beaux souvenirs et les plus belles photos de pleine mer seront accompagnés de ce D'Artagnan océanique. Le reste de l'année, et notamment la saison froide, apporte aussi son lot de belles prises. A la palangrotte ou à la traîne vous attraperez de très nombreux thons, des mérous, des truites de mer, des carangues, des carpes rouges, des courbines, d'impressionnants coryphènes…

La pêche au lancer sera quant à elle idéale dans la zone rocheuse de la presqu'île du Cap-Vert et de très nombreuses truites de mer attaqueront votre leurre Rapala. C'est également sur ces fonds tortueux jonchés d'épaves en tout genre que vous pourrez pratiquer la pêche sous-marine. Poissons-perroquets, mérous ou badèches abondent entre les rochers.

La pêche en mangrove est pratiquée dans le Sine-Saloum et en Casamance exclusivement. C'est la grande spécialité du Sénégal tant est rare cet écosystème d'eau saumâtre fait d'îles de palétuviers entrecroisées de milliers d'îlots de mangrove. Les espèces peuplant ces eaux sont innombrables et variées et, contrairement à la pêche en mer, il n'y a pas de saison pour la pêche en mangrove bien que la densité de poissons soit plus importante pendant la saison des pluies. Vos plus beaux combats et vos plus impressionnants trophées seront, bien sûr, les carangues, les barracudas et les carpes rouges.

A la découverte de la faune et de la flore

Randonnées et safari. Les adeptes de la marche à pied seront servis. Partout il est possible de marcher, marcher et marcher encore… d'autant que le pays est finalement assez plat et que les promenades ne seront jamais très difficiles. Petit bémol cependant en pays bedik et bassari, dans le Sénégal oriental, où certaines randonnées demandent de crapahuter quelque peu. Et au bout de ces promenades, il y a souvent une belle cascade, une jolie mangrove, un petit campement sympathique. Ou tout simplement un village à découvrir.
Côté safari, attention ! Les gens qui sont déjà allés dans les parcs du Kenya, de Tanzanie ou d'Afrique du Sud vont être très déçus… On trouve quand même quelques girafes importées d'Afrique du Sud – et qui semblent plutôt se plaire dans le pays, puisqu'elles se sont reproduites dans une réserve privée à Bandia (p.155). Et les éléphants ? Depuis 2015, dans le Parc national du Niokolo Koba, on ne croise plus que les traces laissées par leur passage. Mais on se consolera avec les singes, antilopes, gazelles, crocodiles, phacochères, hippopotames et toutes sortes de gros oiseaux visibles à volonté !

Birdwatching. Le Sénégal est une terre prisée des oiseaux pour ses embouchures, ses bolongs et ses marigots. Plus de 650 espèces ont été observées dont un tiers sont des oiseaux migrateurs provenant d'Europe ou d'Afrique. Les ornithologues et amateurs pourront s'adonner à leur passion au parc du Djoudj, troisième réserve ornithologique au monde, où entre décembre et avril, les oiseaux d'Europe occidentale affluent par milliers. Spectaculaire ! D'autres lieux sont propices à leur observation comme dans les bolongs du Sine-Saloum, dans la réserve naturelle de la Somone ou encore en Basse-Casamance. De manière générale, ouvrez bien les yeux autour de vous !

La chasse se pratique dans des zones réglementées et bien sûr avec des guides. La saison est ouverte de mi-décembre à fin avril. Plusieurs espèces animales et zones naturelles sont évidemment protégées et interdites à la chasse.

L'observation des oiseaux est une activité que l'on peut pratiquer à la réserve naturelle de la Somone.

GASTRONOMIE

La cuisine sénégalaise aime les goûts prononcés. A base de mil ou de riz, elle s'agrémente essentiellement de poulet ou de mouton, voire de bœuf dans les grandes occasions, sans oublier bien sûr une grande abondance de poissons et de fruits de mer venant des eaux poissonneuses de l'Atlantique. Les cuisiniers locaux font un usage généreux de légumes, d'herbes, de graines, le tout étant richement parfumé de piment, de cumin, de jus de citron vert, d'oignons et de gingembre. « Les plats sénégalais ne s'apprécient que très rarement au restaurant », voilà un adage souvent répété qui vous poussera à accepter les invitations qui vous seront certainement faites au cours de votre voyage. A la maison ou au restaurant, la richesse de la cuisine sénégalaise a tout pour plaire. Manger à la main fait partie de la tradition, mais, attention, pas de la gauche. C'est la main « impure », elle ne doit pas servir à porter la nourriture à la bouche.

Produits caractéristiques

On rencontre le *mil* sur tous les marchés et dans tous ses états (cru ou mi-cuit, en farine, décortiqué ou cassé). Il se mange aussi bien sous forme de couscous, que de potage ou de boulettes. Dans l'est du pays, on met à l'honneur le *fonio*, aux grains si petits qu'on croirait qu'il s'agit de mil. Ces deux céréales sont longues à cuisiner en général, ce qui explique les marmites posées sur le feu à longueur de journée. Le *riz* (*tiep*) épargne ces délais, mais c'est un aliment plus luxueux. Il est beaucoup cultivé en Casamance et le long du lit du fleuve Sénégal, dont l'irrigation est mise à profit pour augmenter les récoltes. La culture sénégalaise s'attache particulièrement à des riz aux grains courts ou cassés. Une forte proportion du riz consommé dans le pays reste toutefois importée d'Asie.

Les légumes en tout genre – des carottes aux gombos en passant par les tomates, les aubergines africaines et le chou blanc – que l'on retrouve sur les étalages des marchés de Dakar et de Saint-Louis viennent pour la plupart de la Grande Côte et sont produits dans les Niayes, ces collines irriguées vouées aux cultures maraîchères. Plus au sud, la Casamance – grâce à des pluies abondantes – est le paradis des fruits et des légumes les plus divers. A cela s'ajoute de nombreuses épices : curcuma, piment, cannelle, cumin, poivre, sans oublier le ***soumbala*** ou ***nénétou***, une pâte de graines d'arbre-néré fermentées et roulée en boule. Bien qu'il ne s'agisse pas a priori d'un ingrédient auquel on penserait immédiatement, les bouillons cubes sont présents partout en Afrique de l'Ouest pour rehausser les saveurs. Enfin, le *lalo* est une poudre de feuilles de baobab, utilisé pour lier et épaissir les sauces ou la semoule de mil.

Si vous êtes un aventurier de l'olfactif, approchez-vous des étals de poissons qui sèchent au soleil sur les plages. Le *guedj* est un poisson salé et séché qui n'est pas sans rappeler la morue alors que le *yet* est un escargot de mer séché à l'odeur tenace. Chez le poissonnier se côtoient thiof (mérou), dem (mulet), barracuda et espadon. Les mangroves offrent l'occasion de se régaler de fruits de mer d'une qualité rare. Crevettes, crabes, huîtres de palétuviers sont légion et accommodés selon les goûts, crus, grillés ou à toutes les sauces. Vous aurez enfin certainement l'opportunité de mettre de la langouste à votre menu.

La viande n'est pas forcément commune au menu chez tous les Sénégalais. Toutefois, on observe dans le pays de nombreux *tanganas* et *dibiteries*, des échoppes à mi-chemin entre boucherie et barbecue. Le poulet, le mouton et la chèvre sont les viandes les plus communes. Le bœuf est plus rare. Les Peuls par exemple ne mangent que très rarement les bêtes de leur troupeau, dont la ressource première est le lait. Avec une population à 95 % musulmane, le porc est très rare et consommé dans une poignée de régions chrétiennes.

Femme préparant le repas, Ziguinchor.

DÉCOUVRIR

© JORDIRAMISA

Repas sénégalais.

Les classiques de la cuisine sénégalaise

Parmi toutes les spécialités sénégalaises, impossible de ne pas citer le *thiéboudienne* ou *tiep bou dien*, considéré comme le plat national. En wolof, il est surnommé *ceebu jën* l'expression signifiant « *riz au poisson* ». On y mélange en effet du poisson frais, du poisson séché, du *yet* et finalement du riz le tout mijoté avec des légumes variés et bien sûr une bonne dose de piments et un peu de purée de tomates. On compte deux variétés : le thiéboudieune rouge, le plus commun, préparé avec une belle quantité de tomate alors que le thiéboudieune blanc, n'en contient presque pas. Il existe également des variantes avec du poulet.

Autre plat emblématique, le yassa de poulet est un plat originaire de Casamance. Le poulet, coupé en morceaux, est d'abord mariné généralement une nuit avec des oignons, du jus de citrons verts, du vinaigre et d'huile d'arachide, puis grillé au feu de bois avant d'être mijoté dans sa propre marinade à feu doux. On le sert avec du riz blanc et il peut être aussi préparé avec du mouton ou du poisson. On retrouve également le mafé dont le Sénégal se dispute la paternité avec le Mali voisin. Ce plat est notamment fameux pour sa sauce onctueuse à la pâte d'arachide qui lui donne une saveur particulière. On peut éventuellement adjoindre de la viande – notamment du poulet ou du bœuf – et des légumes. Le domoda est un plat originaire de l'est du pays et de la Gambie, qui se présente sous la forme d'un ragoût de viande et de légumes dans une sauce vinaigrée et crémeuse à la tomate, que l'on sert avec du riz. On peut égaler citer de nombreux plats à base de *thiéré,* un couscous de mil préparé partout à travers le pays. Le thiéré bassi salté est une recette souvent élaborée pendant le Tamkharit, le jour de l'an musulman. Composé de petites boulettes de viande de mouton, de poulet et de légumes variés (pommes de terre, patates douces, haricots blancs, choux, carottes, raisins secs et dattes), il est parfumé de purée de tomate. Pour cuisiner le thiéré bassi guerté on lie la sauce avec de la pâte d'arachide. Sinon le thiéré mboum est confectionné avec une sauce crémeuse contenant du poisson, de la viande et des feuilles de mboum (moringa), un type de légume vert. La soupe kandia est en réalité un ragoût qui doit sa belle couleur à l'huile de palme rouge que sert de base à cette recette content entre autres poisson séché, yet, fruits de mer, viande, gombos et aubergine.

La liste des spécialités sénégalaises est vaste et on peut citer de nombreux plats populaires et très bon marché. Comme par exemple le lakhou bissap ou ngurbaan (une purée de mil, de poisson séché, de cacahuètes et d'épices), le mbakhal (un ragoût de poisson et de légumes dans une sauce tomate épicée), le dakhine (une purée de riz épicée avec de la viande et des légumes) ou le mbakhalou saloum (du riz parfumé à l'arachide avec du poisson ou de la viande). Sans oublier de nombreuses recettes de poissons comme le mulet farci à la saint-louisienne (un poisson farci d'un mélange de pain, de tomate et d'épices), une spécialité de Saint-Louis ou le caldou, une recette casamançaise de poisson cuisiné avec de l'huile de palme, des légumes et du riz. Et pour finir le fririre, à base de poisson frit, accompagné d'une sauce aux oignons.

Douceurs et fruits

Beaucoup de desserts se composent d'une base de produits laitiers comme le fondé (boulettes de mil) servi avec du lait ou du lait caillé et sucré, le *lakh sankhal*, un porridge de semoule de mil agrémenté de raisins secs que l'on sert avec du lait caillé ou du yaourt, sans oublier le sombi (un riz au lait caillé parfumé de cannelle, muscade et vanille), le *thiakry* (un sombi à la semoule de mil) ou le *ngalakh* (proche du *thiakry*, mais dans une sauce crémeuse au beurre de cacahuète). On retrouve aussi de très bonnes pâtisseries européennes à Dakar. Le Sénégal est situé à la lisière du Sahel et une grande partie de son territoire est semi-désertique. Toutefois en Casamance le climat plus humide que dans le reste du pays permet la culture des mangues, des bananes, des ananas, des oranges, des mandarines, des pamplemousses, des papayes ainsi que des goyaves et des noix de coco. Sans oublier le fruit du pain de singe, plus connu sous le nom de baobab, dont la pulpe farineuse est utilisée pour faire une boisson fraîche légèrement acidulée.

Bissap, bière et vin

Le bissap est jus de couleur rouge issu de la roselle, une variété d'hibiscus. On en trouve de partout dans le pays, du bord des routes jusqu'aux restaurants des hôtels. On fait infuser les fleurs séchées, on y ajoute du sucre, quelques gouttes de fleur d'oranger, puis on le sert glacé. Le thé à la menthe, le fameux ataya et son cérémonial sont incontournables. Apportée par les marchands arabes, cette spécialité est préparée à base de thé vert et de menthe fraîche et sèche que l'on fait infuser avec beaucoup de sucre avant de le verser à plusieurs reprises dans les tasses puis de transvaser le tout dans la théière avant de servir les convives. Si le rituel peut sembler long, c'est un moment important de partage et d'hospitalité pour les Sénégalais.

Si l'Islam interdit techniquement la consommation d'alcool, les locaux sont assez souples sur cette maxime, et la bière est sans conteste une des boissons nationales. *Gazelle* pour les uns, *Flag* pour les autres. C'est la boisson par excellence pour se désaltérer ! Les Bédik et les Bassari, deux ethnies de l'est du pays, fabriquent quant à elles de la bière de mil. Le vin par contre est plus rare, car la culture de vigne est quasiment impossible dans le pays et l'immense majorité des bouteilles sont importées soit d'Europe, soit d'Afrique du Sud ou éventuellement du Chili et de l'Argentine. Mais c'était sans compter sur l'acharnement de deux français – François Normant et Philippe Franchois – qui a ouvert depuis 2012, le Clos des Baobabs, le premier lieu d'expérimentation de vin en Afrique de l'Ouest. Installés sur un hectare de terrain à Nguékhokh, non loin de la réserve de Bandia, François et sa petite équipe expérimentent avec plusieurs cépages, pour voir ce qui fonctionne le mieux au Sénégal. Le grenache connu pour sa forte résistance à la chaleur et à la sécheresse du sud de l'Europe donne les meilleurs résultats. L'apprentissage s'est fait sur le terrain, grâce aux ouvrages professionnels et à Christophe Bellang (ami bourguignon et viticulteur). N'ayant pas de saisons comme connaissent les viticulteurs en France, la semence et le coupage peuvent se faire à des moments choisis. Peu de traitements sont utilisés, l'engrais est naturel et le labourage traditionnel. L'irrigation se fait par un système de goutte-à-goutte : chaque jour en fin de journée chaque pied reçoit 4 à 5 litres d'eau. Un projet qui, malgré les aléas d'un climat parfois torride, est un succès. En 2020, le duo de viticulteurs a réussi à attirer un public curieux et averti, amateur d'exclusivité. En effet, ce vin est produit en quantités très limitées – un petit millier de bouteilles pour le millésime 2019 – qui sera distribué dans les grands hôtels de Dakar.

Bissap.

DAKAR

Niché sur la presqu'île du Cap Vert, Dakar est une ville cosmopolite, grouillante de vie dans chacun de ses quartiers. Elle, qui n'était au départ qu'un simple village de pêcheurs, s'est rapidement développée lorsqu'elle fut choisie comme capitale du pays en 1902. Depuis, ses tentacules se sont déployés dans tous les sens et sa population a quadruplé en 20 ans, atteignant aujourd'hui les plus de deux millions d'habitants. Outre son centre historique agréable, elle recèle des quartiers aux allures de villages, comme Yoff ou Ngor, tournés vers l'océan. Bien que la capitale puisse être parfois harassante, il faut s'imprégner de son ambiance particulière, longer ses corniches, découvrir ses musées, se laisser porter par ses nuits festives, pour qu'elle dévoile finalement tout son charme. Une balade permet de s'imprégner de l'ambiance si caractéristique de cette ville, qui aspire votre énergie en quelques heures.

Almadies-Yoff

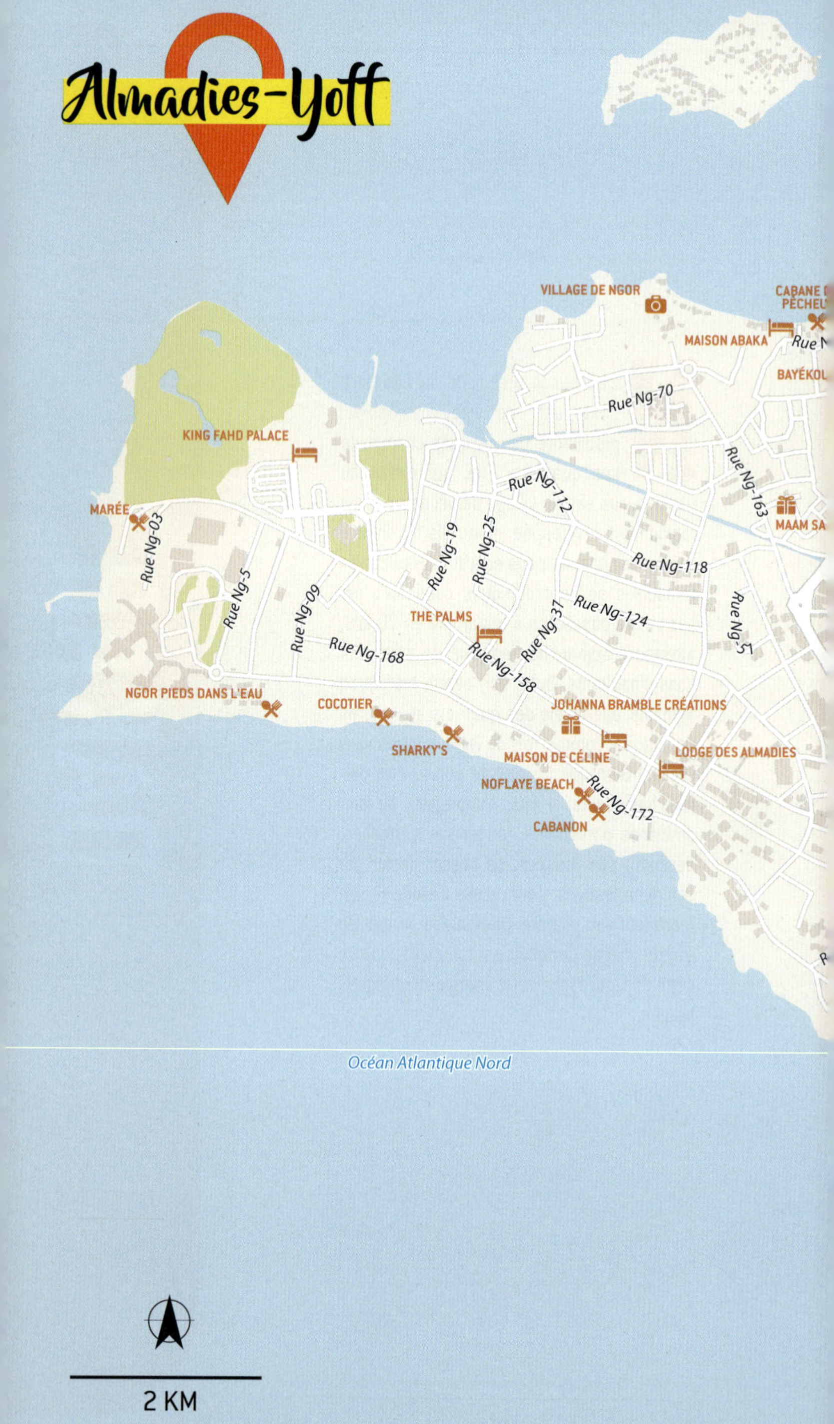

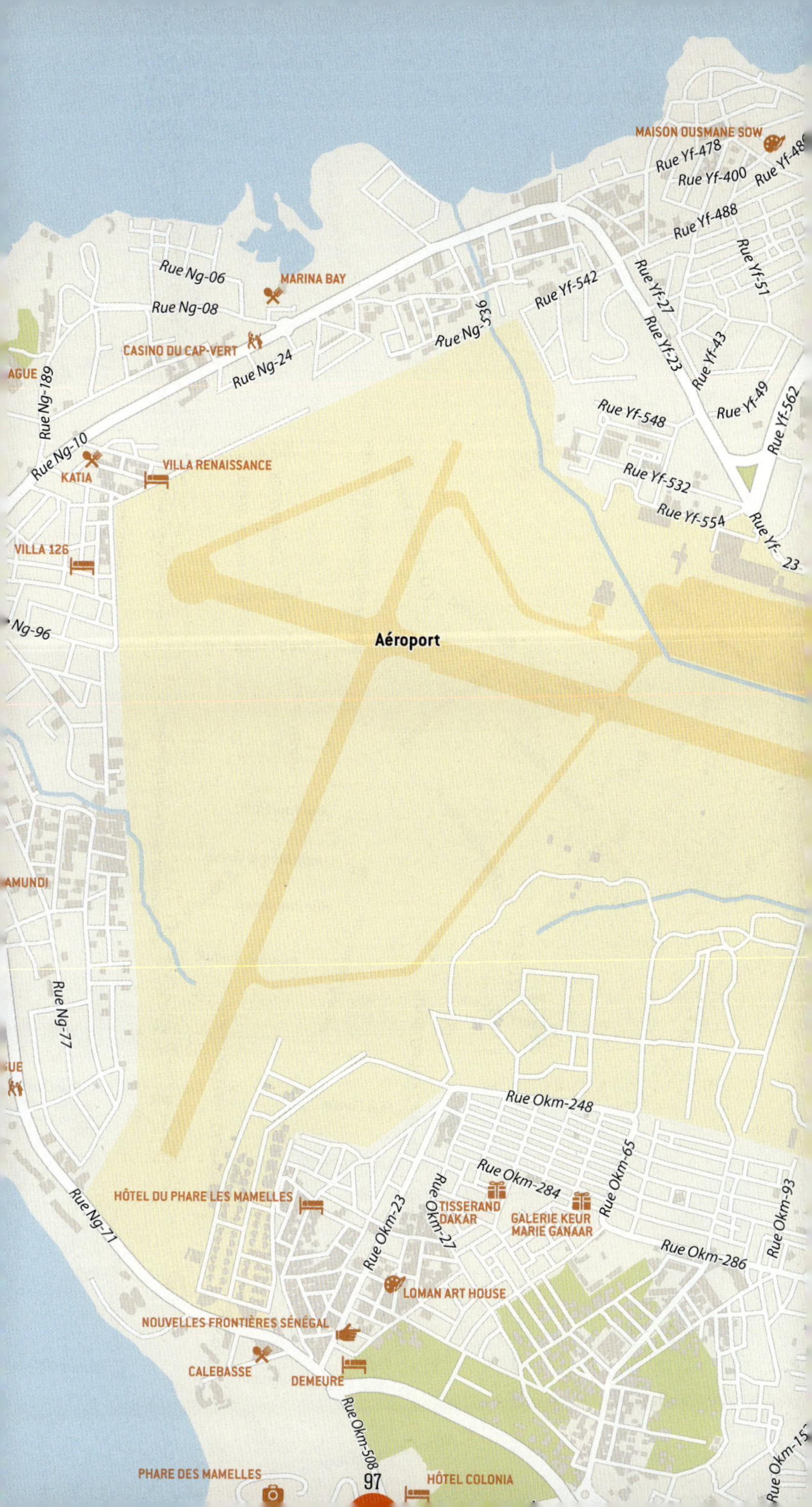

MAISON OUSMANE SOW
Rue Yf-478
Rue Yf-400
Rue Yf-488
Rue Ng-06
MARINA BAY
Rue Ng-08
CASINO DU CAP-VERT
Rue Ng-24
Rue Ng-536
Rue Yf-542
Rue Yf-27
Rue Yf-51
Rue Yf-23
Rue Yf-43
Rue Yf-49
Rue Yf-562
Rue Yf-548
Rue Yf-532
Rue Yf-554
Rue Ng-189
Rue Ng-10
KATIA
VILLA RENAISSANCE
VILLA 126
Ng-96
Aéroport
Rue Ng-77
Rue Okm-248
Rue Okm-284
Rue Okm-65
Rue Okm-93
Rue Okm-27
Rue Okm-23
TISSERAND DAKAR
GALERIE KEUR MARIE GANAAR
Rue Okm-286
HÔTEL DU PHARE LES MAMELLES
Rue Ng-71
LOMAN ART HOUSE
NOUVELLES FRONTIÈRES SÉNÉGAL
CALEBASSE
DEMEURE
Rue Okm-508
PHARE DES MAMELLES
HÔTEL COLONIA

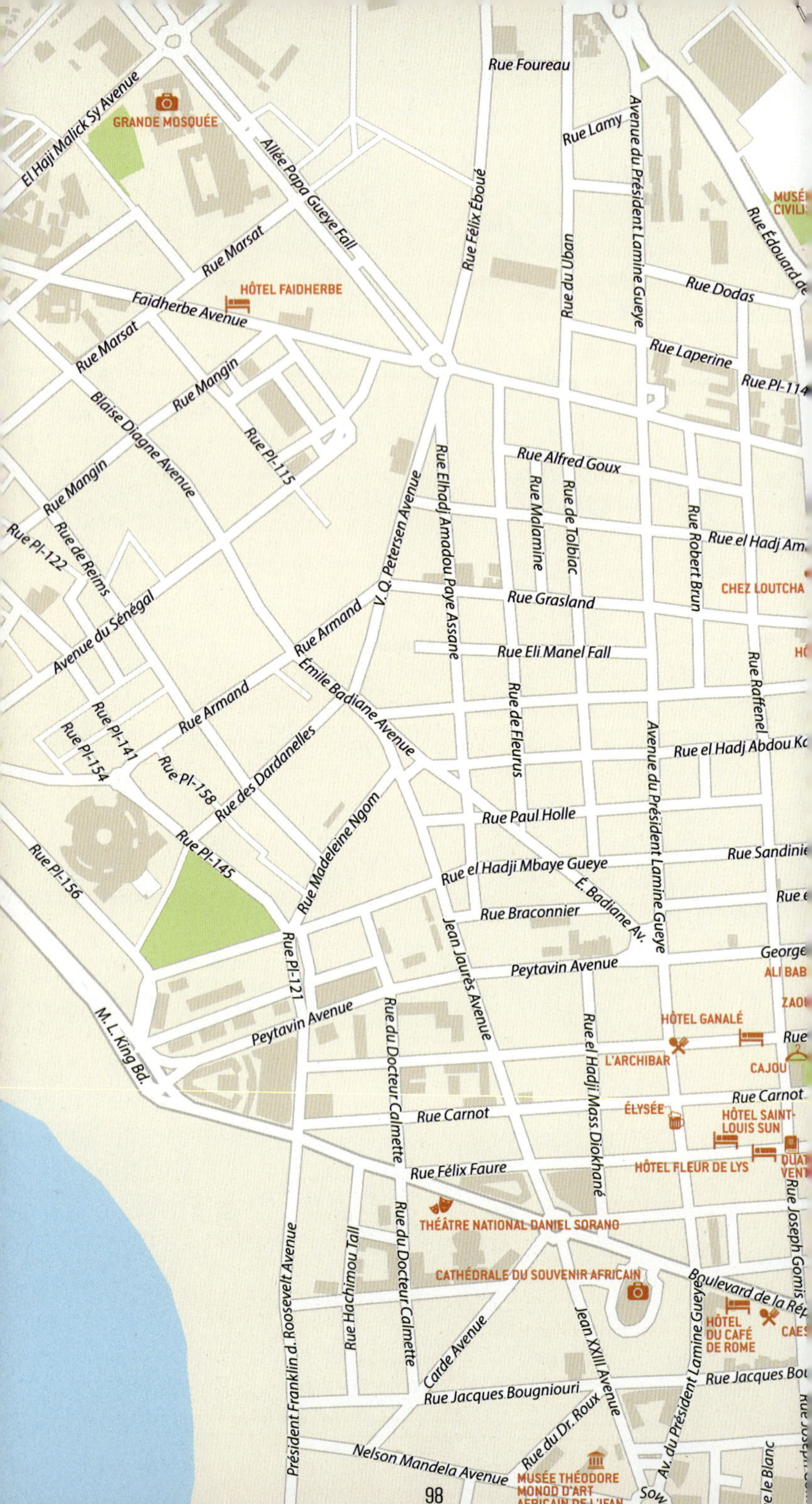
GRANDE MOSQUÉE
El Hadji Malick Sy Avenue
Allée Papa Gueye Fall
Rue Foureau
Rue Lamy
Rue Félix Éboué
Rue du Uban
Avenue du Président Lamine Gueye
Rue Édouard de
Rue Dodas
Rue Marsat
HÔTEL FAIDHERBE
Faidherbe Avenue
Rue Laperine
Rue Pl-114
Rue Marsat
Rue Mangin
Rue Pl-115
Blaise Diagne Avenue
Rue Mangin
Rue Alfred Goux
Rue Malamine
Rue de Tolbiac
Rue Robert Brun
V. O. Petersen Avenue
Rue Elhadji Amadou Paye Assane
Rue el Hadj Am
Rue Pl-122
Rue de Reims
CHEZ LOUTCHA
Rue Grasland
Avenue du Sénégal
Rue Armand
Rue Eli Manel Fall
Émile Badiane Avenue
Rue Raffenel
Rue de Fleurus
Rue Armand
Rue Pl-141
Rue Pl-154
Rue Pl-158
Rue des Dardanelles
Avenue du Président Lamine Gueye
Rue el Hadj Abdou Ko
Rue Madeleine Ngom
Rue Paul Holle
Rue Pl-145
Rue Pl-156
Rue el Hadji Mbaye Gueye
É. Badiane Av.
Rue Sandinie
Rue Braconnier
Jean Jaurès Avenue
Rue Pl-121
Peytavin Avenue
George
ALI BAB
M. L. King Bd.
Peytavin Avenue
Rue du Docteur Calmette
Rue el Hadji Mass Diokhané
HÔTEL GANALÉ
ZAO
L'ARCHIBAR
CAJOU
Rue Carnot
Rue Carnot
ÉLYSÉE
HÔTEL SAINT-LOUIS SUN
Rue Félix Faure
HÔTEL FLEUR DE LYS
Rue Joseph Gomis
THÉÂTRE NATIONAL DANIEL SORANO
Rue du Docteur Calmette
Rue Hachimou Tall
Président Franklin d. Roosevelt Avenue
CATHÉDRALE DU SOUVENIR AFRICAIN
Boulevard de la Rép
Jean XXIII Avenue
HÔTEL DU CAFÉ DE ROME
CAES
Carde Avenue
Rue Jacques Bougniouri
Rue Jacques Bou
Av. du Président Lamine Gueye
Rue du Dr. Roux
Nelson Mandela Avenue
MUSÉE THÉODORE MONOD D'ART AFRICAIN DE L'IFAN
Rue le Blanc

Plateau
Grand Dakar
Rue Vincens
Rue Joris
El Hadji Djily Mbaye Boulevard
Rue Édouard de Traz
Ballay Avenue
Boulevard de la Libération
Allées Robert Delmas
GARE ROUTIÈRE DES BAUX-MARAÎCHERS
Rue Henri Malan
RÉSIDENCE LES ARCADES
Rue René Caille
Rue Dagorne
El Hadji Djily Mbaye Bd.
Rue Brunier
GALERIE ARTE
DAGORNE
HÔTEL OCEANIC
Av. André Lebon
Rue Wagane Diouf
Rue Saint-Michel
Rue Malenfant
Rue PI-78
Rue Paul Holle
Rue b Maubert
Rue Huart
Rue Descemel
Rue d. Thann
Abdoulaye Fadiga Av.
CASINO DU PORT
Rue de la Rade
Rue el Hadji Mbaye Gueye
CH'TI CALYPSO
MARCHÉ KERMEL
DAYS HOTEL & SUITES
Rue Pierre Millon
Rue Beranger Ferraud
Rue a le Dantec
GOLDEN COFFEE
FOURCHETTE
Place de l'Indépendance
Hassan II Avenue
GALERIE NATIONALE D'ART
Rue Mage
Rue Parchappe
DAKAR AUTO PRESTATION
Rue Salva
Rue Colbert
VIKING
Rue Carnot
Rue Mohamed V
CUILLÈRE MAGIQUE
Rue Félix Faure
ADA VOYAGES
GALERIE ANTENNA
Route de la Corniche Est
Jules Ferry
Léopold Sedar Senghor Avenue
L. Sedar Senghor Av.
Océan Atlantique Nord
200 M
CERCLE DE L'UNION

SE REPÉRER SE DÉPLACER

En voiture, bus ou taxis, il existe différents moyens de se déplacer dans la capitale. Mais avant tout, le quartier du Plateau, qui s'articule autour de la place de l'Indépendance, se découvre à pied. Au nord de la place, la gare maritime pour rejoindre Gorée et Ziguinchor ; au sud, le palais présidentiel ; à l'est le marché Kermel et enfin à l'ouest, le marché Sandaga. Pour rejoindre l'arrondissement du Grand Dakar, les Almadies ou l'extension Parcelles Assainies, il vous faudra emprunter un taxi privé où vous devrez négocier le prix avant même de vous installer. Attention, les chauffeurs dakarois ont tendance à pratiquer un tarif plus élevé pour les touristes. Les bus de la compagnie Dakar Dem Dikk desservent de nombreux quartiers. Ils sont généralement ponctuels, à tarif fixe. Pour voyager à l'intérieur du pays, la gare routière se situe au quartier de Pikine, et des agences de location de voiture se trouvent au Plateau.

AÉROPORT INTERNATIONAL BLAISE DIAGNE

✆ +221 33 939 69 00

www.dakaraeroport.com

A 47 km au sud-est de Dakar, ce nouveau hub aérien, plus spacieux, moderne et mieux organisé que l'ancien aéroport, peut accueillir jusqu'à 3 millions de passagers par an et dans un futur plus ou moins lointain, jusqu'à 10 millions de personnes. Un parking a été prévu pour recevoir 700 voitures, 60 bus et 60 taxis et un circuit a été aménagé pour faciliter le déplacement des personnes à mobilité réduite. Les formalités et contrôles sont assez rapides, variant selon l'affluence.

GARE ROUTIÈRE DES BAUX-MARAÎCHERS

Route de la Roseraie

✆ +221 33 834 05 87

Depuis 2014, la gare routière des Baux-Maraîchers accueille les voyageurs désireux d'emprunter les transports en commun. Elle est beaucoup plus ordonnée et propre que l'ancienne gare des « Pompiers », et il est facile de s'y repérer. Taxis-brousse, mini cars et bus partent pour presque toutes les destinations intérieures du pays. Pas d'horaires définis, il faut attendre que le véhicule soit rempli pour qu'il démarre. Les prix sont fixes, variant selon les destinations.

DAKAR DEM DIKK

✆ +221 33 865 15 55

www.demdikk.com

Compter autour de 5 000 FCFA pour un trajet Dakar-Saint-Louis.

La société de transport urbain, Dakar Dem Dikk (aller-retour en wolof), dispose d'un vaste réseau de bus desservant les nombreux quartiers de la capitale et ses environs. Depuis 2017, elle a également mis en place de nouvelles lignes qui desservent l'intérieur du pays, comme Saint-Louis, Matam, Tambacounda et Ziguinchor. Les horaires sont fixes et respectés, les bus climatisés et assez confortables. De l'aéroport, des navettes express effectuent régulièrement le trajet jusqu'à Dakar et Thiès. Possibilité également de se rendre à Banjul au départ de Dakar.

COSAMA

Port de Dakar

✆ +221 33 821 34 34

www.cosama.sn

Couchettes à partir de 18 900 FCFA en cabine 8 places et à partir de 28 900 FCFA en cabine 4 places.

Interrompue à la suite du naufrage du Joola, la liaison maritime a repris en 2005 avec la mise en circulation du *Wilis*, remplacé deux ans plus tard par l'*Aline Sitoé Diatta*, qui fait depuis la liaison deux fois par semaine. Les trajets sont aussi assurés en alternance par deux autres bateaux, le *Diambogne* et l'*Aguene*. Ces derniers ne proposent que des fauteuils. L'Aline Sittoé Diatta dispose lui de fauteuils, cabines 8, 4 et 2 places avec douche. Restaurant sur place. Le bateau fait une escale à l'île de Carabane, à l'aller comme au retour.

AUTORENT

Boulevard du Centenaire de la Commune de Dakar
✆ +221 33 889 01 21
www.autorent.sn
Ouvert du lundi au vendredi, de 9h à 13h et de 14h30 à 18h30 ; le samedi de 9h à 13h. A partir de 30 000 FCFA par jour.

Forte d'une expérience de plus de 20 ans, cette société de location de voitures a bonne réputation. Au fil des ans, elle a enrichi son parc automobile et développé des offres adaptées à ses clients. Du véhicule de tourisme au 4X4, en passant par les véhicules de prestige et les bus, elle dispose d'un large éventail de véhicules neufs, climatisés et multimarques, qu'elle loue avec ou sans chauffeur. Vous pouvez réserver votre véhicule directement sur le site internet et le retirer à votre arrivée à l'aéroport, ce qui est bien pratique.

DAKAR AUTO PRESTATION

4 Rue Parchappe x Mage
✆ +221 33 842 78 18
www.dap-location.com
Ouvert de 8h à 18h du lundi au vendredi, jusqu'à 17h le samedi. A partir de 14 000 FCFA / jour (+ 140 FCFA/km).

Implantée à Dakar depuis 2003, en face de l'ambassade de France, cette agence sérieuse offre un service de qualité, à des tarifs raisonnables. Elle propose une large gamme de véhicules climatisés pour répondre à tous types de demandes. Des voitures de tourisme aux véhicules tout-terrain, en passant par les bus et mini bus, tous sont bien entretenus et offrent un confort agréable. Location avec ou sans chauffeur, tarif dégressif à partir d'une semaine. Il est également possible de se faire livrer à l'aéroport, avec le plein. Personnel à l'écoute.

HERTZ SENEGAL

Rue Joseph Gomis x Amadou Assane Ndoye
✆ +221 33 889 81 81
www.hertz.sn
A partir de 25 000 FCFA/jour (+ 180 FCFA/km) la location. Du lundi au vendredi de 8h à 20h et le samedi de 8h à 19h.

En 2018, la société américaine a fêté ses 100 ans ! Implantée à Dakar depuis plus de 40 ans, elle loue tout type de véhicules (tourisme, standing, 4x4, minibus et bus), avec ou sans chauffeur, avec une assistance 24h/24. Plusieurs points de location : au Plateau, dans les hôtels Novotel, Pullman, Fleur de Lys et King Fahd Palace ainsi qu'à l'aéroport Blaise Diagne. Prix très corrects pour un loueur international. Depuis 2017, le groupe diversifie son activité, sous la marque Hertz Loisirs, en proposant des excursions à la carte et des circuits touristiques.

LOCASEN

63, Voie de degagement N
✆ +221 33 867 86 85
https://locasenvoyages.com
Ouvert du lundi au samedi de 9h à 18h. Location à partir de 35 000 FCFA/jour.

Créée en 1997, cette petite agence de location de voiture a su s'imposer comme l'un des leaders du secteur dans le pays, en travaillant avec ONG, ambassades et diverses structures locales. Elle dispose d'un parc de véhicules bien entretenu et diversifié pour répondre à tous besoins. Possibilité de livraison du véhicule à l'hôtel ou l'aéroport. La société, qui a diversifié ses services, organise aussi des circuits touristiques et s'occupe de la billetterie. L'équipe est professionnelle, à l'écoute de ses clients, et les prix transparents.

PACIFIC AGENCY

22 Boulevard Djily Mbaye
✆ +221 33 889 40 40
www.pacificagency.sn
A partir de 35 000 FCFA/jour pour une berline et à partir de 40 000 FCFA pour un 4x4 avec 100 km puis 400 FCFA/km.

Située en plein centre, cette agence locale propose à la location une gamme variée de véhicules, adaptés à tout type de clientèle. Le parc est bien entretenu, et la voiture peut être livrée à l'hôtel ou à l'aéroport gratuitement. Pour compléter son offre, la société est à même d'effectuer des réservations d'avion et d'hôtel, et peut vous conseiller sur le choix d'un restaurant ou sur l'organisation de votre séjour. Un service personnalisé qui fait toute la différence ! L'agence est aussi réputée pour son sérieux, elle qui collabore avec de nombreux partenaires.

SEDAR VOYAGES

36 bis Rue Jules Ferry
✆ +221 33 821 68 13
Ouvert du lundi au vendredi de 8h à 18h et le samedi matin de 9h à 12h.

Cette petite agence de voyages, installée au cœur du Plateau, est tenue par un couple sénégalais fort sympathique, Appolinaire et Aby, qui vous y accueilleront chaleureusement. Vous pourrez louer chez eux une voiture pour tout votre séjour au Sénégal. L'agence fait aussi de la billetterie, des locations d'appartements meublés et propose des circuits touristiques dans tout le pays. Vous pourrez également composer vos vacances à la carte, selon vos préférences et vos envies de découvertes. Une agence sérieuse et proche de ses clients.

À VOIR / À FAIRE

Carrefour de la créativité de l'Afrique de l'Ouest, Dakar est une capitale qui bouillonne de culture, recelant des zones et sites intéressants à découvrir. De ses marchés pleins de vie aux nombreuses galeries éparpillées dans la ville, en passant par ses centres culturels et musées, elle expose l'inventivité des artistes sénégalais ou africains, tant en matière d'art premier que d'art contemporain. A l'instar d'Ousmane Sow, dont les chefs-d'œuvre, exposés dans sa maison privée, rappellent ce sculpteur hors pair. Ou de Léopold Sédar Senghor dont le musée, installé dans son ancienne demeure, nous fait rentrer dans son univers intime. Grand rêve également du président-poète, le Musée des Civilisations Noires qui accueille des expositions de qualité, dédiées aux peuples noirs du début de l'Humanité jusqu'à aujourd'hui. Pour qui veut la découvrir, Dakar dévoile une vie culturelle trépidante qu'il serait dommage de ne pas s'en imprégner.

ACT

52 rue Félix Faure
✆ +221 33 849 52 00
www.actours-senegal.com
Ouvert du lundi au vendredi de 9h à 18h.

Cette agence, créée en 1994 par des cadres sénégalais ayant une forte expérience dans le tourisme, travaille avec des partenaires locaux et étrangers pour offrir à ses clients (individuels, groupes ou comités d'entreprises) un vaste choix de destinations, de formules, de voyages à thèmes (« Sur les pas des guérisseurs », « Rythmes et danses du Sénégal ») ou sur mesure. Une structure suffisamment souple pour répondre à toutes vos demandes en s'orientant sur des séjours construits autour du tourisme solidaire. Location de voitures avec ou sans chauffeur.

ADA VOYAGES

27 rue Félix Faure x Mohamed V
✆ +221 33 889 51 81
www.adavoyages.com
Ouvert du lundi au vendredi de 8h30 à 12h30 et de 14h30 à 18h, samedi de 9h à 12h30.

Certifiée par l'Association internationale du transport aérien (IATA), cette agence du Plateau a bonne réputation auprès de ses clients. Elle propose toutes sortes de circuits de différentes durées, sur tout le territoire du Sénégal, pour une clientèle individuelle ou de groupe. Les circuits et excursions peuvent être personnalisés sur demande. Elle organise aussi des circuits de pèlerinage ainsi que des réservations de vols. Equipe professionnelle et dynamique qui est à l'écoute de ses clients. Plusieurs offres intéressantes et prix corrects.

NOUVELLES FRONTIÈRES SÉNÉGAL

Route des Almadies ✆ + 221 33 859 44 44
www.nfsenegal.com
Ouvert du lundi au vendredi de 8h30 à 18h, le samedi de 9h à 12h30.

Agence réceptive incontournable au Sénégal qui offre un service sérieux et diversifié. Alain Noël et son équipe franco-sénégalaise composent avec rigueur des voyages sur mesure dans tout le Sénégal et dans les pays voisins, des lieux d'Afrique de l'Ouest qu'ils revisitent en permanence. Autres services : émission de billets d'avion, bateau pour la Casamance, réservation d'hôtels, location de véhicules avec chauffeur, séminaires, tournages de documentaires, voyages de presse...

ORIGIN'AFRICA

Route de Ouakam
✆ +221 33 860 60 50
www.origin-africa.sn
Ouvert du lundi au vendredi de 9h à 13h et de 14h à 18h, le samedi (de novembre à avril) jusqu'à 17h.

Faire « vivre l'Afrique en version originale », c'est le credo de Didier Coullet et de son équipe, basée à Dakar et Saly. Ils mettent en place des circuits personnalisés et originaux pour une découverte authentique du Sénégal. S'imprégner du pays et du continent, s'émerveiller dans des espaces avec l'horizon pour limites, se sentir plus proche de la nature, emprunter des chemins peu parcourus et faire des rencontres qui marquent. Les responsables travaillent avec passion et les prestations sont d'un excellent rapport qualité-prix.

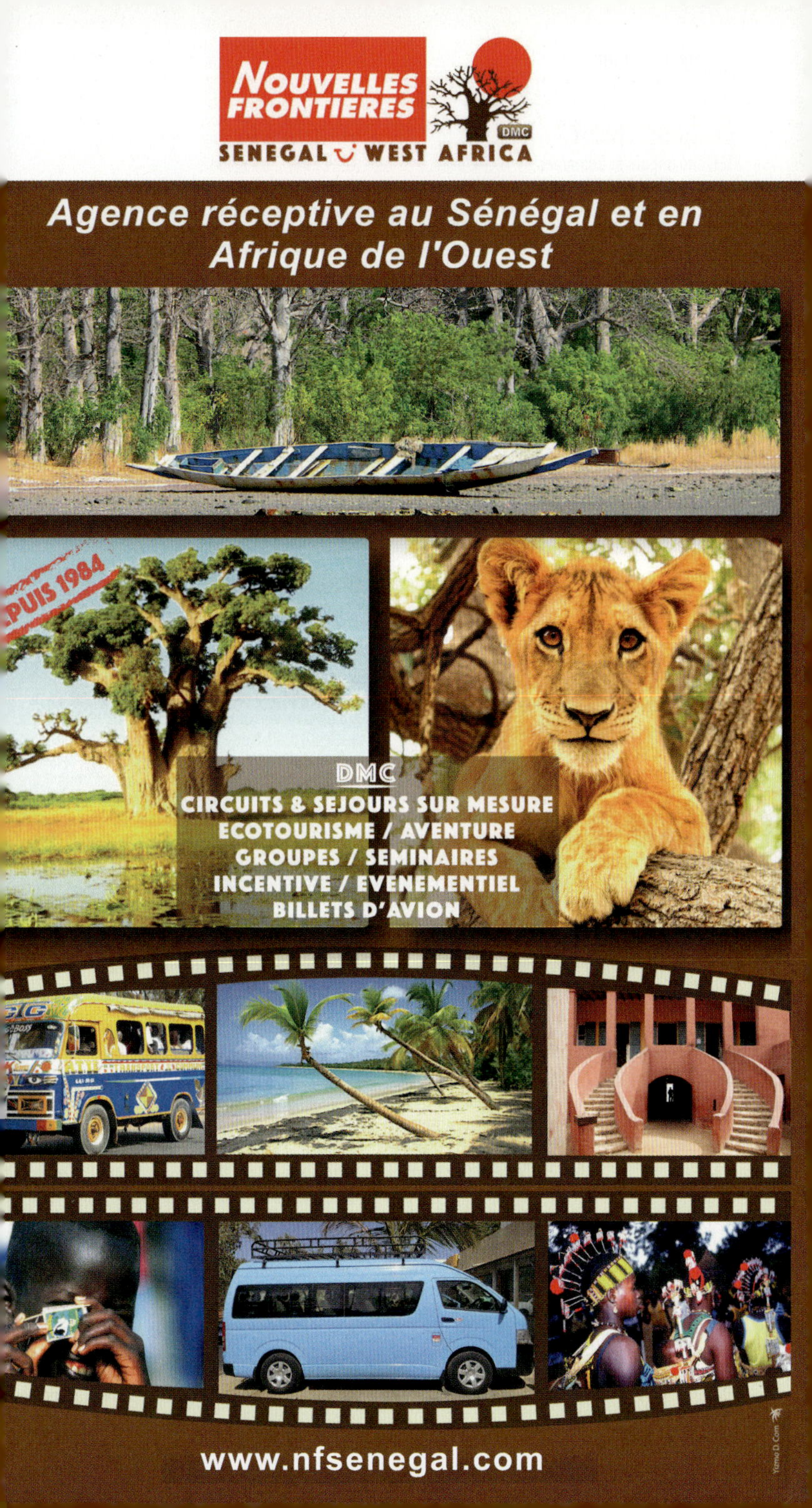
NOUVELLES FRONTIERES
DMC
SENEGAL WEST AFRICA
Agence réceptive au Sénégal et en Afrique de l'Ouest
PUIS 1984
DMC
CIRCUITS & SEJOURS SUR MESURE
ECOTOURISME / AVENTURE
GROUPES / SEMINAIRES
INCENTIVE / EVENEMENTIEL
BILLETS D'AVION
www.nfsenegal.com

REGARDS CROISÉS

166 Cité Impôts et Domaines
✆ +221 33 835 15 70

Bien que ses prestations couvrent l'ensemble du pays, Regards Croisés est particulièrement active en pays Bassari, Bedik, Peulh, Jalonké et au Sine-Saloum. Denis vous défriche un parcours à la carte, en fonction de votre budget, veillant à ce que votre passage bénéficie aux populations rencontrées. Avec son offre de tourisme équitable et solidaire, l'agence Regards Croisés fait partie de la même « maison » que l'auberge Espace Thialy. Vous apprécierez l'enthousiasme hors pair de Denis, ses coups de cœur et ses conseils. Vous êtes entre de bonnes mains !

JUST VISIT

✆ +221 777 56 77 54
www.just-visit.com

Voilà un site internet qui met en relation voyageurs et guides locaux pour des excursions à travers le Sénégal. Gabriel – cofondateur – et son équipe parcourent régulièrement le Sénégal à la recherche des meilleurs guides et des plus belles visites. Leurs collaborateurs sont ainsi répertoriés sur leur site internet et en quelques clics, vous pourrez réserver et payer votre visite. En plus des visites guidées, le site propose des transferts et des locations de voitures avec ou sans chauffeur. Entreprise sérieuse et professionnelle.

TERANGA BIKE

Ngor Virage
✆ +221 77 176 64 12
www.teranga-bike.com

Randonnée à partir de 16 000 FCFA, incluant la location de vélo et le casque.

Après plusieurs années à Madagascar où il organisait des circuits autour de l'île, Stéphane Kerdudo est revenu au Sénégal en 2018, un pays dont il est tombé amoureux. Passionné de vélo, il crée Teranga Bike, une agence de voyages proposant des randonnées en vélo hors des sentiers battus, à la découverte d'un Sénégal authentique. Entre aventures et découvertes, plusieurs formules sont proposées, dont des randos bivouac sur plusieurs jours, organisées dans différentes régions du Sénégal. Circuits tous niveaux. Equipe sérieuse et passionnée.

MALICK THIOUB

✆ +221 77 567 57 90

Randonnée au Lac Rose, avec déjeuner et retour en voiture inclus, à partir de 40 € par personne.

Guide officiel depuis de nombreuses années, Malick connaît bien son pays, et pourra vous accompagner tout au long de votre séjour. C'est quelqu'un de très sympathique, en qui on peut avoir totalement confiance. De passage à Dakar, n'hésitez à l'appeler, il pourra aussi vous faire découvrir les lieux emblématiques de la capitale. Il organise également des randonnées au Lac Rose en passant par la plage depuis Dakar, dans le Sine-Saloum et aussi en Casamance. Lui qui dispose d'un bon carnet d'adresses, il pourra s'occuper aussi de vos réservations d'hôtels.

ABDOULAYE SAVARE

✆ +221 77 567 15 04

A partir de 15 000 FCFA pour la visite de Dakar ; autour de 20 000 FCFA pour l'île de Gorée.

Vous serez entre de bonnes mains avec Abdoulaye pour visiter la capitale et les autres régions du Sénégal. Guide officiel depuis 2002, c'est une personne sérieuse et sympathique qui connaît très bien son pays. Il suit en plus différentes formations dans le tourisme et travaille avec plusieurs agences de voyages dont Double Sens, investie dans le tourisme solidaire, pour laquelle il est devenu le guide numéro 1. S'il est en déplacement, il pourra vous mettre en contact avec d'autres collègues tout aussi consciencieux et sympathiques, dont Malick Thioub.

TROPICNAV

✆ +221 77 444 56 52

Croisières organisées de mi-décembre à fin mai. Contacter Guy Sylva pour les tarifs, de préférence par mail.

Remonter les embouchures des fleuves et des deltas à bord du *Goazen* peut être un magnifique moyen de découvrir ces régions vivant au rythme de l'eau, souvent inaccessibles par les sentiers terrestres. Entre Sine-Saloum et Casamance ou au large de l'archipel du Cap-Vert, vous découvrirez des écosystèmes à couper le souffle, vous vous arrêterez dans les villages le temps d'un repas, d'une rencontre, d'un partage. Guy Sylva, skipper professionnel et moniteur diplômé d'Etat, connaît extrêmement bien les environs. Les croisières se font sur une ou plusieurs journées.

CATHÉDRALE DU SOUVENIR AFRICAIN ★★

Rue de la République

Entrée libre.

© SALVADOR AZNAR - SHUTTERSTOCK.COM

Construite dans les années 1930 et consacrée en 1936, la cathédrale du Souvenir africain détonne dans le paysage de Dakar par sa couleur blanche immaculée. Les matériaux choisis ont été importés de différents pays (Soudan, Gabon, Tunisie, Bénin, France) pour un résultat assez étonnant aux influences diverses. Erigée sur un ancien cimetière lébou, elle était au départ un hommage aux soldats africains, elle qui fut surnommée un temps le Panthéon d'Afrique.

GALERIE ANTENNA ★★

9 rue Félix Faure

✆ +221 33 822 17 51

www.galerieantenna.com

Ouvert du mardi au samedi de 9h30 à 13h et de 15h à 19h, lundi sur rendez-vous. Fermé dimanche et jours fériés.

Première galerie du Sénégal et d'Afrique subsaharienne, la Galerie Antenna se veut être un espace unique où les arts traditionnels et contemporains se côtoient dans la plus grande harmonie. En véritable vitrine des arts d'Afrique, la galerie accueille depuis 45 ans des artistes de qualité. De même, à travers ses masques, statues, bronzes et autres objets, elle démontre qu'aucune rupture dans la créativité n'est venue perturber ces expressions artistiques où formes, couleurs et matières se mêlent pour le plus grand plaisir des passionnés.

GALERIE ARTE

Avenue Abdoulaye Fadiga

✆ +221 33 821 95 56

https://artedakar.com

Ouvert du lundi au samedi de 9h à 13h et de 15h à 19h.

Fondée par Joëlle Le Bussy en 1996, cette galerie est une vitrine de l'art contemporain où se mêle l'art africain moderne, avec le design et l'artisanat d'art. Tout au long de l'année, des expositions de qualité y sont organisées, où se côtoient artistes plasticiens célèbres et jeunes talents. Joëlle présente également ses propres créations, du mobilier design réalisé dans des essences de bois précieux d'Afrique, et des objets de décoration uniques. Depuis 2009, Saint-Louis accueille une antenne de la galerie, dont la visite est tout aussi plaisante.

GALERIE NATIONALE D'ART ★★

19 avenue Hassan II

✆ +221 33 821 25 11

Ouvert du lundi au vendredi de 9h30 à 17h30. Entrée libre.

Créée en 1983, la Galerie Nationale d'Art est un espace de promotion, de diffusion, d'échanges multiples et de développement des arts plastiques. Rattachée au ministère de la Culture et de la Communication, elle accueille régulièrement des expositions d'artistes sénégalais et étrangers, jeunes espoirs et créateurs reconnus. Il est toujours intéressant d'y jeter un œil quand vous vous baladez près du marché Kermel. Mais attention, les expositions sont assez inégales, on peut y voir de très belles pièces comme des œuvres moins intéressantes !

GOETHE INSTITUT

Place OMVS

✆ +221 33 869 88 80

www.goethe.de/dakar

Réception ouverte du lundi au jeudi de 8h30 à 17h, le vendredi jusqu'à 13h.

A l'instar de l'Institut français qui promeut la culture française dans le monde, le Goethe Institut a pour mission la promotion de la langue et de la culture allemande, tout en favorisant les échanges culturels entre les deux pays. Les Allemands investissent au Sénégal, entre autres 98 pays dans le monde, pour développer de nombreux projets culturels entre le Sénégal et l'Allemagne. L'institut offre au public une programmation de qualité mêlant arts visuels, cinématographiques et musicaux. Des conférences autour de la littérature sont aussi organisées.

GRANDE MOSQUÉE ★★

Avenue Malick Sy

Ouverte aux non-musulmans.

La Grande Mosquée est sans conteste l'un des édifices les plus impressionnants de Dakar, surplombée par un minaret de 67 mètres de hauteur que vous pouvez demander à visiter pour embrasser la ville d'un seul regard. Inaugurée en 1964, dans la foulée de l'indépendance du Sénégal, elle est magnifiquement décorée, à l'extérieur comme à l'intérieur. En plus d'être un lieu de culte, elle abrite l'Institut islamique, un centre de recherche sur l'islam, et une grande bibliothèque recelant entre autres des documents écrits par des savants musulmans sénégalais.

MARCHÉ KERMEL ★

Rue des Essarts

Ouvert du lundi au samedi de 9h à 18h.
Entrée libre.

Le marché Kermel est un très beau bâtiment de 1860 – une jolie halle ronde en fer forgé et en brique d'inspiration arabique – qui fut ravagé par un incendie en 1994, et reconstruit à l'identique en 1997, classé monument historique. La grande pendule à l'entrée du marché retentissait autrefois à midi pile pour sonner la fermeture. Au marché Kermel, on y trouve tous les produits alimentaires à prix « toubabs », chers donc, car il est fréquenté par des Occidentaux à la recherche des meilleurs produits de la ville depuis sa création.

MUSÉE DES CIVILISATIONS NOIRES ★★★

✆ +221 33 959 19 20

www.mcn.sn

Ouvert du mardi au dimanche, de 10h à 19h.
Tarif adulte à partir de 2 000 FCFA.

C'était le précieux rêve de Léopold Sédar Senghor, premier président du Sénégal, de doter la capitale du pays d'un musée d'exception, dédié aux peuples noirs de l'aube de l'humanité jusqu'à nos jours. Chose promise, chose aujourd'hui faite avec l'ouverture en décembre 2018 du Musée des Civilisations Noires. Face au Grand Théâtre National, le bâtiment circulaire, qui s'inspire de la traditionnelle case à impluvium de Casamance, s'impose aujourd'hui dans le paysage de la capitale, aux portes du quartier administratif et des affaires. Il aura fallu sept ans de travaux, commencés sous le mandat d'Abdoulaye Wade, et un investissement de plus de 30 millions d'euros, financés par les Chinois, pour sa construction et son aménagement. D'une surface de 14 000 m², il peut accueillir jusqu'à 18 000 pièces, présentant l'histoire et l'évolution du continent africain. Vestiges archéologiques, objets de cultes, photographies ou encore créations contemporaines, les œuvres sont exposées sur deux étages, autour d'un gigantesque baobab métallique (4,5 mètres de hauteur), réalisé par l'artiste haïtien Edouard Duval-Carrié. Aujourd'hui, ce musée passionnant présente uniquement des expositions temporaires, alimentées par les collections de musées partenaires comme le Quai Branly, et qui tournent régulièrement. Au moment où le débat sur la restitution des œuvres d'art africain est relancé, ce musée s'offre comme une infrastructure ultramoderne pour les accueillir.

MUSÉE THÉODORE MONOD D'ART AFRICAIN DE L'IFAN ★

1 place Soweto

✆ +221 33 823 92 68

Ouvert du mardi au dimanche de 9h à 17h.
Tarif adulte à partir de 5 000 FCFA.

Construit en 1931, c'est LE musée des arts premiers du Sénégal et même de toute l'Afrique de l'Ouest ! Il est aussi connu sous le nom de musée de l'IFAN (Institut Fondamental d'Afrique Noire), lui qui est situé au sein de l'université Cheikh Anta Diop. La collection permanente présente, au rez-de-chaussée, des pièces en provenance de tout le continent : masques des Diola de Casamance ou des Sénoufo de Côte d'Ivoire, statuettes des Bambara du Mali, instruments de musique. Des casques de danse, des vêtements, du bois, de la fibre, des cauris, du raphia, des plumes, etc. L'Occident a beau avoir pillé l'Afrique de ses richesses artistiques pour les mettre dans ses propres musées, il reste malgré tout quelques belles pièces à admirer. L'originalité ici : de petites mises en scène de la vie traditionnelle, qui, loin de faire kitsch, paraissent très vivantes – la célébration des moissons chez les Gourounsi du Burkina Faso, le divertissement et le contrôle social chez les Géré de Côte d'Ivoire, l'apaisement des mères chez les Yoruba du Nigeria, initiation des femmes chez les Mende de Sierra Leone, etc. Dommage que tout ça manque cruellement d'explications. Sur les murs, quelques panneaux donnent des indications sur l'histoire et l'organisation sociale de ces différentes tribus, mais de manière tellement austère que l'on décroche vite. A l'étage, des expositions temporaires plus modernes sont organisées, souvent en collaboration avec des musées occidentaux.

RAW MATERIAL COMPANY

Villa 2A Zone B

✆ +221 33 864 02 48

www.rawmaterialcompany.org

Ouvert du lundi au vendredi de midi à 17h.

Fondé par Koyo Kouoh, personnage clé des scènes artistiques sénégalaise et internationale, Raw Material Company est un espace d'expositions et de résidence. On y organise aussi des cycles de conférences et l'espace dispose d'une bibliothèque spécialisée sur l'art contemporain en accès libre. De grands noms de la scène artistique contemporaine sont déjà passés par là : Zanele Muholi, Kader Attia, Pascale Martine Tayou et Bili Bidjocka pour ne citer qu'eux. Vérifiez bien qu'une exposition est en cours avant d'y passer, et si c'est le cas précipitez vous là-bas !

LOMAN ART HOUSE

Villa 1, Mamelles Aviations
✆ +221 33 868 12 99
www.lomanart.com
Ouvert tous les jours, de 9h à 19h, cafétéria fermée le lundi. Entrée libre. Chambres à partir de 55 000 FCFA la nuitée.

Loman est une artiste-designer sud-africaine de talent qui est venue s'installer en 2007 à Dakar, une ville qui l'inspire. En perpétuel renouveau, sa maison offre une échappée culturelle dans le quartier, où à l'intérieur, entre les créations étonnantes en fer forgé de Loman, trônent les œuvres d'artistes locaux. Le patio intérieur, très agréable, accueille une cafétéria où de nombreux événements sont organisés : open mic, soirées jeux, conférences... La galerie fait aussi maison d'hôtes avec de belles chambres, décorées des créations de l'artiste.

MAISON OUSMANE SOW ★★

Lot 65
✆ +221 77 557 14 96
http://ousmanesow.com
Ouvert du mardi au dimanche de 10h à 12h30 et de 15h à 18h. Entrée à partir de 5 000 FCFA.

Connu pour ses sculptures monumentales, Ousmane Sow était une grande figure de l'art contemporain africain et laisse aujourd'hui un grand vide dans le paysage artistique sénégalais. C'est avec sa première série sur les *Lutteurs de Nouba* que ce Dakarois est révélé au public en 1987, à l'Institut culturel de la capitale. Kinésithérapeute de métier, il utilise sa connaissance accrue de l'anatomie humaine pour donner du réalisme à ses œuvres. Il atteint la renommée internationale en 1999 lors d'une rétrospective réunissant ses séries africaines et *La Bataille de Little Big Horn* sur le pont des Arts, à Paris. Plus de 3 millions de visiteurs affluent pour voir l'exposition ! Il réalise même le rêve de tout artiste en intégrant l'Académie des Beaux-Arts en 2013. L'un de ses rêves ? Ouvrir un lieu au Sénégal dédié à ses plus belles sculptures, là où le public pourrait les contempler. Ce souhait, bien que posthume, est aujourd'hui devenu réalité grâce à ses enfants et à Béatrice Soulé, son agent artistique, qui ont mis tout en œuvre pour rapatrier ses œuvres au Sénégal. Cette maison si chère à son cœur, qu'il avait baptisé le Sphinx en préambule à sa série imaginée sur les Egyptiens, accueille désormais ses plus grandes œuvres. Entre les murs hauts en couleur, recouverts de la matière de ses créations, on déambule au gré de nos envies, de nos coups de cœur dans ce labyrinthe artistique. Des Nouba aux grands hommes, en passant par les Peuls ou des projets non aboutis, on reste admiratif devant ses majestueuses sculptures.

MONUMENT DE LA RENAISSANCE AFRICAINE ★★

Nouvelle route des Mamelles
Ouvert tous les jours de 9h à 19h45.
Adulte : 6 500 FCFA, enfant : 3 250 FCFA.

Le Monument de la Renaissance africaine impressionne par sa taille gigantesque. Déjà, depuis le Plateau, on aperçoit ce colosse de 52 m de haut, construit sur l'une des deux collines volcaniques des Mamelles, qui enlace sa femme et porte son enfant avec un bras. Symbolisant l'Afrique tournée vers l'Afrique, ce monument est source de polémique, à la fois pour son côté figuratif qui mécontentent les musulmans conservateurs, mais aussi car il s'agit d'un projet assez mégalomane de l'ex-président Abdoulaye Wade. qui sous le symbole d'un continent a créé un monument avec salon présidentiel ultra luxueux, ayant coûté près de 15 milliards de FCFA selon les évaluations. De plus, il a été réalisé par une entreprise nord-coréenne plutôt spécialisée dans le béton que dans l'art, et il a été inauguré en présence de plusieurs chefs africains en 2010 en pleine crise économique, pour le 50e anniversaire de l'indépendance du Sénégal. Pour le reste, il faut grimper 198 marches pour rejoindre l'esplanade avant de prendre un ascenseur jusqu'au 15e étage et admirer un point de vue imprenable sur la cité et l'océan. Il ne faut pas s'attendre à des prouesses artistiques du côté du monument lui-même, pour un coût très élevé, on paie finalement seulement la vue. On ressort sans avoir vu grand-chose d'intéressant, si ce n'est une frise explicative retraçant l'histoire africaine, une vidéo de la construction du monument, et les quelques salles dédiées à l'art contemporain africain.

MUSÉE DE LA FEMME HENRIETTE BATHILY ★

Place du Souvenir Africain
✆ +221 33 825 21 51
www.mufem.org
Ouvert du mardi au dimanche, de 10h à 18h30.
Autour de 1 000 FCFA l'entrée.

Installé sur la Place du Souvenir africain depuis 2015, le musée de la Femme Henriette Bathily est dédié aux Sénégalaises d'hier et d'aujourd'hui et à leurs histoires. A travers des objets et accessoires, on y découvre le rôle et la place de la femme dans la société sénégalaise. La part belle est aussi faite à celles qui ont marqué leur temps, à l'instar d'Aminata Fall, pionnière du jazz au Sénégal. Egalement des expositions temporaires de qualité, mettant à l'honneur les femmes.

© SALVADOR AZNAR - SHUTTERSTOCK.COM

Retour de la pêche à Yoff.

MUSÉE LÉOPOLD SÉDAR SENGHOR

6 rue Leo Frobenius

✆ +221 70 964 87 52

Ouvert du mardi au samedi de 10h à 12h et de 15h à 17h30. Entrée à partir de 2 000 FCFA. Passeport obligatoire.

Surnommée les « dents de la mer » par son ancien propriétaire, la maison de Léopold Sédar Senghor a été aménagée en musée en 2014. Il y vécut avec sa femme Colette, après son mandat présidentiel, de 1981 jusqu'à sa mort, le 20 décembre 2001. En franchissant la porte d'entrée, on plonge dans l'intimité du président-poète, de la salle de réception au « salon rose » où il recevait ses invités. Sur les étagères, des livres et des souvenirs de voyage. Une visite très touchante.

PHARE DES MAMELLES ★★

Ouakam

✆ +221 77 343 42 42

www.pharedesmamelles.com

Ouvert 7j/7 de 9h à 18h30. Visite à partir de 2 000 FCFA. Bar-restaurant, ouvert du jeudi au dimanche à partir de 19h.

C'est le plus ancien phare de Dakar, édifié en 1864 et considéré comme l'un des plus puissants d'Afrique. Un gardien assure la permanence et vous fera une visite guidée de l'édifice. Les marches en colimaçon donnent vite le tournis (sensibles au vertige, s'abstenir !). L'effort en vaut la chandelle, car arrivé en haut, on embrasse Dakar d'un seul regard, avec de belles vues panoramiques. D'abord alimenté au pétrole, le phare est aujourd'hui électrifié, mais son allumage reste manuel. Un bar-restaurant y a été aménagé où des soirées sont organisées.

RETOUR DE LA PÊCHE À YOFF ★★

Tous les jours vers 17h.

Le retour des pêcheurs tous les jours en fin d'après-midi est un spectacle saisissant et haut en couleur. Des dizaines et des dizaines de pirogues bigarrées et chargées de poissons fraîchement pêchés débarquent sur la plage dans une vive effervescence. Le poisson est déchargé, nettoyé, cuit et vendu sur place par les femmes ou chargé dans des camions frigorifiques par les hommes pour être vendu ensuite à l'intérieur du pays, en Europe ou même en Asie. A ne pas manquer !

VILLAGE DE NGOR ★★

Ce village de pêcheurs, à côté de la pointe des Almadies, a gardé ses ruelles labyrinthiques et son authenticité. Ici, tout le monde se connaît, les enfants jouent dans la rue, les femmes discutent sur les pas de porte, l'ambiance est conviviale. Nous vous conseillons d'y aller avec un guide pour connaître l'histoire du village, son baobab sacré, ses petites plages, la place centrale où les chefs du village règlent les affaires courantes, les coopératives de pêche qui partagent les bénéfices dans la communauté… une vie d'entraide familiale à découvrir !

SE LOGER

Des hôtels de luxe aux maisons d'hôtes de charme, il est difficile de loger à bon marché à Dakar. Il existe néanmoins quelques adresses à débusquer pour les routards, mais pensez à réserver, les places sont rares. Vous trouverez de nombreux hôtels dans le centre historique, au Plateau. C'est un quartier fatigant à vivre, très orienté business mais vous serez le mieux situé pour visiter la capitale, à pied, sans perdre de temps dans les embouteillages et sans dépenser beaucoup d'argent en taxi. Du quartier de Ouakam à Yoff, l'arrondissement des Almadies est sûrement le plus agréable pour se loger dans la capitale. L'atmosphère est plus paisible, en bord de mer, où flotte un air de vacances. D'ailleurs, le village de Ngor offre une véritable coupure avec l'ambiance agitée du centre-ville. Les tarifs y sont aussi plus abordables. Cependant, si vous devez vous rendre régulièrement dans le centre-ville, le budget taxi peut très vite monter.

DAKAR

AUBERGE CHEZ AMY ET GAËTAN €

8 Cité Khandar Ouest Foire
✆ +221 33 820 54 27
Chambre double à partir de 19 000 FCFA, suite à partir de 28 000 FCFA. Petit déjeuner autour de 2 500 FCFA.

Située à Ouest Foire, dans un quartier populaire près de l'ancien aéroport et de la plage de Yoff, cette auberge est une bonne adresse pour les *backpackers*. Elle est tenue par Amy et Gaëtan, un couple franco-sénégalais, qui vous accueilleront chaleureusement. Les chambres et les suites sont modernes, joliment décorées de couleurs gaies, lumineuses, avec salle de bains privée. Le restaurant propose des plats sénégalais typiques. Profitez-en, c'est un vrai bon plan !

ESPACE THIALY €

Cité Impôts et Domaines
✆ +221 33 855 02 60
Lit en dortoir à partir de 9 500 FCFA, simple à partir de 12 000 FCFA, studio double à partir de 23 000 FCFA.

Eloigné du centre-ville, cet endroit est l'hôtel de l'agence réceptive éponyme qui organise des séjours de tourisme solidaire, menée par le très sympathique Denis et son équipe. L'Espace Thialy assure également l'accueil et la logistique de groupes participant à des actions de développement et d'échange dans les domaines scolaire et culturel. En plus d'être un endroit militant, cette maison d'hôtes est confortable, agréable et à prix plancher. Les chambres, basiques et propres, sont réparties sur deux étages autour d'un patio verdoyant, fleuri de bougainvilliers.

LE CERCLE DE LA VOILE €

Baie de Hann plage ✆ +221 33 832 07 20
www.cvdakar.e-monsite.com
Cotisation obligatoire à l'association (autour de 10 000 FCFA par an). A partir de 8 000 FCFA la nuitée.

Le Cercle de la Voile est une association de navigateurs au long cours, proposant une escale technique aux bateaux, des chambres et tout le nécessaire pour une halte agréable à Dakar. L'établissement reçoit aussi des voyageurs terrestres qui peuvent bénéficier des mêmes services moyennant une adhésion minime à l'association. C'est une très bonne adresse, un havre de paix dans un cadre complètement inattendu. Les dortoirs sont plutôt sympas, « cloisonnés » individuellement par des rideaux et équipés de casiers fermant à clé. Cuisine à disposition des baroudeurs.

LES FRENCHIES DAKAR €

✆ +221 777 56 77 54
A partir de 15 000 FCFA la nuitée par personne, en chambre double. Petit déjeuner autour de 3 500 FCFA.

A une trentaine de kilomètres de l'aéroport Blaise Diagne, cet immeuble moderne de style familial vous propose des chambres et des studios à louer, tous climatisés, avec salle de bains privée. Equipés du confort nécessaire, les logements sont bien entretenus et dotés d'un balcon avec table et chaises. Egalement un espace commun avec cuisine partagée, tout équipée, pour partager des repas conviviaux autour d'une grande table à manger. Une salle de musculation et un bain moussant sont à la disposition des clients. Accueil chaleureux.

HÔTEL OCEANIC €

9 rue de Thann ✆ +221 33 822 20 44
www.hoteloceanicsenegal.com
Chambre simple à partir de 28 000 FCFA, double à partir de 34 000 FCFA.
Petit déjeuner autour de 3 000 FCFA.

Près du marché Kermel, cette bâtisse historique au charme colonial existe depuis 1906. Elle a conservé ses façades authentiques, ses coursives intérieures et son patio arboré. On aime cet hôtel pour son côté convivial, son équipe sympa, ses espaces de lecture relaxants et son restaurant savoureux. La structure compte une vingtaine de chambres basiques et bien entretenues, dans des tons pastel, avec salle de bains privée. L'hôtel propose régulièrement des expositions d'art contemporain africain et se transforme en véritable galerie lors de la biennale de Dakar.

HÔTEL SAINT-LOUIS SUN €

68, rue Félix-Faure
✆ +221 33 822 25 70
Chambre double à partir de 35 000 FCFA.
Petit déjeuner autour de 3 000 FCFA.
Plat du jour à partir de 3 000 FCFA.

Logé dans une bâtisse coloniale, l'hôtel Saint-Louis Sun dispose de chambres charmantes et propres, ventilées et équipées de moustiquaires (sur demande). Son gros atout : un joli patio arboré paisible à l'abri de l'agitation du Plateau, où vous pouvez petit-déjeuner tranquillement, ou prendre un verre l'après-midi. Son cadre lui a valu de servir de décor à un film signé du réalisateur malien cheick Oumar Sissoko au début des années 2000, *Pour Aïcha*. Le restaurant sert des spécialités sénégalaises et européennes, très bien cuisinées.

KEUR LÉNA €

Cité Assemblée
✆ +221 77 533 40 69
http://keurlena.free.fr
La nuitée : autour de 13 200 FCFA en simple et de 16 400 FCFA en double.

Assane Seck, le père de Léna (*Keur Léna* signifie « Chez Léna »), est un grand fan de reggae, spécialement de Morgan Heritage que vous écouterez dans le salon. Il propose deux chambres agréables aux tonalités africaines avec moustiquaire, ventilation et salle de bains privative, loin des tracasseries du centre-ville et à côté des plages de Ouakam. L'ambiance y est familiale et chaleureuse, et on se sent très vite comme chez soi. Succulentes spécialités sénégalaises, cuisinées par la charmante Astou. Une adresse bien agréable !

HÔTEL BOMA €€

Route de N'gor
✆ +221 338 590 250
www.hotelbomadakar.com
Chambre double à partir de 80 000 FCFA.
Suite avec piscine privée à partir de 170 000 FCFA.

Voici un hôtel de caractère, à l'architecture audacieuse. Vous profiterez au Boma d'une offre unique à Dakar : des bungalows élégants et lumineux, nichés dans un vaste jardin au cœur du quartier Ngor Almadies. Dans cette oasis urbaine, une équipe, jeune et passionnée, vous invite à un art de vivre moderne, où la gastronomie, la fête et le bien-être se complètent, dans le pur esprit de la « Teranga ». Très belle piscine où il fait bon se détendre sur les transats. L'établissement propose aussi des excursions ainsi que des activités nautiques et sportives.

© BOMA

© BOMA

DAKAR

SENSAFARI GUESTHOUSE €

Quartier de Diamalay 2
✆ +221 77 485 21 53
www.sensafari.com
Chambre à partir de 20 €.

A Sensafari Guesthouse vous vous sentirez vraiment chez vous ! Située face à la plage de Diamalay, l'auberge offre tout le confort à ceux qui souhaitent profiter de vacances ensoleillées, à des prix abordables. Dans une maison répartie sur trois étages, elle propose des chambres agréables et spacieuses, dans un environnement paisible. Pour les excursions, des guides professionnels vous feront découvrir le pays sur toutes ses facettes et vous faciliteront le contact avec les locaux, qui partageront avec vous leur mode de vie et leurs coutumes. Une bonne adresse.

VIA VIA HOTEL ET CAFE €

Route des Cimetières
✆ +221 33 820 54 75
www.viavia.world
Lit en dortoir à partir de 9 500 FCFA, chambre simple à partir de 12 000 FCFA, double à partir de 22 000 FCFA.

Une adresse à Yoff des plus agréables, parmi les moins chères de Dakar, à proximité de la plage. Au total, dix chambres bien tenues, avec ou sans salle de bains privée pour tous les budgets, et deux dortoirs pour les plus petites bourses. L'établissement dispose également d'un restaurant proposant une cuisine du monde, animé parfois par des artistes sénégalais de talent. Egalement des cours de danse, cuisine, batik et djembé ainsi que des visites guidées et personnalisées. Ambiance conviviale, excellent accueil, bref un bon plan !

DAYS HOTEL & SUITES €€

3 rue Parent
✆ +221 338 49 44 49
www.daysinndakar.com
A partir de 40 000 FCFA la nuitée.

A deux pas du marché Kermel, ce nouvel établissement du Plateau jouit d'un emplacement privilégié au cœur de la capitale. Les 81 chambres et suites, spacieuses et bien entretenues, sont réparties sur 7 étages, avec ascenseur. Elles offrent un confort à l'occidentale, avec douche à l'italienne et certaines disposent d'un balcon privatif. L'établissement compte aussi une salle de sport, un spa, un bain à bulles et deux salles de massage, parfait pour se détendre. Egalement un agréable restaurant panoramique de cuisine sénégalaise et internationale.

LA DEMEURE €€

Route de Ngor
✆ +221 33 820 76 79
Chambre simple à partir de 50 000 FCFA et double à partir de 59 000 FCFA. Petit déjeuner à partir de 6 000 FCFA.

Cette villa, qui propose des chambres d'hôtes dans le quartier des Almadies, est sublime. D'abord par la vue sur la mer qu'elle offre depuis sa terrasse, puis par son architecture originale et élégante, enfin, par tant d'autres détails, comme sa petite piscine et son accès à la plage en contrebas. Les sept chambres – avec moustiquaire à baldaquin, wifi, TV satellite, climatisation et coffre-fort – sont toutes différentes et décorées avec goût. Fanta la maîtresse de maison laisse surf, long board, stand up paddle, kite surf et funboard à disposition des guests !

LE DJOLOFF €€

7 rue Nani
✆ +221 33 889 36 30
www.hoteldjoloff.fr
Chambre standard à partir de 75 € et chambre deluxe à partir de 135 €. Petit déjeuner inclus.

Le Djoloff séduit dès l'extérieur. L'architecture de ce bâtiment à l'inspiration saint-louisienne est élégante, et l'intérieur, décoré avec goût. En plus, les chambres sont spacieuses et confortables, et vous avez accès à tout le confort d'un grand hôtel (wifi, clim, TV satellite). Les repas sont servis sur la terrasse offrant une belle vue sur le port de pêche de Soumbedioune et les îles de la Madeleine au loin. Service impeccable. Le sous-sol recèle un club de jazz où sont organisés des concerts de qualité le week-end. Une bonne adresse !

HÔTEL COLONIA €€

Face au phare des Mamelles
✆ +221 33 820 40 40
www.hotel-colonia.com
Chambre standard à partir de 49 000 FCFA et suite à partir de 110 000 FCFA. Petit déjeuner inclus.

Au pied du Monument de la Renaissance et du Phare des Mamelles, cet établissement jouit d'un emplacement stratégique, entre le centre-ville et les Almadies. Il dispose de 43 chambres confortables, divisées en différentes catégories. On vous recommande les chambres supérieures avec balcon ou les suites, les chambres standard étant dépourvues de fenêtres. Egalement un spacieux appartement au 7e étage, offrant une vue panoramique sur le littoral. Piscine, salles de réunion, salle de gym, restaurant de spécialités sénégalaises et européennes. Accueil professionnel.

HÔTEL DU CAFÉ DE ROME €€

30 boulevard de la République
✆ +221 33 849 02 00
www.cafederome.com
Studette, chambre supérieure et suite : à partir de 57 000 FCFA.
Petit déjeuner autour de 5 000 FCFA.

Situé au cœur du quartier administratif de Dakar, le Café de Rome s'est forgé une place de choix dans le monde de l'hôtellerie dakaroise. Il répond parfaitement aux exigences d'une clientèle avertie et lui offre un service personnalisé et accueillant pour optimiser son séjour professionnel. Une vraie brasserie dans l'esprit de la pure tradition culinaire « à la française », et le plaisir du jeu à portée de main ! Les roulettes anglaises, pokers et machines à sous vous attendent pour vous faire vivre des émotions exceptionnelles dans une ambiance conviviale.

HÔTEL DU PHARE LES MAMELLES €€

36 Cité des Magistrats
✆ +221 33 860 30 00
www.hotelduphare-dakar.com
Chambre standard à partir de 30 000 FCFA.
Petit déjeuner à partir de 3 000 FCFA.

Situé dans le paisible quartier des Mamelles, l'hôtel propose une dizaine de chambres, donnant sur un patio fleuri. Elles sont lumineuses, bien décorées et climatisées. Le point fort du lieu : son salon « comme à la maison » accueillant et très coloré. Envie de vous rafraîchir ? Vous pouvez descendre à la plage des Mamelles, à proximité de là ! Un roof top a aussi été aménagé. On y mange de bonnes pizzas, et on profite des séances ciné du mardi soir et des soirées DJ le jeudi.

HÔTEL FARID €€

51, rue Vincens
✆ +221 33 823 61 23
www.hotelfarid.com
Chambre à partir de 47 500 FCFA.
Petit déjeuner autour de 4 000 FCFA.

A quelques pas de la place de l'Indépendance, l'hôtel Farid bénéficie d'un emplacement de premier choix au centre de Dakar. L'accueil est très chaleureux, l'équipe professionnelle, de nuit comme de jour. Réparties sur quatre étages, les 30 chambres sont spacieuses, propres et modernes et bien équipées. Certaines disposent d'un balcon avec vue sur la ville, d'autres de baignoires. Un bon rapport qualité-prix pour le Plateau, et si vous prenez la demi-pension, le restaurant de spécialités libanaises avec terrasse est délicieux, vous ne le regretterez pas.

HÔTEL GANALÉ €€

38 rue Amadou Assane Ndoye
✆ +221 33 889 44 44
www.ganalehotel.com
Chambre simple à partir de 41 000 FCFA, double à partir de 47 000 FCFA.
Petit déjeuner buffet autour de 5 000 FCFA.

Situé au cœur du centre-ville de Dakar, l'hôtel Ganalé offre 37 chambres et suites Junior climatisées. Les chambres modernes et confortables sont d'une propreté irréprochable, avec coin bureau, télévision (bouquet satellite), lit douillet, un service de blanchisserie, et pour certaines un balcon ou une terrasse privée. Deux salles de réunion sont mises à votre disposition. On peut manger à son bar-restaurant l'Archibar, où le petit déjeuner est aussi servi. Une équipe sympathique et à l'écoute, et un rapport qualité-prix très intéressant.

LA VILLA 126 €€

Lot 126 Rue NG 113
Ngor Almadies
✆ +221 77 197 63 94
www.lavilla126.com
Entre 47 000 et 62 000 FCFA par nuitée.
Petit déjeuner complet autour de 6 000 FCFA.

© VILLA 126

Idéalement située au cœur du quartier de Ngor Almadies, à 5 minutes à peine de la plage de Ngor et des commerces, La Villa 126 propose un havre de paix où vous aurez plaisir à séjourner. Le cadre de cette charmante maison d'hôtes est raffiné, et possède la particularité d'être décoré par des artistes sénégalais. Côté cuisine, le Chef élabore ses plats chaque jour à partir de produits frais. Le personnel est avenant et toujours ravi de conseiller ses hôtes dans leurs découvertes de Dakar et du Sénégal, à La Villa 126 vous serez comme chez vous !

LE LODGE DES ALMADIES €€

Route des Almadies
✆ +221 33 869 03 45
www.lodgedesalmadies.com
Chambre à partir de 40 000 FCFA, petit déjeuner non inclus. Restaurant sur réservation, fermé le mardi.

Près de la pointe si recherchée des Almadies, le Lodge des Almadies est un charmant hôtel, prisé tant pour son restaurant de cuisine française que pour ses chambres, équipées de TV, de climatiseur et de mini bar, entre autres commodités. Charme, confort, calme, accueil, propreté, sans oublier l'adorable patio avec piscine où il fait bon s'y relaxer. L'annexe plus récente de l'hôtel dispose de chambres plus spacieuses. Coup de cœur également pour la déco des chambres n° 1 et 2 du rez-de-chaussée. Les petits déjeuners sont copieux et la restauration inventive.

MAISON ABAKA €€

Place de l'Ecole ✆ +221 33 820 64 86
www.maison-abaka.com
Chambre double à partir de 40 000 FCFA, suite 4 personnes à partir de 70 000 FCFA. Petit déjeuner autour de 4 500 FCFA.

Située sur la plage de Ngor, cette charmante maison d'hôtes bénéficie d'une vue magnifique sur la mer. Elle offre le plus douillet des conforts et une petite piscine dans un patio bien agrémenté. Décorées avec beaucoup de goût, les chambres sont claires, spacieuses et ravissantes dotées d'un balcon pour les plus chères. Vous vous rafraîchirez autour du bar et dînerez sur l'une des deux terrasses surplombant la plage, très *cosy*. On aime la déco personnalisée ethno-chic de chaque chambre, l'accueil chaleureux du personnel et la modernité des équipements.

LA MAISON DE CÉLINE €€

Almadies Zone 7
✆ +221 33 868 29 08
Chambre à partir de 50 000 FCFA. Petit déjeuner autour de 5 000 FCFA. Menu à partir de 8 000 FCFA.

Voilà une charmante maison, avec jardin et piscine, où vous trouverez le repos durant votre séjour à Dakar. Les chambres, plus ou moins spacieuses selon le standing, sont joliment décorées avec des meubles uniques, dans un style afro-contemporain. Dans cette atmosphère chaleureuse, on se sent tout de suite comme chez soi ! Côté restaurant, vous pourrez vous attabler dans le jardin ou au bord de la piscine pour goûter à la cuisine créative du chef, accompagnée d'une de leurs nombreuses références de vin ou de champagne. Billard, table de ping-pong et baby-foot.

SARGAL HOTEL €€

Route de l'Aéroport
✆ +221 33 869 75 96
www.sargalhotel.com
Chambre à partir de 33 000 FCFA. Petit déjeuner autour de 4 500 FCFA.

Cet hôtel est situé au bord de la route de l'ancien aéroport, pas loin de la plage du Virage très appréciée des surfeurs. Il est plutôt bien entretenu et adapté à une clientèle business (salles de conférence, wifi...). Il propose des chambres propres, bien équipées (lit *king size*, balcon, frigo, téléphone, TV câblée, climatisation) à des prix corrects. Il dispose également d'un restaurant de cuisine internationale, réputé pour ses bons petits plats. Personnel accueillant et aux petits soins pour ses clients. Tarifs longs séjours sur demande.

VILLA RENAISSANCE €€

32 rue NG, derrière le restaurant Chez Katia
✆ +221 77 674 62 40
www.villarenaissancedakar.com
Chambre double à partir de 39 000 FCFA. Petit déjeuner autour de 6 000 FCFA. Table d'hôtes le soir (sur réservation).

Marc et Sandrine vous accueillent chaleureusement dans leur maison d'hôtes de charme. Les chambres, toutes équipées, sont décorées avec goût, chacune dans un style bien particulier. Les lits sont confortables et au petit matin, vous serez réveillés par le chant des oiseaux. Sur le toit, vous pourrez vous prélasser sur des chaises longues près d'un bain à bulles, tout en profitant du panorama sur Dakar. Belle piscine au cœur d'un écrin de verdure. Ici, tout appelle au calme et au repos au cœur d'une ville bouillonnante qu'est Dakar. On recommande !

LA VOILE D'OR €€

Plage Bel-Air
✆ +221 33 832 86 48
Bungalows-chalets à partir de 31 000 FCFA. Suite junior à partir de 39 000 FCFA. Petit déjeuner inclus.

Il faut traverser une zone industrielle assez sordide pour arriver à La Voile d'Or. Mais l'endroit en vaut la peine, surtout pour sa plage de sable blanc, ses cocotiers, sa vue sur l'île de Gorée et son eau limpide à l'abri dans une baie. L'hôtel propose des chambres bon marché, dans un cadre de carte postale près de la plage, avec un personnel très sympathique. L'hébergement est tout confort (climatisation, sanitaires, TV). Le restaurant cuisine du bon poisson, et le dimanche un buffet brunch attire beaucoup de Dakarois. Possibilité de faire du camping.

HÔTEL FLEUR DE LYS €€€

64 rue Félix Faure
✆ +221 33 849 46 00
www.hotelfleurdelysdakar.com
Chambre à partir de 66 000 FCFA en basse saison et à partir de 110 000 FCFA en saison haute.

La façade n'est honnêtement pas très accueillante, par contre dès que vous passez la porte d'entrée c'est un petit monde de luxe qui s'offre à vous. Les 80 chambres – dont des suites et un appartement présidentiel – sont réparties sur dix étages avec ascenseurs et offrent tout le confort à l'occidentale : wifi, TV satellite et mini bar. Les chambres standards sont un peu petites, mais la décoration est très design. A noter, les lits sont très confortables ! Jolie piscine sur le *rooftop* offrant une vue imprenable sur tout Dakar.

KING FAHD PALACE €€€

Route des Almadies
✆ +221 33 869 69 69
www.kingfahdpalacehotels.com
Chambre double à partir de 226 000 FCFA (vue golf) et 260 000 FCFA (vue océan), suite à partir de 425 000 FCFA.

Un des complexes hôteliers les plus luxueux du Sénégal. Le King Fahd Palace est immense (presque trop), étendant son golf verdoyant et son parc de 35 hectares sur toute la Pointe des Almadies. Un bâtiment imposant en trois ailes accueille toute l'année clients fortunés, hommes d'affaires et divers congrès, mais aussi des touristes attirés par l'infinie piscine, le cadre incroyable face à la mer, ses restaurants réputés et des chambres luxueuses. On trouve aussi dans l'hôtel des boutiques, un salon de coiffure et un centre de soin esthétique.

LA MADRAGUE €€€

Plage de Ngor
✆ +221 33 820 02 23
www.hotel-madrague.com
Chambre double à partir de 53 000 FCFA, studio à partir de 59 000 FCFA. Petit déjeuner autour de 4 500 FCFA.

La Madrague jouit d'une situation géographique exceptionnelle, en bord de plage et avec vue sur l'île de Ngor qui se trouve juste en face, à cinq minutes en pirogue à moteur. Les chambres, entretenues, sont spacieuses et certaines ont vue sur mer. Egalement des studios et appartements confortables. Le restaurant, au bord d'une jolie piscine, sert une cuisine raffinée, avec de nombreux plats et des spécialités de fruits de mer. Un bel endroit que l'on recommande, dans un cadre chaleureux, propice à la détente et au dépaysement.

ONOMO DAKAR €€€

Route de l'Aéroport
✆ + 221 33 869 06 10
www.onomohotel.com
A partir de 56 000 FCFA la nuitée. Petit déjeuner autour de 7 000 FCFA. Promotions fréquentes.

Le premier hôtel du groupe Onomo, ouvert en 2010, offre un service de qualité, avec des chambres design et propres. Elles sont lumineuses et très confortables, pourvues d'un balcon donnant sur des jardins verdoyants. Au menu, une cuisine simple et goûteuse, variant en fonction des arrivages du marché et des produits récoltés dans le potager. Construit en briques de terre crue, l'hôtel s'inscrit dans une démarche environnementale avec notamment la production d'eau chaude solaire. Il organise aussi des expositions d'artistes contemporains africains. Un vrai plus.

RADISSON BLU €€€

Route de la Corniche Ouest ✆ +221 33 869 33 33
www.radissonblu.com/hotel-dakar

Compter à partir de 145 000 FCFA la nuit en chambre standard jusqu'à 1 000 000 FCFA pour la suite royale.

Le Radisson Blu est l'un des derniers hôtels de luxe sorti de terre sur la Corniche Ouest. Surplombant l'océan, il offre un cadre particulièrement élégant, luxueux et ultramoderne, construit suivant un design épuré très élégant. Dévoilant un panorama à 180° sur l'océan, il comprend 180 chambres (standard, business class, suite), ainsi qu'une splendide piscine découverte dominant la mer, deux restaurants, un bar au bord de la piscine, un Spa (espace beauté, soins, massages) et un espace conférence équipé du matériel dernier cri. Du très haut de gamme.

RYSARA HÔTEL €€€

8 avenue des Jambaars ✆ +221 33 822 60 60
www.rysarahotel.sn

A partir de 100 000 FCFA la nuitée.
Petit déjeuner à partir de 6 000 FCFA et formule du midi à partir de 7 500 FCFA.

L'avenue des Jambaars est proche du Plateau, mais bien en retrait de l'agitation urbaine. Le Rysara Hôtel est un boutique-hôtel design d'une quinzaine de chambres qui a porté un soin particulier à sa décoration, ultramoderne et élégante, dans des tons blanc et noir qui changent du standard classique de l'hôtel de luxe. L'accueil est chaleureux, le service, discret, à l'écoute des moindres besoins des clients. Les chambres sont confortables, fonctionnelles et équipées de tout le nécessaire. On peut dîner sur la terrasse du restaurant des spécialités du pays.

LE TERROU-BI €€€

Boulevard Martin Luther King
✆ +221 33 839 90 39
www.terroubi.com

Chambre à partir de 190 000 FCFA et suite à partir de 480 000 FCFA.
Petit déjeuner buffet autour de 16 000 FCFA.

Le Terrou-Bi fait partie de ces hôtels jouissant d'une agréable situation sur la corniche, tout en proposant du grand standing 5 étoiles. Les chambres sont ultramodernes, et le service très professionnel. Plage privatisée, piscine infinie, jardin, marina, salle de fitness, espace bien-être, plusieurs bars et restaurants, et même un casino. Aucun ingrédient ne manque pour attirer les hommes d'affaires et la bourgeoisie dakaroise. Un service de conciergerie propose diverses activités et excursions de standing, comme la pêche sportive, sa spécialité.

RÉSIDENCE LES ARCADES €€€

8 Avenue El Hadji Djily Mbaye
✆ +221 33 849 15 00 – www.arcades.sn

Studios à partir de 56 000 FCFA et appartements à partir de 80 000 FCFA par jour. Prix dégressifs à partir d'un mois.

Vous préférez louer un appartement plutôt que d'aller à l'hôtel ? Logée dans l'un des plus anciens bâtiments du quartier du Plateau, la résidence les Arcades est une alternative sûre, idéalement située et très bien tenue. Elle loue une vingtaine de studios meublés comportant chambre, salon, salle de bains, kitchenette et terrasse ou balcon ainsi que quelques appartements spacieux, pouvant accueillir jusqu'à 5 personnes. Une bonne adresse, avec un personnel sympathique.

THE PALMS €€€

Route du Méridien ✆ +221 33 868 05 05
www.palmsdakar.com

Chambre Deluxe à partir de 110 000 FCFA, Junior Suite à partir de 125 000 FCFA.
Petit déjeuner inclus.

Situé dans un écrin de verdure, ce boutique-hôtel de luxe tient depuis son ouverture sa réputation, grâce à son service de qualité. Ses 20 chambres raffinées, spacieuses et douillettes offrent tout le confort nécessaire pour passer un bon séjour à Dakar. Certaines sont dotées de balcons avec vue sur la piscine. On y apprécie le calme et la sérénité, en parfait contraste avec la vie mouvementée de la ville. Vous pourrez aussi vous prélasser au bord de la piscine, petite, mais agréable. Restaurant de diverses spécialités. Accueil professionnel et personnalisé.

RÉSIDENCE KAKATAR €€

Villa 448 Yoff Apecsy ✆ +221 33 820 53 08
www.hotel-kakatar-dakar.com

Studio à partir de 25 000 FCFA la nuitée et de 168 000 FCFA la semaine.
Appartements à partir de 40 000 FCFA la nuitée.

Si vous souhaitez plus d'indépendance, Kakatar vous séduira, car cette résidence propose des studios et appartements à louer pour une nuit, une semaine ou un mois, au cœur du quartier de Yoff, à deux pas de la plage et du marché aux poissons. Profitez-en alors pour participer aux retrouvailles de voisinage ! Les logements sont pimpants de propreté, colorés, lumineux, spacieux, bien équipés : lits king size, air conditionné, cuisine moderne, télévision avec Canal+, balcon privatif et une terrasse commune avec vue panoramique ! Excellent rapport qualité-prix.

SE RÉGALER

Spécialités africaines, cuisine internationale, française, libanaise et même chinoise, Dakar regorge de restaurants savoureux, des gargotes locales aux restaurants gastronomiques. Et même si le service est moins rapide qu'en France, ici il sera plus souvent accompagné d'un sourire et de discussions amicales. Il y en a pour tous les goûts et toutes les bourses, mais le plat qui retient l'attention sera le thiof, un gros poisson grillé que l'on vous sert partout avec du riz, un délice. Autre péché gourmand : les huîtres, oursins et langoustes que l'on déguste aux Almadies pour trois fois rien. On trouve également dans la capitale de nombreux fast-foods, très appréciés des familles dakaroises. On y mange des hamburgers, des chawarmas, des pizzas et des salades à petits prix, et généralement de bonne qualité. Les amateurs de viande ne manqueront pas de tester la dibiterie, tout en faisant attention à l'établissement fréquenté.

Poulet yassa.

ALI BABA €

23 avenue Georges Pompidou

✆ +221 33 822 52 97

Ouvert tous les jours de 9h à 3h du matin.

Qui ne connaît pas Ali Baba à Dakar ? Cet établissement libanais est le roi du *fast-food*, prisé des familles et des jeunes sénégalais qui s'y retrouvent entre amis. C'est également l'un des plus noctambules et des plus matinaux. Un classique quand on sort des boîtes de nuit du Plateau pour venir manger des hamburgers et des *chawarmas*. La carte propose aussi un choix varié de plats libanais et sénégalais, comme le fameux *thiep bou dienne*. À noter que deux autres Ali Baba sont installés à Ngor et Almadies pour les inconditionnels.

CAESAR'S €

267 boulevard de la République

✆ +221 33 823 84 00

Ouvert tous les jours de 8h à 22h45, le vendredi et le samedi jusqu'à 1h. Autour de 3 000 FCFA pour une pizza.

L'enseigne, qui compte plusieurs établissements dans toute la ville, est prisée des Sénégalais, qui y viennent partager un bon moment en famille ou entre amis, autour d'une pizza bien garnie, d'une spécialité sénégalaise copieuse ou d'un hamburger maison. Le choix est très varié et les tarifs plus qu'abordables. L'établissement est aussi apprécié à l'heure du goûter où l'on vient déguster une bonne crêpe ou gaufre, accompagnée d'un smoothie bien frais. Également de très bonnes pâtisseries, difficilement résistibles. Service rapide et efficace.

BAZOFF €€

Rue 10

✆ +221 33 864 92 92

Ouvert tous les jours de 11h à 1h.
Plats autour de 5 000 FCFA.

L'un des pubs-restaurants les plus fréquentés à Dakar par une clientèle locale mixte. D'un côté, le restaurant qui propose une carte riche et variée, entre tapas, spécialités africaines, plats végétariens et grillades. De l'autre, un petit pub sympathique, souvent bondé, avec une carte bien fournie en bières, alcools forts et cocktails variés. Les deux espaces sont dotés de grands écrans pour les transmissions de matchs de football, où l'ambiance bat son plein. Egalement des concerts d'artistes locaux et des soirées à thème, très animés.

LE CERCLE DE L'UNION €€

Route de la Corniche Est

✆ +221 33 821 41 69

Ouvert tous les jours de 10h à 22h45.
Pizzas autour de 5 000 FCFA.
Plats du jour à partir de 7 000 FCFA.

Le restaurant jouit d'un cadre splendide, avec sa double terrasse, offrant une vue imprenable sur l'île de Gorée. On s'y sent bien, l'accueil est chaleureux, et les pizzas sont bonnes. Que demander de plus ! Il s'agit aussi d'un club de sport, pour les plus motivés donc vous pourrez faire un foot ou un tennis, avant de commander un pastis et de vous attabler à ce restaurant de cuisine internationale ! On peut aussi y voir tous les grands événements sportifs sur écran plat, se relaxer sur la plage et profiter du coucher de soleil en soirée.

LE BIDEEW €

89 rue Joseph Gomis

✆ +221 33 823 19 09

Ouvert du lundi au samedi de 10h à 23h.
Formule du midi à partir de 6 500 FCFA.

Situé dans les jardins de l'Institut français, l'établissement est une institution à Dakar, un petit éden au calme en plein Plateau. Le cadre est exceptionnel grâce à l'immense fromager qui fait ombrage, la cuisine franco-sénégalaise savoureuse et créative, notamment les salades et les plats de poisson. Barbecues, buffets à thème ou brunchs sont aussi régulièrement organisés, offrant une ambiance conviviale, à l'instar des apéros musicaux qui ont lieu tous les soirs d'ouverture. On peut aussi venir y prendre un verre, le bar sert d'excellents jus locaux.

CHEZ LOUTCHA €

101 rue Moussé Diop

✆ +221 33 821 03 02

Ouvert du lundi au samedi de midi à 15h et de 19h à 22h45. Menu touristique à partir de 5 000 FCFA.

Une adresse tenue par des Cap-Verdiens qui ne désemplit pas. La carte ressemble à un atlas gastronomique, métissant cuisine créole, sénégalaise, américaine et autres plats exotiques. Peut-être le meilleur poulet *yassa* du Plateau ! On conseille aussi le *thiebouyappe*, un vrai régal. Si l'envie vous prend, vous pourrez, en commandant à l'avance, déguster une bonne raclette, choucroute et même un ragoût de canard ! Les affamés seront rassasiés par les portions gargantuesques. Vous pouvez d'ailleurs ne prendre qu'un plat pour deux. On peut aussi prendre à emporter.

LA CUILLÈRE MAGIQUE €

25 rue Mohamed V x Félix Faure
✆ +221 33 823 37 10
Ouvert du lundi au samedi, de 8h à 20h.
Plats à partir de 3 000 FCFA. Thé offert par la maison à tous les clients.

C'est le rendez-vous des cadres sénégalais à l'heure du déjeuner qui viennent apprécier une bonne cuisine goûteuse, dans un cadre agréable et convivial. La carte offre un éventail de choix : spécialités sénégalaises et égyptiennes, salades, pâtes et grillades. Les plats locaux, comme le *thiep bou dienne*, changent chaque jour de la semaine et sont servis avec un jus local, offert par la maison. Egalement une délicieuse paella, servie le vendredi. Service correct, mais parfois un peu lent. On apprécie cependant la sympathie du patron et de son personnel.

LE DAGORNE €€

11 rue Dagorne
✆ +221 33 822 20 80
Ouvert du lundi au samedi de 9h à minuit.
Plat à partir de 7 000 FCFA.

Voici un bar-restaurant à la française, bien sympathique et convivial. On y vient boire une bière entre amis autour de quelques tapas offertes par la maison, fêter un anniversaire ou tout simplement se délecter d'une cuisine familiale raffinée. Des cuisses de grenouilles à la fondue bourguignonne, la part belle est faite aux plats typiques du terroir français, concoctés avec des produits de qualité. Egalement des suggestions selon les arrivages et parfois des plats africains. Le cadre est en plus agréable, et les prix abordables. Que demander de plus ?

L'EPICERIE €€

7 bis rue Victor Hugo
✆ +221 33 821 44 34
www.lepiceriedakar.com
Ouvert du lundi au vendredi de 9h30 à 22h, le samedi de 9h30 à 16h et le dimanche de 9h30 à 14h30.

Un vrai paradis en plein cœur du Plateau ! La décoration est design, la terrasse est au calme, et les plats concoctés à partir de produits frais sont délicieux, à des prix très corrects. C'est aussi une épicerie fine qui se fournit auprès de grands noms français (comtesse du Barry, Mariage Frères...), et qui est dotée d'une belle cave à vins. L'établissement organise également des cours d'œnologie, des soirées autour du vin et des cours de cuisine pour les enfants. Le service est en plus professionnel et attentionné. Une charmante adresse !

LE FARID €€

58 rue Vincens
✆ +221 33 823 89 89
www.restaurantfarid.com
Ouvert tous les jours de 12h à 23h.
Plat autour de 8 000 FCFA.

Le Farid reste la référence de la cuisine libanaise à Dakar. Dans un décor chic et agréable, la cuisine, saine et de qualité, est servie au frais dans la salle climatisée ou à l'ombre des parasols de la terrasse. Vous pourrez vous délecter de mets libanais tels que *homos, grand mezze, kibbi*, ou de la viande d'agneau émincée. Mention spéciale au *sharwarma* « plat », frais et savoureux à souhait ! Si la cuisine orientale ne vous tente pas, des spécialités internationales, des fruits de mer, ou des plats typiques sénégalais sont également servis.

LA FOURCHETTE €€

4 rue Parent
✆ +221 33 842 66 66
Ouvert tous les jours de 12h à 14h30 et de 19h30 à 23h. Formule du midi à partir de 8 500 FCFA.

L'une des meilleures tables de la ville pour son cadre comme pour son assiette : décoration design dans les tons mauve, violet et gris, ambiance musicale discrète et cuisine fusion, d'inspiration française, japonaise, mexicaine et italienne. La carte change régulièrement, mais nous vous conseillons particulièrement l'assiette italienne, le pavé de *thiof* sur fondue de poireaux ou le chili con carne. Les assiettes sont délicieuses et copieuses, les desserts succulents. Ambiance très festive au bar le soir, notamment le jeudi, à partir de 21h30, avec un concert *live*.

GOLDEN COFFEE €

26 rue Huart
✆ +221 33 822 18 25
Ouvert tous les jours, de 8h à 3h du matin.
Plats de 4 000 à 8 000 FCFA.
Cocktail de jus de fruits à 4 000 FCFA.

Voilà un restaurant sympathique où vous pourrez allier le travail avec le plaisir des bonnes choses. Vous pourrez composer vous-même vos salades, tester le buddha bowl, un plat végétarien servi froid, ou pour les plus classiques, savourer de bonnes pizzas, hamburgers et même des grillades. Le tout accompagné d'un cocktail de fruits frais pour bien continuer la journée. Le restaurant, qui travaille avec le Palais des thés en France, propose 27 variétés différentes de thés bio. Egalement de très bons cafés. Etablissement accessible aux personnes à mobilité réduite.

L'ARCHIBAR €€

38 rue Amadou Assane Ndoye
✆ +221 33 889 44 44
Ouvert de 6h30 du matin à 2h du matin.
Happy hour de 18h à 20h.
Plats du jour à partir de 4 500 FCFA.

L'Archibar est un lieu branché où se mêlent touristes, hommes d'affaires et Dakarois. Le chef propose une cuisine variée, généreuse et gourmande : suggestions du marché, grill pour les amateurs de viande et Midi Express pour les plus pressés. On vous recommande le carpaccio de bœuf et sa tartine de chèvre. Un bon mariage ! L'Archibar propose des happy-hours, des soirées *live music*, un karaoké le jeudi, des retransmissions de matchs sur écran géant. Carte de cocktails bien fournie, le plus fameux étant le Panama city : vodka, jus de citron et sorbet passion...

LE TERROU-BI €€€

Boulevard Martin Luther King
✆ +221 33 839 90 39
www.terroubi.com
Ouverts tous les jours, sauf Le Gastronomique, fermé le samedi midi, dimanche et lundi.
Menus à partir de 21 000 FCFA.

Les trois restaurants du Terrou-Bi sont courus par le Tout-Dakar doré. Tous ont une terrasse avec vue sur mer, et proposent une excellente cuisine servie par un personnel bien formé. Le must est Le Gastronomique qui comme son nom l'indique est une table de haute volée, mais qui se paie. Le menu dégustation vous donnera un bon aperçu du savoir-faire du chef, qui concocte une cuisine raffinée et inventive. Idem pour le Grain de Sel qui utilise des produits locaux dans une cuisine à l'occidentale. La Terrasse est réputée dans tout Dakar pour ses bonnes pizzas.

MOKAÏ €€

69 rue Carnot
✆ +221 33 823 16 23
Ouvert 7j/7. Uniquement le soir vendredi, samedi et dimanche.
Menu du jour à partir de 7 500 FCFA.

Au cœur du Plateau, voici une adresse intime et familiale où il fait bon déjeuner. L'établissement propose une cuisine variée, allant des sushis aux spécialités italiennes, en passant par les brochettes de lotte et de bœuf grillé. Le tout cuisiné avec des produits frais et présenté de manière soignée. Le restaurant est aussi réputé pour ses délicieuses pizzas cuites au feu de bois, et ses desserts maison. Vous pourrez vous attabler dans la salle climatisée, dans un cadre élégant ou sur la terrasse ouverte au premier étage, très agréable.

YUMA €€€

Allée Seydou Nourou Tall
✆ +221 33 859 25 05
www.leyumarestaurant.com
Du lundi au samedi de 11h30 à 15h30 et de 18h30 à minuit, et le dimanche soir.
Plat du jour autour de 4 500 FCFA.

Vos papilles seront ravivées dans ce restaurant chic de gastronomie, spécialisé dans la cuisine afro-créole. En famille ou entre amis, vous vous délecterez de plats raffinés dans une ambiance cosy et feutrée. La carte, assez fournie, présente des mets d'Afrique de l'Ouest, d'Afrique centrale et des Caraïbes, comme les crevettes au lait de coco, le ndolé, une spécialité camerounaise ou les grillades aux épices d'Afrique. La cuisine internationale est aussi mise à l'honneur : testez leurs délicieux gésiers aux vignes du Cap, un vrai régal !

ONE TWENTY €€

120, rue Moussé Diop
✆ +221 33 823 30 08
Ouvert du lundi au samedi, de 12h à 15h et de 19h à 1h, fermé le samedi midi et dimanche. Plats à partir de 7 000 FCFA.

L'ancien patron du Toucouleur, déjà réputé à l'époque pour ses plats délicats, a relevé un beau défi avec cet établissement, situé au cœur du Plateau. On apprécie le cadre cosy à la touche urbaine ainsi que les mets raffinés et créatifs qui réveillent les papilles. La carte change toutes les semaines pour vous offrir de nouvelles sensations gustatives. Les produits sont de qualité, les plats méticuleusement présentés, l'ambiance chaleureuse et le personnel aux petits soins. Egalement une belle cave à vins. On recommande vivement !

LE ZAOULI €

105 rue Moussé Diop
✆ +221 77 149 11 49
Ouvert tous les jours de 10h à 23h. Plats à partir de 2 500 FCFA. Livraison à domicile sauf le lundi.

Installé au cœur du Plateau depuis une dizaine d'années, ce restaurant sans prétention constitue une bonne option pour ceux qui souhaiteraient goûter à d'autres saveurs africaines. Il propose de nombreuses spécialités ivoiriennes, généreuses et bien concoctées, comme le kédjénou, un ragoût de viande fameux. Le restaurant est également réputé pour ses délicieux poulets braisés et sa cuisine sénégalaise bien préparée. On s'y attable dans une salle climatisée aux couleurs ivoiriennes. L'accueil y est agréable et le service, correct.

LE BAYÉKOU €€

✆ +221 77 681 38 88

Ouvert du lundi au samedi de 12h à 15h et de 18h à 2h. Plats à partir de 5 000 FCFA.

Qu'il fait bon être à Dakar, pour y découvrir des coins de paradis pareils ! Ce restaurant en *rooftop*, avec vue incroyable sur l'île de Ngor, a ouvert fin 2014, et ne désemplit pas. Le Bayékou, qui veut dire « laisse-toi aller » en wolof, tient vraiment sa promesse. On y vient pour se détendre, grâce à une déco design et confortable, et partager un moment convivial entre amis. Son propriétaire, Paolo, vous accueille les bras ouverts, et vous propose une carte pleine de produits frais, mélange entre cuisines sud-américaine et italienne. Un vrai coup de cœur.

LE COCOTIER €€

Les Almadies

✆ +221 33 820 33 31

Ouvert tous les jours de 9h à minuit. Plats à partir de 4 500 FCFA.

Ce restaurant, ouvert sur l'océan, offre un cadre magnifique et relaxant pour déjeuner. Du filet mignon au poivre au fricassé de poulet, en passant par les moules frites à l'ail et au persil ainsi que les pizzas, le choix peut s'y avérer difficile ! Dans tous les cas, les plats sont copieux et bien servis. Le personnel, professionnel, est aux petits soins pour ses clients. Juste en bas, une petite plage artificielle a été aménagée avec des transats pour ceux qui souhaiteraient se dorer au soleil après le repas. Une bonne adresse !

LA CABANE DU PÊCHEUR €€

Plage de NGor ✆ +221 33 820 76 75

www.atlantic-evasion.com

Ouvert du lundi au vendredi de 9h à 23h, le samedi et dimanche jusqu'à minuit. Plats à partir de 5 000 FCFA.

La Cabane du Pêcheur propose une carte de fruits de mer et de poissons que l'on ne voit pas souvent à la carte à Dakar : badèche, carpe rouge, carangue, langoustes et cigales de mer. Ils sont pêchés du matin et pour la plupart, grillés simplement à la plancha. On vous recommande d'y déjeuner à midi, entre un tour du village et une virée sur l'île du même nom. Le dîner y est tout aussi agréable, lui qui est animé régulièrement. La maison fait aussi centre de pêche (Atlantic Evasion) et dispose de quatre chambres. Une institution de la capitale sénégalaise !

CHEZ KATIA €

6 route de Ngor

✆ +221 33 820 80 82

Ouvert tous les jours de 7h à 3h, jusqu'à 5h les vendredis et samedis. Plats à partir de 4 000 FCFA.

Véritable institution aux Almadies, ce lieu ne désemplit pas de jour comme de nuit. Européens et Sénégalais s'y retrouvent pour prendre un thé, manger une glace ou déguster des plats copieux. Pizzas, brochettes de poisson, lotte dakaroise, raviolis artisanaux... La carte, variée, laisse libre cours à vos envies. Sans parler de la cave à vins proposant de nombreuses références dont des vins français et marocains. Les amateurs de cigares trouveront également leur compte avec des marques réputées comme Roméo et Juliette ou Montecristo.

LA CALEBASSE €€

Route des Mamelles

✆ +221 33 860 69 47

Ouvert tous les jours de midi à 23h. Menu découverte à partir de 13 000 FCFA. Réservation conseillée en fin de semaine.

Petit coup de cœur pour cet endroit qui allie bonne cuisine et art africain. La Calebasse est un lieu d'échanges interculturels incontournable, au service impeccable et à la cuisine raffinée. Sur deux étages : des objets d'art de toute l'Afrique, deux salles de séminaire et, tout là-haut, surplombant l'océan, le restaurant. Et si l'assiette en teck ou la coupelle en céramique vous ont autant séduit que le contenu, n'hésitez pas à demander… car tout y est à vendre ! En plus, l'accueil par Olivier, avec son accent plein de soleil du Sud, est très chaleureux !

LA MARÉE €

Pointe des Almadies

✆ +221 33 820 06 80

Ouvert tous les jours de 12h à minuit. Plats à partir de 1 500 FCFA.

On y déguste des huîtres de mangrove, des oursins ou des chapeaux chinois, selon les arrivages et les saisons... à des prix donnés ! Et pour ceux à qui les fruits de mer et poissons ne font pas envie, le restaurant propose aussi des cuisses de grenouille, du lapin et du pigeon grillé, entre autres viandes. L'atmosphère est meilleure en fin d'après-midi, quand le soleil va mourir sur l'océan. Prisé des locaux et touristes, le restaurant est souvent victime de son succès et l'attente peut être longue. Mais quand arrivent les assiettes, on a déjà tout oublié...

MARINA BAY €€

Route Ngor Village
✆ +221 33 820 03 30
www.marinabay.sn
Ouvert tous les jours de la semaine (service contenu) de 10h à 22h.

Niché sur la corniche de N'Gor, ce complexe balnéaire est un vrai petit coin de paradis ! Il est situé au bord de l'océan, dans une baie artificielle abritée des vagues. A proximité d'une belle piscine bordée de palmiers, le restaurant est reconnu pour la qualité de sa cuisine, la carte est d'ailleurs très variée proposant de nombreuses spécialités internationales. L'établissement propose aussi plusieurs formules et organise régulièrement des événements festifs. Belle plage privée où vous pourrez profiter du soleil sur des transats avec parasols. A découvrir !

LE NGOR PIEDS DANS L'EAU €

Corniche des Almadies
✆ +221 77 504 30 06
www.lengor-restaurant.com
Ouvert tous les jours de 10h à minuit, jusqu'à 1h le vendredi et le samedi. Plats à partir de 5 500 FCFA.

Situé dans un cadre exceptionnel, ce restaurant joliment incrusté de coquillages se fond dans le paysage. Il est réparti sur différents niveaux créant des espaces conviviaux en symbiose avec la nature et s'ouvrant sur l'océan. On y savoure des brochettes de lotte, des filets de rouget à la tapenade ou encore de délicieuses tapas. On vous recommande les crevettes au miel et les calamars au gingembre en guise d'apéro, suivis d'une bonne grillade de poisson. Le personnel y est en plus souriant et aux petits soins. Une adresse à découvrir !

LE NOFLAYE BEACH €

Corniche des Almadies
✆ +221 33 820 30 32
Ouvert tous les jours de midi à 23h. Crêpes et pizzas autour de 3 500 FCFA, plats à partir de 4 500 FCFA.

L'ancien restaurant de France Gall, qui le cogérait avec Oumar Traoré, toujours très actif sur les lieux, est un super endroit branché et accessible aux plus petites bourses. On y mange de bonnes crêpes et pizzas les pieds dans le sable et le regard perdu dans l'océan. Au premier étage, au plus près de la mer, des transats sont installés au cas où vous souhaiteriez faire une petite sieste après manger. Même si France Gall nous a quittés, on attend toujours qu'elle franchisse la porte, elle qui appréciait beaucoup cet endroit.

LE CABANON €€

Corniche des Almadies
✆ +221 33 820 43 00
www.lecabanondakar.org
Ouvert du mardi au dimanche de 10h à minuit. Plat à partir de 9 800 FCFA.

Idéalement situé le long de la corniche, face aux vagues de l'Atlantique ; le Cabanon est l'endroit idéal pour profiter d'un moment de détente autour d'un verre ou pour partager un repas dans un cadre agréable. Le chef propose une cuisine méditerranéenne à base de produits frais, à la carte. La Provence se conjugue ici en partage dans vos assiettes… Le service est de qualité, l'équipe souriante est aux petits soins pour ses hôtes. Découvrez le Cabanon, un lieu enchanteur aux accents de Saint-Tropez, où le bois et la végétation se fondent dans le bleu de l'océan.

© LE CABANON

© LE CABANON

DAKAR

FAIRE UNE PAUSE

Que ce soit dans la journée ou en début de soirée, la capitale sénégalaise offre diverses ambiances pour boire un verre, du salon de thé aux bars branchés du centre-ville ou au bord de l'océan. Du quartier du Plateau au village de Ngor, vous aurez un large choix d'établissements pour vous poser et profiter d'un moment sympathique autour d'un thé, d'un jus de fruits local ou d'une bière bien fraîche. La corniche des Almadies est, quant à elle, ponctuée de lieux agréables, les pieds dans le sable ou surplombant l'océan, à fréquenter à toutes heures de la journée, mais surtout au coucher du soleil, pour un instant inoubliable. Nombreux établissements proposent également des happy hours, à l'heure de l'apéritif, qui sont parfois animés par des orchestres musicaux. C'est alors l'occasion de s'imprégner de l'ambiance locale avant de dîner et de rejoindre, pour ceux qui le souhaiteraient, l'un des bars réputés auprès de la jeunesse dakaroise.

DAKAR

L'ÉLYSÉE

180 avenue Lamine Guéye
✆ +221 33 821 75 48
Ouvert du lundi au samedi de 8h à 22h.
Petit déjeuner à partir de 1 500 FCFA, snacking à partir de 2 200 FCFA.

Situé en plein cœur du Plateau, non loin de la cathédrale, l'établissement est prisé des Sénégalais, Français et Libanais pour ses délicieuses pâtisseries et viennoiseries, fabriquées sur place. On s'y arrête aussi à l'heure du déjeuner pour manger un burger « maison » ou un copieux plat du jour, suggéré en semaine. La maison propose aussi de délicieux smoothies et cocktails, à base de fruits frais. Avec sa terrasse mi-fermée, l'Elysée offre un peu de calme au cœur de l'agitation du centre-ville. Personnel souriant et service efficace.

L'IMPALA BAR LOUNGE

Avenue Cheikh-Anta-Diop
✆ +221 33 860 82 00

Jeux de lumières, ambiance tamisée et chaleureuse, décoration travaillée et cocktails variés et rafraîchissants... Tels sont les atouts de cet établissement. Situé dans le quartier de Ouakam, à proximité du lycée français de Dakar, l'Impala Lounge accueille quotidiennement la jeunesse Dakaroise pour un simple verre, une soirée entre amis ou pour manger sur le pouce diverses spécialités africaines (saka saka, ndolé, tiboudienne...). Des soirées à thème sont régulièrement organisées. Un lieu très agréable pour un prix abordable. A tester !

LA GALETTE

16 avenue Georges Pompidou
✆ +221 33 823 63 63
Ouvert tous les jours de 6h30 à 23h.
Formule autour de 6 500 FCFA.

Une boulangerie très propre et bien tenue, sûrement l'une des meilleures de Dakar. C'est là que la bourgeoisie dakaroise et les expatriés viennent chercher pains et croissants le matin ou déguster une tarte aux pommes ou aux fraises à l'heure du goûter. Vente également de sandwichs, hot dogs et pizzas. Population cosmopolite et haut de gamme, qui contraste avec les mendiants et l'agitation de l'autre côté de la rue. Au premier étage, c'est également un restaurant. Cuisine simple, formule abordable et cadre agréable. Personnel accueillant.

LE VIKING

21 Avenue George Pompidou
✆ +221 77 123 10 57
Ouvert tous les jours de 11h à 1h du matin.
Plats à partir de 1 500 FCFA.

Voici l'un des lieux sympas du Plateau pour aller boire un verre entre amis, en début ou fin de soirée. L'ambiance y est chaleureuse et conviviale, notamment les soirs de concerts ou de karaoké. Outre le bar qui lui est propice aux rencontres, l'établissement dispose d'une petite terrasse extérieure ainsi qu'une salle à l'étage, à l'atmosphère plus intime. On peut aussi y manger quelques tapas, des croque-monsieur, des salades, du poisson ou encore des viandes grillées, à des prix corrects. Egalement une belle carte de cocktails et de bières.

(SE) FAIRE PLAISIR

Des marchés traditionnels aux centres commerciaux modernes, en passant par les concept stores, l'occasion de faire du shopping à Dakar ne manquera pas ! Pour ceux en quête de souvenirs divers, une visite au village artisanal de Soumbédioune est incontournable. Sculptures, bijoux, vannerie et tissus en batik, vous y retrouverez tous les classiques de l'artisanat sénégalais. Les marchands y sont cependant un peu collants, et il vous faudra négocier fermement les prix. Pour dénicher des souvenirs originaux, il vous faudra regarder du côté des concept stores ou galeries, qui présentent des articles de créateurs de talent, à des prix fixes et généralement abordables. Bien qu'on trouve encore peu d'enseignes de prêt-à-porter dans le centre-ville, le centre commercial Sea Plaza, situé en bord de mer sur la corniche ouest, regroupe de nombreuses enseignes internationales et sénégalaises, pour les adeptes du lèche-vitrine.

COCKTAIL DU SÉNÉGAL

108 rue Moussé Diop
✆ +221 33 823 53 15
Ouvert du lundi au samedi de 9h à 12h30 et de 15h à 18h30.

Cette boutique porte bien son nom puisqu'on y trouve quasiment tous les produits phares et saveurs du Sénégal dans un même espace, très bien organisé. Des produits cosmétiques naturels aux confitures maison, en passant par l'artisanat et le textile, prenez le temps d'y flâner. Les prix, fixes et affichés, sont peut-être un peu plus élevés que sur les marchés artisanaux, où vous pourrez négocier. Mais l'avantage ici est que vous pouvez faire votre shopping en toute tranquillité, avec devant vous tout un concentré des meilleurs produits sénégalais.

MARCHÉ TILÈNE

Avenue Blaise Diagne

En plein centre de la Médina, c'est l'un des plus grands marchés de Dakar, peu touristique et typiquement africain. Haut en couleur et dégageant mille et une senteurs, il étale des produits frais, des épices, des produits de beauté, des ustensiles de cuisine, des vêtements. Mais il est surtout réputé pour ses produits de bureau, livres, magazines, journaux d'occasion à prix réduits. En remontant vers le stade, les plus curieux découvriront le coin des marabouts où sont vendus les produits de sorcellerie : pattes de crocodiles et de singes, queues de serpents...

DAKAR FARMERS MARKET

Monument de la Renaissance Africaine
✆ +221 78 426 66 80
www.dakarfarmersmarket.com
Le 1er samedi du mois, de 9h à 16h (décembre à juin). Droit d'entrée à partir de 500 FCFA pour les adultes.

Lancé en 2015 par un groupe de jeunes entrepreneurs, Dakar Farmers Market a pour objectif de mettre en valeur la production locale. Fruits et légumes bio, cosmétiques naturels, confitures artisanales, fromages fermiers, pâtisseries maison, entre autres produits locaux, ce sont aujourd'hui plus de 100 exposants qui prennent place sur l'esplanade du Monument de la Renaissance africaine pour le plus grand bonheur des visiteurs, chaque fois plus nombreux à participer à ce rendez-vous convivial. Egalement un espace restauration et des jeux pour les enfants.

CAJOU

30 rue Amadou Assane Ndoye
✆ +221 33 821 96 98
www.cajoudakar.e-monsite.com
Ouvert du lundi au samedi de 9h à 19h.

Rue Assane Ndoye, ce petit magasin à la façade noire et blanche est un paradis pour habiller les enfants. Des habits de couleur, dont la finition est la marque de fabrique (jusqu'aux cheveux des poupées tressés avec soin par Delphyne et les tresseuses du magasin), habilleront vos nouveau-nés et vos jeunes enfants. Hélène, la propriétaire des lieux, toujours disponible, propose également peluches et poupées africaines et sacs à main. Quelques vêtements pour adulte, en tissage, sont aussi en vente. Allez y faire un tour, qualité garantie !

MARCHÉ DE SOUMBÉDIOUNE

Pour profiter du spectacle, c'est entre 17h et 18h qu'il faut se rendre au marché de Soumbédioune. S'il n'est pas le premier marché aux poissons du Sénégal, le marché aux poissons de Dakar offre avec l'arrivée des pêcheurs un spectacle qui vaut à lui seul le déplacement. Les charrettes tirent alors la manne de la pêche des pirogues jusqu'aux étals, et la mise à prix commence. Négociation directe entre fournisseur et consommateur, il faut savoir bien négocier pour en tirer le meilleur prix. On y trouve aussi crevettes, crabes et autres crustacés ainsi que du poisson braisé directement sur place par les vendeuses. Ambiance authentique !

MARCHÉ HLM

HLM 5

Tous les jours.

Situé près de la mosquée Massalikoul Djinane, c'est le marché aux tissus de Dakar ! Tous les motifs, tous les styles, toutes les provenances sont représentés le long de ces ruelles fourmillantes. Tout le monde a bien sûr une machine à coudre dans le prolongement du bras. Coton, soie, synthétique, naturel, faites votre choix, les couturiers en feront toujours quelque chose. Outre du tissu, vous y trouverez des produits du quotidien, des bijoux, des chaussures, entre autres articles divers. Le marché est très animé le week-end, faites attention aux pickpockets !

GALERIE KEUR MARIE GANAAR

Villa 231

✆ +221 33 898 88 09

Ouvert tous les jours de 10h à 19h sauf jours fériés.

Mode, bijoux, décoration et cosmétiques, une vingtaine d'artisans sénégalais exposent dans cette villa. Cette coopérative est née en 2009 à l'initiative d'une Française vivant à l'époque au Sénégal, Marie-Paule Diou. Cette passionnée d'art, qui organisait souvent des expositions, a souhaité soutenir ces artisans éclectiques en leur trouvant un espace pour leurs créations. De salle en salle, vous les découvrirez à travers œuvres et biographie, certains étant également sur place.

JOHANNA BRAMBLE CRÉATIONS

Villa 84

✆ +221 77 271 87 60

Visite sur rendez-vous.

Articles à partir de 10 000 FCFA.

Qu'elles soient en fibres naturelles, en coton, en lin ou en papier, les créations de Johanna Bramble dévoilent des motifs singuliers aux couleurs tantôt éclatantes, tantôt discrètes. C'est dans le jardin de son atelier que des tisserands sénégalais reproduisent ses motifs sur un métier traditionnel. Abat-jours, coussins, sacs, rideaux ou encore pagnes, ces œuvres d'art surprennent par les techniques traditionnelles utilisées, agrémentées d'une touche personnelle plus contemporaine.

LULU HOME INTERIOR

Rue 8

✆ +221 33 864 37 07

www.lulu.sn

Ouvert du lundi au samedi, de 8h à 19h (boutique à partir de 10h). Plats et formule petit déjeuner autour de 5 000 FCFA.

Chez Lulu, c'est avant tout une passion familiale pour la décoration intérieure, un hommage à une grand-mère disparue, mais aussi une belle histoire d'amitié. La marque déjà présente en Belgique s'est développée naturellement au Sénégal, et c'est Clément, l'ami des associés, qui s'est lancé ici dans l'aventure. 850 m^2 sont ainsi dédiés à la décoration intérieure, du mobilier au linge de maison, en passant par l'art de la table. Un bel endroit à découvrir, mais aussi à tester côté restaurant qui offre une agréable pause déjeuner, à base de plats sains et originaux.

LES QUATRE VENTS

55 rue Félix Faure

✆ +221 33 821 80 83

www.librairie4vents.com

Ouvert du lundi au samedi de 8h45 à 13h30 et de 14h45 à 19h.

La meilleure librairie de Dakar ! Un labyrinthe de la culture qui dévoile ses secrets le long de ses rayonnages. Il ne faut pas être pressé lorsqu'on se rend dans cette librairie généraliste, au fond très complet. On vient pour une chose, on y repart avec une autre. En plus, l'organisation y est professionnelle et l'accueil, très agréable. Un autre local encore plus spacieux dans le quartier de Ouakam, où sont régulièrement organisées des dédicaces, des rencontres avec les auteurs, des expositions et des conférences. A découvrir.

MAAM SAMBA

Extension Lot n° 633
✆ +221 33 868 13 36
www.aubergedakar.org
Ouvert du lundi au vendredi de 9h à 19h, samedi et dimanche de 11h à 15h.

Vêtements en coton, sacs, coussins, sculptures ou encore confitures, cette boutique de commerce équitable vaut le détour pour ses nombreux produits artisanaux, fabriqués par les villageois de Ndem, situé à 120 km à l'est de Dakar. Pour améliorer leur cadre de vie, ils se sont organisés en ONG qui regroupe au total 16 villages environnants. Cette boutique est l'une de leurs vitrines pour faire connaître leurs produits. Maam Samba propose également des chambres d'hôtes confortables et dispose d'un restaurant à la cuisine simple et authentique. Une bonne adresse.

MARCHÉ DE COLOBANE

Avec celui de Sandaga, c'est le marché aux puces le plus célèbre de Dakar. Des fripes, des fripes et encore des fripes. Mais aussi du neuf, beaucoup de vêtements de marque et des tissus, draps ou rideaux. Il est situé en périphérie du centre-ville et on s'y rend en taxi ou en car rapide. Et une fois là-bas, c'est le paradis de la farfouille ! Attention toutefois, c'est aussi le paradis des pickpockets, et il faut mieux être accompagné d'un Sénégalais pour le visiter, mais aussi pour négocier les prix et faire de bonnes affaires.

MARCHÉ DE SANDAGA

A l'angle de l'avenue Lamine-Guèye et de l'avenue Emile-Badiane. Le plus connu des marchés de Dakar, le plus touristique également. On y trouve des fruits, des légumes, des perles, du tissu... Tout autour, c'est la caverne d'Ali Baba. Les commerçants proposent tout ce qu'on peut imaginer, et plus : appareils photo, appareils électroniques, toutes sortes de produits importés la plupart du temps et à bas prix. Agitation, animation, odeurs à l'intérieur au rayon des viandes et des poissons, Sandaga ne laisse aucun sens endormi. Attention, il faut savoir négocier.

OUSMANE MBAYE DESIGN

N°881 Corniche x rue Lamine Barry
✆ +221 33 823 36 57
http://ousmanembayedesign.com
Ouvert du lundi au samedi de 10h à 14h et de 15h à 19h. Entrée libre.

C'est dans le quartier de son enfance qu'Ousmane Mbaye, l'un des créateurs designers les plus talentueux du Sénégal, a ouvert son *showroom*. On est tout de suite interpellé par les meubles aux lignes épurées qui occupent parfaitement l'espace. Créateur bouillonnant d'idées, ses œuvres évoluent avec le temps, ses interrogations et ses envies. On le sent rien qu'en traversant la salle. Et si ce design contemporain vous comble, faites un tour au Shop Bi, un concept-store à deux pas de là, où Ousmane Mbaye propose une sélection d'objets repérés lors de ses voyages.

TISSERAND DAKAR

Rue OKM 284
✆ +221 78 604 21 64
Ouvert du mercredi au samedi de 10h à 18h. Articles à partir de 8 000 FCFA.

Dans cet atelier de création artisanale d'articles de déco d'intérieur tendance, les articles entièrement faits main au Sénégal allient à la perfection artisanat d'exception et modernité. Vous y trouverez, entre autres, des coussins, des plaids et autres accessoires en pagne tissé, en bogolan et autres tissages d'Afrique de l'Ouest, mais aussi de jolis sacs, ceintures, pochettes en cuir et pagnes tissés. Vous pourrez apprécier sur place chaque samedi le minutieux travail d'un maître tisserand réalisant un pagne, utilisé ensuite dans la confection des articles.

VILLAGE ARTISANAL DE SOUMBÉDIOUNE

Sur la route de la Corniche Ouest

Créé en 1961, ce village est une bonne adresse pour se faire une idée de ce que produisent les artisans du pays. Réunis par catégorie professionnelle, les artisans y exposent un large choix d'œuvres sculptées. On y trouve également tous types de maroquinerie (vache, serpent, chèvre, croco) et des bijoux. L'endroit est malheureusement devenu très touristique et les prix proposés sont souvent peu raisonnables. Le marchandage y est de mise, mais aussi le harcèlement des rabatteurs.

BOUGER & BULLER

Bordée par l'océan, la capitale sénégalaise offre une palette intéressante d'activités balnéaires, du surf à la pêche, en passant par la plongée et les balades en mer. Pour des sorties en pirogue, adressez-vous aux piroguiers de Soumbédioune, des Almadies, de Yoff ou de Ngor, qui pourront vous concocter un petit programme intéressant. Dakar est aussi reconnu comme un spot de surf, bien que la houle ne soit pas toujours au rendez-vous. Vous pourrez louer des planches près de la plage du Virage ou du côté des Almadies. Les plages de Dakar ne comptent pas parmi les plus belles du Sénégal, mais elles restent un privilège de la capitale dont on ne saurait se priver. Cependant, avant de prendre la serviette, assurez-vous que la destination ne soit pas sur la liste des plages interdites. Les Mamelles et le village de Ngor offrent de belles étendues pour poser sa serviette, et l'île de Ngor, à quelques brasses du village, un petit paradis.

ABAKA PÊCHE

Plage de N'Gor
✆ +221 33 820 64 86
www.maison-abaka.com

Ce centre de pêche est situé face à l'île de Ngor. De là, vous irez à la rencontre des marlins bleus, espadons voiliers, coryphènes, requins, barracudas, carpes rouges, thons, carangues, badèches, mérous, dorades. La pêche au gros se pratique de juin à novembre, à la traîne aux leurres, au vif ou à l'appât naturel mort. La palangrotte, elle, se pratique de novembre à juin : vous pourrez vous mesurer aux fameuses grosses carpes rouges (djabbar) et aux poissons de roches ! Des sorties de pêche de deux jours sont proposées pour être en place tôt le matin.

MAMADOU SECK

✆ +221 77 639 33 26

A partir de 120 000 FCFA la demi-journée de pêche en mer (4 à 6 personnes).

Basé sur la plage du village de Ngor, Mamadou Seck, le sympathique frère du gérant du Sunu Makane, propose des sorties en mer, que ce soit pour la pêche ou la visite des îles alentour. Côté pêche, les amateurs pourront s'initier à la palangrotte ou à la pêche au gros au large de Dakar. Mamadou s'adapte facilement aux désirs des clients et vous pourrez décider des sorties que vous souhaitez faire. Il est possible aussi de louer des bateaux ou d'effectuer la traversée en pirogue jusqu'à l'île de Ngor, à des prix raisonnables. Un bon plan !

ATLANTIC ÉVASION

Plage de Ngor
✆ +221 77 227 86 80
www.atlantic-evasion.com

Eric Duboucher, déjà champion de chasse sous-marine du Sénégal, vous propose de partager son expérience de la chasse au large de Dakar. C'est sa spécialité, mais il peut aussi organiser des sorties de plongée avec bouteilles et de pêche sportive ou côtière pour amateurs confirmés ou débutants. D'agréables balades en bateau sont aussi organisées au coucher du soleil et Eric s'adapte facilement à vos envies, en vous concoctant un joli programme. Accueil sympathique. Attention : les combinaisons et les fusils ne sont pas fournis !

STADE DEMBA DIOP

Boulevard du Président Habib Bourguiba

Il s'agit du plus ancien des deux grands stades de Dakar, construit en 1963. Nommé au départ le « stade de l'Amitié », il prit le nom de l'ancien maire de Mbour et du ministre de la Jeunesse et des Sports, sous la présidence de Léopold Sédar Senghor, en 1967. Si des rencontres de football s'y déroulent, il est surtout réputé pour les incontournables combats de lutte avec frappe qui y ont lieu dans ce stade de 15 000 places assises, qui mériterait cependant une bonne rénovation. C'est un spectacle, tant sportif que culturel, à ne pas manquer.

SORTIR

Dakar ne s'endort parfois qu'avec le jour qui se lève. A vrai dire, il semble que Dakar ne dorme pas. Et sûrement un soir ou deux veillerez-vous avec lui, jusqu'au petit matin, histoire d'aller manger des croissants, un chawarma ou une omelette avant de sombrer dans le néant. Les boîtes de nuit dakaroises peuvent ressembler à celles du monde entier, mais certaines peuvent se targuer d'avoir leur cachet *made in Senegal only*. On y boit un verre comme ailleurs, on y danse sur des rythmes effrénés, mais on peut aussi assister à des concerts, avec parfois une foule en délire. Il fait bon aussi d'aller voir du côté de l'Institut français, du centre culturel Blaise Senghor et du théâtre national Daniel Sorano, qui proposent des programmations riches et variées. Le Grand Théâtre national, l'un des plus importants d'Afrique de l'Ouest, accueille, quant à lui, des représentations des plus célèbres œuvres du répertoire culturel africain.

BARRAMUNDI

Route de la Corniche O

✆ +221 76 569 45 54

Ouvert du mercredi au dimanche à partir de minuit. Entrée : à partir de 10 000 FCFA avec consommation.

L'un des lieux incontournables des soirées dakaroises ! Depuis plus de 10 ans, le tout Dakar se retrouve ici pour faire la fête jusqu'au petit matin au rythme de musiques internationales. Nombreux DJ s'y relaient pour faire vibrer le *dancefloor*. Des soirées à thème y sont régulièrement organisées comme le dimanche soir qui est réservé aux musiques sénégalaises. On vient ici pour se faire voir et être vu, et les Sénégalais se parent de leur plus belle tenue pour venir faire la fête. Ambiance de folie, notamment les fins de semaine.

CH'TI CALYPSO

42 rue Wagane Diouf x Sandiniery

✆ +221 78 129 43 78

Ouvert du lundi au vendredi de 11h à 5h, le samedi à partir de 18h et le dimanche à partir de 20h.

De jour comme de nuit, l'ambiance y est conviviale et chaleureuse dans cet établissement, situé en plein centre-ville de Dakar. D'un côté, le bar-restaurant où vous pourrez déguster des plats traditionnels, des pizzas ou des paninis, le tout accompagné d'une bonne bière belge ou autre. La salle est également dotée de plusieurs billards bien entretenus pour un sympathique moment entre amis. De l'autre, une discothèque à l'ambiance festive où expatriés et Sénégalais viennent terminer la soirée. Personnel agréable et patrons très sympathiques !

FIVE

Route de Ngor

✆ +221 33 820 40 06

Ouvert tous les soirs jusqu'au petit matin. Entrée à partir de 5 000 FCFA. Cocktail autour de 10 000 FCFA.

Au cœur des Almadies, voici une autre boîte de nuit branchée de la capitale. Toute la jeunesse de Dakar y défile pour y être vue, et le *dancefloor* ne désemplit pas jusqu'au petit matin. Sous des jeux de lumière incessants, on y danse sur des styles variés de musique, du R'n'B au rap, en passant par le mbalax, l'une des musiques les plus populaires au Sénégal. Dans ce complexe, vous y trouverez également un restaurant qui propose des spécialités africaines et européennes. Des concerts et des spectacles y sont aussi programmés.

LE PATIO

9, route de Ngor

✆ +221 33 820 58 23

www.lepatio-dakar.com

Ouvert tous les jours de 19h à 5h. Entrée à la discothèque payante le samedi. Consommation à partir de 3 000 FCFA.

Quel joli cadre que le bar du Patio, avec ses arbres dans la cour intérieure, son restaurant et sa boîte de nuit ! En revanche, pas facile de trouver une place au bar… Les tabourets sont généralement occupés par de jolies demoiselles de nuit qui attendent le client. De nombreux Occidentaux viennent dîner dans ce cadre exotique de délicieux plats d'ici et d'ailleurs. On n'y croise finalement presque pas la jeunesse dakaroise. Dans la discothèque, dont l'entrée se trouve juste à côté du bar restaurant, l'ambiance est chaude et festive.

VOGUE

Route de Ngor

✆ +221 70 526 34 94

Ouvert du mardi au dimanche de 23h à 6h, en saison. Entrée : à partir de 10 000 FCFA avec consommation.

Sur la route de Ngor, le Vogue est aussi une adresse réputée des nuits dakaroises ! Ce complexe de nuit dispose de deux salles, à l'ambiance tout aussi festive. Jusqu'au petit matin, on s'y déhanche sur le *dancefloor* sur de la musique internationale, du hip-hop à l'électro. Le dimanche soir, un orchestre local anime le lieu avec des musiques sénégalaises, pour une ambiance des plus détonantes. C'est aussi l'une des discothèques les plus sélectives de la capitale et une tenue correcte y est exigée. La sécurité y est assurée de manière professionnelle.

INSTITUT FRANÇAIS DE DAKAR

89 rue Joseph Gomis

✆ +221 33 823 03 20

www.institutfrancais-senegal.com

Pôle accueil ouvert du lundi au samedi de 9h à 19h.

L'Institut français jouit d'un emplacement stratégique au cœur de la ville et d'un cadre unique à Dakar. Ainsi, sa médiathèque multimédia, son théâtre de Verdure, sa galerie d'expositions et son pôle linguistique ont su proposer aux Dakarois une offre culturelle riche et variée. Tout au long de l'année, elle programme également de nombreux spectacles et concerts de qualité. On pourra également s'y arrêter pour boire un verre ou déjeuner : le bar-restaurant est très agréable.

KËR THIOSSANE

Villa N°1695

✆ +221 33 868 53 09

Cette maison culturelle se pose en incubateur de projets à la croisée de l'art et du numérique. Depuis son ouverture en 2002, Kër Thiossane a accueilli des artistes du monde entier en résidence pour des projets artistiques novateurs. Notamment le projet Afropixel pour la 10e biennale des Arts de Dakar en 2014, qui a invité artistes informaticiens, chercheurs, penseurs, acteurs de la société civile à s'exprimer à travers des expositions, ateliers et débats. L'équipe est très sympa, et se fera un plaisir de vous présenter ses actualités.

THÉÂTRE NATIONAL DANIEL SORANO

45 Bd. de la République

✆ +221 33 821 84 83

www.compagnietheatresorano.com

Prix d'entrée variable en fonction de l'événement.

Inauguré en 1965 par le président Léopold Sédar Senghor, le théâtre national Daniel Sorano, du nom du célèbre comédien franco-sénégalais, est une salle de spectacle moderne, dotée d'une scène à l'italienne et pouvant accueillir plus de 1 000 personnes. Tout au long de l'année, il offre une programmation variée, allant des représentations du Ballet national aux concerts d'artistes plus ou moins connus. Egalement des pièces de théâtre et des spectacles pour enfants.

CASINO DU CAP-VERT

Route de Ngor

✆ +221 33 869 78 78

www.casinoducapvert.com

Les machines à sous sont ouvertes 7j/7 à partir de 12h. Les jeux traditionnels, dès 21h sauf le lundi.

Ce complexe est composé d'un bel hôtel avec piscine, de salles de séminaire, d'un casino, de restaurants et d'un lounge bar. Le restaurant « Poséidon » propose une cuisine internationale qui conjugue tradition et modernité. Au restaurant « Le Jardin », vous aurez le plaisir entre autres de goûter des grillades de la mer, des salades et de la *finger food*. Le lounge bar « le Blue'Art Club » propose une programmation musicale éclectique. Le Casino comporte 75 machines à sous, roulette automatique, et des jeux de table tels que le poker : faites vos jeux !

LE CASINO DU PORT

19, boulevard de la Libération x Avenue Abdoulaye Fadiga ✆ +221 33 849 06 49

www.casinoduport.com

Machines à sous ouvertes tous les jours de 10h à 4h du matin.

Le Casino du Port offre à ses clients un lieu propice pour le plaisir et la détente. L'enseigne propose pas moins de 120 machines à sous, rouleaux vidéo, vidéo poker, bingo et roulette électronique, dispose de jeux de table parmi les plus populaires et organise des tournois de poker. Quant à son restaurant, le Quai 19, il stimulera vos papilles par ses spécialités locales et internationales. La carte vous laissera le choix entre plusieurs explosions de saveurs dont vous ne regretterez pas le choix. Une atmosphère haut de gamme où se retrouve le gratin de Dakar.

PASSPORT

PRESQU'ÎLE DU CAP-VERT

Pointe la plus à l'ouest du continent africain, la presqu'île du Cap-Vert délimite la frontière entre la Grande Côte au sud et la Petite Côte, au nord. Outre la capitale qu'elle abrite, elle recèle de nombreux coins qui méritent à eux seuls le détour. Commençons par la belle Gorée, l'île la plus réputée au large de Dakar, qui offre des paysages pittoresques, entre ses jolies maisons coloniales et ses vues imprenables sur la capitale. Allez-y pour voir les musées, vous balader dans ses ruelles plantées de palmiers et de bougainvilliers fleuris, apprécier ses couleurs uniques. A quelques brasses du village éponyme, l'île de Ngor séduit par ses plages ourlées d'une eau transparente, quand les îles de la Madeleine dévoilent leur beauté sauvage. Il faut pousser une cinquantaine de kilomètres, pour découvrir le célèbre Lac rose, et l'agitation qui tourne autour de l'un des plus importants sites d'exploitation de sel d'Afrique de l'Ouest.

2 KM
Presqu'île du Cap-Vert
Océan Atlantique
ÎLE DE N'GOR
Ngor
Yoff
Grand Yoff
Grand Dakar
Hann
PARCELLES ASSAINIES
Pikine
Guédiawaye
Malika
TIVAOUANE
Niaga
LAC ROSE
Deni Biram Ndao
Bayakh
Vers KAYAR
THIÈS
Bambilor
KEUR MASSAR
Niakul
NOFLAYE
R 10
Sangalkam
KEUR MOUSSA
D 101
A 1
N 1
Mbao
RUFISQUE
BARGNY
Diamniado
Sebikotane
N 2
Siendou
M'BOUR
DAKAR
ÎLE DE LA MADELEINE
ÎLE DE GORÉE

PAGES

● ● PRESQU'ÎLE DU CAP-VERT

136

La presqu'île du Cap-Vert mérite que l'on s'y attarde un peu, pour la singularité des sites qu'elle offre. D'origine volcanique, l'île de Gorée est une échappée sympathique au large de Dakar qui peut se faire à la journée. Mais y passer une nuit est d'autant plus agréable pour s'imprégner de son atmosphère si douce. Symbole de la traite négrière dont Gorée fut au centre d'un commerce important, la Maison des esclaves est une visite incontournable pour ceux qui débarquent pour la première fois sur l'île. Il faut ensuite déambuler dans ses ruelles pittoresques avant de rejoindre le Castel et d'admirer le splendide panorama. Au nord de la pointe des Almadies, la petite île de Ngor, quant à elle, charme par sa quiétude, ses plages de cartes postales et ses établissements proposant de délicieux poissons grillés. Une escapade dépaysante qui vous fera oublier l'agitation tumultueuse de Dakar, à peine à dix minutes en pirogue. Refuge de nombreuses espèces d'oiseaux, les îles de la Madeleine sont plus hostiles, d'où la suspension des visites à la suite d'un accident mortel en septembre 2019. Plus loin, à une cinquantaine de kilomètres de Dakar, le Lac rose attire par la singularité de son site. Tentez-y l'expérience de flotter comme un bouchon ! Et si les tortues et la botanique vous intéressent, faites un détour par le village de Noflaye.

ÎLE DE GORÉE ★★★★

136 Au large de Dakar, cette île pittoresque est une visite incontournable. Avec ses jolies criques ourlées d'une eau limpide, ses maisons coloniales fleuries de bougainvilliers et la pointe sud de l'île offrant une vue imprenable sur la capitale, il y règne une vraie douceur de vivre. Mais Gorée, c'est aussi le douloureux souvenir de la traite négrière, avec sa poignante Maison des esclaves.

141 **ÎLES DE LA MADELEINE**

ÎLE DE NGOR

142 Petite île paradisiaque à quelques encablures de Dakar, Ngor offre une échappée aérée où flotte un air de vacances sur ses jolies plages, bordées de cocotiers. D'ailleurs, le coin est prisé des Dakarois qui y viennent se ressourcer les week-ends. Les pieds dans l'eau, c'est ici l'occasion de déguster une bonne langouste grillée.

142 **KEUR MASSAR**

143 **RUFISQUE**

LAC ROSE ★★★

143 C'est l'un des sites les plus visités du Sénégal. Et pour cause, un lac deux fois plus concentré en sel que la mer Morte où l'on flotte comme un bouchon ! Il est aussi réputé pour sa singulière couleur rose, lors des journées ensoleillées et peu venteuses, qui est due à la présence de micro-algues. A quelques centaines de mètres de là s'étend une belle plage, propice au farniente et aux balades.

146 **NOFLAYE**

146 **KAYAR**

KEUR MOUSSA

146 Fondée en 1963, l'abbaye de Keur Moussa est réputée à travers le monde pour ses liturgies harmonieuses, mêlant chants grégoriens et instruments traditionnels. Les moines fabriquent également sur place des koras, un instrument à cordes typique d'Afrique de l'Ouest. Même sans être pratiquant, assister à une messe à Keur Moussa est un moment de pure émotion.

ÎLE DE GORÉE ★★★★

Au large de Dakar, Gorée est une île d'origine volcanique, un lieu unique chargé d'histoire, une étape incontournable lors d'un séjour au Sénégal. Classée au Patrimoine mondial de l'Unesco depuis 1978, elle est le symbole de la traite négrière en Afrique, mais aussi celui de la réconciliation des peuples. Il faut s'imprégner de son atmosphère particulière, apprécier son charme tranquille et se balader entre ses ruelles fleuries de bougainvilliers où se dévoilent ses bâtisses coloniales décrépites et ses couleurs uniques : rouges passés à la patine des âges, ocres espagnols (ou italiens) à l'écaille fragile... Et bien sûr, visiter ses musées et sa célèbre Maison des Esclaves, lieu de mémoire de tout un continent à la recherche d'une histoire disparue, une brûlure au fer rouge infligée par la colonisation. Nelson Mandela, libérateur des noirs sud-africains soumis à l'apartheid après des siècles d'esclavagisme, l'ancien pape Jean-Paul II, Yasser Arafat sont venus se recueillir ici à la mémoire des 12,5 millions d'esclaves déportés aux Amériques entre 1501 et 1866. Ce n'est d'ailleurs pas un hasard si Barack Obama, premier président américain noir, est venu en visite solennelle à Gorée avec sa famille le 27 juin 2013 avant d'entamer une grande tournée politique africaine. Un tour d'horizon de l'île ne prend que quelques minutes. A droite de l'embarcadère en arrivant, voici le quartier résidentiel. A gauche, c'est la Gorée vivante, populaire, aux portes ouvertes, car tout le monde se connaît, aux allées égayées de toiles d'artistes. Car Gorée est un haut lieu de rencontres des artistes africains. Il faut grimper au sommet de l'île, au Castel, et se laisser émerveiller par les nombreuses toiles colorées des artistes qui exposent le long de cette allée menant au Castel. Au sommet, la vue qui se dévoile sur Dakar est sublime. Puis, faites un tour à l'intéressant Musée historique sur la pointe de l'île, repartez, digérez le tout, et ensuite revenez pour le plaisir désintéressé de prendre la chaloupe et de retrouver cette atmosphère, ces maisons sublimes. Accordez-vous une petite pause sur la plage du Débarcadère où l'eau si limpide invite à la baignade. Bienheureux ceux qui prennent la navette en fin d'après-midi, à contre-courant du flot touristique, et débarquent pour une soirée paisible sur l'île, où règne une ambiance plus authentique qu'en journée.

Histoire

De la portugaise Palma (1444), puis de l'île aux Chaloupes (1481), les navigateurs de Lisbonne s'en servirent comme cimetière. Ils y construisirent ensuite une chapelle en pierre. A partir de 1536 et jusqu'à l'abolition de la traite négrière en 1848, l'île devient le dernier lieu de passage des esclaves venus de l'Afrique de l'Ouest, en partance pour les Amériques. A la fin du XVe siècle, ce fut au tour des Hollandais d'occuper la place, qu'ils surnommèrent Gorée (ou plus précisément Goede Reede, « bonne rade ») d'après son mouillage sûr. Dans la foulée, ils érigèrent les forts de Nassau (1628) et d'Orange (1639) sur la colline. Ensuite Gorée devint portugaise une nouvelle fois, puis anglaise, et passa de main en main, jusqu'à ce que les Français (l'amiral d'Estrées) lui mettent le grappin dessus une bonne fois pour toutes, en 1677. Enfin... à une dizaine d'exceptions près. Au XVIIe siècle, l'île fut surtout un repaire de militaires peu regardants, pirates sur les bords, et fit plusieurs fois fuir les soldats vers le continent. Au siècle suivant apparurent les premiers commerçants venus du continent, et les signares qui épousèrent à la mode du pays des négociants déjà mariés. Après un court passage dans les mains des Anglais, l'île revint à la France en 1785, sous le commandement du chevalier de Boufflers. Celui-ci aurait, dit-on, par amour pour la comtesse de Sabran, porté Gorée vers la prospérité en la faisant devenir le siège du gouvernement français au Sénégal. Un amour peu fidèle, puisque le chevalier aurait aussi pris pour signare à son chevet une certaine Anne Pépin. Le XVIIIe siècle vit une Gorée joyeuse, une joie d'un siècle, pleine de bals et de fanaux. Un siècle et puis s'en va, un point c'est tout, car l'activité se déplaça à Dakar qui prit le relais en 1929, ne laissant à Gorée qu'un rôle d'appoint.

Pratique

On accède à Gorée soit par un bateau privé, soit par une des chaloupes de la Liaison maritime Dakar-Gorée (LMGD), qui exploite et gère la desserte. Celle-ci organise de nombreux départs et retours dans la journée, avec des horaires bien respectés. Il faut compter une bonne quinzaine de minutes pour rejoindre Gorée. Une fois arrivé, on s'acquitte d'un droit d'entrée de 500 FCFA par personne, à l'office de tourisme. La visite se fait uniquement à pied, l'île étant assez petite pour se découvrir en une journée. Il y a un distributeur automatique de billets sur l'île, mais celui-ci ne fonctionnant pas toujours, mieux vaut prévoir du liquide sur soi. Il existe de nombreux hébergements sur l'île pour ceux qui souhaiteraient y passer la nuit.

LE CASTEL ★

C'est souvent là que l'on se rend en premier, à la pointe sud de l'île pour apprécier la superbe vue sur Dakar et sa baie. D'autant plus que l'allée qui mène au sommet est jalonnée de toiles d'artistes sénégalais, très colorées, que l'on prend volontiers le temps d'admirer. À l'extrémité ouest se dresse le fort Saint-Michel, construit par les Français en 1892 et sur lequel a été érigé et inauguré en 1999 le Mémorial des esclaves, ouvrage moderne représentant la coque et la voile d'un navire. Derrière, un télémètre datant de 1907 et servant à mesurer la distance des navires pour régler les canons. En haut de ce fort également, l'artiste sénégalais très connu à Dakar, Balla Ngongo, expose nombre de ses œuvres, toutes à base de matériaux de récupération. Il les vend, mais il est possible de ne faire que jeter un coup d'œil sans se sentir harcelé. De l'autre côté du castel, un canon d'une portée de tir de 14 km. Celui-ci n'a été utilisé qu'une seule fois, le 23 septembre 1940, par la France de Vichy, pour couler un bateau anglais lors de la bataille de Dakar. L'épave se trouve toujours là, à plusieurs mètres sous l'eau. Une bouée marque le danger pour les bateaux, raison pour laquelle la chaloupe qui amène les visiteurs sur l'île fait un grand tour avant d'entrer dans la rade de l'embarcadère. Au moment de l'indépendance du Sénégal, les Français ont saboté le canon pour qu'il ne puisse plus resservir. Avant de quitter l'endroit, profitez des vues imprenables sur l'océan et inspirez une bonne bouffée d'air iodé !

ÉGLISE SAINT-CHARLES-BORROMÉE ✞ ★

Rue du Castel

Dédiée au cardinal italien Charles Borromée, cette église a été érigée en 1830 sur les cendres de la précédente, brûlée par les Anglais, durant la nuit de Noël 1799, au moment de la reprise de l'île. L'édifice est financé par les *signares* de Gorée. On apprécie son architecture simple, son parvis à colonnes donnant sur une place tranquille. Tous les ans, l'église accueille la fête patronale de l'île, le 4 novembre ou le dimanche suivant, si cette date ne tombe pas un dimanche.

LA MOSQUÉE ☪ ★

Au pied du Castel

L'île de Gorée possède l'une des mosquées les plus anciennes du Sénégal, construite en 1890 avec des pierres basaltiques du pays, au pied du versant ouest du Castel. Un projet d'aménagement de l'esplanade est depuis longtemps en discussion et n'a toujours pas démarré. Il prévoit notamment des espaces de détente et l'intégration du site de commerce artisanal situé pour l'instant au bas du Castel. Seuls les musulmans pourront visiter la mosquée. On remarque un élément un peu plus moderne : un faux palmier qui cache les haut-parleurs du bâtiment !

Village de l'île de Gorée.

MAISON DES ESCLAVES ★★★

Rue Saint-Germain ✆ +221 77 649 38 24

Ouvert du mardi au dimanche de 10h30 à midi et de 14h30 à 18h, le vendredi à partir de 15h. Entrée à partir de 500 FCFA.

La maison des Esclaves ne se présente plus, ses murs rouges et les chaînes des caves ont été montrés dans tous les livres d'histoire. L'ancien conservateur Boubacar Joseph Ndiaye (décédé en 2009) était une institution. Grâce à lui, cette bâtisse construite par les Hollandais au XVIIe siècle a été rénovée avec l'aide de l'UNESCO en 1990. C'est l'une des dernières maisons d'esclaves encore debout, d'une capacité de 150 à 200 esclaves, et elle est devenue le symbole de l'horreur de la traite négrière, depuis la vente d'esclaves africains par les Africains eux-mêmes, jusqu'à la commercialisation d'êtres humains envoyés aux Amériques par millions par les colonisateurs portugais, puis hollandais et français. Leur pays de destination dépendait du besoin des acquéreurs, le père pouvait partir aux USA, la mère au Brésil et l'enfant aux Antilles. Ils partaient de Gorée sous des numéros de matricule. On visite à gauche en entrant la salle des pesées – les esclaves faisant moins de 60 kg étant mis en attente et gavés jusqu'à ce qu'ils atteignent le poids. A côté, la salle où les hommes aptes à partir attendaient leur tour, puis la salle des enfants, des jeunes filles vierges, et enfin des femmes. Sous les escaliers, des cachots pour les récalcitrants. Au bout du couloir, la « porte du non-retour » puis la mer, dernier passage avant les Amériques. A l'étage, quelques panneaux explicatifs sur le commerce triangulaire. Le conservateur, Monsieur Coly, pourra répondre à vos questions si les explications de la visite ne vous ont pas suffi.

© AUTHOR'S IMAGE

MUSÉE DE LA MER

Rue du Gouvernement à coté de la Mairie de l'Île

✆ +221 33 842 77 29

Ouvert du mardi au dimanche de 10h à 17h30. Entrée autour de 500 FCFA.

Après onze ans de fermeture, le musée a rouvert ses portes en 2018 ! En le parcourant, vous découvrirez l'environnement marin des eaux sénégalaises à travers des objets dédiés à la pêche, des espèces marines figées dans le temps dans des bocaux contenant de l'alcool, des squelettes de poissons et des panneaux explicatifs. La visite s'élargit ensuite à l'histoire liée autour de la mer avec des maquettes représentant divers habitats, des outils en pierre du Cap Manuel ou encore des anciennes monnaies d'échange. Une visite instructive !

MUSÉE HISTORIQUE DE GORÉE ★

Fort d'Estrées

✆ +221 33 842 77 30

Ouvert du mardi au dimanche de 10h à 17h30. Entrée autour de 500 FCFA.

Ce musée a été aménagé dans l'ancien fort d'Estrées construit au milieu du XIXe siècle, à la pointe nord de l'île. Douze salles et près de 500 pièces présentent l'histoire du Sénégal du paléolithique à nos jours. Des panneaux explicatifs simples et bien conçus éclairent le visiteur sur le paléolithique dans la région, sur les grands empires et royaumes du Moyen Age, le commerce des esclaves, la résistance, l'islam et une histoire plus proche de nous (colonisation, décolonisation...).

PLAGE DU DÉBARCADÈRE ★

Plage du Débarcadère

Une eau calme, claire et limpide : voici l'eau qui vous attend sur la petite plage de Gorée, délimitée par la digue de l'embarcadère. Elle est protégée des vents de l'Atlantique, comme toute l'île, puisqu'étant située au centre d'une rade, mais l'eau y est plus fraîche que sur le continent. Tranquille en semaine et hors saison, elle est en revanche très fréquentée pendant les vacances et le week-end. En cas de grosse affluence, vous pourrez lui préférer l'autre plage de l'île, en dessous du fort d'Estrées, à l'abri des regards.

SYNDICAT D'INITIATIVE ET DE TOURISME DE GORÉE

✆ +221 33 823 91 77

www.iledegoree.org

Ouvert tous les jours de 10h à 16h30. Taxe touristique autour de 500 FCFA, obligatoire à l'arrivée.

Ce syndicat regroupe des professionnels du tourisme, mais aussi des bénévoles de diverses associations. Un point d'information est installé non loin du débarcadère, sur l'esplanade des Droits de l'Homme. On peut y demander un guide officiel, qui pratique des tarifs un peu chers pour deux personnes, mais intéressants pour un groupe, pour avoir des explications sur cette île mémoire. Une partie de cet argent sert, notamment, à l'assainissement de l'île, en plus c'est une bonne action.

LMDG

✆ +221 33 849 79 61

Achat des billets sur place. Autour de 5 200 FCFA par adulte l'aller-retour. Tarif non résidents.

Le départ pour Gorée se fait à la Gare maritime de Dakar, encore couramment appelée « Embarcadère de Gorée », un édifice bien organisé, avec une grande capacité d'accueil avec chaises, ventilation et une buvette plutôt fournie. L'achat des billets se fait sur place, jusqu'à 15 minutes avant le départ. La traversée dure environ 20 minutes. La flotte actuelle comprend trois chaloupes : *Coumba Castel*, *Beer* et *Coumba Lamb*. Les horaires sont respectés à la minute près. Ne manquez pas l'arrivée sur Gorée, que le capitaine annonce *via* sa corne de brume !

CHAMBRES D'HÔTES FIIREK - CHEZ NÉNÉ BA €

Marché des jeunes filles

✆ +221 77 215 11 85

www.fiirek-goree.com

Chambre à partir de 15 000 FCFA, studio à partir de 25 000 FCFA. Petit déjeuner inclus.
Plats à partir de 2 500 FCFA.

Aménagées au sein d'une typique maison goréenne, les trois jolies chambres sont ventilées, avec douches et toilettes, propres, à l'extérieur. En revanche, le studio dispose de douche-toilette privative, avec ventilation, où l'on peut préparer ses repas. Un bon rapport qualité-prix. Néné tient également le restaurant La Retrouvaille, derrière l'office de tourisme, où l'on mange de délicieux plats sénégalais à l'instar du *yassa* crevettes, la spécialité de la patronne !

HOSTELLERIE DU CHEVALIER DE BOUFFLERS €€

Près de la plage

✆ +221 33 822 53 64

Chambres à partir de 20 000 FCFA.
Menu à partir de 6 000 FCFA ou à la carte.

On sent l'aristocratie française. Le chevalier et la marquise des Boufflers existent encore sur les murs de cette jolie bâtisse, l'une des plus connues de l'île. Les chambres, bien décorées et spacieuses, se trouvent un peu plus loin, dans une vieille maison. Malheureusement, certaines sont vétustes et mériteraient un bon coup de rafraîchissement. Demandez à les visiter avant de choisir. Table excellente avec vue sur mer. On conseille les gambas farcies, la spécialité du chef !

HÔTEL MUNICIPAL - LA PORTE DU RETOUR €€

Rue du Port

✆ +221 33 842 00 39

Chambre à partir de 35 000 FCFA.
Petit déjeuner autour de 2 500 FCFA.

Près du jardin botanique Adanson, cet hôtel municipal, tout confort, a ouvert ses portes en 2014. Les dix chambres climatisées, très propres, sont réparties autour d'un petit patio verdoyant. Quelques-unes sont équipées de télévision. Préférez la chambre avec balcon, au même prix, qui offre une jolie vue sur l'océan. L'emplacement de l'hôtel constitue un bon point de départ pour la visite de l'île, il est situé à quelques mètres de la Maison des Esclaves.

MAISON AUGUSTIN LY €€

Rue Blanchot x rue de la Compagnie

✆ +221 77 657 00 87

www.maisonaugustinly.com

Chambre double à partir de 30 000 FCFA. Location de la maison à la semaine, devis sur demande. Petit déjeuner inclus.

Au cœur de l'île, la maison d'hôtes Augustin Ly est située dans l'une des plus vieilles maisons de Gorée. Les chambres sont confortables, spacieuses et bien équipées à la décoration très soignée (c'est presque du luxe) où de nombreux objets d'art ajoutent du charme à cette belle maison coloniale. Une cour intérieure permet de profiter des couleurs vives du bâtiment et de ses bougainvilliers, tandis que la terrasse offre une jolie vue sur les toits. La suite à l'étage avec vue sur mer vaut vraiment le détour. Un petit paradis !

MAISON D'HÔTES - CHEZ ASAO €€

7 rue Saint-Joseph
✆ +221 33 821 81 95
Chambres à partir de 15 000 FCFA.
Petit déjeuner autour de 2 000 FCFA.

Cette maison d'hôtes dispose de cinq chambres propres à la décoration soignée. Certaines sont assez petites, d'autres beaucoup plus spacieuses. Une grande partie des bénéfices est versée à la maison des enfants, Keur Khadija, où sont dispensés des cours de soutien scolaire. Une belle initiative lancée par Valérie Schlumberger, ancienne actrice française, en mémoire d'une jeune enfant décédée, Khadija. Possibilité d'y prendre des cours de danse, de peinture sur verre, de broderie...

VILLA CASTEL €€

Rue du Castel
✆ +221 77 263 60 75
Chambre double à partir de 45 000 FCFA suite à partir de 65 000 FCFA. Petit déjeuner inclus.

Dans une superbe maison d'hôtes, des chambres au charme singulier, toutes décorées avec goût. Lits en baldaquin avec moustiquaires, salle de bains privée avec grandes douches, climatisation, TV. Elles donnent toutes sur le patio intérieur, agréablement fleuri et si paisible, où l'on peut prendre son petit déjeuner. On peut également se prélasser l'après-midi au bord de la piscine. Coup de cœur pour le studio situé au fond de la cour, pour son petit coin salon et sa mini-terrasse privative. Également une villa privée avec piscine, à louer à quelques mètres de là.

ANNE SABRAN €

Sur le port
✆ +221 33 826 94 29
Ouvert tous les jours de 9h à 21h.
Plat à partir de 3 500 FCFA.

C'est l'un des repaires favoris des Goréens qui se retrouvent le soir lorsque les touristes sont partis. Mais l'établissement constitue également une agréable pause déjeuner, très paisible, en face de l'océan. Le choix est varié, et l'on y mange correctement des grillades de viande et de poisson, des crevettes à l'ail ou des plats sénégalais. Les tables sont installées en terrasse d'où l'on peut surveiller le départ de la chaloupe et apprécier aussi la vue sur la plage. Personnel agréable et souriant, service rapide et professionnel.

CHEZ TONTON €

✆ +221 33 821 92 00
Ouvert tous les jours de 8h à 23h. Menu à partir de 5 000 FCFA, plats à partir de 2 500 FCFA.

Vous serez très bien accueillis dans cette gargote près de l'embarcadère, où vous pourrez vous installer tranquillement en terrasse. Réputé pour ses pastels et ses boulettes de lotte (les meilleurs de l'île), Tonton propose une carte diversifiée, allant des pizzas aux plats végétariens, en passant par les brochettes de viande et les spécialités sénégalaises. Mention spéciale pour ses grosses gambas, dont deux suffisent à apaiser la faim. Et s'il vous reste un petit creux, goûtez à ses beignets à la fleur d'oranger. Un doux régal !

CHEZ KIKI €

✆ +221 77 527 76 19
Ouvert tous les jours de 8h à 23h. Plats à partir de 3 500 FCFA, petit déjeuner autour de 2 500 FCFA.

Chez Kiki fait partie de ces restaurants touristiques alignés en face de l'embarcadère. A la carte, un large choix de spécialités sénégalaises ainsi que du poisson grillé et quelques plats européens. Le service est agréable en terrasse, et les plats locaux, copieux comme on les aime, à des prix très corrects. On vous recommande entre autres la daurade grillée ou le poulet yassa. On peut aussi y boire un verre dans l'après-midi en attendant la chaloupe et profiter de l'animation des alentours. Equipe sympathique, bon rapport qualité-prix.

LE JARDIN DE GORÉE €€

✆ +221 77 515 62 82
Ouverture prévue en octobre 2020.

Djibril, du restaurant Chez Tonton, s'est lancé dans un ambitieux projet de bar *lounge* au Castel, qui bénéficiera d'une vue imprenable sur l'océan, avec en toile de fond la capitale. En chantier lors de notre passage, l'établissement sera disposé sur trois niveaux, réalisés avec des dalles d'anciennes maisons de l'île. Des jus et des spécialités locales y seront proposés, préparés avec des produits du marché. Trois chambres d'hôtes et une suite avec terrasse privative étaient également en train d'être achevées lors de notre visite.

L'AMIRAUTÉ €€

rue Saint-Germain

+221 33 823 00 37

Ouvert tous les jours. Plats à partir de 4 000 FCFA ; autour de 25 000 FCFA la (très grosse) assiette du pêcheur.

Voilà l'un des restaurants les plus élégants de Gorée, un peu à l'écart de la plage de l'embarcadère, et qui offre depuis sa jolie terrasse plantée de palmiers une vue sur le large à l'abri des vendeurs à la sauvette. On est accueilli par un personnel aux petits soins mais qui peut manquer de respect quand le gérant n'est pas présent. Le grand chelem : l'assiette du pêcheur : langouste, calamar, gambas, *camerones*, lotte, ormeaux, violets, patelles… et une plus modeste que vous pouvez partager pour goûter ces crustacés assez rares, et vraiment délicieux.

CHEZ THIO €€

Face au débarcadère.

+221 77 657 00 87

Ouvert tous les jours de 7h30 à 23h. Menu à partir de 5 000 FCFA.

Pari réussi pour le propriétaire de la Maison Augustin Ly qui souhaitait ouvrir son propre restaurant bio et local. Vous y aurez le choix entre plusieurs menus, dont les plats inventifs sont tout aussi goûteux. La spécialité ? Le poulet bicyclette, une race locale de poulets élevés en plein air qui « donnent l'impression de pédaler quand ils courent ». Egalement un délicieux poisson à la noix de coco. Près de la plage du Débarcadère, l'endroit est également agréable pour boire un verre. Parmi un large choix de boissons, des tisanes à base de plantes locales.

MARCHÉ ARTISANAL

Rue du Castel

Même si l'on est sollicité de toutes parts par les vendeurs, et ce dès la traversée en bateau, le petit marché artisanal de l'île est un passage obligé de votre visite. Bijoux, masques, paniers, tissus et vêtements, jeux traditionnels s'étalent devant vous… Toutefois, le cours des objets artisanaux est assez élevé ici, et il n'est pas toujours facile de faire baisser les prix de manière correcte. Prenez le temps de visiter les différents stands et de marchander fermement. Les plus belles toiles se trouvent ici, sur la route du Castel.

CHEZ COUMBIS

Rue Saint-Charles

+221 77 646 44 09

Ouvert tous les jours, sur rendez-vous. Massage à partir de 20 000 FCFA. Chambre à partir de 30 000 FCFA.

Après une formation en esthétique à Dakar, Coumbis a ouvert son petit institut de beauté au cœur de l'île de Gorée. Du massage californien au gommage, en passant par l'épilation, elle propose toutes sortes de soins, qu'elle prodigue uniquement avec des produits bio et naturels, tels l'huile de baobab et le beurre de karité. Elle dispose également d'une chambre climatisée à louer, avec salon commun, cuisine et salle de bains privative extérieure. Outre ses doigts de fée, Coumbis est une charmante Sénégalaise, souriante, avec qui il est très agréable de discuter.

ÎLES DE LA MADELEINE

Archipel d'origine volcanique situé à moins de 5 kilomètres des côtes de la capitale, les îles de la Madeleine sont abruptes et sauvages. A la fois réserve ornithologique et parc national, elles recèlent une faune et une flore exceptionnelles, dont des tortues qui viennent pondre sur la plage en période d'hivernage. Les visites sont actuellement suspendues.

PARC NATIONAL DES ÎLES DE LA MADELEINE

+221 33 821 81 82

www.rampao.org

Ouvert tous les jours de 9h à 17h. Visite à partir de 5 000 FCFA + guide obligatoire autour de 5 000 FCFA.

Véritable réserve ornithologique, les îles de la Madeleine sont un archipel situé à 4 km de Dakar et s'étendant sur 45 hectares. A la suite d'un accident au large des îles survenu en septembre 2019 et provoquant la mort de 4 personnes, les visites aux îles de la Madeleine étaient suspendues au moment de notre reportage. Cependant, renseignez-vous lors de votre séjour auprès de l'Office de conservation de l'île, au port de la Corniche près de la Cour suprême.

ÎLE DE NGOR

A quelques brasses de la capitale, l'île de Ngor est un petit coin de paradis, accessible en pirogue ou pour les plus sportifs, à la nage. L'eau y est d'une limpidité incroyable, et ses belles plages, sûrement les plus propres du Sénégal. D'ailleurs, un réel effort ici a été fait au niveau du nettoyage quotidien, et c'est l'un des rares endroits au Sénégal à disposer de poubelles. Même si on en fait très vite le tour, la balade dans les ruelles étroites et fleuries aux accents presque méditerranéens, qui mènent d'une plage à l'autre, est très agréable. C'est aussi un spot de surf bien connu de la région, à réserver toutefois aux surfeurs confirmés.

COMPLEXE KEUR YAADIKOONE €

2ème plage ✆ +221 78 106 34 34

www.yaadikoone.com

Chambres à partir de 15 000 FCFA, plats à partir de 4 000 FCFA. Projection de film tous les samedis, à 20h.

Ouvert depuis plus de 20 ans, ce complexe a développé toute une gamme de services, allant de l'hébergement à la location de véhicules, en passant par la restauration et l'organisation d'excursions. Mais c'est avant tout un lieu où les artistes se rencontrent à l'occasion de résidences. L'établissement dispose aussi de chambres propres et joliment décorées de mosaïques, ainsi que de trois maisons dont une avec accès direct à la plage. Egalement un restaurant avec vue sur la baie, faisant la part belle aux produits de la mer et spécialités sénégalaises.

CHEZ CARLA - LA MAISON D'ITALIE €€

Ile de Ngor

✆ +221 77 572 43 06

www.chezcarlahotel.com

A partir de 38 000 FCFA la chambre double et de 55 000 FCFA la mini-suite. Petit déjeuner autour de 4 500 FCFA.

Sur l'île de Ngor, la Maison d'Italie offre un cadre romantique, loin de l'agitation de la ville qui vous fait face. Des chambres et deux suites bien décorées, équipées, pimpantes, un restaurant lounge et classieux qui alterne cuisine italienne et sénégalaise, un accueil chaleureux... c'est un petit paradis ! L'hôtel est abordable et constitue une excellente alternative à la ville : un bateau privé vient vous chercher sur la plage si vous souhaitez y dîner. La classe à l'italienne !

SUNU MAKANE €

1ère plage

✆ +221 77 647 81 66

www.sunumakane-chezseck.com

Restaurant ouvert de midi à 23h tous les jours. Plats à partir de 5 000 FCFA. Chambres à partir de 25 000 FCFA.

Sûrement la meilleure table de l'île ! La cuisine est simple, goûteuse et bon marché, avec des poissons, crevettes et langoustes grillés, à la fraîcheur irréprochable. Le panorama est splendide, au bord de l'eau, bercé par le bruit des vagues. On peut également y loger dans des chambres et studios propres, vieillissants pour certains, mais qui offrent une vue directe sur l'océan. L'établissement propose aussi la location de canoë-kayak, de cannes à pêche, de masques, palmes et tubas. Accueil plus que sympathique. Une adresse incontournable !

MAMADOU SECK

DAKAR

✆ +221 77 639 33 26

A partir de 120 000 FCFA la demi-journée de pêche en mer (4 à 6 personnes).

Basé sur la plage du village de Ngor, Mamadou Seck, le sympathique frère du gérant du Sunu Makane, propose des sorties en mer, que ce soit pour la pêche ou la visite des îles alentour. Côté pêche, les amateurs pourront s'initier à la palangrotte ou à la pêche au gros au large de Dakar. Mamadou s'adapte facilement aux désirs des clients et vous pourrez décider des sorties que vous souhaitez faire. Il est possible aussi de louer des bateaux ou d'effectuer la traversée en pirogue jusqu'à l'île de Ngor, à des prix raisonnables. Un bon plan !

KEUR MASSAR

A l'entrée de la presqu'île du Cap-Vert, Keur Massar appartient à la ville de Pikine. Créée en 1996, cette commune a pris de l'importance ces dernières années, elle qui est la plus peuplée de Pikine. De nombreuses infrastructures ont été implantées telles que des écoles, des banques, des stations essence et le plus grand hôpital traditionnel du pays. Cependant, on y trouve encore peu d'hôtels et il y a peu d'intérêt d'y venir sauf si vous souhaitez visiter l'atelier du Studio Wudé, et faire l'un des dix marchés traditionnels. Pour vous y rendre en transport en commun, vous pourrez emprunter l'une des lignes fréquentes de la compagnie Dakar Dem Dikk.

STUDIO WUDÉ

508 Cité Darou
✆ +221 77 456 45 22
www.studiowude.com
Visite de l'atelier sur rendez-vous.
Articles à partir de 15 000 FCFA.

C'est ici, à l'entrée de la presqu'île du Cap Vert, que la marque Studio Wudé a établi son atelier. Créée par Cécile et Mbor Ndiaye en 2008, elle propose des accessoires de mode en cuir et en textile « made in Sénégal » de grande qualité. L'Afrique de l'Ouest ayant une tradition du travail du cuir, la designer s'inspire de différents savoir-faire africains. Elle exploite aussi d'autres matières comme le wax, qui sont mêlées au cuir, pour des résultats remarquables. Passez à l'atelier pour apprécier le travail habile des artisans et discuter avec la designer.

RUFISQUE

Rufisque n'est plus qu'un lieu de passage vers Dakar, réputé pour ses bouchons monstres, qui, cependant, avec le nouveau contournement de la ville et l'autoroute associée, tendent à diminuer. Si vous êtes coincé dans les embouteillages et que vous en avez assez, vous pouvez toujours quitter la route et vous arrêter un instant pour vous balader dans cet ancien comptoir. Vous y verrez l'architecture coloniale classique des maisons de commerce, notamment tout le long de la rue Ousmane Socé Diop. Les propriétaires y avaient investi dans l'arachide avant de détourner leurs regards vers Dakar, où le port était mieux aménagé et où l'avenir se jouait.

HIPPODROME TANOR ANTA MBAKHAR

Rufisque Est

Amateur de courses hippiques ? Renseignez-vous au syndicat d'initiative ou à la mairie de Rufisque pour connaître les prochains événements. L'hippodrome Tanor Anta Mbakhar accueille régulièrement des courses hippiques, de novembre à mai. Vous serez surpris par l'engouement des Rufisquois pour les courses hippiques. Cependant, le lieu est menacé dans le cadre du projet de la ligne Express Régionale, lui qui s'est vu soustraire une partie de son terrain par une nouvelle route.

LAC ROSE ★★★

A 35 km au nord-est de Dakar se trouve le lac Rose, ou lac Retba, un point incontournable des circuits touristiques sénégalais. En réalité, le lac n'est pas tout le temps d'une couleur rose intense, mais seulement lors des journées ensoleillées et peu venteuses. Cette teinte est en fait due à la présence de microalgues qui fabriquent un pigment rouge pour se protéger du soleil et de la forte concentration de sel. La densité est de 380 g de sel par litre d'eau, soit 100 fois plus que la mer Morte ! Ceux qui voudront se baigner se laisseront flotter sans s'éloigner du bord. Il fut un temps le lac occupait 32 km², il est passé aujourd'hui à 3 km², en raison de la surexploitation du sel et du pompage des nappes phréatiques. Le village des récolteurs de sel vaut le détour, mais le touriste est comme ailleurs attendu de pied ferme. La vie des pêcheurs de sel tout autour intéresse par sa vive effervescence. Pour la majorité, ce sont des gens endettés qui trouvent de cette façon difficile un moyen sûr de se remettre à flot. Mais à quel prix ! Pour ne pas être attaqués par le sel, tous ceux qui pénètrent les eaux du lac s'enduisent le corps de beurre de karité. Naturellement dépourvu d'iode, le sel du lac Rose n'est pas consommable en l'état. On peut faire une balade en pirogue sur le lac Rose, pour arriver sur l'autre rive. On se retrouve alors dans les dunes, la mer à perte de vue d'un côté, le lac de l'autre.

Transports

En voiture : depuis Dakar, prendre la route de Rufisque sur environ 20 km ou l'autoroute jusqu'à Keur Massar. Après Thiaroye, bifurquer à gauche vers Niaga, puis tourner à gauche au premier carrefour. Si l'arrivée débouche à Sangalkam, c'est que l'embranchement est derrière, mais il est possible de suivre vers Kayar, dépasser le village de Noflaye et prendre la piste, à gauche. C'est le début d'une route pas toujours très bonne, mais qui n'effraiera aucun véhicule.Vous pouvez négocier un taxi à la journée pour aller au lac Rose, rester là-bas et revenir au centre (max 20 000 FCFA). En transport en commun, toujours depuis Dakar : le trajet se fait en plusieurs étapes ! Prenez la ligne 11 de la compagnie Dakar Dem Dikk pour rejoindre Keur Massar, puis de là, empruntez un ndiaga ndiaye pour rejoindre Niaga où vous prendrez un clando.

BAIGNADE DANS LE LAC ROSE ★★

Si vous avez toujours rêvé de flotter comme sur la mer Morte, c'est le moment de vous jeter à l'eau pour une expérience insolite ! Préférez les petites plages privées pour plus de tranquillité, comme celles près du restaurant 212 ou du Palal qui sont idéales. Elles vous offrent en plus la possibilité de se rincer, ce qui est indispensable, car le sel attaque la peau et brûle les muqueuses. Faites attention de ne pas recevoir une goutte d'eau salée dans les yeux !

PLAGE DU LAC ROSE ★

A l'image des plages de la Grande Côte, la plage du lac Rose est splendide et diffère des plages de Dakar et de la Petite Côte. Une longue plage de sable fin, très agréable, une eau claire, des dunes plantées de filaos, et une très faible densité de baigneurs : cette plage serait un paradis s'il n'y avait un revers à la médaille : les vols n'y sont pas rares. Faites attention également à l'endroit où vous laissez votre voiture. La plage n'est pas surveillée : il faut donc faire aussi particulièrement attention aux vagues et aux courants !

GÎTE DU LAC - ESPRIT D'AFRIQUE

Entre le lac et la plage
✆ +221 78 488 68 14
www.gitedulac.com

Une agence professionnelle qui connaît parfaitement le pays. L'équipe est très réactive et soucieuse de vous faire découvrir l'hospitalité sénégalaise. Location de véhicules avec ou sans chauffeur, organisation d'excursions et d'activités, réservations d'hôtels ; tous les services qui pourront vous être utiles durant votre séjour au pays de la Téranga. Esprit d'Afrique propose des programmes originaux et des séjours adaptés à vos envie. Souvenirs garantis !

TENGA TOURS VOYAGES SENEGAL

✆ +33 6 16 52 33 22
www.tenga-tours.com

Avec cette agence, vous pouvez organiser votre séjour depuis le Sénégal ou la France. Il est en effet possible de contacter la directrice, une Franco-Burkinabé très sympa, basée en Bretagne. Ou bien passer par les représentants au Burkina Faso ou au Sénégal. L'agence offre des services de location de véhicules (citadines, 4x4, minibus et bus), un service de billetterie, divers circuits et excursions d'une journée ou d'une semaine, et ce, dans plusieurs pays : Sénégal, Bénin, Burkina...

Salines du lac Rose.

CAMPING LE NOMADE €

Route du village de Bonaba
✆ +221 76 305 04 08
Bungalow double à partir de 10 000 FCFA et tente double à partir de 5 000 FCFA.

Ce camping éco-touristique est le lieu idéal pour les voyageurs en quête de sérénité et d'authenticité. Les pieds dans le sable, il propose des emplacements de camping (tentes uniquement), des cases artistiques et des bungalows colorés. Les douches s'y prennent à l'africaine, c'est-à-dire avec un seau d'eau froide. Souleymane, le sympathique gérant, s'occupe d'un petit potager bio avec salades, poireaux, betteraves, céleri… qu'on retrouve ensuite dans l'assiette. On y déguste aussi de délicieuses grillades de poisson et des spécialités locales. Jolie piscine.

LES CRISTAUX ROSES €€

✆ +221 77 634 04 68
www.lescristauxroses.com
Chambre double avec petit déjeuner inclus, à partir de 25 000 FCFA, à partir de 40 000 FCFA en demi-pension.

Voilà un hôtel très recommandable, au même prix que ses concurrents, mais avec des chambres bien tenues, propres et joliment décorées de lits à baldaquin, équipées de climatiseurs neufs et de TV avec satellite. Des cases ventilées sont aussi proposées, moins chères mais tout aussi soignées. Côté restauration, vous pourrez vous attabler au bord de la sublime piscine et déguster des plats traditionnels copieux. Autres points forts : sa proximité avec la plage du lac Rose et surtout la gentillesse du personnel. Une bonne adresse !

GÎTE DU LAC - ESPRIT D'AFRIQUE €€

Entre le lac et la plage ✆ +221 78 488 68 14
www.gitedulac.com
En demi-pension, case dune double à partir de 52 000 FCFA, case bambou double à partir de 78 000 FCFA.

Ce gîte est un bijou de simplicité au cœur d'une nature verdoyante. Depuis la terrasse, on a une vue magnifique sur le lac. L'hébergement se fait dans de jolies cases « simples » ou « esprit d'Afrique », avec salle de bains et eau chaude par énergie solaire. Vannerie, poterie, tissus teints, nattes et fer forgé composent la décoration, s'ajoutant à la sérénité des cases, spacieuses et confortables. Des activités sont aussi proposées : char à voile, balade à dos de dromadaire, 4x4…

HÔTEL LE TRARZA €€

✆ +221 77 300 91 56
www.hotel-le-trarza.com
Chambre à partir de 27 000 FCFA et bungalow à partir de 70 000 FCFA (6 personnes). Menu autour de 10 000 FCFA.

Niché sur la rive du lac Rose, au cœur d'un écrin de verdure, l'établissement dispose de chambres simples et propres, dotées d'une terrasse extérieure ou d'un balcon, ainsi qu'un bungalow spacieux pouvant accueillir jusqu'à 6 personnes. Le restaurant sur pilotis jouit d'une vue exceptionnelle sur le lac, et propose une délicieuse cuisine à base de grillades et de spécialités locales. Plusieurs excursions au programme : balades équestres ou à dos de dromadaire, en quad ou en 4x4. Egalement une belle piscine pour se détendre. Ambiance sympa et reposante.

LE 212 €

✆ +221 76 582 25 70
Ouvert tous les jours de 9h à 18h. Boissons à partir de 1 000 FCFA. Plats autour de 6 000 FCFA.

L'un des seuls restaurants indépendants d'un hôtel dans le coin et aussi l'un des lieux de restauration les plus agréables des rives du lac Rose. A seulement quelques mètres du lac, une charmante paillote vous accueille l'espace de quelques heures pour boire un verre ou manger un menu copieux et savoureux. La mer n'étant pas loin, nous vous conseillons bien évidemment le poisson grillé ! Il vous sera également possible de vous baigner dans l'eau rose et salée du lac, et de prendre une douche en sortant. Une bonne adresse à prix corrects.

LES CHEVAUX DU LAC

Village de Bonaba
✆ +221 33 957 55 50
www.chevauxdulac.com
A partir de 15 000 FCFA pour 1h30 de balade. Avec déjeuner au Gîte du Lac, à partir de 30 000 FCFA par personne.

Rien de mieux qu'une balade à cheval dans ce site majestueux. En compagnie de Moussa, la promenade d'une heure et demie permet de traverser les dunes de sable, de longer la plage au coucher du soleil et de traverser une belle forêt de filaos pour un souvenir d'exception. Pour les plus sportifs, la balade de 3 heures vous mènera au village peul de Bonaba, en longeant le lac, les champs de culture maraîchère et la plage, pour terminer par un déjeuner copieux au Gîte du Lac. Egalement des randonnées de plusieurs jours. Cavaliers de tous niveaux acceptés.

NOFLAYE

Théodore Monod fut à l'initiative du jardin botanique de Noflaye qui entretenait à l'époque 600 espèces végétales. Il s'agissait alors d'une véritable jungle organisée, au point qu'il était quasiment impossible de distinguer le soleil par-delà la voûte des arbres. Un cours d'eau venait de Thiès, qui passait à travers la réserve et alimentait la flore. Suite aux aménagements de Thiès, il est désormais à sec, avec pour conséquence la disparition de 200 espèces. Mais l'histoire de la réserve Monod connaît un nouvel essor depuis 2000, date où elle a commencé à accueillir les tortues Sulcata, une espèce emblématique du pays pouvant atteindre les 100 kg.

LE VILLAGE DES TORTUES DU SÉNÉGAL ★

Km 11

✆ +221 33 836 36 32

Ouvert tous les jours de 9h à 18h. Entrée à partir de 3 500 FCFA pour les adultes.

Dans ce centre de protection, ils sont dix guides passionnants pour vous présenter la tortue Sulcata, une espèce en voie d'extinction, et vous expliquer toutes les étapes avant qu'elle soit réadaptée à la vie sauvage, dans la réserve du Ferlo. Aujourd'hui, le village compte près de 230 tortues avec six espèces différentes, dont la Sulcata et la Kinixys Belliana, originaire d'Afrique subsaharienne. Un joli projet écolo qui mérite vraiment le coup d'œil.

KAYAR

C'est le port de pêche le plus important près de Dakar. L'activité de la pêche est très intéressante à voir, entre le retour des pirogues et le poisson pesé de manière précise, emballé dans de la glace, et prêt à être expédié. Kayar est un Soumbédioune puissance trois : trois fois plus de pirogues, trois fois plus de poissons et trois fois plus d'odeurs ! Aller à Kayar est une aventure si on ne possède pas son propre véhicule. Le trajet se fait en deux fois si vous êtes en taxi-brousse. La première étape vous mènera sur la route de Bargny jusqu'à Rufisque ou Thiaroye, et, de là, vous pourrez prendre un autre taxi-brousse jusqu'à Kayar.

KEUR MOUSSA

A une cinquantaine de kilomètres de Dakar, c'est une destination dominicale classique. Avant juin 1962, ce n'était qu'une étendue de brousse comme une autre, nue à l'exception de quelques arbres. En un an, s'y est élevé un monastère, bâti à la dure par neuf bénédictins venus de l'abbaye Saint-Pierre-de-Solesmes (France). Avec le monastère vinrent une piste, une route, l'électricité, le forage, un petit centre de soins ayant mué en grand dispensaire, un verger et divers ateliers : menuiserie, fer, garage. Pour se rendre à Keur Moussa, prendre la route de Thiès, après Rufisque, puis traverser Sébikotane jusqu'au km 50, bifurquer à gauche vers Kayar.

ABBAYE SAINT-BENOÎT-DE-KEUR-MOUSSA ★

✆ +221 33 836 33 09

www.abbaye-keur-moussa.org

Horaires des messes : 7h30 du lundi au jeudi, 11h15 le vendredi et le samedi et 10h le dimanche.

Fondée en 1961 par une petite dizaine de moines de l'ordre de Saint-Benoît venus d'une abbaye bénédictine de la Sarthe, l'abbaye accueille aujourd'hui une quarantaine de membres issus de différents pays. En plus d'être une « maison de Dieu » où la quête de contemplation des religieux et de spiritualité de fidèles laïcs côtoie la recherche de sérénité ou la soif de curiosité d'autres visiteurs, elle est aussi réputée pour ses poulets de chair, sa fromagerie et les divers produits provenant de son exploitation agricole. Mais sa renommée internationale tient surtout à ses koras fabriquées sur place et pour ses magnifiques chants grégoriens. L'histoire remonte en 1964 lorsqu'un prêtre sénégalais offre une kora à la communauté, qui commence alors à réaliser cet instrument traditionnel en clef de bois, et à composer des chants liturgiques inspirés de la musique africaine, sous l'impulsion de l'un des moines fondateurs, le père Catta, qui reçut le prix Albert Schweitzer, en 2003. Ce dernier, décédé en 2018, est même élevé deux ans avant sa mort au rang de Trésor humain vivant, reconnu par l'Unesco. Réputé aujourd'hui à travers le monde, le monastère possède près d'une vingtaine de CD dans sa discographie, en plus de plusieurs distinctions internationales. Même si vous n'êtes pas catholique pratiquant, essayez d'assister à une messe de Keur Moussa où kora et balafon accompagnent les chants liturgiques. Cette harmonie musicale, si singulière, peut toucher tout un chacun.

PETITE CÔTE

À une trentaine de kilomètres de l'aéroport international Blaise Diagne, c'est la partie du Sénégal qui aimante le plus de touristes. Plage, plage et plage ! Ce sont quelques-unes des plus belles du Sénégal, bien que la côte subisse l'érosion due à l'avancée de la mer. Autrefois, les Français avaient établi une base dans le village de Portudal qui, en 1984, devint le complexe touristique de Saly. C'est aujourd'hui la station balnéaire la plus connue au Sénégal ! Plus sympathique et plus tranquille, la ville de Mbour, l'un des ports de pêche les plus actifs du pays. Celui-ci s'agite à l'arrivée des pêcheurs, aux alentours de 17h, et le spectacle est à ne pas manquer ! Puis les villages avoisinants tels La Somone et Nianing, et plus à l'ouest, Toubab Dialaw et Popenguine, offrent des haltes relaxantes. La Petite Côte est aussi réputée pour sa réserve animalière à Bandia, où il est possible de vivre un moment intense avec les lions.

Petite côte
Ndiar
Niaga
R 10
Sangalkam
DAKAR
Pout
Pout
N 2
THIÈS
Mbambara
N 3
Sébikhotane
THIÈS
RUFSIQUE
BARGNY
Sebikotane
Thies
Sangue
Mbourouk
Dias
Aéroport international
Dakar - Blaise Diagne
TOUBAB DIALAW
Dias
Taset
Sindia
Ndayane
POPENGUINE
BANDIA
N'guekokh
Tène Toubab
Guéréo
LA SOMONE
N 1
SALY
PORTUDAL
Sanc
M'BOUR
WARANG
NIANING
Balabougou
Nianing
Océan
Atlantique
MBODIÈNE
NGAZOBIL
Joal-
Fadiouth
4 KM
Vers FADIO

PAGES

150

● ● PETITE CÔTE

S'étendant sur près de 70 km au sud-est de Dakar, la Petite Côte est prisée des touristes et des Dakarois, pour ses longues plages de sable doré. Saly, la fameuse station balnéaire, accueille bars, restaurants et hôtels de luxe le long de sa côte, elle qui est moderne, festive et agréable. Mbour, à quelques kilomètres de là, s'agite à l'arrivée des pêcheurs, aux alentours de 17h, et le spectacle est à ne pas manquer ! Quand La Somone charme par sa jolie lagune, Nianing et Warang séduisent par leur tranquillité. A une vingtaine de kilomètres à l'ouest de Saly, la Réserve de Bandia abrite girafes, élans de Derby, buffles et zèbres, entre autres espèces, sur 3 500 hectares de savane protégée. En face, le Ranch de Bandia est une plus petite réserve où il est possible de vivre un moment intense avec les lions ou de dormir dans un des lodges luxueux, en pleine nature. Plus au sud, Toubab Dialaw et Popenguine sont deux villages paisibles, surplombant la côte de leurs falaises ocre. L'un est un pôle culturel d'importance, l'autre est un lieu de pèlerinage réputé auprès des catholiques.

BANDIA ★★

154 Le village de Bandia est avant tout connu pour abriter depuis 1990, une réserve animalière privée. Girafes, élans de Derby, rhinocéros blancs, zèbres et buffles, c'est une douzaine d'espèces qui a été réintroduite au cœur d'un espace protégé de 3 500 hectares. Pour un agréable safari-photo que vous pourrez coupler avec la visite des lions au Ranch de Bandia.

SALY-PORTUDAL ★★★

158 On ne présente plus la fameuse station balnéaire du Sénégal, réputée pour ses magnifiques *resorts* et ses plages, bordées de palmiers. Ce village, créé de toutes pièces, présente plutôt un visage occidental, avec ses supermarchés, ses restaurants et discothèques. Néanmoins, il reste la destination privilégiée du pays pour le *farniente* et les soirées festives.

FADIOUTH ★★★

172 Si pittoresque et chaleureuse, l'île de Fadiouth est une visite incontournable du Sénégal ! Tapissée de coquillages immaculés où s'élèvent de majestueux baobabs, elle offre une agréable balade, entre son cimetière mixte, son église et ses greniers à pilotis.

JOAL ★★

174 Porte du Sine-Saloum, Joal est connu pour être la ville d'enfance du premier président du pays, Léopold Sédar Senghor. Certains vous affirmeront même que c'est la ville où il est né, en vous menant à la maison de ses parents. C'est aussi une ville agréable, recelant quelques maisons coloniales.

BARGNY

A mi-chemin entre Dakar et l'aéroport Blaise Diagne, Bargny est une ville balnéaire méconnue, mais très attachante, qui offre toute son authenticité aux voyageurs qui prennent le temps de s'y arrêter. Ici, vous ne trouverez pas de marchands ambulants, mais des personnes agréables voulant passer du bon temps à palabrer. S'étendant jusqu'à Rufisque, la plage de sable blanc est très paisible pour une belle balade. Vous pourrez aussi y apprécier le retour des pêcheurs. Malheureusement, une usine de ciment gâche un peu le paysage... Bargny sera bientôt desservi par le TER qui rejoindra prochainement l'aéroport Blaise Diagne à la capitale.

POPENGUINE

A environ 70 km de Dakar, c'est un village paisible, niché sur les falaises du Cap de Nazé. Pour s'y rendre depuis la capitale, il faut prendre la route de Mbour et tourner à droite au village de Sindia. L'endroit, charmant, possède une belle plage. Son nom est associé au sanctuaire marial Notre-Dame-de-la-Délivrance qui voit converger chaque année de nombreux chrétiens en pèlerinage. Popenguine est par ailleurs connu comme abritant la résidence d'été du président sénégalais en fonction. Mais aussi pour le combat de ses femmes pour la protection de la nature. La localité abrite aussi une réserve naturelle, près de 200 espèces d'oiseaux recensées.

RÉSIDENCE KMC BARGNY €

Cité Est II ✆ +221 33 836 75 48
www.residence-kmc.com
À partir de 35 € par nuit en demi-pension. Transfert vers/ou de l'aéroport à partir de 15 € par personne.

Tenue par l'association Sénégalement Vôtre, cette résidence agréable a été pensée pour les personnes en situation de handicap temporaire ou permanent. Elle dispose de 10 chambres dont 5 adaptées aux handicaps et 5 autres chambres classiques tout aussi confortables. Les chambres, aux couleurs locales, sont impeccables, spacieuses et bien équipées. Le jardin fleuri, agrémenté d'une fontaine relaxante, est un lieu vraiment paisible pour se détendre. Dans cet endroit convivial, vous serez reçu en hôte d'exception et profiterez du cadre dépaysant de Bargny.

RÉSERVE NATURELLE DE POPENGUINE ★

✆ +221 33 867 24 47
www.rampao.org
Accès : à partir de 2 000 FCFA par personne. Guide autour de 8 000 FCFA.

Créée en 1986 et soutenue par la Fondation Nicolas Hulot, cette réserve naturelle abrite, sur près de 1 000 hectares, petites antilopes, civettes et de nombreux oiseaux. Certaines espèces qui avaient disparu de la région y reviennent en outre depuis quelques années (chacals, hyènes, porcs-épics). Moins importante que les grands parcs du pays, cette aire protégée – en partie maritime et en partie terrestre – possède son propre charme et est encore épargnée des hordes de touristes.

SANCTUAIRE MARIAL DE POPENGUINE

Les grandes messes sont le dimanche matin, généralement à 9h30.

Construite en 1887, la basilique Notre-Dame de la Délivrance est l'une des plus anciennes du pays. Lieu de pèlerinage catholique d'importance (le week-end de la Pentecôte) elle témoigne de la présence importante du catholicisme sur la Petite Côte. Elle abrite une Vierge noire qui a été bénie par le pape Jean-Paul II en 1992. La basilique est aujourd'hui dans un état de dégradation avancée, et les messes, au bouclage de ce guide, étaient célébrées à l'extérieur.

© LES MANGUIERS DE GUEREO

© LES MANGUIERS DE GUEREO

© LES MANGUIERS DE GUEREO

LES MANGUIERS DE GUÉRÉO €€€

Piste de Guéréo ✆ +221 33 959 04 01

www.lesmanguiersdeguereo.sn

A partir de 95 000 FCFA la chambre double et à partir de 147 000 FCFA la suite jardin. Petit déjeuner inclus.

Installé au cœur d'un bel écrin de verdure, ce magnifique lodge nature offre un cadre magique et propice à la détente, avec une vue exceptionnelle sur la lagune de la Somone et l'océan. Il propose trois types de logements, de la chambre confort à la suite supérieure avec piscine privée, toutes sont aménagées avec raffinement et originalité. La superbe piscine à débordement ainsi que la cuisine de qualité qu'offre le restaurant avec des produits locaux, des fruits et légumes du verger vous raviront. Accueil chaleureux. Une très bonne adresse qui sait recevoir !

© LES MANGUIERS DE GUEREO

© LES MANGUIERS DE GUEREO

LA CABANE DU PÊCHEUR CHEZ FLORE €€

Piste de Guéreo ✆ +221 77 596 48 23
www.lacabanedupecheur-senegal.com
Chambre double à partir de 55 000 FCFA.
Chambre familiale à partir de 77 000 FCFA.
Petit déjeuner inclus.

Située à 30 minutes de l'aéroport, la Cabane du pêcheur est une auberge familiale, en bord de mer. L'endroit est calme et convivial et l'on peut déguster des bons petits plats créoles et petits punchs ou planteurs les pieds dans l'eau. Les poissons et fruits de mer sont bien frais, pêchés du jour même. Il est possible de louer des planches de surf et paddles, ainsi que des quads pour visiter les environs. Venez découvrir ce petit coin de paradis, un accueil chaleureux vous attend !

CAMPEMENT KËR CUPAAM €

✆ +221 77 575 41 64
Case double à partir de 12 000 FCFA, lit en dortoir à partir de 6 000 FCFA. Petit déjeuner inclus.

Kër Cupaam, du nom du génie protecteur de Popenguine, appartient au Regroupement des femmes de Popenguine pour la protection de la nature. L'établissement, qui abrite aussi les locaux de la réserve, offre des cases simples, propres, avec sanitaires intérieurs, ventilation et moustiquaire. Un plus grand dortoir peut accueillir jusqu'à 30 personnes. Des cases familiales sont également disponibles. Le campement offre une belle vue sur la falaise, un peu loin du centre du village et à quelques pas de la plage. Un très bon accueil, avec des moments familiaux.

AUBERGE DE POPENGUINE €€

✆ +221 77 038 51 48
Chambre double à partir de 19 000 FCFA.
Petit déjeuner autour de 2 000 FCFA.
Restauration sur réservation.

Face à la mer, l'auberge de Popenguine est tenue par un sympathique couple franco-sénégalais, Marie-Rose et Ousmane. Ils proposent sept chambres doubles ou triples ainsi qu'un appartement, spacieux et bien entretenu. Chambres confortables ventilées, équipées d'une salle de bains (toutes avec eau chaude) et de toilettes individuelles. Il est possible de déguster un plat local, sur commande. Stages de danse et de cuisine africaines. L'ambiance y est familiale et conviviale, et l'on pourra aussi vous donner quelques conseils pour votre séjour à Dakar.

RÉSIDENCE LES JARDINS DE POPENGUINE €€

✆ +221 33 957 49 71
Villa de 1 à 4 personnes : à partir de 344 000 FCFA la semaine, de 4 à 8 personnes, à partir de 480 000 FCFA la semaine.

A proximité de la plage et de toutes les commodités, les villas, de 70 à 160 m², au charme africain et au confort européen, sont entièrement meublées, climatisées, avec cuisine équipée, salon, TV, jardin privatif arboré, terrasse couverte et piscine privée pour certaines. Des excursions (Gorée, lac Rose, réserve de Bandia...), ainsi que de nombreux loisirs (jet-ski, pédalo, pêche, plongée) sont proposés dans les environs à partir de la résidence. Excellent accueil.

L'ÉCHO CÔTIER €€

Plage de Popenguine
✆ +221 33 957 71 72
Ouvert tous les jours de 8h à minuit sauf le mardi.
Plat autour de 7 000 FCFA.

Un restaurant enchanteur qui est fréquenté entre autres par une clientèle d'habitués, notamment des Dakarois qui y viennent le dimanche. On y mange une cuisine raffinée, les pieds dans le sable, face à la mer. Le menu est original et différent chaque jour, à base principalement de poissons et de fruits de mer bien frais. L'accueil de la patronne, Sylvaine, et de son équipe est irréprochable et aux petits soins. Pour vous désaltérer, laissez-vous tenter par un excellent cocktail (avec ou sans alcool), dont les recettes varient selon les saisons.

TOUBAB DIALAW

Toubab Dialaw est un charmant village de pêcheurs, habité principalement par les Lébous et fréquenté le week-end par les Dakarois. Il est adossé à des falaises ocre et l'océan y apparaît, majestueux. On y découvre également une longue plage de sable fin, prisée des surfeurs. On raconte que El Hadj Oumar Tall, leader des Toucouleurs, serait venu sur cette plage pour faire jaillir une source d'eau douce aux vertus mystérieuses. Entre l'espace artistique Sobo-Badè et l'école des Sables fondée par la célèbre chorégraphe Germaine Acogny, Toubab Dialaw est un haut lieu de la création artistique, attirant des artistes du monde entier.

Transports

- **En voiture**. Pour aller à Toubab Dialaw depuis Dakar, prendre l'autoroute puis continuer vers Mbour, et tourner à droite au niveau du grand baobab de Yenne, jusqu'au bout de la route à 15 minutes. Vous pouvez aussi emprunter la piste et la route depuis Sindia en passant par Popenguine si vous venez de Mbour, la piste est en excellent état.
- **En taxi-brousse.** Le plus simple est de descendre à l'embranchement entre la route de Mbour et celle de Toubab Dialaw à Yenne au grand baobab (prendre un taxi-brousse vers/depuis Mbour et bien préciser la destination), et ensuite d'attendre un taxi à l'embranchement pour aller jusqu'au village (environ 300 FCFA), ils sont fréquents dès le matin. Vous pouvez aussi privatiser un taxi, qui vous coûtera autour de 5 000 FCFA en fonction de l'heure à laquelle vous voulez vous rendre à l'embranchement de Yenne.

SOBO BADÈ €

© +221 33 836 03 56
www.sobobade.com

Lit en dortoir à partir de 5 000 FCFA, double climatisée à partir de 22 000 FCFA. Petit déjeuner autour de 2 500 FCFA.

Sobo-Badè allie matériaux naturels, constructions africaines traditionnelles et fantaisie du modernisme à la Gaudí. En arrivant, on est fasciné par la beauté et la magie du lieu, la quiétude sous les arbres, face à la sublime vue sur la plage. On trouve ici une cinquantaine de lits : dortoir, chambres avec ou sans salle de bain privée, et chambres doubles avec vue panoramique. La particularité de Sobo-Badè est d'être également un centre culturel. Sa grande originalité : les clients peuvent prendre des cours particuliers avec les artistes résidents !

HÔTEL PARADIALAW €€

© +221 77 838 97 97

Chambre climatisée à partir de 25 000 FCFA, suite à partir de 35 000 FCFA avec petit déjeuner.

Dans une ruelle paisible, cet hôtel, de style arabe et aux couleurs harmonieuses, offre d'emblée un cadre reposant pour de bonnes vacances. Sa piscine et son jardin arboré de bougainvilliers invitent à la détente, bercé par le chant des oiseaux. Les chambres, fraîches et confortables, sont dotées d'une armoire, d'un lit avec moustiquaire et d'une télévision. Un restaurant vous accueille au dernier étage où vous sont proposées des spécialités sénégalaises. Accueil cordial et souriant. Petit plus : vous n'êtes qu'à 5 minutes à pied de la plage !

LA MIMOSA €

Ndayane
© +221 78 126 92 66

Chambre double à partir de 15 000 FCFA. Petit déjeuner inclus. Plat autour de 4 000 FCFA.

Une agréable auberge familiale, incrustée de coquillages et décorée de belles peintures. Les douze chambres sont modestes, équipées d'une salle de bains avec eau chaude et de toilettes. Seules deux d'entre elles sont climatisées, mais en bord de mer, l'air y est rafraîchi. Vous vous en rendrez vite compte sur la terrasse du second étage, balayée par les vents marins. Belle piscine et joli jardin arboré où il fait bon se détendre. Au restaurant, la part belle est faite aux spécialités locales. Accueil sympathique du jeune propriétaire, Mohammed, et de son équipe.

HÔTEL TERRE AFRIQUE €€

Plage de Ndayane
© +221 33 957 71 55

Chambre double à partir de 35 000 FCFA. Petit déjeuner inclus.

En bord de mer, entre Toubab Dialaw et Popenguine, des bungalows confortables sont éparpillés sur un terrain arboré et fleuri où règne propreté, calme et sérénité. Le restaurant, situé face à la mer propose différentes spécialités, et du poisson frais à tous les repas. Excellente cuisine. La piscine offre également une jolie vue dégagée sur l'océan, tandis que des paillotes sont installées sur la plage. Des excursions sont organisées par l'hôtel. Une adresse que l'on recommande, tant pour l'accueil, le restaurant que pour le site.

LA PIERRE DE LISSE €€

Plage de Ndayane
✆ +221 33 957 71 48
www.itinerairelisse.net
A partir de 40 000 FCFA par personne et par nuitée en pension complète.

Ce resort se remarque grâce à son jardin fleuri et verdoyant qui tranche avec l'étendue de la plage. Sur quatre hectares, sont dispersées 28 cases traditionnelles, construites en pierre de taille, avec des toits en chaume et une terrasse privative. Bien décorées, elles sont équipées de moustiquaires, de climatisation et de salles de bains avec chauffe-eau solaire. Un bâtiment plus moderne offre 60 chambres confortables et tout équipées. Magnifique piscine de 4 bassins. Cuisine simple et raffinée, européenne ou africaine. Une bonne adresse.

IRIS HÔTEL €€€

✆ +221 33 836 29 69
www.irishotel.sn
Chambre à partir de 50 000 FCFA, suite à partir de 120 000 FCFA. Petit déjeuner inclus.

Les falaises et son relief font le charme de Toubab Dialaw. C'est justement en haut de ces falaises que se trouve l'Iris Hôtel avec ses chambres et suites climatisées, au confort moderne. Elles sont agencées autour d'une belle piscine à jet d'eau, et certaines offrent un agréable panorama. Le restaurant, qui lui aussi surplombe joliment l'océan, sert des plats locaux et internationaux. On vous recommande les brochettes de la mer, fines et succulentes. Excursions sur demande. Personnel professionnel et aux petits soins pour les clients.

JANT-BI / L'ÉCOLE DES SABLES

✆ +221 33 836 23 88
www.ecoledessables.org
Des stages amateurs sont proposés certains week-ends à partir de 30 000 FCFA. Se renseigner sur le programme.

Depuis 1998, Toubab Dialaw accueille l'association Jant-Bi et son Ecole des Sables, un centre de formation international dédié à la danse contemporaine. Danseurs et chorégraphes venus de toute l'Afrique s'y retrouvent pour préparer de jeunes talents au monde exigeant de la danse. Outre des apprentis danseurs, le centre accueille écrivains et artistes à la recherche d'inspiration. Un lieu unique en Afrique, fondé par une danseuse de talent, Germaine Acogny et son mari, Helmut Vogt.

BANDIA ★★

A une quinzaine de kilomètres de Saly, Bandia est un village prisé pour sa réserve animalière privée. Elle offre de jolis safaris photo sur les 1 500 hectares visitables où ont été réintroduits des mammifères d'Afrique. Ici zèbres, girafes, buffles, cobs defassa, hippotragues, entre autres espèces, vivent en semi-liberté, au cœur d'une savane arborée. Juste en face, le Ranch de Bandia complète l'offre en proposant une expérience sensationnelle avec l'un des plus grands prédateurs d'Afrique, le lion. Quant au parc Accrobaobab, non loin de là, c'est un terrain d'aventures pour petits et grands, avec ses parcours s'élevant dans de majestueux baobabs.

LE RANCH DE BANDIA ★

✆ +221 78 017 09 30
Tous les jours de 10h à 17h.
Visite des lions à partir de 20 000 FCFA + location véhicule à partir de 20 000 FCFA.

Pour les amateurs de sensations fortes ! Jacques a importé d'Afrique du Sud des lionceaux, aujourd'hui devenus adultes, qui vivent avec leurs petits dans un espace clôturé de 5 hectares. Vous partirez avec Nazhi Salman, soigneur expérimenté, et son équipe sénégalaise, dans une voiture sécurisée à la rencontre de ces impressionnants carnivores qui mènent ici une vie paisible. Certains s'allongeront sur le toit du véhicule, d'autres montreront leurs crocs, mais soyez-en sûr, vous vivrez une expérience frissonnante et inoubliable !

LE RANCH DE BANDIA €€€

✆ +221 78 017 09 30
A partir de 150 000 FCFA la nuitée pour deux personnes, avec dîner et petit déjeuner compris.

Jacques Retz, grand amoureux de la nature, poursuit son rêve d'enfant de voir le Sénégal repeuplé de mammifères sauvages. Avec sa femme Rola, ils ont créé ce magnifique ranch, s'étendant sur 50 hectares, où ils ont importé zèbres, girafes et antilopes. Dix-sept lodges modernes, dont quatre avec piscine privative, sont installés au cœur de cette réserve animalière. Vous vivrez ici des moments privilégiés avec ces animaux. Quoi de mieux que de se réveiller et de voir girafes et zèbres brouter à deux pas de sa terrasse ? Un cadre somptueux à découvrir !

RÉSERVE PRIVÉE DE BANDIA ★★★

✆ +221 33 959 15 40

www.reservedebandia.com

Ouverte toute l'année de 8h à 18h. Tarifs : à partir de 12 000 FCFA par adulte, guide obligatoire.

A 15 km de la station balnéaire de Saly, et à 70 km de Dakar, la réserve animalière de Bandia, avec ses 3 500 ha de savane protégée dont 2 000 ha visitables, propose des safaris photos aux touristes. Sachez néanmoins que cette expérience est plutôt propre à l'Afrique de l'Est ou Australe qu'à l'Afrique de l'Ouest, car ici les grands prédateurs ont quasiment disparu des aires sauvages. Mais elle a le mérite d'exister au Sénégal, grâce à la réintroduction louable et réussie d'animaux sauvages au cœur d'un espace protégé. En véhicule particulier ou à bord d'un 4x4 qui se loue sur place, avec un guide très professionnel qui vous expliquera la vie des animaux, on vient observer en semi-liberté une douzaine d'espèces de mammifères dont les élands de Derby, les rhinocéros blancs, les autruches, les phacochères, les girafes, les buffles, les zèbres et d'autres mammifères ainsi que plus de 120 espèces d'oiseaux. Tout au long de votre visite, le guide se pliera en quatre pour vous offrir une visite mémorable. Préférez le matin ou la fin de journée pour la visite quand les températures ne sont pas trop excessives. Le restaurant est réputé pour son excellente cuisine dans toute la région et possède sa propre boucherie. Beaucoup de Dakarois n'hésitent pas à venir en famille pour déguster des plats raffinés, des grillades sur feu de bois, de délicieuses pizzas... La vue est agréable et donne sur un plan d'eau où se prélassent des crocodiles. Des singes malins s'y promènent et n'hésitent pas à piquer la nourriture dans les assiettes.

ACCROBAOBAB

✆ +221 77 637 14 28

www.accro-baobab.com

Ouvert du mardi au dimanche de 8h à 19h. Fermé en septembre. Parcours adulte + escalade : à partir de 15 000 FCFA.

De l'accrobranche sur des baobabs, impressionnant non ? Quelle étrange sensation de grimper dans des arbres multicentenaires. Différentes activités : le parcours adulte, les parcours enfants, le site d'escalade, le baobab-tyrolienne, la plus longue du monde entre deux arbres ! Le parc propose aussi de toutes nouvelles aventures sur le site d'Aquabaobab, au cœur d'un vaste lac bordé de baobabs. Original, ludique et accessible à tous, le site est bien sécurisé. On peut aussi dormir au gîte d'Accrobaobab, un logement collectif construit en matériaux locaux.

LA SOMONE

La Somone est un des lieux les plus agréables de la Petite Côte. La plage de sable fin est magnifique et fait le bonheur de nombreux Sénégalais qui aiment venir s'y reposer le week-end. La plupart des hébergements étant de petites structures, on y découvre une douceur de vivre qui fait le charme du coin. Le principal intérêt de La Somone est sans nul doute la découverte de la lagune qui se trouve au bout de ce village. Il y règne une atmosphère paisible. L'endroit mérite qu'on s'y arrête un instant pour observer les nombreuses espèces d'oiseaux, se détendre et se ressourcer dans l'un des restaurants, nichés entre l'océan et la lagune.

PARC EXOTIQUE

✆ +221 775 721 504

Entrée parc adulte à partir de 7,50 €, enfant autour de 4,50 €. Chambre double à partir de 84 € avec petit déjeuner.

Dans un cadre luxuriant exceptionnel, à environ 3 km de la mer, ce complexe abrite un parc animalier, complété par un hôtel et restaurant. La visite réserve de belles surprises, notamment la découverte de plus de 150 espèces de perroquets issus de tous les continents. On y apprécie aussi la faune locale comme les crocodiles, les chacals, les pythons et vautours. Des hyènes du Sénégal pourront aussi bientôt être observées. L'hôtel présente des chambres tout confort, avec de grandes terrasses. Egalement une piscine et un bain moussant pour les moments de détente.

RÉSERVE NATURELLE PROTÉGÉE ★

Lagune de la Somone

✆ +221 33 958 55 92

www.reservedesomone.com

Le sentier écologique de La Somone : à partir de 1 500 FCFA, location bateau : à partir de 3 000 FCFA.

Sous l'égide de la réserve naturelle protégée de La Somone, un sentier écologique a été aménagé. Après la traversée en bateau de la lagune, cette petite balade instructive, de 1,2 km, se fait à pied au cœur d'une mangrove luxuriante, grâce à des panneaux explicatifs. Ici, niche une centaine d'espèces d'oiseaux que vous pourrez observer depuis un mirador. Pour petits et grands. Les tickets d'entrée sont en vente au bureau de la réserve situé sur la plage.

AUBERGE KEURMARIGUEN €

Rue de la Gendarmerie ✆ +221 33 958 51 37
www.keurmariguen.com

Chambre à partir de 17 000 FCFA par personne, petit déjeuner inclus. Menu complet à partir de 9 000 FCFA.

Isabelle et Stéphane vous accueilleront avec chaleur et simplicité dans leur auberge agréable, au bord d'une petite plage, mêlant atmosphère sénégalaise et confort occidental. Six cases en dur, très propres et joliment décorées, certaines avec deux chambres agrémentées d'un bel espace commun. Un must pour ceux qui voyagent à plusieurs couples ou en famille ! Une petite piscine, un jardin fleuri et un restaurant de qualité viennent compléter le tableau. On y déguste une nourriture d'inspiration française, avec d'excellents produits sur une terrasse face à la mer.

COULEURS SÉNÉGAL €

Ngaparou
✆ +221 77 522 51 18
www.couleurssenegal.com

Chambre double à partir de 20 000 FCFA par personne. Petit déjeuner inclus.

Un petit campement très sympathique à Ngaparou en bord de mer qui doit autant sa notoriété aux cinq cases impeccables à la location, situées dans un jardin fleuri qu'à ses excellentes pizzas au feu de bois, les « meilleures de la région » selon le patron Alain, un Français bon vivant ! Vous pourrez aussi y déguster des plats locaux et une cuisine européenne goûteuse. Une petite piscine permet aux clients de se rafraîchir, et le bar, convivial avec son billard, permet de sympathiques rencontres avec locaux et expatriés. Accueil chaleureux.

CHEZ HERVÉ ET FATIMA €€

Ngaparou
✆ +221 77 356 76 20
www.chez-fatima-et-herve.com

Compter autour de 30 000 FCFA la nuit en chambre double. Menu table d'hôtes à partir de 9 000 FCFA.

Chez Hervé et Fatima est un lieu d'hébergement assez original. Tenu par un couple très sympa, il propose, dans le style riad, quatre chambres meublées spacieuses, très confortables et tout équipées, à proximité de la plage. Les hôtes peuvent aussi profiter de la très jolie piscine intimiste ainsi que du hammam. Chez Hervé et Fatima est aussi une table d'hôtes qui propose de délicieux tajines et couscous et des méchouis au feu de bois, entre autres plats succulents. Egalement un bar dans une ambiance lounge avec une cave bien fournie d'excellents vins.

HÔTEL AFRICA QUEEN €€

Route Ngaparou-Somone
✆ +221 33 957 74 35
www.africaqueen.fr

Chambre double avec vue sur mer à partir de 33 €. Petit déjeuner inclus. Wifi.

C'est dans un très joli cadre, sur la grande plage de La Somone réputée pour sa vaste étendue de sable fin, et à proximité de la réserve ornithologique de La Lagune. L'hôtel a changé de gérance et c'est la fille des actuels propriétaires qui s'occupe directement de l'établissement. Les 36 chambres impeccables, avec terrasse privée, sont réparties dans un bâtiment sur quatre étages, dont la plupart sont orientées mer. Egalement quatre villas dispersées dans un jardin luxuriant, où le confort est le maître-mot. Accueil enjoué de toute l'équipe.

ROYAL HORIZON BAOBAB €€€

✆ +221 33 939 71 71
www.newhorizonshotels.com

Chambre double à partir de 46 900 FCFA par personne. Tarifs tout inclus. Formule jour à partir de 20 000 FCFA.

Situé en front de mer, ce beau *resort* offre plus de 280 chambres style bungalow spacieuses et propres, éparpillées dans un beau jardin fleuri. En plus d'un confort moderne, elles sont toutes dotées d'une terrasse privée ou d'un balcon et certaines donnent directement sur la plage. Côté loisirs, vous ne vous ennuierez pas : tennis, pétanque, terrain multisports, tir à l'arc, catamaran, spectacles de qualité et discothèque. Egalement deux piscines chauffées et trois restaurants dont un grill sur la plage proposant de généreux buffets barbecue.

CHEZ BOUBA - LE THIOKAAM €

Lagune de la Somone
✆ +221 77 197 32 86

Ouvert tous les jours de 9h à 23h. Plats à partir de 4 000 FCFA.

Entre lagune et océan, ce restaurant jouit d'un cadre naturel superbe pour déjeuner. Attablé à l'ombre d'une paillote, vous mangerez d'excellentes langoustes sur commande, des huîtres de palétuviers, des oursins ou du poisson grillé. Après vous êtes délecté de plats copieux, vous pourrez profiter du site et *farniente* paisiblement sur l'un des transats au bord de la lagune. Le personnel y est en plus aux petits oignons pour parfaire le service. Le lieu est aussi agréable au dîner, lorsque le soleil disparaît derrière l'océan.

L'ÉTOILE D'ORIENT €

Ngaparou
✆ +221 77 590 88 02
Ouvert tous les jours de 10h à 22h. Plats à partir de 2 500 FCFA. Tous les vendredis, couscous ; paella (sur commande).

Connu également comme « Chez Papy et Marie », ce restaurant local, retiré de la route principale, est réputé pour ses délicieux coucous et copieux tajines. A ne surtout pas manquer ! Vous trouverez également à la carte des plats français et sénégalais ainsi que de très bonnes pizzas. Le lieu est fréquenté par une clientèle d'habitués, à la fois des locaux et expatriés, et il règne une ambiance chaleureuse et conviviale. La petite terrasse est très agréable pour s'attabler et déjeuner. Un digestif est offert à la fin du repas.

CHEZ RASTA €

Lagune de la Somone
✆ +221 77 557 63 31
http://rasta.lapetitecote.info/sn
Ouvert tous les jours, du matin au soir. Menu à partir de 5 000 FCFA et menu langouste à partir de 15 000 FCFA.

Les pieds dans le sable, on se sent un peu au milieu de nulle part Chez Rasta. Mais quel cadre ! Un décor singulier, aux couleurs de Bob Marley, donnant sur la lagune. Tout est fait pour que l'on s'y sente bien : l'accueil est convivial, les plats goûteux, l'atmosphère relaxante. Rasta, aux petits soins pour ses clients, ne manquera pas de vous faire goûter son fameux *thé viagra*, une infusion de plantes dont la recette reste secrète. Et pour ceux dont l'appel de la sieste serait trop fort, des transats sont à disposition des clients. Un petit coin de paradis !

L'O À LA BOUCHE €€

Route de Ngaparou
✆ +221 77 145 06 72
Ouvert le soir de 19h à 23h, sauf le lundi. Plats à partir de 5 500 FCFA.

Cet établissement porte bien son nom et rien que la carte donne envie de s'y attabler. Tartare de mérou à l'huile de vanille, mangue et gingembre, cuisses de grenouille, raviolis au jambon cru et ricotta, agneau roulé aux épices... Le choix s'avérera difficile entre ces mets si appétissants. Egalement de délicieuses pizzas. Les patrons, Alexandre et Emmanuelle, sont en plus soucieux du moindre détail, de la présentation des plats au service irréprochable. Un joli patio arboré permet une agréable dégustation à l'air libre. Bon rapport qualité-prix.

RESTAURANT LA CABANE €€

SALY-PORTUDAL ✆ +221 33 957 85 37
https://resto-lounge-plage-la-cabane.business.site/
Fermé le lundi. Plats à partir de 7 500 FCFA.

Situé dans un cadre idyllique en bordure de mer, ce restaurant lounge, à la décoration chic et de bon goût, offre une pause idéale et relaxante pour déguster une cuisine raffinée et variée. L'ambiance est chaleureuse et conviviale : Zeina et son équipe vous mettront à l'aise rapidement. La carte, quant à elle, surprend en créativité, des viandes importées du Brésil et autres aux poissons et crustacés issus de la pêche du jour. Egalement de succulents plateaux de fruits de mer, des salades et des suggestions du chef.

CENTRE ÉQUESTRE L'HIPPOCAMPE

✆ +221 77 647 50 91
Ouvert tous les jours de 8h à 12h et de 15h à 19h. A partir de 15 000 FCFA pour une balade de 2 heures.

Voilà une façon bien plaisante de découvrir La Somone et ses environs : à cheval ou à poney ! Ce centre équestre sérieux et professionnel propose des promenades pour débutants et confirmés. Sur la plage, au bord de la lagune, en brousse, au cœur d'une forêt de baobabs ou dans les villages de pêcheurs. Au programme, tout un choix d'excursions bien sympathiques. Mieux vaut prévoir ces sorties en début de matinée ou en fin d'après-midi, quand il ne fait pas trop chaud.

SALY-PORTUDAL ★★★

L'appellation Saly viendrait d'une jeune fille à qui les Portugais auraient demandé le nom du village. Elle aurait répondu en leur donnant son prénom : Saly ! Portugal s'étant transformé par la suite en « Portudal ». De renommée mondiale, la station balnéaire de Saly est le plus grand centre touristique du Sénégal et de l'Afrique de l'Ouest, réputé pour sa plage de sable blanc bordée de cocotiers où sont alignés les hôtels resort. Saly est le summum du farniente en all inclusive de la Petite Côte, avec tous les désirs à portée de la main. Les touristes passent en général ici une ou deux semaines en séjour tout compris, en réservant un package depuis Paris via des agences de voyage. Saly semble étalé dans l'espace le long de la côte, n'a pas de réel centre, car a été en fait conçu pour que tous les grands hôtels donnent sur l'océan, chacun avec sa concession de plage. Au sud, si vous longez la plage, vous trouverez Saly Portudal, l'ancien village de pêcheurs à l'origine de la station, puis toujours en continuant vers le sud Saly Niakh Niakhal, où se trouvent les logements les moins chers. Les loisirs sont l'autre avantage de Saly : de l'ULM au golf en passant par presque tous les sports nautiques, dont la pêche au gros. Tout est possible à condition d'y mettre un certain prix.

Pratique

Vous trouverez de nombreux distributeurs de billets dans le village et aux abords, gardés par des agents de sécurité. Pensez à retirer la journée car la nuit, seuls certains distributeurs sont ouverts. En cas de problèmes, il existe à Saly une agence consulaire, dont les permanences ont lieu désormais dans l'enceinte de l'école française. De nombreux hôtels, en majorité des *resorts*, longent la côte et donnent directement accès à la plage. Ils proposent pratiquement tous les mêmes prestations, plutôt destinées à des groupes en voyages organisés. Quelques adresses cependant pour un tourisme plus familial ou individuel. Côté restaurants, les hôtels proposent des buffets copieux de cuisine internationale, qui sont en général inclus dans la formule du voyage. Toutefois, pour changer de cadre, il existe de très bons petits snacks et restaurants, un peu partout dans le village, qui méritent le détour gustatif.

Transports

De nombreux réceptifs proposent le transfert sur Saly directement depuis l'aéroport, situé à seulement 27 km de la station balnéaire. Cette localité est sans doute l'une des plus facilement accessibles, et par différents moyens de locomotion. De Dakar ou de l'aéroport, l'autoroute à péage est la meilleure option et la plus rapide pour rejoindre Saly. A la sortie de l'aéroport, vous pouvez emprunter un taxi privé, comptez autour de 20 000 FCFA le trajet. De même que de Dakar, il faudra prévoir plus ou moins le même budget. De nombreux taxis-brousse, cars rapides et même des taxis « clandos » desservent quotidiennement Mbour, au départ de Dakar comme des principales villes de l'intérieur. Un garage se trouve aussi à Saly, où patientent plein de clandos 7 places, privatisables en taxis pour la destination que vous voulez, mais négociez bien le prix avant, et même sur plusieurs jours si vous comptez rayonner dans la zone.

MUSÉE KHELCOM

✆ +221 77 574 35 84

Ouvert tous les jours de 9h à 18h30.
Entrée à partir de 3 000 FCFA pour les adultes.

On est tout de suite impressionné par les sculptures géantes en terre cuite installées à l'entrée du musée, près de quelques voitures anciennes dont une Corvette des années 1970. A l'intérieur, ce petit musée expose des statues en terre cuite vieilles de 2 000 ans, des sculptures en bronze des XIXe et XXe siècles, des masques d'initiés d'Afrique de l'Ouest et des peintures de l'artiste sénégalais Djibril Ndiaye, décédé début 2017. Un parcours visuel intéressant, malgré l'absence des explications qui le rendraient plus passionnant.

AFRICA FOR TOURISM

✆ +221 33 957 81 81

www.africa4tourism.com

Située face à la pharmacie Salve Regina, cette agence de voyages, forte de sa longue expérience dans le tourisme au Sénégal, propose des circuits à la carte et des voyages organisés dans tout le pays. Elle est spécialisée dans le pays Bassari, la Casamance et les îles du Saloum où elle propose des circuits écotouristiques avec balades en pirogue, randonnées pédestres et à vélo. Les guides francophones, hispanophones et anglophones sénégalais vous accompagneront tout au long de votre séjour. Accueil personnalisé et professionnel.

OUMAR GUIDE CHAUFFEUR

✆ +221 77 538 86 85

Journée Dakar/Gorée/Lac Rose à partir de 40 000 FCFA, journée en brousse à partir de 31 000 FCFA.

Pourvu de la fameuse licence touristique et du badge d'accès à l'aéroport, Oumar est bien connu des hôteliers qui font appel à ses services comme guide-chauffeur chevronné. Il dispose d'une voiture climatisée en bon état et pourra vous faire découvrir les environs, le Sénégal et même les pays voisins. Il organise entre autres des journées à Gorée, au Lac rose et en brousse, dans les villages peuls ou sérères. C'est en plus un Sénégalais professionnel et ouvert d'esprit avec qui vous pourrez organiser des séjours à la carte. Un bon plan !

URGENCES 24

✆ +221 33 957 47 47

Agréée par la CFE, cette structure de médecine d'urgence travaille avec des protocoles conformes au standard européen pour fournir la meilleure prise en charge des urgences médicales et chirurgicales de ses clients. Elle propose entre autres des consultations au cabinet et à la clinique, des visites médicales à domicile ainsi que des évacuations sanitaires sous-régionales et internationales. Pour compléter ses services, elle dispose d'ambulances médicalisées, un laboratoire d'analyses, un bloc opératoire et un centre de dialyse. Equipe disponible et à l'écoute.

LOC'AUTO

✆ +221 78 479 06 06

www.locautosaly.com

Location de citadines, berlines et 4x4 à partir de 20 000 FCFA par jour, assurance incluse.

Située en plein centre de Saly, cette agence est spécialisée dans la location de voitures depuis 2013. Elle propose des véhicules impeccables de moins de 3 ans à louer avec ou sans chauffeur, pour des courtes ou longues durées. Citadines, berlines ou encore 4x4, il y en a pour tous les goûts et toutes les conduites. La structure est tenue par Laurent, l'ancien propriétaire d'Esprit Evasion Quads, qui s'adaptera à votre demande, en vous proposant la meilleure option pour votre séjour. Promotions régulières non cumulables sur le site Internet.

AUBERGE TREIZEGUY €

Saly Niakh Niakhal

✆ +221 77 821 51 28

www.autreizeguy.com

Chambre double à partir de 32 500 FCFA. Petit déjeuner inclus. Transfert aéroport à partir de 20 000 FCFA.

Des chambres bien tenues à la décoration sobre, avec salles de bains individuelles et eau chaude, dont deux chambres doubles communicantes. La cuisine est simple, à base de produits frais. Si vous en avez assez de la plage, vous pouvez vous orienter vers la piscine. Guy organise également des sorties en mer pour pêcher, tandis que Thérèse se charge de faire des excursions en brousse. Vous l'aurez compris, « Treizeguy » est la contraction des prénoms des propriétaires des lieux qui soutiennent plusieurs associations humanitaires. Accueil très chaleureux.

SALY SERVICES SARL

STATION SALY ✆ +221 33 859 06 51
www.salyservices.com

Ouvert du lundi au vendredi de 8h à 13h et de 14h30 à 17h. Le samedi, de 8h à 12h.

Ouvert depuis 2004, Saly Services s'est imposé comme le leader des locations de voitures sur la Petite Côte en quelques années. Vous y serez accueilli chaleureusement par Marie Lucienne et son équipe qui vous proposeront des véhicules de location en parfait état. Ils pourront aussi vous conseiller sur les sites à visiter au Sénégal. L'entreprise propose aussi une gamme complète de services comme l'entretien, la réparation et la vente de véhicules neufs et d'occasion. L'équipe est en plus compétente et disponible pour répondre à toutes vos demandes.

HÔTEL LA MÉDINA €

Village de Saly
✆ +221 33 957 49 93

Chambre ventilée à partir de 23 500 FCFA en double. Petit déjeuner inclus.

Les chambres sont simples, mais le cadre est décoré avec goût et certaines s'ouvrent sur une terrasse ou un balcon. Les meubles sont souvent fabriqués sur place par le maître des lieux, un mélange de bois et de carrelage. Situé non loin de la plage, l'hôtel dispose aussi d'une très jolie piscine bordée de plantes exotiques où il fait bon s'y prélasser, un cocktail à la main. Aux murs, les œuvres du peintre Bayegallo donnent une touche galerie à la maison et se marient à merveille avec les couleurs marocaines de la Médina. Une bonne adresse.

LA FERME DE SALY €

Saly Niakh Niakhal ✆ +221 77 638 47 90
www.farmsaly.com

Chambre climatisée à partir de 20 000 FCFA par personne, appartement à partir de 40 000 FCFA. Petit déjeuner inclus.

La Ferme de Saly – appelée aussi « Chez Jean-Paul », un personnage dans le coin ! – est un vaste domaine, bordé de dunes, de fleurs et d'arbres tropicaux. Elle propose des hébergements de standings différents : la résidence des Amazones abrite des appartements de standing, terrasse avec vue sur mer et sur piscine à lagon. Dans la résidence : bar *club-house*, restaurant et différents services. Du côté de la ferme, l'ambiance est conviviale. On loge dans des cases exotiques éparpillées sur un grand terrain sablonneux, confortables. Un de nos coups de cœur !

AU PETIT JURA €€

Saly Niakh Niakhal
✆ +221 33 957 37 67

Chambre double à partir de 38 000 FCFA. Petit déjeuner inclus. Transfert possible depuis/vers l'aéroport Blaise Diagne.

A l'extrémité sud de la station de Saly, et à quelques dizaines de mètres de la plage, ce petit hôtel familial dispose d'une piscine, un bar et un restaurant, dans une cour intérieure avec jardin. Les chambres sont dotées de tout le confort nécessaire. Le restaurant propose le midi et le soir une cuisine européenne et sénégalaise, sur demande. Toutes sortes de loisirs, tels que golf, ULM, quad, jet-ski, planche à voile, pêche, plongée, sont proposés par l'hôtel, ainsi que des excursions dans les environs ou dans le pays (Dakar, Saint-Louis, Sine-Saloum).

AUBERGE GRAZIA MARIA €€

Saly Niakh Niakhal
✆ +221 33 957 08 69
www.hotelgraziamaria.com

Chambre double à partir de 39 000 FCFA. Petit déjeuner inclus. Parking gratuit.

Auberge de charme, située à 150 m d'une plage de sable fin. L'établissement comprend des chambres et suites au confort européen (climatisation, TV satellite), décorées de tableaux d'artistes sénégalais et de tissus colorés. Chaque chambre possède sa propre terrasse. Egalement des appartements dotés de deux chambres et d'un coin cuisine. Au centre de l'auberge, une jolie piscine permet de se détendre dans un cadre arboré. Le restaurant offre une délicieuse cuisine bio d'influence occidentale et sénégalaise à base de produits locaux. Excellent rapport qualité-prix.

HÔTEL L'HACIENDA €€

✆ + 221 33 957 42 01
www.hacienda-saly.com

A partir de 25 000 FCFA en chambre simple et de 35 000 FCFA en double avec petit déjeuner inclus.

Situé en plein cœur de Saly Village et à seulement 300 m de la plage, l'Hacienda se présente sous la forme d'un riad avec une piscine en son centre. Réparties sur deux étages, les chambres sont grandes, très propres et confortables. Elles sont toutes équipées de télévision par satellite et de la climatisation. Terrasse panoramique à l'étage avec vue sur mer où il fait bon prendre le petit déjeuner et jolie piscine à l'ombre des cocotiers. Même gestion que l'hôtel les Flamboyants qui ne se trouve pas très loin, et où vous pourrez vous restaurer.

HÔTEL LES FLAMBOYANTS €€

Quartier Saly Tapée
✆ +221 33 957 07 70
www.hotelsenegalflamboyant.com

Chambre double en demi-pension à partir de 57 000 FCFA. Menu du jour à partir de 8 000 FCFA ou plats à la carte.

Au cœur d'un parc tropical ombragé, les 38 chambres de l'hôtel, spacieuses et confortables, séduisent par leur décoration chaleureuse d'influence typiquement africaine. Chaque chambre dispose d'un équipement complet : télévision par satellite, climatisation, meuble de rangement, banquette porte bagage, coin salon en suite et salle de bains avec douche ou baignoire. L'établissement est par ailleurs doté d'un jardin fleuri très agréable et de trois belles piscines à débordement, dont une pour les enfants. Une excellente adresse, propice à la détente.

ROYAM HOTEL €€

✆ +221 33 957 20 70
www.royam-hotel-saly.com

Chambre double à partir de 67 000 FCFA.

Au cœur d'un jardin tropical luxuriant, à proximité d'une superbe plage de cocotiers, le Royam Hôtel invite à la détente dans un cadre de toute beauté. Il dispose de 117 chambres distribuées dans une soixantaine de bungalows à la décoration chaleureuse et traditionnelle. Toutes offrent un confort moderne et bénéficient d'une terrasse privée avec vue sur l'océan ou sur les jardins. Autour de la piscine, vous trouverez un bar-restaurant qui propose une cuisine locale ainsi que des cocktails variés. La terrasse est régulièrement animée par des concerts de qualité.

RÉSIDENCE KEURMAYA €€

Saly Niakh Niakhal

✆ +221 33 957 40 37

www.akeurmaya.com

Studio pour 2 personnes à partir de 31 000 FCFA, appartement pour 4 personnes à partir de 46 000 FCFA.

Située à Saly Niakh Niakhal, cette maison en bordure de plage est un petit bijou de charme et de confort. Les studios et les appartements sont tous équipés et décorés avec goût, avec de grandes terrasses donnant sur l'océan, la plage et la piscine. Le joli jardin fleuri de bougainvilliers, les cocotiers et la piscine vous raviront. Ambiance zen et gaie garantie. La résidence Keurmaya organise les transferts à l'aéroport ainsi que de nombreuses activités, excursions, pêche, chasse, golf, quad, équitation, buggy, ULM, parachutisme.

HÔTEL NEPTUNE SALY €€€

✆ +221 33 957 23 20

www.saly-hotel-neptune.com

Chambre simple à partir de 43 000 FCFA, double à partir de 64 000 FCFA, en demi-pension.

Au milieu d'un magnifique jardin tropical, l'hôtel Neptune propose 60 suites luxueuses et 9 villas aménagées dans des cases en dur à l'architecture africaine et au confort européen. La piscine de 400 m² est infinie, bordée de palmiers à l'ombre rafraîchissante, agrémentée d'un pool bar. Le service est impeccable, très professionnel et chaleureux, et les activités nombreuses : salle de fitness, salon de massage, espace soins et détente Spa, bain bouillonnant et animations pour tous les âges. Restauration des plus raffinées avec un service très attentionné.

HÔTEL PALM BEACH €€€

✆ +221 33 939 59 99

www.fram.fr

Formule « all inclusive ». Chambre double à partir de 39 000 FCFA par personne.

Avec ses 260 chambres climatisées et sa formule *all inclusive*, Framissima accueille la plupart du temps des groupes en voyage organisé. Mais si l'expérience vous dit, vous êtes aussi les bienvenus ! Trois ou quatre jours pourront en effet vous permettre de profiter, au milieu de votre périple, des deux piscines du club, de sa plage privée, des deux restaurants, des trois bars et de la discothèque. Votre bracelet « Framissima » vous donnera aussi accès aux terrains de tennis, à la base nautique, à la salle de fitness, aux animations ou encore aux spectacles.

LAMANTIN BEACH HOTEL €€€

Saly Nord

✆ +221 33 957 07 77

www.lelamantin.com

Chambre double en demi-pension : en moyenne 120 000 FCFA côté jardin et 240 000 FCFA pour une deluxe vue mer.

Dès votre arrivée, le ton est donné. Ici, tout ne sera que luxe et charme. De catégories différentes, de la chambre jardin – très confortable, avec salle de bains privée – à la chambre deluxe – plus vaste, avec terrasse privative – en passant par des suites magnifiques, chacun trouvera de quoi satisfaire ses envies. Piscine, plage aménagée, bain bouillonnant, tennis, beach volley, salle de sport, centre de pêche.... L'hôtel compte deux restaurants, dont un gastronomique, et propose des buffets à thème. L'accueil est personnalisé et très chaleureux.

Ambiance nocturne des rues de Saly.

LE SALY HÔTEL €€€

Place du Carrousel
✆ +221 33 957 11 25
www.lesalyhotel.com
Chambre double à partir de 60 000 FCFA avec petit déjeuner. Formule all inclusive à partir de 80 000 FCFA en double.

Dans un cadre luxuriant, face à l'océan, l'hôtel propose des bungalows et cases au toit de chaume, dotés de tout le confort à l'occidentale. Vous y passerez un agréable séjour entre *farniente* au bord de la piscine ou de la plage, détente au Spa ou encore avec les animations organisées. L'hôtel contigu, les Filaos, fait partie de la même entreprise, mais travaille en grande partie avec la marque Look Voyages. L'établissement reste néanmoins ouvert aux clients du Saly Hôtel qui peuvent participer aux activités et animations ainsi qu'accéder à la boîte de nuit.

THE RHINO RESORT HOTEL & SPA €€€

Rue du karting x route de Saly
✆ +221 33 957 37 44
www.therhinoresort.com
Chambre double à partir de 114 000 FCFA. Petit déjeuner inclus. Possibilité de demi-pension et de pension complète.

Un des derniers nés des resorts de luxe de Saly est un petit paradis pour *happy few* de très haute volée, des chambres de grand standing classique au spa, pour les couples comme pour les familles. Dernier arrivé, cet hôtel n'a pas d'accès à la plage, mais compte une plage artificielle inattendue de 59 tonnes de sable blanc, avec une piscine ouverte de 70 m^2 et plusieurs palmiers. Les deux restaurants, l'Orchidée et le Bambou, sont réputés pour leur cuisine gastronomique internationale.

KOULANG - KOULANG €€

Saly Koulang
✆ +221 78 109 85 81
www.saly-koulang.com
Ouvert toute l'année. Nuitée à partir de 35 000 FCFA en chambre simple.

Au cœur d'un jardin tropical, cette structure propose des locations de 4 villas de charme pour 6 personnes, agencées autour d'une belle piscine ainsi qu'un studio pour 2 personnes. Les villas comprennent une cuisine toute équipée, un salon agréable, trois chambres, deux salles de bains ainsi que deux terrasses où il est agréable de prendre son petit déjeuner. Le lieu est paisible, situé dans le plus vieux quartier de Saly, à 100 m de la plage. Un passage mène directement au restaurant Bigaro Dos si vous n'avez pas envie de cuisiner. Idéal en famille ou entre amis.

BLACK AND WHITE - CHEZ POULO €

Piste des Charrettes
✆ +221 77 653 85 80
Ouvert tous les jours de 11h à 23h. Plat à partir de 2 000 FCFA.

Ce restaurant, tenu par des frères, respire la bonne humeur et la convivialité. Sans prétention aucune, on prend place sur la terrasse ou dans la salle du restaurant pour y savourer une assiette de poisson, de viande ou de crustacés (langoustes, crevettes) en toute simplicité. La chaleur du restaurant et ses plats copieux font une grande partie de sa réputation. Il n'est pas rare d'y revenir plusieurs fois dans le même séjour, tant on y mange bien et à petits prix !

CHEZ L'HOMME TRANQUILLE €

Saly Niakh Niakhal
✆ +221 76 596 25 57
Ouvert tous les jours de 10h à 22h. Plats à partir de 2 500 FCFA.

Abdou N'Diaye, « l'homme tranquille », a voyagé en Afrique pendant 20 ans et a appris la cuisine à Grand-Bassam, en Côte d'Ivoire, avant d'ouvrir son propre restaurant à Saly. Il s'est spécialisé dans les grillades, notamment de poissons et fruits de mer. Les produits y sont frais et cuisinés au charbon de bois ou à la plancha. Attablé dans le jardin, à l'ombre d'un préau, on profite de la tranquillité du lieu, tout en faisant connaissance avec ses voisins. Parfois, un musicien vient animer le repas d'une agréable musique traditionnelle. A découvrir !

MOLOKO €

Place de l'Esplanade de la Mairie
✆ +221 78 376 18 90
Ouvert du mardi au samedi de 9h30 à 15h et de 18h30 à 1h, le lundi de 18h30 à 1h. Tapas à partir de 2 500 FCFA.

Situé à proximité de la mairie de Saly, ce bar à tapas est parfait pour changer des plats sénégalais. Il est très apprécié des touristes pour son ambiance décontractée et aussi pour son large choix d'amuse-bouches. A la carte, Tatin de tomates confites, roulés de serrano, poivrons grillés à l'ail, pétoncles farcis et camembert rôti, entre autres petites délices, que vous pourrez accompagner d'une bière bien fraîche ou d'un cocktail maison. Le bar, quant à lui, est agréable, ouvert sur l'extérieur et doté de canapés confortables.

LE PALAIS DE LA MER €

Quartier Coulang
✆ +221 77 143 14 64
Ouvert du mardi au dimanche de 10h à 23h. Plats à partir de 4 000 FCFA.

En front de mer, cet endroit est idéal pour prendre l'apéro au coucher du soleil ! Vous pourrez également y déguster du poisson frais, du filet de zébu, du poulet grillé et également de la langouste (sur commande). Le dimanche midi, selon arrivage, il est possible de se délecter de moules frites, huîtres ou encore oursins. Un vrai régal ! Le personnel est d'autant plus très sympathique et disponible. Parfois, des concerts de groupes locaux animent le restaurant, pour le plus grand bonheur des clients. Une adresse à découvrir !

LE PETIT JARDIN €

Saly Niakh Niakhal
✆ +221 77 463 58 25
Ouvert du mardi au dimanche de 10h à 23h. Plats à partir de 2 500 FCFA.

Repris en 2014 par Joseph Diouf, le « roi du barbecue », ce restaurant offre un cadre agréable pour se délecter de bonnes grillades de viande ou de poisson au feu de bois, attablé dans un joli jardin fleuri. La carte est présentée sur un tableau noir et change régulièrement, selon les produits du marché. Des concerts animent régulièrement le lieu, notamment les fins de semaine. Bien que l'établissement soit quelque peu touristique et manque d'authenticité, on apprécie cependant ses plats savoureux, son ambiance festive et l'accueil du personnel.

LE PETIT ROSÉ €

Route Saly-Ngaparou
✆ +221 77 517 20 35
Ouvert du lundi au samedi de 11h à 16h et de 19h à minuit. Plat à partir de 3 000 FCFA.

Un restaurant réputé auprès des expatriés, qui propose une cuisine variée d'inspiration française. Crevettes sautées, brochettes de lotte, poulet grillé, langue de bœuf, cuisses de grenouilles... les plats sont tout aussi délicieux les uns que les autres. C'est d'ailleurs le seul endroit à Saly où vous pourrez vous délecter d'un tartare de bœuf, sans vous soucier si vous allez être malade ou non. Le cadre est aussi sympa, dans un jardin agréable isolé des bruits des voitures et l'accueil du patron Olivier, agréable. On recommande chaudement !

BIGARO DOS €€

Rue des Bigaros
✆ +221 77 884 18 83
Ouvert du jeudi au lundi de midi à 15h et de 19h à minuit. Menu autour de 10 000 FCFA. Sur réservation.

C'est un petit paradis verdoyant, avec une jolie piscine en son centre, tenu par un couple de Français chaleureux et accueillant, Pierre Sirère, ancien chroniqueur de France Bleu, et sa femme, Nathalie. La carte change tous les jours, et l'on s'y délecte de succulents plats d'influence française, cuisinés avec des produits du marché. Depuis son ouverture, le restaurant a fidélisé de nombreux clients, et même si c'est la première fois qu'on s'y restaure, on se sent tout de suite reçu comme un ami. Espace jeux et lecture pour les enfants.

LE PETIT ZING €€

✆ +221 33 957 01 58
https://lepetitzing.com
Ouvert tous les jours de 12h à 1h, vendredi et samedi jusqu'à 2h. Menu à partir de 4 000 FCFA.

Ce grand restaurant, réputé pour ses menus à petits prix, offre une carte bien fournie où chacun y trouvera son compte. Salades, tartares de poissons, pâtes, burgers, viandes, pizzas au feu de bois... Les menus, proposés midi et soir, sont renouvelés chaque semaine. Vous pourrez vous attabler dans une vaste salle ventilée ou sur la terrasse ombragée, en bord de route. Petit plus, des soirées musicales sont régulièrement organisées où locaux, expatriés et touristes viennent nombreux profiter de l'ambiance. Une bonne adresse !

RESTAURANT LA CABANE €€

✆ +221 33 957 85 37
https://resto-lounge-plage-la-cabane.business.site
Fermé le lundi. Plats à partir de 7 500 FCFA.

Situé dans un cadre idyllique en bordure de mer, ce restaurant lounge, à la décoration chic et de bon goût, offre une pause idéale et relaxante pour déguster une cuisine raffinée et variée. L'ambiance est chaleureuse et conviviale : Zeina et son équipe vous mettront à l'aise rapidement. La carte, quant à elle, surprend en créativité, des viandes importées du Brésil et autres aux poissons et crustacés issus de la pêche du jour. Également de succulents plateaux de fruits de mer, des salades et des suggestions du chef. Accueil et service de grande qualité.

SAFARI BEACH €€

Safari Village
✆ +221 33 957 18 18
www.safaribeachsaly.com
Ouvert tous les jours de 8h à 23h. Restauration de 12h30 à 22h. Menu a partir de 8 000 FCFA.

Bar de plage version luxe, le Safari Beach est une véritable institution à Saly ! C'est à la fois un restaurant, un bar, un lieu festif et sympathique où l'on vient passer du bon temps. Le restaurant offre une belle carte fournie et variée, à base de viandes, de poissons et de pizzas. Les clients du restaurant peuvent avoir accès à la jolie piscine attenante et au bain bouillonnant. Le lieu est aussi agréable et romantique pour prendre l'apéritif, les pieds dans le sable, au coucher du soleil, avant de profiter d'une ambiance musicale détonante.

LA RIVIERA

Place du Carrousel
✆ +221 33 957 07 24
Ouvert tous les jours de 8h à 2h. Happy Hour tous les jours de 12h à 15h et de 18h à 20h.

La Riviera, c'est un complexe regroupant deux restaurants, un snack et un bar *lounge*, à la décoration orientale. Le bar, situé au premier étage, est réputé auprès des jeunes locaux et touristes. Assis sur des coussins éclatants de couleurs, on y vient passer du bon temps entre amis autour de bons cocktails maison, tout en profitant des animations qui égaient l'établissement. On peut aussi y fumer la chicha et boire de très bons thés. Quant aux restaurants, ils proposent tous deux une cuisine savoureuse et un bon rapport qualité-prix.

GALERIE MÉMOIRES AFRICAINES

Route de Saly-Ngaparou
✆ +221 77 457 06 65
www.memoires-africaines.com
Ouvert du lundi au samedi de 9h à 19h30, le dimanche uniquement sur rendez-vous.

Située à la sortie de Saly Village en direction de La Somone, cette galerie recèle de vrais trésors. Elle présente une large collection d'antiquités allant du néolithique à l'art contemporain, qui provient des quatre coins de l'Afrique, ainsi qu'une kyrielle d'objets de décoration. C'est aussi un lieu d'échanges entre les artistes et le public. Les propriétaires sont en plus de vrais passionnés, ce qui ajoute beaucoup d'intérêt à la visite. Une adresse à ne surtout pas manquer !

AERODROME DE SALY €€

✆ +221 77 633 03 45
https://saly-aerodrome.com/
Thieboudienne, servi le mercredi.

Installé dans un domaine de 16 hectares peuplé de palmiers rôniers centenaires, l'aérodrome de Saly a évolué en un aérodrome ouvert à la circulation aérienne et classifiée depuis 2009. Il possède une flotte de 28 aéronefs de type ULM, dont un avion et un hélicoptère. Des cours de pilotage et des baptêmes de l'air y sont proposés dont celui en autogire, très apprécié des clients. On y trouve aussi un restaurant de spécialités traditionnelles, à l'ambiance conviviale. Ne manquez pas le fameux *thieboudienne*, savoureux et revisité pour les Européens.

SALY CENTER

✆ +221 33 957 41 41
www.salycenter.com
Ouverture du supermarché du lundi au samedi de 8h à 13h30 et de 16h à 20h, le dimanche et jours fériés de 8h30 à 13h.

Centre commercial de qualité vous offrant des services aussi variés qu'un supermarché, une libraire, un restaurant, une galerie d'art, un magasin de vêtements, une pharmacie et parapharmacie, un salon de coiffure, un opticien lunetier, une agence de promotion immobilière, une aire de jeux pour enfants, etc. Il abrite également l'Eden center, un établissement de soins et de beauté. L'endroit est idéal pour vos soins de cheveux, antirides, hammam, gommages, massages, épilation, manucure, soin du visage, shiatsu... Le personnel est agréable et qualifié.

ESPRIT ÉVASION QUADS

Route Principale
✆ +221 77 198 98 52
www.espritevasion.fr
Du lundi au samedi de 9h à 18h. Circuits quad à partir de 85 000 FCFA la journée. Location à partir de 20 000 FCFA.

Accueil chaleureux de Stéfanie et Frédéric, passionnés de quad, qui ont repris cette petite agence de location, en plein cœur de Saly. Disposant d'une belle flotte de quads Yamaha, elle propose des circuits à la carte et des séjours sous forme de raids de 2 à 5 jours dans le pays, avec l'hébergement. Vous y découvrirez des petits coins de paradis, en compagnie de guides chevronnés. Une très bonne adresse pour découvrir en quad le Sénégal. Vous pourrez également louer des voitures, avec ou sans chauffeur, des 4x4, des scooters ainsi que des VTT.

GILDAS ESPADON

✆ +221 33 957 19 49
www.gildas-espadon.com
Demi-journée palangrotte à partir de 230 000 FCFA. Pêche de nuit à partir de 328 000 FCFA.

D'origine bretonne, Gildas a grandi au Sénégal, est parti pêcher dans tous les océans, et est maintenant de retour dans son pays d'adoption avec son club de pêche sportive. Grand connaisseur du pays et de ses côtes, vous êtes entre de bonnes mains si vous souhaitez vous essayer à la pratique de ce sport ! Différents types de pêche sont proposés : le marlin à la traîne aux leurres, la dorade à la palangrotte ou encore les bars mouchetés au lancer. Outre sa passion qu'il vous fera partager, Gildas est en plus très sympa ! A vos cannes....

GOLF DE SALY

Route de la Somone
✆ +221 33 957 24 88
www.golfsaly.com
Adultes : à partir de 32 000 FCFA la journée.

Inauguré en 1998, c'est l'unique parcours de golf de 18 trous du Sénégal. Il a été imaginé par l'architecte liégeois Vic Bernstein qui a intégré ce parcours dans cet environnement naturel, tout en conservant la cinquantaine d'arbres s'élevant sur le site. Le tout s'étend sur un espace verdoyant et bien entretenu de 70 ha, doté de greens impeccables et respectant les normes internationales. L'accueil y est en plus très sympathique, et l'on peut prendre des cours d'initiation, collectifs ou individuels. Bonnes prestations professionnelles.

L'ANNEXE

✆ +221 77 112 12 60
Ouvert du lundi au samedi de 22h à 6h. Entrée à partir de 5 000 FCFA avec consommation les vendredi et samedi.

Cette discothèque, ouverte en 2014, est très prisée des Dakarois en vacances à Saly et des expatriés. On y vient se déhancher sur des tubes de variété internationale jusqu'au petit matin. Des soirées concerts sont organisées une fois par mois, le jeudi. Au premier étage, un bar-restaurant complète le complexe. Sur La Terrasse, en plein air, vous pourrez boire un bon cocktail, tout en jouant au billard. Quant au restaurant, il propose une cuisine à la fois locale et internationale. On peut entre autres déguster de bonnes raclettes et fondues bourguignonnes.

CASINO TERROU-SALY

Rond-Point Diakhao
✆ +221 33 939 72 72
www.casino-terrousaly.com
Ouvert tous les jours de 12h à 4h. Plats à partir de 6 600 FCFA.

Blotti au cœur de la station balnéaire, le Casino de Terrou Saly se veut être un établissement chic afin d'accueillir ses invités dans un cadre plutôt tendance. A disposition, vous y trouverez un parking surveillé, des salles climatisées, les machines à sous, un bar lounge, le restaurant et le salon des jeux de table, pour que vos moments de détente et de loisirs soient aussi agréables que mémorables. Le restaurant propose des formules attractives à midi et des mets raffinés aux saveurs inattendues le soir, sur son élégante terrasse ou dans sa salle climatisée.

RDC

✆ +221 77 218 78 81
Ouvert tous les jours de 8h à 6h du matin.

Au bord de la route principale de Saly, ce complexe est à la fois un bar-PMU fréquenté par les locaux, un restaurant de cuisine internationale et l'une des boîtes de nuit les plus ambiancées de la station balnéaire. Touristes et locaux y font la fête jusqu'au bout de la nuit, surtout le week-end, dans l'une des deux discothèques qu'abrite le lieu. Le restaurant est, quant à lui, animé tous les soirs et l'on peut y déguster des viandes, du poisson et des pizzas à des prix abordables. Le personnel est actif et efficace. Pour une soirée des plus festives.

MBOUR

Mbour et son agglomération constituent un pôle économique important dans la région en raison de sa mine de titane et son important port de pêche, le deuxième du pays. La ville ne possède pas l'attractivité touristique de Saly, mais son authenticité attire de nombreux touristes venus assister au spectacle impressionnant des centaines de pêcheurs rentrant au port tous les soirs vers 17h, débarquant des milliers de poissons de leurs pirogues colorées. Sortir tard le soir dans le centre est également une bonne alternative pour se changer de l'atmosphère de Saly. Vous trouverez plusieurs distributeurs d'argent, les derniers avant le Sine-Saloum, pensez-y !

MARCHÉ ARTISANAL ★

Quartier Escale

Avec le port de pêche, le marché artisanal est le deuxième centre névralgique de Mbour. Pour peu qu'on ait la patience de slalomer entre les différentes cantines, visiter le marché de Mbour est une bonne occasion de découvrir l'atmosphère d'un marché typiquement sénégalais. Dès 7h du matin, c'est l'agitation. Les femmes s'accaparent les étals qui débordent de fruits et de légumes (aubergines, tomates, haricots, oranges…). Dans la journée, l'activité s'intensifie et le marché prend alors des allures de souk : tissus, épices, viandes, poissons, on y trouve de tout !

PORT DE PÊCHE ★

Autour de 5 000 FCFA la visite guidée, incluant aussi le marché.

© S.NICOLAS - ICONOTEC

Point d'activité extrême, le port de Mbour est le deuxième port de pêche du Sénégal. C'est ici que vous pourrez assister (aux alentours de 17h) au retour des pêcheurs, rentrés parfois de plusieurs jours en mer. Au milieu des pirogues colorées, les femmes écaillent et décortiquent les poissons, avant de les revendre sur place. L'odeur et l'effervescence qui y règnent sont indescriptibles. Plus loin, des transporteurs attendent les cargaisons qui seront acheminées vers les régions ou conduites directement à Dakar, avant de rejoindre les marchés européens.

GÎTE-ÉCOLE DE MBOUR €

Zone résidentielle

© +221 33 957 39 89

www.gitecolembour.com

Chambre à partir de 15 000 FCFA et suite avec salon à partir de 20 000 FCFA. Petit déjeuner à partir de 2 000 FCFA.

C'est à l'initiative de l'Association pour l'Emergence de la Femme (AEF) que ce centre de formation professionnelle a vu le jour en 2016. Soixante-dix jeunes filles de classes défavorisées, âgées de 18 à 27 ans, y reçoivent des cours de couture ou de restauration. Pour financer ce centre, des chambres et des appartements ont été aménagés et des excursions sont organisées dans tout le Sénégal pour le voyageur souhaitant s'impliquer dans un tourisme solidaire. Possibilité de prendre des cours de cuisine, wolof, djembé, entre autres.

NDAALI HÔTEL €

Plage Grand Mbour

© +221 33 957 47 24

www.ndaalimbour.com

Compter autour de 32 000 FCFA la case double climatisée, petit déjeuner inclus. Repas à partir de 4 000 FCFA.

Ici, pas de transat sur le sable. On se ressource dans une ambiance « chambre d'hôte » et l'on sort vers les paillettes balnéaires si le cœur nous en dit. Un établissement chaleureux, de caractère, joliment décoré. Ses cases-studios simples sont dotées d'originales mezzanines. L'ensemble est harmonieusement réparti dans un petit paradis de verdure. Quant au restaurant, il propose une délicieuse cuisine aux saveurs locales et européennes. Le bar, dans une petite cour, paisible, colorée et fleurie, est une bonne alternative aux classiques de Saly.

Marché de village dans la région de Mbour.

HÔTEL CLUB SAFARI €€

Route de Joal

✆ +221 33 957 19 91

www.hotelclubsafari.com

Chambre simple à partir de 18 600 FCFA, double à partir de 27 200 FCFA. Petit déjeuner inclus.

Au bord d'une belle piscine dans un jardin de cocotiers, vous saurez apprécier l'atmosphère de l'hôtel composé de 12 chambres, coquettes et toutes équipées. Au restaurant du Safari, au déjeuner ou au dîner, le chef propose une cuisine généreuse, riche en poissons frais et vous fait découvrir les spécialités sénégalaises que vous pourrez déguster à l'intérieur ou en terrasse. A la réception, vous trouverez un service de change, un service pressing et également des jeux de cartes, des fléchettes, des raquettes, des boules de pétanque.

KEUR MARRAKIS €€

Route de Joal

✆ +221 33 954 74 54

www.marrakis.com

Chambre double à partir de 26 000 FCFA. Petit déjeuner inclus. Menu à partir de 6 500 FCFA.

Très bien située, cette auberge charmante propose de très belles chambres décorées avec soin dont certaines ont une vue imprenable sur la mer. Niché dans une oasis de verdure, dans un quartier très calme, c'est l'endroit idéal pour passer des vacances en famille ou entre amis. Les repas sont servis dans le jardin, au bord de la piscine, avec vue panoramique sur l'océan. On y déguste une cuisine italienne ou sénégalaise faite de produits fraîchement ramenés du marché. Accès direct à la plage. Très chaleureux accueil de Marisa et Nino, les propriétaires.

LE TAMA LODGE €€€

Avenue de la Mer

✆ +221 33 957 00 40

www.tamalodge.com

Case double à partir de 89 000 FCFA, suite à partir de 106 000 FCFA. Petit déjeuner inclus.

Avant même d'accéder au lodge, le ton est donné. Statuettes, jarres, bois décorent les alentours. Dans un décor authentique et raffiné, fait de bogolan, de nattes, de banco et de statuettes, aussi bien dans les chambres qu'à la réception, les pieds dans le sable à quelques mètres de la mer, le Tama Lodge séduit. Le bar et le restaurant sont dédiés uniquement aux clients de l'hôtel en leur proposant une formule avec plusieurs plats au choix. On loge au choix dans 4 cases « plage », 3 cases « jardin » ou 2 suites luxueuses. Hôtel réservé uniquement aux adultes.

LA TÉRANGA €

✆ +221 77 267 80 85

Ouvert tous les jours de 7h à minuit, jusqu'à 5h le samedi. Plat du jour à 1 000 FCFA.

Ce restaurant propose des plats traditionnels et européens (sur commande), qui vous sont servis dans le patio intérieur. Un endroit très agréable. Le personnel est avenant et les préparations sont servies assez rapidement. Des concerts aux couleurs locales y sont organisés tous les samedis à partir de minuit. N'hésitez pas à appeler pour connaître le programme musical. Même si la carte est assez limitée, la Téranga reste une bonne adresse pour découvrir la cuisine sénégalaise et s'imprégner de l'ambiance africaine, toujours très conviviale.

LE VIRAGE - CHEZ ALBERT €

Mbour Toucouleur
✆ +221 77 537 01 09

Ouvert du lundi au samedi de 12h à 15h et de 19h à 23h, le dimanche sur réservation. Plats à partir de 4 000 FCFA.

Depuis 2005, Albert vous accueille avec le sourire dans cette petite gargote qui s'est forgée depuis une bonne réputation auprès des locaux et des touristes. Dans un cadre typique, en bord de route, on y vient savourer une délicieuse cuisine locale ou européenne, dans la convivialité et la bonne humeur. Parfois, à certaines heures, un griot s'invite même la kora à la main, pour le plus grand bonheur des clients. Vous pourrez ici goûter à la liqueur de Warang, fabriquée de manière artisanale. Service efficace et rapide. Excellent rapport qualité-prix.

ELY ET ALAIN €€

Route de l'Hôpital
✆ +221 77 550 17 42

Ouvert du mardi au dimanche de 10h à minuit. Plats à partir de 3 000 FCFA.

A deux pas de la mer, dans un patio fleuri et ombragé, le très chaleureux couple sénégalais, Alain et Ely, vous accueille les bras ouverts dans leur établissement sans prétention. Ely y cuisine à merveille des plats simples, concoctés avec des produits du marché. A la carte, viandes braisées, brochettes de lotte et de fruits de mer ou spécialités sénégalaises au choix, à accompagner d'un savoureux cocktail maison à base de fruits de saison. Dans un lieu si agréable et paisible, où le moindre détail a son importance, que demander de mieux ?

VILLAGE ARTISANAL PACK LAOBÉ

Parking des Camions de Sable

Lors de votre périple, vous aurez remarqué sculptures en bois, tableaux de sable ou fixés sous-verre. Vous voici sur le lieu de création de ces œuvres d'art. Sculpteurs, cordonniers et bijoutiers, plus de 50 artisans travaillent ici, dans un lieu bien organisé où chacun a sa case numérotée. La plupart des œuvres sont des sculptures de bois : les Laobé sont en effet réputés pour ce travail. Comme vous retrouverez dans tout le Sénégal leurs œuvres, autant discuter art et prix ici !

WARANG

Warang est réputé à travers le pays pour ses liqueurs artisanales à base de fruits tropicaux. Sinon, quelques mosquées, de jolies ruelles fleuries et de belles plages bordées de cocotiers où il fait bon se prélasser. Ce que l'on vient chercher dans cette bourgade, c'est avant tout la tranquillité. Et d'ailleurs, beaucoup d'Européens ont compris qu'il fait bon vivre à Warang, puisqu'ils sont de plus en plus nombreux à s'y être installés. Ce charmant village, situé sur la route de Joal, compte toutefois quelques bons établissements. De quoi faire le bonheur de ceux qui souhaitent passer des vacances reposantes, à une dizaine de kilomètres de Saly.

LE KENKENI €

✆ +221 77 646 95 61
www.lekenkeni.com

Chambre double à partir de 18 000 FCFA, suite double à partir de 28 000 FCFA. Petit déjeuner inclus.

Cette auberge abordable et familiale offre un agréable cadre, avec ses jolis meubles en rotin, ses chambres bien équipées et sa terrasse, au milieu des fleurs, dotée de hamacs pour y prendre du bon temps. On peut aussi y déguster une goûteuse cuisine sénégalaise, paisiblement face à l'océan. Un éventail d'activités y est proposé, entre balades en pirogue, en buggy ou en quad et visites des villages traditionnels. L'équipe, très chaleureuse, est en plus aux petits soins pour ses clients. Une très bonne adresse pour les petits budgets, à proximité de la plage.

LES MANGUIERS DE WARANG €

Warang Sérère ✆ +221 33 957 51 74
www.lesmanguiersdewarang.com

Chambre simple à partir de 15 750 FCFA, double à partir de 18 500 FCFA. Petit déjeuner autour de 2 000 FCFA.

Des chambres et des cases et très bien tenues à la décoration africaine composent l'hébergement de cette auberge reposante et blottie sous les manguiers. Elles disposent toutes de leur salle de bains avec eau chaude, de moustiquaires et de ventilateurs. Vue panoramique de la terrasse, farniente au bord de la piscine, également des stages de danse, de percussions et de batik. Chaque année, l'auberge reverse un pourcentage de ses bénéfices à des associations locales et milite ainsi pour une autre forme de tourisme. Excellent accueil, bon rapport qualité-prix.

LE WARANG HÔTEL €€

Plage de Warang
✆ +221 76 468 11 85
www.hotel-lewarang.com

Chambre simple à partir de 19 000 FCFA, double à partir de 30 000 FCFA. Petit déjeuner inclus.

Petit domaine, le Warang Hôtel propose quelques bungalows à l'architecture africaine tous équipés de moustiquaires, de la climatisation et de sanitaires avec l'eau chaude. Depuis la piscine, vous pourrez profiter d'une belle vue sur l'océan, de même qu'au restaurant. Ce dernier propose une délicieuse cuisine franco-sénégalaise concoctée en grande majorité avec des produits locaux. Des excursions sont également proposées et, à l'occasion, des cours de percussions. Enfin, il s'agit d'une étape classique pour le tourisme solidaire.

LES LIQUEURS DE WARANG

Route de Joal
✆ +221 77 524 54 16

Ouvert tous les jours de 11h à 13h et de 15h à 19h. Visite et dégustation gratuite.

Cette distillerie familiale fabrique divers alcools à base de spiritueux et de fruits exotiques variés. L'accueil y est chaleureux et l'on vous fera une visite des installations avant de vous offrir une dégustation au parfum de votre choix. Quelques spécialités : crème de Warang (17 % vol.), spiritueux, lait, cacao, café, sucre, banane ; Pomme cajou (20 % vol.), spiritueux, pomme cajou, sucre ; Tamarin (20 % vol.), spiritueux, fruit de tamarin, sucre ; Baobab (20 % vol.), spiritueux, pain de singe, miel sauvage. Un agréable jardin botanique complète la visite.

UN ARTISTE ENGAGÉ

Originaire de Nianing, le chanteur Mam J Ras Soul est un reggaeman de talent, qui s'engage au-delà de la musique dans des projets sociaux, joignant ainsi l'acte à la parole. Son opus *Lettre du continent* a rencontré un vif succès lors des Victoires du reggae, en 2018, lui qui a été nominé dans la catégorie du meilleur album africain. Enregistré au Mali avec l'un des pionniers du rap africain, cet album engagé est un mélange harmonieux d'instruments africains comme le balafon et la kora. Dans son studio d'enregistrement installé dans son village natal, l'artiste veut éveiller les consciences, tout en contribuant de manière citoyenne au développement de son pays.

NIANING

Nianing est un petit village de pêcheurs authentique et très agréable, en terre sérère et catholique, un peu à l'écart de l'agitation de Saly, et qui longe une belle plage de sable fin. Il y a peu d'infrastructures et les plus proches se trouvent à Mbour (argent, poste...), situé à 8 km de là. Nianing compte 6 500 habitants, essentiellement des pêcheurs, venus d'un peu partout dans le pays. La ville était connue autrefois pour être un grand port commercial d'arachide et de coton. Aujourd'hui, elle est moins animée. Pour vous y rendre de Mbour en transport en commun, prenez un taxi 7-places et indiquez bien au chauffeur que vous vous arrêtez à Nianing.

Séchage de poissons à Nianing.

NIANING AUTOMOBILES

Route de Joal
✆ +221 33 954 92 30
www.nianingauto.com

Ouvert du lundi au samedi de 9h à 13h et de 15h à 18h30.

Nianing Automobiles propose un parc très complet de véhicules adaptés à tous vos déplacements sur place. Que ce soit pour la découverte des villages en brousse, celle des régions intérieures du Sénégal ou les balades autour de votre lieu de résidence, Nianing Automobiles met à votre disposition des berlines, minibus ou 4x4 en excellent état, tous climatisés et assurés par la compagnie internationale Allianz. Les tarifs dégressifs sont adaptés à la durée de votre séjour, et la qualité des véhicules vous permettra de profiter pleinement de vos vacances.

LE BEN'TENIER €€

✆ +221 33 957 14 20
www.lebentenier.com
Case ou chambre double à partir de 32 500 FCFA. Petit déjeuner inclus.

Niché dans la verdure, calme et reposant, ce charmant campement est certainement l'un des plus esthétiques du coin. Le jardin, la piscine et l'espace en général sont aménagés de manière conviviale et avec goût. 14 chambres avec toilettes, douches, ventilateurs et moustiquaires. Au restaurant, on sert une cuisine goûteuse de produits du terroir (poissons, viandes…). A noter la dimension responsable de cet établissement, avec la possibilité de participer à des actions de solidarité dans le cadre de la petite enfance (écoles, dispensaires).

CHEZ ANNICK €

Route de Joal ✆ +221 77 667 81 32
Ouvert tous les jours de 8h à 23h. Plats à partir de 1 000 FCFA.

Boudy et Assaïta, deux sœurs sénégalaises bien courageuses, ont rendu hommage à leur amie bretonne en donnant son prénom à leur restaurant. Leur cuisine généreuse s'est fait depuis bien longtemps une réputation auprès des expatriés et des Sénégalais, elle qui est en plus goûteuse et préparée avec des produits du marché. A la carte, des viandes et des poissons grillés, des spécialités locales, du couscous marocain et sénégalais. Egalement des langoustes et des cigales de mer, entre autres produits de la mer. Ambiance locale et détendue.

COCO DIOP €

Route principale
✆ +221 77 570 94 04
http://cocodiop.com
Ouvert de 12h à 15h et de 19h à minuit. Fermé le lundi et le mardi. Plats à partir de 4 000 FCFA.

C'est l'une des tables réputées de la Petite Côte, pour ses délicieuses pizzas cuites au feu de bois et sa cuisine internationale aux accents méditerranéens. Il est tenu par un sympathique couple franco-sénégalais, Mamadou et Stéphanie, et une équipe locale, très agréable. Installé dans ce petit havre de verdure, vous pourrez, entre autres plats bien concoctés à partir de produits frais, goûter à un délicieux steak tartare, à une copieuse poêlée de gambas ou encore à une très bonne soupe à la lotte. Une adresse à découvrir !

CASA COCO €€

Route de Joal ✆ +221 33 957 35 36
www.casacocosenegal.com
Chambre à partir de 54 € en demi-pension. Fermé durant l'hivernage. Barbecue tous les dimanches à partir de 9 500 FCFA.

Tenu par un couple belge fort sympathique, ce petit lodge de charme, à l'ambiance chaleureuse, propose des chambres « cases » confortables, autour d'une piscine agréable, au cœur de florissants bougainvilliers. Le restaurant, qui s'ouvre sur l'océan, offre un cadre relaxant pour les délicieux repas traditionnels. Accès direct à la plage. Egalement une annexe, plus paisible et intime, dotée d'une magnifique villa, avec vues imprenables sur l'océan et la piscine, et de deux chambres de luxe et relax. Le personnel est en plus aux petits soins. Que du bonheur !

PAPE LE PETIT BONHEUR €

Route de Joal
✆ +221 77 054 10 43
Fermé le mardi. Plats à partir de 4 000 FCFA.

Au bord de la route principale, ce restaurant local est une vraie institution à Nianing ! Expatriés, locaux et touristes s'y retrouvent autour d'un verre ou d'un plat bien copieux, dans la bonne humeur. La carte propose à la fois un large choix de boissons, entre jus locaux, cocktails maison et divers vins, ainsi que des plats variés tout aussi appétissants les uns des autres. Vous pourrez y déguster des pizzas au feu de bois, du *thiof* grillé aux herbes, un bon filet de zébu ou encore de généreux plats sénégalais. A tester si vous êtes dans le coin !

MBODIÈNE

A 6 km avant Joal, Mbodiène est un petit village tranquille, doté d'une sublime plage et d'une lagune, véritable refuge d'oiseaux. C'est un lieu idéal pour passer quelques jours au calme. D'ailleurs, il vaut mieux en profiter maintenant avant que tous les projets hôteliers n'aboutissent. Du côté village, l'église est l'élément le plus impressionnant. De loin, elle paraît normale, mais, pour qui se rapproche, les vitraux révèlent leur vraie nature : ce sont en fait des morceaux de verre de bouteille, de vin, de Flag, et même de soum-soum, l'alcool local. Coïncidence ou plaisanterie divine, il semblerait que ces vitraux extraordinaires aient été réalisés par un père dont le nom était Bouteiller. A peine croyable !

MISSION CATHOLIQUE €

A partir de 4 000 FCFA la nuit par personne.

Quelques chambres individuelles et doubles sont ici disponibles. Egalement de grands dortoirs de cinq à dix lits chacun, bien entretenus. Ne vous attendez pas à un confort 4 étoiles. Les chambres sont sobres et spartiates, mais ont au moins le mérite d'exister. Le village est, quant à lui, très silencieux. Vous n'entendrez que le bruit de la mer et le chant des oiseaux. Le soir, vous pourrez parfois vous mêler aux jeunes séminaristes qui organisent concours de danse, de djembé et petits sketches entre eux. Un moment très agréable !

CAMPEMENT LE THIOSSANE €

✆ +221 76 588 10 25

www.lethiossane.com

Case simple à partir de 9 500 FCFA, double à partir de 14 000 FCFA, petit déjeuner inclus. Repas à partir de 6 500 FCFA.

Le campement a les pieds dans le sable, et le cadre est magnifique. C'est la bonne adresse de la région pour son rapport qualité-prix. Deux types de cases selon les goûts et les budgets : des bungalows en dur, un peu défraîchis et sans clim, et des cases en paille, éclairées à la lampe à pétrole, avec sanitaires extérieurs et douche à la calebasse pour moitié moins cher, la solution idéale pour les jeunes routards, car propre et bien tenu. Le menu est fixe et très bien servi, avec une grosse assiette sénégalaise, à base des produits du jour.

NGAZOBIL

Ngazobil n'est pas une nouvelle combinaison révolutionnaire d'huile et d'essence, mais bien le nom du village abritant l'une des plus anciennes missions catholiques du Sénégal (XIXe siècle), refuge de pèlerins situé peu avant l'entrée de Joal, à l'orée d'une forêt protégée de plus de 400 ha où vivent singes verts, gazelles et de nombreuses espèces d'oiseaux. Vous ne serez pas le premier à penser à y dormir. Les sœurs de Ngazobil en ont hébergé plus d'un. L'endroit est même fétiche pour certains inconditionnels. N'hésitez pas un instant et descendez à la plage. Elle est belle, agréable, et, soyez-en certain, vous ne serez pas dérangé par le monde !

FADIOUTH ★★★

Détour incontournable lors d'un séjour au Sénégal, Fadiouth est une île artificielle, peuplée d'environ 8 000 âmes, et construit sur un amas de coquillages. Elle est à 90 % catholique, tout le contraire du reste du pays, et abrite un cimetière mixte, unique au Sénégal. Ici, le touriste n'est pas laissé à l'abandon : Joal-Fadiouth est doté d'un syndicat d'initiative, avec des guides compétents à prix fixe, c'est appréciable ! En débarquant sur l'île, on est tout de suite frappé par la blancheur des coques qui tapissent le sol, les arbres majestueux comme ce baobab vieux de 800 ans, trônant au milieu du village et les greniers à mil sur pilotis.

Histoire

L'origine des premiers habitants de Fadiouth est encore controversée, mais l'hypothèse la plus répandue est qu'ils seraient à l'origine un peuple mandingue, les Guelwar originaires de Guinée-Bissau. Arrivés par la mer, ils auraient érigé tous les villages qui commencent par la syllabe « Fa », comme Fadiar, Faoye, Falia... Une seconde vague de peuplement serait due au repli des Sérères du Sine venus de la rive gauche du fleuve Sénégal, ayant refusé de se soumettre aux conquérants musulmans Almoravides. Pendant la période coloniale, des peuples catholiques se succèdent sur ces terres et le développement du commerce triangulaire emmène de nombreux missionnaires dès 1636. Après des siècles de résistance, c'est au XIXe siècle que le christianisme s'enracine sous l'impulsion des Français.

BAOBAB SACRÉ ★★

Guide obligatoire.

En plein milieu de la petite île, ce baobab, d'une trentaine de mètres de circonférence, est l'un des plus emblématiques du Sénégal. Vous l'aurez vite remarqué, chaque village, chaque forêt semble posséder le plus gros baobab du pays. Mais passé cette première considération, le baobab n'en reste pas moins impressionnant, tant par sa taille que par sa beauté. Il aurait plus de 800 ans, et la légende raconte qu'il n'a jamais perdu ses feuilles ! On regrette cependant l'ambiance commerciale qui règne autour de ce baobab, où l'on se sent forcé d'acheter. Dommage...

ÉGLISE SAINT-FRANÇOIS-XAVIER ★★

A majorité chrétienne, l'île de Fadiouth abrite l'église Saint-François-Xavier, construite en 1981. Son toit, aujourd'hui en tôle, a dû être reconstruit après la grande tempête de 1999. L'édifice n'a rien d'exceptionnel en soi, mais on y vient surtout pour assister le dimanche matin à la messe prononcée en grégorien, en français, en sérère et en wolof, le tout accompagné de percussions et de chants religieux. Egalement, des offices tous les matins.

CIMETIÈRE MIXTE ★★

En pirogue ou à pied en empruntant le pont, vous accéderez facilement à cette petite île, plantée de baobabs et constituée d'un amoncellement de coquillages, qui abrite depuis 1977, le seul cimetière mixte du pays, véritable symbole de paix et de fraternité entre les deux religions. Ici, règne une ambiance paisible, propice au recueillement. En premières lignes, les tombes des catholiques rehaussées de leur croix. Au fond, les mausolées et les sépultures des musulmans. Depuis le sommet de la butte, on profite d'une vue imprenable sur Fadiouth et la lagune.

GRENIERS À MIL SUR PILOTIS ★★

On les découvre en pirogue ou on les regarde depuis le pont qui mène au cimetière. De loin, ils évoquent les cases rondes d'un village africain typique. A l'époque où les cases du village étaient en bois, ces greniers avaient été installés à l'extérieur de l'île, en bordure de mangrove, pour protéger les récoltes des probables incendies et des rats. Les bâtisses sont aujourd'hui en dur, mais les greniers sont toujours utilisés par la population pour stocker les récoltes.

PETITE CÔTE

Peinture de l'île de Fadiouth.

JOAL ★★

Cette porte du Saloum est-elle la ville natale de Senghor ? Non. Mais le futur premier président de la République du Sénégal y a bel et bien grandi. Ici, tout le monde vous mènera dans la maison de ses parents en vous promettant que c'est elle qui l'a vu naître... Rares sont cependant les touristes qui s'arrêtent à Joal. En général, on s'y gare plutôt pour aller découvrir l'île de Fadiouth, située juste en face, que l'on rejoint par un pont. La petite ville, pleine de douceur de vivre, abrite encore quelques vieilles bâtisses coloniales. En fin d'après-midi, l'arrivée des pêcheurs au nouveau port, près de l'entrée de la ville, vaut le déplacement.

Pratique

Comme à Mbour, l'office de tourisme a structuré les guides ici, qui vous emmènent à Joal et Fadiouth. Il est très agréable de suivre les explications, de partir sur les traces de Léopold Sédar Senghor et de passer un bon moment avec un habitant du village. Ne manquez pas de passer par le plus gros baobab du pays et sa belle forêt environnante à Samba Dia, à une vingtaine de kilomètres de Joal en allant dans le Sine-Saloum. De là, vous pourrez rejoindre Palmarin et Djifer, en direction de la Pointe de Sangomar, ou Fimela et Ndangane, vers le bras du Saloum. Comptez autour de 1 200 FCFA par personne en 7 places de Palmarin ou Fimela jusqu'à Joal. De Mbour à Joal, comptez autour de 800 FCFA le trajet en taxi-brousse.

MUSÉE MBIND-DIOGOYE

Route principale de Joal
✆ +221 77 541 39 61
Ouvert du mardi au dimanche de 9h à 13h et de 15h à 18h. Entrée : à partir de 1 000 FCFA.

Vous voilà dans la maison d'enfance de l'ancien président Léopold Sédar Senghor, située face au marché du village. Ce musée, dont le nom signifie « maison du Lion » en sérère, présente la vie et l'œuvre, tout aussi riches l'une que l'autre, du premier président de la République du Sénégal. La visite est très agréable, conduite par le jeune conservateur du musée, et vous plonge dans l'univers intime de Léopold Sédar Senghor et de sa famille. Le parcours est en plus égayé de lectures de textes du président-poète. Une visite captivante et émouvante.

SYNDICAT D'INITIATIVE

Ouvert tous les jours de 8h à 18h.
A partir de 5 000 FCFA par groupe (jusqu'à 4 personnes) pour un guide.

Le syndicat d'initiative situé à Joal, face à la passerelle qui mène à Fadiouth, fédère les guides et les piroguiers, concentrant l'offre et les tarifs pour éviter la sollicitation constante des visiteurs. Une organisation qui fonctionne très bien. La grille des tarifs est unique et affichée dans le bureau. Plusieurs excursions proposées : visite des greniers à mil sur pilotis, balade dans les mangroves, le grand tour de l'île avec visite au baobab sacré de 800 ans, promenade en calèche dans la ville... Une halte obligatoire pour découvrir Joal !

AUBERGE LE DJEMBÉ €€

Quartier Diamaguène
✆ +221 33 954 83 97
auberge-djembe.com
Chambre à partir de 23 000 FCFA.
Petit déjeuner inclus. Accès direct à la plage.

Cette petite auberge, au bord de la mer, est un endroit agréable et paisible où passer de bonnes vacances. Les quatre chambres, situées au rez-de-chaussée, sont confortables, bien entretenues et décorées de peintures sénégalaises sur les murs. Elles sont dotées de la climatisation, de moustiquaires et disposent d'une salle de bains intérieure avec douche. A l'étage, la suite familiale comporte trois chambres spacieuses avec une salle de bain et offre une jolie vue sur la mer. Piscine, bibliothèque et ludothèque. Bel accueil d'Elisabeth et son équipe.

LA TAVERNE DU PÊCHEUR €€

✆ +221 33 957 68 43
Ouvert tous les jours de 8h à 23h.
Plats à partir de 3 500 FCFA.

La Taverne du Pêcheur est située idéalement au pied du pont de Fadiouth. Un site idyllique pour déguster un verre ou un plat, entre amis, en famille ou en couple. On peut y commander des huîtres de palétuviers avec un verre de vin blanc avant de passer au plat principal, du poisson grillé surtout. Vous trouverez aussi à la carte des viandes et des plats sénégalais, généralement servis en portions généreuses. Cependant, le service et la qualité des plats ne sont pas toujours au rendez-vous, notamment en haute saison. Dommage !

SINE-SALOUM

Pour le voyageur qui visite pour la première fois le Sénégal, le Sine-Saloum est une destination incontournable et facile d'accès depuis Dakar ou la Petite Côte. Cette région est un delta situé à la croisée de deux fleuves fossiles, le Sine et le Saloum. Il s'agit de rias, des lits de fleuve qui n'existent quasiment plus, car envahis par l'océan et qui s'enfoncent sur des centaines de kilomètres à l'intérieur des terres. Ces bras de mer, appelés communément *bolongs*, sont bordés par la mangrove et tributaires des marées. S'étendant sur 76 000 hectares, le Parc national du Delta du Saloum est le deuxième plus important du Sénégal. Son delta est inscrit au Patrimoine de l'Unesco, depuis 2011. Cette région porte aussi le nom de deux royaumes sérères pré-coloniaux, chacun gouverné par un roi et affranchi du royaume Djolof depuis le milieu du XVIe siècle. De cette histoire riche, les Sérères ont hérité de coutumes animistes très présentes.

Sine-Saloum
SALY
PORTUDAL
M'BOUR
Réserve Écologique Expérimentale de M'bour
Thiadiaye
THIÈS
P 705
D 705
D 612
N 1
Diouroup
FATICK
Diarhao
Gandiaye
Linndiane
R 61
FATICK
Joal-Fadiouth
MBISSEL
SAMBA DIA
FIMELA
YAYEM
Guilor
NDANGANE
Mar Setal
MAR LODJ
FOUNDIOUGNE
DJILOR DJIDIACK
Saloum
PALMARIN
DJIFER
FALIA
Niodior
DIONEWAR
PARC NATIONAL DU DELTA DU SALOUM
SOKONE
FOUNDIOUGNE
TOUBAKOUTA
MISSIRAH
Karang
Océan Atlantique
PASSY
N 5
KAOLACK
N 4
GOSSAS
GUINGUINÉO
Birkelane
Kaffrine
R 60
Kassas
Mbegue
BIRKILANE
KAFFRINE
Ndofan
NIORO DU RIP
NIORO

PAGES

179 ## ●● SINE-SALOUM

Pour le voyageur qui visite pour la première fois le Sénégal, le Sine-Saloum est une destination incontournable et facile d'accès depuis Dakar ou la Petite Côte. Son paysage, constitué d'îles, de mangroves, de plages de sable côté océan, de *bolongs* arborés de palétuviers et survolés par des centaines d'espèces d'oiseaux, compte certainement parmi les plus beaux du pays.

180 **PALMARIN ★★★**

En direction de la Pointe de Sangomar, Palmarin se divise entre *bolongs* et océan. Sa longue plage de sable blanc, très paisible, invite au farniente au bord de l'Atlantique. Quant à la réserve naturelle, elle offre de jolies balades entre ses baobabs et ses puits de sel aux couleurs étonnantes.

186 **DJILOR DJIDIACK ★★**

Niché au bord d'un agréable *bolong*, Djilor Djidiack est un village paisible où il fait bon se détendre. Vous pourrez d'ici apprécier de belles balades en pirogue à travers la mangrove, piquer une tête à marée haute dans le bras de mer et surtout visiter un remarquable musée d'objets d'art, le MAHICAO, pour un voyage au cœur de l'art et de la culture de l'Afrique de l'Ouest.

© CURIOSO.PHOTOGRAPHY - SHUTTERSTOCK.COM

Côte près de Palmarin.

SINE-SALOUM

PAGES

FOUNDIOUGNE

191 C'est l'une des communes les plus anciennes du Sénégal. De par sa position stratégique, les Français en firent un comptoir commercial d'importance durant la période coloniale. En témoignent aujourd'hui ses maisons de négoces, ses anciens entrepôts et ses bâtiments administratifs. La localité est aussi réputée pour ses eaux poissonneuses et ses crevettes roses.

191 KAOLACK

NIORO DU RIP

193 A une trentaine de kilomètres de la Gambie, Nioro du Rip est avant tout un lieu de passage si vous êtes en route pour la Transgambienne. Mais la région est aussi connue pour ses cercles mégalithiques, dont quatre grands groupes sont répartis entre le Sénégal et la Gambie, dans un rayon de 100 km. Le détour peut être intéressant, si vous êtes accompagné d'une personne qui connaît bien le coin.

193 PASSY

194 SOKONE

TOUBACOUTA

195 Qu'il fait bon séjourner dans ce village pittoresque, niché au bord du *bolong* ! Le village est le point de départ de nombreuses excursions dans la région. Outre les sorties pêche et la découverte de villages traditionnels, la réserve de Fathala, située à une quinzaine de kilomètres de là, promet une journée pleine de sensations et de frissons, au cœur de sa réserve animalière.

197 MISSIRAH

PARC NATIONAL DU DELTA DU SALOUM ★★★

197 Classé Réserve de la biosphère, le parc s'étend sur environ 76 000 hectares entre forêt, mangroves et bras de mer. Avec 400 espèces d'oiseaux répertoriées, une faune variée et une flore abondante, il est considéré comme l'un des parcs le plus riche en biodiversité d'Afrique de l'Ouest. Parcourir les dédales de ses *bolongs* en pirogue est une véritable bouffée d'air pur.

Parc national du Delta du Saloum.

MBISSEL

Pour une halte au cœur de la culture du Sine. Mbissel fut le premier village où s'établit la dynastie des Guelwaar, une aristocratie mandingue qui s'imposa à partir du XIVe siècle. Meissa Wali Dione devint le premier bour (roi) du Sine, et avec son armée de captifs, sous le contrôle des guerriers ceddos, il étendit son espace vital. Emile Pinet Laprade et Louis Faidherbe mirent un point final à l'hégémonie des Guelwaar sur le Sine, obligeant le bour Coumba Ndoffène Diouf, à accepter le protectorat français qui s'établissait dans les alentours. On peut y voir la tombe de Meissa Wali Dione, et son célèbre éléphant, évoqué dans un poème de Léopold Sédar Senghor.

LE GRAND BAOBAB ★★

Fadial

Visite de l'intérieur du baobab avec explications sur donation libre (nous conseillons autour de 2 000 FCFA).

Voici l'un des plus gros baobabs du Sénégal, un impressionnant spécimen de 33 m de circonférence et environ 850 ans, au sein d'une forêt qui abrite des baobabs multicentenaires. Son tronc est très large, constitué de bourrelets qui forment plis et replis. Les vendeurs en tout genre attendent les touristes, mais pour ne pas leur mettre la pression, ils ont décidé de s'organiser. Désormais, à tour de rôle, chacun invite les visiteurs à entrer dans l'arbre pour découvrir une colonie de chauves-souris et donner des informations très intéressantes sur le site.

SAMBA DIA

Ce petit village de brousse constitue une halte agréable avant de se rendre vers Palmarin, ou quand on en revient avant de se rendre vers Ndangane. Il est réputé pour sa magnifique forêt de rôniers de 752 ha, classée réserve de la biosphère en 1979. Vous pourrez y faire de très jolies balades à pied ou en charrette. A 2 km du village, une ferme écologique propose des visites très intéressantes de ses pépinières. Sur la route de Joal, arrêtez-vous un instant devant le grand baobab, l'un des plus impressionnants du Sénégal. Et si l'envie vous en dit, vous pourrez négocier pour découvrir son intérieur creux et observer une colonie de chauves-souris.

RÔNIERS DÉGÉNÉRÉS

Située à environ 13 m d'altitude, cette forêt protégée, entre Samba Dia et Fimela, est principalement une rôneraie, mais abrite une vingtaine d'autres espèces, tels l'acacia et le bouleau d'Afrique. Pour les curieux, vous remarquerez peut-être un phénomène quasi unique : une dégénérescence génétique de rôniers, dont le tronc se scinde en trois ou quatre parties. On parle de rôniers doigtés. Certains scientifiques se sont penchés sur la question (en… levant la tête), mais il semble que l'origine exacte du phénomène reste pour l'instant un mystère.

LA FERME-ÉCOLE DE KAYDARA

✆ +221 77 151 75 14

Nuitée à partir de 8 000 FCFA, avec petit déjeuner. Pension complète à partir de 15 000 FCFA par personne.

Une ferme-école agro-écologique qui mérite le détour et qui a initié de nombreux projets collaboratifs dans la région. On peut y rencontrer les jeunes en formation, visiter les pépinières de cocotiers et autres plantations, tout en découvrant l'ingénieuse méthodologie visant à rendre les élèves indépendants et écoresponsables. On peut aussi y manger de délicieux plats et y passer la nuit. D'autres activités sont proposées pour découvrir les environs.

BAOBAB LODGE €€

Piste Joal-Samba Dia

✆ +221 76 921 54 04

Chambre double à partir de 35 000 FCFA. Petit déjeuner inclus. Menu autour de 6 000 FCFA.

Vous serez accueilli dans le grand restaurant qui sert également d'accueil par Marie-Hélène, la gérante qui est une Sénégalaise très sympathique et souriante. Construites en brique de terre, plusieurs cases bien fraîches, dont des triples avec mezzanine et une familiale, sont réparties dans un jardin fleuri, doté d'une piscine. Elles disposent d'une télévision, d'une salle de bains avec douche à l'italienne, d'une armoire, de la climatisation et de moustiquaires. L'établissement propose aussi des excursions en pirogue dans les environs.

PALMARIN ★★★

En arrivant de Samba Dia, une belle route goudronnée a remplacé une ancienne piste de sable jalonnée de nids de poule. Elle longe la forêt de rôniers, classée réserve de la biosphère et parfois, quelques baobabs solitaires s'élèvent majestueusement au milieu du mouillé. Et la lumière. Dure sur la route, indirectement plus douce quand elle se reflète, nuancée, dans la salinité. Submergeant. Vous ne regretterez pas de vous être embarqué vers Palmarin. Etrange sensation que celle d'être à mi-chemin entre le fleuve et la mer, sur cet anachronisme, bras ou langue, qui sépare une eau d'une autre. Un peu avant d'arriver à Palmarin, on est surpris par l'apparition de l'Atlantique sur la droite, en direction de la pointe de Sangomar toute proche. Juste avant le panneau du village, sur la gauche, pendant la saison, des femmes se cassent en deux pour aller chercher au fond de trous aux couleurs les plus folles, le sel qui servira à la conservation du poisson. Rouge sang, orange rouille, jaune d'or sont les nappes qui recouvrent leurs pieds enduits de beurre de karité. Le travail est dur, certes, mais au moins il permet de vivre. Palmarin apparaît telle une oasis au milieu du désert. Une dernière bandelette de terre sépare pour une dernière fois la lagune de la mer. La première voie qui dévie de la route de Djifer est la bonne. Elle conduit à la plage. Superbe, comme l'arrivée du poisson. Palmarin s'étend tout en long au bord de la route, et est divisée en 5 villages : Diakhanor, Facao, Ngallou, Ngueth et Sessene, pratique pour se repérer.

Transports

Depuis Joal, en passant par Sambia Dia et Fimela, s'étend sur une quarantaine de kilomètres, une belle route goudronnée jusqu'à Palmarin et Djifer. Il faut dire que cette route, très agréable pour rouler, a permis de désenclaver la ville, autrefois seulement accessible par une piste sablonneuse en 4x4. On trouve facilement des chauffeurs de taxi pour rejoindre Palmarin, comptez environ 40 000 FCFA depuis Dakar. Il est possible également d'emprunter une pirogue à partir de Toubacouta. Comptez autour de 60 000 FCFA le transfert jusqu'à l'autre rive, car c'est assez long : entre 3 et 4 heures de pirogue, mais vous pouvez faire des haltes à Falia et sur une île aux coquillages pour vous baigner. Djibril côté Palmarin et Africa Strike côté Toubacouta l'organisent très bien à ce prix. Vous pouvez aussi vous arrêter dormir à Dionewar, et réaliser le transfert vers Palmarin avec les hôtes sur place.

MAISON DE L'ÉCOTOURISME

✆ +221 33 942 56 54

Ouverte du lundi au samedi de 8h à 12h30 et de 15h à 18h30.

Sur la route principale à Palmarin Facao, le bureau de l'Ecotourisme propose des excursions en pirogue, calèche et charrette. Les grilles tarifaires sont consultables sur place. Le must ? La balade en pirogue dans les *bolongs,* avec escale au village de Falia, avec dégustation d'huîtres fraîches. Deux femmes écogardes en GIE, Ariette et Louise, s'occupent des visites à pied (randonnée dans les mines de sel ou les lagunes) ou en charrette (observation des hyènes). Vous pourrez aussi partir pêcher dans le delta ou en mer, entre autres activités proposées.

RÉSERVE NATURELLE COMMUNAUTAIRE ★★

A partir de 2 000 FCFA par adulte. Contacter la maison de l'écotourisme pour plus d'informations.

Entre l'océan et le bras de mer du Saloum, cette réserve a été créée en 2001 parallèlement à une réflexion sur l'écotourisme, en vue de protéger la faune et la flore qui font la particularité de cette zone. D'une superficie de 10 340 ha, elle peut se visiter à pied ou en charrette. A cette occasion, vous pourrez y observer les procédés de saliculture (récolte du sel) autour des nombreux puits aux reflets colorés, diverses espèces d'oiseaux et aussi des hyènes.

INFO POINT

✆ + 221 77 756 77 54

Ouvert tous les jours de 8h à 23h.
Balade à partir de 5 000 FCFA.

Voici un nouveau point d'informations à Palmarin à l'accueil chaleureux et amical qui se veut être un pôle d'orientation pour les voyageurs et les acteurs du tourisme. Vous pourrez ici avoir toutes les informations nécessaires pour explorer le Sine-Saloum et découvrir le Sénégal, mais on pourra aussi vous mettre en contact avec des guides locaux, vous organiser vos transferts à travers le pays ou encore réserver vos hôtels. C'est aussi un lieu de rencontres où vous pourrez discuter avec les gens de passage et les locaux, autour d'un café ou d'un jus local.

ESPACE COLIBRI

✆ +221 76 854 74 20

Balade à pied + repas à partir de 15 000 FCFA par personne. Langouste grillée sur commande.

Djibril a quitté Dakar pour réaliser son rêve, celui de vivre en pleine nature. Il a construit de ses propres mains sa cabane et son espace qui se veut éco-culturel, plus loin derrière les Collines de Niassam. A la fois guide sympathique, bon cuisinier, guitariste-chanteur hors pair et artiste à ses heures perdues, Djibril a plusieurs cordes à son arc. Il organise de jolies balades en pleine nature, dont l'une vous mènera à son espace pour déjeuner de bonnes grillades au feu de bois, à l'ombre de son baobab fétiche. Possibilité de bivouac.

CAMPEMENT NANAAY €

✆ +221 77 624 72 72

www.nanaay.com

A partir de 16 000 FCFA par personne avec petit déjeuner. Menu autour de 8 000 FCFA.

Voilà une adresse pour routards peu fortunés, avec un domaine entre la mer et le village bien entretenu par l'avenante Victorine Ndiaye et son équipe. Dix cases rustiques, mais propres sont posées sur le sable, devant la plage au milieu des palmiers. On s'y sent bien. Le restaurant est un vrai bon plan : sur commande, on peut céder à ses pulsions de poisson : lotte fraîche, langouste, thiof, capitaine, toute la pêche du jour pourra être grillée selon vos envies. Si vous n'êtes pas du campement, vous pouvez y déjeuner et profiter de la plage privée, sympa non ?

CAMPEMENT SÉSSÈNE €

Palmarin Ngallou

✆ +221 77 217 74 57

www.campement-sessene.com

Case double à partir de 19 000 FCFA. Petit déjeuner inclus.

L'un des seuls campements villageois de la région. Il a rouvert en 2014 et les bénéfices sont investis dans le village, comme dans la construction de salles de classe ou la rénovation du dispensaire. Tout en participant à une bonne action, on apprécie ce campement à la fois simple et chaleureux. Au bord de l'une des plus belles plages du coin, les dix cases ventilées sont dispersées sur un terrain arboré. Elles offrent un confort minimal, avec douche à eau froide, lit et moustiquaire. Sommaire, mais bien entretenu. Une bonne adresse pour les petits budgets !

ECOLODGE DE PALMARIN €€

✆ +221 77 619 31 49

www.ecolodge-palmarin.com

Chambre double à partir de 29 000 FCFA par personne, en demi-pension. Menu autour de 7 500 FCFA. Fermé en septembre.

L'architecture singulière de cet écolodge attire l'attention dès l'arrivée. Les 22 bungalows sont fabriqués avec un mélange d'argile, de paille et de sable comme à l'ancienne. L'intérieur, tout blanc, offre un espace rafraîchissant et bien aménagé pour séjourner plusieurs nuits. Les pieds dans le sable, à quelques mètres d'une longue plage de sable blanc, vous serez sans aucun doute dépaysé et au calme dans cet écolodge de charme. Nombreuses activités sont proposées. Une bonne adresse !

THIOSSANE ADNA €

Route de Palmarin
✆ +221 77 372 11 30
A partir de 10 000 FCFA la nuitée pour 2 personnes, avec petit déjeuner.

Thiossane Adna, qui signifie la tradition de la vie en sérère, est un campement chaleureux et calme, en pleine nature où vous observerez une myriade d'oiseaux. Les chambres possèdent des toilettes et une salle de bains avec eau chaude. Restauration possible sur place. Point de départ idéal pour les excursions en pirogue, le campement étant situé près de l'embarcadère. Les passionnés de pêche seront ravis avec l'organisation de week-ends ou semaines dédiés à cette activité. Pour une approche plus locale, possibilité de prendre des cours de musique et de cuisine.

LES COLLINES DE NIASSAM €€€

Niassam ✆ +221 77 639 06 39
www.niassam.com
Chambre ou lodge simple à partir de 88 000 FCFA en demi-pension, double à partir de 121 500 FCFA en demi-pension.

Construit dans un cadre d'une rare beauté, le Lodge des Collines de Niassam est magique, en harmonie avec la nature, comme sorti d'un rêve de môme. Les cases sont accrochées dans les baobabs, érigées dans la terre ou suspendues sur la lagune. Un rêve hédoniste, une robinsonnade sénégalaise. Le restaurant offre une vue panoramique sur la lagune, et une cuisine métissée franco-sénégalaise, bien présentée. L'équipe est chaleureuse, prête à répondre à vos demandes, comme assister à des combats de lutte sérère... vous êtes entre de bonnes mains !

RESTAURANT NONE SIGA €

Face au stade Facao
✆ +221 77 306 51 13
Ouvert tous les jours 7h à 23h. Plats à partir de 1 000 FCFA.

Ce restaurant sans prétention porte le nom de la grand-mère de Mamadou Sarr, un Sénégalais jovial qui est à la tête de cet établissement, avec sa femme Ajdi. Ici, les plats changent tous les jours en fonction des produits du marché. La cuisine est locale et généreuse, à base principalement de poissons. Possibilité de fruits de mer sur commande. Vous pourrez vous attabler en terrasse ou dans une salle aérée. Il arrive aussi que cet ancien animateur, surnommé par ses proches Joe Barry, mette une ambiance de folie. Un moment à ne pas manquer !

NEKANICO

Route de Joal
✆ +221 764 35 30 26
www.nekanemanrique.com
Peintures à partir de 30 000 FCFA.

Nekane et Nico, un couple mixte d'artistes, proposent un travail métissé où se mêlent leurs talents. Elle, la peinture et la création artistique. Lui, l'art et la musique. Ensemble, ils décorent harmonieusement certains campements de Palmarin et de Dakar, avec des peintures en lien avec la culture sénégalaise. Ils présentent aussi de jolis objets à base de matériaux locaux et de pneus recyclés comme des lampes, tables et chaises. Invité parfois dans les campements, Nico séduit son public par ses compositions mélodieuses, la guitare à la main.

POINT VÉLO

Route de Djifer
✆ +221 77 109 84 58
www.bicicletassinfronteras.org
Ouvert de 8h30 à 18h sauf le dimanche. A partir de 5 000 FCFA la location à la journée.

Créé par la Fondation Bicicletas sin Fronteras, ce magasin de vélo (location et réparations), ouvert en 2019, permet de soutenir l'association espagnole dans leur projet d'offrir des vélos aux jeunes pour qu'ils puissent se rendre plus facilement à l'école. Des VTT aux B'Twin, en passant par les Fat Bike, les vélos, en vente ou en location, sont neufs, de qualité et très bien entretenus par Laye, un réparateur hors pair. Tout en découvrant les alentours, vous participez en plus à ce beau projet facilitant l'accès à l'éducation aux élèves de Palmarin.

FALIA

Temps fort de la balade en pirogue dans la mangrove où nichent hérons et aigrettes, la visite du village de Falia restera mémorable pour le touriste qui découvre le mode de vie à la villageoise. Le hameau est construit sur une île aux coquillages qui sont utilisés pour la construction des cases. Ce sont de bons isolants contre l'humidité et ils consolident les fondations des murs en boue séchée. Les femmes préparent des huîtres cuites fumées au feu de bois, qu'elles vendront au marché hebdomadaire de Djifer. Vous pouvez organiser une halte à Falia et une visite, avant d'aller à Dionewar et pousser jusqu'à Toubacouta.

DJIFER

A une dizaine de kilomètres plus au sud de Palmarin, Djifer est une bande de terre bordée par l'océan et le delta du Saloum. Impossible d'aller plus bas par ce chemin-là. A moins d'avoir une voiture amphibie ! Le lieu, qui est agréable et paisible, est un excellent point de départ pour des excursions vers les îles de Falia, de Guissamor, de Guior (amas coquillier) et, bien entendu, vers la pointe de Sangomar, Niodior et Dionewar. Ce village de pêcheurs a été une base économique importante du temps de l'usine. Usine de traitement de poissons qui faisait vivre une bonne partie des gens de la région, mais qui est aujourd'hui fermée. Il ne reste plus que la culture du mil et la pêche. La nostalgie est omniprésente, et l'on regrette le Djifer économique dans ce petit village d'environ 3 000 habitants. On peut tout de même se permettre de relativiser l'énoncé en voyant les tonnes de poissons qui sont ramenées chaque jour des sorties de pêche, et les intermédiaires triant sur la plage les arrivages selon les besoins de Dakar. Les camions attendent à quelques mètres, frigorifiés, prêts à transporter dans les meilleures conditions le poisson vers Dakar, où il sera traité avant d'être mis sur le marché local ou international. La plage est très sale, entre détritus et poissons pourris... et l'on vous déconseille la baignade, mais vous pourrez visiter le village, qui est plus authentique. A partir de Joal, il est aujourd'hui facile de rejoindre Djifer grâce à une belle route goudronnée qui mène jusqu'à cette étroite bande de terre. Pour rejoindre le sud du Saloum, vous pouvez négocier une pirogue qui vous emmènera jusqu'à Toubacouta ou une autre ville située sur cette rive-là. Comptez environ 60 000 FCFA la balade/transfert en pirogue dans la mangrove, jusqu'à l'autre rive, car c'est assez long : il faut compter entre 3 et 4 heures de pirogue, mais vous pouvez faire des haltes à Falia et sur une île aux coquillages pour vous baigner et pourquoi ne pas prendre le temps d'y piqueniquer. C'est un moyen original et agréable de basculer côté sud sans faire le tour par Samba Dia et Kaolack. Djibril de l'Espace Colibri côté Palmarin et Africa Strike côté Toubacouta l'organisent très bien à ce prix.

POINTE DE SANGOMAR ★★

Une pointe devenue île, coupée en deux par l'océan. Une usine de poissons et le premier campement de la région ont disparu sous les eaux. En 1987, la pointe de Sangomar était liée au continent, aujourd'hui la brèche fait plus de 5 km.

Certains pensent que la rupture de l'équilibre entre les courants de chaque côté a pu être à l'origine du phénomène, d'autres que les bancs de sable se déplacent constamment. Du point de vue purement géographique, ce particularisme est condamné à disparaître, ne serait-ce que par érosion. Reste à y mettre un facteur temps.

DIONEWAR

En face de Djifer, une grande île connue pour être l'une des plus belles du Sénégal. Et sur cette île, deux villages – Dionewar et Niodior – d'un groupe sérère réputé pour compter de grands navigateurs et d'excellents pêcheurs : les Niominka. Peuplé d'environ 5 000 habitants, Dionewar vit quasiment en autonomie grâce à l'agriculture et à la pêche. C'est aussi un point important du trafic clandestin avec la Gambie voisine. La mosquée est assez impressionnante et a son importance dans la région. Vous pourrez rejoindre l'île à partir de Palmarin ou de Toubacouta, en pirogue, dont les trajets constituent aussi de belles balades.

KEUR PAPAYE €€

Ile de Dionewar ✆ +221 77 843 96 44
www.keurpapaye.com
Chambre single à partir de 47 500 FCFA avec demi-pension, double à partir de 75 500 FCFA avec demi-pension.

Keur Papaye propose une expérience unique et authentique où la découverte de la population et de la nature sur un lieu de pêche très prisé se mêle à un confort 3 étoiles. Côté chambres, le confort et l'élégance se marient harmonieusement pour offrir aux hôtes un séjour en totale déconnexion dans un endroit idyllique. L'établissement dispose de tous les services nécessaires au bon déroulement de votre séjour ; un restaurant, une piscine à débordement, sa plage, 2 bateaux pour les activités nautiques... Un lieu atypique où chaque objet raconte l'histoire du Sénégal.

NDANGANE

Ndangane signifie « le havre » en wolof. Le lieu est divisé en deux villages. Ndangane Sambou est le village des origines, aujourd'hui celui où vivent les pêcheurs. Vous y verrez des pirogues qui rentrent des bolongs ou de la mer. C'est aussi ici que l'on peut dégoter, parfois après une longue attente, une pirogue de courrier, pour rejoindre l'une des îles voisines telles Mar Lodge. Mieux vaut arriver le matin avant 10h, heure fréquente des départs. La pirogue fonctionne comme un taxi-brousse : le prix du trajet est divisé par le nombre de personnes, et le départ est donné une fois l'embarcation remplie. A un kilomètre à peine, le village Ndangane est beaucoup plus touristique, avec ses hôtels et restaurants. Depuis son embarcadère, vous trouverez à louer une pirogue auprès du GIE des piroguiers. Ndangane est une bonne base pour explorer cette partie du Saloum. Pour rejoindre Ndangane de Joal, vous pouvez emprunter la belle route goudronnée de Samba Dia, jusqu'à Fimela, puis prendre à droite jusqu'à atteindre le village. Il existe des raccourcis, mais sans 4x4 c'est une histoire de marée, et il en va de votre voiture. La route est sableuse, mais ça passe avec une voiture normale. On peut également prendre la route de Ndangane à Ndiosmone. Moins exotique, mais beaucoup plus rapide, la route étant creusée « uniquement » à certains endroits. Pour continuer vers le sud du Saloum, vous pouvez négocier une pirogue qui vous emmènera jusqu'à Toubacouta. C'est un moyen original et agréable de basculer côté sud sans faire le tour par Samba Dia et Kaolack.

AMADOU SARR

✆ +221 77 697 72 33

Excursion à l'île aux oiseaux et visite de Mar Lodj autour de 30 000 FCFA, sortie pêche à partir de 40 000 FCFA.

Natif de Ndangane, Amadou connaît les *bolongs* des alentours comme sa poche ! Il vous fera découvrir les méandres de la mangrove du Sine-Saloum en pirogue, des coins secrets sur les îles pour pique-niquer ou encore pour passer la nuit à la belle étoile ou sous une tente. Il organise également des sorties pêche pour lesquelles il pourra vous fournir du matériel pour attraper carpes ou capitaines. Amadou s'y connaît aussi en ornithologie et pourra vous faire découvrir l'avifaune particulièrement riche de sa région. Un bon plan !

GIE JUBDO

Excursion sur l'île aux oiseaux aux alentours de 20 000 FCFA, une journée complète de pêche à partir de 80 000 FCFA.

Comme souvent, les excursions gravitent autour de quelques classiques, l'île aux Oiseaux, Mar Lodj, mais d'autres visites sont possibles. Le Gie Jubdo des piroguiers a été mis en place en 2009 et centralise les demandes des touristes intéressés. Cette structure a été créée en vue de mettre fin à la chasse aux touristes sur les chemins du village et pour définir une politique tarifaire unique. Sachez que la location se fait à la pirogue. Demandez à voir la liste des excursions et des tarifs et à être groupé avec d'autres touristes pour partager les prix.

Village de Ndangane.

LES CORDONS BLEUS €€

✆ +221 76 686 67 84

www.lescordons-bleus.com

Chambre double à partir de 46 000 FCFA.
Petit déjeuner à partir de 3 800 FCFA, repas à partir de 10 000 FCFA.

Le Cordon bleu est un oiseau familier de la région. Pourtant, lorsqu'on sort de table, on se dit que c'est un qualificatif parfaitement adapté à la cuisine de cet hôtel de charme, fraîche et savoureuse. Situé en bordure du fleuve Saloum, l'hôtel est doté de douze cases climatisées, très confortables, et d'une vaste piscine, d'une bibliothèque ainsi que d'un minigolf. Possibilité de pêche en pirogue, de sorties en ULM, quad, calèche... Une excellente adresse, accueil très chaleureux et convivial des propriétaires, Léna et Lionel, et de leur équipe.

LE CORMORAN €€

✆ +221 33 949 93 16

Par personne, nuitée avec petit déjeuner à partir de 13 500 FCFA. Menu à partir de 7 000 FCFA.

L'hôtel propose des cases colorées dont une familiale avec terrasse privée, bien tenues, avec salle de bains individuelle, climatisation ou ventilation et moustiquaire. Elles entourent une grande case centrale, dédiée au repos et à la détente. Plus loin, une piscine invite à la décontraction. Mais avant, vous traverserez le bar et le restaurant, très colorés et agréables, vous engageant à prendre un verre et pourquoi pas à vous attabler. Au Cormoran l'ambiance est conviviale, grâce à l'accueil de Florence et François, toujours chaleureux. Une très bonne adresse.

LE PÉLICAN DU SALOUM €€

✆ +221 33 949 93 20

www.senegal-hotels.com

Chambre en B&B à partir de 20 000 FCFA.

Idéalement situé au bord du fleuve, avec plage privée, l'hôtel totalise 68 chambres, toutes munies d'une salle de bains, WC séparés, climatisation individuelle, moustiquaire, deux lits séparés ou un grand lit, une terrasse ou balcon, une télévision et un minibar. L'établissement possède en plus un restaurant, plusieurs bars, une piscine, une salle de lecture avec TV aménagée sur la mezzanine d'une immense case, très agréable. De nombreuses activités sont proposées, telles que la pêche, des balades en charrette ou pirogue et des excursions en 4x4.

LA REBELLE DE NIODOR

Fatou Diome, auteure du roman à succès *Le Ventre de l'Atlantique* (Editions Anne Carrière, 2003), est l'une des plus célèbres « filles » de Niodior. Elle a vu le jour dans ce village près de Dionewar en 1968, mais n'y a pas connu la plus tranquille des enfances. Toute l'affection de sa grand-mère, qui l'a élevée, ne l'a pas mise à l'abri des griffures et des morsures de la vie ni du poids des traditions ni de l'hypocrisie de ce qu'elle appelle « la société brute ». A Niodior, elle était déjà considérée comme une rebelle, dit-on. A l'âge de 13 ans, elle quitte l'île, voyage, se forme, se forge aussi. De la Gambie à la France, en passant par les villes sénégalaises de Mbour et de Dakar. Elle pose ses valises un jour de 1994 à Strasbourg, dans la froide Alsace. Et depuis, c'est là que vit ce petit bout de femme qui adore la couleur mauve. *Le Ventre de l'Atlantique* l'a révélée à un public plus large, mais son tout premier livre lui avait déjà valu la reconnaissance de ses pairs écrivains au Sénégal, *La Préférence nationale*, un recueil de nouvelles paru en 2001 aux éditions Présence africaine. Avec son deuxième roman, *Kétala* (Editions Flammarion, 2006), puis son troisième, *Inassouvies, nos vies* (Editions Flammarion, 2008), elle a confirmé tout le bien qu'on pense d'elle. A l'entendre parler, Fatou Diome ressemble à sa plume : alerte, truculente, audacieuse. Des pans de sa vie se retrouvent dans ses livres, en infimes touches, petits bouts ou grosses parts : l'écolière loin de sa famille qui apprend à s'en sortir avec l'aide d'une vieille femme (*Préférence nationale*) ; l'Africaine confrontée aux dures réalités de l'immigration en Europe (*Le Ventre de l'Atlantique*), jusqu'à ce verre mauve contenant une brosse à dents esseulée dans une chambre vide (*Kétala*). Elle écrit sans tabou et ne fait pas de concession. En 2010, elle a écrit *Celles qui attendent*, un roman sur ces femmes restées au village qui attendent le retour d'un fils ou d'un mari parti tenter sa chance en Europe. Cela ne plaît pas à certains en Afrique, mais la « rebelle » de Niodior ne s'en préoccupe pas le moins du monde. Ce qu'elle veut, c'est « ne rien prouver [...], juste écrire. » Après son premier essai, *Marianne porte plainte !* où elle se questionne sur l'identité nationale, elle revient avec *Les Veilleurs de Sangomar* (Edition Albin Michel, 2019), un touchant roman revenant sur la catastrophe du *Joola*, en septembre 2002.

YAYEM

C'est une escapade sympathique dans la région et une bonne occasion de s'immerger dans la culture sérère. Ce petit village d'environ 2 000 âmes, perdu dans les terres entre rôniers et baobabs, est à la fois authentique, chaleureux et d'une tranquillité agréable. Il fut créé par un habitant de Djilor Djidiack, Nor Ndé Basse, l'arrière-grand-père d'Antoine Basse, le charretier du village, qui est venu avec ses frères et parents s'installer sur ces terres en 1889. Catholiques et musulmans y vivent en parfaite harmonie et toutes les occasions sont bonnes pour faire la fête ! Ne manquez pas la messe du dimanche, égayée par les sons du tam-tam et du tar.

ANTOINE BASSE

✆ +221 77 511 70 31

Balade en charrette autour de 5 000 FCFA.

Antoine, l'arrière-petit-fils du fondateur du village, vous baladera en charrette dans les ruelles sablonneuses de Yayem avant de vous faire découvrir la jolie forêt de Samba Dia où s'élèvent entre autres de majestueux rôniers. Durant cette agréable balade, il vous parlera de l'histoire du hameau, mais aussi de la vie quotidienne de ses habitants. Très agréable et souriant, Antoine se fera un plaisir de vous faire rencontrer sa famille et ses amis, avec qui vous pourrez échanger. Une bonne occasion de s'immerger dans la culture locale.

DJILOR DJIDIACK ★★

Village natal de Léopold Sédar Senghor, Djilor Djidiack est niché au bord d'un joli *bolong*, bien paisible, qui fait partie du club des plus belles baies du monde. Indexé sur Google Maps sous le nom de Guilor, il ne faut pas le confondre avec le village de Djilor Djognick, situé près de Fatick. Ici, vous pourrez profiter de magnifiques balades en pirogue dans les méandres des *bolongs*, entre mangrove sauvage et mer. Sa plage est l'un des rares endroits où l'on peut se baigner en toute sécurité, avec peu de profondeur et à l'abri des courants. Le village renferme, en plus, un superbe musée d'objets d'art, le MAHICAO, qui à lui seul vaut le détour.

Pratique

Pour rejoindre Djilor Djidiack en voiture de Saly, il faut emprunter la route goudronnée jusqu'à Joal. Ensuite, à la station Total en direction de Samba Dia, tourner à gauche et prendre la deuxième sortie au rond-point de Samba Dia, en direction de Fimela. Pour sortir de Fimela, tourner à droite puis environ un kilomètre plus loin, prendre à gauche. Au prochain carrefour, tourner à droite pour rejoindre le village. En venant de Fatick, prendre à gauche au carrefour de Ndiosmone en direction de Fimela. Il existe plusieurs établissements de bon standing à Djilor Djidiack, niché au bord du bras de mer, où vous pourrez séjourner plusieurs jours. Le restaurant Le Miam-Miam est sans aucun doute la meilleure option pour déjeuner. Il abrite aussi le MAHICAO, un musée d'exception.

BOUNDAO LODGE €€

✆ +221 77 700 07 88

www.boundaolodge.com

A partir de 27 500 FCFA par personne en demi-pension en case ventilée et à partir de 31 000 FCFA en case climatisée.

Olivier, le propriétaire, est tombé amoureux de ce petit village de brousse. Il a décidé de transformer sa maison en lodge charmant pour faire partager son petit paradis. Il a tout construit de ses propres mains avec l'aide généreuse des habitants du village. Et le résultat est somptueux ! La piscine appelle à la relaxation au cœur d'un écrin de verdure, les 6 cases sont confortables et joliment aménagées avec des salles de bains à ciel ouvert et le restaurant tout en bois offre une délicieuse cuisine, concoctée avec des produits bien frais.

LE FAGAPA VILLAGE €€

✆ +221 78 388 25 77

Chambre à partir de 40 000 FCFA avec petit déjeuner inclus. Wifi.

Bel établissement en bordure du *bolong*, repris il y a peu par Arnaud. Dispersées dans un jardin luxuriant, les dix chambres climatisées offrent un confort moderne. L'emplacement est idéal pour explorer la région et la vue magnifique, sur un bras du fleuve. D'ailleurs, de nombreuses excursions sont organisées comme des parties de pêche, des balades en pirogue, des pique-niques en brousse, des sorties en quad... Piscine et plage privées. Le bar-restaurant est prolongé par un ponton qui permet d'accéder directement au fleuve. Un lieu à découvrir.

MAHICAO ★★

✆ +221 77 172 74 26

www.mahicao.org

Ouvert tous les jours de 10h à 13h et de 15h à 17h. Entrée à partir de 2 500 FCFA.

Au cœur des magnifiques Jardins d'Aïda, dans l'enceinte du restaurant Miam Miam, le MAHICAO (Musée d'Art et d'Histoire des Cultures d'Afrique de l'Ouest) est un musée d'exception présentant des œuvres d'art africain de différentes époques, toutes authentiques. Sculptures, masques, pièces archéologiques, bijoux traditionnels, textiles, costumes anciens... ce sont au total près de 500 objets qui retracent l'histoire de l'Afrique de l'Ouest, de l'époque lointaine du néolithique saharien jusqu'au milieu du XXe siècle. Ils proviennent de la collection personnelle de Reginald Groux, expert et professeur d'art africain, ainsi que de nombreux donateurs qui ont participé à ce projet culturel. Dans un bâtiment de style soudanais, le visiteur se promène à travers de belles allées de coquillages et découvre des pièces uniques, disposées de manière chronologique et mises en valeur par de beaux éclairages. Des panneaux explicatifs jalonnent le parcours et permettent aux visiteurs de mieux comprendre l'histoire de l'Afrique de l'Ouest. L'une des salles renferme une quarantaine de photos de chefs-d'œuvre d'art africain offertes par le musée Barbier-Müeller de Genève et une belle bibliothèque présente de nombreux ouvrages sur l'art africain et la culture africaine, avec des illustrés pour les enfants. Un musée que l'on recommande vivement pour ses pièces singulières et son cadre agréable. Vous pourrez ensuite profiter du lieu au restaurant le Miam Miam qui propose une délicieuse cuisine aux diverses influences.

LA SOURCE AUX LAMANTINS €€

✆ +221 33 949 50 08

www.lasourceauxlamantins.com

Chambre double à partir de 47 000 FCFA. Petit déjeuner inclus. Fermeture annuelle en septembre.

Un lieu magique, empreint de sérénité et d'histoire ! Situé au bord d'un bras de mer au milieu de la mangrove, la Source aux Lamantins est un réceptif écotouristique et culturel qui vous invite à une immersion en pays sérère. Vous serez accueilli dans une magnifique case à impluvium dotée d'une vue panoramique sur l'une des plus belles baies du monde. À votre disposition une bibliothèque, une salle de projection et un restaurant dont la cuisine est fort appréciée. L'équipe vous offre en plus un service professionnel, simple et sur mesure.

LE GUERRIER MYSTIQUE

Prince dans le royaume du Sine, Djidiack Selbé Faye était réputé pour ses dons mystiques de guerrier. On disait qu'il partait seul en guerre sur son cheval et qu'il étendait les bras à chaque arbre qu'il croisait pour les transformer en cavalier. Menacé par un marabout de Kandicounda (actuelle Gambie) souhaitant islamiser le Sine par la force, le roi de l'époque, Hama Diouf, convoqua les représentants de chaque province, dont Djidiack. A l'ombre d'un fromager, le roi vint le voir et lui exposa les faits. Le guerrier lui répondit : « Ô, roi, accorde-moi ta confiance, je partirai seul au combat et je reviendrai vainqueur. Je ne te demande qu'un cheval et sept saltigués pour témoigner de mes prodiges dans la bataille que je vais livrer à Kandicounda. Mais à mon retour, je souhaite devenir roi dans l'une de tes quatre provinces ». C'est ainsi que Djidiack partit en guerre et se dota d'un millier de cavaliers sur son passage en utilisant ses pouvoirs mystiques. Il revint vainqueur de cette sanglante bataille, mais le roi avait déjà octroyé les provinces à ses cousins. Mécontent, il choisit de s'installer dans la région du fleuve Saloum, à Djilor Djognick près de Fatick, auprès du roi Ballé Ndao. Pour se venger, il utilisa ses pouvoirs afin qu'aucune goutte d'eau ne tombe dans la région du Sine, tandis que les pluies d'hivernage étaient abondantes dans le Saloum. Le roi ne tarda pas à le rappeler et lui donna l'autorisation de chercher une terre. Djidiack lui dit qu'il avait trouvé un endroit près d'une rivière où la terre est fertile et les eaux poissonneuses, qu'il a nommé Djiloh (« l'endroit que j'ai choisi » en sérère), plus tard orthographié Djilor par l'administration coloniale. Il fonda donc Djilor en 1530 avec l'aide des habitants de Faoye, situé un peu en amont sur le bolong de Djilor. La légende raconte que Djidiack n'est pas mort, mais qu'il a seulement disparu. Il dit d'ailleurs à ses enfants : « Je serai là où vous trouverez mes chaussures et mon chapeau, vous ferez des libations en mon honneur et à mes descendants ». C'est près d'un micocoulier d'Afrique que ses enfants trouvèrent un jour ses affaires. Cet arbre se trouve aujourd'hui derrière la concession de la famille Faye, en plein cœur du village où un libateur traditionnel vient y pratiquer des sacrifices. Réputé exaucer les vœux, il est respecté des Sérères qui viennent nombreux s'y recueillir, prier et émettre des souhaits.

CROC'ODILE €

✆ +221 33 828 90 83

Ouvert tous les jours de 8h à minuit.

Odile vous accueille les bras ouverts dans son bar-restaurant-glacier, situé au bord du delta du Sine-Saloum. Sur fond de musiques variées, vous dégusterez une généreuse cuisine familiale à base de légumes bio, poissons et viandes frais. Gardez une place pour le dessert : les glaces maison sont délicieuses ! L'ambiance est en plus chaleureuse, on s'y sent bien. De son restaurant, Odette propose aussi des excursions en pirogue avec pique-nique au programme, des sorties pêche et des balades en calèche dans la forêt de Samba Dia. En bref, une bonne adresse !

MIAM-MIAM €€

Route du bord de mer

✆ +221 77 172 74 26

www.restau-miam-miam.com

Ouvert tous les jours de 9h à 22h.
Plats à partir de 3 000 FCFA.

Le restaurant Miam Miam jouit d'un cadre exceptionnel, situé dans les splendides *Jardins d'Aïda,* verdoyants et bien entretenus. La carte est variée, vous pourrez déguster des plats traditionnels sénégalais ou bien encore des plats asiatiques comme la fondue chinoise ; il y en a pour tous les goûts ! Le personnel est souriant et aux petits soins pour ses clients. Le rapport qualité-prix est tout à fait raisonnable, l'établissement propose également de la restauration rapide, optez pour le succulent chawarma ou le délicieux hamburger.

LE TOUROU PEITHIE

Cette fête païenne a lieu annuellement à Djilor Djidiack et à Peithie, situé à 7 km du premier village. Ici, les Sérères Tabore rendent hommage à Laga Ndong, roi des esprits, en immolant des animaux et en faisant des libations diverses sur la tombe de Sira Badial, la première reine des Guelwar, pour rentrer dans les bonnes grâces du génie. La cérémonie se termine sur la grande place de Djilor Djidiack au milieu des danses, des chevauchées et des chants après que le Saltigué de Peithie et le grand Jaaraf ont révélé toutes les prédications concernant l'hivernage en cours. Jusque tard dans la nuit, les noces se poursuivent, prenant quelque peu l'allure de bacchanales.

FIMELA

Fimela est le chef-lieu de la région et dispose d'une station-service. Si vous avez un problème mécanique, c'est là aussi qu'il faut aller. Il se trouve que, sur certaines cartes, le village s'écrit Fumela avec un « u » ou Fimela. En fait, c'est Senghor qui a fait remarquer que la lettre « u » n'existait pas en sérère, et qui en a modifié l'orthographe. Déformation du mot sérère Pimbala, qui signifie promontoire, Fimela se situe dans la courbe du fleuve, offrant de belles rives escarpées. A droite de la mosquée, appréciez la vue exceptionnelle sur le bolong. La baignade y est à proscrire : d'invisibles tourbillons ne laissent aucune chance au baigneur !

FLAMBOYANT TOURISME SOLIDAIRE

✆ +221 77 446 73 53

www.terresetculturessolidaires.fr/voyages-solidaires

Circuit 2 semaines avec pension complète : autour de 1 200 € par personne pour des groupes entre 6 et 10 personnes.

Cette agence de voyages solidaire vous propose des circuits adaptés à vos envies. Grâce à un réseau bien établi de structures locales, Flamboyant Tourisme Solidaire vous permet de sortir des sentiers battus et de vous intégrer à la culture locale. On peut aussi se laisser tenter par les semaines ateliers loisirs, en logeant chez l'habitant et en apprenant une discipline choisie. Le directeur, Ibrahima Sarr, et son équipe sont aux petits soins, on recommande chaudement !

ECOLODGE DE SIMAL €€

✆ +221 77 403 63 63

www.ecolodge-senegal.com

Cases à partir de 29 000 FCFA par personne en demi-pension. Fermé du 15 août au 30 septembre.

Une très bonne adresse, au milieu des mangroves, des cocotiers et de quelques jolies pirogues. Les chambres sont construites sur le modèle de cases peules, imprégnées de la chaleur des matériaux naturels qui la constituent. Elles sont très bien entretenues, magnifiques et hautes sous plafond, agrémentées de jolis batiks colorés, d'une salle de bains à ciel ouvert et d'une terrasse privative face à la mangrove. Nourriture excellente, copieuse et variée. Kayak, pêche ou balade en charrette, nombreuses activités sont comprises dans le prix du séjour. Piscine.

MAR LODJ

Mar Lodj est une île située à environ 15 minutes en pirogue à moteur de Ndangane. En réalité, beaucoup la considèrent comme une plage, eu égard aux quelques campements et maisons de résidents qui s'alignent le long du bolong. On apprécie le village de Mar Lodj pour ses greniers à mil, son église, sa messe égayée par le tam-tam le dimanche matin, son marché, et surtout… son calme et sa végétation de mangrove. Difficile de ne pas y prendre son temps. De toute façon, ne vous précipitez pas, qu'auriez-vous à faire ensuite ? Ah oui, il vous restera à explorer Mar Igname et Mar Fafako. Le village lui-même est un peu plus à l'intérieur des terres. Il faut compter 10 minutes de marche. Difficile de ne pas y mettre les pieds, mais difficile d'y rester des heures, à moins d'avoir noué des contacts solides avec des individus en particulier. On trouvera les inévitables galeries d'art, une mosquée et une église nouvelle toute ronde, l'ancienne ayant été reconvertie en école. Demandez à voir le tam-tam géant, celui dont on se servait pour communiquer entre les îles et annoncer l'orage, les naissances ou les décès. Pour se rendre à Mar Lodj, des pirogues de courrier partent du village et vous déposent au bout de l'île pour environ 300 FCFA. Mais prenez votre temps ! Il faudra attendre que la pirogue se remplisse pour prendre le large. Sinon, louer une pirogue vous coûtera aux alentours de 15 000 FCFA. Plusieurs hôteliers proposent de venir vous chercher, certains gratuitement, renseignez-vous.

HAKUNA LODGE €€

✆ +221 77 637 24 73

http://hakunalodge.com/

Nuitée et petit déjeuner à partir de 15 000 FCFA.

Au bord du fleuve sur l'île de Mar Lodge, ce magnifique campement est un véritable havre de paix, très arboré, étendu sur 10 ha. L'hébergement comprend 17 cases ventilées, avec moustiquaires et soigneusement décorées, dont 5 familiales. Des canoës, paddles, planche à voile sont disponibles pour profiter de la large plage. Lieu idéal pour la pêche du ponton ou en pirogue. Délicieuse restauration de produits frais et locaux. Equipe accueillante et aux petits soins. Etablissement *Animals et Kids friendly*, avec aire de jeu, vélos, table de ping-pong et baby-foot.

LE FARAKABA €

✆ +221 77 511 48 96

Chambre double à partir de 25 000 FCFA, petit déjeuner inclus. Menu à partir de 6 500 FCFA.

Les pieds dans l'eau, ce petit campement constitue un endroit bien tranquille. Le restaurant-bar propose une cuisine sénégalaise et européenne bien copieuse. Différentes activités sont organisées par le Farakaba, telles que des balades à pied ou en charrette dans les différents villages de Mar Lodj, à la rencontre de ses habitants. Possibilité de pêche également dans les eaux très poissonneuses du delta. Les chambres sont simples mais propres, toutes possèdent leur salle de bains individuelle. Excellent accueil d'Awa et Iba.

AUBERGE SAKADO €

✆ +221 77 593 77 29

aubergesakado.e-monsite.com

Lit en dortoir à partir de 6 000 FCFA, chambre double à partir de 14 000 FCFA. Petit déjeuner autour de 1 500 FCFA.

Après avoir voyagé plusieurs années sur différents continents, c'est sur l'île de Mar Lodj qu'Aurélien a choisi de poser son sac et d'ouvrir cette agréable auberge. Ici, on se retrouve en pleine nature, dans un environnement paisible. De la chambre double au dortoir, en passant par la tente de camping et le hamac à la belle étoile, plusieurs types d'hébergement sont proposés. Côté loisirs, vous trouverez de nombreux jeux en accès libre pour occuper vos journées. Des balades en charrette, en pirogue et des sorties pêche sont également organisées.

LA NOUVELLE VAGUE €

✆ +221 77 863 49 67

www.au-senegal.com/nouvelle-vague-mar-lodj-saloum

Compter autour de 15 000 FCFA par personne en demi-pension. Transfert en pirogue gratuit depuis Ndangane.

Un bon plan pour les petits budgets ! L'auberge, qui fonctionne à l'électricité solaire, dispose d'une dizaine de cases, et d'un grand bar-restaurant, servant d'espace de vie collectif. Les cases, au confort simple, mais correct, sont équipées de salles de bains individuelles et de moustiquaires et disposent chacune d'une terrasse privative. Si vous le pouvez, demandez les cases avec vue sur mer, plus agréables que celles situées au fond de la cour. Une petite plage a été aménagée devant le campement, parfait pour se prélasser.

LE BAZOUK DU SALOUM €€

© +221 77 333 19 52
www.bazoukdusaloum.com
En demi-pension : à partir de 44 000 FCFA en double. Réductions pour les enfants de 2 à 9 ans.

Le Bazouk du Saloum a été repris par Véronique et Pierre qui proposent des bungalows confortables, tous équipés de salle de bains, moustiquaire et terrasse privée, construits autour d'une paillote fort conviviale. Situé sur la côte ouest de l'île, l'endroit est charmant et la petite plage aménagée sur le *bolong* est une véritable tentation, tout comme les hamacs suspendus. Pour les enfants, trampoline, ping-pong. Possibilité de pêcher ou de faire de petites excursions en charrette, en pirogue ou en kayak. Une très bonne adresse.

CAMPEMENT ESSAMAYE €€

Ile de Marfafaco
© +221 77 555 36 67
www.senegalia.com
Case simple à partir de 19 000 FCFA, double à partir de 30 000 FCFA, petit déjeuner inclus.

Ce campement est une case à impluvium traditionnelle comptant dix chambres doubles avec de grands lits, munies de moustiquaires, et d'autres cases individuelles à l'écart. Le cadre convivial incite les convives à se retrouver autour de la table du bar restaurant le soir, comme dans les familles sénégalaises pour la veillée. En journée, on préfère déjeuner au restaurant en bord de la plage. Essamaye propose des circuits originaux dans le Sénégal, excursions, activités culturelles ou sportives dans les environs. Accueil authentique et chaleureux.

NDIOSMONE

A environ 50 km après Mbour, sur la route de Kaolack, le village de Ndiosmone marque un embranchement avec une route goudronnée qui descend vers le sud. Une bonne heure suffit pour arriver au bout de la voie, à Ndangane, face à ce qui fut un embranchement du Sine ou du Saloum. Ces deux fleuves sont aujourd'hui fossiles. Plus on remonte vers l'intérieur des terres et plus l'eau est salée. Leur source du côté de Kaolack est désormais tarie et la seule eau douce qui se mêle à leur cours est celle des pluies de l'hivernage. Depuis le bout de la route jusqu'à Ndiosmone, plusieurs étapes peuvent prolonger votre route.

FATICK

Fatick est une préfecture d'environ 30 000 habitants qui surprend. Elle semble particulièrement vide pour une ville administrative de son rang. Mais, de prime abord, la ville est plutôt charmante. On sent dans les ruelles une vie, une âme difficile à cerner, mais bien présente dans ces murs vieillis par le temps, le vent, le sable et le sel. Le sel est une donnée économique importante, et les marais salants peuvent être visités à la sortie de la ville en direction de Kaolack. Principale source d'emploi, il est distribué au pays tout entier, grand consommateur de sel, pour raisons culinaires, mais surtout pour la conservation du poisson.

Enfants du village de Simal, région de Fatick.

HOTEL ROYAL MALANGO €€

Route de Foundiougne
© +221 33 949 26 26
www.royalmalango.net
Chambre simple à partir de 24 000 FCFA, double à partir de 38 000 FCFA. Petit déjeuner autour de 3 500 FCFA.

Situé au bord du *bolong*, l'hôtel dispose d'une quarantaine de chambres climatisées, dont quelques suites, réparties dans plusieurs bâtiments. Préférez celles près de la piscine, plus agréables et plus fraîches. Le midi, vous pourrez déjeuner au bord d'une grande piscine du poisson frais ou du poulet fermier, accompagné des légumes du marché. Egalement une salle de restaurant climatisée pour les dîners. Possibilité de faire des promenades en kayak, de visiter les salines du Saloum et d'observer les oiseaux. Idéal pour une étape.

FOUNDIOUGNE

Le village est très beau au petit matin ou avant le coucher du soleil. Contrairement aux chaleurs de Fatick, il y fait bon. Un endroit idéal pour aller voir de près une vie quotidienne qui tourne autour des cultures de mil, de riz, d'arachide et de l'exploitation du sel. L'autre activité du cru, vous avez deviné... la pêche, plus particulièrement celle de la crevette rose. Pour les mordus, à vous de décider de votre rythme. De Fatick, une route part vers Foundiougne via Dakhonga et son bac. Enfin pour l'instant, puisqu'à notre passage, la construction du futur pont à péage était en cours, et la fin des travaux annoncée à la fin du trimestre 2021.

Pratique

Pour rejoindre Foundiougne de Dakhonga, il vous faudra être patient pour emprunter le bac à l'embarcadère. Du moins encore pour un temps, car un pont à péage est actuellement en construction entre les deux localités, dont l'ouverture est prévue fin 2021-début 2022, et qui permettra bientôt leur désenclavement. Si vous séjournez à Foundiougne, il serait dommage de ne pas mettre les pieds dans une pirogue pour pêcher ou pour aller observer les oiseaux. Adressez-vous au campement où vous logez, il devrait disposer d'une embarcation. Sinon, vous pouvez tout négocier vous-même près de l'embarcadère. Possibilité d'organiser une pêche, des balades en calèche et des visites des environs dans chacun des campements ou hôtels.

LE BAOBAB SUR MER - CHEZ ANNE-MARIE €€

Route de la Corniche de Foundiougne
✆ +221 33 948 12 63
www.lebaobabsurmer.e-monsite.com

Cases climatisées à partir de 22 000 FCFA, avec petit déjeuner inclus. Menu autour de 4 500 FCFA.

La terrasse donnant sur le Saloum se révèle très agréable, tant pour manger que pour prendre un verre. Au menu, des spécialités locales bien préparées et de délicieuses crevettes. Les dix chambres sont, quant à elles, spacieuses, ventilées ou climatisées, simples et très propres, dans des bâtiments en dur. Anne-Marie propose aussi plusieurs activités pour découvrir la région : balades en calèche, excursions en pirogue et des sorties pêche. Une bonne adresse !

KAOLACK

Capitale régionale, c'est le nœud du pays sur la route de Mbour à Tambacounda, direction le Sénégal Oriental. Par la route à droite, direction vers le Sine-Saloum, on peut rejoindre Sokone, Missirah et la Gambie pour aller en Casamance. Chaude, sale au point qu'on la surnomme parfois « cradolack », Kaolack ne vient pas en tête du palmarès des villes les plus appréciées du Sénégal. C'est pourtant la troisième par la population qui s'est développée du temps où la production d'arachide était le fleuron de la production du pays. De tout ce panache, que reste-t-il ? Des plumes. Une production d'arachide que les économistes tentent en vain d'éradiquer au profit de cultures maraîchères, des quais sur le Saloum du temps où l'arachide était acheminée vers Dakar par le fleuve. Ville d'affaires plus que de tourisme, les hôtels sont plus orientés business. A Kaolack, on ne peut pas rater la grande mosquée à droite en arrivant par la route de Mbour et le grand marché couvert en ville à droite. Jetez un coup d'œil à l'Alliance franco-sénégalaise, construite par le même architecte et sur le même type que celle de Ziguinchor, ou à la mosquée bleue, merveilleuse ébauche d'architecture, cadeau royal d'un milliardaire ruiné. Si vous avez deux heures à tuer dans la ville, n'hésitez pas à prendre une calèche. Vous aurez un beau panorama de la ville sans trop vous fatiguer. Il est aussi possible d'aller voir de plus près les usines de traitement d'arachide, ces seccos qu'on aperçoit depuis la route, ou les huileries de Suneor, à quelque 10 km de là.

Pratique

Kaolack est situé sur la route Dakar-Mbour-Tambacounda, des taxis-brousse font le trajet de ces villes vers la capitale régionale. Vous pourrez aussi trouver des transporteurs vers Toubacouta et Missirah, qui partent généralement en fin de matinée, pour explorer le sud du Saloum. Si vous êtes en voiture de location, sachez que la ville dispose de plusieurs stations d'essence sur la route principale. D'ailleurs, si vous avez un problème avec votre voiture, vous pourrez le faire réparer ici. Vous pourrez aussi trouver ici des distributeurs automatiques de billets, non loin de l'hôtel de Paris, sur l'avenue John F. Kennedy. Kaolack peut être une étape d'une nuit si vous avez fait beaucoup de route. La climatisation ne sera alors pas un luxe pour une bonne nuit de sommeil, Kaolack comptant parmi les climats les plus durs du Sénégal.

LE GRAND MARCHÉ ★★

Avenue John F. Kennedy

Kaolack étant un nœud de communication stratégique entre Dakar, la Gambie et l'ouest du Sénégal, son marché est l'un des plus importants du pays. Il a conservé toute son authenticité, ses étals en vrac, ses couleurs et son effervescence. On y trouve un peu de tout : des tissus importés de Guinée-Conakry, des décoctions médicinales à base de plantes, des instruments de musique, plus simples à négocier qu'à Dakar. Le marché reste toutefois à éviter en période d'hivernage où les allées inondées et insalubres n'inspirent pas confiance.

HOTEL ADJANA €€

Route de Kahone

✆ +221 33 938 42 90

www.adjana.net

Chambre à partir de 60 000 FCFA ; suite sur pilotis à partir de 250 000 FCFA. Petit déjeuner inclus.

Vous voilà au bord de l'eau, au cœur d'un petit paradis, en total contraste avec l'ambiance de Kaolack. Suites et bungalows confortables sur pilotis, chambres impeccables au milieu d'un jardin luxuriant, piscine et bain moussant, terrain de foot et restaurant copieux, le site est parfait pour passer de belles vacances en toute détente. Les bungalows sur pilotis et les suites, tout en bois avec un toit en chaume, surplombent magnifiquement le fleuve Saloum. On s'y sent bien, entre le confort et le calme du lieu, bercé par le clapotis des vagues à marée haute.

LE RELAIS DE KAOLACK €€

Plage de Kundam

✆ +221 33 941 10 00

www.horizons-bleus-senegal.com

Chambre à partir de 25 000 FCFA. Petit déjeuner inclus. Wifi.

Ce charmant village-hôtel situé en bordure du Saloum se compose de chambres, bungalows et suites climatisés, avec TV satellite, téléphone et salle de bains très spacieuse. Difficile de se sentir encore en ville dans ce bel espace. Pour la baignade, on préférera la belle piscine centrale, même s'il faut reconnaître que la mer en toile de fond apporte de l'air et de l'espace. Le bar-restaurant panoramique vous fera découvrir une cuisine raffinée. Parking sécurisé, terrain de pétanque et tables de ping-pong. Accueil très chaleureux.

RESTAURANT DE L'HÔTEL ADJANA €€

✆ +221 33 938 42 90

Ouvert tous les jours de 8h à 23h. Plats à partir de 7 000 FCFA.

Sûrement le meilleur restaurant de la ville ! Et pour cause, le chef est sorti d'une grande école de cuisine, et maîtrise parfaitement les saveurs locales et internationales. Dans une salle spacieuse et agréable, vous pourrez vous délecter de copieux plats sénégalais, européens ou de délicieuses pizzas, cuisinés à partir des produits du marché. Laissez-vous tenter par le poisson du jour accompagné de sa sauce moyo, à base de petits légumes. Un vrai régal !

ALLIANCE FRANÇAISE

191, rue de France

✆ +221 33 941 10 61

Ouvert du mardi au samedi de 9h à 13h et de 15h à 19h. Bibliothèque ouverte sans interruption jusqu'à 21h.

L'Alliance organise de nombreuses manifestations culturelles tout au long de l'année. C'est également une bonne adresse pour découvrir les œuvres d'artistes locaux, une pièce de théâtre ou assister à un concert dans son théâtre de verdure. Sa bibliothèque, riche de plus de 8 000 ouvrages, est en accès libre. Si vous passez par là et que vous avez achevé votre livre de vacances, n'hésitez pas à le laisser pour d'autres lecteurs intéressés. Son architecture lui a valu le prix Agha Kan 1995. A visiter à tout prix. On peut aussi s'y restaurer ou y prendre un verre.

NIORO DU RIP

C'est une ville située à 59 km au sud de Kaolack par la route nationale N4, et à une trentaine de kilomètres de la frontière gambienne. C'est d'ailleurs la route la plus empruntée pour aller en Casamance via la Transgambienne, dernière étape avant Farafenni en Gambie. C'était la capitale du Rip, le royaume du marabout Maba Diakhou Bâ qui opposa une farouche résistance et hostilité tant aux royaumes animistes qu'à la pénétration coloniale française. S'y trouvent des restes d'un culte sérère que l'on ne trouve nulle part ailleurs, et qu'on décrit comme solaire, en rapprochement avec les dolmens et les cromlechs élevés en Europe occidentale. Taillés dans la latérite, de larges cercles et de nombreux alignements de pierres montrent que la civilisation avait commencé très tôt de ce côté de l'Afrique aussi. La route entre Kaolack et le pont de Farafenni est très bonne. Fini aujourd'hui les longues heures d'attente au bac pour traverser le fleuve et la route désastreuse qui s'en suivait. Inauguré en janvier 2019, le pont de Farafenni enjambe remarquablement le fleuve Gambie sur une longueur de 1 000 mètres, prolongeant ainsi la Transgambienne venant du Sénégal. L'accès est fluide sur une route agréable, et les contrôles aux postes-frontière assez rapides. Cependant, on risque de vous demander de nombreux bakchich, soyez ferme et refusez. Comptez autour de 2 500 FCFA le droit de passage. Pour aller à Nioro du Rip, vous trouverez des taxis-brousse à Kaolack, au garage situé dans le quartier de Ndagane.

LES CERCLES MÉGALITHIQUES DE SÉNÉGAMBIE

Les sites n'étant pas indiqués, se renseigner auprès des habitants.

Quatre grands groupes de pierre se répartissent sur une large bande de 100 km de large, entre le Sénégal et la Gambie. Sine Ngayène, Wanar, Wassu et Kerbatch, les quatre groupes, rassemblent 93 cercles et de nombreux tumuli, monticules funéraires – amas de pierres au-dessus d'une tombe – organisés en deux alignements qu'on appelle généralement tombes du roi et de la mère du roi. Certains ont été fouillés et ont révélé un matériel archéologique que l'on peut dater entre le IIIe siècle av. J.-C. et le XVIe siècle de notre ère. Celui de Sine Ngayène, en réalité situé à Dialloumbere, qui se trouve à 400 m à l'ouest du village de Sine Ngayène, près de Nioro du Rip, est l'un des sites les plus fournis. Il comporte 52 cercles pour 1 200 pierres mégalithiques et une centaine de tumuli. A une vingtaine de kilomètres de Nioro du Rip, le second site du Sénégal, Wanar, est moins fourni, mais tout aussi intéressant. Au milieu de nulle part, cette nécropole se compose de 21 cercles mégalithiques, dont un double cercle. Ce site est caractérisé par la présence de nombreuses pierres lyres, ces mégalithes fendus en deux auxquels on prête une fonction astronomique. A une centaine de mètres au nord-ouest, remarquez la pierre, laissée inachevée, non loin de la cuirasse latéritique. Une soixantaine de corps ont été exhumés à ce jour, certains portant des bracelets de cuivre. Un trésor inestimable de cette région d'Afrique, classé au Patrimoine mondial de l'Unesco en 2006.

KABACOTO SAFARI €€

Route de Kaymor ✆ +221 78 104 10 58
www.kabacoto-safari.com

Bungalow double à partir de 32 000 FCFA, avec petit déjeuner. Villa climatisée pour 4 personnes à partir de 57 000 FCFA.

Kabacoto Safari, c'est l'un des meilleurs campements de chasse de l'Afrique de l'Ouest, mais aussi un lieu tout confort pour les familles, à l'ambiance très conviviale. Que vous veniez chasser ou vous reposer, Jeanny et Ludovic feront tout pour vous offrir un séjour inoubliable. Face au *bolong*, les bungalows éparpillés dans un jardin fleuri, disposent de la climatisation, de la télévision et de toilettes séparés. Les villas, quant à elles, sont spacieuses et toutes équipées. Piscine, bain moussant, terrains de pétanque et de foot, excursions et balades à cheval.

PASSY

Village typique de brousse, la localité de Passy est située sur la route nationale 5, entre Kaolack et Banjul, la capitale de la Gambie. Peuplée d'environ 7 000 habitants, elle est constituée d'un mélange d'ethnies regroupant Wolofs, Sérères et Peuls qui vivent principalement de l'agriculture, en toute harmonie. La commune n'étant pas la plus enivrante de la région, elle n'est finalement qu'un carrefour entre Foudiougne, Kaolack et la Gambie, une halte potentielle en cours de route dans son campement arboré et agréable, refuge des chasseurs et pêcheurs. Cependant, le marché du dimanche, l'un des plus réputés de la région, vaut un petit arrêt.

AUX MANGUIERS DE PASSY €€

✆ +221 33 948 54 43

www.senegal-chasse.com

A partir de 10 000 FCFA la chambre double par personne. Chasseurs : autour de 1 590 € la semaine.

A l'entrée du village de Passy en provenance de Kaolack. Etablissement tourné vers la chasse, mais également vers la pêche. Campement agréable à l'ombre de caïlcédrats centenaires et des manguiers, mais des cases climatisées ayant besoin d'être rafraîchies. Son restaurant vous régalera de recettes inspirées de la cuisine sénégalaise et française. L'établissement organise des sorties vers deux autres campements plus en brousse, vers la frontière gambienne, mais aussi des excursions dans les villages avoisinants et la visite du Saloum.

SOKONE

Traversé par une route goudronnée menant jusqu'à Toubacouta, le village de Sokone est au pied d'un large bolong qui va directement se jeter dans l'océan, non sans avoir au préalable contourné la grande île Bétanti. En serpentant entre les méandres du bras de mer, vous découvrirez une nature luxuriante, dont une belle forêt de baobabs. Le dimanche matin, la messe avec ses chants et ses musiques syncrétiques est l'une des plus belles du Sénégal. A ne pas manquer si vous êtes dans le coin. Sokone est aussi le point de départ le plus proche vers le marché hebdomadaire du dimanche (louma), à Touba Mouride, situé à 8 km en pleine brousse. A découvrir !

LES CALAOS DU SALOUM €

✆ +221 33 948 30 95

Case double ventilée avec petit déjeuner à partir de 26 000 FCFA. Possibilité de demi-pension et pension complète.

Amadou se pliera en quatre pour faire de votre séjour, un moment inoubliable. Il connaît bien les alentours et propose de nombreuses excursions dans la région : balades en calèche aux palmeraies de Diaglé, à Bambouglar (village de pêcheurs et d'agriculteurs) et sur la colline de coquillages de Bangaler ou en pirogue à l'île aux Oiseaux, entre autres. Son campement est en plus agréable : il est situé face au *bolong* de Sokone et les cases au milieu d'un jardin arboré sont convenables. Bingo, sa femme, mijote de bons petits plats, notamment le poisson grillé.

LES BARRACUDAS €€

✆ +221 77 129 61 48

www.les-barracudas.com

Chambre simple en demi-pension à partir de 39 000 FCFA, double à partir de 52 000 FCFA.

Quelque part sur une île de coquillages entre Sokone et Passy, le Barracuda invite à la pêche, loin des circuits, ou simplement pour piquer une tête dans la piscine surplombant le *bolong*. Les bungalows, tout confort et décorés de sculptures africaines, sont dispersés dans un jardin verdoyant. Préférez les grandes cases avec terrasse privée face au bras de mer pour des moments de détente. Sur la terrasse du restaurant, vous pourrez savourer de bons plats sénégalais mais surtout des huîtres de palétuviers, spécialité de Sokone et du poisson bien frais. A découvrir !

LE CAÏMAN €€

✆ +221 77 729 53 99

Chambre double à partir de 29 000 FCFA.
Petit déjeuner autour de 2 500 FCFA.
Menu à partir de 7 000 FCFA.

Cet hôtel compte une vingtaine de cases climatisées, chacune avec eau chaude, salle de bains et WC, réparties sur un terrain arboré. Le restaurant vous propose des spécialités à base de gibier durant la saison, mais aussi de poissons bien frais. L'établissement organise d'ailleurs des séjours chasse et pêche. Belle piscine pour se rafraîchir. Egalement de nombreuses excursions proposées. Le Caïman est aussi propriétaire d'un campement situé à Mbellane, avec cases traditionnelles sur pilotis, et de l'hôtel Royal Malango, à Fatick au bord d'un *bolong*.

CAMPEMENT FADIDI NIOMBATO

✆ +221 77 215 68 60

www.niombato.com

Chambre double à partir de 22 000 FCFA.
A partir de 3 000 FCFA le menu, hors boisson.

Né d'une amitié franco-sénégalaise de longue date, ce campement de tourisme solidaire offre une belle échappée en pleine nature, au bord d'un bras de mer. Logées dans des cases traditionnelles, les 18 chambres présentent un confort simple, mais agréable. Le restaurant, lui, propose une savoureuse cuisine traditionnelle, concoctée à base de produits frais. Ici, les rencontres interculturelles avec les villageois sont au cœur des activités. Parfait pour s'imprégner de la culture locale !

TOUBACOUTA

Autrefois, le village de Toubacouta était un repère de prédilection où les pêcheurs et les fêtards aimaient à se retrouver. Et le village était surtout connu pour deux principaux lieux d'hébergement, Keur Saloum et les Palétuviers. Les ambiances changent. Aujourd'hui, nombreux campements et chambres d'hôtes permettent la découverte de ce charmant village à tout type de touristes. Il garde une bonne situation géographique, sur le bolong, et de jolis coins, paisibles et poissonneux. Les gens sont accueillants, et il fait bon déambuler dans les allées arborées du village.

Transports

Il est possible de rejoindre Toubacouta par la route ou par les *bolongs*. En transport en commun, vous pouvez passer par Kaolack, et de là trouver un 7-places qui se rend à Toubacouta. Depuis la Petite Côte, comptez autour de 45 000 FCFA en 7-places privatisé. En voiture, nous vous conseillons de passer par Fatick, puis de bifurquer par une piste à droite direction Foundiougne, où il vous faudra prendre le bac avec la voiture pour continuer sur l'autre rive. Le voyage est plus court en distance, aussi long en temps si vous devez attendre le bac, mais plus authentique. En pirogue, vous pouvez traverser le delta du Saloum depuis Palmarin ou Ndangane, avec une escale à Dionewar ou Niodor possible. Comptez autour de 60 000 FCFA le transfert en pirogue depuis le nord du delta.

DIOROM BOUMAK

Au large, du côté de la mangrove, une curiosité peu ordinaire : Diorom Boumak, certainement la plus grande de toutes ces îles-amas de coquillages vides qui, un temps, servirent de sépulture. Diorom est un amas long de 400 m et large de 300 m, et aurait servi de tombeau à 7 000 corps entre le VIIe et le XIIIe siècle. Au passage, ne manquez pas de faire un détour par le reposoir aux oiseaux tout proche de l'île aux coquillages, où vous pourrez observer des centaines d'oiseaux (cormorans, aigrettes, martins-pêcheurs, pélicans...).

RÉSERVE DE FATHALA

✆ +221 70 525 06 20

www.fathala.com

Office ouvert tous les jours aux visiteurs non-guest, réserver les activités en avance. Game drive à partir de 40 €.

Cette réserve privée s'étend sur 6 000 ha, au cœur d'un écosystème forestier préservé à la frontière gambienne, près des rives du delta. A l'initiative des propriétaires sud-africains, plusieurs espèces y ont été réintroduites à l'instar des girafes, des buffles, des élans de Derby et des zèbres. Elle propose plusieurs activités ouvertes aux non-résidents du lodge dont les plus populaires, les *game drive* pour observer toutes sortes d'animaux sauvages dans la forêt et la marche avec les lions, pour les amateurs de sensations fortes !

VISITE À LA REINE DE SIPO

Excursion à faire avec un guide local.

Depuis Toubacouta, tout près du village de Bamboung, au cœur de la réserve éponyme, ne manquez pas de vous rendre sur l'île de Sipo, où se trouve ce petit village de brousse pittoresque d'une centaine d'habitants, dirigé par une reine pas comme les autres, Fatou Mané. La reine de Sipo est une personnalité pétillante et drôle, qui reçoit volontiers des visiteurs en visite de courtoisie. Son histoire est étroitement liée à la création du village au début du XXe siècle, qui a été fondé par des personnes fuyant l'islamisation de la Guinée. Ils ont été ensuite rejoints par des Maliens et plus tard, par une autre ethnie venant du nord du Sénégal. Ils y vivaient en toute harmonie de la cueillette d'huîtres dont les coquilles étaient ensuite brûlées pour obtenir de la chaux. Aujourd'hui, le village vit de l'agriculture, de la pêche et du tourisme. Âgée de plus de 100 ans, la reine est la gardienne du bois sacré. Elle est responsable des lieux de prière sérères, sur cette île qui était auparavant une escale pour piroguiers. Dotée de pouvoirs mystiques, elle est guérisseuse et assiste toutes les femmes du village pour les accouchements. Compte tenu de son âge avancé, c'est désormais son fils aîné Insa Touré qui assure le rôle de chef du village. Sachez que la plage de cette île est magnifique, n'oubliez pas votre maillot de bain ! Au passage, n'oubliez pas d'acheter du riz, du thé ou des stylos pour les enfants pour en faire don au village et la remercier de son accueil.

AFRICA STRIKE €

Face à la douane maritime.

✆ +221 33 948 77 40

Chambre double à partir de 23 000 FCFA.
Petit déjeuner autour de 1 500 FCFA.
Sortie pêche à partir de 80 000 FCFA.

Cet hôtel est une ancienne maison coloniale, composée de six chambres climatisées et ventilées, avec salle de bains et balcon avec vue sur la piscine. Le personnel sympathique, l'ambiance familiale et accueillante font de cet établissement un lieu authentique où l'on se sent comme chez soi. Plusieurs excursions sont proposées : visite du village de Sipo et de marchés traditionnels, balades en pirogue à la découverte de plages désertes et de l'île aux coquillages et sortie pêche dans les *bolongs* pour les amateurs. Service de laverie, parking et Internet.

LODGE-HÔTEL KEUR SALOUM €€

✆ +221 33 948 77 15 - www.keursaloum.com

Bungalow simple à partir de 32 400 FCFA, double à partir de 23 700 FCFA par personne, petit déjeuner inclus.

Le Lodge-Hôtel Keur Saloum est un « must » de l'hôtellerie dans la région du Saloum. L'établissement propose des chambres très confortables, réparties en petits pavillons au style africain, et des suites de haut standing avec terrasse privative qui offre une splendide vue sur le *bolong*. La cuisine internationale ou sénégalaise est de très bonne qualité, et peut être servie au restaurant en terrasse couverte, au bord la piscine ou encore près du surplomb où l'on peut admirer un panorama magique sur la mangrove. Un lieu unique et plein de charme.

KEUR YOUSSOU €

✆ +221 77 634 59 05

www.keuryoussou.com

Bungalow à partir de 12 500 FCFA (ventilée) ou de 15 750 FCFA (climatisée).
Petit déjeuner inclus.

Voilà l'une des meilleures adresses pour les petits budgets à Toubacouta. Keur Youssou propose des jolies cases bien tenues avec moustiquaire, ventilateur et salles de bain, ou des bungalows avec terrasse privée, le tout dans un jardin fleuri. On se réunit autour d'une table conviviale pour goûter l'excellente cuisine de Fatou, et écouter les histoires de Youssou. Une encyclopédie vivante qui vous organisera les meilleures excursions. Pensez aussi à le contacter pour les transferts avantageux depuis Palmarin, Mbour ou Fatick.

KEUR NIAYE €€

Route de Soukouta

✆ +221 77 289 07 79

www.keur-niaye-maison-dhote.com

Chambre double à partir de 46 000 FCFA.
Petit déjeuner inclus. Repas à partir de 8 000 FCFA (hors boisson).

Céline et Gilles, un couple avenant et dynamique, vous reçoivent dans leur charmante maison d'hôtes, située dans un environnement paisible et verdoyant. Keur Niaye dispose de quatre belles chambres, à l'atmosphère tamisée et décorées avec goût. Les repas sont pris à l'ombre, dans le jardin fleuri, où Céline vous propose une cuisine variée, composée de plats africains, européens et même asiatiques. Durant votre séjour, le couple vous fera, si vous le souhaitez, partager leurs passions : Céline, le Tai Ji Chuan ; Gilles, la pêche. Une bonne adresse !

FATHALA WILDLIFE RESERVE €€€

✆ +221 70 525 06 20

www.fathala.com

A partir de 190 € la chambre double.
Petit déjeuner inclus.

Voici un superbe camp de tentes safari de luxe ouvert aux confins du Sénégal ! Aménagé comme les lodges de grand standing d'Afrique du Sud, il est intégré à la réserve privée éponyme. On ne s'attend pas à trouver un écrin de tel luxe au cœur de la brousse. Les chambres sont de vastes tentes climatisées, très élégantes et dotées de grandes ouvertures donnant sur la forêt. La piscine azur est tout aussi avenante, avec ses jolis transats. Dans l'assiette, une cuisine fusion de spécialités sénégalaises revisitées par un grand chef. Pour un séjour inoubliable.

LES PALÉTUVIERS €€€

✆ +221 33 948 77 76

www.paletuviers.com

Chambre simple à partir de 79 000 FCFA, double à partir de 130 000 FCFA, suite à partir de 226 000 FCFA.

En bord de mangrove, un véritable petit paradis luxueux planté de baobabs géants. Les bungalows sont intimes et très confortables, et certains bénéficient d'une terrasse face à la vue incroyable qu'offre le site. Deux magnifiques suites pour une nuit des plus insolites : l'une perchée dans un arbre, l'autre flottante sur l'eau. La propriété compte également une île baptisée « the Island » où il est possible de dormir dans une case romantique, après un dîner préparé par un chef sur place et dégusté à la lampe tempête.... Un vrai coup de cœur !

MISSIRAH

Toubacouta passé, la route semble ne plus porter quelque véhicule que ce soit, tant elle est mal en point. Rassurez-vous, tout s'arrange une petite centaine de mètres plus loin. A partir du carrefour de la route rouge, reprenez une bonne piste en latérite sur environ 13 km, celle qui mène à Missirah. Quelques tôles ondulées plus loin et ça y est. Au fur et à mesure qu'on se rapproche du village, on sent la forêt qui s'épaissit. Cette végétation importante et inexploitée contraste largement avec le nord du Saloum. Missirah est posé près d'un large bolong, et ses plus de 5 000 habitants sont un mélange sérère et mandingue de pêcheurs et de cultivateurs. La pêche est ici primordiale et le port, l'un des plus importants du Sénégal. Cette partie sud du Saloum est de loin la plus sauvage ; les bolongs, grands et petits, n'y ont pas les mêmes apparences, et la nature semble sublimée. Pour un autre contact... Méfiez-vous de deux choses : du sum-sum (alcool) local, n'en buvez qu'avec parcimonie, et des djinns, ces esprits malins, pas méchants à la base, mais plutôt joueurs si vous marchez sur leur ombre ! Au milieu du village, un beau fromager sans doute millénaire, qui fait plus de 30 m de circonférence. Pour se rendre à Missirah de Kaolack, un taxi-brousse part de la gare routière avant 13h. Sinon, prendre un taxi-brousse vers Toubacouta et de là, un autre vers Missirah. Dans l'autre sens, un taxi-brousse quitte Missirah tous les jours de bonne heure le matin.

PARC NATIONAL DU DELTA DU SALOUM ★★★

Inscrit au Patrimoine mondial de l'Unesco depuis 2011, c'est l'un des six parcs nationaux du Sénégal. Il se répartit entre un petit espace terrestre d'environ 6 000 ha et une vaste partie maritime de plus de 70 000 ha, l'une des zones de concentration de poissons parmi les plus importantes du pays. La partie terrestre inclut essentiellement la forêt de Fathala, l'une des dernières du Sénégal. Au hasard d'une balade, il est possible d'y croiser des phacochères, des hyènes tachetées, plusieurs espèces de singes, des guibs harnachés, des pintades, des mangoustes et surtout beaucoup d'espèces d'oiseaux. Certains ornithologues considèrent que c'est l'un des parcs d'Afrique de l'Ouest le plus riche en biodiversité : 400 espèces d'oiseaux y vivent de façon quasi permanente, contrairement au Djoudj où les oiseaux migrateurs arrivent en masse et repartent quelques mois plus tard. C'est d'ailleurs le premier site mondial de reproduction de la sterne royale. Des sentiers ou routes mènent vers des thans (ces parties plates et salées en bordure de mangrove, recouvertes pendant les grandes marées). Les thans sont telles des portes vers la mangrove profonde, l'orée des bolongs, et déjà on y voit les huîtres de palétuviers par centaines. On peut aussi s'y avancer sur plusieurs dizaines de mètres avec de l'eau jusqu'aux cuisses. Autre particularité : les galeries forestières qui bordent les anciens lits des rivières Fathala et Bading, et la mare aux dragons (ancien trou à hyènes).

BONOBO LODGE €€

✆ +221 33 992 98 93

Demi-pension avec transfert pirogue inclus à partir de 31 000 FCFA (hors boissons).

Sur une île aussi grande que Monaco, cet écolodge se fond dans la nature. Dans un cadre à la fois luxuriant et intimiste, il offre des vacances relaxantes, coupées du monde. Bungalows et cabanons en bois avec salles de bains à ciel ouvert sont décorés avec goût. Le restaurant offre une cuisine maison réalisée avec des produits frais. Le soir venu, vous pourrez partager des moments conviviaux autour de jeux de société, d'un billard et des fléchettes ou plus tranquillement, lire un bon bouquin choisi dans la bibliothèque. Nombreuses excursions proposées.

BAKADADJI

Il vous faudra vous acquitter de l'entrée du parc et contracter un écoguide. Autour de 20 000 FCFA pour la pirogue.

Ce village d'environ 130 âmes, fondé au XVIIe siècle, mérite le détour. C'est le seul au Sénégal à être toléré dans un parc national. Le décret confère donc à Bakadadji un statut très particulier, que l'instituteur du village vous contera. Appuyé par l'association Sine-Saloum depuis plusieurs années, il dispose aujourd'hui d'une école, d'un campement écotouristique, d'un jardin maraîcher et d'une multitude de projets. Diverses études, menées par des stagiaires de l'association, ont régulièrement lieu. L'histoire du village a d'ailleurs été récemment écrite…

DELTA DU SALOUM ★★

Un environnement maritime exceptionnel, inscrit au Patrimoine mondial de l'Unesco depuis 2011, s'étendant sur 5 000 km² où se rejoignent les bras de deux fleuves, le Sine et le Saloum. On y découvre notamment 28 sites funéraires en forme de tumulus. Entre mangroves et îlots, on serpente en pirogue sur ces canaux d'eau salée, découvrant des amas de coquillages s'étendant pour certains sur des centaines de mètres. Ces amoncellements coquilliers sont le résultat de l'activité humaine dans la région au cours des millénaires passés.

OUDIERIN

S'acquitter du droit d'entrée au parc, écoguide obligatoire.

Au retour de l'île aux oiseaux, pourquoi ne pas vous arrêter pour pique-niquer à Oudierin, sur la belle plage du village d'une femme marabout, fait rarissime dans le pays. Une case, puis deux se sont construites autour de son repaire, puis une mosquée. Sa renommée est acquise dans le coin. Elle a surtout travaillé par télépathie, et les on-dit prétendent que même le gouverneur se déplaçait pour la consulter. Aujourd'hui, fatiguée par l'âge, elle est partie se reposer dans son village natal. C'est son fils, Mamadou Diouf, qui l'a remplacée à la tête d'Oudierin.

Delta du Saloum.

L'ÎLE AUX OISEAUX ★★

Obligation de s'y rendre avec un écogarde, autour de 6 000 FCFA le tour + l'entrée du parc.

A partir du printemps, le spectacle est beaucoup plus loin vers l'embouchure. L'île aux Oiseaux devient un grand lieu de frai, à partir d'avril. Sternes, caspiennes royales, mouettes à tête grise, goélands railleurs paradent et pondent. Fin mai et début juin, les oisillons se mettent à crever leur coquille. Débarquer sur l'île à cette époque revient à pénétrer dans une ambiance à la Hitchcock. Par centaines, des oiseaux volent tout autour de vous, parfois à moins d'un mètre, et piaillent sans relâche. Des ornithologues en avaient répertorié plus de 70 000 !

CENTRE DES ÉCO-GARDES

✆ +221 76 751 26 74

Pour les circuits dans le PNDS, il faut en plus de la location de la pirogue, s'acquitter du droit d'entrée au parc.

Regroupés en GIE, les écogardes du Parc national du Delta du Saloum proposent plusieurs circuits un peu partout dans la région. Vous pourrez entre autres visiter l'île aux Oiseaux, l'île aux hyènes ou encore la Petite et la Grande Amazonie. Grâce à leurs solides connaissances du milieu, ces écogardes bien formés vous guident et vous expliquent cette nature encore sauvage. Vous les trouverez à l'entrée du village de Missirah, sur votre gauche. Il vaut mieux s'y rendre de bonne heure le matin si vous souhaitez profiter de la visite.

CASAMANCE

Prenez une carte de Casamance, nul besoin d'être géopoliticien, militaire ou rebelle pour vous rendre compte que cette province est isolée : de l'autre côté de la Gambie lorsqu'on arrive du Sine-Saloum et tout prêt de la Guinée-Bissau. Ses ethnies, sa nature luxuriante, ses traditions animistes laissent rarement indifférent. « Je suis allé en Casamance, j'en rêvais depuis longtemps à cause du mot romance », écrit André Malraux dans ses *Antimémoire*s. Son nom est magique et la terre, à la culture teintée de créolité guinéenne, charme sans exception ceux qui y ont posé le pied. Longtemps boudée à la suite des mouvements rebelles qui ont agité la région pendant 25 ans, la Casamance a retrouvé sa tranquillité, et seuls quelques postes militaires nous rappellent son passé mouvementé. Bien qu'aujourd'hui elle soit plus facilement accessible, la région se fait désirer, elle qui offre les plus beaux paysages du Sénégal.

Casamance
GAMBIE
BOUNKILING
BIGNONA
SÉDHIOU
GOUDOMP
OUSSOUYE
GUINÉE-BISSAU
Vers VELINGARA
Vers KOLDA
Seleti
D 207
D 206
Djibidione
Madina Wandifa
P 208
Bougari
Diaroume
DIOULOULOU
KABADIO
ABENE
KAFOUTINE
Kassel
Sindian
Oulampane
N 4
R 22
Soungrougrou
Tiobon
D 200
MLOMP
Bougolor
MARSASOUM
Sansamba
Yassine
Bari
Sakar
Sitaba
Diende
Boune
Hilol
TIONK ESSIL
BIGNONA
Diouloulou Bôlon
Tandouk
Tobor
R 21
N 6
Elana
AFFINIAM
Tobor
KOUBALAN
Adeane
Sibikouroto
D 218
Tanaf
Sinbandi
Banbali
Casamance
NIOMOUNE
POINTE SAINT-GEORGES
BANDIAL
ZIGUINCHOR
Gurinnhol
Pantodosse
Yatacounda
Diogué
CARABANE
DJIROMAIT
SÉLÉKI
BRIN
Nikine
ENAMPORE
KAMOBEUL
CACHOUANE
OUSSOUYE
DIOHER
DARSALAM
Mpak
Satioum
DIÉBÉRING
ELINKINE
Boukitimgo
R 20
BOUCOTTE

PAGES

204 ## ●● BASSE CASAMANCE - RIVE SUD

La région mérite que l'on s'y attarde au moins une semaine pour palper l'ambiance de cette partie du Sénégal, longtemps isolée et moins connue des touristes. Au bord du fleuve Casamance ou de l'océan, elle offre des paysages verdoyants de toute beauté, notamment durant l'hivernage. Outre son agréable capitale Ziguinchor, elle recèle plusieurs villages authentiques, dotés de superbes cases à impluvium ou à étage. Ici, les traditions animistes sont profondément ancrées et une halte à Oussouye, entre autres villages, s'impose pour plonger au cœur du royaume diola. De superbes balades en pirogue sont à envisager dans la région, notamment pour découvrir ses îles, perdues au cœur de la mangrove. Pour changer d'ambiance, la station balnéaire du Cap-Skirring permet de décompresser sur ses magnifiques plages, avant de faire la fête jusqu'au petit matin !

ZIGUINCHOR ★★★

204 Capitale régionale nichée au bord du fleuve Casamance, Ziguinchor est une ville à taille humaine où il fait bon flâner entre ses jolies allées, bordées de bâtiments coloniaux. Les habitants y sont en plus d'une extrême gentillesse, et il y est facile de les aborder. Sans parler des levers et couchers de soleil sur le fleuve qui offrent des moments inoubliables.

209 **BRIN**

209 **KAMOBEUL**

210 **ENAMPORE**

210 **SÉLÉKI**

211 **BANDIAL**

211 **DIOHER**

211 **ELOUBALINE**

211 **EDIOUNGOU**

OUSSOUYE ★★

212 Niché au cœur de la forêt la plus dense du Sénégal, Oussouye fascine par ses traditions animistes et ses rites d'initiation, précieusement conservés par les Diolas. Elle est l'une des dernières bourgades à vivre sous la bienveillance d'un roi animiste, qui joue le rôle à la fois de chef religieux et de médiateur du village.

215 **MLOMP**

216 **DJIROMAIT**

216 **POINTE SAINT-GEORGES**

216 **ELINKINE ★★**

CARABANE ★★★

218 Ceinte d'une plage de rêve et bordée de cocotiers verdoyants, Carabane dévoile de magnifiques paysages de cartes postales. Sur cette île sans voiture, on se laisse bercer par le son des vagues, par sa douceur de vivre et son atmosphère nonchalante. Quelques vestiges coloniaux également attirent l'attention.

220 **EFRANE**

PAGES

221 **CAP SKIRRING** ★★★

C'est la station balnéaire la plus réputée de Casamance, avec ses nombreux hôtels, restaurants et discothèques ! Ses plages bordées de cocotiers sont d'ailleurs les plus belles du pays, et l'on aime s'y prélasser. L'ambiance du village est moins touristique que Saly, et les Sénégalais, moins collants et les relations, plus authentiques.

228 **ÎLE D'EGUEYE**

228 **KABROUSSE**

229 **BOUCOTTE** ★★

A une dizaine de kilomètres au nord du Cap Skirring, Boucotte s'étend le long d'une magnifique plage sauvage où viennent souvent se prélasser les zébus. Elle est longée par de nombreuses villas privées et quelques hôtels, très agréables pour séjourner. On apprécie son côté authentique et l'accueil chaleureux des habitants.

230 **DJEMBÉRING** ★★

Entre plage sauvage et nature luxuriante, Djembéring invite au repos dans son agréable village, dominé par un majestueux fromager. On y découvre la culture diola sous tous ses aspects, notamment à travers un musée à ciel ouvert, au cœur d'une belle forêt. A ne pas manquer la messe du dimanche et sa magnifique chorale. Dans les alentours, s'offrent également de jolies balades en 4X4.

232 **CACHOUANE**

232 **DJIROITOU**

●● BASSE CASAMANCE - RIVE NORD

233

Cette région a un charme indéniable. Au moment où l'on passe le pont Emile Badiane à Ziguinchor, c'est-à-dire le fleuve pour se retrouver en rive nord, le paysage devient différent. Les bords de la route sont plus rouges, les arbres plus nombreux et plus hauts encore. De chaque côté, des rizières, des rizières, encore des rizières. Puis une palmeraie. Et des marais. Il n'est pas rare de croiser toute une famille de singes, en tout cas de les entendre dans les arbres, au moment où le soleil se couche. Entre mer et *bolongs*, la rive nord est ce que l'on peut vivre de mieux en matière de naturel et d'authenticité. Autrefois fréquentée par les bandits et les rebelles, la rive nord a aujourd'hui retrouvé tout son calme. On peut profiter de cette région tranquillement, sans se soucier des problèmes passés. Des militaires veillent encore sur les routes, mais ils sont surtout là pour rassurer les touristes.

233 **KOUBALAN**

233 **AFFINIAM**

233 **THIONCK ESSYL**

233 **BIGNONA**

234 **DIOULOULOU**

234 **KABADIO**

235 **ABÉNÉ** ★★

Peuplé d'environ 2 000 âmes, ce village authentique offre un accueil chaleureux à tout voyageur qui y séjourne. Son superbe fromager s'élevant sur la place du village est l'occasion de rencontres et de palabres avec les habitants. La plage n'est qu'à un peu plus d'un kilomètre de là.

CASAMANCE

PAGES

235 ## KAFOUNTINE ★★

Méfiance ici, des esprits bien vivaces, le Kumpo et le Kankouran, peuvent sortir à tout moment de la forêt sacrée ! Ce sera alors un festival de danses traditionnelles dont seuls les initiés connaissent les secrets. Une occasion de s'imprégner d'une tradition animiste bien ancrée.

237 ## NIOMOUNE

238 # ●● HAUTE CASAMANCE

Aller de Bignona vers Diaroumé, puis Sédhiou et Kolda, c'est s'enfoncer vers une Casamance moins spectaculaire que les régions plus proches du fleuve et de la mer, mais c'est s'aventurer vers le Sénégal tel qu'il vit dans sa manière la plus simple. Pas de regard de touriste, pas de proposition intéressée. Cette face n'est pas celle par laquelle on a envie de commencer, mais c'est un bon complément. Malheureusement, la route se fait vers les températures croissantes. Pour aller de Bignona vers Sédhiou, ancienne capitale de la région, on passe par le carrefour Diaroumé, embranchement des routes sur la transgambienne. L'ambiance est celle des frontières, avec tous ces camionneurs, apprentis, chauffeurs... Du lunaire à la rizière, les paysages se révèlent parfois magnifiques, et la région dévoile aujourd'hui une plus grande sérénité, elle qui était autrefois au cœur des mouvements rebelles.

238 ## SÉDHIOU

238 ## KOLDA

240 ## VELINGARA

Kafountine.

ZIGUINCHOR ★★★

Ziguinchor est la capitale économique de la région et compte environ 270 000 habitants. Ville de transit vers le Cap Skirring ou Kafountine c'est aussi un bon point de départ pour faire une balade à Djilapao et Affiniam. Les jolis couchers de soleil sur le fleuve, les allées bordées d'arbres, son atmosphère authentique, ses habitants accueillants font tout son charme. Ziguinchor mérite qu'on s'y arrête. Vous y arriverez en bateau, et il n'est pas rare que des dauphins vous escortent à l'embouchure du fleuve Casamance. Le pont Emile Badiane est le seul qui enjambe le fleuve Casamance, portant la route de Bignona. D'un côté, la ville administrative, avec ses bâtiments coloniaux, dont la gouvernance, le conseil régional et le palais de justice. Une pincée de nostalgie flotte dans l'air du côté de ces anciennes maisons de commerce d'un rouge passé, entre le petit marché de la rue Javelier et le fleuve. De l'autre côté, plus loin en amont, c'est le Ziguinchor industriel, le centre de pêche près du débarcadère et, un peu plus en avant, l'usine d'arachide avec ses montagnes de seccos qu'on distingue au-delà des remparts de protection. La ville est plus grande qu'elle n'y paraît au premier coup d'œil. Une grande avenue bien goudronnée en contourne une partie, ceinturant des quartiers plus populaires, moins denses que le centre construit en damier.

Histoire

Fondée par les Portugais en 1645, elle est promise à un avenir prospère, grâce à son commerce de cire, d'ivoire, de peaux et la traite négrière, remplacée par le trafic de marchandise à l'abolition de l'esclavage. Elle est vendue aux Français à la fin du XIXe siècle qui en font un important comptoir commercial. Elle se développe grâce au commerce de l'arachide et de la crevette, mais connaît un ralentissement de son essor pendant la guerre en Guinée-Bissau dans les années 1950 et la concurrence de l'arachide américaine. C'est bien sûr les troubles politiques dans les années 1980 en Casamance qui a eu raison de son économie, et la ville fut délaissée durant un certain temps. Aujourd'hui, elle a retrouvé son statut de préfecture, l'université de Ziguinchor ouverte depuis 2007 ainsi que des institutions privées qui forment de nombreux étudiants, dont certains sont spécialisés dans le tourisme.

Transports

La Casamance devient aujourd'hui plus accessible aux touristes, et c'est une bonne nouvelle pour les acteurs du tourisme comme pour les voyageurs qui vont pouvoir profiter de ses paysages verdoyants et de ses plages de sable fin. En avion, des vols quotidiens au départ de Dakar sont opérés par les deux compagnies du pays, Transair et Air Sénégal, vous permettant d'atteindre la capitale régionale en 45 minutes. En voiture, vous n'aurez plus besoin de faire le tour par le Sénégal Oriental ou de prendre le bac, le pont de Farafenni, long de 1 000 mètres, est le nouveau couloir de la Transgambienne, favorisant le transport entre le Sine-Saloum, la Gambie et la Casamance. Sachez également que les Français n'ont plus besoin de visa pour passer par la Gambie. En bateau, voyage à l'aller très agréable, des liaisons sont opérées quatre fois par semaine. La Casamance est toute proche, profitez-en !

ALLIANCE FRANÇAISE ★

Avenue Djignabo

✆ +221 33 991 28 23

www.afziguinchor.org

Ouvert du lundi au samedi de 9h à 13h et de 15h à 19h. Contribution fortement recommandée. Plats autour de 1 000 FCFA.

L'Alliance française vaut le détour rien que pour son incroyable architecture ! Le Français Patrick Dujarric s'est inspiré des cases à impluvium pour dessiner cet établissement d'une beauté déconcertante. C'est le seul centre culturel de toute la ville. Il dispose d'une bibliothèque, d'un espace d'exposition, d'un cinéma en plein air et d'une grande scène pour les événements. Enfin, l'Alliance est aussi réputée pour son restaurant, situé dans un jardin ombragé. Vous pouvez y déguster des plats sénégalais et internationaux d'un excellent rapport qualité-prix.

DJILAPAO ★

A partir de 1 000 FCFA l'entrée.

On vous proposera probablement la balade en pirogue à l'île aux oiseaux puis Djilapao. Il s'agit d'un village animiste qui abrite une case à étage décorée par un artiste nommé Jean, décédé en 2005, et qui en a fait son propre musée, avec des sculptures personnelles, assez excentriques et pas très abouties, mais parlant de la culture diola. Des sculptures, très imagées et finalement assez drôles, comme ce *sai-sai* (dragueur) dessiné en situation ou ce féticheur qui jette un sort ! Les interprétations de chaque scène sont sans fin et chacun en tire sa conclusion.

MUSÉE DES ARTS ET DU PATRIMOINE

✆ +221 77 565 84 49

Ouvert du lundi au samedi de 9h à 13h et de 15h à 18h. Entrée à partir de 1 000 FCFA.

Ziguinchor s'est doté depuis 2018 d'un petit musée qui a le mérite d'exister, et qui devrait bientôt se développer vers un second site, du côté de l'université Assane Seck. Il présente deux volets de la culture sénégalaise : le patrimoine et l'art contemporain. D'un côté, vous y verrez des objets traditionnels et de culte de diverses ethnies comme des masques et des instruments de musique. De l'autre, des œuvres d'artistes sénégalais reflétant entre autres les couleurs de la Casamance.

OFFICE DU TOURISME

Rue Général de Gaulle et rue Javelier

✆ +221 77 406 88 99

https://officetourismecasamance.wordpress.com

Ouvert du lundi au samedi de 9h à 13h et de 15h à 18h.

Vous ne perdrez pas votre temps en vous rendant à l'office du tourisme de Ziguinchor. Aménagé dans un bâtiment colonial qui vaut le détour, l'office accueille aussi un petit musée et quelques produits artisanaux. Ouvert en 2010, c'est assurément le plus opérationnel du pays avec Saint-Louis ! Il propose des circuits en pirogue, balade et 4x4 pour découvrir la région à des tarifs très intéressants. Il peut vous concocter des séjours sur mesure selon vos envies et vous réserver vos billets de bateau, moyennant un supplément. Véritablement incontournable !

NAUFRAGE DU JOOLA

Vendredi 27 septembre 2002. C'est le matin. Déjà quelques heures que le ferry *Le Joola* devrait être au port de Dakar, mais rien. Puis la terrible nouvelle tombe : « Le bateau *Le Joola* qui assurait la liaison entre Ziguinchor et Dakar a sombré au large des côtes », naufrage survenu jeudi 26 septembre, vers 23h. Les raisons de ce naufrage sont à rechercher plus en amont : *Le Joola*, bateau offert par la Hollande au gouvernement sénégalais, avait commencé par être exploité par une entreprise privée et un équipage formé. Jusqu'au jour où l'Etat a décidé de reprendre la rotation à son compte, le mettant dans les mains de l'armée... sans formation. Or, pénétrer l'embouchure du fleuve Casamance, ça ne s'improvise pas. Le bateau s'enlise plusieurs fois sur les bancs de sable. Les pannes s'accumulent. Le navire est plusieurs fois en cale sèche pour réparation. *Le Joola* est finalement immobilisé pendant plusieurs années avant de reprendre les flots... avec un seul moteur. Le 26 septembre 2002, quelque 2 000 personnes prennent place à bord, au lieu des 550 autorisées pour sa capacité maximale. C'est l'hivernage et une pluie s'abat sur lui. Sur le pont, les passagers entassés font tous un mouvement dans le même sens. Le bateau vire plusieurs fois puis sombre. Seules 64 personnes seront sauvées des eaux. Durant trois ans, la liaison n'est plus assurée. Aujourd'hui, la blessure est encore ouverte et les commémorations toujours vives. Un « mémorial des victimes du Joola » a été construit sur la Corniche Ouest, à Dakar.

CASAMANCE AU PRÉSENT

✆ +221 78 482 98 87

www.casamanceaupresent.com

Ouvert du lundi au vendredi de 9h à 13h30 et de 15h à 18h. Circuit de 2 jours pour 2 personnes à partir de 280 €.

Cette agence de tourisme solidaire est une antenne de l'association franco-sénégalaise Futur au Présent, qui développe des programmes sociaux pour les populations démunies de Casamance. Pour ce faire, l'organisme propose des circuits touristiques hors des sentiers battus et privilégie le contact humain avec les populations locales. Vous pourrez vivre des expériences singulières comme rencontrer un griot, prendre des cours de musique ou participer à une soirée traditionnelle Khawaré. Des circuits originaux sont également proposés d'une durée de 2 à 15 jours.

CASAMANCE EVASION TOURISME

✆ +221 33 990 18 18

Ouvert tous les jours de 8h à 13h et de 15h à 18h. Location de voiture à partir de 50 000 FCFA.

Cette agence de voyages veut faire la différence en impliquant les touristes dans le quotidien sénégalais. Elle a été créée par Modou Diouf, l'ancien directeur de l'office de tourisme, qui connaît très bien la région. Son équipe, jeune et dynamique, vous fera découvrir les villages de Casamance et leurs cultures. Vous pourrez aussi participer à de nombreux ateliers comme la cuisine, la pêche à l'épervier, le batik ou les percussions. Location de voitures, de 4X4 et de vélos.

PIROGUES BIO

✆ +221 77 438 10 26

Location de voiture à partir de 30 000 FCFA pour 4 personnes, de vélo à partir de 7 000 FCFA la journée.

Bio est un piroguier très sympathique qui propose des sorties à l'île aux oiseaux, Djilapao, Affiniam, Niamone rive nord à des prix raisonnables, et peut vous emmener jusqu'à Pointe Saint-Georges et Carabane sur plusieurs jours, si vous le souhaitez. Bien formé, ce guide vous expliquera la vie des oiseaux, comment fonctionne l'écosystème de la mangrove et vous emmènera dans des villages authentiques où vous passerez un bon moment avec les habitants. Il propose également des locations de voiture et de vélo à la journée. Un bon plan !

CASA MOTEL €

Nationale 6

✆ +221 77 220 86 45

www.casa-motel.com

Chambre à partir de 14 500 FCFA.
Petit déjeuner à partir de 1 500 FCFA.

A l'écart du centre, ce motel conviendra aux personnes recherchant le calme et la sérénité. Agencées autour d'un jardin arboré, les 12 chambres ventilées sont spacieuses et confortables avec salle de bains intérieure. Une chambre a été spécialement aménagée au rez-de-chaussée pour recevoir les handicapés. Au dernier étage, la grande terrasse offre une magnifique vue sur les *bolongs* et la végétation environnante. Idéal pour prendre son petit déjeuner. Jacques, le propriétaire, est en plus un homme sympathique et souriant qui vous fera partager sa joie de vivre !

DIATTA TOUR INTERNATIONAL

Rue du Général de Gaulle

✆ +221 33 991 27 81

Cette agence de voyages, en plein centre-ville, est dirigée par Augustin, également propriétaire de l'hôtel Oudja et à l'origine du projet de la réserve naturelle, située à Djembering. Ici, vous pourrez louer des vélos, quads, pirogues, voitures, 4x4, et organiser toutes excursions et tous loisirs pour amateurs et curieux. Egalement circuits touristiques à la carte, de randonnées, de balades et séances de pêche en pirogue et trekking. Accueil agréable.

KEUR D'AIGRETTE €

✆ +221 77 622 14 53

Ouvert de novembre à mars.

Chambre double à partir de 17 000 FCFA.

Petit déjeuner à partir de 2 000 FCFA.

Geneviève et Pierre-Louis, un couple franco-sénégalais, vous accueillent chaleureusement dans leur maison. Ils disposent de chambres confortables, équipées d'un lit à baldaquin, d'un bureau, d'une armoire et d'une salle de bains. Vous pourrez vous détendre dans le salon commun ou sur la terrasse surplombant les *bolongs*. Côté repas, Geneviève prépare de bons petits plats sénégalais et européens, mais si vous préférez, la cuisine est à votre disposition. Ce couple avenant se propose aussi de faire visiter la région. Un bon plan pour sortir des sentiers battus !

LE BOMBOLONG 2 €

17 rue de Sédhiou

✆ +221 78 639 80 06

Chambre à partir de 15 000 FCFA.
Petit déjeuner autour de 1 500 FCFA.

Cet établissement appartient aux propriétaires du Kadiandoumagne. Il dispose d'une dizaine de chambres propres et bien tenues, toutes climatisées ou ventilées, avec moustiquaire et toilettes-douche intérieures.On peut aussi y boire un verre entre amis avant d'aller se défouler sur la piste, puisque le Bombolong – du nom d'un instrument de percussion qui se joue avec des baguettes – fait également boîte de nuit tous les soirs. C'est un lieu de rencontre des locaux et des touristes qui viennent s'y déchaîner sur le *dancefloor*.

LE PERROQUET €

Rue du Commerce

✆ +221 33 991 23 29

www.hotel-le-perroquet.com

Chambre double à partir de 15 000 FCFA.
Petit déjeuner autour de 2 000 FCFA et plat du jour à partir de 2 500 FCFA.

L'un des meilleurs établissements bon marché de la ville. Les chambres sont propres et charmantes, certaines disposent d'un petit bureau. Les salles de bains à l'eau froide (certes) mais… un balcon avec vue splendide sur le fleuve ! Il est très souvent complet, pensez à réserver en avance, surtout ces chambres-là. D'autres chambres donnent sur un jardin agréable et verdoyant. L'hôtel dispose d'un bar-restaurant où vous pouvez déguster des plats délicieux et à bon prix, dans un cadre paisible. Des balades en pirogue sont aussi proposées.

FÉDÉRATION DES CAMPEMENTS VILLAGEOIS (FECAV) €€

✆ +221 77 556 40 96

Dans les années 70, est apparu en Casamance le concept de tourisme rural intégré. A l'initiative de jeunes motivés à développer leurs villages, sont créés plusieurs campements, respectant l'architecture traditionnelle et impliquant les populations dans la gérance et l'animation. Les bénéfices recueillis sont ensuite utilisés dans la construction d'infrastructures pour le village comme des maternités ou des écoles. Contactez Moussa Sagna pour connaître la liste de ces campements.

LE LODGE DE DJIBÉLOR €€

R20 Route de Djibélor ✆ +221 33 991 17 01

www.fermededjibelor.com

Lodges sur pilotis. Double à partir de 20 000 FCFA. Tarifs dégressifs sur la durée.

Situé à l'entrée de la ferme d'élevage de crocodiles du Nil. Attention, vous serez un peu isolé de la ville et il est parfois difficile de trouver des taxis dans cette zone. En pleine nature, trois lodges en bois, meublés et équipés de vaisselle, d'ustensiles, dont des réchauds au gaz et de réfrigérateur. Eau courante, électricité, ventilation, toilettes-douches privatives. Egalement un restaurant où la part belle est faite aux produits de la ferme. C'est d'ailleurs l'un des seuls établissements qui propose de la viande de crocodile au menu !

HÔTEL LE FLAMBOYANT €€

Rue de France

✆ +221 33 991 22 23

www.flamboyant.info

Chambre à partir de 20 000 FCFA.

Petit déjeuner à partir de 3 500 FCFA.

Bien situé dans le centre de la ville, Le Flamboyant offre un bon rapport qualité/prix. Aussi bien adapté aux hommes d'affaires (Wifi avec un bon débit) qu'aux touristes (piscine dans un patio). Il dispose aussi d'un bon restaurant. Un hôtel tranquille à l'abri des regards grâce à sa structure en arc de cercle sur deux étages. Les chambres sont joliment décorées et meublées, avec climatisation pour certaines et eau chaude. Celles autour de la piscine sont les moins chères, tandis que des chambres de standing supérieur sont dans un second patio.

HÔTEL KADIANDOUMAGNE €€€

Embarcadère de Boudody

✆ +221 33 938 80 00

www.hotel-kadiandoumagne.com

Chambre double à partir de 41 000 FCFA.

Petit déjeuner à partir de 5 000 FCFA.

Menu à partir de 9 000 FCFA.

On vous l'accorde, son nom n'est pas facile à prononcer mais le lieu est de toute beauté ! On entre par un magnifique jardin tropical fleuri, avec une très jolie piscine et son bassin enfant, donnant sur un vaste ponton surplombant le fleuve. Les 45 chambres, qui ont le charme du style colonial, sont très luxueuses, équipées de salle de bains, climatisation, TV satellite, mini bar, wifi. L'hôtel le plus classe et le plus confort de tout Ziguinchor, sans hésitation.

LE NEMA KADIOR €€

Route de l'aéroport
✆ +221 33 991 10 52
Chambre double à partir de 32 000 FCFA. Petit déjeuner inclus.

Niché au bord du fleuve, l'hôtel se distingue par son magnifique domaine verdoyant, paré d'une grande piscine où il fait bon se prélasser. Il propose une trentaine de chambres et de bungalows, dont certains sont accessibles aux personnes handicapées. Les logements, à la décoration colorée, sont dotés de TV, de mini bar, de climatiseur, avec toilettes et douche séparées. Avec en prime, une terrasse privative pour les moments de farniente. Dans ce cadre luxueux, à prix accessibles, les vacances riment avec détente et bien-être !

LE BLÉ D'OR €

Rue Ibou Diallo
✆ +221 77 786 39 70
Ouvert tous les jours, de 8h à 2h. Fatayas autour de 700 FCFA, plats à partir de 2 500 FCFA.

Situé près du centre-ville, ce fast-food est prisé des habitants pour ses bons burgers, fatayas et pizzas bien garnis. Egalement des plats sénégalais à la carte. Le service est rapide et agréable, bien que cela dépende un peu des jours. On peut s'y attabler dans une petite salle ventilée ou en terrasse, au bord de la route. Mais vous pourrez emporter votre plat si vous préférez. L'établissement fait également boulangerie et confectionne tous les jours son propre pain, viennoiseries et pâtisseries. Cependant la qualité reste médiocre.

BAR-RESTAURANT LE KASSA €

Rond-point Jean-Paul 2
✆ +221 78 103 38 76
Ouvert du lundi au dimanche de 8h à minuit. Service continu. Plat du jour à partir de 2 300 FCFA.

En journée, le Kassa est un restaurant où vous pouvez manger sur le pouce un sandwich ou un burger à petit prix, mais aussi le plat du jour sénégalais attablé dans une salle ventilée. La carte offre un choix d'une grande ampleur, mais de nombreux plats manquent. Lors de votre commande, vous aurez de la chance… ou pas. Le soir, et surtout le week-end, il s'agit d'un lieu clé des nuits chaudes de Ziguinchor. Tous les grands orchestres de Casamance ont joué ici. Certains soirs, des concerts acoustiques sont organisés pour accompagner le dîner.

LE KANGOULÈNE €

✆ +221 33 991 74 24
Ouvert tous les jours de 9h à 23h. Plat du jour autour de 1 000 FCFA le midi, plats à partir de 3 000 FCFA le soir.

Ouvert depuis 1997, ce petit restaurant est très apprécié des Français pour la qualité des plats, la bonne humeur des propriétaires et sa terrasse agréable en centre-ville. Sans aucun doute, on y déguste les meilleurs steaks frites de la ville. Peu de plats proposés mais vous pourrez également y déguster du poulet grillé et de belles crevettes roses bien cuisinées. Les assiettes sont généreuses et bien présentées. Sophie et Charles sont des personnes accueillantes qui sont en plus aux petits soins pour leurs clients. Très bon rapport qualité-prix.

Marché de fruits aux environs de Ziguinchor.

MAKARI €

265 Villa

✆ +221 33 991 71 86

Ouvert tous les jours de 11h à 2h du matin.

Situé en plein cœur du quartier résidentiel de Nema, le Makari est un établissement accueillant et joliment décoré de fleurs et plantes. Côté restaurant, deux plats du jour quotidien et une carte qui propose la diversité de la cuisine locale. Et côté bar, outre les rafraîchissements habituels, notez quelques vins français et italiens, de même qu'une bonne dizaine de bières belges admirablement servies. Sans doute l'influence du patron qui a longtemps travaillé dans un restaurant bruxellois de qualité. Service très professionnel.

RESTAURANT LE FLAMBOYANT €

Rue de France

✆ +221 33 991 22 23

Ouvert tous les jours de midi à 14h30 et de 19h à 22h. Plats à la carte à partir de 4 000 FCFA.

Le restaurant de l'hôtel Le Flamboyant, juste en face, est une excellente adresse, surtout le midi car le service est rapide, on y mange très bien, copieusement et à des prix raisonnables. En prime, le personnel est accueillant. Vous pouvez opter pour le plat du jour ou un plat à la carte : nous vous recommandons les crevettes sautées aux épices en entrée, les viandes et poissons grillés et la délicieuse salade de fruits frais en dessert. On revient ici comme à la cantine. Possibilité de commander des sandwichs si vous partez en excursion.

LE TAMARINIER €

Avenue Carvalho x rue du Lieutenant Lemoine

✆ +221 77 544 81 81

Ouvert tous les jours de 7h à minuit.
Plat du jour à partir de 1 000 FCFA.
Concerts les vendredis et samedis à 23h30.

De prime abord, le restaurant en bord de route paraît peu avenant. L'intérieur est certes un peu sombre, mais une fois attablé, on y mange de copieux plats sénégalais et européens, cuisinés à base de produits locaux. Il est tenu par Marie-Agnès, une femme de caractère, ceinture noire de judo, mais bien sympathique lorsqu'on commence à discuter avec elle. Les vendredis et samedis soir, l'ambiance bat son plein avec des concerts animés par des groupes locaux, attirant en nombre la jeunesse de Ziguinchor. Bon rapport qualité-prix.

BRIN

Sur la route goudronnée, à 10 km de Ziguinchor, Brin est à l'intersection de deux routes : l'une allant vers Oussouye, l'autre terminant à Bandial. Après Ziguichor, c'est le premier village que vous rencontrerez. A priori, pas de quoi faire de folie, mais de nombreux voyageurs ont bien apprécié l'atmosphère du village. Vous pourrez aussi visiter un petit écomusée qui explore la culture diola à travers des objets récupérés auprès des habitants. Attention ! Si vous voulez repartir de Brin vers Oussouye, les taxis-brousse sont souvent complets quand ils arrivent au village. Une alternative consiste à revenir vers Ziguinchor et refaire le même trajet jusqu'à Oussouye.

ECOMUSÉE DE BRIN

✆ +221 77 417 44 40

Ouvert tous les jours de 10h à 17h, sauf le samedi jusqu'à midi et le dimanche. Entrée à partir de 2 000 FCFA.

Sous l'impulsion d'un couple franco-sénégalais, Marie et Paul Bassene, ce musée de la culture traditionnelle diola a vu le jour en mars 2018. A travers des objets anciens récupérés auprès de la population, on découvre le peuple diola et ses traditions. Importées d'Europe, six autruches se baladent dans un enclos : vous pourrez aller faire leur connaissance, si cela vous dit. A l'entrée, une petite boutique de souvenirs expose des œufs d'autruches décorées par un artiste-peintre local. De vrais œuvres d'art à ramener à la maison !

KAMOBEUL

La route du royaume de Séléki quitte la route goudronnée à Brin, à droite, en face de la petite église aux allures coloniales. Elle emprunte alors une piste en terre accessible à tous les véhicules. Sur la route d'Enampore, à moins de le demander, vous ne saurez même pas que vous êtes à Kamobeul. Sur la route, peut-être vous arrêterez-vous aussi pour acheter ce vin de palme. Brin et Kamobeul sont au centre d'une zone qui produit cette sève du palmier fermentée au soleil si amère au début et si buvable au bout de... plusieurs tentatives. Les bouteilles ne sont pas toujours bouchées, ce qui implique une consommation rapide. Attention aux estomacs sensibles.

ENAMPORE

Le village d'Enampore, à un peu plus d'une vingtaine de kilomètres de Ziguinchor, se visite moins qu'il ne se découvre. En fait, vous trouverez bien une ou deux cases à impluvium à « touristiser ». Ces cases servaient de fortins et permettaient jadis de protéger les familles lors d'éventuelles attaques. Cependant, la meilleure façon de s'imprégner de ce village est sûrement de se rapprocher du campement villageois. Là, quelqu'un vous accueille et peut vous concocter une excursion. Ces intermédiaires sont importants pour mieux sentir la région. Ils ont un cousin, une tante ou un grand-père qui, justement, possède la case juste devant laquelle vous passez et qui vous y feront rentrer.

LES CASES À IMPLUVIUM

Mais pourquoi les Diolas vivaient-ils dans ces maisons rondes, sans fenêtres et totalement fermées sur l'extérieur ? Par mesure de protection. Les cases à impluvium sont des habitats traditionnels (à ne pas confondre avec les cases à étage purement esthétiques et inventées il y a 50 ans) qui ont été conçus à l'époque médiévale, lorsque des guerres tribales étaient monnaie courante dans la région. Les femmes étaient régulièrement enlevées de leur village par l'ennemi, et il fallait se protéger des assauts. La case à impluvium répond à des besoins de climat, elle qui est toujours fraîche, mais aussi de protection. Aucune fenêtre n'est ouverte vers l'extérieur, seulement des sortes de meurtrières pour tirer sur l'ennemi. Les enfants de moins de 7 ans ne sortaient jamais de la maison, le temps d'apprendre les secrets de famille et de la religion. Un système de toit inversé permettait de récupérer les eaux de pluie et d'avoir un puits de lumière au centre de la maison. Dans ce petit jardin souvent agrémenté d'un puits, on cultivait un potager et on nourrissait le bétail qui y vivait, pour subvenir aux besoins de la famille en cas de siège du village par des assaillants. Au-dessus de la cuisine était stocké le riz dans un grenier protégé des insectes par les fumées qui s'échappaient du chaudron juste en dessous. Certaines cases à impluvium servent encore aujourd'hui d'habitacle à une ou plusieurs familles, notamment vers Eloubaline, Essyl ou Etama. D'autres sont transformées en campement comme celle d'Enampore.

CAMPEMENT VILLAGEOIS D'ENAMPORE €€

A 23 km de Ziguinchor
✆ +221 77 416 73 24
Autour de 7 000 FCFA la nuitée avec petit déjeuner.

La case à impluvium est construite sur des fondations argileuses (par opposition au banco qui domine ailleurs), grâce à la terre des parages. Une quinzaine de chambres propres, réparties autour du cylindre central, du miel et des confitures à vendre, une épicerie en face qui vend quelques articles et le minimum. Pêches et plusieurs excursions proposées vers Etama et Bandial, d'où une pirogue peut être trouvée jusqu'à la pointe Saint-Georges et Carabane.

SÉLÉKI

Depuis la chute de Djinabo, Séléki a-t-elle vraiment tout perdu ? Au niveau du rayonnement, peut-être, mais elle est tout de même encore capable de faire un peu d'ombre au pouvoir central de Ziguinchor. Les sentiments identitaires liés aux royaumes existent encore, et ici on est fier de cette école primaire qui évite aux enfants du village d'aller jusqu'à Ziguinchor. A leur arrivée dans la région, les Diolas colonisèrent la ville et le peuple baïnouk qui y vivait. Les Portugais ayant assimilé les deux peuples aux Diolas sans les différencier, les Baïnouk se sont aujourd'hui quasi totalement fondus dans l'ethnie diola, dont ils parlent la langue.

CAMPEMENT SOLIDAIRE DE SÉLÉKI €

✆ +221 77 731 68 30
http://casamanceseleki.over-blog.com/tag/campement
A partir de 10 000 FCFA par personne la nuitée, petit déjeuner compris.

On est tout de suite séduit par ce campement situé un peu au milieu de nulle part. Sa case à impluvium superbement décorée comporte dix chambres, avec douche, salle de bains intérieure et moustiquaire. Elles sont faites de matériaux naturels et agrémentées de quelques notes écotouristiques contemporaines. L'ambiance y est conviviale, les repas copieux et le personnel agréable. Des circuits vers Eloubaline, Bandial et autres villages alentour sont organisés. N'hésitez pas une seconde !

BANDIAL

Peuplé d'environ 250 âmes, Bandial est un village à découvrir pour l'authenticité de vie qui y règne encore, il n'y a pas l'eau courante. Les amateurs de contacts humains pourront y trouver leur bonheur, les autres passeront à toute vitesse. Bandial est un ancien royaume caractérisé par des cases à impluvium bien particulières que l'on retrouve à Enampore, Eloubaline et Séléki et dont certaines ont plus de 60 ans. Un dossier de candidature a d'ailleurs été déposé auprès de l'Unesco en 2005 pour répertorier ces cases sur la liste du Patrimoine mondial. De Bandial, vous pourrez trouver des pirogues pour rejoindre la Pointe Saint-Georges, Elinkine et Carabane.

DIOHER

On dit qu'un roi féticheur, dont le rôle principal était d'orchestrer l'arrivée de la pluie, habitait le royaume d'Essing, qui comprenait sept quartiers, dont Dioher, un village luxuriant, entre Brin et Oussouye. Il reste aujourd'hui quelques cousins du roi, à qui il est possible de rendre une visite de courtoisie. On trouve aussi des fromagers sacrés qui ont trop duré et sont au moins âgés de sept siècles, peut-être plus. Les habitants de Dioher se regroupent devant ses fétiches pour toutes sortes de souhaits : pour s'assurer que la collecte du riz sera généreuse. Pour la fécondité des femmes aussi qui possèdent leur propre bois sacré, interdit aux hommes.

ELOUBALINE

Petite île perdue au milieu des bolongs, c'est un peu le fin fond du fin fond et c'est là, dit-on, qu'aurait été caché le fils de Djinabo pour l'abstraire d'une éducation à la française qu'on aurait voulu lui prodiguer à Saint-Louis. Le problème de l'eau est impressionnant, l'eau potable arrive en pirogue, le quotidien n'est pas simple pour les villageois qui vivent de la riziculture et de la pêche. Le guide vous fera découvrir cette bourgade de 500 personnes coupée de tout, dont certaines cases à impluvium sont encore debout. On rejoint Eloubaline par pirogue à rame depuis la région de Séléki ou depuis les abords d'Oussouye, à Edioungou.

EDIOUNGOU

Le village est charmant, mais les voyageurs ont tendance à pousser un peu plus avant jusqu'au bolong. Dans le prolongement de la piste vers le village d'Edioungou, un campement vous attend juste en face d'un merveilleux bolong. La vue est superbe, et il fait bon venir jusque-là à vélo, si vous logez à Oussouye, pour piquer une tête ou engloutir un déjeuner. Edioungou est réputé pour ses poteries. Au village, chaque maison a son atelier, chaque parcelle est animée par le modelage d'une de ces céramiques vendues dans la région. Transmises de mère en fille, les techniques peuvent vous être partagées. Allez donc voir Evelyne, près de l'église.

Potière d'Edioungou.

EVELYNE BASSÈNE

✆ +221 70 103 48 38

Démonstration : à partir de 1 000 FCFA par groupe. Stage : autour de 10 000 FCFA la journée (repas compris).

Edioungou est réputé pour ses poteries, dont les techniques sont transmises de mère en fille depuis des générations. Au village, chaque maison a son atelier. Passez voir Evelyne qui vous montrera avec générosité son atelier (sur rendez-vous) et qui vous expliquera tout le processus de fabrication, depuis la récolte de l'argile dans les *bolongs*, jusqu'à la cuisson sur les branches de palétuvier, en passant par une démonstration de modelage et l'application d'un vernis à base de fruits sauvages sur la pièce tout juste façonnée. Possibilité de stage également.

OUSSOUYE ★★

Oussouye, à 45 km de Ziguinchor, est une petite ville d'environ 10 000 habitants, paisible, entourée de fromagers et manguiers majestueux. Construite au cœur de la forêt la plus dense du Sénégal, Oussouye est mystérieuse, entourée de « bois sacrés » animistes, héritière d'une riche histoire étroitement liée à celle du royaume Diola. Car Oussouye est la capitale du Kassa, dirigé par le roi des Floups, Sibiloumbaye Diédhiou qui a une grande influence sur dix-sept villages de la région. C'est l'un des derniers encore existants au Sénégal. Il a un homologue, le roi d'Essoukoudiak, souverain du pays Kabrousse de Guinée-Bissau, et il existe une reine très âgée à Niomoune. Au début du siècle, en 1903, le roi Sihalebe, capturé par les colons français est transféré à Sédhiou. Considérant cet acte comme un sacrilège, le roi ne devant pas quitter son territoire, il se laisse mourir de faim. Plus d'un siècle plus tard, Oussouye a plus que jamais son roi, un énigmatique féticheur, chef religieux de son royaume, qui veille à la cohésion sociale selon des traditions ancestrales diola. On retrouve cependant à Oussouye de nombreuses communautés : Balantes, Mankagnes, Manjaks... Au royaume d'Oussouye, la mendicité est interdite. L'entraide et l'hospitalité sont de mise, et le roi se doit de trouver des solutions pour les familles les plus démunies. Il réglemente aussi la coupe des arbres, car Oussouye est entouré de 19 bois sacrés, où ont lieu les rites religieux.

Transports

Presque tous les véhicules qui quittent Ziguinchor vers le Cap Skirring vont au moins jusqu'à Oussouye, à la croisée des chemins entre le Cap et Elinkine. C'est l'endroit pour changer de transporteur si l'on vient du Cap et que l'on se rend vers Elinkine. Les taxis-brousse et les cars s'arrêtent au garage, non loin de la rue principale, là où se tient un petit marché. Les liaisons assurées en 7 places ou minicar : Cap Skirring ou Ziguinchor, Brin, Elinkine, Mlomp. Comptez aux alentours de 1 000 FCFA le trajet. Vous pouvez aussi y négocier des courses dans la région à la demi-journée, journée, ou juste en transfert, si vous ne voulez pas attendre et rester libre de vos déplacements d'un village à l'autre. Il est possible également de privatiser un « clando », ce qui vous reviendra autour de 5 000 FCFA d'Elinkine à Oussouye. En ville, vous pourrez facilement vous déplacer en jakarta ou en taxi.

CHEZ « JOSEPH »

Village de Kalobone
✆ +221 77 912 92 92
Ouvert d'octobre à mi-juillet de 8h à 19h.

Chez « Joseph », vous connaîtrez tout sur l'anacardier, sa pomme et sa noix de cajou ! Paterne, qui a repris les activités de son père, Joseph Diamacoune, vous expliquera tout le processus de fabrication et vous comprendrez vite pourquoi la noix coûte si cher. La visite est superbe : vivante, dynamique, riche en explications. Petite dégustation en fin de parcours en épluchant les noix, avant de découvrir la diversité de sa gamme : des noix naturelles, citronnées, au miel, etc. A ne rater sous aucun prétexte si vous êtes dans la région.

ATELIER DE VANNERIE KALAMISSO

Route de M'lomp
✆ +221 77 616 56 50
Ouvert du lundi au samedi de 9h à 18h.

Cet atelier de vannerie est tenu par des femmes de la région atteintes de poliomyélite, et qui gagnent leur vie grâce à cet artisanat local. Associées en GIE, elles financent avec les bénéfices l'achat de voitures à pédales adaptées à leur handicap pour se déplacer. On peut les voir à l'œuvre et admirer leur patience et leur agilité à former des coupelles, pots, vases, chapeaux, etc. Elles confectionnent également des sacs en batik. De jolis souvenirs à ramener chez soi !

LA MAISON ROYALE

Avec un guide.

Si vous voulez saluer les femmes du roi et les enfants du village, passez par la maison royale, un lieu plein de vie où vous pouvez prendre un thé et échanger avec les habitants. A Oussouye, la maison royale est ouverte à tous. Les cases royales ne sont accessibles qu'aux épouses du roi, princes et princesses, mais vous rencontrerez dans la cour des femmes âgées qui n'ont plus de fils au village et qui vivent ici, sous la bienveillance du roi. Le roi n'habite pas ici, mais dans le bois sacré, où se trouve le palais royal, uniquement accessible aux initiés.

CASAMANCE

RENCONTRER LE ROI D'OUSSOUYE

Il est possible de demander une audience au roi, si vous souhaitez lui parler d'un sujet qui vous tient à cœur et qui concerne le village, auprès de la maison royale. Il vous rencontrera devant le bois sacré aux alentours de 17h. Sachez rester très respectueux, ne pas monopoliser son temps, et ne pas poser de questions qui dérangent. Tout ce qui tourne autour des croyances, de son intronisation et des rites est très mystique, « nye nye » en diola, tabou quoi !

ROI DES FLOUPS

Les Diolas animistes croient en un dieu dénommé Ata Emit qu'il faut honorer ou apaiser par des offrandes et sacrifices. Personnage sacré dans la tradition diola, le roi vit dans la forêt sacrée, est toujours vêtu de rouge, un sceptre de paille à la main, et a une grande influence dans la région. C'est un chef religieux qui veille à ce que les dogmes de la religion soient respectés, qui dirige les rites fétichistes et décide des dates des travaux agricoles. Intronisé en 2000, Sibiloumbaye Diédhiou, aussi appelé roi des Floups, est issu de l'une des familles royales d'Oussouye. C'est le dix-septième roi connu désigné par le conseil des sages, suivant une cérémonie restée secrète.

CAMPEMENT D'EMANAYE €

Quartier Harlem
✆ +221 77 605 97 76
http://campement-emanaye.com
Chambre double : à partir de 8 000 FCFA.
Petit déjeuner : autour de 2 000 FCFA, repas : autour de 4 000 FCFA.

Une case à étage en bordure de rizière, à l'entrée très fleurie, et bien tenue par Elisabeth, Maxime et leur équipe. Au total, 12 chambres avec moustiquaire, douche et sanitaires inclus. On se sent tout de suite à l'aise dans ce campement à l'ambiance familiale. Nombreuses activités au programme dont la pêche à la ligne et des balades en pirogue. Le campement propose aussi de copieux repas à base de spécialités locales et européennes. Egalement de délicieux produits locaux (confitures artisanales, fruits de saison, jus locaux) au petit déjeuner.

CAMPEMENT VILLAGEOIS SIMBENDOUNE €

✆ +221 77 564 55 19
Comptez autour de 7 500 FCFA la nuitée avec petit déjeuner.

Superbe case à étage qui vaut la balade, ne serait-ce que pour le coup d'œil. Des chambres simples et propres, éclairées à la lampe à pétrole. Si vous venez en taxi-brousse, le chauffeur peut vous emmener jusque-là. Restaurant où l'on mange les repas sénégalais en cercle sous une large paillote. Plusieurs activités sont proposées : visite d'un petit village artisanal, locations de vélos et balades en forêt. Le verger donne beaucoup d'agrumes pendant la saison.

CAMPEMENT DE LA CASAMANCE €€

Route du Cap Skirring
✆ +221 77 564 32 33
http://circuit-casamance.e-monsite.com/
Chambre double à partir de 10 000 FCFA.
Petit déjeuner autour de 1 500 FCFA.

Au bord des rizières, ce campement offre des chambres simples, fraîches et propres, autour d'un joli patio. Pierre, qui parle très bien espagnol, propose des excursions dans la forêt, en pirogue entre les mangroves, des visites des îles et des balades à vélo, entre autres activités. Il considère son campement comme un centre culturel animiste : vous pourrez ici avoir des informations sur ce culte mystique. Il pourra aussi vous organiser une rencontre avec le roi d'Oussouye.

Oussouye.

BAR-RESTAURANT BUWENTEN €

Route de Loudia

✆ +221 77 563 71 86

Ouvert tous les jours. Plat à la carte autour de 1 500 FCFA.

Dans cet agréable restaurant bien visible depuis la rue, on peut déjeuner d'un plat du jour pas cher et délicieux, et si vous séjournez à Oussouye, vous pouvez commander un plat sénégalais ou une viande de gibier, la spécialité du restaurant. Paulin Diabone connaît de bons chasseurs dans la région qui lui ramènent régulièrement dans sa casserole lapins, castors, gazelles, viandes de brousse diverses… Régalez-vous ! Si vous souhaitez rencontrer le roi d'Oussouye, vous pouvez vous renseigner auprès de Paulin, qui est membre de la famille royale.

CHEZ ODETTE €

✆ +221 77 561 32 16

Ouvert du lundi au samedi de 8h à 23h. Plats sénégalais à partir de 1 000 FCFA.

Odette est une personne agréable, souriante et surtout une très bonne cuisinière ! Elle a ouvert à force de courage cette gargote sans prétention et bien entretenue. Elle y propose des spécialités sénégalaises, des crevettes à l'ail, de la viande de brousse, du poulet grillé, entre autres plats délicieux. Les assiettes sont généreuses et les plats, réputés dans tout le quartier pour leurs saveurs goûteuses. Essayez d'ailleurs de ne pas arriver trop tard, il risque de ne plus rester grand-chose à la carte. On recommande chaudement si vous êtes dans le coin !

LES PETITS OISEAUX

Village de Kahinda

✆ +221 77 576 44 19

Appeler avant de s'y rendre. Sculptures à partir de 2 000 FCFA.

La sculpture a toujours fait partie de la vie de Mathias Diatta, et l'a même aidé à payer à l'époque une partie de sa scolarisation. Ses singulières créations sont inspirées de la nature, notamment de l'avifaune dont il est passionné. En bois de fromager ou de bombax, elles sont réalistes et peintes minutieusement aux couleurs de l'oiseau, avec des pattes et un bec fins, réalisés avec des rayons de vélo. Cet artiste, qui a une bonne connaissance de son environnement, sculpte également des caméléons, des tortues en noix de rôniers et des grenouilles qui coassent !

CHEZ YVES

✆ +221 76 888 76 07

Pots de confiture autour de 2 000 FCFA (500 g).

Tout le monde le connaît sous le nom d'Aful Adiaké, le « bel homme » en diola. Yves est arrivé il y a plusieurs années maintenant à Oussouye et s'est très bien intégré dans ce petit village. Depuis 2002, il mitonne de bonnes confitures à base de fruits de la région. De la mangue à la papaye, en passant par divers fruits de brousse, ce sont au total 28 parfums qu'il propose selon les saisons. Quant à sa très sympathique femme sénégalaise, Marianne, elle vend des tissus burkinabés et des tableaux en batik. Yves pourra aussi vous indiquer la maison royale.

CASAMANCE VTT

Route d'Elinkine
✆ +221 33 993 10 04
www.casamancevtt.com
Ouvert tous les jours, en saison, de 8h30 à 12h30 et de 15h30 à 19h. Location VTT : à partir de 8 000 FCFA la journée.

Priorité sur la découverte de la région, grâce à des circuits à pied, à VTT ou en kayak. Sûrement l'un des meilleurs contacts et les conseils les plus professionnels que vous puissiez avoir dans les parages. Pour ceux qui veulent se rapprocher d'une Casamance nature en souhaitant faire des excursions en bivouac, mêlant rando, kayak et VTT, vous tapez à la bonne porte. Les guides sont bien formés et les itinéraires originaux. Vous pouvez opter pour des excursions autour d'Oussouye, des circuits découverte et pour les grands sportifs des raids itinérants.

MLOMP

Le « village des cases à étage » comme on le surnomme dans la région, est une pépite architecturale, avec ses « pas-de-porte » casamançais à colonnades de terre et ses murs ocre. La place de Mlomp est majestueuse, avec sa case à étage et ses fromagers immenses aux racines déployées comme des tentacules autour d'eux. Ils auraient été plantés il y a près de quatre siècles, par les premiers habitants du village qui se servent encore aujourd'hui de sa cime comme point de repère dans la forêt. On apprécie l'atmosphère authentique de Mlomp comme celle d'un village enfoui dans le vert. Particularité : le village compte cinq cases à étage, construites il y a environ une cinquantaine d'années. Un phénomène de mode initié par un ancien tirailleur sénégalais qui s'est inspiré de ce qu'il avait vu en Europe pour construire la première case à étage, mêlant architecture diola et colonnade à l'européenne, en matériaux locaux : bois, rônier, palmier et terre. Il a été ensuite copié par des voisins. C'est aussi sentir de près les histoires complexes des petits villages, la norme et la mainmise de la tradition sur les mœurs. Mlomp avec Oussouye et Elinkine forment un triangle, dont chacune des localités est éloignée d'une dizaine de kilomètres. Des taxis-brousse vous y emmènent à partir de Ziguinchor, d'Oussouye, d'Elinkine pour quelques centaines de FCFA. Il faudra par contre attendre que le taxi soit rempli avant de pouvoir partir ! Si vous voulez optimiser votre temps, prenez un taxi « clando » à Oussouye à la demi-journée ou journée.

CASE À ÉTAGE

✆ +221 77 563 38 33
Ouvert tous les jours. Sur donation libre, pour l'entretien de la maison.

Quelle majestueuse maison de terre ocre sur la place principale de Mlomp, c'est l'une des plus belles du village ! Vous remarquerez son joli porche à colonnades de terre, joliment décoré de fresques murales. L'une des doyennes du village, Séraphine Diedhiou, décédée aujourd'hui, disait qu'elle existait déjà en 1962. Vous y rencontrerez Yannick, le conservateur qui vous fera visiter l'intérieur, toujours très frais, de la maison, fabriquée avec des matériaux locaux : rônier, palmier, terre… Un système ingénieux bien adapté au climat.

CENTRE KOUKANGOUMÉ

✆ +221 77 575 99 45
Ouvert du lundi au vendredi de 9h à midi et de 15h à 17h. Restaurant à l'heure du déjeuner, sur réservation.

Créé par Sœur Juliette de l'Institut des Sœurs de Saint-Joseph, ce centre de promotion féminine Koukangoumé propose des ateliers aux femmes du village où elles apprennent la broderie, le tricot, le patchwork, la sérigraphie ainsi que la fabrication de batiks. Les bénéfices issus de la vente de leur travail aux touristes aident à freiner l'exode rural des femmes. Possibilité de manger sur place. Une autre mission religieuse à Mlomp, celle des pères piaristes, forme de jeunes hommes dans leur très efficace Centre de promotion agricole (Ferme-école di Kandong).

MUSÉE DE LA TRADITION DIOLA ★

✆ +221 77 563 38 33
Ouvert tous les jours de 8h à 13h et de 15h à 18h. Entrée : à partir de 1 000 FCFA.

Dans cette case à impluvium traditionnelle sont exposés tous les objets de la vie courante d'une famille diola du siècle dernier suivant un mode de vie ancestral et tribal. Des outils, bien sûr, pour cultiver le riz, pêcher le poisson, mais aussi des fétiches, des ustensiles de cuisine, le tambour téléphone qui servait à passer des messages aux voisins… Visite intéressante grâce aux explications de Yannick, le conservateur du musée, passionné par l'histoire diola.

DJIROMAIT

Quelle stupéfaction à Djiromait : sur les rives du fleuve a été bâti un complexe hôtelier des plus luxueux au milieu d'une jungle luxuriante, mais complètement à l'abandon. Un réalisateur de films en rêverait ! Cette folie construite par un homme d'affaires sénégalais entre 1994 et 2000 devait attirer un tourisme de luxe en plein essor avant la guerre à Cap Skirring. Mais il n'a jamais ouvert, faute de route carrossable, pourtant promise par l'administration. La polémique et l'argent gaspillé ont fait couler beaucoup d'encre, et la route a été rénovée en 2012, trop tard, car aujourd'hui l'hôtel tombe en ruine. La nature reprend vite ses droits ici...

POINTE SAINT-GEORGES

La pointe Saint-Georges s'offre à ceux qui se donnent la peine d'y aller. Sauvage et belle, elle est le royaume des lamantins, qui ont trouvé ici le calme à la survie précaire de leur espèce. Une aire marine protégée communautaire a été créée autour du village. Il n'est pas évident d'y faire une halte pour le touriste pressé, mais celui-ci pourra toujours venir vers 17h à marée basse pour observer depuis un mirador ces gros mammifères marins. Les autres prendront le temps de découvrir ces paysages au coucher du soleil, et le village près de la forêt de Kanoufa riche en biodiversité. On y découvre d'immenses fromagers de plusieurs siècles.

Transports

Plusieurs options sont possibles pour rejoindre la Pointe Saint-Georges. En véhicule privé, il est impératif de louer un 4X4 pour s'y rendre, car la route est très ensablée par endroits. Vous pouvez aussi emprunter une pirogue, soit le courrier villageois qui relie Ziguinchor à la Pointe-Georges certains jours de la semaine pour une poignée de FCFA (renseignez-vous à l'office du tourisme de Ziguinchor), soit en louant une embarcation privée. Sachez cependant que dans cette zone les courants sont forts et que le carburant coûte cher. Au départ d'Elinkine, comptez environ 45 000 FCFA et de Djiromait, environ 25 000 FCFA. Les plus courageux pourront rejoindre la pointe à pied. Une balade agréable d'environ 3h, qui traverse par une route ensablée, la mangrove, les rizières et la brousse. Mieux vaut toutefois prendre un guide.

ELINKINE ★★

Le nom d'Elinkine viendrait du caractère récalcitrant de ses premiers habitants, à la tête dure comme un caillou (elinkine en diola). Situé à l'embouchure du fleuve Casamance, ce petit village d'environ 300 habitants en bout de route, à 25 km d'Oussouye et 55 km de Ziguinchor, fait face à l'île de Carabane où le ferry dépose les touristes depuis 2014. On peut également y accéder en empruntant une pirogue à partir d'Elinkine. L'ambiance dans ce village de pêcheurs y est chaleureuse et tranquille, les campements agréables et animés par les villageois. La pêche était autrefois un quasi-monopole des « étrangers » de la Casamance, les Diolas étant avant tout cultivateurs de riz. Mais nombreux sont ceux à s'être lancés dans la pêche, attirés par les bénéfices importants générés par cette activité. Comme Elinkine est basée sur le fleuve, c'est un excellent point pour partir en pirogue vers de nouveaux horizons avec, en tête, l'île aux Oiseaux, Carabane et le Cap Skirring, mais aussi de petits villages de pêcheurs du côté de l'embouchure, la Pointe Saint-Georges et Djiromaït. La nature est là, certainement la plus belle mangrove du Sénégal, ses oiseaux, ses poissons et ses bolongs, parfois assez larges pour qu'une flotte entière y passe, parfois tellement étroits et recouverts d'un canapé de verdure abritant du soleil qu'on se demande si on pourra en sortir. « Casamance, romance », disait Malraux, et il avait bien raison !

Transports

Elinkine se rejoint soit par la route depuis Oussouye et Mlomp, soit par le fleuve en pirogue depuis le Cap Skirring, Carabane, Pointe Saint-Georges ou Niomoune. Tous les jours, une pirogue villageoise part l'après-midi pour Diogué rive nord, via Carabane, retour le matin à 10h depuis Diogué. Vous pouvez aussi emprunter une pirogue privée, où des transferts sont organisés à partir de Niomoune, Pointe Saint-Georges et Carabane. Par la route, vous trouverez des taxis-brousse et des minicars au départ d'Oussouye (environ 800 FCFA), et au départ de Ziguinchor (autour de 2 000 FCFA). Vous pouvez aussi privatiser un taxi « clando » depuis Oussouye. Pour les bons marcheurs, une belle balade le long des manguiers et des anacardiers, puis de la mangrove, peut aussi se faire depuis Oussouye en prenant le chemin « du raccourci ».

CAMPEMENT DES ÎLES €

Route de la base
✆ +221 77 507 18 71
Chambres à partir de 9 000 FCFA.
Plats à partir de 3 000 FCFA.

Les amis bretons apprécieront ce campement agréable, les pieds dans le sable, ouvert en 2016. Les quatre chambres, trois doubles et une triple, portent le nom des îles bretonnes : Belle-île, Ile de Groix, Ouessant... Les cases sont propres et confortables, décorées d'objets marins qui rappellent cette douce région. Ce sont des amis de Pornic qui ont ramené à Rama, la propriétaire, ces décorations. Il y a même un drapeau breton qui flotte dans le campement ! Accueil chaleureux et souriant de Rama qui est aux petits soins pour ses clients.

CAMPEMENT LE FROMAGER €

✆ +221 77 525 64 01
Nuitée à partir de 3 000 FCFA par personne.
Petit déjeuner autour de 1 500 FCFA.
Repas à partir de 3 500 FCFA.

A quelques mètres de l'embarcadère de l'île de Carabane, mais aussi du rassemblement des « 7 places » pour quitter le village. Les chambres sont très simples avec salle de bains extérieure (douche au seau d'eau froide) mais elles ne sont pas chères. Mamadou, qui a ouvert le campement à Efrane juste en face, se pliera en quatre pour vous donner toutes les infos dont vous avez besoin, vous négocier un taxi-brousse ou vous concocter un circuit pour les jours à venir. L'ancien gérant du campement villageois connaît extrêmement bien sa région.

CAMPEMENT VILLAGEOIS D'ÉLINKINE €

✆ +221 33 993 22 89
www.campementvillageoiselinkine.e-monsite.com
A partir de 14 000 FCFA en demi-pension.

Ce campement, géré de manière collective par les villageois, est agréable. On se prélasse sous les cocotiers de sa plage de sable fin face au fleuve et on profite des cases propres, ventilées ou climatisées, avec salle de bains, mais dont certaines mériteraient une petite rénovation. Le restaurant est installé dans une case centrale où l'on sert de généreux plats locaux. Des excursions et des soirées djembé sont également organisées. Personnel accueillant et chaleureux.

HÔTEL CASA STAR €

Route principale ✆ +221 77 647 32 72
www.casa-star-elinkine.com
A partir de 9 000 FCFA la double.
lat du jour autour de 1 000 FCFA. Transfert pour Carabane à partir de 15 000 FCFA.

Cet hôtel écolo tranche avec les campements classiques. Tout propre et bien décoré, fonctionnant à l'énergie solaire, il constitue l'attraction du village. Ici, vous trouverez des cases en dur avec de jolies housses de couette, moustiquaire et salle de bain, un petit appartement familial avec cuisine, mais aussi une petite piscine et même une salle de fitness et de musculation pour rester en forme ! Aladin, le jeune et sympathique propriétaire, est très dynamique. Sa femme Awa propose une cuisine élaborée comme des langoustes et gambas flambées au pastis.

CARABANE ★★★

Carabane est une île de carte postale, avec des paysages paradisiaques de plages de sable blanc et de cocotiers sauvages en bord de plage, et des vestiges coloniaux en ruine. Cette île de 60 km² est cet immense espace sur la carte qui semble inexploité, inhabité, vierge. On s'y sent bien dès qu'on y débarque, en goûtant à son ambiance exotique, en se baladant dans ce village sans voiture, en discutant avec ses habitants, en y contemplant un coucher de soleil, en se baladant sur le fleuve, escorté par les dauphins qui vivent là. Le ferry Dakar-Ziguinchor en escale ici à l'aller comme au retour, bouscule un peu la petite vie tranquille de l'île.

Histoire

Premier comptoir colonial français en Casamance, le petit village de Carabane devient un centre important des colons en pays diola, grâce à Pierre Baudin, un mulâtre goréen commerçant. Il s'y installe en 1820 pour cultiver du riz et produire de la chaux à partir des coquilles d'huîtres et de coques de palétuviers broyées et cuites au four. Malgré l'abolition de l'esclavage en 1848, la famille Baudin maintint cette pratique jusqu'au début du XXe siècle. En 1836, l'île est cédée à la France, qui cherche un nouveau comptoir pour la traite négrière. Jean Baudin, le frère de Pierre, tombé en disgrâce à la suite d'un grave incident de traite impliquant un bateau anglais, est remplacé par l'administration par Emmanuel Bertrand Bocanté, un homme d'affaires nantais polyglotte qui œuvre au développement de l'île. Il construit une usine de coton et organise l'exportation de riz, des amandes de palme et de touloucouna via un large quai de chargement. Le déclin de l'île viendra avec son isolement. Des années 1900, il reste un cimetière, une église et un couvent charmant. Il y a pourtant une cinquantaine d'années, la maison des esclaves se tenait encore bien droite. Une première mission de pères blancs, évangélisatrice, laissa ensuite la place à un ordre de sœurs. Pendant l'hivernage de 1963, après 83 ans d'existence, la mission de Carabane a fermé ses portes, les religieuses et leur internat de filles partirent pour Ziguinchor et le transformèrent en hôtel simple et romantique. Carabane résiste à l'histoire tant qu'elle peut, mais le temps et la mer la maltraitent. L'île disparaît, petit à petit son espace est perdu dans la bataille qu'elle livre à l'avancée de l'eau salée.

Pratique

Depuis 2014, le ferry Ziguinchor-Dakar s'arrête à Carabane, à l'aller comme au retour. Pour rejoindre Carabane, vous pourrez aussi emprunter une pirogue villageoise au départ d'Elinkine, ou affréter une pirogue privée, mais cela vous coûtera bien plus cher, surtout si vous voyagez seul. De nombreux hôtels proposent aussi des transferts vers Carabane à partir de Katakalousse, Cap Skirring, Cachouane ou encore Diembéring. Côté logements, quelques jolis campements et l'hôtel de l'île s'alignent en enfilade depuis le débarcadère. Tous proposent une restauration de cuisine locale, des excursions vers l'île aux Oiseaux avoisinante ou des balades vers là où vous souhaitez, des villages de féticheurs aux repaires de pêcheurs.

Tourisme

A gauche de l'hôtel Carabane en regardant depuis l'eau, on aperçoit les vestiges d'un comptoir ayant appartenu à la CFAO, la Compagnie française d'Afrique occidentale, transformé un peu plus tard en école spéciale, elle-même abandonnée pour cause de peste dans l'île. Près du débarcadère, sur la pointe repose un ancien négrier immobilisé une bonne fois pour toutes par une dernière marée descendante. Tout près, des canons ont été jetés à la mer, exactement les mêmes qu'à Gorée, et des racines d'un arbre gisent, qui embrassent les restes d'une porte ouverte vers la mer : la même porte aux esclaves que celle de Gorée. Un peu au-delà des restes de murs, une roue métallique, ex-pièce d'artillerie, futur gîte pour les poissons trop peureux. Un peu plus à droite, dos à la mer, un magasin d'échanges où se troquaient des barres de fer ou du tabac contre des esclaves, reconverti en abri pour le groupe électrogène qui alimente aujourd'hui la maternité, l'église, le dispensaire et la mosquée. Les deux salles de triage tombent en ruine, alors que le dépôt, la boulangerie, l'ancien puits et le cachot ne se repèrent qu'aux vestiges de fondations qu'on devine ou qu'on arrive à suivre la tête rivée sur le sol. Plus loin à gauche encore, les vestiges d'une presse à huile, et un peu plus vers les terres, près d'un fromager, l'ancien comptoir bordelais des établissements Maurel & Prome. Pour pouvoir se représenter ce qu'était le Carabane de comptoir, il faut s'imaginer, vers la gauche de la maison bordelaise, toute une panoplie d'autres maisons de commerce aujourd'hui dévastées par le temps et le sel et dont il ne reste plus que certaines bornes et quelques cocotiers qui agonisent.

Carabane.

CIMETIÈRE

Ce cimetière possède une âme en même temps que les dépouilles de certains grands noms. Aristide Protet, capitaine d'infanterie enterré debout selon ses propres volontés, est de loin celui qui a la plus grande réputation. Il a beaucoup œuvré pour élargir l'espace de domination colonial, le poussant jusqu'en Guinée-Bissau, avant d'être refoulé à Kafountine. Cela dit, le cimetière est bel et bien celui de l'île et vous y trouverez, outre cette sensation étrange d'histoire qui transpire, des tombes avec des dates et des noms qui défient le temps. A ne pas manquer !

ÉGLISE BRETONNE

L'église bretonne, la troisième du pays par l'ancienneté (XIXe siècle), n'est pas en reste en matière d'histoire. Il semble qu'on entre à travers les portes du passé, proche et lointain à la fois. Son clocher aurait été financé par une comtesse de l'aristocratie française. Sur l'une des cloches, tombée et largement ébréchée, on peut lire son origine (Villedieu France) et sa qualité : un don d'une certaine Mme Wintz de Hocfelden, Alsacienne, à son fils en 1897. Longtemps laissée à l'abandon et rénovée en 2017, l'église a aujourd'hui repris de sa splendeur d'antan.

LE BARRACUDA €

Au débarcadère ✆ +221 77 659 60 01
carabacuda.free.fr

Demi-pension à partir de 10 000 FCFA par personne. Sortie pêche : autour de 80 000 FCFA la journée.

Ce campement, ouvert en 1994, comporte une douzaine de chambres charmantes en dur, très propres, avec salle de bains intérieure, moustiquaire, ventilation et vue sur la mer. C'est assurément l'un des meilleurs pour tout ce qui concerne la pêche sportive. Amath Mbaye, le patron, sait d'ailleurs de quoi il parle quand il s'agit des poissons. Des cannes, des lignes et des photos souvenir de trophées de pêche encombrent la grande salle faisant office de réception. Le restaurant est évidemment spécialisé dans les poissons et fruits de mer. On recommande !

HÔTEL CARABANE €€

✆ +221 77 569 02 84
www.hotelcarabane.com

Chambre double à partir de 20 000 FCFA.
Petit déjeuner autour de 1 500 FCFA.
Menu à partir de 5 000 FCFA.

Cet hôtel, propriété du diocèse de Ziguinchor, compte une trentaine de chambres, un peu vieillottes. Elles sont toutes ventilées, avec salle d'eau et moustiquaire. Dans le bâtiment A, le plus demandé, chaque chambre donne sur deux terrasses. D'un côté, vue sur les vestiges de l'histoire, de l'autre, sur la plage. L'établissement fonctionne à l'énergie solaire. Gabriel Coly, qui le gère, semble avoir apprivoisé la sérénité pour la communiquer à ceux qui franchissent le pas de l'hôtel. La terrasse extérieure sous les palmiers est des plus charmantes.

EFRANE

Située juste en face d'Elinkine, à quelques encablures de Carabane, l'île d'Efrane est à la fois isolée du continent et toute proche en pirogue. S'y cache un agréable campement, certes rustique et coupé du monde, mais qui permet de déconnecter un temps. Mamadou, qui l'a construit de ses propres mains, et son équipe vous y accueilleront comme il se doit. Il organise aussi des balades en pirogue dans les bolongs à la découverte des îles comme celle de Carabane ainsi que des journées de pêche. Entre farniente, excursions, dégustation d'huîtres de palétuviers et soirées animées autour du feu, l'ambiance promet d'être authentique, détendue et conviviale !

CAMPEMENT DE MAMADOU €

✆ +221 77 525 64 01

Nuitée : à partir de 4 000 FCFA par personne, repas autour de 3 500 FCFA, petit déjeuner autour de 1 500 FCFA.

Ce campement coupé du monde vaut une bonne halte pour les Robinson ! Il est tenu par Mamadou, qui a aussi le campement du Fromager sur l'autre rive. On dort dans des cases en palétuvier tressé ou dans des cases dans les arbres. Douches et toilettes à l'africaine, en plein air. Ce campement est rustique, mais fonctionne à l'électricité solaire, et reste charmant par sa végétation et par sa paillote qui fait face à Elinkine. Un joli bar tout en rond, des tables conviviales où l'on mange des huîtres grillées et d'autres spécialités locales. Un vrai coup de cœur !

CAP SKIRRING ★★★

Cap Skirring, à 70 km de Ziguinchor, est né de l'implantation du Club Med et s'est construit de toutes pièces pour les touristes autour du trident bleu et de son point jaune. Inutile de s'attendre, donc, à un plongeon au cœur de la culture sénégalaise. Des Sénégalais y vivent bien sûr, quoiqu'il soit préférable de dire qu'ils gravitent autour du Cap. Ils viennent à vélo pour être gardiens de nuit ou, pour une saison, jouer de la musique le soir dans les hôtels et mener la belle vie nonchalante des toubabs. Le Cap reste toutefois un endroit étonnamment agréable pour une station balnéaire, avec des hôtels très confortables et abordables, des bars et des boîtes de nuit animées le soir, ambiance vacances garantie ! Le point fort du Cap c'est justement ses plages, tirées de cartes postales, avec sable fin, cocotiers et eau limpide. On y trouve moins de vendeurs ambulants qu'à Saly, moins de sollicitations de toute part, un centre de village plus africain... tout en profitant d'un confort touristique égal. La douceur de vivre vient d'elle-même sur cette immense plage peuplée de touristes et de Sénégalais. Le Cap est un excellent point de rayonnement en Casamance pour ceux qui ne veulent pas passer par Ziguinchor. On peut aussi s'enfoncer en Basse-Casamance en pirogue ou en voiture, pour découvrir une région plus authentique.

Sortir

Le Cisko Centre Culturel est sans aucun doute l'adresse la plus intéressante pour sortir à Cap Skirring, car il organise de nombreux concerts, des cours et ateliers d'artisanat, musique et danse. D'autres bars et clubs comme le Kassoumaye New Look sont d'excellents endroits pour écouter un petit concert, boire un verre ou prolonger la nuit en dansant jusqu'à l'aube. La discothèque de l'hôtel Palétuvier est aussi populaire, mais la musique est très commerciale comme partout. La Casa Bambou organise des concerts en semaine. Comme à Saly, Cap Skirring n'échappe pas au tourisme sexuel pratiqué par des Blancs assez âgés qui viennent chercher « de la chair fraîche » dans les clubs, des jeunes à la limite de la prostitution, mais consentants. L'ambiance de la fête n'est pas gâchée pour autant, car la plus grande partie de la foule est un mélange de Sénégalais et de touristes qui sont là pour découvrir le pays.

VILLAGE ARTISANAL

Centre-ville

✆ +221 77 565 85 40

Ouvert tous les jours, de 7h à 22h.

Le village artisanal compte une bonne soixante d'ateliers-boutiques que l'on découvre à travers des allées ombragées. Vêtements traditionnels, bijoux, sculptures, tissus batik, objets de récupération, maroquinerie, peintures... c'est ici l'occasion d'acheter vos souvenirs. Le village est intéressant, car on voit les artistes à l'œuvre, et on peut discuter facilement avec eux. Prenez le temps d'aller d'échoppe en échoppe avant de faire votre choix. Ensuite, ce sera à vous d'exercer votre talent habile au marchandage. Soyez ferme !

BUREAU D'ACCUEIL ET D'INFORMATIONS

Route principale

✆ +221 77 653 04 27

www.cap-skirring.fr

Ouvert tous les jours de 8h à 13h et de 15h à 20h.

Si vous souhaitez explorer la région, c'est le point d'accueil touristique où il faut faire une halte avant d'entreprendre vos excursions. Directeur du point infos et président des guides touristiques de Casamance, Doudou Tamba propose diverses prestations bien utiles : mise à disposition de flyers sur les offres touristiques de la région. Courtage en tourisme : réservation de billets, excursions, mise en lien avec une vingtaine de guides. Location de 4x4.

ATLANTIC LOISIRS

Au rond-point du Cap Skirring

✆ +221 33 993 59 59

www.atlantic-loisirs.net

Ouvert tous les jours de 9h à 18h.

Basé au cœur de la station balnéaire du Cap Skirring, Atlantic Loisirs est le premier organisateur d'activités et d'excursions sur engins nautiques et terrestres avec des moniteurs agréés en Casamance. Buggys, quads, rosalies, VTT, Jet-skis, bateaux, canoës-kayaks, wakeboards, bouées tractées, excursions dans les îles, pêche à la palangrotte... un large choix d'excursions sportives et de tourisme responsable vous est proposé. Seul, en couple ou en famille, Atlantic Loisirs propose aussi des activités à la carte et des séjours en immersion. A découvrir !

CASAMANCE VISION ÉTHIQUE

Route de Kabrousse
✆ +221 33 993 01 38
www.vision-ethique.com
Ouvert du lundi au vendredi de 8h30 à 13h et de 15h à 18h, le samedi de 9h à 13h.

Pour des vacances solidaires en Casamance, cette agence réceptive sérieuse sur Cap Skirring organise vos journées d'excursion et vos circuits au cœur du pays diola. Elle travaille entre autres avec des guides locaux et avec les campements villageois de tourisme intégré où vous pourrez séjourner pour une immersion totale. Elle s'occupe aussi des réservations de billets d'avion et de bateau. Location de véhicules. Possibilité de circuits sur mesure. L'agence s'engage à reverser 3 % des bénéfices de chaque voyage à des projets d'aide au développement de la région.

IBRAHIMA SONKO

✆ +221 77 147 64 66

Ibrahima Sonko, dit Zlatan, est un guide chevronné, très sympathique, reconnu par la profession. Il organise différentes excursions dans la région comme des balades en pirogue dans les îles, des visites de villages traditionnels, de la marche sportive, des sorties en vélo ou des découvertes en 4x4. S'il n'est pas disponible, il pourra vous mettre en contact avec son ami guide, Abdoulaye, également détendeur de la fameuse carte officielle des guides touristiques. Vous pourrez les trouver tous les deux, à l'entrée de l'hôtel La Paillote.

AÉROPORT DE CAP SKIRRING

✆ +221 33 993 51 55

Le microaéroport de Cap Skirring est près du centre du village. La compagnie Transair y assure des liaisons depuis Dakar. Compter à partir de 135 000 FCFA l'aller-retour. Depuis 2017, en partenariat avec le Club Med, elle assure un vol direct de Paris, deux fois par semaine, de fin octobre à début mai. Il peut être intéressant de les contacter pour voir s'il reste encore des places dans cet avion, affrété pour les clients du Club. Une astuce pratiquée ici pour les vols : enregistrez-vous et vos bagages à l'avance, retournez vous balader et revenez pour embarquer.

AUBERGE DE LA PAIX €

Cap Randoulène
✆ +221 77 345 43 15
A partir de 11 500 FCFA la nuitée, avec petit déjeuner inclus. Repas autour de 3 500 FCFA.

Diédhiou et Ababacar, deux frères originaires d'un village près de Bignona, vous accueillent dans leur campement orchestré avec un style Sénégal et découverte de sa culture. Les cases en dur rénovées sont propres et bien carrelées, les autres sont à déconseiller... Même si le lieu est sommaire, il est propice au repos et à la détente, dans une ambiance authentique. Son atout : son restaurant panoramique donnant sur sa jolie plage privée, avec ses paillotes pour se reposer à l'ombre. Possibilité de prendre des cours de kess kess.

CAMPEMENT LE PARADISE €

Plage de Cap Randoulène
✆ +221 33 993 51 29
Chambre climatisée à partir de 16 500 FCFA. Petit déjeuner autour de 1 500 FCFA et repas à partir de 3 500 FCFA.

Le Paradise (oui, c'est bien à l'américaine, « paradaïz » !) correspond à l'atmosphère campement, avec ses chambres propres disséminées dans un très joli jardin, avec accès direct à la plage. Pour les chambres dans la case à impluvium, si vous avez trop chaud, on peut demander un ventilateur, en moyennant un supplément. Le campement peut organiser des balades en pirogue, des sorties de pêche et autres activités tout aussi sympathiques. On y mange très bien et copieusement de bons produits de la mer. On vous conseille les langoustes, à commander à l'avance.

CAMPEMENT MUSSUWAM €

Plage de Cap Randoulène
✆ +221 77 522 63 07
www.mussuwam.com
Case à partir de 15 000 FCFA. Petit déjeuner autour de 1 500 FCFA, menu à partir de 3 500 FCFA.

Dans un jardin égayé par les bougainvilliers et le chant des oiseaux, c'est un peu le relais entre le confort basique de campement et celui des hôtels. Les bungalows sont plus agréables, dotés de climatisation et de sanitaires intérieurs que les chambres alignées de l'autre côté. Les repas se prennent au restaurant ou sur la belle terrasse donnant sur la belle plage de Cap Skirring. Vous y dégusterez des plats sénégalais ou des produits de la mer, dans un cadre relaxant et paisible. Le personnel est sympathique, parfois un peu nonchalant.

CAMPEMENT NO STRESS - CHEZ SELECK €

Route de Kabrousse
✆ +221 77 614 64 50
www.campement-no-stress.fr
Chambre double à partir de 25 000 FCFA.
Petit déjeuner inclus. Possibilité de demi-pension et pension complète.

Des jolies cases bien propres très simples et à prix plancher, avec ventilation ou climatisation, eau chaude et wifi, terrasse privée et vue sur la plage. Possibilité d'organisation d'excursions. Belle forêt de palmiers sauvages pour aller jusqu'au rivage. Excellent accueil d'Eugène Diatta et de toute sa famille. Au restaurant, les légumes servis proviennent en majorité du jardin potager du campement. Jeu de pétanque disponible, que demander de plus ?

LE BALAFON €€

✆ +221 33 993 54 00
www.hotel-cap-skirring.fr
Chambre à partir de 20 000 FCFA.
Petit déjeuner à partir de 2 500 FCFA.
Fermé de juillet à septembre.

Situé en plein cœur du village, dans une ruelle calme, le Balafon propose un excellent rapport qualité-prix pour la région. Les finitions et le confort sont remarquables, l'accueil et le service, dignes d'un grand hôtel. Vingt chambres spacieuses, nichées dans un magnifique jardin arboré aux délicieuses senteurs, sont décorées avec goût et bien équipées (climatisation, salle d'eau privative, minibar, TV satellite, wifi et coffre-fort). Pour compenser le petit kilomètre qui vous sépare de la plage : une superbe piscine entourée de verdure.

LES BOUGAINVILLIERS €€

Sur la route des campements.
✆ +221 77 150 46 44
www.hotel-bougainvilliers.fr
Chambre double à partir de 28 000 FCFA, appartement à partir de 32 000 FCFA.
Petit déjeuner à partir de 3 500 FCFA.

Un petit havre de fraîcheur où vous trouverez la sérénité, bercé par le chant des oiseaux. Des chambres climatisées aux appartements, les logements sont dispersés dans un vaste jardin exotique, joliment fleuri de bougainvilliers. Le nom de l'hôtel tient bien sa promesse ! Pour plus d'indépendance, préférez les appartements T1, style studio, qui disposent d'une cuisine tout équipée et d'une terrasse privative. L'appartement T3 sera, quant à lui, parfait pour les familles : il offre un confort moderne et optimal dans un environnement agréable.

CAP BAY €€

Cap Randoulène
✆ +221 77 780 18 90
Studio à partir 30 000 FCFA avec petit déjeuner.

Gisèle et Gilbert, anciens restaurateurs du sud de la France, ont ouvert un endroit paisible, à l'ambiance familiale. Dans cette résidence fleurie, le couple propose 12 studios tout équipés. Au fond du jardin, une belle piscine vous permettra de vous rafraîchir, bien que l'établissement soit situé à 200 mètres de la plage. Au restaurant, vous vous délecterez de plats européens ou végétariens, cuisinés à base de produits bio. Les fruits et légumes sont cultivés avec amour dans un grand jardin, ouvert au public. Un lieu idéal pour se ressourcer et manger sainement !

HÔTEL CISKO €€

✆ +221 33 990 39 21
www.ciskocentre.com
Chambre double à partir de 60 000 FCFA, suite à partir de 113 000 FCFA.
Petit déjeuner inclus pour les chambres.

Le Cisko Centre Culturel comprend une grande piscine avec le nom du centre en mosaïque, des chambres confortables dans un bâtiment à étage, un bar restaurant design et des fresques murales nostalgiques du pays de Vaud, en Suisse. Surprenant. Cisko, c'est l'initiateur du concept, qui fait la navette entre Genève et le Cap depuis des années. Location de VTT et voiture possible, cours de percussions et danses traditionnelles, concerts, *pool party* le samedi… vous ne vous ennuierez pas ici. A noter, vous êtes à 20 minutes de la plage à pied.

KALOA - LES PALÉTUVIERS €€

✆ +221 33 993 52 10
www.hotel-les-paletuviers.com
Chambre double à partir de 32 000 FCFA.
Petit déjeuner inclus.

Le complexe Les Palétuviers est à la fois un hôtel, un restaurant et une boîte de nuit. Ses principaux atouts : sa proximité du centre animé du village, sa jolie et grande piscine sous les palmiers, et ses terrasses privatives donnant sur les *bolongs* situées au fond de l'établissement. Le grand jardin est luxuriant avec hamacs accrochés et des tables disposées un peu partout. Les chambres sont propres et bien décorées, climatisées avec salle de bains privative. Restaurant de cuisine variée, très bon et agréable, installé sous une grande paillote.

MAISON D'HÔTES CHEZ SOPHIE €€

Après les Bougainvilliers.
✆ +221 77 533 48 75
Chambre climatisée à partir de 35 000 FCFA. Petit déjeuner autour de 1 500 FCFA.

Dotée d'un petit jardin fleuri, cette grande maison blanche abrite une douzaine de logements impeccables, dont un appartement spacieux et lumineux. Au rez-de-chaussée, les chambres offrent un confort modeste, avec salle de bains avec eau chaude et toilettes indépendantes. Si vous êtes à plusieurs, on vous recommande l'appartement au premier étage, qui dispose de deux chambres, d'un coin salon, d'une cuisine équipée et d'un balcon. Parfait pour un séjour au calme.

LA MARSU €€

Cap Randoulène
✆ +221 78 140 32 38
www.lamarsucap.com
Chambre standard à partir de 35 000 FCFA. Appartements à partir de 60 000 FCFA.

Situé à deux pas de la plus belle plage du Cap Skirring, cet hôtel propose des chambres bien entretenues, avec confort à l'européenne. L'endroit est calme et paisible. Salle de fitness, espace enfant, massages et même une salle de réunion pour ceux qui souhaiteraient y travailler. Vous pourrez savourer un cocktail ou un bon repas sur la terrasse spacieuse aménagée sur le toit d'où se déploie une belle vue sur le jardin fleuri et la piscine. L'hôtel dispose également d'une résidence composée de deux beaux appartements (F2 et F3). Personnel à l'écoute et qualifié.

LA PAILLOTE €€€

Plage du Cap Skirring
✆ +221 33 993 51 51
www.paillote.sn
Bungalow à partir de 52 000 FCFA en basse saison. Petit déjeuner inclus. Fermé de fin mai à fin octobre.

Les 30 bungalows tout confort, inspirés de l'architecture traditionnelle diola, sont dispersés dans un magnifique parc tropical de 4 hectares, surplombant la plus belle plage du Cap Skirring. Entre le clapotis des vagues et le chant des oiseaux, vous y trouverez un repos optimal. Sur la plage, que vous pourrez rejoindre facilement par un escalier, outre les transats, le restaurant « Le Paillotin » vous accueille tous les midis pour déguster salades, grillades de bœuf ou crevettes. Nombreux services dont un espace bien-être avec vue sur mer et une bibliothèque.

CAP BAY €€

Cap Randoulène
✆ +221 77 780 18 90
Studio à partir 30 000 FCFA avec petit déjeuner.

Gisèle et Gilbert, anciens restaurateurs du sud de la France, ont ouvert un endroit paisible, à l'ambiance familiale. Dans cette résidence fleurie, le couple propose 12 studios tout équipés. Au fond du jardin, une belle piscine vous permettra de vous rafraîchir, bien que l'établissement soit situé à 200 mètres de la plage. Au restaurant, vous vous délecterez de plats européens ou végétariens, cuisinés à base de produits bio. Les fruits et légumes sont cultivés avec amour dans un grand jardin, ouvert au public. Un lieu idéal pour se ressourcer et manger sainement !

MOTEL REGAL CASAMANCE €

✆ +221 33 860 07 04
Appartement F1 à partir de 15 000 FCFA la nuitée. Petit déjeuner autour de 1 500 FCFA.

Adrien, le sympathique chef et propriétaire du restaurant Le Régal, s'est lancé dans l'hôtellerie avec ce modeste motel de quatorze appartements impeccables et colorés, au cœur d'un quartier paisible du Cap Skirring. Ventilés ou climatisés, ils sont dotés d'un coin cuisine ouvert sur le salon, d'une chambre double et d'une salle de bains privée. Le jardin verdoyant et bien entretenu est très agréable, égayé par le chant des oiseaux. Lors de notre passage, une piscine et une salle de réunion étaient sur le point d'être terminées.

AFRICABANE - CHEZ OMAR €

Sur la plage, à gauche de la Paillote.
✆ +221 77 364 54 25
Ouvert tous les jours, de 9h à 20h. Plat sénégalais autour de 1 000 FCFA.

Bonne adresse locale les pieds dans le sable, à l'ambiance conviviale. Omar vous accueille chaleureusement dans sa gargote de fortune, construite de ses propres mains. Attablé face à l'océan, on s'y sent bien et surtout on y mange copieusement, à petits prix. Si la sieste vous dit après le repas, vous pourrez vous relaxer sur les transats. Et pour ceux qui viendraient prendre l'apéro, sachez qu'Omar sert les meilleurs ty-punchs de la plage ! Egalement des soirées au son du djembé autour d'un feu de camp et des grillades, les dimanches soir.

CAP D'OR - CHEZ LOULOU €

✆ +221 78 432 74 93

Ouvert tous les jours, de 10h à 23h. Plats à partir de 3 000 FCFA.

L'ancien chef cuisinier de l'Hibiscus, Roland, a repris en 2018 ce restaurant, installé dans une cour intérieure. Il lui a fallu peu de temps pour séduire touristes et Sénégalais par ses pizzas au feu de bois, ses plats locaux et ses recettes atypiques. Vous pourrez, entre autres, savourer du poulet à l'orange et du canard confit au miel de Casamance. De quoi se régaler à petits prix ! L'ambiance est à son comble le vendredi avec les soirées reggae où se défoule la jeunesse de Cap Skirring et de ses alentours. Livraison possible.

LA PAILLOTE €€

Plage du Cap Skirring

✆ +221 33 993 51 51 - www.paillote.sn

Ouvert tous les soirs de novembre à mai. Plats à partir de 5 000 FCFA. Concert les samedis, à partir de 19h30.

Un cadre idyllique, des plats succulents, le tout dans une ambiance tamisée face à l'océan. Le restaurant de la Paillote est l'un des incontournables du coin ! Vous serez accueilli personnellement par Christian, le propriétaire, un Français originaire de Ziguinchor aux petits soins pour ses clients. La carte présente des mets variés, allant des grillades de viandes aux poissons, en passant par des plats de pâtes, tous aussi excellents les uns que les autres. Egalement un copieux menu où la langouste est reine. Parfait pour un repas en amoureux !

LA CARPE ROUGE €

Centre du village

✆ +221 77 651 24 60

Ouvert tous les jours de 7h à 23h (en fonction des clients). Plat autour de 4 000 FCFA.

Si vous avez déjà assisté au retour de la pêche à Yoff, M'Bour, Saint-Louis ou autre grand port, vous avez sans doute aperçu ses énormes poissons rouges ou jaunes, portés sur le dos tant ils sont imposants. Il s'agit de carpes endémiques, dont ce restaurant a fait sa spécialité. René Gabriel Sadio prépare ici la carpe rouge au four (sur commande), un délice ! Vous pourrez aussi y déguster d'excellents crabes farcis à la casamançaise, un goûteux poisson braisé à la façon du chef ou du poulet rôti pour ceux qui préféreraient la viande. Bon rapport qualité-prix.

LE PALMIER €

Route de l'aéroport

✆ +221 33 993 51 09

Ouvert tous les jours de 8h à 22h. Plats à partir de 2 500 FCFA et chambres à partir de 13 000 FCFA.

Cette grande paillote au centre du village est agréable pour dîner le soir, et propose des plats classiques honnêtes (poisson grillé, brochettes de lotte…), ainsi que des plats européens sans intérêt. On aime y aller les soirs de concert, pour faire quelques pas de danse au dessert et rencontrer la population locale. Derrière le restaurant, une dizaine de chambres, dont certaines climatisées, au confort sommaire, dans un cadre sans charme particulier. Cependant, elles peuvent constituer une adresse de passage pour les petits budgets.

LE PÉLICAN - CHEZ PACO €

© +221 77 725 45 91

Ouvert tous les jours, à partir de 8h. Le soir, sur commande avant 14h. Plats autour de 3 000 FCFA.

C'est un moment convivial, en plus de déguster un bon repas, que vous passerez chez Paco. Sa gargote est simple, les tables improvisées, le menu suivant la pêche du jour. Paco va en effet s'approvisionner directement avec les pêcheurs. Crabes, soles, dorades, carpes rouges et autres sont grillés au barbecue. Un vrai délice ! C'est un lieu où l'on prend son temps, face à la mer, en regardant les hommes revenir de la pêche ou en discutant avec d'autres clients installés à la même table. Paco est une personne très agréable, avec qui l'on resterait bien papoter.

LE RÉGAL €€

Village du Cap

© +221 77 506 57 88

Ouvert tous les jours de 9h30 à 14h et de 18h à 22h. Plats à partir de 2 500 FCFA.

Après un apprentissage culinaire au Cap Skirring, diverses collaborations avec des pizzaïolos italiens et quelques stages en France, Adrien sert une excellente cuisine métissée dans son restaurant-bar-pizza-traiteur-glacier. On vous recommande la spécialité du chef, les crabes farcis, goûteux et relevés. A la carte également, bœuf en daube, blanquette de lotte ou encore filets de capitaine. Les desserts maison sont tout aussi succulents. A la fin du repas, il n'est pas rare qu'Adrien vienne saluer ses clients, pour un service personnalisé !

CASA RESTO €€

© +221 77 796 20 71

Ouvert d'octobre à juin, tous les jours de 12h à 15h et de 19h à 23h. Plat à partir de 3 500 FCFA.

L'un des meilleurs restaurants du Cap ! On peut s'attabler dans un beau jardin arboré pour un déjeuner en toute tranquillité. La carte offre une variété de choix, des pizzas cuites au feu de bois à des plats plus surprenants comme du yassa de canard, du boudin maison grillé aux pommes ou des cuisses de grenouilles. Les plats sont élaborés à partir de produits locaux, de qualité. Patrick, qui tient le restaurant avec sa femme Betty, possède également la boucherie traditionnelle attenante d'où provient la viande servie au restaurant. Un régal !

LA VILLA DES PÊCHEURS €€

Plage de Cap Skirring © +221 77 431 00 80

www.villadespecheurs.com

Ouvert tous les jours midi et soir.
Plats à partir de 4 500 FCFA.

Quel cadre incroyable ! La Villa des Pêcheurs dispose de deux restaurants :

- **Le Grilladin Beach** en mode paillote les pieds dans l'eau, qui mise sur la proximité de la plage et propose une cuisine de marché et de pêche bien sûr, comme du tartare de carangue, une grillade de barracuda… des plats très originaux qui valent le coup de fourchette !
- **Le Patio Lounge,** à la vue panoramique sur la mer et au cadre très soigné. Dans l'assiette, même raffinement exotique : carpe rouge *a la plancha*, tartare de capitaine au lait de coco… le choix sera difficile !

CASAMANCE

© DAMIAN PANKOWIEC - SHUTTERSTOCK.COM

Plage du Cap Skirring.

LE BAYONNAIS

✆ +221 77 933 60 75

Ouvert tous les jours jusqu'à tard le soir. A partir de 1 000 FCFA, des pâtisseries aux plats.

Le Bayonnais est le spot incontournable pour prendre un bon petit déjeuner à la française, un goûter gourmand, un snack ou un plat à toute heure. Il propose des pâtisseries françaises, jus de fruits frais, sandwichs, gaufres, crêpes, cornets de frites, burgers, paninis, plats sénégalais et – pour ceux qui en ont marre du riz – des salades composées. Tous les vendredis et dimanches, les soirées sont animées par des concerts de musique diola ou de jazz. L'ambiance est conviviale, et sa terrasse devient vite un point de rendez-vous quotidien.

CLUB MED

✆ +221 33 993 52 22

Ouvert d'octobre à mai. Repas avec accès à la piscine et certaines activités incluses : à partir de 46 000 FCFA.

Le site du Club Med est ouvert aux clients extérieurs. Dans un splendide cadre, entre océan et cocoteraie luxuriante, vous pourrez pratiquer plusieurs activités, dont le tir à l'arc, la pétanque, la voile, le golf ou le tennis. Egalement un salon de massage pour ceux qui souhaiteraient se détendre. Il est également possible de se restaurer sur place : grands buffets avec entrées, plats et desserts variés ou à la carte, près de la plage. Cabarets et spectacles de qualité animent certaines soirées. Se renseigner sur place. Passeport exigé à l'entrée.

CHEZ ZORRO L'ANTIQUAIRE

Route principale

✆ +221 77 640 53 16

De fin octobre à fin mai, ouvert tous les jours de 9h à 13h et de 15h à 19h30. Objets à partir de 40 000 FCFA.

Connu sous le pseudo de Zorro, en référence au célèbre personnage qu'il admire depuis sa jeunesse, Abdoulaye Sow est un collectionneur hors pair qui voyage régulièrement à travers l'Afrique de l'Ouest à la recherche d'objets rares et singuliers comme des masques, des fétiches, des bijoux ou encore des statuettes. Dans sa galerie d'art bien fournie, chaque objet a une histoire qui retrace la culture africaine, et l'on pourrait y rester des heures à écouter Zorro nous les conter. L'été, il ferme boutique un temps pour exposer ou se reposer en France.

LA VILLA DES PÊCHEURS

Plage du Cap Skirring

✆ +221 77 431 00 80

www.villadespecheurs.com

Jean-Pierre, qui a débarqué avec son frère en Casamance il y a une quinzaine d'années, est l'une des meilleures références du Cap. Il propose des sorties à la petite traîne dans les *bolongs* à la recherche des trous et des fosses (le bateau possède un sondeur) ou en *surfcasting* le long des dunes de sable, un peu plus au nord. Il peut aussi s'occuper de vous programmer une sortie en 4x4 (avec chauffeur) vers certains endroits peu accessibles. Il propose également des chambres et deux excellents restaurants, le Grilladin Beach et le Patio Lounge.

AIR BEACH

✆ +221 78 592 00 15

Compter autour de 20 000 FCFA pour 1h de char à voile. Transfert aller-retour sur le site et assurance inclus.

Pour changer du *farniente* et pratiquer un sport en pleine nature, Patrice Cauchy, moniteur français d'Etat et son équipe proposent de se laisser porter par le vent sur la plus belle plage du Cap Skirring, en char à voile. Cette activité, ludique et pleine de sensations, est accessible à tous et suit un parcours balisé, très bien encadré. Vous pourrez les trouver au niveau du bar de la mer, à Kabrousse, ou près de la cabine de massage de Mathias, où vous pourrez après une séance de char à voile, venir vous relaxer. Une expérience décoiffante !

LA CASE BAMBOU

✆ +221 77 547 91 26

Restaurant ouvert tous les jours, de 9h à minuit ; plats à partir de 3 500. Entrée discothèque, autour de 2 500 FCFA.

Ce club est l'un des plus réputés de Cap Skirring. Il jouxte un restaurant de plats locaux et européens, également populaire et animé certains soirs par des concerts entraînants, très appréciés des locaux. Dans la discothèque, le *dancefloor* bouge au rythme de musiques généralistes et actuelles, sauf le mercredi et le lundi où des soirées casamançaises avec des groupes traditionnels sont organisées. Très bon accueil. Belle décoration, mais les bières sont au prix fort, comme dans tous les lieux branchés de la station balnéaire.

KASSOUMAYE NEW LOOK

Route principale
✆ +221 77 506 46 20
Ouvert tous les jours de 22h à 6h, sauf le dimanche. Entrée à partir de 2 000 FCFA. Tenue correcte exigée.

A une centaine de mètres de la Casa Bambou, pour continuer la soirée, voici l'autre discothèque incontournable du Cap Skirring, ouverte depuis plus de 40 ans ! Ici, dans une ambiance festive et joyeuse, touristes et locaux s'y déhanchent au son d'une musique internationale, souvent de style hip-hop. On profite aussi de la soirée entre amis, assis sur des banquettes, autour d'une bière bien fraîche ou d'un cocktail. La musique sénégalaise est à l'honneur tous les mercredis, où l'ambiance bat son plein, avec des lots à gagner !

ÎLE D'EGUEYE

L'île d'Egueye est un petit coin de paradis absolument magique au cœur de la mangrove, mais difficile d'accès pour qui n'est pas motorisé. Là-bas, on y trouve un campement sommaire. Au petit matin, peut-être aurez-vous la chance d'observer guibs harnachés ou serval, un cousin du chat. Quoi qu'il en soit, levez les yeux pour observer la kyrielle d'oiseaux qui peuplent l'île. Pour vous rendre sur ce bout de terre, faites-vous déposer par un taxi-brousse sur la route entre Oussouye et Cap Skirring, à Diakène Ouolof. De là, Abdou Ndiaye ou l'un des villageois pourra venir vous chercher et vous organiser votre traversée.

CAMPEMENT DE L'ÎLE D'EGUEYE €€

✆ +221 77 544 80 80
www.campement-egueye.fr
A partir de 19 500 FCFA en pension complète pour une chambre avec salle de bains intérieure.

Véritable havre de paix, ce campement offre simplicité et convivialité. Ses cases sommaires, avec ou sans salle de bains intérieures, sont réparties dans un joli jardin arboré, égayé par le chant des oiseaux. On y prend son petit déjeuner au bord du *bolong*, et les repas à base de spécialités locales dans une case aérée, avec vue sur la mangrove. Mention spéciale pour les huîtres de palétuviers grillées à la braise. Un vrai délice ! Accueil chaleureux d'Abdou Ndiaye et son équipe.

KABROUSSE

Kabrousse est dans le prolongement de Cap Skirring au sud, si bien qu'on ne fait pas la différence entre les deux, en longeant la côte. La ville est connue pour son royaume, celui d'Aline Sitoé Diatta, la célèbre reine associée aux légendes locales. Gardez un œil sur ce village, il s'y organise un certain nombre de fêtes et les messes y sont plus authentiques que celles de Djembéring où débarquent les tours le dimanche.

Histoire

L'histoire d'Aline Sitoé Datta, la reine de Kabrousse, est sûrement la plus connue de Casamance. La petite Aline, travaillant comme domestique à Dakar, aurait entendu des voix et eu des visions. Des voix lui conseillaient de retourner vers son peuple pour s'insurger contre l'hégémonie coloniale en pleine Seconde Guerre mondiale. Aline rentra à Kabrousse et rendit compte de ses visions et des voix qu'elle avait entendues. Elle préconisait la non-coopération, le refus de l'impôt, du service militaire et de la culture de l'arachide. En juillet 1942, l'administration coloniale mena une enquête sur des rumeurs hostiles à la présence française et sur des mouvements importants de population vers Kabrousse. Ils découvrirent que des gens venaient de toute la Casamance, de Guinée, de Gambie et même de Dakar, pour écouter cette inspirée de Dieu prôner l'esprit communautaire, l'égalité des hommes et des femmes, le retour au culte animiste, aux valeurs ancestrales et la lutte contre le pouvoir colonial. En octobre, un bras de fer eut lieu avec l'administration lors d'un recrutement et de réquisitions de vivres. Plusieurs foyers s'allumèrent. Novembre et décembre marquèrent l'échec des Français à tempérer et à contrôler le mouvement, qui s'amplifia. Fin janvier 1943, une colonne française décida de faire un exemple du village d'Effok, où des émeutes avaient éclaté. La population déserta le village ; armés de flèches, les guerriers firent reculer les colons. Le 27, les Français tentèrent de capturer Aline Sitoé Diatta. Le 28, la maison de la « fautrice de troubles » fut encerclée. Les soldats menaçaient de brûler le village de Kabrousse. Le 29, elle se rendit. Le 30, plusieurs émeutes de représailles furent suivies d'arrestations. Aline Sitoé Diatta fut condamnée à 10 ans d'internement à Kayes, puis finalement déportée à Tombouctou, où elle mourut d'un scorbut en 1944.

LE FROMAGER LODGE €€

✆ +221 77 614 65 22

Chambre à partir de 25 000 FCFA.

Petit déjeuner inclus. Fermé durant l'hivernage.

Autour d'un splendide fromager qui fait office de bar s'organisent le restaurant, la piscine et les dix chambres en bungalow du lodge. Chaque case a été réalisée selon les techniques de construction diola et les matériaux traditionnels, avec une petite touche bobo. Très originales, artistiques même, elles sont très confortables. Il faut aussi goûter à la pizza du propriétaire italien Giulio, « la meilleure d'Afrique de l'Ouest », qui est un maître en la matière. Un endroit calme, reposant et chaleureux, plein de charme. A découvrir !

LE PETIT QUARTIER - CHEZ AMANTHIA €

✆ +221 33 993 04 17

Ouvert tous les jours. Plats à partir de 3 000 FCFA. Chambre à partir de 15 000 FCFA par personne.

Ce petit restaurant, au bord de la route, est une bonne halte pour déjeuner. La carte change tous les jours en fonction des produits achetés au marché ou du poisson chez les pêcheurs. Si vous avez de la chance, vous pourrez goûter au phacochère grillé, une viande blanche similaire au porc. L'établissement dispose également de quelques cases propres, avec salle de bains privative, dispersées dans un jardin verdoyant. Egalement une école de surf pour les passionnés.

HÔTEL-RESTAURANT BAR DE LA MER €€

Plage de Kabrousse-Mossor

✆ +221 33 993 52 80

Ouvert tous les jours midi et soir.

Plats à partir de 4 000 FCFA.

Chambre double à partir de 30 000 FCFA.

Ce restaurant, les pieds dans le sable, propose de bonnes assiettes mais assez chères pour certaines. On profite du cadre, sous la paillote, et quelquefois d'une ambiance très *cheesy*. Un homme-orchestre vient y chanter des reprises quelquefois. Plateau de fruit de mer pour deux avec langoustes sur commande. Les chambres les moins chères sont très correctes, propres, climatisées, avec une petite terrasse face à l'océan, mais souvent complètes. Pensez à réserver.

BOUCOTTE ★★

Depuis le Cap en direction de Djembéring, une balade le long de la plage conduit sur la baie de Boucotte, paradis des luxueuses villas sécurisées. Ici, la plage est déserte, fréquentée par les vaches et perturbée par le passage des 4x4. En direction des terres, les paillettes du tourisme balnéaire disparaissent complètement. Boucotte-Diola et Boucotte-Wolof accueillent alors le voyageur avide de découvertes culturelles. Loger à Boucotte n'est pas une bonne idée si vous comptez aller souvent à Cap Skirring et que vous n'avez pas de véhicule. Si vous voulez vous perdre au milieu de nulle part ou rayonner vers Djembéring et le Cap en vélo, le spot est parfait !

CASAMANCE ECOPARC

✆ +221 77 721 33 16

www.casamance-ecoparc.org

Ouvert tous les jours, sauf le dimanche sur réservation. Entrée à partir de 3 000 FCFA.

Créée en 2010, cette réserve naturelle s'étend sur 400 ha, entre le bras du fleuve Casamance et l'océan Atlantique. Elle est gérée par un GIE qui travaille en étroite collaboration avec les populations locales, des associations et les écoles de formation. Des guides ont été formés pour accompagner les touristes à la découverte de la faune et de la flore locale, des oiseaux surtout, à pied ou à vélo. Un petit écolodge avec vue panoramique baptisé Ecolodge Sembene Ousmane a ouvert en 2014, et propose entre autres quelques chambres dans une case à impluvium.

ÉCO-MUSÉE KADIOUTE ★

Boucotte-Diola

✆ +221 77 351 76 96

Sur donation (n'oubliez pas !)

Le Kadioute est un musée en plein air situé dans une forêt de fromagers multicentenaires. La visite guidée permet de découvrir, au pied de chaque arbre, instruments, ustensiles et explications détaillées et pleines d'humour sur la culture diola. Visitez si possible ce musée au début de votre séjour. Vous aurez alors quelques billes pour mieux appréhender votre périple en terre casamançaise. Au programme : découverte des codes de la lutte, de la récolte du vin de palme, de la cuisine, des fétiches, du cycle agraire, etc. Valère, le guide, est passionnant !

OUDJA HÔTEL €

✆ +221 77 517 58 95

Chambres doubles à partir de 9 000 FCFA avec petit déjeuner. Menu autour de 4 500 FCFA.

Des cases simples posées au bord d'une plage superbe, au milieu de nulle part. On y mange sous les palmiers, et le soir, on chante autour d'un feu de camp. On peut « chiller » sur des hamacs dans un paysage de carte postale. Augustin vous réserve un très bon accueil. Il est à l'origine d'un projet d'écoparc ouvert juste à côté du campement et qui compte un écologde de 12 chambres avec salle d'eau privative. Il pourra vous organiser une visite de la réserve naturelle et bien d'autres activités, car il détient aussi l'agence de voyages Diatta Tour à Ziguinchor.

HÔTEL MAYA €€

✆ +221 33 993 23 00

www.hotel-maya.com

Chambre double à partir de 40 000 FCFA.

Petit déjeuner inclus. Plats à partir de 3 000 FCFA.

Ce bel hôtel dispose d'une grande piscine avec vue panoramique sur sa plage privative et sauvage, où viennent se reposer les vaches en journée. L'environnement y est relaxant, idéal pour se ressourcer, loin de l'agitation du Cap Skirring. On loge dans des cases bien équipées et propres, qui sont dotées de terrasse privative avec vue sur mer. On y apprécie aussi le cadre verdoyant, la disponibilité et la serviabilité du personnel. Plusieurs excursions et activités proposées comme des balades en quad, des sorties en mer ou du golf. Bon accueil.

LE KIBALAOU €€

✆ +221 77 160 42 49

www.kibalaou.com

Chambre à partir de 13 000 FCFA par personne.

Petit déjeuner inclus.

Repas autour de 4 000 FCFA.

Très belle auberge, qui a ouvert ses portes en 2011 et qui compte six chambres doubles avec salle d'eau privative, dont une très spacieuse avec une mezzanine. La déco africaine y est soignée, la construction en matériaux naturels et le jardin luxuriant. Le cadre est en plus superbe, au bord d'une longue plage de sable fin où vous pourrez petit-déjeuner sur les dunes ou encore dîner autour d'un feu de bois des plats traditionnels à base de poissons. Egalement des barbecues où les produits de saison sont à l'honneur. A découvrir !

DJEMBÉRING ★★

Joli village d'environ 5 000 habitants à une dizaine de kilomètres du Cap, entouré de fromagers au nord du Cap, sur la route de l'embouchure du fleuve Casamance. A Djembéring, les jeunes travaillent dans les champs d'oignons ou dans les hôtels du Cap s'ils ont de la chance. Sinon, ils récoltent du vin de palme. Chaque quartier de la ville possède ses tam-tams téléphone : un sacré (ancien), et un pour la danse (destiné aux jeunes.) Les gens du village ont pour principal souci... la culture du riz. On voit aussi beaucoup de poissons à Djembéring. Les pêcheurs ne sont pas d'ici. Certains sont sérères, d'autres sont des « nordistes » qui viennent pour la saison et rentrent chez eux pour leur récolte. Les habitants du village aident aussi à la pêche pour le pesage et la conservation dans de gros blocs de glace des soles qui sont débarquées, puis envoyées vers l'Europe via Ziguinchor. Le dimanche, la chorale de la messe diola attire de nombreux touristes. Heureusement, le village a réussi à bannir les bana-banas qui sévissent au Cap. Les mois de juin et juillet comptent souvent des occasions de fêtes et de danses. Le reste de l'année, les samedis et jours de fête sont célébrés dans l'un des dancings du village. On peut se rendre facilement à Djembéring en taxi-brousse depuis le Cap Skirring, ou louer un vélo pour parcourir la route ensablée qui y mène. De jolies balades en pirogue à travers la mangrove sont également possibles de Djembéring, pour découvrir les villages d'Elinkine, Boucotte ou Kachiwane.

BOUYOUYE

Bouyouye

Sur la route de Djembéring, à environ une dizaine de kilomètres du Cap, se trouve le petit village de Bouyouye, apprécié de certains habitants de la région. Rien de vraiment spécial, mais encore une atmosphère authentique, une douceur de vivre, tout près de la station balnéaire. Peuplé d'environ 300 âmes, le village est aujourd'hui entièrement alimenté par l'énergie solaire en électricité et même en eau, grâce aux investissements d'un Belge, très attaché à ce lieu. C'est aussi une bonne halte à vélo pour qui veut prendre son temps et boire un verre.

FROMAGER DE LA PLACE CENTRALE ★★

Place Centrale

On raconte que ce fromager plusieurs fois centenaire a été planté là par des migrants installés à l'écart du village de Djembéring lorsque celui-ci était situé à la place de l'écomusée de Sangawatte (où l'on a retrouvé des vestiges). On trouve une forêt de fromagers remarquables en allant vers la mer en direction de Nikine. Certains troncs ont été évidés pour la construction de pirogues, d'assiette, d'instruments de musique... Une balade s'impose si vous êtes dans les parages.

MUSÉE SANGAWATT ★

✆ +221 77 446 44 26

Entrée à partir de 2 000 FCFA par personne.

Ce musée à ciel ouvert est situé sur l'ancien village où vécurent les premiers habitants de Djembéring. On y a retrouvé des ossements, preuve de l'existence d'un cimetière, mais aucune datation n'a été réalisée. Comme à l'écomusée de Kadioute, on découvre la culture et les traditions diolas à travers un parcours intéressant, dans la brousse cette fois, où l'on découvre des objets de la vie quotidienne tels que les nacelles pour la pêche ou le mortier pour piller les graines. A la fin de la visite, vous goûterez le vin de palme local !

BALADE EN PIROGUE ET 4X4 ★

✆ +221 77 541 34 72

Contacter Jean du campement ASSEB.

Excursions en pirogue à partir de 5 000 FCFA, en 4x4 à partir de 35 000 FCFA.

Jean vous emmène voir le féticheur du village ou la forêt de fromagers en dispensant des informations très intéressantes sur les traditions et l'histoire diola. Il peut aussi proposer des excursions sympas, comme aller à Kachiwane en véhicule tout terrain, prendre une pirogue jusqu'à Nikine et rentrer en 4x4. Possibilité d'excursion en pirogue à rame jusqu'à l'île d'Egueye pour voir les crocodiles et la récolte d'huîtres de mangrove. Une balade en dehors des sentiers battus, qui ravira les voyageurs, on est ici au coeur de l'Afrique.

LE VIN DE PALME

Boire le vin de palme (bounouk) participe à tout un rituel en Casamance. Il se boit dans une sorte de bock de bière (ediouke) où l'on plonge une louche (oukobote) réalisée dans le fruit d'un palmier, le coni. Son goût n'est pas toujours le même : il varie, par exemple, selon que les arbres sont près ou non d'un bolong. On le boit pour les fêtes, les enterrements et pour le plaisir, c'est-à-dire à la moindre occasion ! A la sortie de l'hivernage, après que l'homme s'est occupé du riz, il nettoie les palmiers à coups d'edéoum (au long manche) pour accéder à la plante. Après avoir laissé le tout reposer trois ou quatre jours, il récolte la sève du palmier. Pour cela, il grimpe au tronc, simplement rattaché à l'arbre, souvent très haut, et donc à la vie, par une ceinture faite en branche de palmier (candab), certains étant ceinturés par des peaux de chèvre. L'incision se fait avec une eaouyoum, la même que pour récolter la résine. Un entonnoir fait de feuilles du palmier (coubelenc) est posé à même l'arbre, tenu par un clou en bois. A l'autre bout, on fixe une calebasse (etoumfen), aujourd'hui remplacée par une bouteille fixée par une cordelette. Le liquide tombe goutte à goutte. La bouteille est laissée à fermentation sur l'arbre pendant 24 heures la plupart du temps. Une deuxième fermentation intervient selon que le vin est bu le deuxième, troisième ou quatrième jour. De cinq à six saignées peuvent être faites sur la même tige, et au meilleur de sa production un palmier peut donner 5 à 6 litres de nectar.

CAMPEMENT ASSEB €

✆ +221 77 541 34 72

www.campementasseb.com

Chambre double à partir de 14 000 FCFA.

Petit déjeuner inclus.

Quatorze cases plantées dans un jardin avec des poules et un coq. Ventilateur et moustiquaire. Il faudra marcher 15 minutes pour vous rendre à la plage. Les cases sont propres et bien entretenues avec des sanitaires intérieurs. Jean, qui vous y accueille, est un personnage charismatique du village. Il vous emmène rencontrer le féticheur, visiter la forêt de fromagers, en pirogue jusqu'à Nikine ou l'île d'Egueye pour observer les crocodiles et la récolte d'huîtres de mangrove. Vous apprendrez beaucoup de choses avec lui, notamment sur les traditions diola.

AKINE DYIONI LODGE €€

Dunes de Kaengha

✆ +221 77 612 32 56

Chambre double à partir de 30 000 FCFA (petit déjeuner inclus). Parking privé gratuit. Accessible en 4x4.

Quel écolodge de rêve ! Perdu au bout d'une piste, entre les fromagers et la plage sauvage, ce campement de luxe fonctionnant à l'énergie solaire compte des cases toutes différentes, à l'architecture fantaisiste et à la déco ethno-chic, fabriquée avec des matériaux naturels. On vient ici vivre une robinsonnade inattendue et poétique. On hésite entre la hutte en paille, la case malienne à étage, la case familiale, celle en bois sculpté, en fer et bois… toutes sont séduisantes, avec plusieurs fenêtres donnant sur de magnifiques paysages. Un vrai coup de cœur.

CACHOUANE

Cachouane est une jolie presqu'île qui peut se rejoindre par la route depuis Djembéring ou en pirogue à travers les *bolongs* depuis Elinkine ou Carabane. C'est aussi un plaisant village d'environ 300 habitants, niché dans l'embouchure du fleuve Casamance, doté d'un campement authentique en pleine nature. Ici, la population est à majorité musulmane, a contrario du reste de la Casamance. De nombreuses excursions jusqu'à Cachouane en 4x4 sont proposées depuis Cap Skirring. Ambroise, sur l'île de Djiroitou, propose aussi de venir vous chercher ici pour déjeuner ou dormir dans un arbre sur son île et vous emmène à Elinkine pour environ 10 000 FCFA.

CAMPEMENT SOUNKA - CHEZ PAPIS €

✆ +221 77 645 37 07

Pension complète : à partir de 12 000 FCFA.

Papis et son fils Michel vous réservent un accueil chaleureux dans leur campement familial, qui porte le nom du grand-père de Papis, un homme accueillant et courtois. Sur les rives du fleuve Casamance, c'est un vrai petit paradis, simple et authentique, avec quelques cases dotées de moustiquaires. Certaines disposent de salles de bains intérieures. Possibilité d'excursions et d'initiation au djembé. Vous pouvez y arriver en prenant une pirogue de Carabane.

DJIROITOU

Située près de Siifoka, sur une île entre Elinkine et Kachiwane, l'île de Djiroitou est totalement coupée du monde, et constitue une belle halte pour ceux qui voyagent d'un côté à l'autre de la Casamance en pirogue. Le premier habitant de l'île est arrivé en 2004, et s'est installé depuis avec sa famille qui vous y accueille au cœur d'une nature verdoyante. Vous y vivrez une expérience insolite, dans des cases dans les arbres. Laissez-vous bercer par les bruits de la nature pour une totale déconnexion avec le monde extérieur. Pour rejoindre l'île, Ambroise s'occupe des transferts à partir de certains villages, tels Elinkine, Cachouane et Boucotte.

CHEZ AMBROISE €

✆ +221 77 307 65 63

Nuitée à partir de 5 500 FCFA. Petit déjeuner inclus. Plat à partir de 4 000 FCFA.

Perdue au milieu de nulle part, au cœur de la mangrove, l'île sur laquelle vivent Ambroise et sa famille invite à la relaxation et la déconnexion. Elle propose trois spacieux bungalows perchés dans les arbres, qui peuvent accueillir jusqu'à quatre personnes. La salle de bains est située à l'extérieur, à ciel ouvert, et la douche s'y prend au seau d'eau. Les repas mettent à l'honneur le poisson grillé, cuisiné simplement mais tout aussi délicieux. Plusieurs activités proposées : balades en pirogue, promenades et pêche. Romantique et sauvage.

KOUBALAN

Outre Affiniam et Thionck Essyl, il est possible de faire une sortie d'une journée à vélo vers Koubalan et la forêt classée des Kalounayes, nichée à 40 mètres d'altitude. Autrefois, la localité de Koubalan était un grand centre d'échanges, avec ses comptoirs fréquentés par nombreux commerçants étrangers, mais aussi par les pêcheurs. Il est possible d'y dormir dans un campement traditionnel et d'y manger au bord d'un agréable *bolong*. Il vaut mieux partir tôt pour éviter les grosses chaleurs et ne pas oublier les réserves d'eau. On peut aussi rejoindre Koubalan en pirogue et apprécier les splendides paysages de la mangrove, peuplée d'une myriade d'oiseaux.

CAMPEMENT VILLAGEOIS ANKADJI €

✆ +221 77 925 77 75

A partir de 6 800 FCFA la nuitée avec petit déjeuner. Pension complète autour de 14 000 FCFA par personne.

Dans un environnement paisible et relaxant, ce campement vous propose plusieurs cases traditionnelles avec une capacité d'accueil d'une trentaine de personnes. Les cases sont sommaires, mais propres avec sanitaires privatifs, électricité solaire et eau courante. Le restaurant est situé dans une superbe case à impluvium, face au *bolong*, et sert une cuisine généreuse à base de produits locaux. Des excursions à pied ou en pirogue et des parties de pêche y sont organisées.

AFFINIAM

De la pirogue, Affiniam se dévoile, mais impossible de l'atteindre directement. Il faut marcher sur une aire aride et salée. C'est le moment de maudire le barrage chinois qui, plus en amont, a été construit pour empêcher l'eau salée de remonter trop loin. Seulement, la partie en aval voit sa salinité augmenter, et c'est tout son écosystème qui en est modifié. Oasis de fraîcheur, ce village arboré est une halte agréable offrant une balade en forêt subtropicale. Pour rejoindre Affiniam, une pirogue villageoise fait l'aller-retour de Ziguinchor. Par la route, les pistes sont en bon état : l'une part de Tobor, l'autre au sud près de Bignona.

CAMPEMENT VILLAGEOIS DIAMÉOR DIAMÉ €

✆ +221 78 309 45 56

A partir de 7 500 FCFA la nuitée avec petit déjeuner.

Jolie case à impluvium traditionnelle qui compte une quinzaine de chambres décorées par les artisans du village. Vous serez accueilli par Lucie, qui vous fera visiter le village et rencontrer tout le monde. Eclairage solaire et moustiquaires dans toutes les chambres. Sanitaires en commun. Le campement dispose d'une pirogue et propose des excursions dans les *bolongs*, en passant par la case artistique de Djilapao et l'île aux Oiseaux. Animations le soir. Très bon poisson grillé.

THIONCK ESSYL

Luxuriant et paisible, tel est Thionck Essyl, ce hameau posé au bord du fleuve. D'un côté, le village traditionnel, qui a gardé tout son charme. De l'autre, la nouvelle partie, lotie, plus moderne, plus ville, mais enfin n'exagérons pas, ce n'est pas Ziguinchor. Pour rejoindre Ziguinchor, une pirogue villageoise part de Ziguinchor le jeudi et le dimanche pour rentrer généralement le lendemain. Renseignez-vous à l'office du tourisme ou à l'embarcadère. De Thionck Essyl, il est possible de prendre un taxi-brousse jusqu'à Bignona. De là, il vous sera facile de rejoindre Ziguinchor. Il est possible de loger chez l'habitant, demandez au chef du village.

BIGNONA

Par sa situation de nœud routier, Bignona ne passionne pas. Mais de passage dans la ville, on peut y faire un arrêt, y passer la nuit, flâner ; aller voir les belles couleurs du marché africain qui ouvre le matin et se tient jusqu'au soir. On peut en apprendre beaucoup sur les légendes et les histoires de la région. Vous y trouverez quelques logements corrects, dont un campement de chasse, très agréable, à une douzaine de kilomètres de là ainsi qu'une banque dotée d'un distributeur automatique de billets, près du marché. Depuis Ziguinchor ou Diouloulou, il est facile de rejoindre Bignona, en empruntant un taxi-brousse à l'une des gares routières.

AUBERGE KAYANIOR €

Quartier Château d'Eau

✆ +221 33 994 30 14

Chambre ventilée à partir de 20 000 FCFA en double. Petit déjeuner compris. Compter autour de 2 000 FCFA pour le repas.

Cette auberge est également connue sous le nom de « Chez Nènè » et dispose de six grandes chambres propres et bien tenues. Ventilo et moustiquaire dans toutes les chambres, salles de bains intérieures pour certaines, mais uniquement avec eau froide. Côté restaurant, la spécialité est le *yassa* que l'on peut manger à l'ombre des arbres dans la cour, ou dans une salle intérieure confortable. Le cadre est agréable, le lieu paisible pour des vacances relaxantes et l'on se sent vite comme chez soi, dans cette ambiance conviviale. Accueil aux petits soins.

LE RELAIS FLEURI €€

✆ +221 77 427 31 99

www.relaisfleuri.info

Nuitée en pension complète à partir de 28 000 FCFA par personne. Ouvert en haute saison de décembre à fin avril.

Situé dans le village de Badiouré, au cœur de la forêt classée de Kalounayes, ce campement spécialisé dans la chasse offre un confort impeccable. Les 26 bungalows climatisés sont dispersés dans un jardin agréablement arboré, où trône une belle piscine. Le restaurant sert une bonne cuisine sénégalaise et internationale. Il vaut mieux y résider en pension complète, étant donné que l'établissement est assez isolé. Excursions de chasse organisées par le propriétaire sur plusieurs jours, et on peut alors dormir dans un campement de brousse.

DIOULOULOU

Il fallait autrefois trois heures pour parcourir les 55 km séparant Bignona de Diouloulou, sur une route en très mauvais état. Aujourd'hui, le goudron est impeccable jusqu'à Abéné et Kafountine, et l'on rejoint les deux villes en moins d'une heure de route. On trouve facilement des taxis-brousse aux gares routières de Kafoutine et Bignona pour rejoindre cette ville de près de 3 000 habitants et même pour aller jusqu'au pays voisin. A Diouloulou, on découvre un joli pont, un petit marché pour acheter des fruits ou un jus de bissap ainsi qu'un rond-point avec des commerçants tout autour. Ici on parle aussi anglais, preuve de la proximité de la Gambie.

KENT MOTEL €

✆ +221 77 615 08 95

www.kent-motel.com

Case simple à 10 000 FCFA, double à 15 000 FCFA, suite familiale à 25 000 FCFA. Petit-déjeuner inclus. Wi-fi.

C'est l'endroit parfait pour séjourner en toute sérénité ! Face au *bolong*, l'hôtel propose dix cases traditionnelles, dont une suite, dispersées dans un superbe jardin arboré. Les chambres spacieuses sont ventilées et toutes équipées de moustiquaires. Le restaurant met à l'honneur une cuisine sénégalaise, familiale et généreuse. On y apprécie le calme, la jolie vue et surtout l'amabilité du personnel. Outre profiter du joli cadre, vous pourrez également visiter l'île aux pélicans, partir pêcher, randonner ou prendre part à la vie du village.

KABADIO

Un bolong que l'on traverse sur un petit pont de bois, une plage de sable fin ourlée par l'océan, des dunes, des filaos et une île où nichent des oiseaux. Juste après, c'est la Gambie et si l'on se trompe de piste pour aller sur la plage de Kabadio, on se retrouve sur « le chemin des contrebandiers ». 4x4 obligatoire pour accéder à ce petit paradis peuplé d'environ 1 500 habitants, à l'accueil authentique et chaleureux. Avant même d'atteindre ce village, le paysage est déjà luxuriant : des fromagers énormes, des manguiers, des orangers, des citronniers, des cocotiers, des palmiers et des anacardiers. Des oiseaux de toutes les couleurs qui virevoltent et qui chantent. Grand moment d'émotion en passant devant le cimetière des naufragés du Joola. Il y a beaucoup de villages dans toute la Casamance où se comptent des victimes, mais Kabadio est particulièrement prenant parce que le village a perdu dans le sinistre vingt-sept enfants de son école de football et leur entraîneur. Sur les murs, des dessins et des messages écrits par les autres enfants du village. Impossible de rester de marbre. Il est difficile de se rendre à Kabadio-Niafourang sans avoir son propre véhicule. La piste est bonne au départ, puis ce n'est plus que du sable. En transport en commun, vous pourrez emprunter un minibus au garage de Kafountine. Vous trouverez ensuite une moto-taxi ou toute autre occasion à Bandjikaky pour terminer le voyage. Sinon, vous pouvez opter pour une balade par la plage depuis Abéné, en direction de la Gambie, très belle.

ABÉNÉ ★★

Le village d'Abéné lui-même est charmant, authentique, et la population un mélange de Diolas et Mandingues. On peut l'atteindre en voiture, à pied, à vélo ou en pirogue depuis Kafountine. Les contacts que vous aurez ici avec les habitants seront très certainement privilégiés, mais vous aurez aussi vite fait le tour du petit bourg. A ne pas manquer : l'énorme fromager sacré sur la place du village. Impossible d'ailleurs de le louper : les anciens palabrent dessous, à côté du petit marché du village. Le plat de résistance, à savoir la plage, est à 1,5 km plus loin, par une piste sableuse qui ne convient pas aux vélos. Prendre à gauche lorsqu'on se trouve en face du fromager. Puis la piste se sépare. Tout droit, la plage principale qui dévoile de beaux paysages. Une balade est d'ailleurs envisageable d'Abéné à Kafountine. C'est une petite dizaine de kilomètres de plaisir à l'état pur que même les partisans du moindre effort peuvent raisonnablement entreprendre à pied ou à vélo, à marée basse lorsque le sable mouillé est aussi dur qu'une route. Quelques buissons, les éternels filaos qui bravent le vent et les marées, personne devant, personne derrière, seulement du sable, de l'eau et la tranquillité. Il y fait en plus toujours bon, avec des vents du large qui refroidissent un peu les nuits. L'avantage est que la température n'y est quasiment jamais trop élevée et, comble du plaisir, la mer, elle, garde une eau chaude à souhait. Abéné, un petit Eden ? Oui, sans aucune hésitation !

CAMPEMENT LES BAOBABS €

✆ +221 77 382 80 24

A partir de 13 000 FCFA la nuitée, avec petit déjeuner. Plat du jour autour de 2 000 FCFA.

Voici un joli campement qui propose des cases traditionnelles, décorées avec goût et dispersées au cœur d'un jardin verdoyant. Elles sont toutes proches de l'océan, et on y est bercé la nuit par le bruit des vagues. Parfait pour se ressourcer. Les repas sont copieux et savoureux, à base de plats locaux et des produits de la mer. Ici s'organisent différentes excursions et des sorties de pêche, très réputées. Possibilité de prendre des cours de poterie, de batik et de djembé. Des soirées dansantes sont organisées au bar tous les jeudis soir.

KAFOUNTINE ★★

C'est le village du bout de la route, favori d'un grand nombre pour son atmosphère tranquille, un peu baba cool, ses croyances animistes encore très présentes et sa magnifique plage qui longe la ligne des filaos et les pirogues des pêcheurs. Plage paradis des troupeaux de zébus et qui s'étend, s'étend jusqu'à n'en plus finir. « Petite Jamaïque », comme on la surnomme, Kafountine a su se créer une atmosphère particulière, avec une cohabitation « touristes-kafountinois-toubabs installés » plutôt réussie. Beaucoup moins touristique que le Cap Skirring, Kafountine attire davantage une clientèle venue profiter de la nature et de rencontres authentiques autour d'un feu de bois plutôt qu'un tourisme purement balnéaire. Allez vous balader sur la plage, près du village des pêcheurs, en fin d'après-midi, où l'effervescence est à son comble. Le déchargement des caisses à poissons, qui se fait à la limite de la barre, est impressionnant. Les hommes courent ensuite en file indienne, caissette sur la tête, en direction des acheteurs venus de Dakar et d'ailleurs. Sur la même plage, à même le sol, les femmes vendent directement le poisson fraîchement pêché, en plus petite quantité, cette fois-ci. Du côté des campements, ceux-ci s'alignent le long de la plage et de la côte sur plusieurs kilomètres. Le moins qu'on puisse dire et qui est très rapidement vérifiable, c'est que les trajets sont longs à Kafountine. Circuler à vélo est d'ailleurs une bonne idée. Au-delà des campements qui s'ouvrent et ferment tous les jours, certains tournent depuis quelque temps et fonctionnent sur des bases plus solides. C'est peut-être pourquoi Kafountine est si bon marché. Tous proposent des excursions vers les îles Karone, une autre île aux oiseaux et des balades dans les bolongs. La pêche est aussi au menu pour les amateurs et depuis les campements vous trouverez à vous arranger avec un piroguier pour aller jeter la ligne dans l'eau salée de la mangrove. Pour rejoindre Kafountine en transport en commun, des minicars ou des taxis-brousse partent régulièrement de Ziguinchor, Bignona et Séléti, le poste-frontière de la Gambie. Vous pouvez aussi emprunter un 7-places en direction de Kassel puis prendre un taxi-moto pour rejoindre Kouba, où vous pouvez dormir. De là, vous pouvez prendre une pirogue privatisée jusqu'à Niomoune et rejoindre la rive sud. Le tout est réalisable également en sens inverse. Bon à savoir : il n'y a pas de distributeur aux environs de Kafountine. Pensez à retirer de l'argent à Bignona ou Ziguinchor, il serait dommage de devoir repartir avant l'heure.

DES ESPRITS BIEN VIVACES

A ne pas manquer si vous en avez l'occasion : deux danses traditionnelles qui impliquent deux esprits et ainsi deux masques différents. Le kumpo est une danse du clair de lune, un appel à cet esprit qui sort alors de la forêt où il demeure. Les hommes initiés sont les seuls à en connaître les secrets et sont donc les maîtres de la danse. Les griots animent la fête de leurs tam-tams, les groupes sont constitués par classe d'âge, toute une cérémonie finit par se transformer en fête avec parfois, au bout, quelques transes. Le kankouran est un esprit beaucoup plus craint, plus pervers que le kumpo. On ne le sollicite que quand il s'agit de régler des cas extrêmes de litiges, mais il sort également pour protéger les jeunes circoncis du village lors des rites d'initiation qui durent généralement un mois avant le Ramadan. Il vit, lui aussi, dans la forêt sacrée. C'est un petit festival dédié aux fibres d'écorces rouges, une cérémonie plus sérieuse, et on le comprend aisément, puisque l'esprit lui-même est à prendre avec des pincettes. Il faut d'ailleurs éviter d'éveiller sa colère en le regardant dans les yeux. Pour un touriste, le voir sortir du bois en transe et armé d'un coupe-coupe dans chaque main est un moment très particulier, mélange de sourire en coin, de fascination et de gravité. Mais pour les villageois, c'est la peur qui prédomine, car lorsque le kankouran est invoqué, c'est souvent pour le lancer sur l'un d'eux. Parfois la mort est au bout... la gendarmerie vient constater.

MUSÉE DE LA TRADITION DIOLA - LE CACHALOT

✆ +221 77 448 44 23

Ouvert du lundi au samedi de 9h à 12h et de 14h à 16h. Restauration sur commande à l'heure du déjeuner.

Frédéric, ancien guide de la région, a décidé d'ouvrir en 2012 un musée de la tradition diola avec les objets traditionnels qu'il a récupérés chez sa famille. Au cœur d'un jardin fleuri, le musée est établi dans une case en toit de palme et regorge d'outils, d'instruments de musique, d'ustensiles de cuisine et toutes sortes d'objets qu'utilisaient les Diolas. Une véritable caverne d'Ali Baba ! A côté, un petit bar où vous pourrez vous rafraîchir avec un délicieux jus local.

RÉSERVE ORNITHOLOGIQUE DE KALISSAYE ★

A l'embouchure du marigot Kalissaye, cette réserve naturelle est composée de plusieurs îlots dispersés au cœur du delta du fleuve Casamance. On peut y observer de nombreuses espèces d'oiseaux comme des sternes caspiennes, des pélicans blancs ou encore des goélands d'Audouin. C'est aussi un lieu de reproduction de plusieurs espèces de tortues comme la caouanne ou la tortue verte. Avec un peu de chance, vous pourrez également y apercevoir des dauphins et des lamantins.

L'ALOUKAOW €

✆ +221 77 454 59 11

Chambre double à partir de 9 000 FCFA.
Petit déjeuner autour de 2 000 FCFA.
Menu soir à partir de 5 000 FCFA.

Jean et Catherine Touré font chambre d'hôte dans un établissement situé à 500 m de la mer et qui vous séduira par l'hospitalité de ses hôtes. Cinq chambres simples et propres, avec chacune sa couleur et son thème. Le jardin fleuri est agréable pour vous reposer ou pour lire l'un des livres disponibles dans la bibliothèque. Catherine est un cordon bleu et fait mijoter sur commande des plats sénégalais ou européens, avant de les servir sur une table commune. La convivialité au rendez-vous, en plus d'un excellent rapport qualité-prix.

CAMPEMENT VILLAGEOIS SITOKOTO €

Quartier Batara

✆ +221 77 543 08 28

A partir de 7 500 FCFA la nuitée avec petit déjeuner.

Qu'est-ce qu'on est bien au calme dans ce campement près de la belle plage de Kafountine ! Les chambres sont simples et propres, avec salle de bain privative. Prenez le temps de discuter avec le gérant Mamadou, et son équipe pour connaître les coutumes de la région. Plusieurs activités sont proposées comme des excursions sur les îles aux alentours de Kafountine, des balades en pirogue et des journées pêche. Parfait pour s'immerger au cœur de la culture locale et se reposer.

LA CASE DE MARIE-ODILE €

Quartier Batara

+221 77 274 76 11

Chambre double à partir de 10 000 FCFA. Petit déjeuner autour de 1 500 FCFA. Restauration sur commande.

Marie-Odile, aidée de sa fille Christine, accueille ses *guests* dans une belle case à impluvium construite en brique rouge où ont été aménagées cinq grandes chambres avec douches à eau froide. Elles sont correctes, confortables et disposent de la ventilation. Le petit déjeuner est pris dehors dans le jardin sous une paillote au toit de palme. Il est également possible de savourer de délicieux plats sénégalais, sur commande. Christine et Marie-Odile sont des personnes agréables et aux petits soins pour leurs clients. Une bonne adresse !

LE KUMPOO €

Quartier Batara

+221 77 805 10 28

www.le-kumpoo.fr

Chambre à partir de 10 000 FCFA. Petit déjeuner autour de 1 500 FCFA. Plat à partir de 3 500 FCFA.

Parti d'un terrain à l'abandon, Erick Negre en a fait un joli campement au cœur d'un jardin arboré. Les chambres, décorées à l'africaine et simplement équipées, sont installées dans une belle case à impluvium. Egalement une case avec un salon de jardin et des chambres confort avec salle de bains privative. Le jardin est agréable avec une petite fontaine centrale où viennent s'alimenter les oiseaux, pour le plaisir des clients qui peuvent observer plusieurs espèces de la région. Possibilité d'excursions sur les îles alentour et sorties pêche dans les *bolongs*.

ESPERANTO LODGE €€

Plage de Kafountine

+221 77 635 02 80

www.esperantolodge.com

A partir de 31 000 FCFA la chambre double, avec petit déjeuner.

Dans l'esprit écolodge, le campement Esperanto se compose de sept chambres, réparties dans des cases joliment aménagées et d'une villa de deux chambres. La cuisine, elle aussi, est raffinée et de qualité. Le domaine de plusieurs hectares se situe au cœur d'une forêt de palmiers autour d'un lac, constituant une véritable réserve ornithologique. D'ailleurs, les ornithologues connaissent bien l'adresse d'Eric Bedouet. Par contre, pas d'Internet ici, on est là pour se déconnecter du monde extérieur. Accueil chaleureux d'Eric et de sa femme. Un vrai paradis !

COULEUR CAFÉ €€

Sur la route principale de Kafountine

+221 33 994 85 66

Ouvert tous les jours. Plats à partir de 4 000 FCFA. Chambre double à partir de 12 000 FCFA avec sanitaires intérieurs.

Il en vient du monde le matin, attiré par l'arôme du café, le vrai. Pour le voyageur qui aura passé son temps à boire des hectolitres de breuvage instantané et plutôt insipide, ça, ce n'est pas rien. On y vient également pour déjeuner dans un magnifique jardin fleuri où une kyrielle d'oiseaux ont élu résidence. Un véritable coin de fraîcheur où l'on peut déguster de bons petits plats comme une côte de bœuf grillée. Couleur Café dispose également de cinq chambres au fond du jardin, avec TV satellite, eau courante, électricité et toilettes.

NIOMOUNE

Le village de Niomoune est une halte parfaite pour les voyageurs en pirogue peu pressés. Ils prendront le temps d'apprécier le calme, les paysages sauvages du site et de rencontrer les habitants de ce village animiste. Pour y accéder, une pirogue villageoise part de Ziguinchor les lundis, mercredis et samedis, à midi. Le retour est prévu les mardis, vendredis et dimanches, à 9h. Renseignez-vous directement auprès des piroguiers ou de l'office du tourisme de Ziguinchor. En transfert privé, comptez autour de 35 000 FCFA pour rejoindre Niomoune de Carabane ou environ 45 000 FCFA au départ d'Elinkine. Il est possible aussi d'aller à Kouba puis d'emprunter une moto jusqu'au Kassel et de prendre un 7-places pour Kafountine.

CAMPEMENT ALOUGA €

+221 77 576 09 77

Chambre double à partir de 10 000 FCFA. Petit déjeuner inclus. Plat du jour autour de 2 500 FCFA (sur commande).

Ce campement est tenu par un couple franco-sénégalais très chaleureux, Valérie et Hyacinthe, qui vous guidera jusqu'à la réserve de Kalissaye en bivouac ou dans les îles alentour pour observer oiseaux et crocodiles. Dix cases en banco joliment décorées de dessins et d'objets en bois, avec des vasques dans les salles de bain, sont intégrées à ce campement écolo équipé de toilettes sèches et énergie solaire. La cuisine concoctée avec des produits locaux et servie autour d'une table conviviale est excellente et les petits coins de repos du campement, délicieux.

SÉDHIOU

De prime abord, Sédhiou, à une centaine de kilomètres de Ziguinchor, n'a rien de colonial et ne semble pas avoir gardé d'importants vestiges de sa grandeur d'ancienne capitale de la région. A part la préfecture, les bâtiments administratifs qui s'alignent au centre-ville n'ont pas un style très attrayant. Pourtant, à y regarder de plus près, quelques maisons parlent de leur passé. Malgré l'étendue de la ville, marcher le petit matin dans les rues suffit pour que Sédhiou révèle ses nuances, son passé, sa grandeur. Le fleuve y est calme, très beau, et sa traversée en venant de Diaroumé vaut le détour. Possibilité d'excursions dans les alentours.

ILE DU DIABLE

Se renseigner entre autres au Banta Batoo.

Une belle balade en pirogue sur le fleuve Casamance, mais ne cherchez pas à accoster sur l'île, elle est impénétrable ! On raconte qu'autrefois l'île était un petit éden, foisonnant d'arbres et de fruits. Cependant, il fallait les consommer sur place et il était déconseillé de les rapporter chez soi. Des habitants ont même voulu défricher le site pour s'y installer, mais un jour au retour, les pirogues chavirèrent et une vingtaine d'entre eux perdirent la vie. Depuis la nature aurait repris ses droits de manière à ce que l'Homme ne puisse plus y accoster...

BANTA BATOO €€

✆ +221 77 674 69 69

www.banta-batoo-lodge.com

A partir de 25 000 FCFA la chambre double, avec petit déjeuner inclus.

En pleine brousse, ce lodge surplombe magnifiquement le fleuve Casamance. Plusieurs cases aux couleurs chatoyantes sont dispersées le long du fleuve, offrant pour certaines chambres, une vue imprenable au réveil. D'autres chambres climatisées, tout aussi correctes, sont logées dans un bâtiment en dur. On y apprécie la piscine faisant face à ce bel environnement naturel, la cuisine goûteuse servie dans une paillote naturellement ventilée ainsi que l'accueil du gérant et de son équipe. Possibilité de balades en pirogue et de séjours chasse.

LA PALMERAIE €€

✆ +221 77 633 97 19

www.relaisfleuri.info

Chambre double à partir de 28 000 FCFA. Petit déjeuner inclus.

Cet hôtel de chasse dispose d'une quinzaine de bungalows bien tenus au bord de l'eau, nichés dans une splendide palmeraie. En vous y prenant suffisamment tôt, la direction peut vous trouver, de janvier à fin avril, un permis de chasse et un pisteur. L'établissement organise également des excursions variées dans les environs et propose des locations de véhicules climatisés. Vous pourrez aussi vous détendre au bord d'une jolie piscine, déguster une cuisine locale face au fleuve, jouer à divers jeux ou prendre soin de vous dans le salon de beauté. A découvrir !

KOLDA

Kolda est une ville importante pour la région. Le touriste n'aura que peu de raison de s'y attarder... sauf s'il est chasseur. Les hôtels de la ville proposent tous de s'occuper des formalités pour venir chasser au Sénégal. Pour les non-chasseurs, il reste que la ville est intéressante pour les services qu'elle offre : outre la préfecture, une poste et surtout une banque, des restaurants se trouvent dans l'artère principale. Au croisement des six routes, remarquez le majestueux caïlcédrat, vénéré depuis des générations. C'est ici que les femmes à l'approche de l'hivernage viennent chanter pour attirer une bonne pluviométrie.

Transports

Le seul intérêt de Kolda pour le voyageur est d'être sur la route entre Tambacounda et Ziguinchor. En venant depuis la Casamance, il faut emprunter la route nationale 6, qui est en bon état et qui traverse entre autres les villes de Goudomp et Tanaf. De Kolda à Ziguinchor, il faut compter environ 3 heures de route, pour parcourir les 186 kilomètres qui séparent les deux villes. Tambacounda est, quant à elle, située à environ 230 kilomètres au nord-est de Kolda. En transport en commun, la gare routière est à peine à l'écart de la ville. Si vous souhaitez éviter le long trajet de Dakar pour rejoindre Kolda, sachez que la ville dispose d'un aéroport où la compagnie aérienne Transair assure des liaisons depuis Dakar. Compter environ 140 000 FCFA le trajet aller-retour.

JEUNE TALENT MUSICAL

Holy Man the Diargua, de son vrai nom Assane Diao, est un auteur-compositeur, originaire de Kolda. Après avoir débuté dans un groupe de rap, il se lance dans une carrière solo en 2015, la guitare à la main. En wolof, peul, mandingue et français, il évoque dans ses chansons des thèmes qui lui sont chers comme l'unité de la famille, les valeurs de la femme ou les droits des enfants. A travers sa musique, il fait aussi l'éloge du Fouladou, cette région historique de Haute-Casamance. En 2018, il remporte le concours « Les talents d'or du Sénégal », un premier pas pour une carrière qu'il souhaite internationale. En attendant, il se produit dans les établissements de Kolda.

CAMPEMENT TANAALA €

Route de Ziguinchor
✆ +221 77 564 65 64
Chambre double à partir de 15 000 FCFA, avec petit déjeuner inclus.
Grillades à partir de 6 000 FCFA.

Le campement Tanaala, qui signifie la paix en peul, porte bien son nom ! On vient ici pour se ressourcer auprès du fleuve Casamance, dans un cadre naturel où subsiste un petit air frais. Les quatre chambres ventilées sont propres et logées dans un bâtiment en dur, offrant un confort sommaire. Le lieu est réputé auprès des locaux pour ses savoureuses grillades de viande ou de poisson frais. Le bar-restaurant est agréable, lui qui surplombe joliment le fleuve. Possibilité de balades en pirogue. Accueil cordial de Salif Diallo, le gérant.

HÔTEL HOBBÉ €€

✆ +221 33 996 11 70
Chambre à partir de 25 000 FCFA.
Petit déjeuner inclus.
Menu à partir de 8 000 FCFA.
Excursions de chasse.

Tenu par la famille Diallo, l'hôtel Hobbé offre un cadre agréable avec son jardin fleuri. Une quinzaine de cases spacieuses, à proximité de la piscine, une zone VIP très paisible avec sept chambres et aussi un grand bâtiment qui abrite une dizaine de chambres climatisées. Elles sont bien tenues et tout confort, avec leur baignoire. Au restaurant, le gibier est à l'honneur de décembre à avril. Comme partout dans la région, pensez à réserver durant cette période : les chasseurs prennent d'assaut la région et il peut s'avérer compliqué d'y trouver de la place.

HÔTEL LE FIRDOU €€

Route de Ziguinchor
✆ +221 33 996 17 80
Nuitée à partir de 25 000 FCFA, avec petit déjeuner. Menu à partir de 8 000 FCFA. Entrée discothèque payante.

Ce campement de chasseurs a pour atout d'être situé dans un cadre agréable et rafraîchissant avec manguiers, citronniers, pommiers, cajous et cocotiers, au bord du fleuve Casamance. Cases et chambres sont équipées du confort nécessaire. Au restaurant, le menu est composé de plats sénégalais et européens qu'on déguste au bord d'une petite piscine. Côté bar, une plus grande piscine permet d'effectuer de bonnes longueurs. Des concerts y sont organisés le vendredi, et le samedi, la discothèque internationale accueille un public local. Accueil cordial.

HÔTEL MALAHIKA €€

Sortie Tanaff
✆ +221 33 996 07 07
A partir de 35 000 FCFA la chambre double, avec petit déjeuner. Parking gratuit.

Situé à l'écart du centre-ville, dans un cadre paisible, voici le tout dernier-né des hôtels Malahika, ouvert en 2018. L'établissement est configuré de la même manière que celui de Tambacounda, avec des allées quadrillées menant à des chambres confortables et fonctionnelles. Egalement une jolie piscine pour se rafraîchir lorsque la chaleur devient étouffante. Les repas se font sur commande et vous trouverez à la carte un choix divers de plats sénégalais et européens. Le personnel est accueillant et soucieux du bien-être de ses clients.

LE RELAIS DE KOLDA €€

Route nationale 6
✆ +221 33 996 10 10
https://horizons-bleus.com
Chambre double à partir de 32 000 FCFA, avec petit déjeuner inclus. Menu à partir de 7 000 FCFA.

Tout comme les autres établissements de la chaîne hôtelière Horizons Bleus, cet hôtel est très bien tenu et offre de bons services. Une trentaine de chambres tout confort sont articulées autour d'une grande piscine où il est très agréable de s'y détendre. Derrière, une extension a été aménagée avec une vingtaine de chambres climatisées. Le restaurant propose, quant à lui, un choix varié de plats locaux et européens, cuisinés à base de produits frais et de qualité. L'accueil y est avenant et professionnel. Bon rapport qualité-prix.

VELINGARA

Sur la route de Kolda et à 150 km de la frontière avec la Guinée-Bissau, Vélingara est avant tout une ville carrefour qui constitue toutefois une halte agréable au cœur du Sénégal profond. Quelques campements offrent la possibilité d'y dormir. Et pour ceux qui voudraient rester une nuit en plus, sachez que les villages alentour offrent de chaleureuses visites aux habitants qui ont conservé leur mode de vie traditionnel. A environ 12 km au sud de Vélingara, remarquez l'imposant cratère de 48 km de diamètre, qui serait dû à un impact de météorite. Plus loin, près de Paroumba, un tunnel de trois kilomètres de long rappelle le temps des guerres tribales.

LA PAILLOTE €

Ancienne route de Kolda
✆ +221 33 997 13 26
A partir de 18 500 FCFA la nuitée, avec petit déjeuner.

Voici un établissement sans prétention qui peut convenir pour une étape d'une nuit, sur la route de Kolda ou de Tambacounda. Quelques chambres sommaires, mais propres sont installées derrière le bar. Elles sont climatisées, dotées de moustiquaire, d'un téléviseur et d'une douche avec eau froide. En journée, les locaux viennent y prendre un verre, dans une agréable convivialité. Il est également possible de se restaurer d'une généreuse cuisine familiale, sur commande. L'accueil y est sympathique, le lieu plutôt paisible, dans une ambiance locale.

CAMPEMENT LEW LEWAL €€

Route de Kolda ✆ +221 33 997 18 79
Chambre ventilée à partir de 15 000 FCFA en double, et climatisée à partir de 22 500 FCFA. Petit déjeuner inclus.

A la sortie de Vélingara, direction Kolda, voici un petit havre de paix pour déconnecter en pleine nature. Les dix cases traditionnelles, construites en briques de terre pour conserver la fraîcheur du lieu, sont dispersées sur un vaste terrain arboré. Elles sont simples, dotées de télévision et respirent la propreté. Egalement une grande salle de conférence, tout équipée. Le restaurant sert de délicieux plats locaux, cuisinés avec des produits de qualité. L'accueil est en plus exceptionnel : aux petits soins, amical et souriant. Une belle étape !

SÉNÉGAL ORIENTAL

Le Sénégal oriental est celui de la chaleur et de la savane arborée, plat quand on l'aborde de Casamance ou de la route de Dakar, puis qui se vallonne au fur et à mesure qu'on se rapproche du Fouta-Djalon guinéen et des pays bédik et bassari. Couleurs, odeurs, saveurs : ici, on est loin du Sénégal touristique et c'est là d'ailleurs que les rencontres se font plus authentiques et uniques. Mise à l'écart des discussions, des intérêts, cette partie du pays, souvent méconnue des Sénégalais eux-mêmes, est oubliée de la capitale. On fait un effort pour se souvenir que Tambacounda est étouffant, que le Parc du Niokola-Koba est l'un des plus importants du pays et qu'au fin fond de cette contrée, se trouve une nature luxuriante, ponctuée de belles cascades qui se précipitent des montagnes. Dans cette région mal desservie, pourtant extrêmement riche, aux paysages splendides, nous ne saurions trop vous conseiller de prendre votre temps.

Sénégal oriental
10 KM
MALI
TAMBACOUNDA
GOUMBAYEL
Tambacounda Sud
Botou
N 1
D 512
D 505
Dalafi
D 500
N 6
Missira
Gouloumbou
GAMBIE
Diambour
TAMBACOUNDA
Manda
DIALACOTO
Gambie
D 502
Forêt Classée du Kantora
Diénoun Diala
N 7
D 507
Khossanto
Gonassé
Kouloutou
Niokolo Koba
Sementi
PARC NATIONAL DU NIOKOLO KOBA
Complexe Écologique de Niokolo-Badiar
D 223
KOLDA
Kalifourou
La Kayanga
KOLDA
MAKO
KÉDOUGOU
Bembou
Saraya
Badian
N2
Vers WASSADOU
Mampaye
OUBADJI
Gambie
D 509
SALÉMATA
DAR SALAM
D 509
KÉDOUGOU
ÉTHIOLO
IWOL
BANDAFASSI
PAYS BÉDIK
N5
PAYS BASSARI
IBEL
PAYS DJALONKÉ
FONGOLIMBI
GUINÉE-BISSAO
N9
SEGOU
GUINÉE

PAGES

246 ● ● SÉNÉGAL ORIENTAL

Visiter cette région, c'est s'enfoncer dans un Sénégal profond et authentique où les croyances animistes perdurent depuis des siècles. C'est une région assez isolée, notamment vers la frontière avec la Guinée, mais l'état des routes s'est amélioré ces dernières années, et elle devient de plus en plus accessible. A plus de 460 km de Dakar, la capitale régionale, Tambacounda, est une étape fort agréable, avant de continuer vers le Niokola Koba, le parc animalier le plus important du pays. Là, il fait bon de séjourner une ou deux nuits dans l'un de ses campements pour profiter pleinement du spectacle des animaux. Pour ceux qui auraient le temps, prolonger le séjour vers les pays bédik, bassari et djalonké est une aventure inoubliable. Ici, vous serez plongé au cœur d'ethnies qui ont su garder intactes leurs coutumes et traditions animistes. C'est en plus l'un des plus beaux coins du Sénégal, avec ses hautes falaises, ses cascades et sa nature luxuriante.

246 **TAMBACOUNDA ★★★**

Au cœur des terres arides du Sénégal, Tambacounda est l'une des villes les plus chaudes du pays, avec des températures pouvant atteindre jusqu'à 45 °C en plein après-midi. Pourtant, elle mérite un détour pour son atmosphère unique, la générosité de ses habitants, son marché coloré et ses quelques bâtisses coloniales rappelant sa splendeur passé.

248 **GOUMBAYEL**

249 **WASSADOU**

249 **DIALACOTO**

249 **DAR SALAM**

250 **PARC NATIONAL DU NIOKOLO KOBA ★★★**

Classé au Patrimoine mondial de l'Unesco depuis 1981, le Parc national du Niokolo Koba abrite une faune et une flore d'une richesse exceptionnelle. Lions, élans de Derby, antilopes, hippopotames et quelques éléphants vivent à l'état de liberté naturelle dans une savane arborée, traversée par le fleuve Gambie et ses affluents. Pour en prendre plein la vue, mieux vaut dormir sur place.

253 **MAKO**

253 **OUBADJI**

254 **KÉDOUGOU ★★**

Niché sur les rives du fleuve Gambie, Kédougou est une ville colorée, offrant des contrastes saisissants, entre sa végétation verdoyante et ses pistes poussiéreuses. Dans la plus grande ville du sud-est du Sénégal, pourtant à l'allure d'un village, il règne une atmosphère si paisible et chaleureuse qu'on y resterait bien quelques jours.

255 **SÉGOU**

255 **DINDEFELLO**

PAGES

Parc National du Niokolo Koba.

TAMBACOUNDA ★★★

Chef-lieu du département et capitale du Sénégal oriental, Tambacounda – ou plus familièrement Tamba – est réputé pour ses températures record. Evitez à tout prix les mois d'avril et de mai, période où l'on se bat avec les qualificatifs « accablant », « étouffant » et « suffocant » pour définir cette étrange sensation. Ici, les journées commencent tôt et se terminent tard pour éviter la canicule de l'après-midi. Autant dire que l'hydratation n'y est pas une mince affaire ! Souvent considérée comme simple point de passage vers le Mali ou la Casamance, la ville mérite que l'on s'y attarde un peu. Ceux qui connaissent le Mali auront d'emblée la sensation, au ressenti de l'atmosphère si particulière et à l'écoute des conversations en bambara, d'avoir franchi la frontière. Les autres découvriront un autre Sénégal… Il y a quelque chose à saisir à Tambacounda. Peut-être dans son atmosphère décontractée avec ses longues avenues où circulent calèches et motos-taxis ou bien dans son marché où les mangues s'entassent en quantité phénoménale lorsque vient la saison. Les habitants y sont d'une hospitalité rare, les femmes ont la réputation d'y être belles. Et pour les amoureux des splendeurs du passé, de vieilles demeures à l'abandon sont visibles au nord de la gare. Etant un nœud de liaison important, la ville dispose de nombreuses possibilités de logements, qui accueillent principalement une clientèle business. Outre les nombreux fast-foods dans la ville, il ne sera pas facile de trouver un bon restaurant, à part celui de votre hôtel.

Transports

Tambacounda est le passage obligé pour rejoindre les pays Bédik et Bassari, mais aussi pour aller vers le parc national du Niokolo Koba. Pour venir jusqu'à Tamba en transport en commun, la meilleure solution est d'emprunter les bus climatisés de la compagnie Salam Transports au départ de Dakar. Compter environ 7h pour parcourir les 470 km qui séparent les deux villes, sur une route en bon état. Vous pouvez aussi vous y rendre en taxi-brousse directement de Dakar ou de Ziguinchor, mais le confort est plutôt sommaire. A Tambacounda, il existe deux gares routières, l'une située dans le quartier Liberté, l'autre près de l'Oasis Oriental Club. La première, très bien organisée, vous permettra d'embarquer dans des taxis 7-places en direction de Kaolack ou Dakar. La seconde s'occupe des départs pour Kédougou. En avion, Transair assure des liaisons depuis Dakar durant la saison de la chasse, de janvier à avril.

SODEFITEX

Route Nationale 1

http://sodefitex.sn

Visite de décembre à avril.

Filiale du groupe français Geocoton, la Sodefitex (Société de développement et des fibres textiles) produit entre 15 000 et 20 000 tonnes de fibres de coton par an. Cette fibre de qualité, d'une blancheur immaculée, est vendue aujourd'hui uniquement à l'étranger suite à la crise qui a frappé la filature sénégalaise dans les années 1980. A Tambacounda, son usine d'égrenage fait vivre l'économie locale. Elle emploie plus de 400 saisonniers, de décembre à avril, lorsqu'elle fonctionne à plein régime. Cette visite est possible avec le syndicat d'initiative de Tamba.

SYNDICAT D'INITIATIVE

En face de la Gouvernance de Tambacounda

✆ +221 77 655 14 81

Ouvert du lundi au samedi de 8h à 18h.

Visite à partir de 10 000 FCFA par personne.

Cette structure propose des informations et quelques dépliants sur le Sénégal oriental. Elle abrite également le bureau des guides où vous serez accueilli chaleureusement par Mamadou Camara, permanent du syndicat et guide agréé. Il se charge d'informer, d'orienter ceux qui sont à la recherche d'accompagnateurs qualifiés et aussi d'organiser des circuits de 2 à 5 jours dans la région. Possibilité de bivouac dans le parc du Niokolo Koba, de séjours en Guinée et de visites de la ville de Tambacounda. Egalement location de voitures.

SÉNÉGAL ORIENTAL VOYAGES

Quartier Abattoirs

✆ +221 33 981 00 84

C'est l'unique agence de voyages installée dans la région. Elle propose de nombreux circuits dans tout le sud-est du Sénégal : visites des pays bassari et bédik et des villages de Bandafassi, d'Ibel, d'Iwol et d'Ethwar avec possibilité d'assister à des fêtes traditionnelles et culturelles. La structure organise également des safaris-photos au Niokolo Koba et des excursions aux cascades de Dindéfello et de Ségou. Egalement location de 4x4, voitures, bus et vente de billets d'avion internationaux. Agence sérieuse et professionnelle.

SALAM TRANSPORTS

Rond point Sipres
✆ +221 33 825 01 23
www.salamtransports.com
A partir de 10 000 FCFA le trajet Dakar-Tambacounda.

Créée en 2016 par des fils de la diaspora revenus investir dans leur pays, cette société de transport est une compagnie sérieuse qui dispose de bus modernes et confortables, équipés d'une télévision et du wifi. Une bouteille d'eau est même offerte à chaque passager. Elle propose des trajets longue distance au départ de Tambacounda, ville d'origine de cette entreprise familiale. Pour l'instant, il est seulement possible de rejoindre Dakar et Kédougou, mais la société prévoit d'élargir ses services vers d'autres destinations telles que Saint-Louis et Touba.

MOTEL BASSARI €

Quartier Liberté
✆ +221 33 981 11 02
Chambre double à partir de 24 000 FCFA. Petit déjeuner inclus.

En bord de route, le motel Bassari, ex Keur Khoudia, fait aujourd'hui partie de la chaîne Horizons Bleus. Il dispose de cases traditionnelles climatisées, dans l'arrière-cour. Elles sont simples, propres, sans grand charme particulier, mais peuvent constituer une halte correcte pour une nuit. A notre passage, un bâtiment était en construction, dans l'objectif d'agrandir l'établissement de neuf chambres supplémentaires. Le restaurant n´était pas opérationnel, mais il est possible d'y prendre son petit déjeuner. Accueil affable.

HÔTEL LE VIRAGE PRESTIGE €€

✆ +221 33 981 06 31
Chambre à partir de 23 000 FCFA, suite à partir de 40 000 FCFA. Petit déjeuner compris. Plat à partir de 3 000 FCFA.

Gueye Services, qui s'investit dans l'événementiel depuis plusieurs années, s'est lancé dans l'hôtellerie avec cet établissement offrant tout le confort nécessaire pour ses clients. A l'écart de la ville, il est situé dans un environnement tranquille et propose une trentaine de chambres, dont 6 superbes suites. Dans la cour, une magnifique piscine bordée d'un bar et d'une salle de gym en plein air. Egalement un restaurant de cuisine variée et une discothèque insonorisée, à l'ambiance festive. L'accueil est en plus très professionnel et aux petits soins.

HÔTEL MALAHIKA €€

✆ +221 33 981 70 70
Chambre double à partir de 35 000 FCFA. Petit déjeuner inclus. Discothèque ouverte le samedi soir.

Dans un cadre paisible, le Malahika invite au repos et à la détente auprès de sa belle piscine trônant dans un petit jardin verdoyant. Les chambres respirent la propreté et offrent tout le confort nécessaire pour passer un bon séjour. La suite installée à l'étage est spacieuse, avec son salon et balcon donnant sur la piscine. L'établissement dispose d'une discothèque insonorisée, ouverte les samedis soir, et d'une salle de conférence bien équipée. Egalement un restaurant de cuisine variée. Charmant accueil d'Amada et son équipe.

HÔTEL NIJI SOUO €€

Quartier Abattoirs
✆ +221 33 981 12 50
www.hotelniji.com
Chambre double à partir de 31 000 FCFA. Petit déjeuner inclus.

A quelques dizaines de mètres de la route principale, cet hôtel peut constituer une halte éventuelle avant de s'enfoncer dans le parc du Niokolo Koba ou pour remonter vers Kaolack. Il dispose d'une soixantaine de chambres et de quatre appartements meublés, répartis dans plusieurs bâtiments, près d'une grande piscine. Le restaurant sert des spécialités locales et européennes, dans une salle climatisée. Le directeur de l'hôtel étant le directeur de l'agence Sénégal Oriental Voyages, vous aurez ici toutes les informations nécessaires pour découvrir la région.

OASIS ORIENTAL CLUB €€

Route de Kaolack
✆ +221 33 981 18 24
www.oasisoriental.com
Chambre à partir de 25 000 FCFA. Petit déjeuner compris. Menu à partir de 6 500 FCFA ou à la carte.

Cet hôtel-club constitue une belle étape sur la route du parc du Niokolo Koba, des pays bassari et bédik. L'hébergement dispose de plusieurs cases climatisées avec télé et frigo, d'une grande terrasse avec une belle piscine, très propre et d'un jardin bien entretenu. Un bâtiment avec des chambres spacieuses, dotées pour certaines de balcon, était en finition lors de notre passage. Le restaurant, quant à lui, conjugue spécialités françaises et sénégalaises avec des menus copieux. L'un des meilleurs rapports qualité-prix de la ville.

LE RELAIS DE TAMBA €€

Route de Kaolack
✆ +221 33 981 10 00
https://horizons-bleus.com
Chambre à partir de 25 000 FCFA.
Petit déjeuner inclus. Menu autour de 7 000 FCFA ou repas à la carte.

L'établissement dispose d'une cinquantaine de chambres tous genres confondus, avec douche privative, toilettes séparées, eau chaude, mini-bar, climatisation, téléphone et TV, dont certaines donnent un accès direct à une piscine bien entretenue. Le cadre est en plus paisible et agréable. Restaurant de cuisine internationale. Une bonne adresse qui attire depuis plusieurs années une clientèle d'étape et business. Organise des journées en 4x4 au parc Niokolo Koba, une bonne alternative à la location de 4x4 pour plusieurs jours. Accueil professionnel.

GUEYE SERVICES €

✆ +221 77 578 98 53
Ouvert tous les jours de 7h à 3h.
Plats à partir de 1 000 FCFA.

Souley Gueye, qui est également le propriétaire de l'hôtel Virage le Prestige, est un bel exemple pour sa génération, lui qui a migré plusieurs années en Italie et qui est revenu investir dans son pays. Il a ouvert en 2013 ce restaurant local et, à la force de son travail, a développé ses activités dans l'événementiel et aujourd'hui dans l'hôtellerie. Ici, on mange de bons hamburgers, des pizzas et des spécialités sénégalaises, bien copieuses. L'endroit ne dégage pas de charme particulier, mais si vous ne savez pas où manger, il fera l'affaire.

CHEZ ROSYTA €

✆ +221 77 659 91 81
Ouvert du lundi au samedi de 7h à 22h.
Plat du jour à partir de 1 000 FCFA.

Après avoir flâné au marché artisanal, vous pourrez vous restaurer dans cette case traditionnelle, tenue par Rosyta et Georgette, deux sœurs très charmantes. Vous aurez le choix entre des grillades de poisson, des brochettes de poulet ou des pizzas. Les sœurs font aussi de très bons nems et fatayas, à goûter sans faute. Plats généreux et jus locaux maison. Le soir, il est agréable de s'y attabler à l'extérieur pour profiter du calme et de la fraîcheur. Peut-être auriez-vous le plaisir d'y rencontrer le roi des griots de Tamba, qui parfois anime le restaurant.

LE VILLAGE ARTISANAL

Quartier Liberté
Ouvert tous les jours de 8h à 20h.

Dépendant de la chambre des métiers, c'est l'un des tout premiers villages artisanaux du Sénégal et l'unique point touristique de la ville pour acheter des souvenirs. Au total, une vingtaine de petites cases d'artisans nichées dans la verdure où l'on peut acheter de nombreux souvenirs : masques, sculptures, bijoux, peintures, chaussures… D'ailleurs, Adama Touré, artiste créateur installé à la case n° 6, confectionne de très jolies boucles d'oreilles en perles de verre. Les vendeurs sont moins insistants qu'à Dakar, mais il faudra tout de même marchander.

GOUMBAYEL

Très reculé et difficilement accessible, ce village de brousse est situé à une soixantaine de kilomètres à l'est de Tambacounda, dans le département de Goudiry. Il est prisé plutôt par les chasseurs motorisés, qui s'adonnent à leur passion au gré de leurs envies dans cette région forestière qui abonde en gibiers et oiseaux, que par les touristes. Pourtant, ici au cœur du Sénégal profond, les rencontres sont authentiques, l'accueil chaleureux et l'hospitalité des habitants spontanée. C'est aussi l'occasion de sortir des sentiers battus et de découvrir un autre Sénégal. Transfert possible par la ferme jusqu'ici. Le Parc de Niokolo Koba est à 50 km de là.

LA FERME DU BOUNDOU €€

✆ +221 77 638 88 01
Les contacter pour les tarifs et disponibilités.

Vous êtes ici en pleine brousse dans un camp spécialisé dans les excursions chasse. La ferme dispose de cases ventilées ou climatisées, avec salle d'eau et sanitaires individuels, réparties sur un terrain arboré. Désaltération et restauration dans une salle en plein air, avec des produits de la ferme cuisinés au feu de bois. Délicieux pain maison. Piscine en plein air mais couverte, pour vous garantir sa fraîcheur tout au long de la journée ! L'hébergement propose également plusieurs excursions : chasse, randonnée pédestre, circuits en 4x4.

WASSADOU

Ce petit village de brousse, situé à une cinquantaine de kilomètres au sud de Tambacounda, près de la forêt de Diambour, est surtout apprécié pour son campement, installé dans un cadre exceptionnel. Il peut constituer un excellent point de départ pour la visite du parc Niokolo Koba. C'est aussi un lieu de passage en direction des pays bassari et bédik. Ce village traditionnel est traversé par le fleuve Gambie, où il arrive que les hippopotames viennent prendre leur bain sous les yeux curieux des lève-tôt. Un spectacle magnifique ! On peut aussi y observer de nombreuses espèces d'oiseaux, quelques familles de babouins ou encore des phacochères.

CAMPEMENT HÔTEL DE WASSADOU €€

✆ +221 70 106 23 27

Double à partir de 26 000 FCFA. Petit déjeuner autour de 3 000 FCFA. Plat du jour autour de 5 000 FCFA.

Situé sur un site exceptionnel, en pleine forêt, où l'on voit la faune s'agiter, le campement surplombe le fleuve Gambie. Les cases ventilées avec toilettes et douche tombent malheureusement en désuétude. L'accueil est néanmoins sympathique, la cuisine internationale acceptable. Il constitue un excellent point de départ pour s'aventurer dans le parc mais également pour découvrir la région, car le campement propose des balades à pied, en pirogue, en VTT et en 4x4 avec bivouac.

DIALACOTO

Le village de Dialacoto se situe à 60 km de Tambacounda et à une dizaine de kilomètres de Wassadou, en périphérie du parc du Niokolo Koba, sur les rives du fleuve Gambie et de la rivière Niériko. Ses habitants, au nombre de 3 000, vivent principalement d'agriculture et de pastoralisme. On y trouve deux postes de santé, l'un public, l'autre privé, avec un infirmier disponible 24h/24 pour les urgences. Vous pourrez loger dans l'unique campement, qui a été fondé par des jeunes du village pour lutter contre l'exode rural. Si vous venez en transport en commun, en provenance de Tambacounda, vous pourrez vous faire déposer par un taxi-brousse au village.

CAMPEMENT LES AMIS DE LA NATURE €

✆ +221 77 984 37 37

Cases avec sanitaires communs à partir de 18 000 FCFA en demi-pension pour deux. Petit déjeuner autour de 1 500 FCFA.

Les jeunes de Dialacoto ont ouvert en 2006 ce campement avec l'aide de l'ONG ICD Afrique afin de freiner l'exode vers la ville. La structure en GIE œuvre également pour la protection de l'environnement et lutte contre l'exploitation forestière. Les cases sont simples, les douches extérieures correctes, le confort rudimentaire – mais on a quand même l'électricité le soir grâce au groupe électrogène –, l'accueil sympathique et le site agréable. Sans parler de la délicieuse cuisine !

DAR SALAM

A près de 70 km de Tambacounda, Dar Salam est le village le plus proche de l'entrée principale du Parc de Niokolo Koba, sur l'axe Tambacounda-Kédougou. On y trouve deux campements, un poste de santé et un autre de garde pour acheter le permis de visite du parc. C'est là également que vous pourrez contracter des guides (c'est obligatoire pour entrer dans le parc et louer des 4x4 pour votre visite). Vous pouvez aussi vous adresser à Ibrahima, qui tient un campement traditionnel à quelques mètres de l'entrée du parc. C'est un excellent guide qui connaît très bien la faune et la flore du coin. Il s'occupera en plus de toute la logistique de votre visite !

CHEZ IBRAHIMA €

✆ +221 78 522 82 37

Case ventilée à partir de 10 000 FCFA, camping autour de 5 000 FCFA. Petit déjeuner autour de 2 000 FCFA.

Ibrahima vous accueillera chaleureusement dans son modeste campement, qu'il a construit de ses propres mains, à l'entrée du parc. Les six cases ventilées sont sommaires avec douche intérieure au seau d'eau froide, mais l'ambiance y est très amicale. Vous êtes ici en plus entre les mains du meilleur guide du parc du Niokolo Koba ! Ibrahima se charge de toute l'organisation pour vous offrir un moment merveilleux au parc. Si le temps ne lui permet pas, il vous mettra en contact avec l'un de ses compagnons. Une adresse authentique comme on les aime !

PARC NATIONAL DU NIOKOLO KOBA ★★★

Ce parc animalier fait partie d'un complexe nommé le complexe du Niokolo Badiar, qui s'étend jusqu'à la Guinée. Complexe qui comprend le parc transfrontalier de 913 000 ha et les forêts classées de Ndama et du Badiar Sud. Depuis 1954, une partie de cet ensemble, le Parc national du Niokolo Koba, a été classée au Patrimoine mondial des Réserves de la Biosphère de l'Unesco. C'est aujourd'hui au complexe entier qu'a été élargi le classement de l'Unesco. Le parc est un espace au relief contrasté, traversé tout du long par le fleuve Gambie et deux de ses affluents, le Niokolo Koba et la Koulountou. On y dénombre plus de 70 espèces de mammifères, 329 espèces d'oiseaux, 36 espèces de reptiles, 20 espèces d'amphibiens et un nombre important d'invertébrés. Les lions, réputés les plus grands d'Afrique malgré leur crinière réduite, sont les stars du parc, ainsi que les élans de Derby, les plus grandes antilopes qui soient, sur la liste des animaux menacés. D'autres espèces importantes sont aussi présentes : antilope, éléphant, léopard, buffle, hyène tachetée, chimpanzé, crocodile, mangouste, lycaon et chacal. On peut y voir néanmoins toutes sortes d'animaux : oie de Gambie, hippopotame, aigle bateleur, martin-pêcheur, guib harnaché, moucherolle de paradis, aigle pêcheur, cobe defassa, ibis sacré, hippotrague, grue couronnée, vautour, jaribu, céphalophe, patas, pintade, sylvicapre de Grimm, grand calao d'Abyssinie… La richesse des habitats doit être notée, tout comme la diversité de la flore, importante avec plus de 1 500 espèces de plantes.

Pratique

La vie dans le parc suit le rythme du soleil, c'est-à-dire celui des animaux. On se réveille tôt et les veillées ont souvent leur limite en conséquence. Deux à trois jours sont nécessaires pour visiter la région de Simenti, mais il vaut mieux rajouter une journée si vous avez l'intention de grimper jusqu'au mont Assirik ou de descendre jusqu'à Salémata par le gué de Malapa et Oubadji (4X4 indispensable). Bien que le parc soit ouvert durant l'hivernage, les pistes y sont bien plus praticables durant la saison sèche. C'est aussi à cette période que les animaux, regroupés autour des points d'eau, sont plus faciles à observer. La route N7 traverse le parc, telle une cicatrice au milieu de la nature.

Transports

En taxi-brousse, depuis Tambacounda, faites-vous déposer à Dar Salam. Vous devez ensuite louer un 4x4 à l'entrée du parc. Depuis Kédougou, voyez avec les campements du coin. Choisissez peut-être de louer directement le 4X4 à Tamba ou Kédougou, c'est plus abordable. En voiture. Prévoyez une bonne heure de route depuis Tambacounda pour entrer dans le parc. Les pistes à l'intérieur du parc sont carrossables pour les 4x4, aussi vous risquez plus d'abîmer la voiture que de vraiment explorer le parc… En circuit organisé. Tous les hôtels de la région le proposent, mais ça coûte. Sénégal Oriental Voyages propose la sortie à environ 200 € par jour, avec 4x4, guide, carburant et taxes du parc inclus. Nettement moins cher depuis les portes d'entrée, le campement Les Amis de la Nature à Dialacoto propose la location de 4x4 avec chauffeur autour de 75 € par jour, sans l'essence, les taxes d'entrée… Un bon plan.

MONT ASSIRIK ★★

Pour accéder au sommet, une autorisation est à demander à la direction du parc.

C'est le point culminant du parc, un haut plateau (311 m), auquel on n'accède que par une route difficile, praticable seulement en 4x4. Une fois au sommet, le panorama est lunaire, et les animaux, souvent les plus rares du parc, sont d'autant plus appréciés. Chimpanzés et élans de Derby, les plus grandes antilopes au monde, vivent surtout là, et si vous devez voir des éléphants (sans doute un miracle), inutile de chercher ailleurs. L'endroit est à la hauteur de sa position, difficile d'accès, et ce n'est pas un hasard s'il est le favori de nombreux chercheurs.

SIMENTI ★★

La zone de Simenti qui s'étend du grand mirador à la Patte-d'oie est la partie la plus prisée du parc de Niokolo Koba. C'est ici qu'on rencontre les grandes mares, le long de la Gambie et du Niokolo Koba, et donc les grands attroupements en saison sèche. Buffles et hippotragues viennent s'abreuver par dizaines, tandis que les singes, crocos et hippos peuplent les abords du fleuve. C'est la région reine du touriste, et c'est souvent la seule à être accessible pendant l'hivernage. Certains passages de gué deviennent alors beaucoup plus délicats.

NIOKO LODGE €€€

© +221 77 930 97 33

www.niokolodge.sn

A partir de 95 000 FCFA /personne en pension complète.

Surplombant joliment le fleuve Gambie, ce tout nouveau lodge, installé au cœur du parc du Niokolo Koba, se révèle à la fois paisible, luxueux et intime. Seules sept tentes spacieuses sont posées sur des plateformes en bois, en pleine brousse, pour un total dépaysement. Avec salle d'eau extérieure et toilettes privatives, elles sont confortables et décorées de manière raffinée. Vous serez ici privilégié pour observer les animaux, notamment les hippopotames au petit matin. L'équipe est en plus à l'écoute de vos envies pour les sorties d'observation.

UN PARC FRAGILE

Le parc, le plus riche en biodiversité de l'Afrique de l'Ouest, est géré par une administration placée sous la tutelle de l'Etat. Le bien, inscrit sur la liste du Patrimoine mondial en péril en 2007, est confronté à de multiples dangers comme le braconnage, les feux de brousse et le tarissement des mares. Venant de Côte d'Ivoire et de Guinée, des chasseurs de têtes sauvages n'hésitent pas à mettre le feu pour dégager le terrain. Les écogardes du parc ont beaucoup de mal à lutter contre ce braconnage, eux qui sont en sous-effectif. Sans parler de la pauvreté du sol des alentours ayant entraîné l'empiétement des terres agricoles et l'incursion du bétail dans le parc.

DIRECTION DU PARC NATIONAL DU NIOKOLO KOBA

✆ +221 77 176 49 77

www.niokolo-safari.com

A partir de 5 000 FCFA par personne et par jour, autour de 10 000 FCFA pour le véhicule.

Il existe deux entrées officielles du parc : celle de Dar Salam et d'Oubadji. On y trouve un poste de garde où l'on doit acheter son permis de visite. Il est obligatoire de prendre un guide officiel pour visiter le parc. Vous en trouverez à l'entrée du parc à Dar Salam, là où se trouve le bureau des guides qui ont suivi la formation de l'office du parc. Certains sont spécialisés dans la faune, d'autres dans la flore. Ils vous mèneront directement là où les animaux ont leurs habitudes.

CAMPEMENT DU LION €

✆ +221 77 176 49 77

Case à partir de 10 000 FCFA par personne.
Petit déjeuner autour de 2 000 FCFA.
Menu à partir de 4 000 FCFA.

Situé un peu plus à l'est de Simenti, à Bafoulabe, au bord du fleuve. L'endroit a été repris par le G.I.E. des guides du Niokolo Koba et est géré par Abdoulaye Kante, guide touristique. Le campement est actuellement en phase d'amélioration et dispose aujourd'hui de l'électricité. Les cases construites en matériaux locaux sont simples et dotées de moustiquaires. Vous êtes ici au parfait endroit pour observer les animaux, et, avec de la chance, peut-être les lions. L'accueil est très sympathique, les repas sont copieux et le personnel est de très bon conseil.

HÔTEL DE SIMENTI €€

✆ +221 77 649 04 69

Chambre double à partir de 30 000 FCFA.
Petit déjeuner inclus.
Menu autour de 8 000 FCFA.

Niché au cœur du parc Niokolo Koba, cet hôtel, laissé à l'abandon pendant quelques années, a été repris par les propriétaires de l'hôtel de l'Oasis Oriental Club, à Tamba. Il était en train d'être remis sur pied, lors de notre visite et déjà une vingtaine de cases confortables était opérationnelle. Il est situé au bord du fleuve Gambie d'où des balades en pirogue sont organisées. Les passionnés d'ornithologie seront également comblés avec un mirador donnant sur un point d'eau fréquenté par de nombreuses espèces d'oiseaux, à environ 200 mètres de l'hôtel.

Parc National du Niokolo Koba.

MAKO

Au sud-est de Tambacounda et au nord-ouest de Kédougou. Mako est à la fois un petit village avec un marché agréable et une étape sympathique pour passer une nuit au bord du fleuve Gambie. Au petit matin, peut-être même aurez-vous la chance d'apercevoir de gros hippopotames. La région est aussi réputée pour ses mines d'or, dont celle de Mako a dépassé toutes les attentes, avec une production de plus de 155 000 onces d'or en 2019. De Tambacounda, les transporteurs accepteront sûrement de vous déposer à Mako, d'autant plus que la route traversant le Niokolo Koba est aujourd'hui en bon état. Depuis Kédougou, des taxis 7-places font aussi le trajet.

LES ORPAILLEURS DE KÉRÉCONKO

Pour aller jusqu'aux orpailleurs depuis Mako, prenez à droite après le pont sur la Gambie en venant de Tambacounda. Continuez la piste sur environ 7 km jusqu'à un village un peu en hauteur où la piste se termine. Un contact avec une personne du village, et vous pourrez être accompagné jusqu'aux placers. Vous pouvez également vous renseigner au campement Keur Annick pour que l'on vous y accompagne (sauf lundi et vendredi, jours de congé des orpailleurs). Là, des gamins descendent dans les entrailles de la Terre, dans des trous très étroits, qui se prolongent par des galeries horizontales de plus de cinq ou six mètres de longueur. La terre est ensuite transportée dans des calebasses par les femmes du village jusqu'au fleuve. Là, elle est filtrée et révèle parfois des traces d'or sur le pourtour. En général, rien d'exceptionnel, mais on ne sait jamais, une pépite suffit parfois à rendre riche pour des années. Pour les touristes, un droit de visite doit parfois se payer au village : c'est une affaire de tête de client et de contact. Il en va de même pour les photos. Cet aspect touristique ne se trouve pas du côté d'Hérémakono, où le paysage et le contexte sont assurément plus sauvages, mais parcourir la région de la Falémée relève de l'aventure (tout dépendra de votre contact sur place) et nécessite d'accepter de passer beaucoup de temps sur la route. En contrepartie, les paysages sont de toute beauté, et les surprises souvent au rendez-vous !

AFRICA SAFARI €€

✆ +221 77 676 09 84

Case simple 20 500 FCFA, double à 25 000 FCFA. Petit déjeuner inclus. Camping à 3 500 FCFA. Repas à 7 500 FCFA. Wi-fi.

A gauche en venant de Mako, après le village de Sékoto. Repris en 2015 par les propriétaires du campement Keur Annick, ce campement au bord du fleuve Gambie aspire au calme et à la tranquillité. Au cœur d'un jardin verdoyant sont dispersés plus d'une dizaine de cases climatisées et deux beaux appartements pour ceux qui voudraient loger en famille. Dotés de moustiquaires, les hébergements disposent d'une salle de bains avec toilettes séparées. Belle piscine au fond du terrain. L'accueil du personnel est excellent. Une adresse recommandée.

ÉCO-CAMPEMENT KEUR ANNICK €€

✆ +221 77 405 19 41

www.keurannick.com

Chambre double à partir de 21 000 FCFA, petit déjeuner inclus.
Camping autour de 3 500 FCFA.

Sur la rive est du fleuve Gambie, ce campement étalé sur 8 hectares propose des cases bien entretenues avec salle de bains individuelles. Le restaurant, avec vue sur la Gambie, propose une bonne cuisine sénégalaise et européenne tout en profitant d'un spectacle inédit : la vie quotidienne d'une famille hippopotame installée non loin. Paresseuse en journée, elle s'invite de temps en temps, le matin ou le soir, aux abords du campement. Accueil chaleureux. On recommande !

OUBADJI

Le village d'Oubadji est la porte d'entrée (ou de sortie, c'est selon) sud du parc Niokolo Koba. On peut s'acquitter du droit d'entrée ici à condition d'arriver avec un guide, car vous n'en trouverez aucun sur place. Cette localité est à environ 30 km à l'ouest de Salémata et seulement à peine 10 km de la frontière avec la Guinée, ce qui explique qu'elle a l'air d'avoir été « oubliée » par les autorités de la région. La piste qui y accède donne des frayeurs même à des pilotes expérimentés. Elle est pratiquement impraticable en plein cœur de l'hivernage. Dommage, car c'est pourtant le seul accès si on veut visiter le parc depuis le pays Bassari.

KÉDOUGOU ★★

Après la chaleur accablante de Tambacounda, jaune et aride, la région de Kédougou déploie son charme et ses beautés. Ici, le fleuve, qui porte le nom d'un autre pays, la Gambie, rafraîchit un peu l'air, les collines apaisent l'éternelle platitude. On découvre en y arrivant les courbes des collines environnantes. Les derniers contreforts du Fouta Djalon en Guinée-Conakry, qui donnent aux paysages cette beauté unique au Sénégal, des cascades, des falaises qui font le bonheur des touristes randonneurs. Et pour peu que vous arriviez au lendemain des premières pluies, c'est toute une verdure aux allures équatoriales qui se déploiera sous vos yeux.

Tourisme

Un passage à Kédougou s'impose depuis Tamba, et la ville se révèle agréable pour faire une halte sur les bords du fleuve Gambie, avant de partir à la découverte des villages peuls, bédik, bassari et djaloncké. La ville est réputée pour son marché aux tissus, l'un des plus colorés du pays. On y trouve des étoffes importées de Guinée-Conakry et du Mali, dont des tissus indigo, en coton et des batiks. Le fleuve est l'occasion d'aller voir les femmes laver leur linge ou, en aval, d'improviser un pique-nique ou une baignade. Si, du côté de Mako, les eaux stagnantes deviennent des foyers où la bilharziose sévit, à hauteur de Kédougou, il n'y a quasiment rien à craindre – hors saison des pluies. Kédougou est aussi la base de chasse la plus connue du pays. Ceux qui sont motorisés trouveront là de quoi se ravitailler. Elle abrite plusieurs commerces qui la rendent pratique pour y séjourner quelques jours.

AUBERGE THOMAS SANKARA €

Quartier Dandémayo
✆ +221 77 555 90 26
Chambre double à partir de 15 000 FCFA.
Petit déjeuner inclus.

Articulées autour d'une cour intérieure, les 24 chambres de cet hôtel, ventilées ou climatisées, sont équipées d'une télévision et de salle de bains intérieure avec eau froide (possibilité de faire chauffer l'eau). Elles sont modestes et peu lumineuses mais propres, ce qui peut convenir pour les petits budgets. Au restaurant est servie une cuisine variée où les spécialités sénégalaises sont à l'honneur. L'établissement organise également des excursions vers les pays bassari, bédik et le parc du Niokolo Koba. Accueil correct.

LES COCOTIERS €

Quartier Dandemayo
✆ +221 77 555 90 26
Case double à partir de 25 000 FCFA.
Petit déjeuner inclus.

Tenu par le même propriétaire que l'auberge Thomas Sankara, ce campement dispose de cases traditionnelles, joliment peintes d'animaux d'Afrique. Disséminées entre des allées de cocotiers, elles sont dotées d'une télévision, d'une armoire, de la climatisation et d'une salle de bains intérieure. Le restaurant, lui, surplombe magnifiquement le fleuve Gambie et propose une cuisine africaine et européenne. On peut aussi s'installer au bord d'une jolie piscine pour déjeuner. L'établissement propose des circuits hors des sentiers battus et la location de véhicules.

LE BÉDIK DE KÉDOUGOU €€

Quartier Gomba
✆ +221 33 985 10 00
https://horizons-bleus.com
Chambre double à partir de 32 000 FCFA.
Petit déjeuner inclus. Menu autour de 7 000 FCFA.

Bar-restaurant panoramique tout en bois qui offre une vue magnifique sur le fleuve Gambie et sa vallée, de l'air brassé par des ventilateurs, des boissons très fraîches et un menu de cuisine internationale. Le Bédik est surtout un petit havre de paix qui peut constituer une étape confortable avant ou après un campement de brousse, avec sa jolie piscine au milieu de la végétation, ses cases très confortables équipées de TV écran plasma et satellite, climatisation, téléphone, eau chaude, wifi… le grand luxe ! Parking sécurisé.

LE RELAIS DE KÉDOUGOU €€

Quartier Gomba
✆ +221 33 985 10 62
www.relaisdekedougou.org
Chambre double à partir de 34 000 FCFA.
Petit déjeuner et taxe de séjour inclus.
Menu autour de 8 000 FCFA.

Un des plus anciens hôtels de chasse de la région, authentique, vrai. Le site est charmant, proposant des chambres réparties dans un grand parc arboré, toutes climatisées. Une belle piscine bien entretenue et propre, mais les chambres sont un peu vieillottes. En revanche, le restaurant est exceptionnel. Très moderne, situé sur une très belle terrasse, il surplombe le fleuve Gambie et propose une cuisine typique, avec beaucoup de gibier à la carte : phacochère en sauce, brochette de tourterelle… un délice. Vraiment la meilleure proposition du coin !

SÉGOU

Situé au sud-ouest de Kédougou, le village (à ne pas confondre avec la ville malienne du même nom !) est surtout connu pour sa cascade et constitue l'une des excursions les plus intéressantes pas très loin de Kédougou. Ici, très peu de touristes, ils sont tous à quelques kilomètres, aux chutes de Dindéfello, nettement plus impressionnantes. Pour rejoindre Ségou en voiture, prenez la route de Dindéfello, et après une dizaine de kilomètres de piste, à gauche en direction de Ségou. Comptez une heure de trajet par une piste un peu difficile. En transport en commun, des 7-places partent de Kédougou le matin. Comptez autour de 1 500 FCFA le trajet.

CASCADES DE SÉGOU ★★

Pour visiter les cascades, le ticket est autour de 1 000 FCFA. Il est conseillé de prendre un guide.

Belle histoire de ténacité que celle de ces jeunes de Ségou. Ils sont trois à avoir découvert, par hasard, deux cascades après une longue pérégrination dans la forêt, en 1998 : Abdoulaye, Boubacar et Samalé. Ils en ont parlé aux vieux du village, qui ne les ont pas crus une seconde. Ils ont fait venir un photographe sur le site, qui a poussé les anciens à se déplacer et aller voir de leurs propres yeux. Depuis, ils ont formé un GIE pour faire découvrir « ces merveilles » aux touristes. Et ils se sont engagés à préserver le site et la forêt du braconnage.

CAMPEMENT DU FLEUVE €

Village de Badala

✆ +221 78 225 36 05

Case double à partir de 6 000 FCFA.
Petit déjeuner autour de 1 500 FCFA.

Un campement simple et authentique installé au milieu de nulle part, au cœur du pays Bassari. Les cases à l'architecture traditionnelle sont dispersées sur un terrain verdoyant, surplombant magnifiquement le fleuve Gambie. Le confort est rudimentaire, mais le campement fonctionne à l'électricité solaire. Dans ce cadre naturellement paisible, on prend le temps à la sénégalaise et on profite de moments conviviaux. Badou Camara, un jeune Sénégalais bien sympathique, propose aussi des balades en pirogue, des randonnées et des visites des villages environnants.

CAMPEMENT TAKO MAYO €

✆ +221 77 652 64 50

Nuitée en demi-pension à partir de 10 000 FCFA par personne.

Les chambres ventilées, installées dans des cases traditionnelles au bord du fleuve Gambie, sont propres et basiques. Des lits sont installés également devant les cases, offrant ainsi le choix de dormir sous un toit ou à la belle étoile. Un coin sympa vous accueille pour des repas préparés avec goût. Appeler Alpha, le gérant, avant votre arrivée pour qu'il vous indique comment accéder au campement. Vous verrez c'est une personne très sympathique ! En plus, c'est un excellent guide qui pourra vous faire découvrir la région hors des sentiers battus.

L'ATELIER

✆ +221 77 652 64 50

www.bassariafrica.org

Ouvert du lundi au samedi de 9h à 13h et de 14h30 à 16h30.

Outre la construction de puits et d'un moulin dans la région, l'association espagnole Bassari a également aidé à créer cet atelier, à l'entrée du campement Tako Mayo. Ici, une vingtaine de jeunes filles, âgées de 14 à 25 ans, sont formées à la couture. Vous pourrez apprécier leur travail sur place et repartir avec l'une de leurs créations, l'accueil y est en plus très chaleureux ! Des tissus batik y sont également vendus. Ils proviennent d'un autre atelier monté par l'association à Dindéfello où une dizaine de jeunes filles sont formées.

DINDÉFELLO

A 35 km au sud de Kédougou, Dindéfello est une ville frontière, près d'une cascade haute de plus de 100 m. Une cascade d'exception dans un pays si plat et surtout si chaud. Elle prend sa source au mont Dandé, situé à 318 m d'altitude, et termine sa course dans une piscine naturelle au cœur d'une végétation luxuriante. Cette source aurait d'ailleurs des vertus thérapeutiques. Elle est désormais protégée et classée, au même titre que les pays bassari et bédik, au Patrimoine mondial par l'Unesco depuis 2012. De Kédougou, des 7-places effectuent le trajet le matin jusqu'à Dindéfello. En voiture, suivre la piste de Ségou, pendant une vingtaine de minutes.

CASCADE DE DINDÉFELLO ★★

Entrée : autour de 1 000 FCFA, guide conseillé.

C'est la cascade la plus spectaculaire de la région ! Maillot de bain indispensable. Au fur et à mesure que l'on s'enfonce dans la forêt dense à travers le sentier qui y mène, l'air est rafraîchi par une végétation luxuriante. Au bout d'une bonne demi-heure de marche, on arrive à un véritable bassin d'eau pure et fraîche, un havre de paix au cadre exceptionnel. Sachez que si vous vous rendez en saison sèche, la cascade sera moins abondante en eau et donc moins impressionnante. Mais, rassurez-vous, vous pourrez toujours piquer une tête dans la piscine naturelle !

GROTTE DE DANDÉ ET SOURCE DE LA CASCADE ★★

Visites avec guide. Se renseigner sur place.

Outre la cascade, il est possible de visiter des grottes de Dandé au village d'Alpha Yaya et d'aller jusqu'à la source de la cascade sur le plateau, avec un guide. On peut aussi randonner jusqu'au sommet des chutes pour avoir une vision aérienne et frissonner dans la descente (avis aux randonneurs chevronnés). Vous pouvez aussi faire une boucle d'une journée entière en passant par le village de potiers de Nandumare et la cascade d'Afia, avec vue sur la cascade de Ségou.

RÉSERVE COMMUNAUTAIRE DE DINDÉFELLO

✆ +221 77 168 18 10

www.dindefelo.net

Observation des chimpanzés à partir de 30 000 FCFA par personne.

D'une biodiversité unique, la réserve communautaire de Dindéfello fait partie des plus beaux paysages naturels d'Afrique de l'Ouest. Réputée comme spot exceptionnel d'ornithologie, elle abrite aussi une espèce en voie de disparition : le chimpanzé d'Afrique occidentale (*pan troglodytes verus*). L'institut Jane Goodall Espagne, fondation créée par la célèbre primatologue, y a installé un centre de recherches, de conservation et de formation, dans le but de protéger ce primate menacé.

CAMPEMENT AFRICA CASCADE €

Dindefello Rd ✆ +221 78 176 75 75

Nuitée autour de 3 000 FCFA par personne, petit déjeuner à partir de 1 500 FCFA et repas autour de 3 000 FCFA.

Un campement agréable, au confort sommaire mais à l'accueil chaleureux. Les cases, avec douche intérieure à l'africaine, sont simples et ventilées. Elles sont éparpillées sur un terrain irrégulier, jalonné de pierres, dans un cadre paisible et verdoyant. Le campement est tenu par Djibril Camara, ancien président des guides de Dindéfello, qui pourra vous faire découvrir la région et vous accompagner, entre autres, jusqu'à la cascade. Il loue également des motos à la journée pour ceux qui souhaiteraient se déplacer dans les alentours.

CAMPEMENT CHEZ DOBA €

Plateau de Dandé

✆ +221 77 360 64 01

www.guiadesenegaldobatours.wordpress.com

Nuitée : autour de 3 000 FCFA par personne, petit déjeuner à partir de 1 500 FCFA, repas autour de 3 000 FCFA.

Voilà une étape intéressante ! Le dynamique Doba Diallo habite sur le plateau de Dandé, près des grottes. Vous pouvez dormir sur place, dans son campement très bien tenu, et profiter de ce site exceptionnel au lever du soleil. Doba Diallo est un guide touristique excellent qui possède une connaissance profonde de la culture bassari. Il peut proposer des circuits et découvertes dans la zone, des visites de la cascade, des grottes historiques, des villages traditionnels. Par contre, attention, le campement est un peu difficile d'accès.

CAMPEMENT LE DOGON DU FOUTA €

✆ +221 77 552 38 31

www.dogondufouta.com

Case autour de 7 000 FCFA. Petit déjeuner à partir de 1 500 FCFA, repas autour de 3 500 FCFA.

A une bonne demi-heure de marche de la cascade de Dindefello, un petit campement propre et bien tenu, avec des cases originales dont certaines en bambou, sur pilotis. Douche africaine extérieure individuelle, toilettes collectives. Une grande case centrale, chaleureuse et joliment décorée, complète le dispositif. Propriété de Moktar Diallo, également guide dans la région, qui pourra vous faire découvrir ses merveilles. Pour une véritable immersion au cœur du Sénégal profond !

BANDAFASSI

Bandafassi est un village mi-peul, mi-bédik au bord de la route principale, à 20 km de Kédougou direction Salémata. C'est la porte d'entrée du pays Bédik, dans une vallée où l'on trouve du marbre, avant de grimper sur les sommets des collines. Une fois à Bandafassi, on lève les yeux et on aperçoit un rocher : Ethwar. On accède à Bandafassi depuis Kédougou par la route qui mène à Salémata, mais on peut aussi rejoindre, depuis Mako en prenant une bonne piste, très belle aussi, qui part du village de Tenkoto, à 60 km après le campement de Mako en direction de Kédougou. En transport, prendre un taxi-brousse pour Salémata et s'arrêter en bord de route.

MARC KEITA

✆ +221 77 212 25 06

On ne prend généralement pas une armée de guides pour faire le tour d'un site ou d'une région, mais on en change quand ça ne va pas, c'est évident. Marc, le frère de Léontine du campement Le Bédik, est une « valeur sûre » pour la région. Passionné par l'histoire de son peuple, les Bédik, et par les autres ethnies du coin, il vous fera apprécier la région à travers des excursions dans les villages, des randonnées au cœur d'une végétation luxuriante ou des rencontres authentiques avec les habitants et même les orpailleurs du coin.

CAMPEMENT LE BÉDIK [CHEZ LÉONTINE] €

Piste de Salémata

✆ +221 77 554 99 15

Autour de 10 000 FCFA la case, avec ventilateur et douche privative. Petit déjeuner à partir de 2 500 FCFA.

Le campement, situé en face du quartier bédik de Bandafassi, est rustique mais enchanteur, puisqu'il est posé presque au pied de la montagne. Pas d'eau courante, mais un puits qui vous offre son liquide précieux pour des douches au seau dans des sanitaires privés. On y passe d'agréables moments un livre entre les mains, à se laisser bercer par les gazouillis des oiseaux. C'est également un point de départ idéal pour parcourir la région et découvrir le pays bédik.

ETHWAR

C'est là que quelques familles bédik se sont réunies pour élire domicile et lutter contre l'islamisation. Aujourd'hui, beaucoup de membres sont descendus à Bandafassi pour contourner le problème de l'eau, qui manque cruellement là-haut. Tout en haut du rocher, la vue est indéniablement exceptionnelle : une vaste plaine qui s'étend, puis des collines et des plateaux. Attention si vous grimpez, certaines pierres ne tiennent qu'à un fil. Le mieux est de se faire accompagner par un jeune du village de Bandafassi. Voire par Marc Keita. C'est le fils du chef et il vous en apprendra beaucoup sur les coutumes et les croyances de son peuple et de son fief.

IBEL

Ibel est un village peul à une dizaine de kilomètres de Bandafassi, au centre de l'une des plus grandes exploitations de marbre du Sénégal. Les carrières peuvent se visiter sans problème, il suffit de prendre un guide au village. C'est aussi le point de départ vers le village d'Iwol. On peut rejoindre Ibel depuis Kédougou en s'arrêtant à Bandafassi, puis en marchant la petite dizaine de kilomètres qui séparent Bandafassi d'Ibel. Depuis Ibel, on peut prendre des minibus pour Salémata, qui partent du lundi au vendredi en début de matinée pour environ 3 000 FCFA. Si vous optez pour cette solution, soyez sur place au moins une heure avant le départ.

MINE D'IBEL ★

1 000 FCFA par personne pour 20 minutes de visite.

A Ibel, toutes les bâtisses sont construites en marbre. Impressionnante visite de la mine de marbre, obligatoirement accompagnée d'un guide. Ce sont des tonnes et des tonnes de pierres de couleur blanc, gris, rose... qui malheureusement ne sont pas exploitées, malgré l'ouverture de la mine dans les années 1960. A l'origine artisanale, l'exploitation est devenue industrielle, mais nécessite beaucoup de moyens. Aujourd'hui, il faut se frayer un chemin entre les pistes argileuses, les herbes, les pierres pour arriver à la carrière.

SOULEYMANE BÂ

✆ +221 77 574 54 48

10 000 FCFA la journée.

Souleymane Bâ, guide et gérant du campement Croisée des Cultures d'Ibel, vous proposera des randonnées pédestres sur mesure dans les environs sur une ou plusieurs journées, partageant au gré des visites ses connaissances en botanique. Découverte par exemple des villages peuls de Natah, de Damboukoy, de Landé, de Ndébou et de Woulidjé... Ou excursions dans les villages bédik d'Iwol et d'Andyel. Des circuits hors des sentiers battus, en compagnie d'un guide très sérieux et expérimenté. Nous vous recommandons de faire appel à lui.

CAMPEMENT « LA CROISÉE DES CULTURES » €

✆ +221 77 574 54 48

Autour de 3 000 FCFA par personne la nuitée, repas à partir de 2 500 FCFA et petit déjeuner autour de 1 000 FCFA.

Ce campement dispose de cases traditionnelles aux portes d'Ibel. Tenu par Souleymane Bâ, également guide touristique, le campement a tout pour être le point de départ idéal pour une escapade dans la région. Souleymane pourra vous accompagner dans les villages peuls de Natah, de Damboukoy, de Landé, de Ndébou et de Woulidjé, ainsi que dans les villages bédik d'Iwol et d'Andyel. Un circuit de deux jours est alors à envisager si vous voulez faire la boucle, avec une nuit à Iwol.

IWOL

Considéré comme la capitale du pays bédik, Iwol aurait été fondé au XIIIe siècle. Il faut compter une heure de marche pour rejoindre ce village perché à 440 m d'altitude. De là, la vue est imprenable ! La meilleure des choses à faire en arrivant au village est de prendre contact avec quelqu'un pour aller se présenter au chef du village. Un des faits marquants dans le village d'Iwol est la présence d'une église. Les Bédik pratiquent aujourd'hui une religion mêlant pratiques catholiques et animistes. L'église n'a pas été une épreuve de tout repos. Il n'y a qu'à imaginer les difficultés pour aller chercher la paille et pour monter les armatures !

ANDYEL

Andyel est surtout très beau parce que perché sur un massif rocheux. On peut rejoindre le village par les sentiers à environ 1h30 de marche d'Iwol, la montée étant relativement rapide, ou par la route, jusqu'au village peul de Landieni. Dans ce cas, le plus simple depuis Bandafassi est de demander le camp militaire de Patassi puis de prendre à gauche. Une fois en haut, près du baobab de l'entrée du village, la palabre va bon train, et c'est sûrement là que vous trouverez le chef du village. A voir ? Des femmes qui filent le coton, qui préparent et moulent le mil et le fonio, l'école un peu en contrebas, et des habitants à l'accueil si chaleureux.

SALEMATA

Situé à 81 km de Kédougou, Salémata est le gros village du coin, point de rassemblement des Bassari et des Peuls de la région. Il est accessible par une piste, abîmée sur certaines parties. Il faut compter deux bonnes heures avec un bon 4X4. C'est aussi le point de ravitaillement en eau, en sucreries, en biscuits... avant de monter dans les villages isolés sur les collines. Alors que l'on trouve des boutiques un peu partout au Sénégal, il faudra être prévoyant avant d'aller dans les villages bassari. Idem pour l'électricité, rarissime au-delà de Salémata. Le bourg abrite aussi une mission catholique, une petite église et aussi... un château fort !

CHÂTEAU FORT DE SALEMATA

Commandité par Bob, le seul *toubab* vivant à Salémata, ce château fort de style néogothique s'impose étrangement au milieu des cases traditionnelles du village, interloquant touristes et locaux sur leur passage. Rien d'historique pourtant, il est seulement l'œuvre d'une fantaisie d'un Français expatrié très excentrique souhaitant au départ construire à Salémata un relais de chasse, puis finalement une boîte de nuit. On ne sait pas en définitive où il veut en venir, mais il a employé des locaux pour réaliser son rêve, c'est déjà bien !

CAMPEMENT DE SALÉMATA €

✆ +221 77 654 49 35

5 chambres à 8 500 FCFA pour 2 personnes et des repas bienvenus à moins de 5 000 FCFA.

C'est une annexe de l'Asta Kebe de Tambacounda. Entouré de verdure, l'endroit est prisé par les touristes qui ne sont pas très regardants sur le confort : toilette et douche au seau, cases rudimentaires... De plus, le campement ne possède ni climatisation ni ventilation et reste peu usité. Il s'y dégage pourtant un charme certain. Le personnel est de plus très accueillant et vous donnera de bons conseils sur la région, notamment la découverte du pays Bassari. Possibilité de se restaurer, la cuisine est essentiellement locale.

CAMPEMENT PELUUM €

✆ +221 33 985 33 15

Case double ventilée à partir de 9 000 FCFA.
Petit déjeuner autour de 1 500 FCFA.
Repas à partir de 3 500 FCFA.

P*eluum* ou « petite colline » en langue pulaar. Ce campement surplombe un magnifique décor et permet aux voyageurs de faire une halte à Salémata, position centrale pour visiter le pays Bassari. Le site accueille huit cases peules, chacune dotée d'un coin sanitaire astucieux et propre, pour une douche au seau en plein air, le tout au milieu de grands baobabs magnifiques. Repas locaux servis par Pasqualine dans une belle case dédiée aux repas, ventilée et très agréable, accueil aux petits soins par Clément et son équipe. La meilleure adresse en pays bassari.

CHEZ CAMARA €

✆ +221 77 578 11 22

Ouvert tous les jours de 9h à 23h.
Plats à partir de 2 000 FCFA.

Possibilité de se restaurer Chez Camara, à l'auberge Walo Basa. Au menu : des plats typiques sénégalais servis dans une ambiance conviviale. Les prix sont modiques, les plats copieux, mais l'attente est un peu longue. Le lieu étant prisé des touristes et de la population locale, il est conseillé de réserver. A noter que Camara se fera un plaisir de vous donner de bons tuyaux sur la région. Il pourra également vous mettre en contact avec les guides locaux, si vous souhaitez partir en excursion dans les environs de Salemata. Une adresse 100% africaine.

ETHIOLO

Ethiolo est le lieu le plus sacré des Bassari avec la présence du mont Paté. Chaque lundi, le maître de la montagne s'y rend pour communier avec les esprits, avant de redescendre au village transmettre leurs recommandations. Vous laisser conter ces coutumes sera l'occasion de vous immerger dans ce monde animiste, où se côtoient sans cesse univers visible et invisible. Vous pourrez aussi visiter la grotte du quartier Akol, assister à la récolte du vin de palme à Ekéss ou rendre visite à la potière de Goumon. Enfin, un bivouac sous tente au gré des villages d'Ebarrar, d'Initiara, de Salémata et d'Ethiolo vous offrira un magnifique aperçu de la région.

CAMPEMENT LA VALLÉE HEUREUSE - CHEZ BALINGO €

✆ +221 77 146 81 39

La nuitée autour de 3 500 FCFA par personne ; petit déjeuner à partir de 2 000 FCFA. Repas autour de 3 000 FCFA.

Vous apprécierez le havre de paix qui s'offre à vous dans ce campement. Des cases sur le modèle des villages bassari, des toilettes sèches, des calebasses pour se doucher. Sobriété et propreté : un tourisme durable sans fioritures. C'est l'endroit idéal pour vous immerger dans la culture bassari. Balingo en connaît les codes, les rites, détient les clés les plus secrètes et ses récits fourmillent d'anecdotes passionnantes. Accueil plus que chaleureux !

MALINDA

Petit village Djalonké paisible à une heure de Kédougou par une piste que vous pouvez rejoindre en voiture. Un pont a été construit à Kédougou pour remplacer le petit bac à la sortie de la ville direction la frontière guinéenne Fongolimbi. Vous y découvrirez une vie traditionnelle avec un chef de village, l'école que vous pouvez visiter durant les classes, et la vie des habitants qui vont aux champs et élèvent des bêtes. La cascade et le mont de Bassan, ainsi que la cascade de Dimboli, constituent de jolies randonnées dans les environs, avec des haltes dans les villages de Karori, Lingan et Malem, soit au pied des montagnes, soit en haut des collines.

MONT DE BASSAN - CASCADE DE DIMBOLI

Situés au sud de Kédougou, à environ 30 kilomètres de piste, la cascade et le mont de Bassan, ainsi que la cascade de Dimboli, constituent de jolies randonnées dans les environs. En décembre, la cascade ne coule plus, mais n'en constitue pas moins un très beau point d'intérêt. Nous sommes ici en plein coeur du pays Dialonké. Possibilité d'effectuer des haltes dans les villages de Karori, Lingan et Malem, soit au pied des montagnes, soit perché sur les collines.

CAMPEMENT CHEZ BAKARY €

✆ +221 77 107 41 02

Nuitée à partir de 3 500 FCFA par personne.
Petit déjeuner autour de 1 500 FCFA.
Repas à partir de 2 500 FCFA.

Bakary, qui fait également office de guide, a ouvert un campement dans son village, au cœur du pays Djalonké. Vous y serez accueillis chaleureusement, et logés dans des cases en terre traditionnelles, ou à la belle étoile sous des moustiquaires si vous avez trop chaud. La cuisine préparée par l'une de ses femmes est délicieuse, l'une des meilleures goûtées en brousse. Le soir, on peut veiller autour d'un feu de camp allumé sous une grande souche d'arbre renversée. Bakary vous emmènera à la rencontre des villageois et randonner : n'hésitez pas !

FONGOLIMBI

Ville frontière vers la Guinée-Conakry située à une trentaine de kilomètres de Kédougou, Fongolimbi est une bourgade enclavée, de plus de 5 000 habitants, où cohabitent harmonieusement Peuls et Djalonkés. Elle est connue pour son grand marché hebdomadaire du jeudi, à l'ambiance très animée. Depuis Malinda, vous pourrez vous rejoindre Fongolimbi en voiture ou moto. Une randonnée de deux heures pourra également vous y mener, à condition d'être accompagné d'un guide. Dans la chaîne montagneuse à l'ouest de Fongolimbi, en direction de la cascade de Dindéfello, une forte concentration de chimpanzés a été observée, car la végétation ici est luxuriante.

RÉGION CENTRE-OUEST

La région Centre-Ouest étend les tentacules wolof de Thiès aux confins du Ferlo, zone sahélienne englobant Louga et débordant sur Saint-Louis et Matam. Qu'y a-t-il à voir ? Des cacahuètes. Quoi d'autre ? Du sable et du vent du désert, et puis la ville sainte mouride : Touba et sa grande mosquée, la plus impressionnante du pays. Incontournable. Thiès est intéressant pour son musée de la tapisserie, à condition d'être amateur. La ville est sur la route de Saint-Louis, et si vous passez avec votre propre véhicule, une halte vaut largement la peine. Faire une étape à Mboro-sur-Mer est une option intéressante pour couper en deux le trajet vers l'ex-capitale de l'Afrique-Occidentale française (AOF). Sans oublier le petit désert de Lompoul, vraiment dépaysant avec ses dunes ocre et rouges, pouvant atteindre jusqu'à 50 m de hauteur. Toutes sortes d'activités ont été mises en place pour offrir une évasion inattendue aux couleurs sahariennes.

10 KM
Région centre-ouest
Océan Atlantique
LOUGA
Ourak
R 31
Tiamene
D 309
Dahra
LOMPOUL
KÉBÉMER
KÉBÉMER
R 30
N 2
Saqata
LINGUÈRE
N 3
M'BORO
NGAYE-MÉKHÉ
D 703
Darou Marmane
Darou Mousty
Déali
R 70
TIVAOUANE
D 704
Baba Garage
KAYAR
TOUBA
R 32
Pikine
Bambilor
THIÈS
Khombole
Mbacké
DAKAR
Pout
N 3
N 3
RUFISQUE
Ndoulo
DAKAR
Aéroport Dakar-Blaise Diagne
Bambey
DIOURBEL
Kolobane
MALEM HODDAR
Réserve de Bandia
Réserve Naturelle de Popenguine
R 60
ÎLE DE GORÉE
FATICK
N 4
N'guekokh
R 61
Gossas
D 610
Mbegue

PAGES

264 ## ● ● CENTRE-OUEST

Couvrant la partie la plus désertique du pays, le Centre-Ouest dévoile un paysage typique de savane arborée, ponctuée entre autres de baobabs. Bien qu'elle abrite les plus grandes villes du pays, la région n'a que peu d'intérêt pour le touriste, qui y fera seulement quelques haltes sur la route de Saint-Louis. A ne pas manquer, les Manufactures Sénégalaises des Arts Décoratifs à Thiès qui recèlent les plus belles tapisseries du monde, et la grande mosquée de Touba, si impressionnante. Une nuit dans le désert de Lompoul est une expérience incontournable, logé dans une tente traditionnelle nomade, au cœur de ce paysage fascinant.

THIÈS ★★

264 Sur la route de Saint-Louis, l'ancienne capitale du rail a conservé un certain charme, avec ses larges avenues et ses bâtisses coloniales. La ville est aussi réputée au-delà des frontières pour ses sublimes tapisseries réalisées à la main, aux Manufactures Sénégalaises des Arts Décoratifs.

267 TIVAOUANE

267 DIOURBEL

MBORO

268 Nichée au cœur des champs verdoyants de choux, salades, courgettes et oignons, la localité offre une charmante escapade au bord de l'océan. En fin d'après-midi, il faut guetter le retour des pêcheurs, spectacle saisissant et haut en couleur. Ici, rien n'est prévu pour le touriste, dommage, car il existe de jolies balades à faire dans le coin.

268 NGAYE MÉKHÉ

LOMPOUL ★

269 Situé à une dizaine de kilomètres de l'océan, à mi-chemin entre Dakar et Saint-Louis, le désert de Lompoul dévoile une belle étendue de dunes ocre, qui se modulent au gré du vent. Le dépaysement est total dans ce décor magique ! Quelques lodges s'y sont installés et proposent des nuits insolites dans des khaimas, tentes traditionnelles des nomades.

TOUBA

269 Capitale de la confrérie mouride, la ville sainte de Touba possède sa propre milice, ses propres lois et règles, d'où l'interdiction ici de fumer et de boire de l'alcool. Sa mosquée, qui s'élève à près de 90 m d'altitude, est l'une des plus majestueuses du pays. La ville accueille aussi le Grand Magal de Touba, la plus importante fête mouride, qui rassemble des milliers de pèlerins chaque année.

270 KÉBÉMER

270 LOUGA

THIÈS ★★

Sur la route de Saint-Louis, à 70 km au nord-est de Dakar en passant dans une magnifique forêt d'anacardiers ou en empruntant la nouvelle route à péage, Thiès est la capitale de la région ouest, voire de tout le Centre-Ouest – et l'une des plus grandes villes du Sénégal. On y trouve toutes les infrastructures nécessaires telles qu'une poste, des hôpitaux et des pharmacies. Vous y trouverez aussi les trois principales banques du Sénégal. Ville de passage et centre économique de la région, Thiès compte quelques hôtels, dont certaines bonnes adresses.

Histoire

A l'origine, racontent les autorités locales, cette grande cité était un petit village sérère appelé Dankhène au XVIIe siècle, dans le royaume du Cayor. Le nom Thiès serait issu d'une déformation de « caisse », pour les caisses de munitions que les colonisateurs apportaient avec eux lorsque les populations les virent pour la première fois près du village. En plus de trois siècles marqués par une histoire mouvementée et de déplacements de population convergeant vers elle, Thiès est devenu un vrai carrefour, une ville-mosaïque d'ethnies et de cultures. De nombreuses écoles supérieures s'y sont installées, lui donnant également les traits d'une ville étudiante. On y croise aussi des expatriés – obligés de passer par cette ville pour mettre leurs papiers à jour – ainsi que des militaires : si la base militaire française a fermé ses portes, c'est maintenant au tour des Américains de s'y installer. Jusqu'à l'élection présidentielle de février 2007, Thiès a été plusieurs mois durant au-devant de l'actualité sénégalaise avec une affaire devenue un feuilleton politico-judiciaire autour de son maire, Idrissa Seck. Ex-Premier ministre et ancien bras droit de l'ancien président Abdoulaye Wade, Seck est accusé de malversations financières à la faveur de grands travaux de construction et embellissement d'infrastructures à Thiès, donnant lieu à ce que la presse sénégalaise a surnommé « l'affaire des chantiers de Thiès » ou « l'affaire Idrissa Seck ». Le maire de Thiès, qui a toujours nié ces accusations, a été emprisonné pendant près de sept mois, puis a été libéré à la faveur d'un non-lieu. Près d'un an plus tard, il s'est présenté comme candidat à la présidentielle. Thiès, elle, reste toujours un vaste chantier démesuré. Ses larges avenues ont été à nouveau goudronnées et une nouvelle fois élargies. A la sortie vers Tivaouane, on tombe sur un immense rond-point dont on ne comprend pas bien l'utilité. Et ces chantiers, suspendus depuis les ennuis judiciaires du maire de la ville, lui donnent des airs de ville-fantôme en certains endroits. La plupart des panneaux ont été retirés le temps des travaux et ne sont toujours pas réinstallés. Résultat : on peut errer pendant de longues minutes avant de trouver son chemin. On s'arrête finalement à Thiès essentiellement pour visiter la Manufacture sénégalaise des arts décoratifs, son Musée régional et pour se promener dans des allées ombragées et bien entretenues. A la sortie de la ville, on sera surpris de croiser sur la route de très nombreux camions remplis à ras bord de phosphate. Deux usines se trouvent non loin de la ville, et fonctionnent en continu. Une fois remplis, les camions prennent la route de Dakar, pour charger les bateaux arrimés au port de la capitale.

Transports

En voiture de location, vous pouvez emprunter l'autoroute payante jusqu'à Thiès, à partir de Dakar. Comptez autour de 1 400 FCFA de péage. En transport en commun, des taxis-brousse partent vers Thiès de la gare routière des Baux-Maraîchers à Dakar. Comptez autour de 2 000 FCFA le trajet. Thiès est aussi, encore pour l'instant, l'une des seules villes du Sénégal, accessible en transport ferroviaire depuis la capitale. Un train effectue un aller-retour Dakar-Thiès par jour, sauf le dimanche et les jours fériés. Comptez environ 2h30 de trajet, et un billet autour de 1 000 FCFA. De l'aéroport international Blaise Diagne, vous pouvez emprunter la navette Express de la compagnie Dakar Dem Dikk qui fonctionne 7j/7 et 24h/24. Comptez environ 2 000 FCFA le trajet.

MUSÉE RÉGIONAL DE THIÈS 🏛

Quartier 10ème RIAOM
✆ +221 77 564 48 58
Ouvert du lundi au vendredi de 9h à midi et de 15h à 18h et le samedi, de 9h à 13h.
Entrée : à partir de 1 000 FCFA.

Situé dans le centre-ville de Thiès, face aux Manufactures Sénégalaises des Arts Décoratifs, le Musée régional de Thiès a pris ses quartiers en 1995 à l'intérieur de l'ancien fort de la ville, resté à l'état d'origine. C'est un petit musée, en fort mauvais état, mais le conservateur actuel, Pierre-André Coly, vous fera faire avec plaisir le tour de ses collections, classées par petits pavillons, dont un consacré au rail et à son histoire dans la région. Vous y découvrirez également l'ancien univers artistique du royaume du Cayor.

MANUFACTURES SÉNÉGALAISES DES ARTS DÉCORATIFS ★

Quartier 10ème RIAOM
✆ +221 33 951 08 62
www.msad-thies.sn
Ouvert du lundi au vendredi de 8h à 13h et de 14h30 à 17h. Entrée : à partir de 1 000 FCFA.

Créées en 1966 par le président Léopold Sédar Senghor, les manufactures ou « tapisseries de Thiès » ont pour vocation de transposer des œuvres originales d'artistes sénégalais sélectionnées sur appels d'offres en œuvre d'art décoratif : tissage, céramique, mosaïque, tenture, etc. Aujourd'hui, seule la tapisserie perdure. La visite de l'atelier est très intéressante puisqu'on y explique les différentes étapes de la réalisation : transposition de la toile sur un carton, mise en place sur le métier à tisser, tissage, etc. Certaines de ces œuvres sont exposées et en vente dans une salle qui jouxte la manufacture. L'endroit est spacieux, ce qui permet une mise en valeur des différentes toiles, toutes très colorées, certaines figuratives, d'autres plus abstraites. Les peintures originales ne peuvent être reproduites que huit fois sous forme de tapisserie. Elles sont toutes en vente, à partir de 600 000 FCFA le m². Le catalogue se trouve sur place, et il est possible de passer une commande en versant un acompte. Même si les Beaux-Arts considèrent les tapisseries un chouia trop conservatrices, Thiès reste une référence pour toute l'Afrique et bien au-delà en matière de cet art. On retrouve nombre de ces œuvres dans les institutions sénégalaises, mais aussi dans les palais des chefs d'Etat ou dans les organismes mondiaux. L'une des plus fameuses, une magnifique tapisserie de 24 m² représentant le Magal de Touba, pavoise depuis fin 2012 le siège des Nations Unies.

QUARTIER IBRAHIMA SARR ★

L'architecture coloniale n'a pas vraiment survécu au temps et rares sont les villes et les quartiers, pourtant colonisés durant des siècles par la France, qui n'ont pas encore vu d'immeubles et d'habitations modernes s'implanter. Le quartier Ibrahima Sarr, du nom du célèbre leader syndical de la grande grève des cheminots en 1947-1948, est de ceux-ci. Plutôt calme par rapport à l'agitation de Thiès, il est l'occasion de découvrir de belles demeures coloniales qui cohabitent avec des arbres datant de la même époque. Une agréable balade.

LA CAPITALE DU RAIL

A l'époque coloniale, Thiès était un véritable carrefour ferroviaire, durant l'expansion de la culture de l'arachide. Au nord, Saint-Louis ; au sud, Dakar et les régions du sud ; et à l'est, des bretelles Louga, Linguère et Diourbel. Et Bamako, plus de 1 000 km plus loin. La gare ferroviaire était au centre des intérêts portés à Thiès. Sans parler de la lutte des cheminots qui fut un exemple dans le pays. Grèves et sabotages furent souvent utilisés pour revendiquer des avantages sociaux. La tension la plus extrême fut celle de l'hiver 1947. Une grève immobilisa le trafic, d'octobre à mars. Les grévistes obtinrent finalement gain de cause contre le pouvoir colonial.

HÔTEL REX €

Rue Douaumont
✆ +221 33 951 10 81
Chambre climatisée à partir de 16 500 FCFA. Petit déjeuner à partir de 1 500 FCFA.

Situé dans l'ancien centre de Thiès, près du cinéma Rex, l'un des premiers hôtels de la ville dispose d'une trentaine de chambres modestes, organisées autour d'un patio central. Elles sont propres avec douche (eau froide) et WC, et la plupart sont équipées de moustiquaires et de TV. Sur le toit, une grande terrasse permet de se dorer au soleil, tout en profitant d'une vue panoramique sur la ville. Côté repas, on déguste une bonne cuisine faite de grillades et de plats locaux dans un grand patio dominé majestueusement par un arbre à caoutchouc vieux de 110 ans.

BIG FAIM €€

Avenue Léopold Sédar Senghor
✆ +221 77 486 58 31
www.hotel-bigfaim.com
Chambre double à partir de 31 000 FCFA. Petit déjeuner inclus. Plats autour de 4 500 FCFA.

Situé en plein centre-ville et au-dessus du restaurant libanais éponyme, Big Faim propose une cinquantaine de chambres ainsi que deux suites modernes et équipées à l'européenne (climatisation, TV satellite, wifi, salle de bains tout équipée...), assez chères, mais surtout fréquentées par des hommes d'affaires. On peut se rafraîchir dans la piscine dans la cour intérieure qui donne sur le restaurant. Préférez les *shawarmas*, les spécialités libanaises et les pâtisseries aux plats sénégalais, sans plus. Personnel disponible et sympathique.

LE GROUPE WAFLASH

Près de Thiès, on peut encore voir le nom du groupe ou celui de sa chanteuse vedette, Ma Sané, en tag sur les murs. Un groupe de copains d'enfance passionnés de musique qui s'impose sur la scène internationale à la fin des années 1990. Marqués par plusieurs influences, ils excellent dans l'acoustique, mais n'ont peur d'aucun style. Ils parlent dans leurs chansons des faits de société, véhiculant l'identité culturelle de Thiès. Aujourd'hui, seul le nom persiste, rappelant une époque florissante où le groupe mettait une ambiance détonnante au Palais des Arts. Mais les amis d'enfance parlent de partager à nouveau cette passion qui les unissait. Des retrouvailles à suivre...

LE CROISSANT MAGIQUE €€

381 avenue Lamine Gueye
✆ +221 33 951 06 06
www.croissantmagique.com
Chambre simple à partir de 25 600 FCFA, double à partir de 30 600 FCFA. Petit déjeuner inclus.

Impossible de manquer cet hôtel avec ses couleurs vives situé à deux minutes à pied de la Promenade des Thiessois. Disposées sur trois étages, les chambres sont bien entretenues et offrent la tranquillité en plein centre-ville. Au second étage, elles disposent d'un petit balcon donnant sur la « rue sans soleil ». Le patio central, doté d'une fontaine, est un lieu paisible pour lire ou prendre un verre. L'établissement possède depuis 2015 une annexe située en face de la clinique La Sagesse, avenue Houphouët Boigny. Les chambres climatisées y sont confortables.

HÔTEL KÄN MASSAMBA €€

Quartier Grand Standing
✆ +221 33 951 09 81
Chambre double à partir de 30 600 FCFA. Petit déjeuner inclus.

Cet hôtel est à près de 3 km du centre-ville, à l'entrée de Thiés. Un peu excentré donc, mais il a l'avantage de se situer à côté de la gare routière. On y séjourne dans des chambres basiques, mais confortables et spacieuses. Certes sans grand charme, l'établissement est néanmoins propre et calme. A une trentaine de kilomètres de l'aéroport Blaise Diagne, il sera néanmoins parfait pour passer une nuit si votre vol atterrit dans la nuit et que vous devez rejoindre Saint-Louis le lendemain. Personnel agréable et bonne restauration.

HÔTEL MASSA MASSA €€

101 Cité Malick Sy
✆ +221 33 952 12 44
www.massamassa-senegal.com
Chambre à partir de 26 000 FCFA.
Petit déjeuner à partir de 2 500 FCFA.

Située dans un quartier paisible à l'entrée de la ville, cette auberge dispose de chambres confortables, propres et chaleureuses avec salle de bains, ventilées ou climatisées. Certaines sont un peu étouffantes, sans vraies fenêtres donnant sur l'extérieur, demandez à en voir plusieurs. L'établissement est également réputé pour sa très bonne table. Spécialités belges, françaises, et sénégalaises préparées en grande partie avec des produits locaux. On peut profiter d'une terrasse sur le toit aménagé en salon lounge sous mille étoiles.

RÉSIDENCE JB €€

Avenue Léopold Sédar Senghor
✆ +221 33 951 00 03
https://residencejb.jimdofree.com
Chambre à partir de 25 000 FCFA, petit déjeuner inclus. Appartement à partir de 35 000 FCFA la nuitée.

Située en plein centre de Thiès, au-dessus de l'agence de la BHS, cette résidence propose des chambres et des appartements à la décoration simple, mais élégante. Propres et lumineux, les logements sont dotés de tout le confort moderne : climatisation, mini bar, TV à écran plat et salle de bains privative. Quelques chambres disposent d'une baignoire et d'un petit balcon. Les appartements sont assez spacieux et disposent d'un coin cuisine avec bouilloire, placards et frigo. Le service y est en plus impeccable. Bon rapport qualité-prix.

RÉSIDENCE JB €€

Avenue Léopold Sédar Senghor
✆ +221 33 951 00 03
https://residencejb.jimdofree.com
Chambre à partir de 25 000 FCFA, petit déjeuner inclus. Appartement à partir de 35 000 FCFA la nuitée.

Située en plein centre de Thiès, au-dessus de l'agence de la BHS, cette résidence propose des chambres et des appartements à la décoration simple, mais élégante. Propres et lumineux, les logements sont dotés de tout le confort moderne : climatisation, mini bar, TV à écran plat et salle de bains privative. Quelques chambres disposent d'une baignoire et d'un petit balcon. Les appartements sont assez spacieux et disposent d'un coin cuisine avec bouilloire, placards et frigo. Le service y est en plus impeccable. Bon rapport qualité-prix.

LE CROISSANT MAGIQUE €

381 avenue Lamine Gueye
✆ +221 33 951 06 06
www.croissantmagique.com
Omelettes et hamburgers à partir de 1 200 FCFA, plats à partir de 3 000 FCFA.

Attenant à l'hôtel, le restaurant offre une cuisine simple, mais de qualité. Vous pourrez vous y restaurer rapidement en commandant pizzas, omelettes, hamburgers et salades ou bien déguster une cuisine sénégalaise tranquillement dans la salle climatisée ou sur la terrasse qui donne sur la rue sans soleil. Le lieu est aussi agréable au petit déjeuner où vous pourrez accompagner votre café de délicieuses viennoiseries élaborées sur place. L'établissement accueillant principalement une clientèle business, le wifi y est très bon.

LES DÉLICES €

300 avenue Léopold Sédar Senghor
✆ +221 33 951 75 16
Ouvert tous les jours de 6h à 2h du matin.
Plats à partir de 3 000 FCFA, sandwichs à partir de 1 000 FCFA.

Grand choix dans ce restaurant situé sur la route de Saint-Louis, juste après le rond-point de l'hôtel de ville. Pâtes, omelettes, pizzas, grillades, spécialités orientales et asiatiques, salades, poissons, sandwichs, hamburgers. Mais aussi viennoiseries et des pâtisseries dégoulinantes de crème… pour les amateurs de sucreries à la française. La qualité est au rendez-vous, viande tendre, poisson du matin et Joséphine, la propriétaire, vous accueille avec le sourire. Une bonne pause déjeuner avant de suivre la route pour Saint-Louis.

SAM'S RESTAURANT €

443 avenue Léopold Sédar Senghor
✆ +221 33 951 07 48
Ouvert tous les jours, 24h/24.
Plats sénégalais autour de 1 500 FCFA.
Sandwiches à partir de 1 000 FCFA.

Situé en plein centre-ville, l'établissement est spécialisé dans les fast-foods. Les shawarmas y sont bons et les tacos mexicains bien garnis. Les poulets qui rôtissent devant l'établissement ouvrent aussitôt l'appétit en passant devant l'établissement. En attendant son plat, on peut se laisser tenter par une partie de billard. L'enseigne possède également un autre fast-food, le Sam's Prestige, situé avenue Lamine Gueye. On y vient surtout pour ses concerts de qualité, organisés dans sa salle de spectacle. Ambiance festive garantie !

TIVAOUANE

Tivaouane est le centre religieux de la confrérie tidjane sénégalaise. C'est d'ici qu'à la fin du XIXe siècle El-Hadj Malick Sy étendit son influence sur la plus grande partie du Sénégal, à l'exception du Fouta Toro. On y trouve la mosquée la plus importante pour ceux qui sont sous l'obédience de Fez. Le grand moment de rassemblement annuel de cette confrérie est le Gamou, anniversaire de la naissance du prophète Mohamed. Pour l'occasion, les pèlerins se pressent par centaines de milliers sur la route, jusqu'à Tivaouane. Ce grand pèlerinage n'a pas lieu chaque année à la même date sur le calendrier grégorien, puisqu'il relève du calendrier musulman.

DIOURBEL

Diourbel, c'est la capitale de la région du même nom, le cœur historique du Baol. Cette ville située à 146 km à l'est de Dakar demeure cependant, pour de nombreux non-Sénégalais, moins connue que la cité de Touba, fief de la confrérie des mourides devenu une importante agglomération. Pourtant, c'est là que le fondateur du mouridisme, cheikh Ahmadou Bamba Mbacké, a fait construire sa première mosquée. Mais c'est à Touba qu'est concentrée une grande partie des activités (stations-service, banques, commerces…). Néanmoins, vous trouverez une banque, face à la mairie, quartier Escale, qui dispose d'un distributeur de billets et d'un point Western Union.

LA FONDERIE MAKHONE DIOP ★

Elle a été fondée par cheikh Makhone Diop, premier sculpteur et fondeur du pays. C'est aujourd'hui son fils, Issa Diop, qui a pris la relève de cette célèbre fonderie. Après s'être perfectionné au Modern Patern Foundery à Los Angeles, il est parti rencontrer les fondeurs traditionnels de l'Afrique de l'Ouest pour apprendre de leurs techniques. Ici, on travaille le bronze sur la technique de la cire perdue. Les sculptures représentent essentiellement des chevaliers, des guerriers ou encore les rois de Baol ou du Djolof et valent souvent très cher.

RÉGION CENTRE-OUEST

MBORO

A une centaine de kilomètres de Dakar. Venir jusqu'à Mboro oblige certes à faire un léger détour, mais constitue une bonne halte entre Dakar et Saint-Louis. Surnommée « la petite Casamance », la localité est ceinturée de champs cultivés. Tomates, choux, salades ou encore oignons, le maraîchage est ici la principale activité en raison de la bonne fertilité des terres. A 5 km de là, Mboro-Sur-Mer abrite le village des pêcheurs. La Grande Côte n'est pas protégée du vent, et de puissants rouleaux viennent s'abattre sur la plage. Il n'est pas conseillé de s'y baigner.

Tourisme

Chaque matin à Mboro-sur-Mer, les pêcheurs prennent leurs pirogues à moteur et s'en vont relever leurs filets. Ils reviennent en fin de matinée, leur navire rempli de thiofs, soles, langoustes et gambas. Le petit village est alors en pleine ébullition. Les femmes récupèrent le poisson, le nettoient, le vendent sur place ou s'en vont au marché de Mboro à quelques kilomètres de là. En ville, vous trouverez aussi quelques cases où sont installés bijoutiers, sculpteurs, cordonniers et tailleurs. Vous pourrez y apprécier leur travail, leur poser des questions ou acheter un article à prix plancher. Tous réalisent des œuvres sur commande. Pour peu que vous restiez quelques jours à Mboro ou que vous y repassiez en revenant de Saint-Louis à Dakar. Plusieurs randonnées sont aussi possibles à pied, à cheval ou en charrette, à la découverte notamment des oiseaux ou de la technique de fabrication du vin de palme.

PÉRIMÈTRE DES NIAYES

Mboro se situe sur cette bande de terre très fertile que l'on nomme les Niayes et qui s'étend de Dakar à Saint-Louis. Juste derrière les dunes de sable et avant que ne s'étendent la savane puis le Sahel, le Sénégal dispose d'une curiosité géographique caractérisée par des dépressions qui se transforment çà et là en lac, en marigot ou en palmeraie, véritables îlots de verdure habités par des oiseaux, et qui tranchent avec les paysages environnants. A Mboro, les femmes les ont transformés en jardins maraîchers et vendent tous les jours au marché fruits et légumes.

CAMPEMENT DES NIAYES €€

Route de Mboro-sur-Mer
✆ +221 33 954 63 23
Chambre double à partir de 14 500 FCFA.
Petit déjeuner inclus. Transfert de l'aéroport à partir de 25 000 FCFA.

Voilà un campement assez proche de la mer par rapport aux autres adresses situées dans le village de Mboro. Ce grand campement propose des cases ventilées très propres et équipées de moustiquaires. Les cases plus spacieuses sont dotées d'une TV et d'une salle de bains privée avec eau chaude et sont très confortables. Le site est agréable, planté de nombreux arbres. Le restaurant dispose d'une jolie terrasse avec une petite piscine d'agrément. Vous pourrez notamment y déguster de délicieuses cuisses de grenouille, provenant de la région du Fouta-Toro.

RESTAURANT JAPPOO €

✆ +221 77 542 73 29
Ouvert du lundi au samedi de 8h à 22h.
Plats à partir de 800 FCFA.
Jus locaux à partir de 200 FCFA.

Face à la station-service MKA Excellence, ce restaurant sans prétention est installé au premier étage de l'immeuble jouxtant le cybercafé de la ville. Plusieurs tables y sont disposées comme à la cantine. Préférez celles du fond, près de la vitre, où le regard se perd dans les champs verdoyants. Concoctés par les femmes du village, les plats sénégalais sont certes relevés, mais délicieux et à petits prix. Vous pourrez les accompagner d'un jus local comme le bissap et le jus de bouye. L'accueil en plus est très charmant, et l'on s'y sent tout de suite bienvenu.

NGAYE MÉKHÉ

Sur la route entre Tivaouane et Saint-Louis, chaque lundi, Ngaye Mékhé accueille un grand marché où paysans et artisans se retrouvent. Maroquineries, pagnes, sculptures... Vous y trouverez quelques souvenirs sénégalais bon marché, mais surtout des chaussures ! Capitale de l'artisanat sénégalais, la ville a vu la création en 2014 de la marque de chaussures en cuir B & Shoes lancée par un jeune du village, Matar Mohamed Baby. Elles sont entièrement réalisées à la main par des cordonniers du village formés à la technique de découpe. Lors de votre visite à Ngaye Mékhé, vous pourrez pousser la porte des ateliers d'artisans et apprécier leur travail.

LOMPOUL ★

Entre Dakar et Saint-Louis, à moins de 10 km de la mer, apparaît un avant-goût de la Mauritanie. Un désert de 18 km², sorti de nulle part, expose ses dunes, pouvant atteindre jusqu'à 50 m de hauteur. De sublimes étendues de sable fin viennent flirter avec quelques notes de verdure, formant de nouveaux paysages tous les 200 m. Balades en dromadaire entre dunes et océan, randonnées en quad, nuitées en tente khaïma, méchoui sous les étoiles, toutes sortes d'activités ont été mises en place pour vous offrir une évasion inattendue aux couleurs sahariennes.

Transports

Généralement, Lompoul se visite à travers les excursions des agences de voyages, depuis Saint-Louis. Mais il est possible de s'y rendre en individuel. A condition de faire preuve de patience et d'adaptabilité. En voiture privée, quitter la route nationale à Kébémer, en direction de Diokoul et Lompoul. Des taxis-brousse font aussi la navette Kébémer-Lompoul. Il faudra toutefois négocier ferme, faire preuve de patience et peut-être accepter que les rencontres soient moins authentiques ici qu'ailleurs. Là où les 4x4 dernier cri défilent, comme partout ailleurs, le touriste pourra se faire plumer en beauté. Le véhicule du campement viendra ensuite vous chercher au village pour parcourir les 3 ou 4 km restants. Le trajet est absolument splendide. Sortez vos appareils ! Et pour ceux qui souhaiteraient prendre leur propre véhicule, c'est à partir d'ici, vous l'aurez compris, que le 4x4 s'impose !

LE CAMP DU DÉSERT €€

✆ +221 78 488 68 14

www.espritdafrique-senegal.com

Tente double en demi-pension à partir de 26 000 FCFA/personne. L'aire Rêve de nomade est fermée de juillet à octobre.

Un camp nomade au milieu du désert. Un décor sorti tout droit de *Lawrence d'Arabie*, sauf que vous êtes dans le désert de Lompoul ! Le campement se divise en deux aires distinctes : l'aire classique regroupant près d'une vingtaine de tentes maures et l'aire Rêve de nomade constituée d'une petite dizaine de khaïmas spacieuses. Elles sont toutes très confortables avec salles de bain privatives à l'air libre. A savoir, le camp fonctionne à l'électricité solaire et il n'y a aucune installation électrique dans les tentes (prévoir une lampe de poche).

TOUBA

Avec près de 900 000 habitants, la ville de Touba est l'une des plus peuplées du Sénégal. Elle a été fondée en 1888 par cheikh Ahmadou Bamba, le fondateur du mouridisme. Elle possède sa particularité au Sénégal, non seulement par son impressionnante mosquée, qui semble à une autre échelle par rapport à la ville qui l'entoure, mais aussi pour son Grand Magal célébré quatre mois et vingt jours après la fin du ramadan et qui attire chaque année des milliers de pèlerins. Le territoire de Touba est ainsi la propriété de la confrérie des mourides sur laquelle le gouvernement n'a qu'un mince droit de regard. Ici, pas de police, mais une milice. Les lois sont celles des mourides, et l'alcool et le tabac y sont formellement interdits. Touba est donc une sorte d'Etat dans l'Etat, avec ses mécanismes et ses règles. Le marché a ceci d'extraordinaire qu'on y trouve des produits hors taxes, hors impôts, hors restriction. Et contrairement aux apparences, certains aussi viennent de loin pour vendre ou acheter des produits de contrebande. Le pouvoir des mourides semble sans limites. Les disciples de cheikh Ahmadou Bamba ont été les seuls à avoir investi dans la formation des jeunes dans les meilleures universités étrangères. Un placement fructueux dans le long terme, puisque de jeunes élites sénégalaises sorties de Harvard sont désormais mises au service du système économique ou juridique mouride.

Pratique

Touba semble être le centre du Sénégal. Si vous voulez y aller, tout le monde vous facilitera le trajet. Quitter la ville offre plusieurs possibilités. Si vous allez vers Saint-Louis, vous pouvez prendre la route de Louga et rejoindre ensuite la route nationale vers le nord. Pour rentrer à Dakar ou à Kaolack, il faut rebrousser chemin jusqu'à Diourbel. Dernière possibilité : vous poussez plus avant vers l'aride, le désert du Ferlo, pour rejoindre Linguère où il y a un campement, puis Ourossogui et la route du fleuve Sénégal. Sachez également qu'il est compliqué de loger à Touba si vous n'êtes pas invité par quelqu'un. Si vous cherchez un hôtel, il vous faudra rejoindre Diourbel, à 50 km de là. Vous trouverez à Touba plusieurs banques dont l'une est située dans le quartier Darou Marnane. Si vous souhaitez faire le plein, c'est également le bon moment : il y a plusieurs stations-service dans la ville.

LA GRANDE MOSQUÉE ★★

On entre par la porte de la bibliothèque, à l'est, et on ressort en face, par la porte ouest. Des guides sont habilités (leur demander leur carte) et donnent des informations intéressantes sur la mosquée et la confrérie mouride. L'entrée est gratuite, mais il faut penser au guide à la sortie… Attention ! Pantalon pour les hommes, foulard sur la tête et jupe longue pour les femmes. On peut aussi fournir ce qu'il faut sur place. Se poster face à la mosquée, tout en marbre blanc et rose, stuc et teck, donne une idée de l'ampleur de la confrérie et de l'influence qu'elle peut avoir sur ses fidèles. L'édifice fut construit entre 1927 et 1963, avant d'être agrandi en 1987. Il comporte un minaret central de 87 m de haut, quatre minarets d'angle et quatorze coupoles violettes au total. Quant à ses minarets, ils représentent chacun les cinq piliers de l'islam. Dans la principale coupole se trouve le tombeau du cheikh Ahmadou Bamba, le fondateur de la confrérie mouride. Cinq autres mausolées abritent d'autres khalifes importants. Chaque vendredi, 800 tapis sont installés pour la grande prière. Environ 10 000 musulmans s'y rassemblent, et les hommes et les femmes sont bien sûr séparés. Mais la dévotion des fidèles se remarque avant tout pendant le pèlerinage annuel à Touba, dû par tout bon mouride : le Grand Magal. Instauré en juillet 1928 par le premier khalife du cheikh, le Magal glorifie le retour triomphal du cheikh Ahmadou Bamba de son exil au Gabon. Il semble alors qu'une partie du Sénégal se vide pour venir peupler la ville.

KÉBÉMER

Sur la route N2, on tombe sur Kébémer, chef-lieu de la commune abritant le haras national du Sénégal. La famille de l'ancien président Abdoulaye Wade est originaire de cette localité. Si sa biographie officielle mentionne qu'il est né en mai 1926 à Saint-Louis, d'autres sources soutiennent mordicus que Wade a vu le jour à Kébémer. Ses parents et son frère aîné y sont d'ailleurs enterrés. Ici, on part à la recherche d'un meilleur avenir sous d'autres cieux depuis les années 1970. L'émigré – le modou-modou – travaille, trime et envoie à sa famille assez d'argent pour se nourrir, se vêtir, se loger et même se réserver les plus jolies filles du coin.

HÔTEL GALAYABÉ €

✆ +221 77 326 47 84

Chambre double à partir de 10 000 FCFA.
Petit déjeuner autour de 1 000 FCFA.
Boîte de nuit tous les samedis à 23h.

Ouvert en 1989, cet établissement est situé en plein centre de Kébémer. Les cinq chambres sont rustiques, mais propres. Elles peuvent tout à fait convenir pour une nuit si vous souhaitez faire une pause avant de rejoindre Saint-Louis. A l'arrière, un petit jardin fleuri invite à la détente. L'hôtel fait également office de boîte de nuit le samedi soir où les jeunes de la bourgade viennent s'y déhancher jusqu'au petit matin. En dehors des festivités du samedi soir, l'hôtel est plutôt calme et paisible. Un parking est disponible pour les résidents de l'hôtel.

LOUGA

A environ 75 km de Saint-Louis, Louga est une capitale régionale d'environ 100 000 habitants. L'agriculture est la principale activité de la région, mais son économie connaît de grandes difficultés, le tissu industriel s'étant peu développé et les investissements y sont quasi inexistants. C'est aussi la ville natale de l'ancien président sénégalais Abdou Diouf. Et un lieu de convergences d'amateurs de musiques et de danses à la faveur du festival le plus célèbre de la région, le festival de folklore et de percussions (Fespop). Vous y trouverez quelques hôtels, des banques, si vous avez besoin de retirer de l'argent, et aussi des stations-service.

HÔTEL KAWSARA €€

Boulevard de la Gouvernance
✆ +221 33 967 01 01

Chambre à partir de 20 000 FCFA.
Petit déjeuner inclus.

A quelques pas de la gare routière de Louga, cet hôtel est très apprécié par les hommes d'affaires pour sa propreté et son calme. Les chambres et suites, toutes climatisées, sont correctes et confortables, dotées de salle de bains privée et équipées de moustiquaires, mini bar et TV. Certaines chambres disposent d'un balcon. Il est également possible de se restaurer sur place, la carte proposant des spécialités sénégalaises et européennes. Accueil professionnel et agréable. Sans aucun doute le meilleur rapport qualité/prix de la ville.

SAINT-LOUIS ET SA RÉGION

À près de 300 km au nord de Dakar, à la frontière avec la Mauritanie, la région de Saint-Louis se fait désirer. Et elle a bien raison, elle qui offre une atmosphère unique et des paysages spectaculaires, entre fleuve et océan. Ancienne capitale de l'Afrique-Occidentale française, Saint-Louis émerveille, enivre et inspire des artistes du monde entier par ses maisons coloniales, sa vie métissée et nonchalante. La ville, qui tombait en désuétude, se refait aujourd'hui une nouvelle jeunesse et les chantiers s'y multiplient. Ses alentours regorgent de sites exceptionnels, refuges de plusieurs espèces d'oiseaux. Troisième réserve ornithologique mondiale, le Parc national du Djoudj dévoile des spectacles féeriques entre décembre et avril lorsque les migrateurs débarquent par milliers. Sans parler de la Langue de Barbarie, ce cordon de sable si fragile, résistant tant bien que mal entre fleuve et océan.

Saint-Louis et sa région

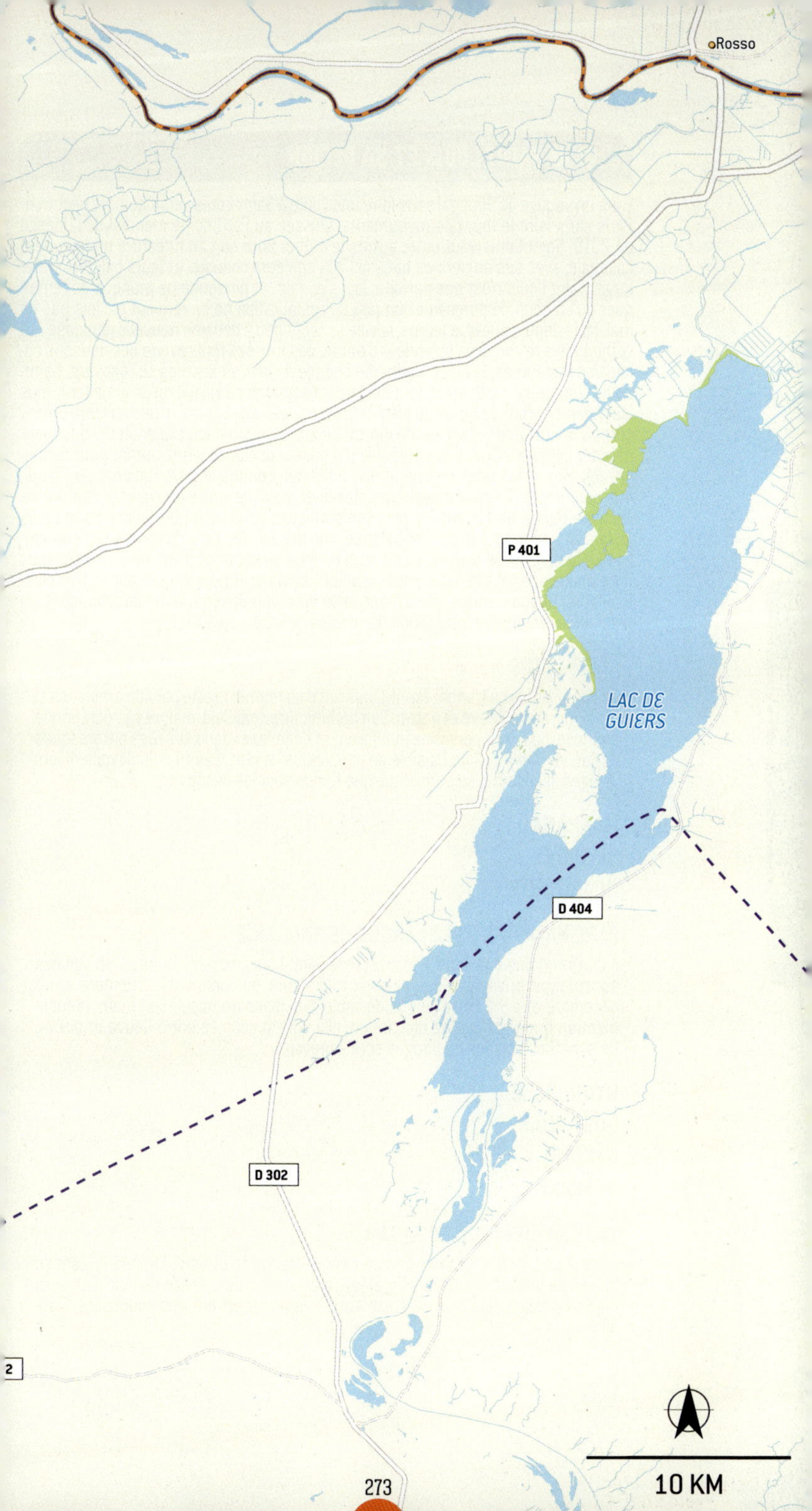

Rosso
P 401
LAC DE GUIERS
D 404
D 302
2
10 KM

PAGES

275 ## SAINT-LOUIS ET SA RÉGION

Faire un voyage au Sénégal sans faire une visite à Saint-Louis serait comme découvrir Paris sans faire le tour des monuments. Classée au Patrimoine mondial de l'Unesco en 2010, Saint-Louis vaut entre autres le détour pour son architecture typiquement coloniale, avec ses anciennes bâtisses aux couleurs chaudes et leurs balcons en fer forgé. Saint-Louis n'est pas parfaite, loin s'en faut, et personne ne manque de remarquer qu'un coup de pinceau et un peu de restauration ne lui feraient parfois pas de mal. Mais depuis quelque temps, la ville se refait peu à peu une nouvelle jeunesse : sa cathédrale a retrouvé sa splendeur d'antan, des musées font revivre des maisons coloniales restaurées, la place Faidherbe change de look, et les rues se rénovent. Saint-Louis change, se modernise, tout en gardant son âme de village qu'on aime tant. Tous les regards seront de nouveau bientôt tournés vers elle, elle qui recèle au large de ses côtes d'importantes réserves de gaz et de pétrole, et dont les exploitations devraient débuter courant 2022. Il est agréable d'y passer quelques jours, autant pour découvrir les merveilles dont regorgent ses environs, comme le parc national du Djoudj, que pour goûter à son atmosphère paisible et magique, entre fleuve et océan. Même les bana-banas sont beaucoup plus sympathiques qu'à Dakar ! Qui vient à Saint-Louis se laissera séduire par sa nonchalance, son accueil des plus chaleureux et son ambiance festive. A son arrivée, il faut faire un saut au syndicat d'initiative, l'un des plus dynamiques de tout le pays, pour organiser sa visite et ne manquer aucun bon plan. D'ailleurs, chaque année, la ville accueille de nombreuses manifestations, dont un festival de renommée internationale, le fameux Saint-Louis Jazz.

SAINT-LOUIS ★★★

Saint-Louis a conservé sa dimension conviviale de village et une atmosphère unique. Saint-Louis est calme et serein, quand Dakar épuise et harasse. L'art de vivre est porté à son apogée. Les sourires ne sont pas feints et, sauf devant les hôtels où des artisans chercheront à écouler leurs « merveilles », vous aurez la tranquillité partout en ville... si vous êtes touriste et de passage ! Car, sinon, ne comptez pas faire un geste sans que toute la ville soit au courant. Sur cette île où les habitants sont fiers de leur identité, l'esprit de bourg existe. Saint-Louis a perdu beaucoup de son importance, tant au plan économique qu'au plan géopolitique. Ce n'est la deuxième ville du Sénégal ni par la population ni par son activité économique. Culturelle alors, la belle du Nord ? Assurément. Le festival Saint-Louis Jazz est un événement majeur et sa 25e édition en 2017 a rassemblé de grands artistes tels Marcus Miller et Stanley Clarke. De Métissons à Duo Solo Danse, d'autres festivals complètent l'offre saint-louisienne. On trouve aussi des courses de pirogues, des portes ouvertes à la découverte du patrimoine architectural (Entre'vues) et des fêtes traditionnelles. Sans parler de son archipel de musées, nouvelle offre culturelle, qui donne un second souffle au quartier Sud.

Histoire

Ce sont des commerçants rouennais et dieppois qui, les premiers (1638), décidèrent de s'installer entre la Langue de Barbarie et le continent. Au nom de la Compagnie du Cap-Vert et de Gambie de Richelieu, Caullier s'établit dans l'île en 1659. La région était déjà portée sur l'esclavage, où la Mauritanie échangeait du sel contre des esclaves. A l'arrivée des Européens, la traite des Noirs prit de l'ampleur le long du fleuve, et Saint-Louis devint le centre de transit des esclaves de l'intérieur vers l'Amérique. En parallèle, se développa le commerce de la gomme, sur lequel reposa l'économie de la ville. Dès le début du XIXe siècle, les Bordelais, maîtres des échanges, s'organisèrent pour travailler dans le cadre de maisons de commerce. Hubert Prome et Hilaire Maurel, débarqués au Sénégal en 1839 y firent rapidement fortune, pilotant la diaspora bordelaise qui prit alors de l'envergure avec l'installation de Devès, Chaumet, de Buhan, de Teisseire et de Peyrissac. Avec l'activité économique apparurent, dans les années 1830, l'église, la mosquée, les casernes, puis vinrent le palais de justice et le grand hôpital de la Marine dans les années 1850. Les entrepreneurs avaient le poids suffisant pour arriver à infléchir les décisions de la métropole. Ainsi, ce furent Maurel et Prome qui appuyèrent la nomination de Faidherbe comme gouverneur en 1854, pour transformer le vaste comptoir en colonie. Ce furent toujours les Bordelais qui, à partir de 1860, investirent dans la culture de l'arachide, alors qu'avec l'abolition de l'esclavage le gouvernement était au bord de la banqueroute. Ce fut alors à la fin des années 1860 que Saint-Louis atteignit un statut, une économie et une réputation qui lui permit d'entreprendre le pari de l'AOF, en 1895. Mais, elle perdit vite son statut privilégié au profit de Dakar, en 1902.

Pratique

La gare routière se trouve à l'entrée de Saint-Louis, dans le quartier de Pikine. Elle est bien organisée, et vous y trouverez de nombreux taxis-brousse et bus pour rejoindre entre autres, Dakar, Thiès, Richard-Toll et Bakel. De la gare routière, pour aller sur l'île, il vous faudra prendre un taxi, comptez aux alentours de 1 500 FCFA. Pour vous déplacer, de nombreux taxis circulent en ville. En journée, comptez autour de 500 FCFA la course jusqu'à Sor. Dans le quartier Nord et à Sor, vous trouverez les principales banques du Sénégal. La poste, elle, se trouve juste en face de l'hôtel du même nom, près du Syndicat d'initiative, et l'hôpital régional, dans le quartier Sud, rue Cormier.

Quartiers

L'arrivée à Saint-Louis ne commence pas par les paysages les plus féeriques. D'abord Pikine, les déchets partout étalés dans la rue et aux allures de bidonville, Sor est devenu une banlieue de Saint-Louis, attirant les ruraux en difficulté, mais créant un autre reflet à la ville. Finis les vieux murs et l'air moisi, ici, la vie bat son plein au cœur du marché central. De nombreux Européens y vivent dans de charmantes villas, et quelques restaurants et hôtels ont ouvert. Sor est souvent embouteillé au niveau du rond-point près du pont Faidherbe, la porte de l'île. Après le dédale des rues engorgées par cette population agglutinée à la va-vite, on traverse la majestueuse œuvre métallique, qui aurait été dessinée par Gustave Eiffel, pour déboucher devant la Gouvernance, logeant aujourd'hui le syndicat d'initiative. D'un côté, le quartier Sud ; de l'autre, le quartier Nord. Ce dernier abrite le poumon économique et administratif de la ville. On y trouve magasins, boulangerie, galeries, restaurants, hôtels, clubs à portée de main. Les rues sont bien quadrillées, bordées de maisons coloniales en décrépitude, dont certaines sont peu à peu rénovées. Le quartier Sud, ou Sindone, est plus résidentiel. Les maisons privées sont plus nombreuses, l'atmosphère y est encore plus langoureuse, nonchalante.

A l'entrée du quartier, l'église, la plus ancienne de l'Afrique de l'Ouest (XVIIIe siècle) et tombée en désuétude pendant de nombreuses années, subit actuellement des travaux de rénovation. Une fois le chantier terminé, son renouveau égayera le quartier. Entre musées, galeries d'art, maisons d'hôtes et hôtels, le quartier tend à se dynamiser dans un futur proche, tout en reprenant ses éclats d'antan avec la rénovation de plusieurs bâtiments. Certaines maisons ont été transformées en petits bijoux, leurs boiseries refaites, le patio fleuri, les meubles choisis avec goût, et c'est aussi parfois devant ce contraste si fort avec la rue que l'on peut se retrouver, désabusé à l'idée que tout Sindone pourrait aussi ressembler à cela. Beaucoup de passé pour la ville, il est vrai, mais le futur est à l'ordre du jour. Les projets sont légion, tant dans le quartier Nord, où la place Faidherbe entre autres se refait une nouvelle jeunesse, que dans le quartier Sud, où quelques hôtels, maisons d'hôtes et galeries d'art ont ouvert. A une dizaine de kilomètres de l'île, Bango est surtout connu pour son aéroport, son camp militaire, ses jolies maisons où plusieurs Français se sont installés, et depuis peu, pour sa réserve privée, créée dans le but de réintroduire plusieurs espèces du Sahel, comme la gazelle dorcas. Bango est longé par un affluent du fleuve Sénégal, le Lampsar, où de nombreux Sénégalais viennent pêcher au filet.

BOU EL MOGDAD ★★

✆ +221 33 961 56 89

www.bouelmogdad.com

Croisière à partir de 790 € par personne, tout inclus.

Depuis septembre 2005, ce mythique bateau navigue de nouveau entre Saint-Louis et Podor, sur le fleuve Sénégal. Sortir de la ville debout sur son pont procure une vive émotion. Il est possible de ne faire qu'une partie du trajet, par exemple d'aller jusqu'au parc naturel du Djoudj. S'il est en transit à Saint-Louis, vous pourrez aussi le visiter (accès libre, généralement sur le quai Roume, à 200 m du restaurant Bou el-Mogdad) et profiter le samedi soir d'un sympathique concert organisé sur le pont. Personnel chaleureux et sympathique.

LES COMPTOIRS DU FLEUVE ★

Quai Henri Jay ✆ +221 77 853 75 75

Ouvert tous les jours de 9h à 19h. Entrée libre. Nuitée à partir de 50 €, avec petit déjeuner.

Littératures, arts contemporains, photographies, arts premiers... il y a toujours quelque chose à voir dans ce lieu d'exposition dédié à tous les arts. On peut consulter sur place les livres phares des grands écrivains sénégalais ainsi qu'apprécier les œuvres du peintre saint-louisien Iba N'Diaye. A ne pas manquer, ne serait-ce que pour voir la maison en elle-même, un ancien comptoir de gomme arabique, superbement restauré. Amadou, le propriétaire et l'initiateur de l'« archipel de musées » y reçoit aussi amicalement des hôtes dans des suites décorées avec goût.

Saint-Louis.

CATHÉDRALE SAINT-LOUIS

Depuis longtemps abîmée par le temps et l'érosion, la plus vieille église de l'Afrique de l'Ouest a retrouvé son éclat d'antan, après plus d'un an de rénovation. Longtemps restés sans lieu de culte, les chrétiens de Saint-Louis se réunissaient au XVIIIe siècle dans divers lieux de la ville pour prier Dieu. Après le départ des Anglais en 1817, qui avaient interdit toute cérémonie religieuse, l'arrivée d'Anne-Marie Javouhey, fondatrice de l'ordre des Sœurs de Saint-Joseph de Cluny en 1822, changea la donne. En effet, la religieuse réclama la construction d'une véritable église pour les fidèles et fut soutenue par les autorités coloniales. C'est ainsi que la première pierre fut posée le 11 février 1827 par le baron Roger et l'église, consacrée le 4 novembre 1828. Elle est au départ de style classique puis subit au fil du temps des transformations architecturales importantes, comme l'ajout d'une porte néoclassique à l'extérieur. L'église ne devient cathédrale qu'en 1966 avec l'arrivée du premier évêque sur l'île, Prosper Dobbs, qui repose aujourd'hui dans l'édifice. Financés par l'Agence française de Développement, les travaux ont été menés à bien par la société Eiffage qui a dû suivre un cahier des charges bien précis, afin de prendre en compte toutes les spécificités liées à la rénovation de la cathédrale. Les vitraux ont retrouvé leurs couleurs d'antan et illustrent les vertus théologales à travers des scènes de vie. Quant à l'orgue, arrivé de France en 1890, il serait le seul réparable au Sénégal.

LE MAGGAL DES DEUX RAKAAS

De Dakar à Rufisque, en passant par Thiès, Mbour et Louga, des milliers de fidèles mourides affluent de toutes parts le 5 septembre à Saint-Louis pour rendre hommage à Cheikh Amadou Bamba, fondateur du mouridisme. Ce religieux qui rassemblait autour de lui une foule importante inquiétait les autorités coloniales en raison de son pouvoir auprès de la population. Elles l'accusèrent ainsi d'organiser une nouvelle guerre sainte et l'emprisonnèrent à Saint-Louis en août 1895. Traduit devant le Conseil Privé le 5 septembre, Cheikh Amadou Bamba, appelé également Serigne Touba, fut condamné à l'exil au Gabon. En quittant le Palais du Gouverneur, il défia le pouvoir colonial en priant Dieu pour demander grâce. C'est cette prière que les mourides viennent chaque année perpétuer sur la place Faidherbe en hommage au fondateur de leur religion. L'île devient impraticable aux voitures, le pont Faidherbe abonde de fidèles en tenue traditionnelle, tapis à l'épaule, les rues se remplissent à vue d'œil. On se croirait presque au Maggal de Touba tant Saint-Louis grouille de monde. La place Faidherbe étant étroite pour accueillir une si grande foule, les mourides installent leurs tapis dans les rues adjacentes. Il est impressionnant de vivre le Maggal au moins une fois comme spectateur, mais il faut quand même avertir que les Blancs ont une présence qui dérange, car n'oublions pas que c'est le pouvoir colonial qui a fait exiler leur père spirituel. Faites également attention aux pickpockets, très présents ce jour-là.

LA GALERIE DU FLEUVE

✆ +221 77 370 88 99

Ouvert du mardi au samedi de 11h à 19h.
Fermé en août et en septembre. Entrée libre.

Située sur le quai de Roume, au bord du fleuve Sénégal, la galerie de l'Institut français accueille des expositions temporaires de qualité, qui présentent des artistes de toutes nationalités. Certaines sont issues des résidences d'artistes qui sont organisées par l'Institut. Chaque nouvelle exposition en début de mois s'accompagne d'un vernissage, généralement en présence de l'artiste. Egalement des animations diverses, des ateliers créatifs et des rencontres avec les artistes. Renseignez-vous sur place pour ne manquer aucun des événements.

GRUE À VAPEUR ★★

Presque à l'extrémité nord de l'île de Ndar, sur le quai Roume, s'élève une grue à vapeur de 20 tonnes, arrivée en pièces détachées de France. Elle a été assemblée en 1883 par deux militaires, dont les noms sont gravés sur la grue, et installée alors que les travaux du chemin de fer malien entre Kayes (prononcé « Kaï », sur le fleuve Sénégal) et Bamako (sur le fleuve Niger) démarraient. Il fallait acheminer tout le matériel (jusqu'aux locomotives) par voie fluviale et le charger sur les bateaux. D'où la nécessité de cette grue qui paraît tellement démesurée.

UN ARCHIPEL DE MUSÉES

Des bâtiments anciens qui reprennent des couleurs, des galeries et des musées passionnants, Saint-Louis se réveille. Cette initiative, on la doit à Amadou Diaw, mécène et fondateur du musée de la photo, qui souhaite s'impliquer dans la restauration de Saint-Louis, et mettre en avant la culture locale à travers ce parcours muséal, qui regroupe six musées et galeries dans le quartier sud. Du Mupho à la galerie Repentigny, en passant par Kër Lahlou, vous découvrirez le Saint-Louis d'hier et d'aujourd'hui. Et pour une nuit singulière au cœur de la culture locale, des chambres sont disponibles dans chacun des musées !

KËR HAMET GORA

16 rue Maître Babacar Seye

✆ +221 77 853 75 75

Ouvert du mardi au dimanche, de 9h à 21h.
Entrée libre.

Orné de vieux meubles, d'objets anciens et de photos d'époque, ce musée reproduit à l'identique l'intérieur d'une maison saint-louisienne à l'époque de la colonisation. Il est dédié à Hamet Gora Diop (1846-1910), un riche traitant saint-louisien dont on découvre sa vie à travers vidéo et textes. Les pièces dévoilent d'autres facettes de la vie sénégalaise, comme des panneaux explicatifs sur les religions principales, des poèmes du Dakarois Birago Diop (1906-1989) ou encore des portraits de signares et de tirailleurs. Un beau parcours.

KËR LAHLOU

✆ +221 77 853 75 75

Ouvert du mardi au dimanche de 9h à 21h.
Entrée libre.

Installé dans une belle maison saint-louisienne rénovée, voici un musée très intéressant qui retrace tous les moments forts qui ont marqué le Sénégal dans son accès à l'Indépendance, de la fin de la colonisation à l'élection de Léopold Sédar Senghor en septembre 1960. A travers des photos, des articles de journaux, des biographies, des panneaux explicatifs et une projection de film, vous comprendrez tous les enjeux de l'époque et découvrirez les figures qui ont joué un rôle dans l'indépendance du pays. Un musée très bien documenté.

KËR REPENTIGNY ★

✆ +221 77 853 75 75

Ouvert du mardi au dimanche de 9h à 21h.
Entrée libre.

Voici une halte artistique très sympathique, dans une élégante maison saint-louisienne, nichée sur le quai Henri Jay. A l'entrée, trône majestueusement un couple royal, oeuvre de l'artiste dakarois Soly Cissé. L'intérieur, ponctué de belles œuvres contemporaines, s'ouvre sur un patio intérieur, très agréable. On y découvre deux salles dédiées à la photographie où sont exposés des appareils photo datant de la fin du XIXe siècle. Lors de notre reportage, un concept store était en projet à l'étage. Egalement trois appartements avec vue sur le fleuve.

KORDABA

Rue Thierno Iyane Sy

www.ablaye-cissoko.com

Issu d'une famille de griots, Ablaye Cissoko est l'un des joueurs de kora les plus réputés à travers le monde. Avec ses contes et histoires posés sur les notes mélodieuses de cet instrument à cordes traditionnel d'Afrique, il a conquis dès ses débuts au Saint-Louis Jazz un large public. Pour perpétuer cette transmission culturelle et artistique, il a créé cette école dédiée à la kora, la première au Sénégal. Jeunes et plus âgés, débutants et confirmés viennent ici apprendre et se perfectionner auprès de ce grand maître de kora et d'enseignants chevronnés.

MUSÉE DE LA PHOTOGRAPHIE DE SAINT-LOUIS

Rue Ibrahima Sarr

✆ +221 77 853 75 75

Ouvert du mardi au dimanche de 9h à 21h.
Entrée à partir de 1 000 FCFA, tarif réduit pour les moins de 12 ans.

Première ville de l'Afrique de l'Ouest à avoir eu l'appareil photo en main, Saint-Louis a toujours eu un lien privilégié avec l'art photographique. Ce musée redonne une place particulière à ce domaine artistique en rendant hommage à des artistes tels Meïssa Gaye ou Mama Casset, deux précurseurs de la photo au Sénégal. Outre de beaux portraits des Saint-Louisiens d'hier, vous y découvrirez des expos de qualité d'artistes contemporains comme Omar Victor Diop, un portraitiste reconnu.

MUSÉE JEAN MERMOZ ★

Syndicat d'Initiative
✆ +221 33 961 24 55
Ouvert du lundi au samedi de 9h à 12h30 et de 15h à 18h. Entrée : à partir de 2 000 FCFA.

Situées dans l'enceinte de la Gouvernance, les deux salles de ce petit musée, créé en partenariat avec la ville de Toulouse, font revivre toute l'aventure de l'Aéropostale et de ses héros, Mermoz et Saint-Exupéry en tête. Il ne faut néanmoins pas s'attendre à des visuels extraordinaires. Ici, la richesse est iconographique et surtout textuelle, avec des extraits de lettres de l'auteur du *Petit Prince*. Le tout est vraiment passionnant, bien écrit et, pour peu qu'on s'attarde sur leur lecture, la visite prend au fil des plaquettes des allures d'épopée.

QUARTIER DES PÊCHEURS ★★

Vous ne pourrez pas le manquer : le populaire quartier de Santhiaba, de l'autre côté du pont, est le quartier historique des pêcheurs de Saint-Louis, que vous pouvez visiter soit en calèche, soit à pied, avec un guide local. Dans ce quartier surpeuplé que personne ne veut quitter, on croise des ribambelles de gamins, des pêcheurs qui réparent leurs filets, des chèvres, des vendeurs ambulants, la vraie vie saint-louisienne populaire. Avis aux âmes sensibles : les odeurs du marché aux poissons sont vraiment plus fortes qu'à Yoff ou à Mbour !

STUDIO ROKHAYA

✆ +221 78 523 56 74
Du lundi au samedi de 10h à 13h et de 15h30 à 19h ; dimanche de 10h à 13h.
Séance photo à partir de 15 000 FCFA.

La photographie reprend toute sa noblesse à Saint-Louis avec, en plus du musée de la photo, ce multi-espace dédié à cet art. D'une part, la salle Adama Sylla, hommage à l'un des précurseurs de la photographie au Sénégal, présente des expositions temporaires de photos et de peintures. D'autre part, un studio photo où Djibril Sy, photographe contemporain, tire des portraits à la demande des visiteurs. Egalement une boutique où vous pourrez acheter des cartes postales inédites en éditions limitées, œuvres des artistes Oumar Ly, Adama Sylla et Djibril Sy.

SAHEL DÉCOUVERTE

Rue Blaise Diagne
✆ +221 33 961 56 89
www.saheldecouverte.com

Cette agence de voyages, spécialisée dans les voyages sur mesure au Sénégal, peut vous organiser des visites de la ville, de ses environs, une escapade dans le désert de Lompoul ou en Mauritanie. Des excursions sont aussi proposées dans le Saloum, dans le parc Niokolo Koba et en Casamance. De bons véhicules. C'est également ici qu'on organise des promenades sur le fleuve en pirogue (de 24 mètres de long !), des balades à vélo et des croisières sur le mythique *Bou el-Mogdad*. Avec plus de 20 ans d'expérience à son actif, c'est l'agence incontournable à Saint-Louis !

PONT FAIDHERBE ★★

Le pont Faidherbe est une merveille à lui tout seul ! Construit en 1897 sur des plans d'Eiffel (on retrouve d'ailleurs l'élégance toute métallique de la tour du même architecte), le pont dispose d'une travée mobile (la deuxième) qui pivote sur son axe afin de pouvoir faire passer les bateaux de l'océan jusqu'au fleuve. Il a été exceptionnellement remis en action le 15 octobre 2005 pour permettre au *Bou el-Mogdad* de naviguer de nouveau sur le Sénégal. Ce navire mythique propose désormais une croisière sur le fleuve de Saint-Louis à Podor. Lors d'une visite officielle en février 2005, le président français de l'époque, Jacques Chirac, avait promis de débloquer les fonds pour réhabiliter ce monumental ouvrage de 506 m, attaqué par le temps, le vent, et s'affaiblissant sous le poids des ans, des humains et des véhicules qui l'empruntent chaque jour. Chose promise, chose faite. Les travaux de réhabilitation ont été lancés en janvier 2007, principalement avec un financement français, et se sont achevés en juillet 2011 (inauguration en grande pompe le 19 novembre 2011). On peut désormais à nouveau admirer ce chef-d'œuvre et le traverser à pied, en voiture ou en moto. Il est très rare de le voir s'ouvrir au passage des bateaux, mais peut-être aurez-vous cette chance. Toutefois, cet ouvrage métallique continue de s'abîmer avec le temps, et des travaux d'entretien ont lieu une fois par an. Mais quelle sensation lorsqu'on le traverse pour rejoindre l'île de Saint-Louis et son atmosphère enivrante !

SYNDICAT D'INITIATIVE

✆ +221 33 961 24 55

www.saintlouisdusenegal-tourisme.com

Ouvert du lundi au vendredi de 9h à 13h et de 15h à 18h30, le samedi jusqu'à 18h, le dimanche jusqu'à 17h.

Impossible de le louper, il se situe sur l'île de Ndar, tout de suite après le pont Faidherbe. Un gros « i » le matérialise. C'est un des seuls syndicats d'initiative dignes de ce nom, avec celui de Ziguinchor, et c'est aussi le plus ancien du pays. Ici, le touriste individuel est moins perdu qu'ailleurs. Y faire un tour est recommandé, et l'on obtient de bons tuyaux. Quelques brochures sont gratuites, d'autres payantes. Le site Internet est mis à jour régulièrement. N'hésitez-pas une seconde, vous y trouverez tout : infos pratiques, histoire, hébergements, etc.

SENEGALIB' TOURS

Rue Khalifa Ababacar Sy x Seydou Nourou Tall

✆ +221 33 961 01 03

www.senegal-lib-tour.sn

Ce réceptif vous propose de s'occuper de votre transport depuis Dakar, de vous réserver une voiture ou vos billets d'avion pour les vols internationaux, mais aussi peut organiser circuits et excursions dans la région de Saint-Louis et dans tout le pays. Possibilité de circuits sur mesure et d'immersion dans les villages de brousse. L'agence peut aussi s'occuper de vos réservations d'hôtel, elle qui a développé des relations privilégiées avec les hôteliers de types différents d'hébergement. Agence sérieuse et professionnelle.

BABACAR SECK

✆ +221 77 512 62 21

Tour en calèche : à partir de 5 000 FCFA par adulte, parc national du Djoudj : à partir de 25 000 FCFA par personne.

Très demandé, très réputé, Babacar dit Mouillé est un guide professionnel sérieux et hyper dynamique avec un sens de l'humour hors pair. Il travaille avec certaines agences de Saint-Louis, mais également en free-lance. Vous croiserez certainement ses affiches placardées sur les vitrines de nombreux magasins de la région. Guide depuis plus de 20 ans, il est fiable et connaît très bien la région. Il pourra vous accompagner au parc national du Djoudj ou visiter la Langue de Barbarie, entre autres visites possibles. Partez en paix !

DJIBY MBAYE

✆ +221 77 535 15 46

https://djiby-tourisme.com

A partir de 25 000 FCFA l'excursion au parc du Djoudj (minimum 4 personnes).

Originaire d'un village à proximité de Saint-Louis, Djiby Mbaye est l'un des guides officiels de l'association Les Guides Amis du Patrimoine, dont il est d'ailleurs le trésorier. Fort d'une expérience de plus de 15 ans, il connaît très bien la région de Saint-Louis, sa culture, sa nature et son histoire, qu'il pourra vous faire découvrir à travers plusieurs excursions. Il organise également des circuits dans tout le Sénégal et aussi des transferts dans différentes villes. C'est un guide sérieux et ponctuel, avec qui il est très agréable en plus de discuter.

GUIDES AMIS DU PATRIMOINE

Office du Tourisme
✆ +221 33 961 24 55

Regroupés en association et travaillant avec l'office du tourisme, Les Guides Amis du Patrimoine sont des guides formés, reconnaissables par leur carte professionnelle mais surtout par leurs gilets bleus portant la mention « guide touristique ». Soucieux du tourisme et du touriste, ils ont mis en place une charte de qualité. En outre, toutes leurs prestations sont codifiées, référencées et soumises à un tarif commun, que l'on peut trouver dans un catalogue, au syndicat d'initiative.

SEYNI EXCURSIONS

✆ +221 77 657 04 91

A partir de 32 500 FCFA la journée, avec repas et 2 boissons incluses (minimum 4 personnes).

Issu d'une famille de pêcheurs dakaroise, Seyni organise des balades inédites en bateau sur le fleuve Sénégal, pour découvrir autrement la région. Au départ du restaurant Le Flamingo, il propose différents circuits, tout aussi agréables les uns que les autres. Vous pourrez vous balader jusqu'au barrage de Diama ou jusqu'à l'embouchure du fleuve, en passant par la Langue de Barbarie. Mention spéciale pour ses apéros sur le fleuve au coucher du soleil ! Passionné depuis toujours par la pêche, Seyni organise également des sorties, avec tout le matériel nécessaire.

LA COMPAGNIE DU FLEUVE

Rue Blaise Diagne ✆ +221 33 961 56 89
www.bouelmogdad.com

Croisière d'une semaine : à partir de 790 € la cabine standard et à partir de 1 140 € la confort.

Une aventure unique chargée d'histoire ! Le *Bou el-Mogdad* est un bateau de croisière qui navigue sur le fleuve Sénégal entre Saint-Louis et Podor. Bateau naviguant depuis l'époque coloniale, il permet une remontée dans le temps dans un confort bien appréciable. Les 27 cabines donnent toutes sur des coursives extérieures permettant d'apprécier la diversité des paysages traversés. La croisière pourra commencer par Saint-Louis ou par Podor, selon les dates de votre séjour. A ne pas rater !

ALLÔ TAXI

✆ +221 77 107 50 05
Départ de Dakar à 4h, 15h et 18h ; de Saint-Louis à 4h et 15h. Aller à 10 000 FCFA.

Voilà un bon plan pour effectuer le trajet Dakar–Saint-Louis. Ce service de transport de taxis partagés offre un service personnalisé puisqu'il vient vous chercher directement à votre hôtel, à l'heure indiquée par le chauffeur. Pour cela, il suffit juste d'appeler et de réserver votre place au moins 24h en avance et de fixer le point de rendez-vous. Le service, mis en place depuis 2016, a fait ses preuves auprès des Sénégalais qui l'ont depuis adopté. Le service est en plus fiable, les chauffeurs ponctuels et les voitures confortables pour un agréable voyage.

AUBERGE DE JEUNESSE DU SUD €

Quai Henri Jay
✆ +221 77 656 47 52
Chambre à partir de 23 000 FCFA. Petit déjeuner inclus. Parking gratuit.

Cet établissement a ouvert en 2015 avec le meilleur rapport qualité-prix de cette catégorie. Dix chambres spacieuses et propres pour les petits budgets, dont deux donnent sur le fleuve. Salles de bains intérieures, armoires, climatisation disponible et moustiquaires. Vous y serez accueilli agréablement par Abdoukhadre Diallo, poète talentueux et l'un des initiateurs du Festival de jazz. L'auberge est en plus située dans un quartier paisible. Que demander de plus ?

AUBERGE DE LA VALLÉE €

Rue Potin X Blaise Diagne
✆ +221 33 961 47 22
Lit en dortoir à partir de 6 000 FCFA, chambre double à partir de 15 000 FCFA. Petit déjeuner autour de 1 000 FCFA.

En plein centre-ville, cette petite auberge propre et conviviale propose des lits en dortoir et quelques chambres ventilées et climatisées, avec ou sans salle de bains intérieure. La terrasse au premier étage est paisible pour prendre son petit déjeuner ou pour se prélasser en journée. Le personnel est, quant à lui, agréable et disponible, et l'auberge, bien sécurisée. C'est un bon point de départ pour visiter la ville, mais aussi les environs, puisque vous pourrez d'ici organiser vos différentes excursions. Bon rapport qualité-prix.

AUBERGE MARIE JOSÉ €

11 route de Leybar
✆ +221 33 961 27 72
www.aubergemariejose.com
Chambre double à partir de 16 000 FCFA. Petit déjeuner inclus. Climatisation à partir de 5 000 FCFA par jour. Wifi.

Cette jolie auberge vraiment bon marché toute pimpante est dotée de chambres spacieuses et propres ainsi qu'un jardin fleuri au calme. Une terrasse agréable offre la possibilité de se détendre, tout en sirotant un verre. Les chambres Noémie et Marie-Alphonse à la décoration soignée sont grandes et peuvent accueillir jusqu'à 4 personnes. Les chambres ont toutes une salle de bains privée et certaines disposent d'un balcon. Le quartier n'est pas loin du centre de Saint-Louis qu'on peut rejoindre à pied, et le personnel est à l'écoute et de bons conseils.

CHEZ TITI €

161 rue Bouet
✆ +221 33 961 15 89
Lit en dortoir à partir de 9 000 FCFA, chambre double à partir de 19 000 FCFA. Petit déjeuner inclus.

Entre fleuve et océan, et tout près du centre-ville, cette auberge propose à la fois des dortoirs et des chambres, bien entretenus. Le cadre est très sympa et l'accueil chaleureux. On peut prendre un verre ou son petit déjeuner sur le toit aménagé en terrasse avec une vue imprenable sur le petit bras du fleuve et sur les pirogues des pêcheurs de la Langue de Barbarie. Les chambres sont simples, propres avec moustiquaire et ventilateur. Il est également possible de déguster des plats sénégalais, sur commande. Très bon rapport qualité-prix.

HÔTEL DU PALAIS €€

Rue Ababacar Sy x rue Guillabert
✆ +221 33 961 17 72
Chambre à partir de 20 000 FCFA. Petit déjeuner autour de 2 500 FCFA. Langouste à partir de 8 000 FCFA.

Le tout premier hôtel de Saint-Louis, ouvert en 1839 ! Ce bâtiment ocre aux volets bleus est idéalement situé au cœur de la ville. Il propose des chambres propres, ventilées ou climatisées, au premier étage autour d'un joli patio fleuri. Les trois chambres ventilées du rez-de-chaussée, plus petites, pourront satisfaire les routards peu exigeants. Au restaurant, vous pourrez savourer des plats sénégalais, mais aussi du poisson et des fruits de mer. C'est d'ailleurs le seul établissement qui propose en saison des couteaux de Saint-Louis, un vrai délice !

HÔTEL LE ROGNIAT NORD €€

Place Faidherbe
✆ +221 33 961 95 95
Chambre double à partir de 37 000 FCFA ; suite à partir de 51 000 FCFA. Petit déjeuner inclus.

Dans ce bâtiment chargé d'histoire, sur la place Faidherbe (actuellement en travaux de réhabilitation), sont réparties sur deux étages une cinquantaine de chambres climatisées, dont une mini-suite et deux suites spacieuses. On rejoint les étages à pied à travers un large escalier débouchant sur de longs couloirs. L'hôtel a son côté rustique, mais les chambres sont propres et confortables. Au rez-de-chaussée, il dispose d'un restaurant de plats traditionnels sénégalais, avec salle climatisée et petite terrasse extérieure. Accueil agréable.

HÔTEL SINDONÉ €€

Quai Henry Jay x Macodé Sall
✆ +221 33 961 42 44
www.hotel-sindone.com
Chambre double à partir de 51 000 FCFA ; mini-suite à partir de 67 000 FCFA. Petit déjeuner inclus.

Un petit bijou d'hôtel à l'architecture coloniale refait avec goût dans le quartier de Sud : une merveille de couleurs, aux tons provençaux et chauds. Au total, 16 jolies chambres, dont 2 mini-suites, avec TV câblée, téléphone, climatisation, décorées avec goût et disposées autour d'un patio verdoyant, doté d'une fontaine. Les chambres supérieures sont dotées d'un balcon, avec vue sur le fleuve et les mini-suites offrent un espace spacieux et confortable pour les familles. Le cadre y est en plus vraiment agréable et paisible, parfait pour un séjour reposant !

HÔTEL SINDONÉ JARDIN €€

Quai Henry Jay
✆ +221 33 961 88 48
Chambre à partir de 45 000 FCFA. Résidence Sindoné : à partir de 36 000 FCFA la chambre double.

L'hôtel Sindoné possède deux annexes, sur le quai Henry Jay. L'hôtel Sindoné Jardin propose des chambres et des suites impeccables, dotées de tout le confort nécessaire. Certaines donnent sur le fleuve. Au rez-de-chaussée, deux chambres sont adaptées aux personnes à mobilité réduite. Quant à la Résidence, les 5 chambres sont installées dans un bâtiment rénové d'architecture saint-louisienne. Elles sont simples, modernes et dotées de jolis meubles d'époque et d'un balcon. Vous y aurez toute votre liberté avec la cuisine commune, tout équipée.

HÔTEL LA RÉSIDENCE €€

159 rue Blaise Diagne
✆ +221 33 961 12 60
www.hoteldelaresidence.com
Chambre double à partir de 48 500 FCFA, suite double à partir de 65 000 FCFA. Petit déjeuner autour de 5 500 FCFA.

L'hôtel a été imaginé par l'architecte San Martino comme un bateau avec coursives et chambres élaborées dans un esprit « cabine ». Du mobilier d'époque aux objets fabriqués par les artisans locaux, en passant par les photos anciennes de Saint-Louis, il est décoré avec goût dans un esprit années 1950. Les chambres ont toutes été rénovées en 2015 et vous offrent tout le confort moderne. Un établissement que l'on recommande autant pour le confort, pour l'accueil que pour son emplacement : il est idéalement situé pour explorer la ville.

SAINT-LOUIS ET SA RÉGION

KEUR DADA €€

Pointe Nord
✆ +221 33 961 44 12
www.keurdada.com
Chambre à partir de 41 000 FCFA, suite à partir de 78 000 FCFA. Petit déjeuner inclus.

A l'abri des regards, à la pointe nord de l'île, se niche ce petit hôtel moderne, dont l'indéniable atout est sa position et sa vaste terrasse dotée d'un restaurant et d'une piscine. Seize chambres et suites climatisées, confortables et bien équipées, accueillent les voyageurs. Toutes sont personnalisées et portent le nom d'un chanteur de jazz. L'assiette est délicieuse au Keur Dada, on peut notamment y goûter des spécialités de Saint-Louis comme du poisson farci. Il y a aussi un four à pizza et tout le personnel est aux petits soins. Que demander de plus !

RANCH DE BANGO €€

Village de Bango
✆ +221 33 961 19 81
www.ranchdebango.com
Chambre à partir de 28 000 FCFA, suite à partir de 85 000 FCFA. Petit déjeuner autour de 5 000 FCFA.

Le Ranch de Bango comprend de belles chambres climatisées, réparties autour d'un grand jardin tropical, avec piscine. On se croirait presque aux Antilles, dans ce décor luxuriant au milieu de rien. L'autre bâtiment, le lodge, abrite douze chambres où tout est œuvre d'art. Cet établissement est un spécialiste des activités liées à la chasse, la pêche et, bien sûr, l'équitation. Une réserve complète ce lieu de détente où ont été réintroduits buffles de savane, hippotragues et cobs de Fassa, entre autres espèces. Un vrai paradis dont il est dur de repartir !

SIKI HÔTEL €€

Rue Abdoulaye Seck x Marie Parsine
✆ +221 33 961 60 69
www.hotelsenegal.net
Chambre à partir de 40 000 FCFA. Petit déjeuner inclus.

Ouvert en 2011, ce très bel hôtel de charme redonne vie à la maison d'enfance de Battling Siki. Premier boxeur africain à devenir champion du monde, il est aujourd'hui une légende au Sénégal. Les couleurs chaudes des tissus *wax* de la sous-région, mélangées au mobilier en bois contemporain, donnent aux chambres un cachet à la fois authentique et raffiné. L'hôtel est idéalement situé, en plein cœur du quartier historique de la ville. Des spécialités espagnoles sont proposées chaque jour au restaurant, qui est lui aussi décoré avec goût. Vivement recommandé !

SIKI HOTEL RIO €€

Quai Roume
✆ +221 33 961 60 69
A partir de 40 000 FCFA la nuitée avec petit déjeuner. Tapas à partir de 2 000 FCFA.

L'annexe du Siki Hôtel jouit d'un emplacement privilégié sur le quai nord, dans l'ancienne maison du consul de France, aujourd'hui magnifiquement rénovée. Les dix chambres, fraîches et confortables, sont réparties au premier étage, et certaines, dotées d'un balcon, offrent une vue imprenable sur le fleuve. Quant au restaurant, il n'a pas mis longtemps à se forger une bonne réputation sur l'île : tapas, spécialités locales et suggestions sont délicieusement préparées avec des produits de qualité. Egalement une salle polyvalente qui accueille de belles expositions.

SUNU KEUR €€

Quai Masseck Ndiaye (ex Quai Giraud)
✆ +221 33 961 88 00
www.sunu-keur.com
Chambre à partir de 28 000 FCFA, suite à partir de 59 000 FCFA, avec terrasse sur le toit. Petit déjeuner inclus.

Cette maison d'hôte (« notre maison » en wolof) est un véritable bijou d'architecture saint-lousienne. Petite merveille de la ville, le Sunu Keur est une bonne adresse pour passer un séjour agréable, dans un cadre paisible. Des chambres aux noms tous différents, de style colonial donnant sur le petit bras du fleuve. Le patio, frais et agréable, est parfait pour prendre son petit déjeuner. Ne manquez pas de siroter un verre sur la terrasse de la maison au moment du coucher du soleil : vue imprenable sur le fleuve et son effervescence !

AU FIL DU FLEUVE €€€

Rue Ribet
✆ +221 77 379 95 34
www.fildufleuve.com
A partir de 55 000 FCFA la nuitée. Dîner sur commande : autour de 15 000 FCFA par personne.

Marie-Caroline Camara vous reçoit dans sa maison mêlant à la fois matériaux traditionnels et design contemporain. Au rez-de-chaussée, la pièce de vie, mi-ouverte sur le patio, mi-fermée, impose son volume et ravit les amoureux de l'art. Les trois chambres, uniques, très confortables, ont chacune leur caractère. Les meubles, tous dessinés par Marie-Caroline et fabriqués par des artisans saint-louisiens, valent le détour à eux seuls. Marie-Caroline met en relation ses hôtes, en fonction de leurs envies, avec des personnages clés de la ville. Un vrai coup de cœur !

HÔTEL DE LA POSTE €€€

Rue du Général de Gaulle
✆ +221 33 961 11 18
www.hoteldelapostesaintlouis.com
Chambre à partir de 35 000 FCFA.
Petit déjeuner autour de 5 000 FCFA.
Menu à partir de 8 000 FCFA.

Un des hôtels mythiques de Saint-Louis avec une vue imprenable sur le fleuve. La décoration de l'hôtel reste associée à l'Aéropostale, mais aussi au nom de Mermoz : la chambre fétiche, la 219, se visite toujours, ornée comme il se doit des reliques et des articles sur le grand aviateur. Les autres chambres, réparties autour d'un grand patio fleuri, sont joliment décorées et très bien tenues. On accède à la piscine et au restaurant de l'annexe, le Flamingo, en traversant la rue vers le fleuve. Le bar de l'hôtel dispose d'une terrasse ombragée et très agréable.

JAMM €€€

Angle rue Paul Holle
✆ +221 77 443 47 65
www.jamm-maison-dhotes.com
Chambre double à partir de 65 000 FCFA. Petit déjeuner inclus. Possibilité de demi-pension. Wifi.

Au cœur du quartier de Nord, une maison d'hôtes dans une bâtisse coloniale, superbement rénovée dans la plus pure tradition, propose des chambres très confortables, à la décoration subtile, faite de bois et d'objets anciens. Tout est fait pour s'y sentir bien et le spa, au rez-de-chaussée, accentue un peu plus ce sentiment de bien-être, avec un bain à remous et une salle de massage. Le propriétaire, Yves Lamour, vous fera partager son quotidien et ses connaissances approfondies de la région. Son accueil est des plus agréables tout comme celui de sa petite équipe.

LA MAISON ROSE €€€

Rue Potin x Blaise Diagne
✆ +221 33 938 22 22
Tarifs selon la saison. Chambre double à partir de 53 000 FCFA, suite à partir de 80 500 FCFA.
Petit déjeuner inclus.

Ancienne bâtisse de couleur ocre, à l'architecture de style colonial, la Maison Rose est la propriété de Fabienne Diouf, fille de l'ancien président du Sénégal, Abdou Diouf. Ses sept chambres et ses neuf suites de standing, au décor raffiné et différent pour chaque pièce, s'articulent autour d'un vaste patio arboré. De son restaurant-bar panoramique, on peut contempler le fleuve et le pont Faidherbe. Un très beau spa, Les Thermes de la Maison Rose, où vous serez pris en charge par une équipe de professionnels, est accessible même si on n'est pas client de l'hôtel.

LA CRÊPE SAINT-LOUSIENNE €

Rue Khalifa Ababacar Sy ✆ +221 78 174 15 56
Ouvert du lundi au samedi de 9h à 23h.
Crêpe sucrée autour de 1 000 FCFA.
Crêpe salée autour de 2 000 FCFA.

Des crêpes et des livres ! Ouverte en 2013, cette crêperie partage son espace avec une bibliothèque bien pourvue. Si vous avez un petit creux, vous pouvez donc y déguster une bonne crêpe sucrée, dont il vous sera difficile de choisir parmi un florilège de saveurs, tout en lisant un livre trouvé sur les étagères. On vous recommande la choco arachide, la plus fameuse ou la citron-gingembre pour retrouver l'énergie. Outre la pause gourmande, le lieu est aussi sympa pour déjeuner une crêpe salée, accompagnée d'une salade fraîche et d'un délicieux jus local.

LES DÉLICES DU FLEUVE €€

Rue Henri Guillabert
✆ +221 33 961 42 51
Ouvert tous les jours de 7h30 à 13h et de 15h à minuit, le samedi toute la nuit et le dimanche de 16h à 1h.

C'est la pâtisserie incontournable de Saint-Louis, dans laquelle il serait dommage de ne pas entrer ! Dans la vitrine, un florilège de petits délices, et notamment le « saint-louisien », style de tropézienne, dégoulinante de crème, avec des fruits. Tout simplement exquis ! On y vient aussi manger des parts de pizza, des quiches, des hot-dogs... parfait pour un petit creux au frais, et dans un cadre plutôt paisible. De bonnes glaces faites maison sont aussi servies en guise de dessert ou de goûter ! Le personnel est en plus sympathique et le service, de qualité.

FAST-FOOD DU PALAIS €

Rue André Guillabert
✆ +221 78 443 04 65
Ouvert tous les jours, de 8h à 22h, sauf le dimanche. Plat à partir de 1 000 FCFA.

Guy, un Belge expatrié depuis 2018 à Saint-Louis, et Madame Diarra, une Sénégalaise courageuse, ont repris ce local de l'hôtel du Palais pour ouvrir un petit *fast-food* chaleureux, aux produits de qualité et au service attentionné. La carte met à l'honneur les crêpes à la farine de froment, garnies sucrées ou salées, les paninis et des sandwichs appétissants. Depuis son ouverture, les étudiants l'ont même adopté à l'heure du déjeuner ! Egalement de délicieux jus locaux. Le *fast-food* est aussi connu comme Chez Natty, du nom de la fille de Robert, le propriétaire.

LA BELLE ÉTOILE €

322 rue de l'école Aby Kane Diallo

✆ +221 33 961 72 73

Ouvert tous les soirs de la semaine à partir de 18h. Plats à partir de 3 000 FCFA.

Agnès vous accueille dans ce restaurant un peu caché, mais très sympa où se retrouvent de nombreux locaux. On y écoute de la musique d'un peu partout tout en dégustant de la viande grillée au feu de bois dans un jardin arboré. Ne manquez pas de goûter la spécialité de la maison : le poulet grillé. Un vrai délice. On peut aussi jouer au billard pendant que sa viande cuit sur le barbecue *made in* Sénégal. Petits plus, on peut aussi y fumer la chicha, et des concerts acoustiques sont organisés certains soirs de la semaine. Une bonne adresse !

CHEZ DASSO €

Rue Aynina Fall

✆ +221 77 572 18 28

Ouvert tous les jours de 8h30 à 23h.
Plat autour de 2 000 FCFA.

On se croirait un peu comme à la maison chez Dasso ! Cette brave femme, très sympathique, vous prépare dans sa cuisine ouverte de bons petits plats à base de produits frais et locaux. Vous pourrez y déguster, entre autres des spécialités sénégalaises, des nems végétariens, des salades fraîches ou de délicieuses brochettes. La salle n'est certes pas très grande, et les plats étant cuisinés à la minute, le service parfois un peu long. Petite astuce : commandez, payez à l'avance et revenez un peu plus tard déguster votre plat. Vous serez comblés !

LA CASE CREVETTES €

✆ +221 77 651 16 37

Ouvert tous les jours de 9h à 16h et de 19h à minuit. Plats à partir de 3 000 FCFA.

Rouguy, une Sénégalaise très avenante, a travaillé dans plusieurs restaurants avant de reprendre cette gargote sans prétention en septembre 2016. Derrière les fourneaux, aidée par deux cuisinières, elle concocte de bons petits plats sénégalais, notamment l'une de ses spécialités, les crevettes flambées à la vodka. Un vrai régal.Vous pourrez aussi goûter aux brochettes de calamars, à un délicieux rôti de calamars ou même à la langouste grillée. Les portions sont en plus généreuses, la cuisine familiale et goûteuse, l'ambiance conviviale. On recommande !

LE FLEUVE PLUS €

Rue Blaise Diagne

✆ +221 33 964 13 52

Ouvert tous les jours de 7h30 à 23h.
Plats à partir de 1 500 FCFA.
Petit déjeuner autour de 1 500 FCFA.

Réputé dans toute la ville, ce restaurant spécialisé dans la cuisine saint-louisienne est un très bon plan. On l'apprécie avant tout pour ses plats généreux et de qualité, à des prix vraiment abordables. On vous recommande particulièrement le poisson farci à la saint-louisienne et les crevettes à l'ail. Le tout à accompagner d'un délicieux jus local à base de gingembre, de fruits de baobab ou d'hibiscus. Parfait pour reprendre des forces ! L'accueil réservé par Mamadou Cissé et son équipe est en plus très chaleureux et aux petits soins. A tester sans faute !

DAROU SALAM €

Rue du Général de Gaulle

✆ +221 33 961 60 60

Ouvert tous les jours de 7h à 2h.
Plats à partir de 1 000 FCFA.

Près de la poste, ce restaurant local ne désemplit pas midi et soir. Entre amis ou en famille, les Saint-Louisiens viennent y déguster des hamburgers, des spécialités sénégalaises ou internationales. On vous recommande les crabes farcis, la dorade ou le capitaine grillé. Le service est correct, les tarifs attrayants et le patron, quand il est là, est aux petits soins pour ses clients. On y vient aussi l'après-midi pour goûter des crêpes ou de délicieuses pâtisseries et viennoiseries, accompagnées d'un jus local, thé ou café.

LA GALETTE €

Rue Abdoulaye Seck Marie Parsine

✆ +221 33 964 10 18

Ouvert tous les jours, de midi à minuit.
Plats à partir de 2 000 FCFA.

Ne vous fiez pas au nom de l'établissement, ici ce n'est pas les galettes bretonnes qui sont à l'honneur, mais bel et bien les spécialités sénégalaises ! Installé en plein centre-ville depuis fin 2018, ce restaurant sans prétention propose une cuisine familiale et généreuse qu'on déguste dans une ambiance locale. Des viandes aux poissons, en passant par les fruits de mer, la carte offre un florilège de choix. Ne manquez pas le *yassa* crevettes, un vrai délice ! En plus, le service y est aux petits soins et les prix sont très attractifs.

LA LINGUERE €

Rue Blaise Diagne

✆ +221 33 961 39 49

Ouvert tous les jours de 9h à 23h. Plats à partir de 2 500 FCFA.

Situé tout près de la Résidence, un restaurant local à l'ambiance conviviale. On y mange certainement le meilleur poulet *yassa* de la ville, mais aussi d'autres spécialités sénégalaises, comme l'excellent *tiep bou dieune*. On peut aussi se faire servir des grillades de viande, de poisson, de crevettes et de calamars. Cerise sur le gâteau, on y déguste un très bon couscous ! Langouste grillée sur commande. Le cadre est simple, peut-être un peu sombre, mais l'accueil y est toutefois enthousiaste et souriant. Pour un déjeuner authentique.

MOUQUETS €

Rue Ababacar Sy x Rue Potin

✆ +221 33 961 93 94

Ouvert tous les jours de 7h à 1h, samedi et dimanche jusqu'à 3h. Plats et pizzas à partir de 2 500 FCFA.

Fast-food à la dakaroise, cet établissement a très rapidement séduit les jeunes Saint-Louisiens par ses petits prix et la diversité de ses services. Le choix y est très varié : pizzas, crêpes salées, sandwichs, assiettes de viande, salades, nems, tacos, tortillas... Le soir, l'établissement propose des grillades à volonté pour les amateurs de viande. A l'étage, deux salles de jeux avec billard, jeux vidéo et télévision. Le lieu fait aussi pâtisserie et salon de thé et il est agréable de s'y attabler pour déguster un gâteau ou une bonne glace maison.

LA SOURCE €

✆ +221 33 961 01 29

Ouvert tous les jours de 10h à 22h. Plat du jour à partir de 1 000 FCFA.

Voici un restaurant très simple, prisé par les locaux et expatriés pour ses généreux plats du jour, entre poissons frais et viandes braisées. L'intérieur n'est pas très avenant, mais l'arrière-cour se révèle très agréable pour déjeuner, elle qui est ombragée et protégée des bruits de la ville. C'est aussi l'unique lieu où l'on peut goûter du phacochère, tendre et généralement bien relevé. Avis aux amateurs ! L'ambiance est ici typique, conviviale à souhait notamment en soirée où l'on se lie facilement d'amitié avec les Sénégalais.

TAF-TAF €

Route de Khor

✆ +221 33 962 57 57

Ouvert tous les jours, de 11h à 2h sauf le dimanche, à partir de 18h. Plats à partir de 2 000 FCFA.

Tenu par un couple franco-sénégalais, ce *fast-food* à l'américaine est prisé des Sénégalais. On y vient manger des pizzas cuites au feu de bois, des omelettes, des hamburgers et aussi de bons petits plats tels du bœuf aux oignons. Les desserts font frétiller les papilles : mousse au caramel au beurre salé, tarte au citron ou chouquettes au sucre. Vous pourrez aussi vous attabler à l'ombre dans la cour intérieure. Au fond, un bar accueille régulièrement des concerts. Hervé, le patron, a plein d'idées en tête pour faire vivre ce lieu et organiser des événements.

LA KORA CHEZ PEGGY €€

402 Rue Blaise Diagne

✆ +221 33 961 61 79

Ouvert du mardi au samedi de 11h30 à 15h et de 18h à 23h30, le dimanche à partir de 18h. Plats à partir de 7 000 FCFA.

Dans un cadre cosy, vous aurez la possibilité de déjeuner ou dîner dans la salle intérieure ventilée, décorée de photos d'époque, dans l'un des deux salons ou encore de prendre un verre au bar en extérieur près d'un magnifique baobab centenaire. La carte est simple, mais appétissante, avec des plats concoctés avec des produits de qualité. Des concerts y sont organisés de temps en temps. Peggy vous propose des plats concoctés tous les jours en fonction du marché, ainsi que des sandwichs. Soirée galettes, crêpes et pizzas le dimanche soir.

LE PONTON €€

Quai Henry Jay

✆ +221 33 961 42 44

Ouvert tous les jours, de 12h à 15h et de 19h à 23h. Plats à partir de 6 000 FCFA.

Le restaurant sur pilotis de l'hôtel Sindoné offre un cadre magnifique pour se restaurer, avec sa vue imprenable sur le fleuve. On y déguste une délicieuse cuisine locale et européenne à base de produits frais et locaux, dont de très bonnes souris d'agneau. La cheffe cuisinière, Safietou Diagne, a d'ailleurs reçu des mains de l'ambassadeur de France au Sénégal le prix du meilleur chef de la gastronomie au forum de Saint-Louis, en 2017. Pour dire qu'on y mange très bien ! Outre la carte qui change régulièrement, des plats du jour vous sont également proposés.

RESTAURANT DE LA RÉSIDENCE €€

159 rue Blaise Diagne ✆ +221 33 961 12 60
www.hoteldelaresidence.net

Ouvert tous les jours de 12h à 14h30 et de 20h à 22h30. Menu autour de 8 500 FCFA, plat du jour à partir de 4 000 FCFA.

Voici l'une des meilleures tables de la ville ! Le restaurant de l'hôtel La Résidence est à l'image de la cité : métissé, coloré, savoureux. A la carte tout est bon, avec une mention spéciale pour le pavé de zébu au poivre, à la carte depuis 1954 ! En plus de la carte, chaque jour le restaurant propose un menu différent. Parfois, vous pourrez écouter un concert de jazz au bar juste à côté, tout en sirotant un cocktail maison. Une maison de qualité pour un prix tout à fait raisonnable.

LA TERRASSE D'AFRIQUE €€

Au-dessus du Mix Club
✆ +221 78 451 74 61

Ouvert tous les jours, de 19h à 1h, sauf mardi. Plats à partir de 3 500 FCFA.

Au-dessus de la boîte de la nuit du Mix Club, ce restaurant, repris par Jean-Michel et Jules en octobre 2019, est prisé des Sénégalais, qui viennent en couple ou en famille, pour son bon rapport qualité-prix. On y sert de délicieuses pizzas, de bonnes grillades de viandes et de poissons, le tout cuit au feu de bois. Un vrai délice pour les papilles ! La terrasse panoramique offrant une vue sur le fleuve est très agréable pour dîner. Au bar, l'ambiance est conviviale et offre l'occasion de discuter avec les locaux. Une bonne adresse !

LE BAMBOO BAR

Quai Roume
✆ +221 77 635 76 36

Ouvert tous les soirs de 20h à 4h. Concerts tous les vendredis et samedis de 23h à 1h, entrée gratuite.

Face au Flamingo, ce bar tout en longueur se remarque avant tout par l'agitation qui règne à l'extérieur. Tout le monde le connaît encore sous le nom du Spoutnik, mais sa reprise en 2016 n'a pas fait désemplir le lieu, bien au contraire ! L'ambiance y est festive, surtout les soirs de concert où l'on y passe en compagnie des locaux, un véritable moment chaleureux, sous les rythmes effrénés des musiques sénégalaises. D'ailleurs, c'est bien pour cela que ce bar branché est devenu l'une des références des *after* de Saint-Louis !

L'EMBUSCADE

Rue Abdoulaye Seck x Marie Parsine
✆ +221 33 961 71 07

Ouvert en semaine de 10h à minuit, jusqu'à 3h le week-end. Le Réveil, tous les jours de 10h à 16h et de 18h30 à 22h30.

Bar branché de Saint-Louis, où les jeunes Saint-Louisiens et les touristes se retrouvent le soir autour d'une bière. Le personnel y est sympa, l'ambiance conviviale et festive, la musique entraînante. On peut aussi y jouer au billard. Depuis 2016, l'Embuscade accueille le restaurant Le Réveil tenu par Mawdo Malick Diop, ancien cuisinier du Sunu Keur. La carte est assez variée et les plats sénégalais sont bien concoctés avec des produits frais. On vous recommande la spécialité du chef, la fricassée de la mer ou le roulé de sole aux crevettes.

LA LOUISE

Route de Khor
✆ +221 77 650 37 58

Ouvert tous les jours, de 10h à 2h. Plats à partir de 2 500 FCFA.

Le Meyazz Club a été repris par une Dakaroise, Louise, qui tient également un restaurant-traiteur dans la capitale. Le lieu n'a pas changé et des concerts sont toujours organisés les fins de semaine sur la scène en plein air. L'ambiance y est assurée par des artistes sénégalais de Saint-Louis et parfois de Dakar. L'établissement, qui fait aussi traiteur, propose des plats locaux et européens comme des tagliatelles aux fruits de mer, des brochettes de bœuf mariné ou de la dorade braisée. Derrière la salle de restaurant, une petite cour intérieure plus intime.

NDAR NDAR MUSIC&CAFÉ

Rue Potin X Abdoulaye Sec
✆ +221 77 143 88 90

Ouvert du lundi au samedi de 9h30 à 20h et le dimanche de 9h à 15h. Expresso à partir de 1 000 FCFA.

Voilà un petit bar agréable et chaleureux en plein centre-ville où l'on peut déguster un délicieux café d'Ethiopie moulu sur place, tout en écoutant de la bonne musique. Il est tenu par Oumar, ancien gérant d'un magasin de musique, qui a trouvé l'idée sympa d'allier ses deux plaisirs. Outre le café, les jus locaux et le lait frais de chamelle sont bio. Au-dessus du bar, une belle sélection de CD d'artistes sénégalais et internationaux proposés à la vente. N'oubliez pas de consulter le tableau d'affichage pour connaître les événements culturels de la ville.

PÂTISSERIE LA ROSA

Rue Khalifa Ababacar Sy
✆ +221 33 961 19 50
Ouvert tous les jours de 7h à 1h.

Voilà un endroit agréable, en plein centre-ville, pour s'arrêter faire une pause en cas de petits creux. Il propose un éventail de choix : sandwichs, hamburgers, *shawarmas*, plats sénégalais, pâtisseries… le tout servi avec le sourire, dans un cadre convivial et chaleureux. Vous pourrez les accompagner de délicieux jus locaux bien frais. Quelques tables sont installées à l'extérieur pour profiter du soleil sénégalais et de l'ambiance saint-louisienne. On regrettera parfois la nonchalance du service, mais l'établissement reste toutefois une bonne adresse.

BIJOUTERIE LA SIGNARE

Rue Abdoulaye Seck
✆ +221 77 577 23 64
Ouvert du lundi au samedi de 9h à 19h.
Bijoux à partir de 3 500 FCFA.

Bijoutier comme son père qui lui a transmis le métier, Ameth Thiam a beaucoup voyagé et ses créations s'en ressentent. Vous trouverez dans sa petite boutique, située face à l'Embuscade, des boucles d'oreille d'origine touareg, des bracelets mauritaniens, des couteaux de poche en corne de phacochère ou encore des bagues en filigrane d'argent. Entrez au moins pour y jeter un coup d'œil, ses créations valent le détour. Si vous restez quelques jours en ville, vous pourrez aussi commander des bijoux sur-mesure. Accueil bien sympathique.

L'AGNEAU CARNIVORE

57 rue Blaise Diagne
✆ +221 33 961 88 46
Ouvert du lundi au dimanche de 8h à 20h.

Gilles est revenu à ses premières amours, sa librairie bouquiniste riche d'ouvrages rares, de romans d'occasion de littérature occidentale, de sculptures africaines, de journaux de la fin du siècle dernier, de cartes postales à édition limitée et de livres sur la culture africaine. On y vient flâner, peut-être dénicher la perle rare, dans ce lieu culturel qui accueille aussi des expositions. Et si vous allez, encore plus loin, dans la cour intérieure, vous découvrirez de singulières sculptures en fer forgé, œuvres de Meïssa Fall. Un endroit à ne pas manquer !

CERADS

Rue Lieutenant Pape Mar Diop
✆ +221 77 971 23 58
www.cerads.org
Ouvert du mardi au samedi de 11h à 18h, fermé le vendredi après-midi. Papyrus de typha à partir de 2 000 FCFA.

Né en 1984, le Centre d'Etudes Recherche-Action pour le Développement de la zone Soudano-Sahélienne (CERADS) est une ONG française aidant au développement des populations à travers des initiatives locales. L'association a ainsi eu l'idée de transformer le typha, plante invasive du fleuve Sénégal, en papyrus selon la méthode traditionnelle égyptienne. Ces feuilles sont ensuite peintes par les artistes, devenant ainsi de vraies œuvres d'art. La soude à faible concentration, utilisée dans le procédé de fabrication du papyrus, est recyclée en savons et savonnettes.

L'ATELIER DES FEMMES

Rue Blaise Diagne
✆ +221 77 523 63 17
www.laliane.eu
Ouvert du lundi au samedi de 10h30 à 13h et de 16h à 19h.

Installée depuis plus de 10 ans à Saint-Louis, l'association La Liane apporte une aide précieuse aux enfants des rues et aux femmes isolées en difficulté. C'est pour offrir une seconde vie à ces dernières que l'association a monté cet atelier-boutique. Les femmes de Saint-Louis et des villages environnants y sont formées au crochet et à la couture, puis vendent leurs créations sur place, ce qui leur génère un revenu. Vous y trouverez des articles originaux à base de matières recyclées, comme des housses de coussin en chutes de tissu. A découvrir !

DIAPALANTE

Quai Ousmane Masseck N'diaye x Rue Potin
✆ +221 33 961 46 51
Ouvert lundi et mercredi de 14h à 19h ; mardi, jeudi et samedi de 9h à 13h et de 15h à 19h et vendredi de 9h à 13h.

Diapalante est un centre de formation professionnelle et d'insertion de jeunes en difficulté, principalement dans les métiers de l'environnement et du développement durable. Dans le but de générer des revenus pour financer ses activités, une boutique solidaire a été créée faisant la part belle à l'artisanat local. Peintures, bijoux, tissus batiks, lampes et autres objets de décoration, vous y aurez un choix de qualité. Le centre propose aussi deux chambres de passage, dans un bâtiment bioclimatique, qui offrent un confort basique mais agréable.

GALERIE ETHIOPIQUES

449 Avenue Blaise Diagne
✆ +221 77 143 88 90
www.ethiopiques.gallery
Ouvert tous les jours de 16h à 19h.

Située sur l'avenue principale de la ville, cette galerie d'art contemporain présente des expositions de qualité et organise parfois des projections de films depuis 2014. Elle est liée à la Maison Waaw, résidence d'artistes créée par des Finlandais tombés amoureux de Saint-Louis. Durant leur séjour sur l'île de Ndar, les artistes en résidence créent des œuvres originales liées à la culture sénégalaise qui sont ensuite exposées dans cette petite galerie, juste à côté de la résidence. D'autres artistes sénégalais y sont également présentés.

GALERIE MAAM TIOUTH

Rue Blaise Diagne x Aynina Fall
✆ +221 33 961 36 11
Ouvert du lundi au samedi de 9h à 18h.

Installée dans l'ancienne messagerie sénégalaise du XIXe siècle, cette belle galerie propose des expositions et ventes de peintures, bijoux, sculptures, perles, vêtements et tissus tissés à la main. La styliste saint-louisienne Mame Madeleine Niang y expose ses collections aux côtés des créations de jeunes artistes peintres, sculpteurs ou artisans innovateurs. Elle est à l'initiative de la Saint-Louis Fashion Week, un rendez-vous de mode organisé durant le festival de jazz depuis 2014. Sur le quai sont organisés des défilés de mode, des concerts et des expos.

KEUR FALL

Rue Henri Guillabert
✆ +221 33 961 62 38
Ouvert du lundi au samedi de 9h30 à 13h et de 15h à 19h30.

Ce magasin propose un très bel artisanat local selon le principe du commerce équitable. Concept qui garantit que le produit est acheté à un prix qui permet à l'artisan(e) de vivre dignement en retirant de son travail un prix juste. L'idée nous plaît beaucoup. Batiks, bogolans, vêtements, tissages, accessoires, tableaux, articles de décoration… la majorité des produits sont signés Maam Samba, du nom du village de brousse d'où sont originaires les artisans. Au fil du temps, d'autres articles partageant le même concept sont venus enrichir cette boutique très sympa.

KHELCOM

Rue Blaise Diagne
✆ +221 77 514 04 92
Ouvert tous les jours de 8h à 21h.

A côté de la fameuse boucherie de Saint-Louis, la petite boutique de Mamadou, un Saint-Louisien d'adoption, offre un éventail de souvenirs à ramener chez soi : tableaux de sable, tissus batik, paniers, djembés et vêtements sénégalais. Il vend également de beaux bogolans, des pagnes traditionnels maliens, qui peuvent servir de couettes ou de couvre-lits. Si un tissu vous plaît et que vous souhaitez un vêtement sur-mesure, Mamadou pourra vous mettre en contact avec l'un de ses amis couturiers, qui réalisera votre tenue en un rien de temps, pour un prix modique.

MAISON GIY - CHEZ ISMAËL

A côté du Ranch de Bango
✆ +221 33 961 14 69
www.maison-giy.com
Ouvert tous les jours, de 9h à 13h et de 15h à 19h.

Une collection de bijoux et de gemmes semi-précieuses unique au monde que présente ce bijoutier expert depuis 1989. Des colliers, des bracelets, des boucles d'oreilles, des pendentifs et des perles magnifiques de couleurs et de beauté datant de deux siècles à plus de deux millénaires av. J.-C. Les arrangements et ornements sont réalisés avec beaucoup de goût et de dextérité. Les prix atteignent souvent des firmaments, mais la rareté et la valeur sont bel et bien là. Ismaël et sa famille proposent aussi des hébergements en location.

MAISON SINGER

226, rue Xalifa Ababacar SY
✆ +221 77 445 52 45 - www.tesss.net
Ouvert du lundi au samedi de 9h à 13h30 et de 15h à 19h. Cours de tissage et visite de l'atelier sur rendez-vous.

Maï Diop, personnage haut en couleur, et son compagnon, Mourad, styliste marocain, sont à la tête de cette boutique. Une belle halte pour repartir avec de jolis accessoires dans vos bagages : vous pouvez y acheter des petits sacs, des coussins, des pagnes, des chemins de table et autres articles. Les tissus sont produits localement dans un atelier de tisserands, situé non loin de là et de nouvelles pièces sont produites quotidiennement. Vous y trouverez aussi des pièces du Mali, du Burkina Faso, de Mauritanie ou du Cap-Vert. Une pause shopping bien agréable !

MEÏSSA FALL

Rue Ribet
✆ +221 77 410 11 32
Ouvert tous les jours de 9h à 20h.
Objets d'art à partir de 10 000 FCFA.

Déjà enfant, Meïssa Fall, lorsqu'il aidait son père dans son travail de réparateur de vélos, imaginait des sculptures avec les pièces des bicyclettes. Il a repris le flambeau en ouvrant son propre atelier de réparation, tout en ajoutant sa pointe de créativité. Ici les pièces de vélo ont une seconde vie et prennent des allures de personnages, d'instruments de musique ou d'animaux. Des œuvres d'art uniques pour lesquelles il a été élu meilleur artiste designer de Saint-Louis en 2017. Allez jeter un coup d'œil à son atelier, vous serez surpris par son imagination !

METI SERVICES

Rue Aynina Fall
✆ +221 77 698 16 44
Ouvert du lundi au samedi de 9h à 13h et de 16h30 à 20h.

Jean-Michel Schmit, directeur du festival Métissons et associé du restaurant Terrasse d'Afrique, a ouvert une petite épicerie pleine de saveurs locales et internationales. On y trouve des confitures artisanales, du miel des montagnes, de la liqueur de Warang, de la moutarde, entre autres produits du terroir. Expatriés et touristes en mal de charcuterie pourront aussi se faire plaisir, avec la qualité en prime. Et pourquoi ne pas accompagner ce plaisir gourmand par un bon vin français ou d'Afrique du Sud ? Jean-Michel dispose aussi d'une cave à vin bien fournie !

LA PINTADE

Rue Madior Cissé x Alioune Macodé Sall
✆ +221 77 351 12 39
Ouvert tous les jours de 9h à 19h.
Sculptures à partir de 10 000 FCFA.

Ne manquez pas cette petite ferronnerie d'art installée dans le quartier sud. Sur les murs et le sol sablé de cette galerie, sont exposés fièrement pintades, tortues, papillons, flamants roses, papillons, araignées, entre autres sculptures en fer forgé. Ces œuvres sont celles de Serigne Gueye, un ferronnier saint-louisien qui s'est inspiré des animaux peuplant la Langue de Barbarie pour réaliser des pièces originales. Un beau souvenir à ramener chez soi. En plus, certaines d'entre elles sont démontables, pratique pour voyager !

CHEZ RAMA DIAW

Rue Blaise Diagne
✆ +221 77 378 26 00
www.ramadiawfashion.com
Ouvert du lundi au samedi de 9h à 20h.

Rama Diaw est une créatrice de mode qui s'est fait repérer sur la scène sénégalaise comme internationale. Elle a participé à plusieurs shows européens (Labo Ethnic de Paris, Festival landshut en Allemagne, Fashion-Week de Vienne), et ouvert ce show-room, où l'on trouve des petites merveilles. Vêtements (principalement pour femme), sacs, chaussures et accessoires, la mode sénégalaise est revisitée avec goût et élégance par cette Saint-Louisienne passionnée. N'hésitez pas à y faire un tour, il y a vraiment de beaux articles dans ce magasin fashion et chic !

LE VILLAGE ARTISANAL

Sor
Ouvert tous les jours de 8h à 19h30.

Faire du shopping, tout en observant les artisans travailler, telle est la particularité des villages artisanaux. Celui de Saint-Louis accueille une trentaine de stands. Sculpteurs sur bois, couturiers, bijoutiers, fabricants d'objets recyclés, tissage… Vous pourrez rendre visite à Mouhamed Bèye, un artisan très chaleureux qui fabrique de jolis bijoux en bois d'ébène et en teck. Dommage que l'on se sente dès l'entrée oppressés par une grande partie des artisans qui incitent à l'achat, une pratique due en grande partie au manque de touristes dans ce quartier.

DIWALI GALERIE

Rue Henri Guillabert
✆ +221 77 439 50 31
Ouvert du lundi au samedi, de 10h à 13h et de 15h30 à 19h. Séance de reiki autour de 20 000 FCFA.

Clémentine, qui s'occupait de la boutique de commerce équitable Keur Fall, s'adonne aujourd'hui totalement à ses passions : le reiki, la peinture et la lecture intuitives. Elle partage dans sa galerie ses expériences et connaissances en la matière. Vous y trouverez l'harmonie intérieure grâce à des séances de reiki. Et des ateliers de peinture ou lecture intuitives où vous laisserez parler vos émotions. La cour intérieure est un véritable espace de détente, joliment aménagé et à l'abri des bruits de la ville, où vous pourrez savourer un thé.

STAGE EN BIJOUTERIE

Rue Khalifa Ababacar Sy
✆ +221 77 955 95 04
www.bassiroupene.blogspot.fr

Bassirou Pène a déjà formé plusieurs voyageurs au savoir-faire de la bijouterie et du filigrane. Formé par son oncle, à tout juste quelques pas de sa bijouterie – Touba Gouye Mbind –, il partage aujourd'hui, à son tour, ses connaissances. En ce moment en Suisse, c'est son neveu Cheikh Diouck qui a pris la relève le temps de son retour. Les cours peuvent se limiter à quelques jours ou s'étendre sur quelques semaines et se déroulent dans l'atelier-magasin, aux côtés des jeunes apprentis souvent là pour deux ou trois ans avant de prendre, à leur tour, leur envol.

INSTITUT FRANÇAIS JEAN MERMOZ

Avenue Jean Mermoz
✆ +221 33 938 26 26
www.institutfrancais-senegal.com

Ouvert mardi, mercredi et vendredi de 9h30 à 12h30 et de 15h à 18h30, jeudi uniquement l'après-midi, samedi de 9h à 17h.

L'Institut français offre une très belle programmation tout au long de l'année. Entre autres de nombreux spectacles, concerts, films, expositions, stages en tout genre, rencontres, festivals et débats. Donne également des cours de wolof (inscription au préalable) et dispose d'une médiathèque riche de plus de 10 000 livres (consultation sur place). Salle multimédia avec ordinateurs. C'est une institution culturelle incontournable de la région du fleuve !

COMPAGNIE ZOUMBA

✆ +221 77 542 85 71
www.zoumba.e-monsite.com

Se renseigner sur place.

Créée en 2008 à l'initiative de Pape Samba Sow, alias Zoumba, cette compagnie se produit régulièrement à Saint-Louis. Elle allie harmonieusement danses, poèmes, chants et crachats de feu. La représentation est au départ lente et nostalgique, ponctuée des déclamations de Zoumba, avant de s'enflammer aux rythmes entraînants et mélodieux des djembé, mélodica et balafon que les belles danseuses s'approprient. Le cracheur de feu, Amadou, impressionne par son talent. On se laisse subjuguer par ce spectacle traditionnel et captivant jusqu'à sa fin. On en redemanderait...

L'IGUANE CAFÉ

Rue Abdoulaye Seck x Marie Parsine
✆ +221 33 961 06 60

Ouvert du mardi au samedi à partir de 22h30.

L'un des endroits branchés des nuits saint-louisiennes, imitant paradoxalement, mais pas tant que ça finalement, le style bar cubain. La carrosserie d'une GMC semble traverser le mur et nargue la maison coloniale d'un colonel de l'armée habitant juste en face. Un bar qui devient boîte, passé une heure avancée du week-end, où la musique est très au goût du jour et où l'on peut se déhancher devant un grand miroir permettant de sympathiques jeux de regards... On y arrive généralement tard, les douze coups passés. Incontournable !

LE FLAMINGO

Quai Roume
✆ +221 33 961 11 18

Ouvert tous les jours de 10h à minuit.
Entrée piscine à partir de 4 000 FCFA.
Plats à partir de 7 000 FCFA.

Le bar-restaurant de l'hôtel de La Poste jouit d'une vue imprenable sur le fleuve et le magnifique Pont Faidherbe. Abrité du soleil dans un jardin, le restaurant offre une carte variée, du filet de thiof à la gigolette de poulet rôti. Côté bar, on peut s'y baigner dans la journée dans une jolie piscine, tout en profitant du cadre exceptionnel. En soirée, le lieu est prisé des Sénégalais et des touristes qui viennent apprécier les concerts programmés. L'ambiance y est joyeuse et festive, et le cadre encore plus sublime, avec le Pont Faidherbe éclairé !

MIX CLUB

Quai Roume
✆ +221 77 794 53 25

Du vendredi au dimanche de 23h à 6h.
Entrée : à partir de 3 000 FCFA. Bar des concerts, de 21h30 à 2h, fermé le mardi.

L'ancienne boîte de nuit du Laser a été reprise en 2015 par le propriétaire de l'Oasis Fishing qui en a fait le lieu incontournable des nuits saint-louisiennes. Ici, le week-end, touristes et Sénégalais se défoulent sur la piste de danse éclairée de lumières multicolores. Ambiance le dimanche soir. La discothèque est mitoyenne avec le Bar des concerts, qui accueille des groupes locaux quasiment tous les soirs. Le samedi, ne manquez pas Mama Sadio, la chanteuse locale la plus connue de Saint-Louis, qui conquiert le public par sa voix exceptionnelle.

MAKHANA

En 1859, Faidherbe décide de transformer le marais de Kassak afin d'alimenter Saint-Louis en eau. 17 km de conduites sont construits et la machine de pompage est opérationnelle en 1885. L'usine, qui fonctionne durant plusieurs années, est finalement désaffectée en 1952. Aujourd'hui, il n'en reste que des ruines... mais quelles ruines ! Ceux qui sont sensibles à l'art industriel doivent faire le détour pour découvrir les plus anciennes machines à vapeur d'Afrique noire. Pour s'y rendre, on prend la route menant au parc du Djoudj. On passe le village de Ndiawdoune, et la piste pour Makhana est fléchée à l'arrivée de Mbarigot, après la route du barrage.

SAVOIGNE ★

Ce village, situé à une trentaine de kilomètres de Saint-Louis, est un lieu charmant aux rues ensablées construit autour d'une belle mosquée. Peu de touristes y passent et pourtant, le détour est mérité. Fondé dans les années 1960, ce bourg faisait partie d'un projet de développement lancé par l'armée sénégalaise. Ce chantier-école avait pour but de construire les infrastructures nécessaires pour faire vivre le peuple et un centre de formation agricole pour lutter contre l'exode rural. En 1966, après des années de travaux, ce chantier est « libéré » et le village devient autonome. Certains anciens du village faisaient partie de ces jeunes travailleurs.

CENTRE ARTISANAL DE MAKA

✆ +221 77 971 23 58

www.cerads.org

A partir de 2 500 FCFA le repas.

Créé à l'initiative de l'association Cerads, dont les locaux sont installés à Saint-Louis, ce centre artisanal est une halte sympathique et instructive sur la route du parc national du Djoudj. Ici, vous pourrez apprécier le travail des femmes du village qui transforment le typha, cette plante invasive du fleuve, en papyrus puis qui élaborent des savons et savonnettes, à base de soude à faible concentration récupérée de la fabrication du papyrus. Vous pourrez y partager aussi un moment convivial autour d'un plat local, avec ces femmes vaillantes et souriantes.

CIMEL

✆ +221 77 275 36 19

Ouvert tous les jours de 8h à 13h.
Visite gratuite. Litre de lait à partir de 500 FCFA.

Les Centres d'Impulsion et de Modernisation de l'Elevage (Cimel) ont été mis en place par le gouvernement sénégalais en 2004 dans le but d'améliorer les productions locales. Celui de Makhana, spécialisé dans la production laitière, fait partie des 3 centres fonctionnels du pays. Ici, les éleveurs du coin viennent reproduire leurs bêtes avec des races locales ou européennes, conseillés par des vétérinaires passionnés. Vous pourrez y voir des taureaux de race montbéliarde ou de Holstein, des moutons de races locales et des canards colverts métissés.

ATELIERS SAINT BLAISE ★

✆ +221 33 962 66 00

Ouvert du lundi au vendredi de 8h à 13h et de 15h à 18h et le samedi de 8h à 12h30. Restauration sur réservation.

Dans la cour de la mission catholique, le père italien Emmanuel Zanaboni a construit des ateliers de moulure et de sculpture, les Ateliers Saint-Blaise, seul centre de formation en Afrique de l'Ouest. On y est très bien accueilli, et le maître des lieux se fait un plaisir de faire découvrir les différentes étapes de réalisation des œuvres. Ici, travaillent aussi bien des catholiques que des musulmans. Les élèves y apprennent les techniques de moulage, de coulage et de décoration. Les objets, faits entièrement à la main, sont en exposition et en vente.

NDAR-TOUTE

Ndar-Toute ressemble à ces villages de pêcheurs de Dakar, à la population éparse par rapport à Guet-Ndar l'agité. Commence l'avenue Dodds, qui, revêtue d'un goudron où l'on n'évite pas les trous, charrie tous les véhicules qui s'aventurent sur la Langue de Barbarie depuis une centaine d'années. Il faut s'arrêter un instant au centre culturel Le Château, et découvrir les jeunes du quartier qui laissent parler leur talent. Un marché se tient quotidiennement à Ndar-Toute. Dans tous les cas, point besoin d'occasion pour venir se promener en toute sécurité le long de la plage et se perdre à l'intérieur, dans les allées noyées par le sable et les sourires.

Ndar-Toute, village de pêcheurs.

PLAGE DES SAL SAL

Tout au nord de la Langue de Barbarie, cette plage ressemble à une vision de paradis perdu. Une poignée de filaos au milieu du sable face aux déferlantes de l'océan. Quand on sait que la plage se poursuit sur des centaines et des centaines de kilomètres vers le nord, les côtes de Mauritanie et du Maroc perdent leur nom de frontière au profit du sable infini et de la fin d'un continent face à l'océan. La marche depuis Ndar-Toute (accessible en taxi) est courte, à peine un quart d'heure. Prévoir de quoi se réhydrater et de la crème solaire.

LE CHÂTEAU

Avenue Dodds

✆ +221 33 961 04 10

http://diagnart.com/le-chateau

Ouvert du lundi au vendredi de 10h à 20h.

Ateliers à partir de 4 500 FCFA. Fermé en août.

Voilà un lieu culturel vivant, niché dans l'ancien palais du gouverneur de Mauritanie, dont vous ne regretterez pas le détour ! Animé par l'association Diagn'Art qui organise également le festival Duo Solo Danse, ce centre pluridisciplinaire réunit à la fois les jeunes du quartier, des artistes sénégalais et internationaux. Outre les spectacles, vous pouvez vous y rendre dans la journée pour assister à des répétitions improvisées, dans une ambiance multiculturelle. L'association y organise également des cours de cuisine et de couture ainsi que des excursions.

PARC NATIONAL DE LA LANGUE DE BARBARIE ★★★

Créé en 1976 sur une surface de 850 ha, le parc s'est agrandi jusqu'à occuper aujourd'hui 2 000 ha. Pour y accéder, il faut reprendre la route de Dakar et très vite tourner à droite vers le phare de Gandiol. C'est là que se paient les droits d'entrée. Le parc, situé au sud de ce bout de terre de 30 km, se recouvre d'oiseaux en période de migration, entre décembre et mars. La Langue offre alors un sublime spectacle, avec ces oiseaux venus par milliers après leurs parades amoureuses. Sternes royales, goélands bruns, pélicans, flamants... Le site est moins intéressant hors cette période, mais offre une belle balade en pirogue.

OFFICE DU PARC

✆ +221 33 962 87 36

Ouvert tous les jours de 7h à 18h.

Droit d'entrée : à partir de 5 000 FCFA.

Pirogue : à partir de 7 500 FCFA.

C'est ici qu'on s'acquitte du droit d'accès au parc, mais aussi là où s'organisent les pirogues pour les visites. Vous pourrez y contracter un « écoguide », un jeune d'un village environnant qui connaît le site comme sa poche et les repères des oiseaux. Il pourra facilement vous les montrer et vous les nommer. La visite est grandiose, entre décembre et mars, lorsque les migrants prennent d'assaut le site. Prévoir une casquette, une grande bouteille d'eau et de la crème solaire. Possibilité de déjeuner sur place avec une délicieuse cuisine familiale.

HYDROBASE

Guet-Ndar passé, le paysage devient moins dense, la perspective s'éclaircit, et voilà l'autre facette de Saint-Louis, celle de la longue plage, magnifique en début et en fin de journée, ou à marée basse en 4x4 ou à moto, lorsqu'on se rapproche de l'extrémité de cette péninsule si particulière en longeant de si près la mer. C'est le Saint-Louis de l'Hydrobase, où aucun avion n'a atterri, et des refuges au vent, havre de tranquillité face aux déferlantes. Les hôtels et petits campements se succèdent le long de la plage. Il fait bon y séjourner, déjeuner ou passer l'après-midi. Même si ce décor idyllique est un peu gâché par la saleté de la plage...

HÔTEL DIAMAREK €€

✆ +221 33 961 57 81

www.hotel-diamarek.com

Chambre double à partir de 32 000 FCFA.
Petit déjeuner autour de 5 000 FCFA.
Menu à partir de 9 000 FCFA.

Dans un jardin fleuri de plus de deux hectares, un paradis sur la plage entre le fleuve et l'océan. Au milieu, la piscine et des cases tout confort, avec petite terrasse privative, coin salon et télévision dans les chambres. Repris par l'hôtel Mermoz en 2016, l'hébergement est équipé d'une bibliothèque, d'un accès wifi partout dans l'hôtel, d'un court de tennis et d'un restaurant. Salle de réunion d'une capacité de 350 personnes, au cas où l'idée saugrenue de travailler vous prendrait, alors que tout ici incite au *farniente*. Accès direct à la plage.

AUBERGE LE PÉLICAN €

✆ +221 33 961 88 37

www.auberge-pelican.com

Cases et chambres à partir de 9 000 FCFA en double. Studio à partir de 25 000 FCFA.
Petit déjeuner autour de 1 500 FCFA.

Un hôtel situé sur la plage de l'Hydrobase, qui compte des chambres plutôt propres où flotte une bonne odeur de savon. Equipées de moustiquaires, ventilation et TV, elles sont peu chères et très appréciables. A l'étage, le studio, doté d'un salon spacieux et d'une cuisine équipée, offre une belle vue sur la plage. Les petits budgets apprécieront les cases en paille dans le jardin fleuri, rafraîchies par le vent de la plage. Le restaurant met à l'honneur la cuisine locale, concoctée avec les produits du marché. Possibilité d'excursions.

HÔTEL DIOR €€

✆ +221 33 961 31 18

www.hotel-dior-senegal.com

Chambre double à partir de 34 000 FCFA, suite à partir de 67 000 FCFA.
Petit déjeuner inclus.

Situé dans le quartier de l'Hydrobase, entre fleuve et océan, l'hôtel dispose de 18 chambres décorées de tissus colorés, confortables (TV, climatisation, mini bar, wifi), situées dans un joli jardin luxuriant et fleuri. Hamac entre les cocotiers, piscine au bord du restaurant qui propose principalement des spécialités de l'océan, poissons et fruits de mer. Egalement de très bonnes grillades. Le lieu est paisible et relaxant, idéal pour s'échapper de l'agitation de la ville, situé en plus à deux pas d'une belle plage de sable fin.

HÔTEL CAP SAINT-LOUIS €€

✆ +221 33 961 39 39

www.hotelcapsaintlouis.com

Chambre double à partir de 41 000 FCFA.
Petit déjeuner autour de 3 500 FCFA.
Menu à partir de 8 000 FCFA.

Situés à deux pas de la plage autour d'une belle piscine, 25 bungalows et 10 duplex sont éparpillés sur les 3 ha de terrain planté de fleurs exotiques et d'arbres. Attendez-vous à un accueil chaleureux de Karim et Aïda Yaméogo, qui ont aménagé avec du goût des chambres pimpantes, toutes climatisées. Des duplex tout confort avec mezzanine sont proposés aux familles. Ici, les nuits sont bercées par le fracas des vagues sur le sable et le bruissement du vent. Pour les loisirs, terrains de volley, de pétanque et ping-pong vous attendent.

HÔTEL MERMOZ €€

✆ +221 33 961 36 68

www.hotelmermoz.com

Chambre double à partir de 32 000 FCFA.
Transfert vers Dakar : à partir de 50 000 FCFA (maximum 3 personnes).

Ce bel hôtel à 3,5 km du centre est posé sur une très belle plage, entre le fleuve et l'océan, avec une belle piscine face à la mer. Un petit paradis tenu par une équipe aux petits soins qui propose des chambres climatisées de différentes catégories, avec salle de bains privée, wifi, téléphone et TV. On y mange bien, poissons, crevettes entre autres, dans le restaurant digne des meilleures tables sénégalaises. Un centre d'esthétique est également à disposition des clients. A noter : Monsieur Le Grand, directeur de l'hôtel est consul honoraire de Belgique.

GUET-NDAR

De l'autre côté du pont depuis Ndar, Guet-Ndar grouille. Dès qu'on le franchit, on sent les activités, et peut-être parfois une certaine agressivité, à moins que ce ne soit le résultat de sa réputation. Guet-Ndar n'est pas des plus propres, ne sent pas toujours bon et la concentration d'humanité effraie souvent. Pourtant, derrière l'insalubrité et la pauvreté affichée, de l'autre côté, des gamins qui jouent et des calèches remplies du précieux poisson, des pirogues colorées, de ruelles ensablées et des mosquées improvisées. Guet-Ndar surprend aussi par son organisation. Celle de la pêche, avec ses règles et ses contacts. A l'aube, les pêcheurs embarquent pour franchir la barre, exercice périlleux et acrobatique. Le soleil levé, c'est le Tout-Guet-Ndar qui vient se soulager sur la plage. Dans ce modèle mille fois répété, les touristes débarquent souvent après la dernière étape. Choisissez bien votre heure. Pour les lève-tard, il faut savoir que le retour de la pêche à la tombée du jour n'est pas mal non plus, la magie du franchissement de la barre vers le large en moins. Un peu plus au sud, le cimetière musulman des pêcheurs se dresse sur une colline, un amas non savant de tombes et de piquets recouverts de filets. Mais face à l'avancée de l'océan, Guet-Ndar est menacé de disparition, lui qui assiste impuissant à la destruction régulière de ses habitations. Peu à peu, les autorités relogent les familles à Bango, village situé à une dizaine de kilomètres de leur lieu de travail.

GANDIOL

Le Gandiol est une zone regroupant de nombreux villages, au bord du fleuve Sénégal, allant jusqu'au Parc national de la Langue de Barbarie. Autrefois, le phare de Gandiol permettait d'orienter les bateaux et les pirogues naviguant sur le fleuve. Aujourd'hui, il est l'un des points de départ pour les excursions au parc. De Saint-Louis, on rejoint la zone de Gandiol par une belle route goudronnée traversant de somptueux paysages jusqu'à Lompoul. Il n'est pas rare de croiser quelques dromadaires en cours de route, preuve de la proximité avec le désert.

OFFICE DE LA RÉSERVE DE GUEMBEUL

✆ +221 33 962 87 35

Ouvert tous les jours du lever au coucher du soleil. Droit d'entrée : à partir de 5 000 FCFA.

Guide obligatoire.

Créée en 1983, cette réserve a pour objectif de réintroduire des espèces subsahariennes comme l'oryx algazelle et les gazelles dama mhou au Sénégal. Ramenées de différents pays, elles sont d'abord amenées à Guembeul le temps de s'acclimater au pays avant d'être relâchées dans la réserve de faune du Ferlo Nord. Site Ramsar, le site abrite aussi de nombreux oiseaux. A l'entrée, un petit éco-musée intéressant jalonné de panneaux explicatifs sur les espèces introduites.

Guet-Ndar, village de pêcheurs.

LE ZEBRABAR €

Mouït
✆ +221 77 638 18 62
www.zebrabar.net
Camping à partir de 5 000 FCFA. Bungalow double à partir de 24 000 FCFA. Petit déjeuner autour de 3 000 FCFA.

Ouvert il y a plus de vingt ans, le Zebrabar est situé à l'entrée du parc national de la Langue de Barbarie. Ce campement fonctionnant à l'énergie solaire propose des hébergements pour tous les types de budget. Vous pouvez y planter votre tente, ou séjourner dans des bungalows très joliment décorés avec salle de bain intérieure, ou commune. Pas besoin de ventilateur dans les chambres, la brise marine faisant l'affaire. Une jolie terrasse au bord du fleuve, face à la Langue de Barbarie, pour se prélasser au soleil et aussi des kayaks pour partir en balade.

TERANGA GANDIOLE €€

✆ +221 77 817 72 94
www.teranga-gandiole.com
Fermé en basse saison.
Bungalow à partir de 25 000 FCFA.
Petit déjeuner à partir de 3 000 FCFA.

Des passionnés d'Afrique tiennent cet agréable campement, sur les rives du fleuve, parmi les bougainvilliers ! D'un côté, Samantha s'occupe des cases traditionnelles, avec ou sans salle de bains privative, très bien tenues et joliment décorées ainsi que de la table d'hôte à la cuisine française et africaine ; de l'autre, Thierry se charge d'organiser toutes les excursions depuis le campement en 4x4, en pirogue ou à pied ! Buffet à volonté le dimanche midi. Accueil extrêmement sympathique et ambiance conviviale, une bonne adresse.

NIOKOBOKK €€€

✆ +221 77 790 73 99
www.sites.google.com/site/chambresdhotes-niokobokk
Chambre double à partir de 38 000 FCFA.
Petit déjeuner autour de 3 000 FCFA.

Cette maison d'hôte, dont le nom signifie « on est ensemble » en wolof, surplombe, majestueuse, l'océan. Entièrement dessinée, construite et aménagée par Isabelle et Didier Bouilly, elle dispose de chambres, décorées avec goût, mêlant traditions africaines et design moderne. Toutes uniques, elles permettent de passer un séjour au calme. Profitez de la piscine, des balades alentour mais surtout des propriétaires, très charmants. Maison entièrement équipée à l'énergie solaire. Possibilité d'organisation d'excursion sur mesure.

OCÉAN ET SAVANE €€

Route de Gandiol, Potou, Saint-Louis
✆ + 221 77 637 47 90
www.oceanetsavane.com
En demi-pension : à partir de 65 € en cabane et de 76 € en bungalow. Buffet à partir de 15 €.

© OCEAN ET SAVANE

Idéalement situé au bord du fleuve, dans un cadre exceptionnel, ce campement est le lieu de séjour parfait pour déconnecter totalement du quotidien. Au total, quatorze bungalows et dix cabanes sur pilotis, tout confort et décorés avec goût, sont éparpillés sur un vaste terrain arboré. Le restaurant avec sa terrasse panoramique offre une vue imprenable sur la Langue de Barbarie. Et le bar, très agréable pour siroter un verre au coucher du soleil, près de la jolie piscine à débordement. Nombreuses activités sur place. Accueil très chaleureux de Sabine et son équipe.

GUÉLAKH

Sur la route de Saint-Louis, à gauche après Rao, localité réputée pour son marché, il faut suivre les panneaux pour rejoindre Guélakh, un village de Peuls nomades, sédentarisés. Aujourd'hui, ils produisent un délicieux fromage de brebis qu'ils vendent à pratiquement tous les hôtels de la région. Une halte s'impose alors dans ce village traditionnel constitué simplement de cases en paille. La visite est guidée par les villageois eux-mêmes qui ne manqueront pas de vous faire découvrir la fromagerie, les jardins et l'école des femmes. La piste pour y arriver est bonne et offre un magnifique panorama sur les dunes rouges qui s'étalent jusqu'à Lompoul.

PARC NATIONAL DU DJOUDJ ★★★

Le Parc du Djoudj, c'est la troisième réserve ornithologique du monde ! Peuplé de centaines d'espèces d'oiseaux, le site est traversé par un large cours d'eau, qui se jette ensuite dans le fleuve Sénégal. Mais attention, le parc ne se peuple de façon intéressante qu'avec l'arrivée massive des oiseaux migrateurs venus d'Europe occidentale, c'est-à-dire que vous n'en profiterez réellement que de décembre à avril, avec une pointe en janvier et février. En dehors de cette période, les passionnés d'oiseaux pourront observer des migrateurs venus d'Afrique du Sud durant l'hivernage comme le guêpier à gorge blanche. Mais ce n'est qu'une infime partie puisque 80 % des espèces sont des migrateurs occidentaux. Plus de 360 espèces ont été répertoriées et près de 3 millions d'oiseaux au total ! Les flamants roses, par centaines, comme les pélicans, les ibis royaux et tant d'autres, offrent un spectacle grandiose, même sans être un fan d'ornithologie. Peut-être y verrez-vous aussi quelques gazelles (dorcas), des phacochères, des chacals, des varans du Nil, des crocos et des pythons, à condition que vous gardiez un peu les pieds et les yeux sur terre. Le parc, créé en 1971, est inscrit au Patrimoine mondial de l'Unesco depuis 1981. Pour en profiter au maximum, vous pouvez dormir sur place et prévoir deux jours pendant lesquels vous vous en mettrez plein la vue.

OFFICE DU PARC

✆ +221 77 568 25 26

Ouvert tous les jours de 8h à 18h.
Fermé parfois durant l'hivernage.
Entrée à partir de 5 000 FCFA.

Il vous faut être accompagné d'un guide officiel pour pouvoir entrer dans le parc. Si vous êtes parti avec un guide de Saint-Louis, celui-ci s'occupera de toutes les formalités, que ce soit pour le droit d'entrée ou pour la location de la pirogue. Sinon, il faudra sur place contracter un guide. Généralement, la visite se fait en pirogue où vous découvrirez les impressionnants nichoirs de pélicans, surtout entre décembre et mars. L'autre possibilité est de sillonner le parc en voiture, avec un guide spécialisé dans les oiseaux, pour les observer des miradors.

HOTEL DU DJOUDJ €€

Entrée du Parc

✆ +221 77 532 77 17

www.hotel-djoudj.com

Fermé de juin à octobre. Chambres doubles à partir de 30 000 FCFA. Menu autour de 10 000 FCFA.

A l'entrée du parc, l'hôtel constitue le point de départ idéal pour le visiter dès l'aube ou s'y attarder jusqu'à la tombée de la nuit, les heures où l'on voit le plus d'animaux. A notre passage, les chambres agencées autour d'une belle piscine étaient en rénovation, seules quelques-unes étaient disponibles. L'établissement propose aussi des balades en pirogue, en 4x4 ou en VTT, pour découvrir les meilleurs endroits du Djoudj. Les amateurs d'ornithologie peuvent réserver les services d'un guide spécialisé. L'équipe est joviale et très pro. On s'y sent bien.

LAMPSAR LODGE €€

Village de Ndioungue Mberess

✆ +221 33 962 70 30

www.campement-senegal.com

Case à partir de 24 000 FCFA,
case familiale à partir de 45 000 FCFA.
Petit déjeuner autour de 3 500 FCFA.

Situé à une vingtaine de kilomètres de l'entrée du parc du Djoudj, le Lampsar Lodge peut être une bonne alternative pour profiter de la région. Au bord d'un bras tranquille du fleuve Sénégal, les cases avec douches privatives sont réparties dans un magnifique jardin planté de 150 arbres. Les repas à l'extérieur se prennent sur une terrasse sur pilotis, ventée et agréable, pieds dans l'eau et vue imprenable assurée ! On recommande la grande chambre située à l'étage du restaurant donnant sur le fleuve, observatoire inédit des nombreux oiseaux du coin.

LODGE TAWEH €€

✆ +221 33 961 19 81

www.lodgetaweh.com

Se renseigner sur les tarifs au Ranch de Bango.

Construit dans un écrin de nature sauvage, à l'extrême nord-est du Parc national du Djoudj, en face du poste crocodile, cet écolodge compte sept grandes tentes lourdes sud-africaines sur pilotis et confortablement équipées (vasques dans les salles de bains, climatisation, grands lits et terrasse sur les *bolongs*). Ici tout est calme et volupté, dans un environnement luxuriant où seul le chant des oiseaux perturbe le silence. Vous pourrez aussi partir en excursion dans le parc, hors des sentiers battus par les touristes, pour en apprécier toute sa beauté.

FOUTA-TORO

Le Fouta-Toro est la région naturelle de l'extrême nord et du nord-est du pays, habitée principalement par les Peuls et les Toucouleurs, sur la rive gauche du fleuve Sénégal. Elle s'étend de Dagana à Bakel, localisée dans la région de Tambacounda. On peut dire simplement « le Fouta », comme le font certains, mais l'adjonction du « Toro » permet de préciser de quel Fouta il s'agit, car il en existe également en Guinée. Ici, le temps semble s'être arrêté à l'époque florissante du commerce de la gomme arabique, sur ces quais où se succèdent ces anciens comptoirs aux couleurs aujourd'hui ternies. Il fait chaud, surtout du côté de Matam. Mais le fleuve bordé de vallées verdoyantes offre toujours un peu de fraîcheur en début de soirée. Et ses couleurs contrastées au crépuscule. Voyager au Fouta est gage de d'émerveillement. La région dévoile ses richesses, son hospitalité et ses circuits de transhumance à qui saura prendre son temps.

Fouta-Toro
20 KM
MAURITANIE
PODOR
ROSSO
Gae
RICHARD-TOLL
DAGANA
NDIOUM
Forêt Classée Ndioum Dieri
N 2
Bodé Lao
Aéré Lao
Sénégal
SAINT-LOUIS
Parc National des Oiseaux du Djoudj
Réserve de Faune du Ndiael
NDER
SAVOIGNE
LAC DE GUIERS
SAINT-LOUIS
Réserve Sylvo-Pastorale de Mpal Me
M'pal
D 302
Réserve Sylvo-Pastorale de Sagobe
Réserve Sylvo-Past. des Six Forages
Kaédi
Agnam Thiodaye
Thilogne
Boki Diav
Diamel
MATAM
OUROSSOGUI
P 405
Réserve de Faune du Ferlo Nord
Réserve Sylvo-Pastorale de Louguer
P 309
Réserve Sylvo-Pastorale de Barkedj
LOUGA
LOUGA
Koki
D 309
Réserve Sylvo-Pastorale de Boulal
Linguère
Dahra
N 3
Ranérou
MATAM
Denndoudi
Kanel
R 42
Hamady Hounaré
Waounde
Seme
Dembankané
Diawara
BAKEL
THIÈS
THIÈS
R 30
Réserve Sylvo-Pastorale de Deali
DIOURBEL
TOUBA
Mbacké
Réserve Sylvo-Pastorale d'Oldou de
Réserve Sylvo-Pastorale de Bem Bem
Réserve de Faune du Ferlo Sud
Réserve Sylvo-
300

PAGES

303 ## ● ● ROUTE DU FLEUVE

Autrefois, quand les commerçants aventuriers allaient faire leur fortune d'ivoire, de gomme ou d'esclaves, le fleuve était sans doute la voie naturelle la plus sûre. Bien plus, en tout cas, que les routes traversant dangereusement tous ces royaumes pas toujours bienveillants à l'égard des Européens. Aujourd'hui, seul le mythique Bou-el-Mogdad navigue sur le fleuve entre Saint-Louis et Podor, offrant aux touristes une magnifique croisière entre histoire, culture et paysages. Depuis la construction du barrage près du village de Diama, les eaux gardent une hauteur régulière et l'irrigation n'est plus un rêve... au moins dans certains endroits. On en profite surtout à Richard-Toll, principal pôle de développement de la région, tant pour le sucre que pour les autres cultures (riz, fruits et légumes) et, depuis peu, le long du fleuve après Savoigne où les rizières se multiplient. La route est monotone, mais sublime. Les bâtiments les plus modernes sont certainement les stations-service, que l'on retrouve régulièrement tout du long, et surtout à Dagana, Podor, Ourossogui et Bakel. Le mieux, pour plus de sécurité, est de partir toujours avec le plein, ou de quoi faire le double de la distance à parcourir. Remonter les rives du fleuve vers l'intérieur, c'est entreprendre de le quitter pour ne le retrouver que par endroits, en principe dans les villes, où l'on peut s'arrêter. La route est ainsi faite qu'elle ne longe jamais vraiment le Sénégal et que l'aridité et la chaleur sont les impressions dominantes. Mais voyager au Fouta est gage de surprises et d'émerveillement. La région dévoile ses richesses, son hospitalité, ses couleurs ocre se parant de taches vertes pendant l'hivernage et ses circuits de transhumance à qui saura flâner et prendre son temps.

RICHARD-TOLL ★★★

303 Sur la rive gauche du fleuve Sénégal, Richard-Toll est un petit écrin de verdure, au milieu d'une région aride. Autrefois lieu de villégiature du premier gouverneur du Sénégal, Jacques-François Roger, la ville a pris son essor grâce au développement de l'industrie sucrière. La résidence du baron, belle demeure coloniale, mérite le détour, malgré son état de décrépitude avancée.

305 ### NDER

306 ### DAGANA

ROSSO ★★

306 Séparée par le fleuve Sénégal de sa jumelle mauritanienne, Rosso est une ville frontière pleine d'effervescence où les échanges de marchandises entre les deux pays font partie du quotidien. On y vient surtout pour prendre le bac et rejoindre la Mauritanie et vice-versa.

PODOR ★★★

307 Niché entre deux bras du fleuve Sénégal, Podor charme par ses anciens comptoirs commerciaux et par ses tons ocre qui révèlent toute sa beauté pittoresque. Bien que le temps semble s'y être arrêté à l'époque coloniale, la ville se réveille doucement grâce à des initiatives privées. Son écomusée du commerce fluvial est une halte appréciable et son festival Les Blues du Fleuve, une réussite.

310 ### NDIOUM

310 ### OUROSSOGUI

311 ### MATAM

312

● ● ROYAUME DU GADIAGA

Le Gadiaga, appelé Galam par les étrangers à la région, est avant tout connu pour son or et ses femmes. Bakel n'est plus dans le Fouta. Le peuplement soninké, qui a pris son essor avec le déclin de l'empire du Ghana (du XIe au XIIIe siècle), a installé dans cette province un système hiérarchisé à base de castes. Les Soninkés sont surtout des paysans et des commerçants. Quand les Français achetèrent en masse de la terre dans les années 1820, de courtes guerres les opposèrent à des résistances locales. Mais quand la pacification prit toute son ampleur (1886), que l'impôt, le service militaire tentèrent d'être solidement implantés, ce fut une autre affaire. En 1886, Mamadou Lamine Dramé est un chef religieux sarakholé qui veut redonner sa fierté au peuple soninké, mais aussi à tous les croyants en Allah. Comme dans un grand nombre des résistances du Sénégal, Lamine Dramé n'était pas anti-français, mais les chemins se croisant, la confrontation avec le pouvoir colonial, qui tentait de se durcir, fut inévitable. Vainqueur au fort français de Saint-Pierre, la Falémé (plus au sud) passa sous son contrôle. La bataille de Bakel était à deux doigts d'être perdue par les Français, au même titre, encore une fois, que bon nombre des résistances aux colons (d'El-Hadj Omar Tall, souverain de l'Empire toucouleur à Lat Dior Diop, roi du Cayor). Il se dit qu'au moment où Bakel était sur le point d'être pris par Mamadou Lamine Dramé, un obus fit mouche au milieu de l'état-major du marabout. Le mouvement de recul qui suivit aurait alors été interprété comme un signe de retraite de la part des combattants. Une débandade généralisée aurait suivi... Guerre de rue puis poursuite sanglante, jusqu'à ce que Mamadou Lamine Dramé tombe dans une embuscade tendue par le roi du Fouladougou, Moussa Molo, allié des Français.

312

BAKEL ★★

Aux portes de la Mauritanie, Bakel surplombe joliment le fleuve Sénégal, offrant des contrastes saisissants entre ses terres arides et sa vallée verdoyante. Autrefois grand centre économique marqué par la présence française, la ville est aujourd'hui à l'abandon. De son superbe fort construit au XIXe siècle, il n'en reste que des ruines. Toutefois, Bakel constitue une jolie étape, très agréable.

© MAYA LEFEBVRE

Jeune fille de Richard-Toll.

RICHARD-TOLL ★★★

Richard-Toll, nichée au bord du fleuve Sénégal, est une bourgade assez grande qui a vu sa population multipliée par dix grâce à l'essor de l'industrie sucrière. Une route aride bordée de buissons et d'épineux, balayée par l'harmattan et puis, tout d'un coup : Richard-Toll ! A l'embranchement de Rosso, porte de la Mauritanie, apparaissent des champs de fonio, de patates, de maïs, des mangueraies et bananeraies... Mais le regard est surtout attrapé par les plantations de canne à sucre et des rizières d'un vert surréaliste. En wolof, Richard-Toll signifie « le champ de Richard », du nom d'un botaniste français, Jean-Michel Richard, le jardinier du baron Roger qui, dans les années 1820, s'essaya en vain à l'agriculture dans la région.

Transports

Les transports étant difficiles et irréguliers, la chaleur étouffante et tenace, et pire encore lorsqu'on se rapproche de l'hivernage, avoir son véhicule ou un taxi-brousse pour soi est plutôt conseillé. Sinon, des taxis-brousse et des bus desservent de Saint-Louis le Fouta-Toro. Les grands bus de Dakar Dem Dikk partent de Dakar (Terminus Liberté 5) en début de journée, vous offrant un voyage à la fraîche. Compter 10 000 FCFA jusqu'à Ourossogui et... 15 heures de route ! Depuis 2005, il est de nouveau possible de naviguer sur le fleuve Sénégal entre Saint-Louis et Podor à bord du Bou el-Mogdad. La Compagnie du Fleuve exploite les croisières à bord de ce bateau qui va de Saint-Louis à Podor, et s'arrête à Richard Toll. A Richard-Toll comme un peu partout dans le Fouta, la charrette est un excellent moyen de locomotion, notamment pour se laisser imprégner par cette notion du temps si particulière.

La ville aujourd'hui

A l'entrée de la ville trône une usine de canne à sucre qui appartient à la Compagnie Sucrière Sénégalaise (CSS), société agroalimentaire qui s'est installée dans les années 1970 à Richard Toll. La société écoule sur le marché national 100 % de sa production de sucre et elle se targue de faire vivre directement environ 12 000 agriculteurs, qui exploitent plus de 8 700 ha des terres irriguées. Comme dans toute la région, Richard-Toll profite du barrage établi sur le fleuve à Diama pour se soustraire aux problèmes de crues. Le Sénégal ne voit plus son niveau varier que d'une cinquantaine de centimètres pendant les crues. Plus qu'ailleurs, le système d'irrigation s'est fortement développé par pompage, avec aujourd'hui des cultures irriguées de manière artificielle sur un rayon de plus de 35 km.

LA CSS

✆ +221 33 938 23 23

http://css.sn

Ne se visite plus.

Située sur la route de Saint-Louis, c'est la Compagnie sucrière sénégalaise et ses cheminées dégageant une fumée épaisse blanche que vous verrez sur votre gauche en arrivant à Richard-Toll. On pouvait autrefois s'y rendre pour y voir le brûlage de la canne, entre novembre et juin, mais la visite a été suspendue par mesure de sécurité. Néanmoins, si vous êtes curieux de connaître les techniques et la fabrication, vous pourrez toujours poser vos questions à El Hadj, lors d'une balade en charrette. Il y travaille toujours et pourra vous renseigner.

« LA FOLIE DU BARON ROGER » ★★

✆ +221 77 943 98 56

A partir de 1 000 FCFA la visite guidée par personne.

Vous serez surpris par la stature et la noblesse de cet édifice, aujourd'hui décrépi, mais qui rappelle le faste d'un empire déchu. Le baron Jacques-François Roger, premier gouverneur civil du Sénégal (1822-1827), aurait construit ce château pour les beaux yeux d'une belle femme sénégalaise, Yacine Yérim Diaw, qu'il épousera. Le baron venait passer ses week-ends avec sa femme dans cette résidence rappelant les « folies », petits châteaux au XVIIIe siècle. Il faut alors imaginer ses fins de semaine dans cette demeure perdue dans la verdure, édifiée sur une île de La Taouey. Au baron Roger est associée la politique de mise en valeur agricole de la colonie et son jardinier, Richard, qui donna son nom à la ville (Richard Toll signifie « Les champs de Richard »). Il était alors question de compenser les difficultés liées à l'abolition de l'esclavage à coups de pioche. Le gouverneur Schmalz avait lancé le mouvement, négociant des concessions à but agraire avec le *brack* (roi) du Walo en 1819. Ne se sentant pas soutenu, le baron rentra quelque temps en France. A son retour au Sénégal en 1822, il prend les fonctions de gouverneur. Le roi lui demanda alors de l'aide, car les populations locales craignaient les raids des Mauritaniens qui souhaitaient capturer des Sénégalais et les revendre comme esclaves. Les Saint-Louisiens qui vivaient de chasse et de pêche devenus paysans, les techniciens venus pour l'occasion, tout ce petit monde se concentra d'abord sur des cultures de pommes de terre, de la vigne, de l'olivier puis, après un échec cuisant, sur le coton, le ver à soie et la cochenille. En 1824, la Société agricole du Walo naissait, acquérant de nouvelles terres, portant le total à près de 1 200 ha. Malade, à la fin de l'an 1826, le baron quitta la colonie avec le sentiment du devoir accompli. Richard-Toll fut établi comme le centre de l'effort agraire. Ses successeurs, Gerbidon, Jebelin, puis Brou, firent baisser les chiffres de production et liquidèrent l'entreprise du baron Roger. Faidherbe décida de céder la bâtisse aux sœurs qui en feront une église, puis en 1960, la « folie » deviendra une école, puis des bureaux. Aujourd'hui, la vieille bâtisse coloniale, classée comme monument historique du pays, semble se languir de visiteurs. De la splendeur du passé, on ne voit presque plus rien, le château se réduisant à ses propres murs jaune pâle. Depuis longtemps, des projets de réhabilitation sont évoqués, mais en attendant l'édifice décrépit...

EL-HADJ TAHIBOU FALL

✆ +221 77 417 76 45

A partir de 5 000 FCFA la balade en charrette de 2 heures pour 3 personnes.

Coupeur de canne à la CSS depuis de nombreuses années, El-Hadj Tahibou Fall propose à ses heures perdues d'accompagner les voyageurs pour leur faire découvrir Richard-Toll et échanger avec eux sur les diverses facettes de son métier. Si vous souhaitez vous balader en charrette et apprécier la ville d'une autre façon, n'hésitez pas à le contacter, il se fera un grand plaisir de vous promener. Vous bénéficierez en plus de ses explications sur les différents procédés de coupe et d'irrigation des champs de canne à sucre. Une rencontre enrichissante à coup sûr !

ANNEXE AUBERGE DE LA CITÉ €

Quartier Thiabakh

✆ +221 33 963 33 61

Chambre double ventilée à partir de 12 600 FCFA, climatisée à partir de 23 600 FCFA.

Petit déjeuner inclus.

Dans un nouveau quartier de Richard-Toll, loin de la circulation de la ville, l'annexe de l'Auberge de la Cité, située elle près de la route principale dans le centre, offre un séjour au calme. Les 11 chambres, dont 5 sont climatisées avec salle de bain intérieure, sont bien tenues et équipées de télévision. L'après-midi, vous pourrez vous détendre dans la cour extérieure, à l'ombre des bougainvilliers. Bon rapport qualité-prix. Personnel affable.

RÉSIDENCE DU FLEUVE - CHEZ KEÏTA €

Quartier Gae

✆ +221 77 408 37 80

www.residencefleuve.canalblog.com

Chambre ventilée à 12 600 FCFA, climatisée à 16 800 FCFA. Petit déjeuner inclus.

Bounama Keïta loue quelques chambres avec télévision et salle d'eau privative. L'endroit est propre, mais le confort de cette maison d'hôtes est très sommaire, avec une décoration épurée. Les chambres sont toutes équipées de ventilateur et du wifi gratuit. Du côté du petit déjeuner (inclus dans le prix), il est servi sous la forme d'un buffet. Un rapport qualité-prix assez élevé pour l'endroit, mais l'adresse peut dépanner à l'occasion. Accueil agréable et disponible.

GÎTE D'ÉTAPE €€

✆ +221 33 963 32 40

Chambre à partir de 34 000 FCFA.
Suite à partir de 65 000 FCFA.
Compter autour de 3 000 FCFA le petit déjeuner.

Une charmante structure située dans un cadre fleuri où les chambres aux couleurs chatoyantes sont climatisées, avec toilettes privatives. Au bord du fleuve, une belle suite toute équipée offre un agréable moment de détente et de bien-être dans une décoration marocaine. Le restaurant et la piscine raviront les désireux d'une étape confortable avec possibilité de siroter un verre sur le ponton, en laissant le regard se promener des champs de canne à sucre jusqu'à la Mauritanie à l'horizon. Egalement un billard et un terrain de pétanque pour les amateurs.

HÔTEL LA TAOUEY €€

✆ +221 77 531 40 10

Chambre double autour de 25 600 FCFA.
Petit déjeuner inclus. Parking privé.

L'établissement est modeste, mais correct avec cinq grandes chambres colorées, chacune avec son petit coin salon, sa salle de bains et ses toilettes. Le site est agréable face au fleuve, parfait pour se ressourcer. En plus, l'accueil d'Ousmane et de son équipe est bien sympathique. Ils pourront d'ailleurs vous conseiller sur les endroits à voir et même vous organiser des excursions, si vous le souhaitez. Le restaurant laisse cependant peu de choix, entre le steak ou le poulet et un plat sénégalais. Un peu cher tout de même pour la vétusté !

BURGER CITY €

✆ +221 33 963 30 30

Ouvert tous les jours de 6h à 4h.
Chawarmas à partir de 1 200 FCFA,
pizzas autour de 2 250 FCFA.

Hormis le restaurant du Gîte d'Etape, c'est l'un des seuls endroits acceptables pour se restaurer à Richard-Toll. Situé près de la station-service, l'établissement est correct pour une escale express avant de continuer la route ou pour savourer un repas plus posément attablé dans la salle climatisée. *Chawarmas*, pizzas, hamburgers, mais également de copieux plats sénégalais et européens y sont servis à toute heure de la journée et jusqu'à tard dans la nuit. L'endroit est en plus très propre et le service efficace et généralement rapide.

RESTAURANT DU GÎTE D'ÉTAPE €€

Ouvert tous les jours de 7h à 22h.
Plats autour de 5 000 FCFA,
menu à partir de 11 000 FCFA.

Même si vous ne passez pas la nuit au gîte, vous pourrez vous y accorder une pause déjeuner agréable, au bord du fleuve et face à la Mauritanie. La carte dévoile un large choix de plats sénégalais et européens, très appétissants. Les produits sont choisis avec soin, le personnel attentif et la décoration appliquée. On vous recommande fortement le tournedos au poivre vert, fondant exquisement dans la bouche, avec ses frites maison. Une belle étape !

NDER

Nder, dernière capitale du royaume du Walo, est situé sur la rive occidentale du lac de Guiers, à une centaine de kilomètres de Saint-Louis. Ce village de brousse est surtout connu pour son épisode saillant dans la lutte contre l'esclavage. Il faut remonter un peu le temps au début du XIXe siècle. Cette monarchie wolof, dont les bracks (rois) ne se tournèrent vers l'islam qu'à partir de cette époque, était à cheval sur le fleuve. Du côté mauritanien, où le Walo trouve son origine, le quotidien était régulièrement entaché de guerres civiles et de razzias des Maures Trarza, qui finirent par envahir toute la partie sur la rive droite du Sénégal. Les bracks passèrent alors le fleuve pour s'installer près de Richard-Toll, puis plus au sud. En 1819 ou 1820, selon les sources, une coalition entre Maures, Toucouleurs et Cayoriens s'emparait de la dernière capitale du Walo. S'ensuivit une lutte féroce, au cours de laquelle il est dit que de nombreuses femmes préférèrent s'immoler vives plutôt que de se livrer aux mains de l'ennemi. L'héroïsme des femmes wolof peut-il encore être mis en doute ? La localité, aujourd'hui administrativement rattachée à la communauté rurale de Ross-Béthio, semble avoir été oubliée derrière ses maisons pour la plupart en banco. Elle est en bout de piste après Gnith, sur la route de Richard-Toll. Elle ne figure pas sur la carte touristique du Sénégal, et l'on peinerait à se souvenir de son passé épique sans la pièce de théâtre Nder en flammes, de l'écrivain sénégalais Alioune Badara Bèye (Editions NEAS, 1990).

DAGANA

Situé à une vingtaine de kilomètres sur la route de Richard-Toll en direction de Podor et de Bakel (N2), Dagana est le dernier bastion du Walo avant l'entrée en pays toucouleur. Fondé au tout début de l'histoire wolof, ce petit village se convertit en comptoir colonial important au XIXe siècle, notamment sous la gouvernance de Faidherbe, où se vendait la gomme mauritanienne. De nombreux bateaux y accostèrent comme le Banny et le Ponty pour charger cette résine d'acacia si prisée ou débarquer des soldats. Aujourd'hui, seul le mythique Bou El Mogdad s'y arrête pour cette fois-ci déposer des touristes. La « capitale du Walo » est paisible, le fleuve y est très beau et les gens particulièrement accueillants. On peut y voir les habitants faire leur toilette ou se baigner sur les anciens embarcadères. Les journées sont chaudes, mais une balade au bord du fleuve vous rafraîchira. Dagana charme surtout par ses anciens quais et les vestiges de maisons de négoce construites à la mode saint-louisienne, témoins aujourd'hui d'une époque florissante. Il faut se perdre dans ses quartiers traditionnels et son marché pour s'imprégner de son atmosphère singulière et rencontrer ses chaleureux habitants. Derrière la place où trône l'héroïne du Walo, Ndaté Yalla Mbodj, admirée pour avoir résisté contre les colons au XIXe siècle, se dresse la préfecture, bâtiment d'architecture coloniale bien conservé. Le fort, construit dans les années 1820 pour protéger le commerce sur le fleuve, vaut également le détour, d'autant qu'un magnifique hôtel y a été installé.

CENTRALE DE BOKHOL

Visite gratuite possible en semaine.
Se renseigner sur place.

75 000 panneaux photovoltaïques s'étendent sur 40 hectares de terres arides. Dans une région où le soleil brille plus de 2 000 heures par an, cette centrale solaire est une aubaine pour les habitants dont 60 % n'ont pas accès à l'électricité. D'une capacité de 20 mégawatts, elle fournit aujourd'hui à 160 000 personnes l'électricité ! Ce champ photovoltaïque d'envergure est depuis détrôné de son titre de plus grande centrale d'Afrique de l'Ouest par celle de Mérina Ndakhar, située dans la région de Thiès, avec 92 000 panneaux d'une capacité de 30 mégawatts.

HÔTEL DU FORT DE DAGANA €€

Fort de Dagana, ancien quai de débarquement
✆ +221 78 167 74 61
www.fort-dagana.com
Chambres à partir de 34 000 FCFA.
Petit déjeuner continental autour de 4 500 FCFA.

Au bord du fleuve, sur les anciens quais de débarquement, ce splendide hôtel est installé dans le fort de Dagana, construit en 1820. Il dispose de 15 chambres confortables, dont 4 suites, toutes climatisées et équipées de TV avec Canal+. Un restaurant propose un large choix de plats locaux et européens, une grande piscine donne sur la Mauritanie. L'endroit est vraiment paisible et mérite le détour pour découvrir le Sénégal profond. Possibilité de prendre des cours de cuisine, de teinture et d'artisanat local pour ceux qui souhaitent rester plus longtemps.

ROSSO ★★

Ville frontière, jadis escale des voiliers et des chalands qui remontaient le fleuve, Rosso-Sénégal est reliée à son jumelle mauritanienne par seulement quelques coups de pagaie. Véritable carrefour foisonnant d'échanges marchands, Rosso est aussi une ville stratégique en tant que porte d'entrée sur le Maghreb et l'Europe. Mais un cimetière aussi, bien souvent, du rêve d'immigrés clandestins expulsés par voie terrestre d'Espagne, du Maroc, d'Algérie et de Mauritanie. Un bac circule entre les deux rives de 8h à 18h. Mais une flotte piroguière importante, motorisée ou non, bat également son plein du matin au soir. Les transporteurs piroguiers jouent alors un rôle prééminent dans les échanges fluviaux. Ils sont les intermédiaires entre les populations des deux rives, qui ont bien souvent recours à leur parfaite maîtrise des règles de l'art pour déjouer petits et grands obstacles. Attention cependant, un visa est nécessaire pour rejoindre l'autre rive, aussi petite soit la distance... Il vous faudra également être en possession de votre carnet de vaccination contre la fièvre jaune. Afin de faciliter l'accessibilité et de renforcer les échanges entre les deux pays, un pont est en projet de construction entre les deux rives. Les travaux ayant déjà pris du retard, cette infrastructure d'envergure ne devrait pas être terminée avant novembre 2022. Il n'y a pas d'hébergements dignes de ce nom à Rosso, le mieux est de loger à Richard-Toll ou en Mauritanie.

PODOR ★★★

Depuis la naissance en 2007 de l'association Podor Rive-Gauche, la ville s'éveille lentement après des années de sommeil. Podor offre désormais une relecture de l'histoire à travers son quai, ses anciennes maisons commerciales et son fort, d'ailleurs inscrits au Patrimoine de l'Unesco. L'association, qui fut très active durant de nombreuses années, était un moment en veilleuse. Elle s'est réveillée il y a peu avec la création d'un écomusée du commerce fluvial des siècles passés. Quelques années plus tôt, en 2005, la relance de la navigation du Bou el-Mogdad avait déjà contribué à redynamiser les échanges avec cette ville enclavée. Ville couleur or, Podor ne laisse pas indifférent.

Histoire

Podor serait proche de l'origine de tout. La capitale du pays tékrour aurait été sur la rive droite du fleuve (de l'autre côté). C'est cet endroit stratégique qu'auraient choisi les Almoravides, ces Arabo-Berbères venus de Mauritanie, pour s'implanter sur ce royaume à cheval sur le Sénégal. Après les premiers mouvements migratoires vers le sud de l'Arabie, Koly Tenguela étendit la dynastie denianké (animiste) à l'ensemble de la basse vallée, dominant Djolof et Cayor jusqu'au XVIIIe siècle. En 1776, la révolution islamiste au Fouta-Toro installa une théocratie (almamyat). Ce furent alors les almamis (chefs religieux) qui conduisirent la politique et les musulmans. A partir de la moitié du XVIIe siècle, la vallée du fleuve était considérée comme un axe important de la pénétration vers l'intérieur du pays. Podor était stratégique par sa position et son commerce, proche du Walo et des émirats maures de Trarza, qui s'étaient approprié le commerce de l'or et de la gomme. Au début des années 1740, le Sénégal passé sous domination anglaise, la Compagnie des Indes orientales s'intéressa à Podor et y construisit un fortin isolé dans la forêt pour protéger les maisons de commerce. De nouveaux marchés d'échanges s'ouvraient avec un commerce porté jusqu'au Mali : la gomme, les esclaves et l'or, bien sûr, mais aussi cet or blanc qui faisait rêver les esprits : l'ivoire. En échange du rôle important joué par la France dans l'indépendance américaine, elle récupéra certains de ses anciens territoires, dont Podor. La colonisation effective du Sénégal commença au milieu du XIXe siècle, sous l'influence des grands commerçants de Saint-Louis, en partie pour pallier le système de coutume qui nuisait aux échanges le long du fleuve. Tout autour de Podor, le Lao, fédération de l'Almamyat du Fouta, opposait également aux Français une résistance à partir des années 1840. L'insécurité était devenue réelle aux abords du fleuve. La France chercha à faire du Sénégal une terre propice à la culture de l'arachide, et l'option militaire fut plébiscitée. Le système des coutumes trépassa, puis, à deux doigts de l'échec contre le résistant toucouleur El-Hadj Omar Tall, ils finirent par retomber sur leurs pieds, jusqu'à contrôler tout le Walo et le Fouta qui, en 1860, devinrent protectorats français. Le gouverneur Louis Faidherbe fut le bras armé de la France au Sénégal, et fit de Podor la base qui permit de libérer Matam des mains de El-Hadj Omar Tall. En 1860, l'almamy du Lao adopta, sous l'influence d'El-Hadj Omar Tall, une position antifrançaise. Après quelques confusions et affrontements, le protectorat français fut radicalement établi sur le Fouta-Toro tout entier de 1860 jusqu'en 1880, à la suite d'une guerre civile dans la province du Lao.

La ville aujourd'hui

Podor est en fait situé sur une île d'une centaine de kilomètres à cheval sur le fleuve, l'île à Morfil, nom qui vient de l'ivoire, qui aurait été jadis un sanctuaire d'éléphants. Les Toucouleurs, qui sont les plus nombreux, sont venus en plusieurs vagues comme les Soubalbé, spécialisés dans la pêche. Pierre Barthélemy David, un Anglais qui fit édifier le premier fortin, aurait trouvé des pots d'or au marché, et c'est de là que serait venu le nom de la ville. Bien que le site de Podor repose sur des sols très riches en argile propices à l'agriculture, la poursuite de l'aménagement de périmètres irrigués reste une lueur d'espoir.

ÉCOMUSÉE DU COMMERCE FLUVIAL AUX SIÈCLES PASSÉS ★

✆ +221 77 457 05 63

Ouvert tous les jours de 8h à 19h.

A partir de 500 FCFA l'entrée.

Une odeur du passé flotte dans cet ancien comptoir. Sur les étagères trônent lampes à pression, rabots de menuisiers, outils de cordonnier, trompette Selmer et moulins à café. Tous ces objets d'un autre temps ont été généreusement donnés par les habitants de Podor pour faire revivre ce comptoir de commerce, créé par Gaspard Devés, en 1860. Repris ensuite par les galeries Peyrissac, il sera géré par la suite par l'un des employés, Maodo Diop qui le transformera en quincaillerie.

FORT DE FAIDHERBE ★★

✆ +221 77 618 31 11

Il n'y a pas de tarif fixé.

Compter autour de 1 500 FCFA par personne.

Construit en 1744 par la France, le premier fortin servait de magasin pour le stockage des marchandises. Il fut ensuite aux mains des Anglais, avant d'être repris par les Français. Abandonné pendant 66 ans à compter de la Révolution française, il tombe alors en ruine. Puis la guerre sainte, menée par El-Hadj Oumar Tall, inquiète. Les Français reviennent en force et l'ancien magasin devient alors, sous la maîtrise d'ouvrage de Faidherbe, ce fort de guerre. Il est prudent d'essayer de contacter le conservateur, Thiam, avant d'envisager une visite, car on y trouve souvent porte close. L'édifice a été officiellement inauguré en mars 2006, après quelques travaux de restauration financés par la France. Mais il reste encore beaucoup de choses à faire pour lui redonner un vrai coup de jeune. Le fort abrite un musée qui retrace le passé et donne à voir quelques photos d'Oumar Ly, photographe sénégalais décédé en février 2016. Malheureusement, le musée n'est pas entretenu et il est laissé quasiment à l'abandon depuis quelques années. Il est d'ailleurs très difficile de visiter le fort sauf lors du jour de l'escale du *Bou El Mogdad* où le conservateur est présent. Monter au grenier du fort permet d'avoir une idée de l'emplacement stratégique de cette citadelle. La vue s'étend jusqu'en Mauritanie et embrasse toute la vallée de Podor. L'atmosphère du fort, les tirailleurs du gouverneur Louis Faidherbe, la forêt avoisinante qui l'isolait, tout ceci est à portée d'imagination, tout proche, une fois entre les murs de la forteresse.

MOSQUÉES ★

Celle de Podor est remarquable, de style soudanais. Le royaume du Tekrour, au XIe siècle, a été le berceau de l'islam d'Afrique noire. Résultat du commerce important avec les pays sahariens, elle aurait hérité des Almoravides l'islam de La Mecque. Le long de l'île à Morfil, jusqu'à Saldé, s'enchaînent plusieurs petites mosquées en banco, comme pour confirmer que oui, la région est de la plus haute importance dans l'histoire de la religion de Mahomet. Celle d'Alwar est particulièrement importante, puisque El-Hadj Oumar Tall, natif du village, y faisait ses prières.

MAISON GUILLAUME FOY ★

✆ +221 33 965 16 82

Ouvert tous les jours de 9h à 19h.

Cette maison coloniale, remarquablement bien restaurée, où se trouve l'auberge du Tekrour, abrite aussi une petite exposition sur l'histoire de Podor : son âge d'or, son déclin et l'histoire des familles de commerçants qui y firent fortune grâce à la gomme arabique. Vous y trouverez également un bel hommage à Oumar Ly, décédé en 2016, avec ses photos en noir et blanc datant des années 1960, à la vente. Des circuits dans la ville, des randonnées à partir de Podor et un circuit découverte de l'île de Morphil y sont également proposés.

QUAI DU BOU EL MOGDAD

C'est ici qu'arrive et part le bateau Bou El Mogdad, qui effectue une croisière sur le fleuve Sénégal et où les habitants se promènent à la fraîche, le soir venu. Sur ce quai, on aperçoit des bâtiments coloniaux construits au XIXe siècle. Certains sont à l'abandon, d'autres sont restaurés, tous témoignent du faste d'une époque révolue, celle de la gomme arabique du Ferlo qui a fait la fortune de Podor jusque dans les années 1980. Utilisée en pharmacie comme ingrédient galénique, cette gomme entrait dans la composition de sodas, vins (stabilisants), peintures…

FOUTA-TORO

LA REINE DU FLEUVE

✆ +221 33 961 56 89

A partir de 1 340 € pour deux personnes, le circuit de 8 jours.

Une pirogue malienne, de 24 m de long, aménagée et confortable, se prend à Saint-Louis pour remonter le fleuve Sénégal, dans le cadre d'un circuit de 8 jours, au gré de ses envies. Déjeuner, toilette sur la pirogue et bivouac sur les rives pour la nuit. Vous y découvrirez le royaume des Toucouleurs, la faune et la flore sahéliennes ainsi que des villages de brousse. Une belle occasion de sortir des sentiers battus et s'imprégner d'un Sénégal authentique. De 2 à 6 personnes. Une excursion proposée par Sahel Découverte à Saint-Louis.

IBRAHIMA SY

✆ +221 77 447 44 57

A partir de 15 000 FCFA la visite de 4 villages de l'île à Morphil.

Ibrahima est un guide chevronné, très sympathique, qui connaît bien sa région. Après une visite guidée au fort de Podor, il pourra vous amener dans la foulée découvrir les villages de l'île à Morphil et leurs mosquées en banco, de style soudanais. Guédé, Donaye, Mboyo ou encore Alwar, chaque village dégage son propre charme, mais l'accueil des populations est toujours le même : chaleureux ! Prévoyez beaucoup d'eau, il fait très chaud dès le matin, ainsi qu'un pique-nique, si vous souhaitez déjeuner sur place, au bord du fleuve.

CENTRE DE FORMATION PROFESSIONNEL €

Route de l'aérodrome.

✆ +221 33 965 12 22

Chambre double à partir de 16 800 FCFA. Petit déjeuner autour de 1 500 FCFA, plats à partir de 2 000 FCFA.

Coiffure, cuisine, comptabilité, production d'élevage... Ce centre de formation professionnelle d'environ 400 élèves propose quatre chambres bien entretenues dans le but d'aider à financer les cours de ses élèves. Elles sont toutes équipées d'une télévision, d'une armoire et d'une salle de bains intérieure avec toilettes. Les repas sont concoctés par de futurs cuisiniers qui s'exercent dans des conditions réelles. Une halte solidaire bien agréable !

CHEZ OUMAR KANE €

✆ +221 77 501 19 10

Compter 8 000 FCFA en simple, 10 000 FCFA en double. Petit déjeuner inclus. Climatisation à 2 000 FCFA par jour.

Une bonne adresse pour partager la vie d'une famille tout en bénéficiant d'une certaine indépendance. Une chambre spacieuse, ventilée et avec salle d'eau privative est à disposition des visiteurs. Possibilité d'utiliser le frigidaire situé dans le couloir juste à côté de la chambre. La propreté est ici impeccable. C'est aussi très bien pour se documenter sur la région, plusieurs documents étant en accès libre dans le salon. Une adresse recommandée pour les voyageurs qui privilégient les adresses locales et aiment les rencontres avec les personnes du cru.

LA COUR DU FLEUVE €€

Quai El Hadj Boubou Sall

✆ +221 33 965 17 12

www.lacourdufleuve.com

Chambre double à partir de 34 000 FCFA, suite à partir de 56 000 FCFA. Petit déjeuner inclus. Restaurant sur commande.

La Cour du Fleuve est le fruit d'une œuvre collective participant à l'effort de protection et de promotion du patrimoine architectural du quai. Cet hôtel de charme offre au voyageur une halte au confort remarquable, jusque-là absent des circuits touristiques de la région. L'établissement dispose de chambres climatisées, bien équipées et décorées, entourant un agréable jardin. Tout y est conçu pour se ressourcer et prolonger son séjour à Podor. Accueil chaleureux, restauration délicieuse et calme assuré. Bar avec concerts, billard, location de canoës et de vélos.

L'AUBERGE DU TEKROUR €€

Quai El Hadj Boubou Sall

✆ +221 33 965 16 82

www.aubergedutekrour.net

2 catégories de chambres : historique et moderne. Chambre double à partir de 24 000 FCFA. Petit déjeuner inclus.

Cette vieille bâtisse, ancienne demeure du riche négociant Guillaume Foy, a été restaurée par un collectif d'amis, soucieux de la préservation du patrimoine, dans le style d'origine : en briques et tuiles de terre cuite. Dans ce lieu charmant aux ocres flamboyants, chaque chambre historique est personnalisée, mais toutes ont vue sur le fleuve tandis que les chambres modernes, tout aussi charmantes, possèdent leur propre terrasse. Mention spéciale pour la bibliothèque de près de 1 300 livres, l'exposition de l'histoire de Podor et de l'hommage à Oumar Ly.

NDIOUM

On accède à cette ville à quelques encablures de Tarédji par la RN2. Elle est posée sur une zone non inondable de la rive droite du Doué, un bras du fleuve Sénégal. Les températures commencent à s'y faire plus élevées (35 °C en moyenne), mais une halte ou une étape plus prolongée ne serait pas une mauvaise idée, avant que le mercure n'aille flirter avec les hauteurs du thermomètre. La bourgade balayée par l'harmattan est devenue un carrefour depuis la construction de la route goudronnée permettant de traverser le Fouta et qui semble résister aux gros véhicules l'empruntant désormais. Essayez d'y passer un lundi, jour de grand marché pour apprécier l'effervescence. Ndioum est aussi l'une des localités du Sénégal abritant plusieurs centaines de Mauritaniens qui ont fui leur pays en 1989 lors d'un conflit frontalier entre ces deux pays. Plus de 60 000 Mauritaniens avaient alors quitté leur pays pour le Sénégal et le Mali. Entre 2008 et 2012, des convois de rapatriement ont été organisés par le Haut Commissariat de l'ONU pour les réfugiés (HCR) permettant à plus de 24 000 d'entre eux de rejoindre leur pays d'origine et leurs familles. Selon le HCR, environ 14 000 Mauritaniens se trouveraient au Sénégal et moins de 6 000 au Mali voisin. La question de leur statut politique reste encore floue aujourd'hui. Vous trouverez ici un distributeur de billets automatique, dans le quartier de Ndiolofène, face à la route N2. Pour vous déplacer en ville, des véhicules partent régulièrement du carrefour de Tarédji, pour environ 500 FCFA.

LE BISSAP €

RN2

✆ +221 77 570 78 79

Ouvert tous les jours de 8h à 23h.
Plats à partir de 2 000 FCFA.

Situé près de la mairie, ce restaurant constitue une halte idéale pour déjeuner avant de continuer la route vers Matam. Installé sur la terrasse ou dans la salle ventilée, vous pourrez y déguster une copieuse cuisine familiale, à base de spécialités sénégalaises. Si vous êtes pressé, on peut également vous préparer rapidement des hamburgers ou *shawarma* maison bien garnis. Absa, la patronne qui est une Sénégalaise très agréable, a en plus le sens de l'accueil puisqu'un délicieux jus de bissap bien frais est offert à chaque client de son restaurant.

OUROSSOGUI

Située à une petite dizaine de kilomètres de Matam, Ourossogui est un carrefour routier où se rejoignent les routes nationales N2 et N3. Elle est un passage obligé pour qui veut se rendre à Linguère par Matam ou à Bakel depuis Saint-Louis. Ici, la capitale est loin, à près de 600 km de là, et Saint-Louis – presque – un vieux souvenir (420 km). Avec ses plus de 15 000 habitants, c'est une ville plus vivante que Matam. Elle peut constituer une bonne soirée étape dans l'un de ses hôtels, avant de continuer votre route. Vous y trouverez aussi une banque, la Bicis, route de Saint-Louis, qui dispose d'un distributeur automatique de billets. Bien pratique !

AUBERGE LES JARDINS DU FOUTA €€

✆ +221 77 474 83 86

Chambre à partir de 25 000.
Petit déjeuner inclus. Menu complet à partir de 5 000 FCFA (sur réservation).

Nichée dans la verdure, cette auberge à l'ambiance familiale compte onze chambres, avec douche, WC, climatiseur, moustiquaire et eau chaude. La propreté est irréprochable et les repas sont copieux. Possibilité de balades en calèches jusqu'à Ndioum, ou d'excursions dans les villages aux alentours. En arrivant avant 19h, on peut également assister à un superbe coucher de soleil sur le Doué et ses falaises orangées, tout près de l'auberge. Piscine et salle de massage.

HOTEL HAAYOO €€

RN2

✆ +221 33 966 37 30

Chambre double à partir de 35 000 FCFA,
suite à partir de 80 000 FCFA.
Petit déjeuner inclus. Parking privé.

« Haayoo » signifie bienvenue en peulh, et cet hôtel est sans aucun doute le meilleur de la zone pour séjourner. Son jardin verdoyant et sa piscine en forme de T vous feront oublier que vous logez au bord de la route nationale. Vous pourrez dormir en toute quiétude dans l'une des 40 chambres ou cases de cet établissement. Toutes équipées, elles sont spacieuses et confortables. Le restaurant, quant à lui, propose un large choix de plats sénégalais, de qualité médiocre. Possibilité d'excursion en brousse. Accessible aux personnes à mobilité réduite.

MATAM

Jusqu'à Ndioum, la chaleur est relativement supportable, mais pousser vers Matam et Bakel, c'est entreprendre un voyage au pays du thermomètre. Arriver à Matam n'est donc pas de tout repos, surtout sans climatisation, elle qui est située à plus de 420 km de Saint-Louis et à plus de 240 km de Podor. Pour le voyageur, Matam a ceci pour elle qu'elle est nichée sur les bords du fleuve. La Mauritanie est plus proche que jamais, à quelques coups de rame en pirogue. Quelques bâtisses ont gardé leur chaîne coloniale, et la préfecture est une reproduction conforme de la précédente, laissée à l'abandon un peu plus bas en aval, à l'entrée du département.

Histoire

La proximité du fleuve mise à part, Matam ne compte que par son passé. Fondé au XVIe siècle, Matam doit son existence au rêve d'un homme : Boubou Samba Gaye, un Sarakholé de Koughani, village un peu en amont de Bakel. Qu'était-il venu faire dans les parages avec son frère ? L'histoire ne le dit pas. Son frère et lui s'installèrent dans la région, Boubou Samba Gaye choisissant un lieu qu'il dénomma Ourki en raison de l'odeur qui lui rappelait celle d'un fucus. Après quelque temps sur place, Boubou Samba Gaye se décide finalement à écouter un divin inspiré, et déménage vers Matam. Ce n'est qu'à ce moment-là que l'agglomération se mit à prendre de l'importance. Pêcheurs wolofs émigrés du Walo, Toucouleurs, Peuls viennent grossir le village. Aussi, Boubou Samba Gaye prit-il un titre, celui de farba (fondateur de Matam), et distribua les terrains de culture pour mieux fixer la population de Matam. Tout ce petit monde devint toucouleur avec le temps. L'installation des Français à Saint-Louis allait finir par rajouter un quartier aux deux existant déjà à Matam. Avant la construction du fort en 1857, les commerçants venaient de Saint-Louis avec leurs marchandises dans des pirogues à voile. Le jour, ils dressaient des tentes sous lesquelles ils présentaient leurs marchandises, qu'ils écoulaient contre des produits du terroir. Le soir, ils pliaient bagage, regagnaient leurs pirogues. L'emplacement des tentes devint le quartier Tandadji, siège de l'administration et du commerce. Jusqu'à la fin du XVIIIe siècle, le farba jouissait d'une grande autorité, le pouvoir étant au creux de ses mains. Les conseils se tenaient sur appel d'un grand tambour. Avec l'avènement de l'almami Abdel Kader Kane, le pouvoir politique allait se déplacer. L'almami ayant élu domicile à Kobilo, il réorganisa le système administratif du Fouta, exigeant que chaque village soit représenté aux réunions dans sa résidence. Décidé à se soustraire au déplacement peu sûr, le farba délégua son pouvoir à un Peul de la famille Yalalbé. Si, au sein du village, le farba conservait son pouvoir, à l'échelle de la région, il perdit son rôle face à l'importance et la notoriété croissante du Peul yalalbé. Par la suite, le farba changea de titre, devenant pour l'administration un diom, un chef de village. Jusqu'en 1935, les diom se succédèrent à l'administration du village. Aujourd'hui, tout ceci semble bien loin. Matam se perd et se morfond dans sa nostalgie.

LA RÉSIDENCE DU FLEUVE €€

Quartier Tentadji ✆ +221 77 658 02 34

Chambre simple à 15 000 FCFA, double à 20 000 FCFA, triple à 25 000 FCFA. Petit déjeuner inclus.

Créée il y a une dizaine d'années, l'auberge dispose de huit chambres climatisées, avec salle d'eau privative, TV et Wifi. Une adresse relativement simple mais propre. Destinée davantage aux voyageurs « sac-à-dos », cette adresse est pratique si vous décidez de vous reposer à Matam. Possibilité de se restaurer sur place pour une somme modique, mais il est nécessaire d'en faire la commande (spécialités sénégalaises et européennes). La cour intérieure est très agréable. Côté accueil, le personnel est aux petits soins pour la clientèle.

LA CANTINE DU CRETEF €

Quartier Tantadji
✆ +221 77 645 60 52

Ouvert tous les jours. Plat sénégalais à 1 000 FCFA.

Le CRETEF (Centre régional d'enseignement technique féminin) propose chaque midi des plats concoctés par ses élèves. C'est une véritable case à palabres, un lieu de rencontres idéal pour discuter des problématiques de la région avec les responsables d'ONG et les professeurs du centre. Une adresse originale pour se sustenter si vous aimez les échanges et débats autour de sujets d'actualité. Vous y mangerez une bonne cuisine africaine, élaborée réalisée à partir des produits de saison, à des prix qui se veulent accessibles au porte-monnaie.

BAKEL ★★

Administrativement, Bakel relève de la région de Tambacounda et tiendrait son nom de bak leen (battez le tam-tam). A l'origine, la ville se serait aussi appelée Tuabo, c'est-à-dire « sur le caillou éloigné ». Un caillou qui domine le fleuve. L'entrée de Bakel est décevante. Heureusement, en tournant à droite à l'embranchement en T, on entre dans un Bakel qui ne fait pas regretter d'avoir été jusqu'au bout de cette route de 562 km depuis Saint-Louis, à condition de supporter la chaleur étouffante. Le thermomètre est en baisse, il ne fait plus « que » 42 °C. Les petites rues valent le coup d'œil, et tout se découvre : le fleuve, le fort, la tour sur le mont aux Singes. En 1818, le gouverneur Julien Schmaltz ayant jugé Bakel comme une bourgade à « la population suffisamment abondante et docile » y construisit un fort, dominant le fleuve et le village des traitants. En 1854, Faidherbe (encore lui) chercha à faire de Bakel la principale résistance à El-Hadj Omar Tall. Il réorganisa le fort, lui donnant ses contours actuels. La porte du Mali ? Bakel fut pendant longtemps le siège du commandement supérieur chargé de la pénétration coloniale vers l'est. C'était en quelque sorte la dernière ville fortifiée le long du fleuve, principale voie de commerce. Bakel se trouvait au centre du pays soninké, carrefour entre la porte du Soudan français, les confins du Ferlo oriental et du Bambouck. Au XIXe siècle s'y côtoyaient Wolofs, Soninkés et Bambaras, Toucouleurs et Maures… et Français. A vrai dire, les commerçants du fleuve n'étaient pas tous français. Bon nombre de traitants étaient des Saint-Louisiens opérant pour leur propre compte ou pour celui des maisons de commerce françaises, comme Devès et Chaumet, Teisseire, Maurel et Prome : des bâtiments qui continuent d'exhiber leur effigie d'un autre temps. La base du commerce était le troc. Les marchandises apportées de Saint-Louis – cotonnade, sel, sucre, savon, poudre, argent, parfum – s'échangeaient avant tout contre de la gomme et aussi du mil, de l'arachide, des plumes d'autruche, de l'ivoire, de l'or et des peaux. Arrivaient à Bakel des caravanes maures et des convois du Soudan et les navires de traite de Saint-Louis. C'est à la fin du XIXe siècle que le chemin de fer, qui ouvre la voie vers Bamako via Kayes et non Bakel, remit en cause l'articulation autour du fleuve. Le courant le plus à l'est fut détourné vers le sud, et pour Bakel ce fut le début de la fin.

Pratique

De Bakel, il est possible de revenir vers Saint-Louis par la même route, même si une partie de la RN2 est en très mauvais état. Elle est actuellement en rénovation. Vous pourrez aussi rallonger par l'intérieur, en passant par le Ferlo et Linguère, en empruntant la route nationale N3 à partir d'Ourossogui. Bon à savoir : vous pourrez faire le plein à Ourossogui et à Linguère. Pour rejoindre Tambacounda, une route mène à Kidira, à la frontière avec le Mali, puis Tambacounda. La route est en mauvais état, et lors de notre passage, elle était en rénovation. Les taxis-brousse font tous les trajets vers Tambacounda, Linguère ou Saint-Louis. Peut-être serez-vous obligé, faute de temps, de vous contenter d'un car rapide. Sinon, vous pouvez aussi prendre le car de la compagnie Dakar Dem Dikk, qui propose de Dakar trois A/R par semaine.

FORT DE BAKEL ★★

Classé monument historique, le fort de Bakel est construit entre 1818 et 1819 pour se protéger des résistants à la colonisation. A partir de 1960, il abrite la préfecture de la ville pendant plusieurs décennies, mais le fort tombant presque en ruine, la préfecture a déménagé en 2012. Depuis des projets de rénovation ont été annoncés, mais il n'y a toujours pas de signe de travaux… Toutefois, on peut toujours apprécier la vue depuis la terrasse, d'où l'on surplombe la boucle du fleuve Sénégal avec un village mauritanien sur la berge opposée.

CAMPEMENT DE LA TOUR DE BAKEL €

✆ +221 78 167 15 66

Case à partir de 15 000 FCFA. Petit déjeuner inclus. Restaurant sur réservation.

Tenu par Samba Diop, ce campement jouit d'un superbe emplacement sur les collines qui surplombent le fleuve Sénégal. Le lieu est d'autant plus magique au coucher du soleil, lorsque les collines prennent une teinte rouge. Le lieu est doté de cases traditionnelles modernes et propres. Les chambres sont climatisées et confortables. Samba organise en plus de nombreuses excursions touristiques à travers tout le pays. Une adresse qu'on recommande fortement !

ESCAPADE EN GAMBIE

Enclave anglophone au sein du Sénégal, la Gambie est le plus petit pays du continent africain, s'étendant à peine sur 11 300 km². Il faut ainsi parcourir environ 480 km pour traverser le pays d'est en ouest, alors que le nord et le sud ne sont séparés que d'environ 50 km ! Comme point de comparaison, l'Ile-de-France a une superficie à peu près égale à celle de la Gambie. Le fleuve Gambie, qui prend sa source en Guinée, traverse tout le pays d'est en ouest pour finir se jeter dans l'océan Atlantique, au niveau de Banjul. En plus de sa côte très touristique qui propose des paysages de rêve, on peut aussi se perdre dans la mangrove gambienne, irriguée par le fleuve. D'ailleurs, la Gambie est un des pays qui a le plus gros taux de mangrove par rapport à sa superficie. Enfin, à l'instar du Sénégal, c'est un pays en grande partie plat, puisque son plus haut sommet s'élève seulement à 53 m d'altitude.

Gambie
SÉNÉGAL
Routes principales
Routes secondaires
Pistes
Parcs
Villes principales
60 KM
Océan Atlantique
BAKAU
Essau
CAPE POINT
FAJARA
BANJUL
SERREKUNDA
SENEGAMBIA
BRUFUT
Lamin
TANJI
SANYANG
BRIKAMA
Faraba
Banta
GUNJUR
KARTONG
Kerewan
Birkama
Farafenni
GAMBIE
Gambie
Manduar
Burong
Parc national de Kiang West
Bwiam
Kalagi
Soma
Minna
Dafa
Kau-Ur
Njau
Dankunku
Baro Kunda
Charmen
Kudang
Parc national de River Gambia
Kuntaur
Parc Madina Demba
Manna
Bansang
Georgetown
Fadia Kunda
Diabugu
Basse Santa Su
Baja Kunda
Koina
Fatoto
SÉNÉGAL

PAGES

316 ● ● GAMBIE

On retrouve en Gambie une certaine continuité avec le Sénégal, notamment dans les dialectes parlés, mais aussi dans les paysages verdoyants, similaires parfois à ceux de la Casamance. Le pays, qui a souffert d'une dictature durant 22 ans sous le président Yahya Jammeh, se cherche encore aujourd'hui sous le président Adama Barrow, conservateur élu en décembre 2016. L'inauguration du pont Farafenni, sur la route de la Transgambienne, est d'ailleurs un véritable symbole d'ouverture de la Gambie vers l'extérieur et du rapprochement entre les deux pays.

316 BANJUL

Peuplé d'à peine 40 000 habitants, Banjul est l'une des plus petites capitales du monde. En chantier permanent depuis quelques années, elle n'offre que peu d'intérêt aux touristes qui n'y passeront finalement que peu de temps. Néanmoins, le Musée national et le marché Albert méritent un petit détour.

319 BAKAU

320 CAPE POINT

320 FAJARA

322 SENEGAMBIA

C'est la station balnéaire la plus réputée du pays, où le long de l'avenue principale s'aligne une kyrielle de bars et restaurants. Les hôtels, pour la majorité d'entre eux de haut standing, offrent un accès direct à une belle plage de sable fin, ourlée par l'Atlantique. Les nuits y sont très festives, avec ses nombreuses discothèques branchées.

324 BRUFUT

324 TANJI

326 SANYANG ★

Bordée de cocotiers et semblant s'étirer à l'infini, la plage de Sanyang est sans aucun doute la plus belle du pays. Avec ses pirogues amarrées sur son sable fin, elle offre un cadre pittoresque et authentique, bien agréable et relativement propre pour poser sa serviette. Le long de la côte, quelques hôtels confortables permettent de se ressourcer.

327 GUNJUR

327 KARTONG

Situé à l'embouchure de la rivière Halahin, Kartong est un agréable village qui longe une belle plage de sable blanc. Le site est réputé auprès des ornithologues pour son avifaune exceptionnelle, riche de plus 350 espèces d'oiseaux. C'est aussi un bon spot pour les surfeurs et pêcheurs ainsi que pour les amateurs de reptiles, qui y découvriront une ferme singulière, tenue par un Français.

328 BRIKAMA

La deuxième ville la plus importante du pays abrite un grand marché où sont fabriquées toutes les sculptures en bois du pays. Il est intéressant d'y aller pour apprécier le travail des artisans, discuter avec eux et acheter des souvenirs. Il faut négocier, mais vous n'aurez pas meilleur prix ailleurs ! Situé à près de 6 km de là, le Makasutu Park, une aire protégée luxuriante, est tout proche.

329 SERREKUNDA

PRÉSENTATION DU PAYS

Formalités. Depuis avril 2019, les touristes français peuvent visiter la Gambie librement, entre 15 et 30 jours. A l'arrivée à l'aéroport de Banjul ou à l'un des 5 postes-frontières avec le Sénégal, il suffit aujourd'hui seulement de faire tamponner son passeport. La Gambie et ses paysages magnifiques s'ouvrent alors à vous !

Saisonnalité. Comme le Sénégal, la Gambie a deux saisons. L'hivernage s'étend de juin à octobre. Il y fait très chaud, on atteint parfois les 40 degrés sur la côte, mais de gros orages viennent rafraîchir le tout en fin de journée. Il peut parfois pleuvoir énormément, et dans ce cas les déplacements peuvent être difficiles dans les zones reculées. La saison sèche s'étend quant à elle de novembre à mai, et comme son nom l'indique aucune pluie ne viendra perturber votre séjour. Il s'agit de la « high season », saison la plus touristique du pays. Le soleil est au beau fixe, et les températures avoisinent les 30 degrés sur la côte. Dans les terres, le thermomètre peut par contre monter jusqu'à 40 degrés.

Histoire. En 1783, le Traité de Versailles permet à la Grande-Bretagne d'acquérir la Gambie, qui accède ensuite en 1820 au statut de protectorat. Avant même ces accords, les Anglais exploitaient là-bas la manne financière que représentait l'esclavage. Mais à son abolition, en 1807, le gouvernement installe une base militaire à Bathurst (actuelle Banjul) afin de lutter contre ceux qui tentent encore de profiter de ce commerce. Dans le même temps, il faut trouver un nouveau moyen de rendre ce territoire rentable. La Gambie n'a que peu de matières premières à exploiter, et importe la cacahuète afin d'en produire intensivement. Lors de la conférence de Berlin de 1884-1885, la Gambie est déclarée colonie anglaise, et ses frontières, calquées sur le fleuve. Il faut ensuite attendre le début des années 1960 pour qu'un jeune politique gambien prenne le pouvoir. Dawda Jawara, jeune vétérinaire, s'est créé un réseau solide d'agriculteurs et de chefs de villages. Il fonde alors le People's Progressive Party et devient rapidement Premier ministre. Ainsi, son parti domine rapidement le paysage politique gambien, en accord tacite avec la puissance britannique. L'indépendance est proclamée le 18 février 1965, et cinq ans plus tard, le pays devient une République, tout en intégrant le Commonwealth. Dawda Jawara devient le premier président de cette nation, le 24 avril 1970. Le début de son mandat se passe relativement bien, mais plus tard, le gouvernement commence à être accusé de corruption par des partis d'opposition, et la population se plaint des disparités sociales écrasantes dans le pays. Le Conseil national de la Révolution profite donc de ce contexte d'instabilité pour tenter de prendre le pouvoir. Pour faire face à cette tentative de coup d'Etat, Dawada Jawara demande un soutien militaire aux Sénégalais, qui l'aident à affronter cette situation. En 1994, un nouveau coup d'Etat prend toute la population par surprise. Yahya Jammeh, jeune militaire à la tête de ce renversement, prend le contrôle du pays, et est bien accueilli par la population. Deux ans plus tard, des élections en bonne et due forme permettent à Yahya Jammeh de devenir le deuxième président de la République de Gambie. Cependant, durant cette période, le pays a subi des avancées incontestables, avec l'amélioration des infrastructures et l'accès à l'éducation de sa population. Mais après 22 ans au pouvoir, Yahya Jammeh est battu lors des élections présidentielles du 1er décembre 2016, par Adama Barrow, candidat unique de l'opposition. Quelques jours plus tard, ce dernier conteste les résultats évoquant des trucages par la commission électorale. Il refuse de quitter le pouvoir et demande un nouveau scrutin. Face à cette crise politique aiguë, de nombreux Gambiens quittent le pays et, en janvier 2017, la Cédéao, avec l'accord du Conseil de Sécurité des Nations unies, intervient militairement dans le pays. Le 19 janvier, Adama Barrow, réfugié au Sénégal, prête serment à l'ambassade de Gambie et est investi comme président de la République, soutenu par la communauté internationale. Après avoir déclaré la Gambie à nouveau république laïque au début de son mandat, Adama Barrow s'est même engagé à abolir la peine de mort devant les Nations unies en septembre 2017. Pourtant, devant cette timide ouverture du pays, il faut rester prudent. Près de trois ans après cet engagement, la peine de mort n'est toujours pas abolie.

BANJUL

Banjul est une des plus petites capitales au monde, tant par sa superficie que par sa population. Peuplée d'environ 40 000 habitants, la presqu'île ne fait environ que 3 km². La ville est très animée la journée autour du marché, mais après 19h vous ne croiserez plus grand monde. Il s'agit d'un véritable centre économique, finalement peu intéressant en tant que touriste. Mais si vous y passez durant votre séjour, arrêtez-vous devant l'Arch 22, symbole de la libération du pays, et baladez-vous au Albert Market, qui déborde de produits de toutes sortes. Pour une pause gourmande, il faudra vous rendre sur l'avenue Nelson Mandela, où on trouve des restos sympas. Vous trouverez des distributeurs d'argent autour de l'Albert Market.

Transports

- En avion. L'aéroport international de Banjul, connu aussi sous le nom de Yundum Airport, est situé aux abords de Brikama. Air Sénégal, Transair et Gambia Birds Airlines y assurent des liaisons directes entre Dakar et Banjul. Compter environ 150 000 FCFA pour le billet A/R. Le vol dure 45 minutes. Il n'y a pas de vols directs entre Paris et Banjul.
- En voiture. Si vous venez de Dakar, le trajet vous prendra environ 9 heures pour arriver à Banjul. Deux choix s'offrent à vous : soit passer par la route de Kaolack soit par la route de Foundiougne. On vous conseille celle de Kaolack, qui rejoint le nouveau pont de Farafenni. Comptez aux alentours de 2 500 FCFA le passage en voiture. Par la route de Foundiougne, il faut prendre le ferry au niveau de la ville de Barra, en Gambie. En fonction du nombre de voitures qui attendent devant le bac, l'attente peut se rallonger de beaucoup et rendre votre voyage interminable. Mais si vous avez de la chance, par contre le voyage est plus court que par Kaolack. Les formalités douanières sont assez rapides aux postes-frontières de la Gambie, faites cependant attention à ne pas vous faire soutirer de l'argent par ces douaniers qui vous feront payer un visa, qui est dorénavant gratuit pour les courts séjours... Si vous venez de Casamance, le trajet jusqu'à Banjul est assez rapide. Au départ des garages Abéne ou de Kafountine, comptez environ 2h30 de voyage en taxi partagé et autour de 2 500 FCFA de budget. En général, on est déposé à Brikama et il faut ensuite reprendre un taxi pour se rendre dans la capitale. Il est très facile de se déplacer en taxi à Banjul et sur la côte touristique. On met à peine 40 minutes pour traverser la côte du nord au sud. Ce qui est d'ailleurs un des gros avantages de la destination. Il existe deux types de taxis en Gambie : les verts et les jaunes. Les verts sont à destination des touristes, aucun local ne les emprunte. Les prix sont très prohibitifs. Si vous penchez pour le vert, on vous conseille donc de bien marchander, le prix annoncé au début de la négociation étant toujours très supérieur au prix que vous pouvez atteindre avec un peu de patience. On vous recommande donc les taxis jaunes, à partager ou à privatiser. Le prix est fixé si vous partagez le taxi avec d'autres passagers et si vous souhaitez le privatiser, il faut par contre en général négocier.

ARCH 22

S'élevant à plus de 35 m de hauteur, l'Arch 22 est la porte d'entrée de Banjul. Construite en 1996, ce monument a pour but de commémorer le coup d'Etat de 1994 qui a destitué David Kairaba Jawar, alors président du pays depuis 1970. Yahya Jammeh prend les rênes du pays le 22 juillet 1994 et le gouverne durant 22 ans avant d'être battu par Adama Barrow en décembre 2016. A quelques mètres, on peut observer une grande statue représentant un soldat. Sa main gauche forme un V pour « Victoire » et sous son bras droit il porte un enfant qui symbolise la Gambie sauvée.

LA GAMBIE EN BREF

- Superficie : 11 295 km².
- Population : 2 207 816 habitants.
- Chef du gouvernement : Adama Barrow, conservateur.
- Régime : République multipartite à régime présidentiel. En décembre 2015, le président Yahya Jammeh déclare son pays comme étant une « république islamique », mesure annulée par Adama Barrow à son arrivée au pouvoir. La Gambie redevient une république laïque.
- Monnaie : Dalasie (GMD, DC).
- Langue officielle : anglais.
- Fête nationale : 18 février, date qui commémore l'accès à l'indépendance du pays en 1965.

GAMBIA NATIONAL MUSEUM

Independence Drive
✆ +220 422 62 44
www.ncac.gm
Ouvert du lundi au jeudi de 8h à 18h, jusqu'à 13h le vendredi et samedi. Entrée à partir de 50 DC.

Unique musée de la capitale, il retrace l'histoire et la culture du pays et de la sous-région à travers des vieux documents et des expositions. Malheureusement, le musée est un peu poussiéreux, et ça fait un peu mal au cœur de voir ces instruments et autres objets exposés si mal conservés. Par contre, si vous avez apporté avec vous des crayons, stylos ou papiers pour les enfants, vous pouvez les déposer ici. Une urne y a été déposée par l'association « Open the Gate », qui s'occupe de les distribuer à des communautés dans le besoin.

GAMBIA TOURISM BOARD

Kotu ✆ +220 446 24 96
www.visitthegambia.gm
Ouvert tous les jours de 8h à 16h.

Vous y trouverez tous les renseignements utiles pour l'organisation de votre voyage, des sites touristiques d'intérêt aux divers établissements du pays. Un petit paquet cadeau vous y attend, avec carte, documentations, et CD-Rom vous présentant la faune et la flore de la Gambie. Très bon point de départ pour les voyageurs en solo. En amont de votre voyage, vous pouvez aussi consulter le site Internet (en anglais) qui est très bien fourni et qui vous permettra d'organiser au mieux votre séjour. Excellent accueil de la part de toute l'équipe.

LAICO ATLANTIC €€

Marina Parade
✆ +220 422 86 01
A partir de 3 700 DC pour une chambre double, à partir de 7 000 DC pour une suite. Réduction en basse saison.

Construit en 1981, il s'agit du plus ancien hôtel du pays. Il offre tous les services d'un grand établissement : tennis, squash, piscine… l'hôtel est pensé pour que vous puissiez y passer votre séjour en Gambie sans jamais en sortir. Des animations ont lieu toute la journée pour les enfants comme pour les adultes. Nombreuses activités sportives : volley, tennis, basket, water-polo… Vous pouvez assister à des soirées à thèmes chaque nuit pendant la haute saison. Les 204 chambres de l'hôtel sont luxueuses, mais attention les standards sont (très) petites.

ALI BABA €

Nelson Mandela Street
✆ +220 422 40 55
Ouvert du lundi au dimanche de 9h à 17h. Shawarma autour de 100 DC, plat à partir de 200 DC.

Cet établissement libanais, qui possède aussi une enseigne à Dakar, est dans le même genre que le King of Shawarma qui est situé sur la même avenue. L'endroit est idéal si l'on souhaite manger rapidement un sandwich, un kebab, une spécialité libanaise ou encore un plat typique de la Méditerranée. Egalement de délicieux shawarmas d'agneau grillé. Vous pourrez accompagner le tout d'un savoureux jus tropical à base de mangue, orange, banane ou encore papaye, tous pressés évidemment sur place. En plus, on y est bien reçu ! Bon rapport qualité-prix.

Vue sur Banjul.

KING OF SHAWARMA CAFE €

Nelson Mandela Street

✆ +220 422 97 99

Ouvert tous les jours de 9h à 18h. Shawarma autour de 100 DC, plat à partir de 200 DC.

A côté du snack Ali Baba, dans l'une des rues les plus touristiques de la capitale, l'établissement propose de nombreuses spécialités libanaises, très bien préparées. Comme son nom l'indique, on y mange de bons shawarmas et des kebabs consistants. On peut aussi y faire une pause et déguster de délicieux jus de fruits pressés juste devant nos yeux. L'établissement, très propre, offre un bon rapport qualité-prix. L'ambiance y est conviviale et le lieu est prisé des Gambiens qui y viennent passer un bon moment en famille ou entre amis.

RIVER CAFÉ BANJUL €

Banjul Ferry Terminal

✆ +220 794 10 08

Ouvert tous les jours, de 6h à 21h.

Plats à partir de 175 DC.

Cette petite échoppe est située sur votre gauche, à l'entrée de l'embarcadère. Avec ses quelques tables disposées en terrasse, elle sera parfaite pour une pause déjeuner, surtout si vous attendez le ferry pour Barra, qui parfois met plus d'une heure à arriver. A la carte, vous aurez le choix entre des poissons grillés, des omelettes, du yassa au poulet ou encore des crevettes au curry. Egalement des sandwichs et des *shawarmas* à emporter. Il est possible de payer en FCFA si vous ne disposez plus de dalasis. Accueil sympathique du patron et de son équipe.

ALBERT MARKET

Liberation Avenue

Ouvert tous les jours de 7h au coucher du soleil.

Nommé ainsi en l'honneur du mari de la reine Victoria, on y trouve de tout ! Des étals remplis de poissons, de viandes en passant par les légumes, on peut aussi s'arrêter dans une échoppe pour manger un plat typique tout juste préparé. Attention, cette aventure peu coûteuse est réservée aux estomacs bien accrochés ! Ensuite, on passe à travers les échoppes artisanales, où l'on peut trouver son bonheur pour remplir ses bagages de souvenirs et cadeaux. Instruments de musiques, sculptures, tissus, habits sur mesure, si vous manquez d'idées elles viendront à vous !

BAKAU

A une quinzaine de kilomètres à l'ouest de Banjul, au bord de la côte Atlantique, la localité de Bakau compte près de 45 000 habitants. On y vient des quatre coins du pays pour rendre visite aux crocodiles qui sont installés dans la mare de Kachikaly. Ces reptiles sont sacrés. On peut aussi se balader sur la plage de Bakau, et observer le retour des pirogues remplies de poissons ou encore visiter son jardin botanique, qui constitue une agréable balade. La vie nocturne de Bakau est animée, avec plusieurs boîtes de nuit réputées. Le village est collé à Cape Point, où vous pourrez trouver des hôtels et restaurants de toutes catégories.

KACHIKALLY MUSEUM AND CROCODILE POOL

Newtown

✆ +220 778 24 79

Ouvert tous les jours de 8h à 18h.

Entrée : à partir de 50 DC.

Site déclaré sacré il y a plus de 1 000 ans, les Gambiens viennent des quatre coins du pays pour s'approcher de ces reptiles à longues dents et guérir ainsi des problèmes de santé mentale et physique. Vous pouvez donc comme le veut la tradition, vous rendre à la mare et vous approcher des crocodiles. Attention, vous devez toujours être accompagné d'un guide. Si tout se passe bien les plus courageux pourront serrer la patte de ces bestioles finalement assez sympathiques !

BAKAU GUESTHOUSE €

110 Atlantic Road

✆ +220 984 44 10

www.bakauguesthouse.co.uk

Chambre double de 800 à 1 000 DC en fonction de la vue. Petit déjeuner à 250 DC.

Dès l'entrée, on est stupéfait par le nombre de sculptures et objets divers chinés à travers tout le continent et disposés un peu partout dans cet hôtel qui vaut vraiment le détour. Tout est à vendre, donc si vous avez un coup de cœur, vous n'avez plus qu'à négocier. Malheureusement, la déco des chambres est vieillotte, et poussiéreuse… même si le confort minimum, y est. Le mieux est peut-être de se rendre uniquement au Belgam, le restaurant de l'hôtel qui a une jolie terrasse donnant sur la plage, et qui propose une carte variée.

CAPE POINT

A 12 km au nord de Banjul, près de l'estuaire du fleuve Gambie, cette station balnéaire, plus paisible que Bakau, offre des paysages de toute beauté. Ses falaises de latérite, joliment arborées de palmiers, surplombent de magnifiques plages de sable fin, bordant l'océan Atlantique. Le lieu est très touristique, mais on y apprécie sa douceur de vivre et il y flotte comme un air de vacances. Le long de ses étendues de sable, on trouve de nombreux hôtels, restaurants, bars, magasins de souvenirs et bureaux de change. Ici, les familles gambiennes se retrouvent le week-end pour décompresser de la semaine de travail autour de parties de football.

CALYPSO BEACH BAR AND RESTAURANT €€

✆ +220 992 02 01

Ouvert tous les jours. Tapas autour de 250 DC. Plats à partir de 500 DC.

Ce restaurant est un petit coin de verdure au bord de la plage. Le cadre est vraiment très agréable et l'on peut même se poser paisiblement sur des transats. Il y a même un étang où vivent quelques crocodiles et où viennent se poser plusieurs espèces d'oiseaux. On vous conseille d'y commander un verre de White Pearly Bay qui s'accorde très bien avec ce décor de rêve, et un poisson grillé. A noter, tous les dimanches après-midi on peut y écouter des groupes de jazz en *live*.

AFRICAN HERITAGE GUESTHOUSE €

16 Samba Breco Road

✆ +220 735 82 41

Chambre double à partir de 950 DC. Petit déjeuner autour de 200 DC, repas à partir de 300 DC.

A cinq minutes à pied de la plage et situé dans un quartier résidentiel, cet hôtel est l'un des meilleurs rapports qualité-prix de la région. Très au calme, les chambres sont spacieuses et confortables, toutes les salles de bains ont des baignoires. Le personnel est en plus sympathique et aux petits soins pour ses clients. Une piscine au milieu d'un joli jardin fleuri permet de se relaxer et de se rafraîchir avant de partir se baigner à la plage ! Wifi, ventilateurs, TV satellite.

OCEAN BAY €€€

Kofi Annan Street

✆ +220 449 57 87

www.oceanbayhotel.com

Contacter par mail pour les tarifs. Réductions en basse saison.

On savoure le luxe de cet hôtel dès son entrée majestueuse. On y est accueilli par un bureau des relations avec le client qui a pour but de vous faire passer un séjour de rêve. On peut y louer des voitures, organiser des excursions, prendre des billets d'avion. Une fois son séjour prévu, on a plus qu'à profiter de la plage privée ou de la piscine. Les chambres sont réparties dans des petites maisons assez éloignées les unes des autres. Très confortables, la plupart ont des balcons, et certaines ont des vues splendides sur l'océan. Bref, un petit coin de paradis.

FAJARA

Entre les très touristiques zones de Sénégambia et Bakau, se trouve le village de Fajara. On y apprécie son calme, et ses hôtels et restaurants réputés dans toute la Gambie. Un vrai havre de paix, où nos papilles sont en éveil ! La ville abrite aussi le Medical Research Center, un cimetière de la 2de Guerre mondiale et une base militaire. Près de la plage, le club de golf, autrefois réputé, est aujourd'hui peu entretenu. On y voit plus d'ornithologues que de golfeurs ! Ponctué de plusieurs points d'eau, le lieu est en effet prisé de nombreuses espèces d'oiseaux. De Banjul, vous pourrez prendre un taxi partagé pour rejoindre Fajara ou un taxi privé.

WEST AFRICAN TOURS

✆ +220 449 52 58

www.westafricantoursinfo.com

Compter environ 50 euros par jour, pour les excursions. Pour les voyages plus longs, contacter le bureau pour un devis.

West African Tours est une compagnie gambienne créée en 1987 et dont le but principal est de vous organiser un séjour de rêve, sur mesure et en toute sécurité. Lauréate du prix célébrant la « responsabilité sociale » de la chambre du commerce et de l'industrie gambienne, cette compagnie vous propose des excursions de qualité à travers la Gambie et aussi à travers d'autres pays de la sous-région. Plusieurs guides de l'équipe parlent couramment le français, ce qui peut s'avérer très pratique dans un pays anglophone. Vrai coup de cœur pour cette entreprise !

MAMA'S GUESTHOUSE €

Atlantic Road
✆ +220 705 74 54
Chambre double autour de 700 DC par personne. Petit déjeuner inclus. Plats autour de 250 DC.

A dix minutes à pied de la plage de Fajara, au cœur d'un quartier paisible. Les chambres sont simples et propres avec une moustiquaire et un ventilateur. Egalement une salle commune avec TV et bibliothèque, parfait pour se détendre. Bon rapport qualité-prix. L'hôtel dispose aussi d'un restaurant qui organise des soirées buffets illimités de produits de la mer le vendredi soir, à ne pas louper ! Concerts les jeudis et samedis soir. Ambiance détendue et amicale. Personnel agréable et souriant, aux petits soins pour les clients.

LEYBATO BEACH HOTEL €€

Kairaba Avenue
✆ +220 449 71 86
www.leybatobeachhotel.com
Chambre à partir de 1 500 DC.
Petit déjeuner inclus. Plats à partir de 300 DC.

Situé sur la plage de Fajara, ce petit hôtel sans prétention est constitué de plusieurs huttes charmantes abritant des chambres confortables dont certaines avec cuisine, mais à la décoration un peu vieux jeu. Mais il fait bon vivre à l'ombre des cocotiers, et toutes les huttes sont propres et bien tenues. Le gérant est très sympathique et vous pourrez regarder la télé avec lui avec en fond sonore les vagues de l'Atlantique. Par contre, il peut y avoir des *bumsters* qui traînent sur la plage… Armez-vous de patience, et d'un ton bien ferme pour les éloigner.

NGALA LODGE €€€

64 Atlantic Boulevard
✆ +220 449 40 45
www.ngalalodge.com
Chambre à partir de 6 300 DC.
Petit déjeuner inclus.

Un des plus beaux hôtels du pays, si ce n'est le meilleur. Installé au bord d'une plage privée, et au cœur d'un jardin tropical, les 24 suites du Ngala ont toutes leur propre style, et offrent un luxe auquel on ne dit pas non. Plutôt pour les couples, et voyageurs solo, l'hôtel ne recevant pas d'enfants. Le service est impeccable, tout est fait ici pour que vous vous sentiez bien. Deux piscines (dont une à débordement), un restaurant réputé pour être le meilleur de la ville, et un bar à la vue infinie, on est bien au paradis !

GIDA'S GARDEN €€

Atlantic Boulevard
✆ +220 399 97 56
Ouvert du lundi au samedi de 12h30 à minuit. Plats à partir de 200 DC.

Ce restaurant est réputé auprès des Gambiens et des touristes pour sa cuisine inventive et gustative. Tournée vers les spécialités européennes, la carte propose de bonnes grillades, des salades fraîches, des hamburgers faits maison très copieux et de délicieux poissons. On aime aussi y venir pour son cadre verdoyant et ombragé où il fait bon s'installer. Au bar, on écoute de la musique jazzy, tout en buvant de bons whiskys ou un verre de vin, dans une atmosphère très agréable. Parfaite adresse pour une pause chic et gourmande.

THE BUTCHER'S SHOP €€

130 Kairaba Avenue
✆ +220 449 50 69
Ouvert du lundi au samedi de 8h à tard le soir (en fonction des clients). Plats à partir de 375 DC.

Ouvert depuis plus de 20 ans, ce restaurant est un établissement incontournable de Fajara. C'est avant tout une boucherie, où les locaux aisés viennent s'approvisionner. Mais il s'agit aussi d'un restaurant un peu cher certes, mais dans lequel le propriétaire a su créer une ambiance très agréable. La carte propose des plats d'inspiration méditerranéenne, avec des formules tapas qui vous permettent de goûter à de nombreux mets… Attention par contre, prévoyez un peu de temps pour cette halte gourmande, l'attente peut y être assez longue.

THE CLAY OVEN €€

North Atlantic Boulevard
✆ +220 797 37 37
Ouvert tous les jours de 12h à 23h30. Plats autour de 700 DC.

Sûrement l'un des meilleurs restaurants indiens de Gambie ! Vimal Shah a ouvert le restaurant en 1991 et elle s'est depuis forgé une solide réputation pour l'excellente qualité de ses spécialités indiennes. Le cadre est en plus très agréable, on est attablé dans une salle élégante ou sur une terrasse verdoyante. Quant à la carte, elle offre un large choix de spécialités à base de viandes, de poissons ou de légumes. On vous recommande tout particulièrement le poulet aux épices ou les crevettes coco, le top du top ! Service professionnel et de bon conseil.

SENEGAMBIA

Senegambia Strip est LE coin touristique de Gambie. Sur une rue s'étalent bars, restaurants et hôtels, vous n'avez qu'à choisir ce qui vous plaît. Les nuits sont d'autant plus animées qu'on approche du week-end, mais chaque club a sa soirée spéciale et certaines en semaine, ce qui permet de s'amuser 7j/7 ! Les endroits à la mode changent rapidement, mais il vous suffira de vous renseigner auprès de votre hôtel ou dans la rue pour connaître les derniers clubs en vue de la ville. Mieux vaut ne pas prendre de taxi privé sur Senegambia Strip, la négociation sera bien plus dure. Marcher un peu afin de vous éloigner de la zone très touristique.

© EVENFH

Plage près de Senegambia.

MONKEY PARK

Ouvert tous les jours, de 6h à 18h.
Entrée à partir de 150 DC.

Situé dans la forêt de Bijilo qui s'étend sur près de 50 hectares, ce parc animalier est fréquenté par une horde de singes verts, appelés aussi vervets. Habitués à être nourris de cacahuètes par les visiteurs, ils sont aujourd'hui peu craintifs des hommes et font toute l'attraction du parc. Vous pourrez également voir d'autres espèces de singes, plus sauvages, comme le *patas* ou encore le ouistiti. Outre les jolies balades qu'il offre, le parc est un lieu d'observation prisé par les passionnés d'oiseaux, avec ses 133 espèces répertoriées.

BLACK AND WHITE SAFARI

✆ +220 994 72 55
www.blackandwhitesafari.com

Guide officiel depuis 2001, Amstrong a monté sa propre agence qui emploie des guides locaux bien formés, dont l'un d'entre eux parle français. Vous serez entre de bonnes mains pour visiter les lieux touristiques de la Gambie mais aussi la réserve de Fathala au Sénégal. Et si vous souhaitez sortir des sentiers battus, Amstrong pourra vous proposer des circuits sur mesure. Des sorties pêche en mer sont aussi proposées pour attraper capitaines et barracudas. Amstrong propose des locations de voitures en bon état. Equipe très sympathique et joviale.

SENEGAMBIA BEACH HOTEL €€

✆ +220 446 27 17
www.senegambiahotel.com

En haute saison, chambre double standard à partir de 4 500 DC. Réduction en basse saison. Carte bancaire non acceptée.

Situé au bout de la rue la plus touristique de Gambie, et en bord de plage vous pouvez passer tout un séjour au Senegambia sans en sortir. A l'entrée de l'hôtel, des magasins remplis de maillots de bain et autres accessoires nécessaires à une semaine de farniente vous accueillent. Chambres, suites et appartements offrent un confort à l'occidentale, et sont répartis autour d'un grand jardin luxuriant, où se baladent librement les singes. Deux piscines, trois restaurants, dont une pizzeria, un terrain de tennis et un autre de volley.

SWISS BOUTIQUE HOTEL €€

Bijilo ✆ +220 202 21 21
www.swisshotelgambia.com

Chambre standard à partir de 4 500 DC ; chambre deluxe à partir de 7 000 DC ; suite à partir de 9 700 DC.

Au bord de la plage, cet hôtel-boutique de dix chambres offre un cadre intimiste et relaxant pour des vacances réussies. Vous y serez dorloté par un personnel qualifié et polyglotte. Différentes catégories de chambres, mais toutes sont douillettes et lumineuses. Cinq d'entre elles sont situées au rez-de-chaussée et offrent un accès direct à une belle piscine. L'hôtel, dans une démarche environnementale, est alimenté entièrement à l'énergie solaire et a proscrit le plastique de son établissement. Possibilité d'excursions en vélo ou en kayak, entre autres activités.

COCO OCEAN GAMBIA RESORT AND SPA €€€

Kombo Coastal Road
✆ +220 446 65 00
www.cocoocean.com
En haute saison : à partir de 12 000 DC la suite. Réductions en basse saison.

Vous êtes ici au cœur du grand luxe. L'immense hall d'accueil donne d'ailleurs le ton, avec ses damiers de marbre hyper chic et ses hauteurs sous plafond vertigineuses. D'ailleurs, l'inspiration architecturale est marocaine. Quant aux deux restaurants, ils vous permettent de voyager en Asie et en Europe. Les chambres sont très confortables, mais malheureusement il faut payer le prix fort pour accéder au vrai grand luxe, aucune chambre standard n'étant proposée à la clientèle.

KAIRABA €€€

✆ +220 446 29 40
www.kairabahotel.com
Chambre standard à partir de 144 €, chambre deluxe à partir de 158 € et suite à partir de 173 €. Petit déjeuner inclus.

Magnifique hôtel 5 étoiles qui s'étend sur un domaine luxuriant de 40 hectares, tout en offrant un accès direct à une belle plage. Les 160 chambres, toutes catégories confondues, offrent un confort optimal, voire même luxueux pour les suites. Certaines disposent d'une terrasse qui s'ouvre sur le jardin verdoyant où se côtoient plusieurs espèces d'oiseaux dont des paons. D'autres ont des balcons avec vue sur mer. Egalement deux piscines, quatre restaurants de qualité et une salle de fitness. Dans ce cadre splendide, il ne vous restera plus qu'à vous relaxer !

SWISS TAVERN €

Kololi
✆ +220 783 47 68
Ouvert tous les jours, de 10h à 23h. Plats à partir de 175 DC.

Ce restaurant sans prétention offre un cadre agréable pour se détendre ou pour reprendre des forces, face à la mer. Il fait partie du groupe Swiss Boutique Hotel, qui possède un peu plus loin un luxueux établissement, alimenté à l'énergie solaire. Le restaurant propose des plats basiques bien cuisinés tels que des omelettes, des salades composées, des hamburgers et le fameux *fish & chips*. Le lieu est splendide au coucher du soleil pour siroter un cocktail. Possibilité de s'allonger sur les transats et de se prélasser tout l'après-midi.

GAYA ART CAFE €€

Bertil Harding Highway
✆ +220 377 40 22
www.gaya-artcafe.com
D'octobre à mai, du lundi au samedi de midi à minuit. Sinon jusqu'à 19h30 en semaine et minuit le week-end.

Curieux endroit que le Gaya Art café : à la fois brasserie, salon de thé et galerie d'art où les exposants changent au gré des ventes. L'endroit est bien agréable et l'on peut y déguster d'excellents cocktails ou une cuisine méditerranéenne fusion tout aussi délicieuse. A midi, vous aurez le choix entre une variété de salades bio, de wraps ou de tapas, et le soir un menu plus basique vous sera proposé, à base de produits de qualité. Les propriétaires sont en plus très accueillants et passionnés ! N'hésitez pas à y faire un tour.

GREEN MAMBA GARDEN

✆ +220 736 19 70
www.greenmambarestaurant.com
Ouvert tous les jours à partir de 17h30. Cocktails autour de 240 DC. Plats à partir de 600 DC.

Tout au bout de Senegambia Strip, ce bar est un petit îlot de calme et de verdure qui permet de se couper un peu de l'agitation de la grande rue attenante. On y boit de très bons cocktails, dans une ambiance chaleureuse et les plats proposés valent le détour, eux qui sont concoctés avec des produits bien frais. C'est d'ailleurs le seul endroit de la ville à proposer aussi des soirées barbecues mongols à volonté. Tout est grillé au wok, avec sauce et condiments. En plus, le personnel y est sympathique et serviable. A découvrir !

AQUARIUS NIGHT CLUB

✆ +220 446 02 47
Ouvert tous les jours de 22h à 5h du matin.

Ouverte depuis 1998, c'est l'une des meilleures boîtes de nuit sur la *Strip* et surtout l'une des plus populaires de Gambie ! Ici se retrouvent la jeunesse gambienne et les touristes pour faire la fête jusqu'au petit matin. Hip-hop, latino, rap, R&B et musiques africaines, le DJ enflamme le *dancefloor* avec tous les styles de musiques pour le plaisir de tous. Un bar extérieur couvert permet de boire un délicieux cocktail plus tranquillement si l'on ne veut plus se déhancher sur la piste ! Le lieu reste toutefois assez calme en semaine.

BRUFUT

Niché entre Senegambia et Tanji, ce village de pêcheurs est peuplé d'environ 20 000 âmes, dont une grande partie est ghanéenne, d'où son surnom « Ghana Town ». Il est aussi réputé pour ses magnifiques plages de sable doré, vides de touristes et de leurs *bumsters*. Le village a conservé son côté intact, mais pour peu de temps encore, car les logements récents sont de plus en plus nombreux. Entre temps, on y vient pour faire un break, oublier le stress, tout en profitant du luxe qu'offrent certains hôtels. Si vous avez un problème, vous pourrez ici vous rencontrer le consul honoraire, M. Charbel Elhajj, à l'agence consulaire, située Coastal Road.

MANGO LODGE €

Hygate Road
✆ +44 750 044 4474
www.mangolodge.wordpress.com

Chambre double à partir de 1 100 DC. Petit déjeuner à partir de 150 DC. Plat à partir de 300 DC.

Cet hôtel situé au bord du quartier de Ghana Town a le désavantage d'être un peu éloigné de la plage. Il faudra marcher environ 15 minutes pour y accéder. Par contre, l'établissement est sympathique, organisé autour d'une jolie piscine bordée par une chambre que l'on vous recommande. Quatre autres chambres sont situées dans la maison principale et offrent un confort agréable. Le chef de l'hôtel est talentueux, on y déguste de très bons plats gambiens et occidentaux. Bref un endroit parfait pour expérimenter la vie de quartier dans de bonnes conditions.

OCEAN VILLA HEIGHTS €€

51 Brufut Heights
✆ +220 248 74 30
www.oceanvillaheights.com

Chambre double à partir de 2 800 DC, suite à partir de 3 900 DC. Petit déjeuner inclus.

Situé juste à côté du Leo's, cet hôtel propose des chambres très agréables, avec de grands balcons et tout le confort à l'occidental. De préférence, demandez d'occuper une chambre avec vue sur la mer. Le bâtiment est plein de marbre, récupéré après la construction de l'hôtel de luxe le Coco Ocean. Malheureusement, on ne retrouve par contre pas le goût et le charme de certains hôtels voisins. De nombreux jeux sont proposés : table de billard, piscine, bowling… Le chef cuisiner est à votre écoute et si vous souhaitez des plats français il vous suffit de demander.

LEO'S BEACH HOTEL €€€

46 Brufut Heights
✆ +220 721 28 30
www.leos.gm

Fermé de fin mai à octobre. Chambre à partir de 5 000 DC, suite à partir de 7 100 DC. Petit déjeuner inclus.

Gros coup de cœur pour ce petit hôtel, havre de luxe et de paix. Le bâtiment est hyper design et sa décoration mélange mobiliers et objets de Gambie, d'Afrique du Sud et d'Europe. Les cinq chambres, toutes avec vue sur l'océan, sont spacieuses et là encore très design. On peut aussi se prélasser dans la magnifique piscine qui siège dans un jardin fleuri d'un arbre voyageur majestueux et de bougainvilliers. Accès direct sur la plage avec un petit cabanon propice à la dégustation d'un bon sauvignon blanc avant de plonger. A vos maillots !

TANJI

Ce village est bien connu sur la côte pour ses retours de pêche très animés sur la plage. A vos appareils ! La photogénie de ce lieu est sidérante. On y voit débarquer des barracudas, requins-marteaux, raies-papillons et guitares, crabes... Il faut s'y rendre vers 17h pour être au cœur de l'action. Seul défaut, cette plage est bien connue des organisateurs de voyages, ce qui peut gâcher un peu le côté authentique de ce moment. Vous pouvez aussi profiter de votre passage à Tanji pour découvrir la réserve à l'entrée du village, pour vous rendre au musée de la ville, qui est le plus intéressant du pays, pour faire du kayak ou vous initier à la capoeira !

FUMERIE DE POISSONS

Si vous venez assister au retour de pêche à Tanji, vous pouvez en profiter pour visiter les fumeries de poissons situées juste derrière la plage. On peut y observer en direct toutes les étapes de réalisation pour obtenir du poisson fumé. Vous pouvez demander des renseignements aux personnes sur place, généralement les femmes, et pour les plus courageux goûter les poissons qui reposent devant vous ! Juste à côté, vous pourrez aussi observer le travail ardu des constructeurs et réparateurs de pirogues. Leur atelier : la plage !

Marché aux poissons sur la plage de Tanji.

TANJI VILLAGE MUSEUM

Coastal Road

✆ +220 992 66 18

Ouvert tous les jours de 9h à 17h. E

ntrée à partir de 200 DC. Nuitée à partir de 500 DC par personne.

Abdoulie Bayo, véritable passionné, a fondé ce musée gambien qui s'intéresse à l'ethnographie et à l'histoire naturelle du pays. Dans la première partie, on traverse des salles qui présentent la faune, la flore, l'artisanat et des objets du quotidien. Ensuite, on se balade dans le jardin où se côtoient des œuvres d'art et des reconstitutions de cases traditionnelles permettant de mieux comprendre la vie traditionnelle gambienne. On peut aussi dormir au musée, qui s'est doté d'un campement simple et bien entretenu, construit sur le mode traditionnel.

SAMBOU KUNDA €€

Village de Tujering

✆ +220 753 30 85

Nuitée pour une personne à partir de 15 € avec petit déjeuner ; de 2 à 4 personnes, à partir de 10 €.

Sylvia et Malang sont deux hôtes d'exception qui vous recevront comme il se doit. Leur établissement dispose de belles chambres familiales, avec terrasse privative, construites à partir de matériaux bioclimatiques comme la brique de terre et la paille. Chaque logement est doté d'une mezzanine et de deux douches, l'une intérieure, l'autre extérieure. Les nuits y sont en plus paisibles et douillettes, parfait pour se reposer ! Malang est également un guide chevronné qui pourra vous faire découvrir le pays et même le Sénégal qu'il connaît très bien.

THE DOOR OF RETURN

✆ +220 752 10 26

Leçon de capoeira à partir de 500 DC l'heure.

La capoeira est un sport mêlant mouvements, acrobaties et musique que les esclaves africains, déportés au Brésil, pratiquaient dans les champs. Cette association qui a vu le jour en 2007 a pour but de faire connaître cette pratique ancestrale, aujourd'hui oubliée en Afrique, auprès des populations locales en premier lieu mais aussi des touristes intéressés. Si l'expérience vous tente, vous pourrez prendre quelques leçons ou tout simplement, assister à l'une de leurs démonstrations (se renseigner sur place) sur la belle plage de Tanji, Captivant !

SANYANG ★

Le vrai atout de Sanyang, cette bourgade d'environ 7 000 habitants, c'est sa plage, réputée pour être la plus belle du pays. Dès qu'on pose le pied sur le sable, on comprend pourquoi. Déjà, pas ou peu de déchets sur la plage, ce qui est un vrai point fort comparé à d'autres parties de la côte gambienne bien plus sales. Ensuite, le paysage est majestueux, avec ses cocotiers giflés par le vent, et ses bateaux posés sur la plage créant une atmosphère paradisiaque. Une vraie carte postale ! Vous pouvez entre autres loger dans l'un des deux hôtels, le Jungle Beach et le Rainbow Beach Bar. Le marché aux poissons est situé juste à côté.

JUNGLE BEACH RESORT €

✆ +220 998 61 88

www.junglebeach-resort.com

Chambre à partir de 1 200 DC. Petit déjeuner inclus. Possibilité de demi-pension.

Organisé autour d'un beau jardin fleuri entre autres de cocotiers, cet hôtel de plage est très confortable. On s'y sent bien, vautré dans un hamac à écouter le son des vagues. Les sept chambres sont sans prétention, mais propres avec moustiquaire et ventilo. La plage qui borde l'hôtel est propre, ce qui est un vrai atout. On vous conseille de réserver le bungalow avec salon et terrasse qui a l'avantage d'être un peu à l'écart des autres chambres. Deux bars et un restaurant font partie de l'hôtel, et on peut même leur demander d'organiser un barbecue sur la plage !

RAINBOW BEACH BAR €

✆ +220 972 68 06

www.rainbow.gm

Chambre à partir de 1 300 DC.

Petit déjeuner inclus.

Situé idéalement en bord de plage, cet hôtel propose un bon rapport qualité/prix, avec des chambres qui sont bien entretenues et agréables. De là, sans bouger de son logement, on peut même profiter du spectacle coloré du retour de pêche des Gambiens. L'établissement dispose aussi d'un petit centre de massage qui vous permettra de vous relaxer, entre deux bronzettes. Le dimanche après-midi, des shows culturels sont organisés sur la plage, animés par différentes ethnies. Egalement un bar et un restaurant proposant des spécialités gambiennes et européennes.

GUNJUR

Il s'agit du village le plus peuplé de la côte sud. La mosquée de Gunjur est un lieu sacré, les gens peuvent venir de très loin pour prier et à n'importe quelle heure. Vous apprécierez aussi de traîner sur la plage, en fin d'après-midi, pour apprécier l'arrivée des pêcheurs et toute l'effervescence qui tourne autour. Moins touristique que Tanji, le moment en est d'autant plus précieux. Les surfeurs pourront se précipiter sur la plage de Secret Bay qui est reconnue comme l'un des meilleurs endroits du pays. Le village est aussi réputé pour sa réserve naturelle, s'étendant sur plus de 300 ha, et recelant l'une des plus importantes avifaunes du pays.

KARTONG

Dernier village sur la côte avant la Casamance, il est considéré comme un des plus anciens du pays. Selon les dires, il aurait été fondé au XVIe siècle. C'est ici que se rencontrent la rivière Halahin et l'océan Atlantique. Il s'agit d'un des sites les plus prisés des « birdwatchers », puisqu'on peut y observer plus de 350 espèces d'oiseaux. N'oubliez donc pas vos jumelles et si vous voulez plus d'informations vous pouvez passer au Centre d'informations sur les oiseaux. Vous pouvez aussi vous rendre au centre de pêche pour découvrir les fonds marins ou à la ferme aux serpents, où Luc, un Français, recueille des animaux malades qu'il soigne ici.

BOBOI BEACH LODGE €

✆ +220 777 67 36

www.boboibeachlodge.com

Case à partir de 800 DC et bungalow à partir de 2 000 DC. Petit déjeuner inclus.

Pour se ressourcer face à la mer. Ce campement en pleine nature dispose de 13 cases et bungalows sommaires, mais propres et dotés de moustiquaires. Ici, vous serez bercé par le bruit des vagues et le chant des oiseaux. Certaines cases ont été aménagées dans les arbres, pour ceux qui souhaitent prendre de la hauteur pour profiter d'une belle vue sur la plage. Buba, le manager, organise aussi plusieurs activités comme des sorties kayak, des balades ornithologiques et des soirées tam-tam. Bibliothèque, planches de surf à disposition et hamacs dans le jardin.

LA FERME AUX SERPENTS - SNAKE FARM ★

✆ +220 700 46 72

www.gambianreptiles.bizhosting.com

Ouvert tous les jours de 8h30 à 17h30.
Entrée à partir de 300 DC par adulte.

Installé depuis de nombreuses années en Gambie, Luc Paziaud a ouvert cette ferme il y a une vingtaine d'années, préoccupé par le sort des reptiles un peu laissés pour compte en Gambie. Il y recueille des animaux malades ou perdus qui sont soignés pour être ensuite relâchés dans la nature. Vous y verrez, entre autres espèces de serpents, des tortues, des crocodiles ou encore des caméléons. Pour les aventureux, vous pourrez approcher le python royal, et même en porter un sur vos épaules ! Cette ferme a un but éducatif, et de nombreux écoliers du pays la visitent chaque année, dans le but de mieux connaître et comprendre la faune de leur pays. Luc travaille également avec le gouvernement en lui fournissant données et échantillons sur la faune gambienne. Outre le judo, il a transmis sa passion des reptiles à ses enfants qui se feront un plaisir de vous faire la visite, en anglais ou dans un français balbutiant. La visite est très intéressante, surtout avec ces jeunes pleins d'énergie qui en connaissent un rayon. En 2019, la ferme a été en grande partie détruite par un feu de brousse, mais heureusement Luc et sa famille avaient pu sauver les animaux à temps. La ferme reconstruite, la vie a repris son cours depuis, et même s'il faudra des années pour qu'elle reprenne ses belles couleurs verdoyantes d'antan, la flore reprend aujourd'hui peu à peu ses droits. De belles rencontres et surtout une expérience inoubliable, dans une atmosphère familiale !

WHERE THE RAVEN CAN'T FLY - CHEZ MARIATOU €

Snake Farm

✆ +220 749 08 78

Ouvert tous les jours.
Plat à partir de 250 DC.
Cacahuètes enrobées à partir de 200 DC le grand pot.

Mariatou, la femme de Luc Paziaud, est une très bonne cuisinière. Elle concocte de délicieux plats africains tels que du *domoda* (mafé), du *yassa* ou du *benokin* (thieb), ainsi que des recettes dont elle seule a le secret. Goûtez à ces fameux pains plats garnis à la manière d'une pizza, si consistants et savoureux, qui font le bonheur de sa famille. Elle vend aussi de délicieuses cacahuètes enrobées de caramel qui rappelle un célèbre biscuit, mais en meilleur !

LEMON FISH ART GALLERY

✆ +220 640 97 86

http://lemonfishgambia.nl

Logement dans la guesthouse à partir de 950 DC par personne. Petit déjeuner inclus.

Cette jolie maison isolée du village abrite les œuvres de plusieurs artistes sénégalais et gambiens. On peut y acheter des sculptures et des tableaux. Les pièces sont très belles, et il ne s'agit pas d'artisanat mais bien d'œuvres d'art. Il faut donc prévoir un portefeuille bien rempli... La maison abrite aussi quelques chambres, décorées de jolis meubles artisanaux, où l'on peut séjourner. Confort basique, pas d'eau chaude et salle de bains commune. Lemon Fish propose aussi de nombreuses activités telles que l'observation de l'avifaune ou des ateliers de batik.

BRIKAMA

Capitale de la région West Coast, cette ville de plus de 70 000 habitants est l'une des plus importantes de Gambie. Elle est très célèbre pour son marché de bois où sont réalisées les sculptures vendues ensuite dans tout le pays. Brikama est aussi la ville la plus proche du parc Makasutu. Vous y passerez donc sûrement, à l'aller ou au retour de votre visite, dans cette splendide forêt-galerie, à la végétation très dense. Réservez dans l'un des plus beaux lodges du pays ou au backpacker pour les plus petites bourses ! On peut alors se rendre au fameux Jokor Garden, pour se déhancher tout en se laissant envelopper par la chaleur des nuits brikamoises.

MAKASUTU PARK

✆ +220 448 33 35

Accès au parc : journée entière à partir de 1 000 DC (avec repas et excursion compris).

On a du mal à croire qu'un tel havre de verdure puisse se trouver si près de l'aéroport de Banjul. Et pourtant, c'est un autre monde qui s'offre à vous. Les babouins viennent vous saluer par dizaine, dès l'entrée du parc franchie. Plusieurs balades sont possibles, dans la forêt luxuriante comme dans la mangrove, en pirogue. Outre la faune et la flore, vous pouvez aussi observer le processus de production du vin de palme, ou rendre visite au guérisseur de la forêt. Plusieurs centaines d'espèces d'oiseaux vivent dans ce petit éden. Un vrai dépaysement.

MANDINA LODGE €€€

✆ +220 446 38 67

www.mandinalodges.com

Demi-pension avec un guide inclus pour excursion : à partir de 9 000 DC la nuitée.

Carte bancaire non acceptée.

Sans hésitation, un des plus beaux lodges du pays. De sublimes maisons flottantes ont été conçues pour votre pur bonheur, la décoration est pleine de goût, et le confort est au rendez-vous. En plus de ces îlots individuels suffisamment éloignés les uns des autres, pour avoir l'impression d'être seul en pleine nature, vous pouvez profiter d'un espace commun avec une piscine magnifique qui se fond parfaitement dans le décor. En plein dans le Makasutu Park, et au bord de la mangrove, vous ne regretterez pas cette immersion incroyable dans la forêt gambienne.

Marché de Craft.

MARCHÉ DE CRAFT

Ouvert tous les jours, de 7h à 19h.

Tout le cycle de production des sculptures africaines que vous apercevrez dans les échoppes des marchés gambiens est observable ici. Le bois à l'état brut est transformé sous vos yeux par les mains expertes des artisans, qui peignent et vernissent ensuite les différentes œuvres et objets construits. On reste abasourdi devant ce travail d'une grande finesse, et pourtant réalisé à même le sol, à l'aide d'outils plus ou moins performants. Pratique, les artisans travaillent juste en face d'échoppes où sont vendus les fruits de leur labeur !

BATIK FACTORY

✆ +220 439 22 58

Ouvert du lundi au samedi de 7h à 19h.
Activité moins intense durant la saison sèche.
Environ 750 DC le grand batik.

Si vous souhaitez comprendre tous les processus de fabrication du batik, c'est ici qu'il faut vous arrêter. On peut y voir les artisans œuvrer dans leurs ateliers, ou dans la cour à ciel ouvert. Vous pouvez aussi trouver votre bonheur, puisque de très nombreuses pièces sont à vendre. Il vous faudra du temps par contre, chaque pièce est très belle et il est difficile de faire son choix parmi tant de beautés ! Si vous discutez avec un artisan concernant le processus de fabrication sans acheter de batik à la fin, il est de bon ton de lui laisser un pourboire.

JOKOR GARDEN

13 Kombo Sillah Drive
✆ +220 43 756 90

Ouvert du mercredi au dimanche de 22h à tard.
Entrée payante en fonction du concert.

Au premier abord, il s'agit d'un bar/ boîte de nuit sans prétention. Et pourtant, quand on se renseigne sur la programmation on tombe des nues ! De nombreux groupes très célèbres en Gambie sont passés par ce club, qui a aussi accueilli des stars internationales tel que le groupe Morgan Heritage. On vous conseille vivement de rester aux aguets, si vous venez le week-end, vous pouvez avoir de belles surprises. En plus, la piste de danse est à l'extérieur et vous évite donc de suffoquer comme c'est parfois le cas dans certains clubs.

MARCHÉ DE SERREKUNDA ★

Ouvert tous les jours de 7h à 19h.

Il s'agit du plus grand marché du pays, presque une ville dans la ville de Serrekunda ! On vous conseille de vous y rendre le week-end, moins fréquenté que la semaine où l'on se retrouve alors au milieu d'une foule devenant vite étouffante. Mieux vaut aussi rester sur les grandes artères pour éviter les pickpockets. Le marché est organisé en différentes parties : alimentaire, vestimentaire, hi-fi, volaille vivante, forgerons… En fonction de l'heure, les produits sur les échoppes changent du tout au tout. Ouvrez grands les yeux, on en prend plein les mirettes ici !

SERREKUNDA

A une dizaine de kilomètres au sud-ouest de Banjul, il s'agit de la plus grande ville du pays, sa population est estimée à environ 400 000 personnes. L'ancien village constitue le centre-ville, et la ville s'est ensuite agrandie en intégrant la dizaine de villages alentour qui sont devenus aujourd'hui des quartiers à part entière. A la tête de chaque quartier, un chef de village qui gère les problèmes de la communauté. Tous les types de populations et classes sont mélangés. Pour vous imprégner de l'ambiance, rendez-vous au marché, le plus grand du pays. Vous pourrez aussi visiter les ateliers de batik pour découvrir les étapes de fabrication.

AB RENT A CAR

Bertil Highway
✆ +220 446 09 26
www.gambia-car-rental.com

Ouvert tous les jours, de 8h à 18h.
A partir de 1 200 DC par jour avec assurance pour une petite citadine.

Si vous souhaitez vous déplacer librement dans le pays, voici l'une des plus sérieuses agences de location de voitures du pays. Ouverte en 1995, elle s'est donné comme objectif d'offrir un service de qualité à ses clients. Pari réussi car depuis la société s'est construit une solide réputation. Elle dispose d'une flotte variée d'une vingtaine de véhicules dont des 4x4, des breaks et des citadines. Pour louer un véhicule, il faut avoir minimum 23 ans et avoir un permis en cours de validité. Caution obligatoire. Possibilité de prendre un chauffeur.

KOMBO BEACH HOTEL €€€

Kotu

✆ +220 446 54 66

www.kombobeachhotel.gm

Fermé de début mai à mi-octobre.
Chambre standard à partir de 2 500 DC, studio et suite à partir de de 5 500 DC.

Ce complexe hôtelier moderne est composé de chambres, suites et studios, climatisés, bien entretenus. Chaque espace possède une petite terrasse ou balcon pour profiter pleinement du soleil gambien. De nombreuses activités sont organisées pendant la journée autour de la piscine et sur la plage. Le soir, on peut assister à des concerts et spectacles (groupes de musique et troupes de danse locaux). Cet hôtel-resort a vraiment tout à portée de main : bars, restaurants, piscine, centre de bien-être, boutique, accès direct à la plage... que demander de plus !

LE JARDIN SECRET €

✆ +220 708 59 82

Mêmes horaires que l'Alliance française.
Plat à partir de 130 DC.

Installée dans le jardin de l'Alliance française, cette cafétéria en plein air constitue une halte déjeuner agréable et paisible, si vous êtes de passage à Serrekunda. Elle est tenue par Aline, une sympathique Française originaire de Champagne, qui concocte de délicieux plats maison tels des lasagnes, du filet de lotte ou de la blanquette de poulet. On y déguste aussi quelques plats africains, que vous pourrez accompagner d'un délicieux jus local. Le tout servi dans des portions généreuses et avec le sourire. Bon rapport qualité-prix.

ALLIANCE FRANÇAISE

Kairaba Avenue

✆ +220 437 54 18

www.afbanjul.org

Ouvert du lundi au vendredi, de 10h30 à 18h30.
Spectacles et concerts, d'octobre à fin mai, à partir de 150 DC l'entrée.

Une petite alliance française qui a le mérite d'exister. Outre des cours de français, elle organise de nombreuses activités culturelles. On peut assister à des spectacles et des concerts dans un amphithéâtre en plein air, pouvant accueillir jusqu'à 400 personnes. Egalement des conférences et des vidéoprojections. Elle s'anime aussi lors de la Semaine de la Francophonie et la fête de la musique. Le hall d'entrée abrite des expositions temporaires d'artistes internationaux. Renseignez-vous sur la programmation lors de votre séjour !

ORGANISER SON SÉJOUR

Le Sénégal étant un pays à l'hospitalité légendaire, vous trouverez toujours quelqu'un pour vous héberger en cas de souci particulier. Néanmoins, il n'existe pas de difficulté majeure pour s'héberger dans les hôtels et vous trouverez toujours de la place, sauf durant les grands événements culturels à l'instar du Saint-Louis Jazz où il est conseillé de réserver plusieurs mois à l'avance. De même pour la location de voiture, vous trouverez facilement une agence à Dakar et généralement, votre hôtel pourra vous organiser vos transferts et aussi vos excursions. Le Sénégal est une destination abordable pour toutes les bourses, mais le budget peut monter très vite si vous logez dans des hôtels de luxe, et louez une voiture avec chauffeur. Le budget reste correct si vous passez par un tour opérateur ou une agence réceptive. Là, vous n'aurez pas à vous soucier de l'organisation, juste à vous laisser porter par le programme.

PRATIQUE

ORGANISER SON SÉJOUR

ARGENT

La monnaie nationale est le franc CFA (FCFA). Il existe des billets de 10 000, de 5 000, 2 000, 1 000 et 500 FCFA. On trouve aussi des pièces de 500, 250, 200, 100, 50, 25, 10 FCFA, ainsi que de 5 FCFA, mais elles sont moins courantes. La parité du FCFA avec l'euro est fixe. 1 € = 655,96 FCFA et 1 000 FCFA = 1,52 €.

BUDGET / BONS PLANS

Le Sénégal est un pays plutôt bon marché, mais selon la période de voyage et le confort choisi, votre budget peut varier du simple au double, voire triple.

Petit budget : pour les plus débrouillards, il est possible de se nourrir pour moins de 5 000 FCFA par jour, de dormir pour 8 000 FCFA et de voyager à travers le pays 10 000 FCFA ou moins, selon la destination et le moyen de transport utilisé. Cela implique évidemment de se rabattre sur les dibiteries de quartier (attention, à l'hygiène), de loger dans des auberges ou campements, et d'utiliser le bus ou le taxi-brousse.

Budget moyen : il reste cependant moins élevé que les standards internationaux. Si l'on cherche le confort, comptez tout de même entre 20 000 et 30 000 FCFA la nuit dans une maison d'hôtes ou un hôtel propre, avec toutes les commodités. Pour un plat dans les restaurants « occidentaux », compter à partir de 7 000 FCFA. Une location de voiture commence à environ 25 000 FCFA la journée.

Gros budget : pour ceux qui sont financièrement aptes, ils pourront passer le séjour dans les hôtels et lodges de luxe à Dakar, Saly, Saint-Louis et au Cap Skirring, qui proposent pour la plupart un confort à l'européenne. Les prix varient de 30 000 à plus de 100 000 FCFA la nuitée. Une location de 4x4 commence à 35 000 FCFA la journée.

PASSEPORT ET VISAS

Depuis le 1er mai 2015, les ressortissants français, se rendant au Sénégal n'ont plus besoin de visa, seul un passeport avec une validité d'au moins 6 mois est demandé à l'arrivée. Il en est de même pour les Belges, les Canadiens, les Luxembourgeois et Suisses. Pour un séjour de plus de trois mois, il vous faudra obtenir une carte de résident. Pour visiter la Gambie, les ressortissants français n'ont plus besoin de visa pour un court séjour (entre 15 et 30 jours). Le passeport doit être présenté aux autorités et tamponné. Toutefois attention, lors de votre passage à l'un des 5 postes-frontières du pays, il est possible que les policiers vous demandent de l'argent. Soyez ferme et refusez, et si vous avez le moindre souci, n'hésitez pas à appeler l'agence consulaire (+ 220 666 11 00) ou l'antenne diplomatique de Banjul (+ 220 449 56 69).

INTERVIEW

L'ASSURANCE VOYAGE, LE MEILLEUR MOYEN POUR PROTÉGER SA SANTÉ À L'ÉTRANGER

avec le DR MICHEL NAHON, directeur médical d'Allianz Travel

En cas de souci de santé sur place, que faut-il faire ?

Si l'on se trouve dans une situation urgente (accident grave, morsure d'animaux…), il est conseillé d'appeler les numéros d'urgence locaux. Une fois à l'hôpital, appeler son assisteur pour déclencher les procédures de prise en charge.

Est-il possible d'entrer en contact avec un professionnel de santé en cas de besoin ?

Allianz Travel dispose d'un service de téléconsultation médicale accessible en visio qui permet de s'entretenir avec un médecin français 24h/24, 7 jours sur 7. La consultation se fait en français et des conseils sont donnés sur les démarches à effectuer. Une ordonnance peut également être délivrée.

S'agissant des frais médicaux, est-on forcément couvert par son assurance maladie et sa mutuelle à l'étranger ?

La sécurité sociale et la mutuelle fonctionnent en France et dans les pays de la Communauté économique européenne, à condition d'avoir fait une demande d'extension de garantie avec la carte européenne d'assurance maladie (CEAM). Il est malgré tout conseillé de souscrire une assurance voyage, car la prise en charge des frais ne sera pas la même qu'en France.

Quel est le meilleur moyen de voir ses frais médicaux pris en charge ?

Dans les pays hors Europe, il est recommandé de souscrire à un contrat d'assistance avec un bon niveau de couverture des frais médicaux. Il est également important de choisir un acteur solide, qui dispose d'un important réseau international dans le domaine médical.

L'assurance voyage prévoit-elle le rapatriement ?

Le rapatriement n'est pas systématique. Il faut un réel intérêt médical. Si le patient peut être traité sur place, l'assisteur oriente vers un médecin ou une structure médicale adaptée localement. De même qu'en cas d'accident dans une zone désertique, le patient sera d'abord orienté vers l'hôpital le plus proche pour stabiliser la situation, avant d'envisager le rapatriement.

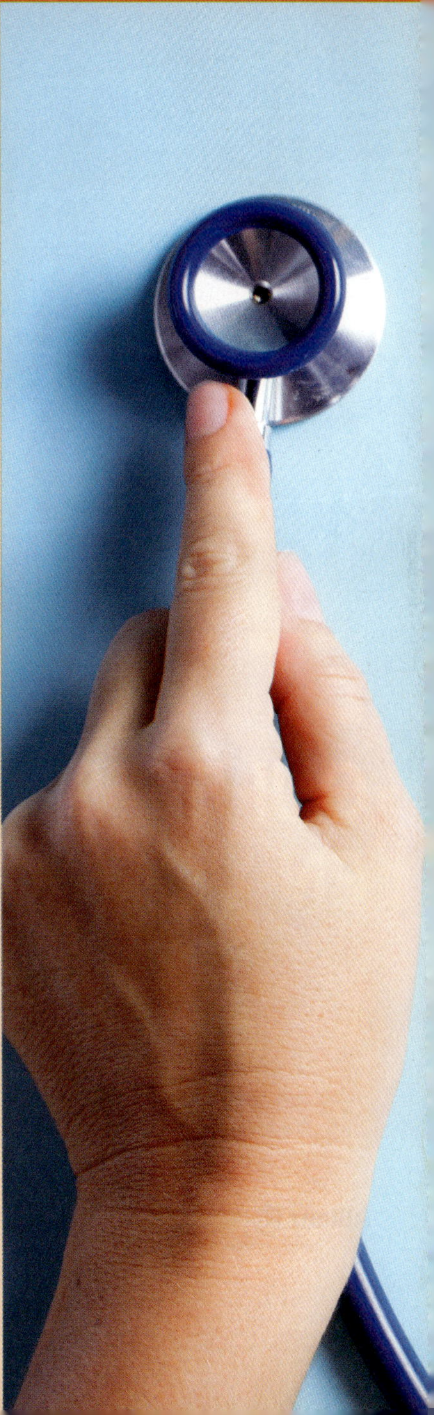

© NEIRFY

ET VOUS,
QUI ÊTES-VOUS
EN VOYAGE ?
Assurez celui ou celle
que vous serez en voyage
www.allianz-voyage.fr - 01 73 29 06 10*
Allianz
Assureur Officiel
Allianz Travel
AWP FRANCE SAS - Siège social : 7, rue Dora Maar - CS 60001 - 93488 Saint-Ouen cedex - Société par Actions Simplifiée - au capital de 7 584 076,86 € - 490 381 753 RCS Bobigny - Siret : 490 381 753 00055 - Société de courtage d'assurances - immatriculée à l'Orias (www.orias.fr) - sous le n°07 026 669
*du lundi au vendredi de 9h à 19h et le samedi de 10h à 18h, sauf jours fériés. Octobre 2019
Photographie : Eric Vernazobres / Favorite production - Conception : Insign 2019

PERMIS DE CONDUIRE

Pour les séjours de courtes durées, il est autorisé de conduire au Sénégal avec le permis de conduire français. Pour ceux qui souhaiteraient se rendre au Sénégal avec leur voiture, attention ! Depuis 2003, les autorités ont imposé des contraintes aux propriétaires dont les véhicules ont plus de 5 ans. Portée à 8 ans en 2015, le décret ouvre la frontière à plus de véhicules. Vous pourrez entrer dans le pays avec une autorisation temporaire d'admission (ATA) ou d'un carnet de passage en douane, à moins que vous n'ayez un carnet international de circulation. Et mieux vaut se conformer au délai de présence légal sur le territoire, sous peine d'être embarqué dans des tracasseries.

SANTÉ

Pour recevoir des conseils avant votre voyage, n'hésitez pas à consulter votre médecin. Vous pouvez aussi vous adresser à la société de médecine du voyage du centre médical de l'Institut Pasteur au ✆ 01 45 68 80 88 (www.pasteur.fr/fr/sante/centre-medical) ou vous rendre sur le site du ministère des Affaires étrangères à la rubrique « Conseils aux voyageurs » (www.diplomatie.gouv.fr/voyageurs). En cas de maladie ou de problème grave durant votre voyage, consultez rapidement un pharmacien puis un médecin.

VACCINS OBLIGATOIRES

Aucun vaccin n'est obligatoire pour rentrer sur le territoire sénégalais. Toutefois, il est recommandé d'être vacciné contre la fièvre jaune et l'hépatite A, ainsi que de prendre un traitement contre le paludisme. Pensez également à vos rappels DT Polio si vous n'êtes pas à jour. Vous pouvez aussi vous prémunir contre la typhoïde, la rage, l'hépatite B et la méningite à méningocoque.

SÉCURITÉ

Le Sénégal n'ayant pas subi d'attaques terroristes récemment, il est globalement sûr de voyager dans le pays. Cependant, soyez prudent du côté des frontières de la Mauritanie, du Mali et de la Guinée-Bissau, ainsi qu'en Casamance, bien que la région se soit apaisée depuis 2013. La petite délinquance est en augmentation depuis ces dernières années, soyez vigilant notamment à Dakar et dans les villes touristiques. Il est également recommandé lors des déplacements dans le pays de faire attention à l'état du véhicule emprunté, notamment pour les grandes distances, et de ne pas rouler la nuit, les routes n'étant pas éclairées.

DÉCALAGE HORAIRE

Le Sénégal est situé sur le méridien horaire de Greenwich, il est donc à l'heure GMT. En heure d'hiver (de novembre à mars), quand il est midi au Sénégal, il est 13h en France. En heure d'été (d'avril à octobre), quand il est midi au Sénégal, il est 14h en France.

LANGUES PARLÉES

La langue officielle au Sénégal est le français. Le wolof est le dialecte le plus répandu au Sénégal et est parlé par environ 80 % de la population. Viennent ensuite une vingtaine de dialectes comme le sérère, le pulaar ou le soninké.

COMMUNIQUER

Pour téléphoner au Sénégal, il est intéressant d'acheter une carte sim locale à l'aéroport ou dans les agences agréées. Il existe trois compagnies : Orange, Expresso et Free Sénégal, qui proposent chacune des offres intéressantes. Vous pourrez en plus convertir votre crédit en données internet. Le réseau est généralement bon à l'intérieur du pays, mais dans les coins reculés, il arrive que le réseau soit absent. Pour contacter votre famille ou amis à l'international, WhatsApp est une solution pratique et peu coûteuse pour appeler ou envoyer des messages. Il est possible aussi de télécharger l'application Skype, et de recharger du crédit pour appeler vos proches sur les fixes. Sachez également que la plupart des hôtels et lodges disposent du wifi, ce qui est bien pratique pour rester en contact avec les siens.

ELECTRICITÉ ET MESURES

Les poids et les mesures sont les mêmes qu'en Europe. Le courant est de 220 volts, et il n'est pas nécessaire d'être équipé d'un adaptateur. Toutefois, faites bien attention à débrancher son matériel après utilisation, les coupures d'électricité étant fréquentes pourraient l'endommager. Le courant revient généralement assez rapidement. En brousse, il peut être soumis à des horaires précis. Renseignez-vous. Pour ceux qui se rendraient en Gambie, un adaptateur de type G est nécessaire.

BAGAGES

Prévoyez essentiellement des cotonnades et des tenues légères, confortables pour le jour, mais aussi un pull ou une veste légère pour les soirées fraîches. Si vous restez plutôt du côté de la plage, prévoyez des vêtements courts et des tenues plus longues (pantalons, chaussures, chaussettes) si vous comptez partir en brousse ou visiter les villages à l'intérieur du pays. Enfin, Dakar est une ville dynamique, et on s'y habille comme à Paris, au printemps et en été. Pour les femmes, sachez qu'il est plus convenable de dévoiler un décolleté plongeant que des jambes sous une jupe très courte. Pensez également à prendre une lampe de poche et une batterie de secours, en cas de coupures d'électricité.

S'Y RENDRE

Il n'est pas compliqué de voyager au Sénégal sans passer par une agence ou un tour opérateur. Plusieurs compagnies desservent le Sénégal au départ de Paris, Marseille, Bruxelles ou encore Madrid. Comptez entre 400 et 600 € le billet aller-retour Paris-Dakar. Les prix varient selon la compagnie empruntée, mais surtout du délai de réservation. Pour obtenir des tarifs intéressants, il faudra donc vous y prendre très en avance. Pensez à acheter vos billets au moins six mois avant le départ ! Fini les aventures dans le désert, aujourd'hui Paris-Dakar, c'est 6 000 km de route goudronnée que vous pourrez emprunter avec n'importe quel type de véhicule. Seuls 4 km restent ensablés entre le Maroc et la Mauritanie, où vous devrez être équipé pour les franchir. Les plus pressés pourront rejoindre Dakar en moins de huit jours. Comptez entre 400 et 600 € de carburant, et de 300 à 500 € pour vos frais de voyage.

AIR INDEMNITE

25 bis, avenue Pierre Grenier
BOULOGNE-BILLANCOURT
✆ 01 85 32 16 28
www.air-indemnite.com

Des problèmes d'avion (retard de vol, annulation ou surbooking) gâchent le séjour de millions de voyageurs chaque année. Selon la réglementation, ceux-ci ont droit jusqu'à 600 € d'indemnité par passager ! Mais devant la complexité juridique et les lourdeurs administratives, très peu parviennent en réalité à faire valoir leurs droits. Pionnier français depuis 2007, ce service en ligne simplifie les démarches en prenant en charge l'intégralité de la procédure : analyse et construction du dossier, échanges avec la compagnie, suivi jusqu'au versement des sommes dues.

AIR FRANCE

✆ 36 54

Réservations en ligne ou par téléphone, tous les jours de 6h30 à 22h.

La compagnie française, qui existe depuis 1933, est synonyme de qualité, de service et de confort. Sa flotte est majoritairement constituée d'Airbus âgés d'une dizaine d'années. Pour le Sénégal, Air France propose tous les jours des liaisons directes entre l'aéroport Charles de Gaulle à Paris et Dakar. Compter 5 heures 45 de trajet. Il est aussi possible de partir depuis d'autres villes de France (Bordeaux, Lyon, Marseille, Nice, Strasbourg, Toulouse, etc.). Une correspondance ou un trajet en train est alors requis. Réservez à l'avance pour obtenir de bons tarifs.

AIR SÉNÉGAL

Immeuble la Rotonde, Rue Amadou Assane Ndoye
DAKAR
✆ +221 301 15 15 15
flyairsenegal.com

La compagnie aérienne nationale du Sénégal a été fondée en 2016. Elle opère des vols à destination de plusieurs villes en Afrique de l'Ouest : Banjul, Conakry, Cotonou, Praia et Bamako. Depuis 2019, Air Sénégal assure des liaisons quotidiennes et directes entre Paris et Dakar, sur Airbus A330. La durée du vol est de 5 heures 45 (horaires consultables sur le site). La compagnie dispose de plusieurs bureaux dans le pays, à Dakar, à l'Aéroport International Blaise Diagne et à Ziguinchor. Réserver très à l'avance pour obtenir de bons tarifs.

OPTION WAY

Avenue Maurice Donat
✆ 04 22 46 05 23
www.optionway.com

Option Way est l'agence de voyages en ligne au service des voyageurs. L'objectif est de rendre la réservation de billets d'avion facile en vous faisant économiser. 3 bonnes raisons de choisir Option Way :

- la transparence comme mot d'ordre. Finies les mauvaises surprises, les prix sont tout compris, sans frais cachés ;
- des solutions exclusives qui vous permettent d'acheter vos vols au meilleur prix ;
- le service client, basé en France, joignable gratuitement, composé de véritables experts de l'aérien. Ils sont là pour vous, n'hésitez pas à les contacter.

SÉJOURS ET CIRCUITS

Le Sénégal étant une destination privilégiée des Français, plusieurs tours opérateurs se sont spécialisés sur le pays de la Teranga. Ils produisent eux-mêmes leurs voyages et sont généralement de très bon conseil car ils connaissent le pays sur le bout des doigts. Circuits courts ou longs séjours, voyages à thème ou hors des sentiers battus, vous aurez le choix entre plusieurs prestations, et pourrez même établir votre séjour à la carte. A noter cependant : les prix restent plus élevés que ceux des généralistes. Sur place, vous trouverez également de nombreuses agences réceptives dont certaines sillonnent régulièrement le pays à la découverte de nouvelles adresses et d'endroits à visiter, pour étendre et renouveler leurs offres. Ce sont des experts de la destination et leur connaissance accrue du pays vous permettra d'établir le circuit qui vous correspond le mieux et de laisser parler vos envies.

AMPLITUDES

60, rue Sainte Anne - **PARIS** ✆ 01 44 50 18 58
www.amplitudes.com
Ouvert du lundi au vendredi de 10h à 19h et le samedi jusqu'à 18h. Contact clients agence de Toulouse (second numéro).

Spécialiste du voyage sur mesure depuis 1991, Amplitudes propose notamment un circuit individuel avec chauffeur au Sénégal : « Océans et Grands Fleuves ». Ce séjour emmène le voyageur à la découverte de Dakar, Saint-Louis, Touba, ville sainte de l'islam, puis Kaolack avec ses musées d'architecture coloniale. Le tour-opérateur propose également une croisière en Gambie, à bord du M/Y Harmony G, passant par Banjul, Tendaba, Kunta Kinteh, Kuntaur, Janjanbureh. Soirée avec les pêcheurs, promenade dans la savane et danse Kankurang au programme !

CLUB FAUNE VOYAGES

50, rue de Passy
PARIS
✆ 01 42 88 31 32
www.club-faune.com

Club Faune Voyages vous invite à découvrir le Sénégal. Passionnés des voyages nature, les membres de l'équipe de Club Faune élaborent avec le voyageur son séjour, en le conseillant sur le moyen de transport, l'hébergement, les activités et le rythme du voyage les plus adaptés. Plusieurs circuits sont conçus pour découvrir les différentes régions du pays : « De Saly à Dakar, le Sénégal autrement », « Échappée sénégambienne »... Votre conseiller vous recevra dans « l'Espace Voyage » de l'agence pour créer un voyage sur mesure authentique !

ESCURSIA

2, rue Jean-Emile-Laboureur
NANTES
✆ 02 53 35 40 29
www.escursia.fr
Ouvert du lundi au vendredi de 9h à 12h30 et de 14h à 18h.

Escursia propose des séjours rares et authentiques pour découvrir la nature et les Hommes, en compagnie de personnages rares et passionnants. Week-ends, courts séjours en France ou longs séjours à l'étranger, l'esprit commun à tous ces voyages est l'immersion, hors des sentiers battus, dans des sites naturels préservés, accompagnés de guides naturalistes passionnés. Laissez-vous tenter par le séjour ornithologique au Sénégal (15 jours) pour découvrir notamment l'écosystème du Sine Saloum et des parcs nationaux du Djoudj et du Niokolo Koba.

EXPLORATOR

23, rue Danielle Casanova
PARIS
✆ 01 53 45 85 85
www.explo.com
Ouvert de 9h30 à 18h30 du lundi au vendredi.

Ce tour-opérateur organise des voyages d'immersion en petits groupes de 4 à 8 participants. Nature, Culture et Rencontres sont les maîtres-mots des voyages proposés dans 80 destinations éloignées de notre culture occidentale. En lien avec des partenaires sur place, Explorator propose plusieurs formules (Découverte, En famille, Sur mesure…). Passeurs de culture, les meilleurs guides partageront avec vous leur immersion dans la vie locale, favorisant les rencontres spontanées avec les habitants. Des voyages qui s'adaptent à toutes les envies.

NOMADE AVENTURE

40, rue de la Montagne-Sainte-Geneviève
PARIS
✆ 01 46 33 71 71
www.nomade-aventure.com
Ouvert du lundi au samedi de 9h30 à 18h30. Circuits sur mesure. Activités.

Nomade Aventure, comme son nom l'indique doublement, est une agence qui vous change de vos habitudes sédentaires. Avec ses voyages placés sous le thème de la nature, de la culture et de la rencontre, elle vous propulse vers de nouvelles aventures. Loin des meutes de touristes, vous mettrez à profit les bonnes connaissances des agents sur la région en profitant à la fois de circuits originaux et de spots incontournables. Nomade Aventure fait de votre voyage de véritables vacances en vous permettant de vous détendre, ils prévoient tout !

PLANÈTE DÉCOUVERTE

20, avenue du Maréchal-de-Lattre-de-Tassigny - **CACHAN** ✆ 09 86 76 66 15
www.planete-decouverte.fr
Appels possibles du lundi au vendredi de 8h30 à 17h30 et le samedi de 9h à 12h. Fermé le dimanche et les jours fériés.

Des guides-accompagnateurs passionnés ont décidé de se réunir pour créer une agence, qui veut faire du voyage un moment de convivialité, et des séjours à petite échelle, jamais plus de 12 participants, tout en respectant les populations et l'environnement. Planète découverte vous propose deux séjours hors des sentiers battus pour découvrir toutes les facettes du Sénégal à travers visites culturelles et immersion dans la vie locale : le grand tour du Sénégal d'une durée de 15 jours, et le Sénégal atlantique d'une durée de 9 jours.

POINT-VOYAGES

4, avenue Félix-Chalamel
BOURG-SAINT-ANDÉOL
✆ 04 75 97 20 40
www.point-voyages.com

Point-Voyages est une coopérative de voyageurs créée en 1996 autour de Maurice Freund, qui avait fondé Point-Mulhouse, l'entreprise qui a rendu possible le vol charter en France, et Point-Afrique. Sa raison d'être est le développement des relations Nord-Sud. Pour que son action soit pérenne, cette agence s'appuie sur un tourisme responsable, en partenariat avec les populations locales. Au Sénégal, Point-Voyages propose entre autres une randonnée en Pays Bassari (12 jours), ainsi qu'une traversée du Saloum en Rando-bateau (9 jours).

ROOTS TRAVEL

17, rue de l'Arsenal
PARIS
✆ 01 42 74 07 07
www.rootstravel.com
Bureaux ouverts du lundi au samedi de 10h à 13h et de 14h à 18h.

Roots Travel propose des itinéraires sur mesure et des séjours individuels chez l'habitant ou en hôtel de diverses catégories, et ce dans plusieurs villes sénégalaises (Dakar, Saint-Louis, Saly...). Parmi les offres, vous pourrez opter pour le circuit « Nuances du Sénégal », un tour d'horizon du pays, de Dakar au Saloum en pirogue, en passant par Saint-Louis. Des promotions sont régulièrement proposées. Pour toutes informations, dirigez-vous vers le site internet et profitez d'offres, photos et conseils pratiques sur la destination.

SECRETS DU MONDE

1, villa Moderne - **PARIS**
✆ 01 45 42 64 44
www.secretsdumonde.com
Ouvert du lundi au vendredi de 9h30 à 13h15 et de 14h15 à 19h.

Spécialiste du Sénégal, Secrets du Monde propose des circuits sur mesure et des séjours individuels et exclusifs. Vous découvrirez sur leur site internet une large sélection de séjours en hôtel de charme, des circuits uniques avec chauffeur / guide, des croisières et des excursions. Préparez avec leurs spécialistes l'armature de votre voyage et profitez, en toute liberté et à votre rythme, des charmes du pays. Secrets du Monde offre également la possibilité d'opter pour une formule à la carte à partir des voyages proposés ou simplement entièrement cousus main.

VIE SAUVAGE

18, rue de Londres - **PARIS**
✆ 01 44 51 08 00
www.viesauvage.fr
Ouvert du lundi au jeudi de 9h à 19h, jusqu'à 18h le vendredi. Le samedi de 10h à 13h et de 14h à 18h30.

Amis aventuriers, rêveurs et photographes, ce voyagiste est fait pour vous ! L'agence La Vie Sauvage vous envoie à la découverte des grands espaces et des cultures du bout du monde. L'enseigne est spécialisée dans l'organisation de séjours axés sur la contemplation et l'observation de la nature. Au Sénégal, Vie Sauvage propose un safari-photo de 11 jours au Sénégal, du Djouj au delta du Sine Saloum, en passant par la Langue de Barbarie. Hébergement en hôtel, lodge, campement. Il est également possible d'aménager un séjour sur mesure.

ADA VOYAGES

27 rue Félix Faure x Mohamed V
DAKAR
✆ +221 33 889 51 81
www.adavoyages.com
Ouvert du lundi au vendredi de 8h30 à 12h30 et de 14h30 à 18h, samedi de 9h à 12h30.

Certifiée par l'Association internationale du transport aérien (IATA), cette agence du Plateau a bonne réputation auprès de ses clients. Elle propose toutes sortes de circuits de différentes durées, sur tout le territoire du Sénégal, pour une clientèle individuelle ou de groupe. Les circuits et excursions peuvent être personnalisés sur demande. Elle organise aussi des circuits de pèlerinage ainsi que des réservations de vols. Equipe professionnelle et dynamique qui est à l'écoute de ses clients. Plusieurs offres intéressantes et prix corrects.

AFRICA FOR TOURISM

SALY-PORTUDAL
✆ +221 33 957 81 81
www.africa4tourism.com

Située face à la pharmacie Salve Regina, cette agence de voyages, forte de sa longue expérience dans le tourisme au Sénégal, propose des circuits à la carte et des voyages organisés dans tout le pays. Elle est spécialisée dans le pays Bassari, la Casamance et les îles du Saloum où elle propose des circuits écotouristiques avec balades en pirogue, randonnées pédestres et à vélo. Les guides francophones, hispanophones et anglophones sénégalais vous accompagneront tout au long de votre séjour. Accueil personnalisé et professionnel.

ACT

52 rue Félix Faure
DAKAR
✆ +221 33 849 52 00
www.actours-senegal.com
Ouvert du lundi au vendredi de 9h à 18h.

Cette agence, créée en 1994 par des cadres sénégalais ayant une forte expérience dans le tourisme, travaille avec des partenaires locaux et étrangers pour offrir à ses clients (individuels, groupes ou comités d'entreprises) un vaste choix de destinations, de formules, de voyages à thèmes (« Sur les pas des guérisseurs », « Rythmes et danses du Sénégal ») ou sur mesure. Une structure suffisamment souple pour répondre à toutes vos demandes en s'orientant sur des séjours construits autour du tourisme solidaire. Location de voitures avec ou sans chauffeur.

ATLANTIC LOISIRS

Au rond-point du Cap Skirring
CAP SKIRRING
✆ +221 33 993 59 59
www.atlantic-loisirs.net
Ouvert tous les jours de 9h à 18h.

Basé au cœur de la station balnéaire du Cap Skirring, Atlantic Loisirs est le premier organisateur d'activités et d'excursions sur engins nautiques et terrestres avec des moniteurs agréés en Casamance. Buggys, quads, rosalies, VTT, Jet-skis, bateaux, canoës-kayaks, wakeboards, bouées tractées, excursions dans les îles, pêche à la palangrotte... un large choix d'excursions sportives et de tourisme responsable vous est proposé. Seul, en couple ou en famille, Atlantic Loisirs propose aussi des activités à la carte et des séjours en immersion. A découvrir !

CASAMANCE AU PRÉSENT

ZIGUINCHOR ✆ +221 78 482 98 87

www.casamanceaupresent.com

Ouvert du lundi au vendredi de 9h à 13h30 et de 15h à 18h. Circuit de 2 jours pour 2 personnes à partir de 280 €.

Cette agence de tourisme solidaire est une antenne de l'association franco-sénégalaise Futur au Présent, qui développe des programmes sociaux pour les populations démunies de Casamance. Pour ce faire, l'organisme propose des circuits touristiques hors des sentiers battus et privilégie le contact humain avec les populations locales. Vous pourrez vivre des expériences singulières comme rencontrer un griot, prendre des cours de musique ou participer à une soirée traditionnelle Khawaré. Des circuits originaux sont également proposés d'une durée de 2 à 15 jours.

CASAMANCE EVASION TOURISME

ZIGUINCHOR

✆ +221 33 990 18 18

Ouvert tous les jours de 8h à 13h et de 15h à 18h. Location de voiture à partir de 50 000 FCFA.

Cette agence de voyages veut faire la différence en impliquant les touristes dans le quotidien sénégalais. Elle a été créée par Modou Diouf, l'ancien directeur de l'office de tourisme, qui connaît très bien la région. Son équipe, jeune et dynamique, vous fera découvrir les villages de Casamance et leurs cultures. Vous pourrez aussi participer à de nombreux ateliers comme la cuisine, la pêche à l'épervier, le batik ou les percussions. Location de voitures, de 4X4 et de vélos.

CASAMANCE VISION ÉTHIQUE

Route de Kabrousse

CAP SKIRRING

✆ +221 33 993 01 38

www.vision-ethique.com

Ouvert du lundi au vendredi de 8h30 à 13h et de 15h à 18h, le samedi de 9h à 13h.

Pour des vacances solidaires en Casamance, cette agence réceptive sérieuse sur Cap Skirring organise vos journées d'excursion et vos circuits au cœur du pays diola. Elle travaille entre autres avec des guides locaux et avec les campements villageois de tourisme intégré où vous pourrez séjourner pour une immersion totale. Elle s'occupe aussi des réservations de billets d'avion et de bateau. Location de véhicules. Possibilité de circuits sur mesure. L'agence s'engage à reverser 3 % des bénéfices de chaque voyage à des projets d'aide au développement de la région.

FLAMBOYANT TOURISME SOLIDAIRE

FIMELA ✆ +221 77 446 73 53

www.terresetculturessolidaires.fr/voyages-solidaires

Circuit 2 semaines avec pension complète : autour de 1 200 € par personne pour des groupes entre 6 et 10 personnes.

Cette agence de voyages solidaire vous propose des circuits adaptés à vos envies. Grâce à un réseau bien établi de structures locales, Flamboyant Tourisme Solidaire vous permet de sortir des sentiers battus et de vous intégrer à la culture locale. On peut aussi se laisser tenter par les semaines ateliers loisirs, en logeant chez l'habitant et en apprenant une discipline choisie. Le directeur, Ibrahima Sarr, et son équipe sont aux petits soins, on recommande chaudement !

GÎTE DU LAC - ESPRIT D'AFRIQUE

Entre le lac et la plage

LAC ROSE

✆ +221 78 488 68 14

www.gitedulac.com

Une agence professionnelle qui connaît parfaitement le pays. L'équipe est très réactive et soucieuse de vous faire découvrir l'hospitalité sénégalaise. Location de véhicules avec ou sans chauffeur, organisation d'excursions et d'activités, réservations d'hôtels ; tous les services qui pourront vous être utiles durant votre séjour au pays de la Téranga. Esprit d'Afrique propose des programmes originaux et des séjours adaptés à vos envie. Souvenirs garantis !

GTM VOYAGES ET SERVICES

1236 rue 21 x 28 Medina

DAKAR

✆ +221 77 557 95 20

gtmvoyagessenegal.jimdo.com

Créée en 2004, l'agence GTM Voyages et Services propose différents circuits originaux, issus de la démarche responsable et équitable. Par exemple, un circuit de 15 jours autour du thème « la calebasse » (produit naturel symbolique de l'Afrique) avec la possibilité de participer au festival de la calebasse de Ziguinchor (festival Koom Koom). L'agence propose aussi un circuit artistique et culturel, un circuit randonnée-trekking, ou encore un circuit découverte en profondeur de la culture diola en Casamance. Fait aussi service de billetterie.

NOUVELLES FRONTIÈRES SÉNÉGAL

Route des Almadies - **DAKAR**
✆ + 221 33 859 44 44
www.nfsenegal.com
Ouvert du lundi au vendredi de 8h30 à 18h, le samedi de 9h à 12h30.

Agence réceptive incontournable au Sénégal qui offre un service sérieux et diversifié. Alain Noël et son équipe franco-sénégalaise composent avec rigueur des voyages sur mesure dans tout le Sénégal et dans les pays voisins, des lieux d'Afrique de l'Ouest qu'ils revisitent en permanence. Autres services : émission de billets d'avion, bateau pour la Casamance, réservation d'hôtels, location de véhicules avec chauffeur, séminaires, tournages de documentaires, voyages de presse...

ORIGIN'AFRICA

Route de Ouakam - **DAKAR**
✆ +221 33 860 60 50
www.origin-africa.sn
Ouvert du lundi au vendredi de 9h à 13h et de 14h à 18h, le samedi (de novembre à avril) jusqu'à 17h.

Faire « vivre l'Afrique en version originale », c'est le credo de Didier Coullet et de son équipe, basée à Dakar et Saly. Ils mettent en place des circuits personnalisés et originaux pour une découverte authentique du Sénégal. S'imprégner du pays et du continent, s'émerveiller dans des espaces avec l'horizon pour limites, se sentir plus proche de la nature, emprunter des chemins peu parcourus et faire des rencontres qui marquent. Les responsables travaillent avec passion et les prestations sont d'un excellent rapport qualité-prix.

REGARDS CROISÉS

166 Cité Impôts et Domaines - **DAKAR**
✆ +221 33 835 15 70

Bien que ses prestations couvrent l'ensemble du pays, Regards Croisés est particulièrement active en pays Bassari, Bedik, Peulh, Jalonké et au Sine-Saloum. Denis vous défriche un parcours à la carte, en fonction de votre budget, veillant à ce que votre passage bénéficie aux populations rencontrées. Avec son offre de tourisme équitable et solidaire, l'agence Regards Croisés fait partie de la même « maison » que l'auberge Espace Thialy. Vous apprécierez l'enthousiasme hors pair de Denis, ses coups de cœur et ses conseils. Vous êtes entre de bonnes mains !

SAHEL DÉCOUVERTE

Rue Blaise Diagne
SAINT-LOUIS
✆ +221 33 961 56 89
www.saheldecouverte.com

Cette agence de voyages, spécialisée dans les voyages sur mesure au Sénégal, peut vous organiser des visites de la ville, de ses environs, une escapade dans le désert de Lompoul ou en Mauritanie. Des excursions sont aussi proposées dans le Saloum, dans le parc Niokolo Koba et en Casamance. De bons véhicules. C'est également ici qu'on organise des promenades sur le fleuve en pirogue (de 24 mètres de long !), des balades à vélo et des croisières sur le mythique *Bou el-Mogdad*. Avec plus de 20 ans d'expérience à son actif, c'est l'agence incontournable à Saint-Louis !

SÉNÉGAL ORIENTAL VOYAGES

Quartier Abattoirs
TAMBACOUNDA
✆ +221 33 981 00 84

C'est l'unique agence de voyages installée dans la région. Elle propose de nombreux circuits dans tout le sud-est du Sénégal : visites des pays bassari et bédik et des villages de Bandafassi, d'Ibel, d'Iwol et d'Ethwar avec possibilité d'assister à des fêtes traditionnelles et culturelles. La structure organise également des safaris-photos au Niokolo Koba et des excursions aux cascades de Dindéfello et de Ségou. Egalement location de 4x4, voitures, bus et vente de billets d'avion internationaux. Agence sérieuse et professionnelle.

SENEGALIB' TOURS

Rue Khalifa Ababacar Sy x Seydou Nourou Tall
SAINT-LOUIS
✆ +221 33 961 01 03
www.senegal-lib-tour.sn

Ce réceptif vous propose de s'occuper de votre transport depuis Dakar, de vous réserver une voiture ou vos billets d'avion pour les vols internationaux, mais aussi peut organiser circuits et excursions dans la région de Saint-Louis et dans tout le pays. Possibilité de circuits sur mesure et d'immersion dans les villages de brousse. L'agence peut aussi s'occuper de vos réservations d'hôtel, elle qui a développé des relations privilégiées avec les hôteliers de types différents d'hébergement. Agence sérieuse et professionnelle.

INTERVIEW

LE VOYAGE-SUR-MESURE

AVEC STEVEN LE CHEVALIER ET MATHIEU VALLY DE QUOTATRIP

Quel est le concept de l'agence QuotaTrip ?

Quotatrip est la première plateforme de mise en relation entre voyageurs et agences locales. Grâce à elle, les voyageurs peuvent enfin échanger en direct avec des agences qui sont sur place et concevoir un voyage unique, au meilleur prix et 100% personnalisé.

Pourquoi voyager avec des agences locales ?

À l'inverse des agences traditionnelles, les agences locales sont des expertes de la destination choisie. Ce sont aussi les mieux placées pour concevoir des séjours qui sortent des sentiers battus. Elles sont ainsi en mesure de répondre à l'ensemble des envies, le voyageur rentre dans l'univers de l'equi-tourisme = le tourisme sans intermédiaire.

Quels sont les autres avantages pour les voyageurs ?

Il y a une multitude d'avantages. Cela permet notamment de ne pas voyager comme tout le monde, d'organiser de manière simple et rapide un séjour sur mesure et au meilleur prix. Fini les mauvaises surprises, les voyageurs posent toutes les questions qu'ils souhaitent et bénéficient d'un accompagnement sur mesure, de la conception du projet jusqu'à sa réalisation en toute sécurité car les agences référencées sont sélectionnées et recommandées par les journalistes des guides du Petitfute en toute impartialité.

Les démarches sont-elle simples à effectuer ?

Les sites de voyage en ligne font perdre beaucoup de temps aux internautes sans pour autant répondre entièrement à leurs désirs. QuotaTrip propose un formulaire simple et rapide qui permet de décrire les souhaits, les envies et les besoins. L'internaute reçoit aussitôt gratuitement et sans engagement les offres de trois ou quatre agences locales avec qui il peut ensuite échanger afin de personnaliser son projet grâce à la messagerie mise en place.

Quelles sont les destinations proposées ?

Notre plateforme propose plus de 21 000 projets de voyage sur plus de 100 destinations à travers le monde. De l'Amérique latine en passant par l'Asie et l'Afrique, nos mille agences partenaires sont là pour répondre à vos projets de voyage.

Décrivez votre projet de voyage. Echangez en direct avec les agences locales et partez au meilleur prix.

***Plus d'informations** : quotatrip.com*

© D.R

© D.R

© D.R

TENGA TOURS VOYAGES SENEGAL

LAC ROSE

✆ +33 6 16 52 33 22

www.tenga-tours.com

Avec cette agence, vous pouvez organiser votre séjour depuis le Sénégal ou la France. Il est en effet possible de contacter la directrice, une Franco-Burkinabé très sympa, basée en Bretagne. Ou bien passer par les représentants au Burkina Faso ou au Sénégal. L'agence offre des services de location de véhicules (citadines, 4x4, minibus et bus), un service de billetterie, divers circuits et excursions d'une journée ou d'une semaine, et ce, dans plusieurs pays : Sénégal, Bénin, Burkina...

EASYVOYAGE

✆ 08 99 19 98 79

www.easyvoyage.com

Le concept peut se résumer en trois mots : s'informer, comparer et réserver. Des infos pratiques sur plusieurs destinations en ligne (saisonnalité, visa, agenda...) vous permettent de penser plus efficacement votre voyage. Après avoir choisi votre destination selon votre profil (famille, budget...), le site vous offre la possibilité d'interroger plusieurs sites à la fois concernant les vols, les séjours ou les circuits. Grâce à ce moteur performant, vous pouvez réserver directement sur plusieurs bases de réservation (Lastminute, Go Voyages et bien d'autres).

EXPEDIA FRANCE

✆ 01 57 32 49 77

www.expedia.fr

Expedia est le site français n° 1 mondial du voyage en ligne. Un large choix de 300 compagnies aériennes, 240 000 hôtels, plus de 5 000 stations de prise en charge pour la location de voitures et la possibilité de réserver parmi 5 000 activités sur votre lieu de vacances. Cette approche sur mesure du voyage est enrichie par une offre très complète comprenant prix réduits, séjours tout compris, départs à la dernière minute... Son algorithme et sa base de données permettent en effet de proposer des formules vol et hôtel à peu près n'importe quand.

JETCOST

www.jetcost.com

Jetcost compare les prix des billets d'avion et trouve le vol le moins cher parmi les offres et les promotions des compagnies aériennes régulières et *low cost*. Le site est également un comparateur d'hébergements, de loueurs d'automobiles et de séjours, circuits et croisières. L'interface du site Internet est très simple d'utilisation. Après avoir lancé la recherche, on peut affiner les résultats en fonction de ses choix afin de trouver le vol le plus intéressant, la durée du trajet, les éventuelles escales ou encore l'aéroport d'arrivée.

QUOTATRIP

www.quotatrip.com

QuotaTrip est une nouvelle plateforme de réservation de voyage en ligne qui met en relation des voyageurs à la recherche d'expériences authentiques et uniques et des agences de voyages locales sélectionnées pour leurs compétences et leur sérieux. Le réseau de QuotaTrip couvre près de 200 destinations du monde entier. Le but de ce rapprochement est simple : proposer un séjour entièrement personnalisé aux utilisateurs. QuotaTrip promet ainsi l'assurance d'un voyage serein, sur mesure, sans intermédiaires et sans frais supplémentaires.

VIVANODA.FR

www.vivanoda.fr

Vivanoda.fr est un site français indépendant permettant en un clic de comparer et combiner plusieurs modes de transport (avion, train, autocar, ferry et covoiturage) entre deux villes. Vivanoda est né d'un constat simple : quel voyageur arrive à s'y retrouver dans les différents moyens de transports qui s'offrent à lui pour rejoindre la destination de son choix ? La recherche sur Internet de ces informations se révèle en effet souvent très fastidieuse... Grâce à ce site, fini les nuits blanches et bonjour les voyages à moindre coût.

SE LOGER

Hôtels, chambres d'hôtes ou campements, le Sénégal offre un large choix de logements, du plus confortable au plus sommaire d'entre eux, s'adaptant ainsi à toutes les bourses. Les hôtels se déclinent selon une gamme très variée, des hôtels de luxe, dont quelques chaînes locales ou internationales, aux hôtels conviviaux, où le patron, le gérant ainsi que le personnel vous recevront de manière très chaleureuse. Ces derniers hébergements, généralement au confort occidental, est un bon compromis mais il faut y mettre le prix, entre 45 et 100 €. Les chambres d'hôtes sont des hébergements très agréables, permettant de s'immerger au cœur de la société sénégalaise. Ici, vous partagerez des moments inoubliables en famille, autour d'un plat local ou d'un thé. Dans les coins retirés du Sénégal, vous trouverez des campements au charme authentique, mais au confort sommaire. Ce sont des hébergements conviviaux, paisibles et surtout bon marché.

BEWELCOME €€

www.bewelcome.org

Le système est simple, être hébergé chez l'habitant, partout dans le monde. C'est le site Internet qui se charge de contacter les accueillants et les postulants puis de les mettre en contact, que ce soit en ligne ou dans la vraie vie. Avec leur carte interactive, les profils *des « welcomers »* s'affichent, avec leurs disponibilités. Certains font part de leurs projets de voyage afin de pouvoir trouver des affinités, des opportunités d'action avec les membres du site. Pour un voyage solidaire ! De nombreuses offres en Europe du Sud.

VAOLO

✆ +1 418 317 6466

www.vaolo.com

Plateforme internet locations.

VAOLO est une plateforme de réservation en ligne d'hébergements durables et responsables mise en place par l'ONG québécoise de tourisme durable Village Monde. Ce récent site collaboratif permet de découvrir des villages hors des sentiers battus, des communautés éloignées des circuits touristiques de masse et d'aller loger chez eux, sans aucun intermédiaire. Une bonne façon de faire des rencontres authentiques ! On vous le conseille notamment pour une découverte de la face cachée de l'Anneau d'Or, avec ses habitants de la campagne russe.

HOME EXCHANGE €€

www.homeexchange.fr

Désormais affilié à HomeExchange, le leader mondial de l'échange hébergement, Troc Maison avait ce slogan : « Échangez... ça change tout ». L'idée reste la même : un site Internet pour échanger son logement (studio, appartement, villa...) moyennant un abonnement annuel (130 €) à l'agence en ligne, qui se charge de la présentation du bien et de la mise en contact des intéressés. Quand 50 % du budget vacances des Français passent dans le logement, le principe ne peut que fonctionner. Le choix est large avec plus de 400 000 offres dans 187 pays.

WORKAWAY €€

www.workaway.info

Ici, le système est simple : être nourri et logé en échange d'un travail. Des fermes, des maisons à retaper, ou plus simplement des vendanges ou cueillettes... Une expérience unique en son genre où l'on ne paye pas son hébergement avec de l'argent mais en rendant des services. Ce mode de logement alternatif, s'il n'est pas de tout repos, est de plus en plus populaire. Lors de notre dernière visite, des hôtes proposaient le gîte et parfois le couvert, majoritairement en échange de la pratique de l'anglais avec eux... Un bon deal !

SE DÉPLACER

Il est bon de rappeler qu'en Afrique le temps et l'espace n'ont pas les mêmes valeurs. Prévoir et planifier est souvent difficile, et vous n'êtes pas à l'abri d'embûches durant votre séjour. Néanmoins, le Sénégal tire plutôt bien son épingle du jeu. Les grands axes routiers se sont rénovés, de nouvelles routes et ponts se construisent. Pour découvrir l'intérieur des terres, le meilleur parti est de louer une voiture, avec ou sans chauffeur. Les petits budgets et les amateurs de contacts humains auront recours aux taxis-brousse et aux bus, dont certaines compagnies offrent un bon confort. D'ailleurs, la société Dakar Dem Dikk dessert une grande partie du pays, à des tarifs abordables et en toute sécurité. Pour rejoindre la Casamance, l'une des régions les plus enclavées du pays, vous pourrez prendre le bateau pour Ziguinchor à l'embarcadère de Dakar ou en voiture, emprunter la Transgambienne, en passant par le pont à péage de Farafenni.

AUTORENT

Boulevard du Centenaire de la Commune de Dakar - **DAKAR** ✆ +221 33 889 01 21
www.autorent.sn

Ouvert du lundi au vendredi, de 9h à 13h et de 14h30 à 18h30 ; le samedi de 9h à 13h. A partir de 30 000 FCFA par jour.

Forte d'une expérience de plus de 20 ans, cette société de location de voitures a bonne réputation. Au fil des ans, elle a enrichi son parc automobile et développé des offres adaptées à ses clients. Du véhicule de tourisme au 4X4, en passant par les véhicules de prestige et les bus, elle dispose d'un large éventail de véhicules neufs, climatisés et multimarques, qu'elle loue avec ou sans chauffeur. Vous pouvez réserver votre véhicule directement sur le site internet et le retirer à votre arrivée à l'aéroport, ce qui est bien pratique.

DIATTA TOUR INTERNATIONAL

Rue du Général de Gaulle - **ZIGUINCHOR**
✆ +221 33 991 27 81

Cette agence de voyages, en plein centre-ville, est dirigée par Augustin, également propriétaire de l'hôtel Oudja et à l'origine du projet de la réserve naturelle, située à Djembéring. Ici, vous pourrez louer des vélos, quads, pirogues, voitures, 4x4, et organiser toutes excursions et tous loisirs pour amateurs et curieux. Egalement circuits touristiques à la carte, de randonnées, de balades et séances de pêche en pirogue et trekking. Accueil agréable.

DAKAR AUTO PRESTATION

4 Rue Parchappe x Mage - **DAKAR**
✆ +221 33 842 78 18
www.dap-location.com

Ouvert de 8h à 18h du lundi au vendredi, jusqu'à 17h le samedi. A partir de 14 000 FCFA /jour (+ 140 FCFA/km).

Implantée à Dakar depuis 2003, en face de l'ambassade de France, cette agence sérieuse offre un service de qualité, à des tarifs raisonnables. Elle propose une large gamme de véhicules climatisés pour répondre à tous types de demandes. Des voitures de tourisme aux véhicules tout-terrain, en passant par les bus et mini bus, tous sont bien entretenus et offrent un confort agréable. Location avec ou sans chauffeur, tarif dégressif à partir d'une semaine. Il est également possible de se faire livrer à l'aéroport, avec le plein. Personnel à l'écoute.

HERTZ SENEGAL

Rue Joseph Gomis x Amadou Assane Ndoye - **DAKAR** ✆ +221 33 889 81 81
www.hertz.sn

A partir de 25 000 FCFA/jour (+ 180 FCFA/km) la location. Du lundi au vendredi de 8h à 20h et le samedi de 8h à 19h.

En 2018, la société américaine a fêté ses 100 ans ! Implantée à Dakar depuis plus de 40 ans, elle loue tout type de véhicules (tourisme, standing, 4x4, minibus et bus), avec ou sans chauffeur, avec une assistance 24h/24. Plusieurs points de location : au Plateau, dans les hôtels Novotel, Pullman, Fleur de Lys et King Fahd Palace ainsi qu'à l'aéroport Blaise Diagne. Prix très corrects pour un loueur international. Depuis 2017, le groupe diversifie son activité, sous la marque Hertz Loisirs, en proposant des excursions à la carte et des circuits touristiques.

LOC'AUTO

SALY-PORTUDAL

✆ +221 78 479 06 06

www.locautosaly.com

Location de citadines, berlines et 4x4 à partir de 20 000 FCFA par jour, assurance incluse.

Située en plein centre de Saly, cette agence est spécialisée dans la location de voitures depuis 2013. Elle propose des véhicules impeccables de moins de 3 ans à louer avec ou sans chauffeur, pour des courtes ou longues durées. Citadines, berlines ou encore 4x4, il y en a pour tous les goûts et toutes les conduites. La structure est tenue par Laurent, l'ancien propriétaire d'Esprit Evasion Quads, qui s'adaptera à votre demande, en vous proposant la meilleure option pour votre séjour. Promotions régulières non cumulables sur le site Internet.

NIANING AUTOMOBILES

Route de Joal

NIANING

✆ +221 33 954 92 30

www.nianingauto.com

Ouvert du lundi au samedi de 9h à 13h et de 15h à 18h30.

Nianing Automobiles propose un parc très complet de véhicules adaptés à tous vos déplacements sur place. Que ce soit pour la découverte des villages en brousse, celle des régions intérieures du Sénégal ou les balades autour de votre lieu de résidence, Nianing Automobiles met à votre disposition des berlines, minibus ou 4x4 en excellent état, tous climatisés et assurés par la compagnie internationale Allianz. Les tarifs dégressifs sont adaptés à la durée de votre séjour, et la qualité des véhicules vous permettra de profiter pleinement de vos vacances.

PACIFIC AGENCY

22 Boulevard Djily Mbaye - **DAKAR**

✆ +221 33 889 40 40

www.pacificagency.sn

A partir de 35 000 FCFA/jour pour une berline et à partir de 40 000 FCFA pour un 4x4 avec 100 km puis 400 FCFA/km.

Située en plein centre, cette agence locale propose à la location une gamme variée de véhicules, adaptés à tout type de clientèle. Le parc est bien entretenu, et la voiture peut être livrée à l'hôtel ou à l'aéroport gratuitement. Pour compléter son offre, la société est à même d'effectuer des réservations d'avion et d'hôtel, et peut vous conseiller sur le choix d'un restaurant ou sur l'organisation de votre séjour. Un service personnalisé qui fait toute la différence ! L'agence est aussi réputée pour son sérieux, elle qui collabore avec de nombreux partenaires.

SALY SERVICES SARL

STATION SALY

SALY-PORTUDAL

✆ +221 33 859 06 51

www.salyservices.com

Ouvert du lundi au vendredi de 8h à 13h et de 14h30 à 17h. Le samedi, de 8h à 12h.

Ouvert depuis 2004, Saly Services s'est imposé comme le leader des locations de voitures sur la Petite Côte en quelques années. Vous y serez accueilli chaleureusement par Marie Lucienne et son équipe qui vous proposeront des véhicules de location en parfait état. Ils pourront aussi vous conseiller sur les sites à visiter au Sénégal. L'entreprise propose aussi une gamme complète de services comme l'entretien, la réparation et la vente de véhicules neufs et d'occasion. L'équipe est en plus compétente et disponible pour répondre à toutes vos demandes.

SEDAR VOYAGES

36 bis Rue Jules Ferry

DAKAR

✆ +221 33 821 68 13

Ouvert du lundi au vendredi de 8h à 18h et le samedi matin de 9h à 12h.

Cette petite agence de voyages, installée au cœur du Plateau, est tenue par un couple sénégalais fort sympathique, Appolinaire et Aby, qui vous y accueilleront chaleureusement. Vous pourrez louer chez eux une voiture pour tout votre séjour au Sénégal. L'agence fait aussi de la billetterie, des locations d'appartements meublés et propose des circuits touristiques dans tout le pays. Vous pourrez également composer vos vacances à la carte, selon vos préférences et vos envies de découvertes. Une agence sérieuse et proche de ses clients.

ALLÔ TAXI

SAINT-LOUIS

✆ +221 77 107 50 05

Départ de Dakar à 4h, 15h et 18h ; de Saint-Louis à 4h et 15h. Aller à 10 000 FCFA.

Voilà un bon plan pour effectuer le trajet Dakar–Saint-Louis. Ce service de transport de taxis partagés offre un service personnalisé puisqu'il vient vous chercher directement à votre hôtel, à l'heure indiquée par le chauffeur. Pour cela, il suffit juste d'appeler et de réserver votre place au moins 24h en avance et de fixer le point de rendez-vous. Le service, mis en place depuis 2016, a fait ses preuves auprès des Sénégalais qui l'ont depuis adopté. Le service est en plus fiable, les chauffeurs ponctuels et les voitures confortables pour un agréable voyage.

RESTER

Le Sénégal étant une destination soleil et un pays partageant une histoire commune avec l'Hexagone, environ 25 000 Français vivent aujourd'hui au pays de la Teranga. D'autres, comme les retraités, viennent y passer plusieurs mois en saison sèche, profitant ainsi des températures clémentes du pays. Pour un séjour de plus de trois mois, il vous faudra faire une demande de carte de résident auprès de la direction de la police des étrangers et des titres de voyage (DPETV) et vous inscrire au registre des Français établis au Sénégal, auprès de l'Ambassade de France. Il est facile de trouver un stage au Sénégal auprès des nombreuses associations ou des institutions, installées dans le pays, mais il vous sera plus difficile de trouver un emploi dans une structure locale, les Sénégalais ayant la priorité de l'emploi. Toutefois, renseignez-vous du côté des entreprises tenues par des expatriés, il se peut qu'il recherche des employés qualifiés.

ACTION CONTRE LA FAIM

14, boulevard de Douaumont - **PARIS**
© 01 70 84 70 70
www.actioncontrelafaim.org/
Par téléphone de 9h à 13h et de 14h à 18h.

ONG internationale spécialisée dans la lutte contre la faim dans le monde, active dans les domaines de la nutrition, santé, sécurité alimentaire, de l'eau, de l'assainissement. L'association intervient dans des situations de crise. Le but étant de rendre les populations autonomes d'un point de vue de la nutrition, en apportant une aide concrète et en formant les intervenants locaux qui prendront le relais. Ses missions de volontariat durent de trois mois à un an en Afrique, Asie, Amérique, Europe centrale, dans le Caucase, au Moyen-Orient et dans les Caraïbes.

ECPAT FRANCE

40 avenue de l'Europe
LE BOURGET
© 01 49 34 83 13
http://ecpat-france.fr

En 1996, ECPAT, pour End Child Prostitution, Child Pornography and Trafficking of Children for Sexual Purposes, réorganisée en ONG internationale, a été le cofondateur du premier congrès mondial contre l'exploitation sexuelle des enfants à des fins commerciales, à Stockholm. Initialement ECPAT signifiait End Child Prostitution in Asian Tourism. C'était, en 1990, le nom d'une campagne internationale de lutte contre le tourisme sexuel en Asie. Rapidement, le mouvement s'est étendu au monde entier. Le réseau ECPAT compte aujourd'hui 102 organisations dans 93 pays.

AGENCE POUR L'ENSEIGNEMENT FRANÇAIS À L'ÉTRANGER

23, place de Catalogne
PARIS
© 01 53 69 30 90
www.aefe.fr

Cette agence, sous tutelle du ministère des Affaires étrangères, anime et gère un réseau de près de 500 établissements d'enseignement français à l'étranger, dans près de 140 pays. 370 000 élèves, dont 40 % de Français, fréquentent ces établissements. Offres d'emploi à l'international pour les titulaires de la fonction publique (Education nationale principalement) et informations sur la politique pédagogique, la scolarité et l'orientation émaillent le site Internet de cet organisme.

CIDJ

www.cidj.com

Le Centre d'Information et de Documentation Jeunesse a été créé en 1969, sous la tutelle du ministère de la Jeunesse et des Sports. Le site Internet est bien fait et très complet. La rubrique « Partir à l'étranger » fournit des informations pratiques aux jeunes qui ont pour projet d'aller vivre à l'étranger. Il y a une rubrique spécifique dédiée à chacun des thèmes suivants : travail, étude, stage, volontariat international et séjours linguistiques. Pour vous aider dans vos démarches, vous pouvez avoir un entretien gratuit avec un conseiller du CIDJ.

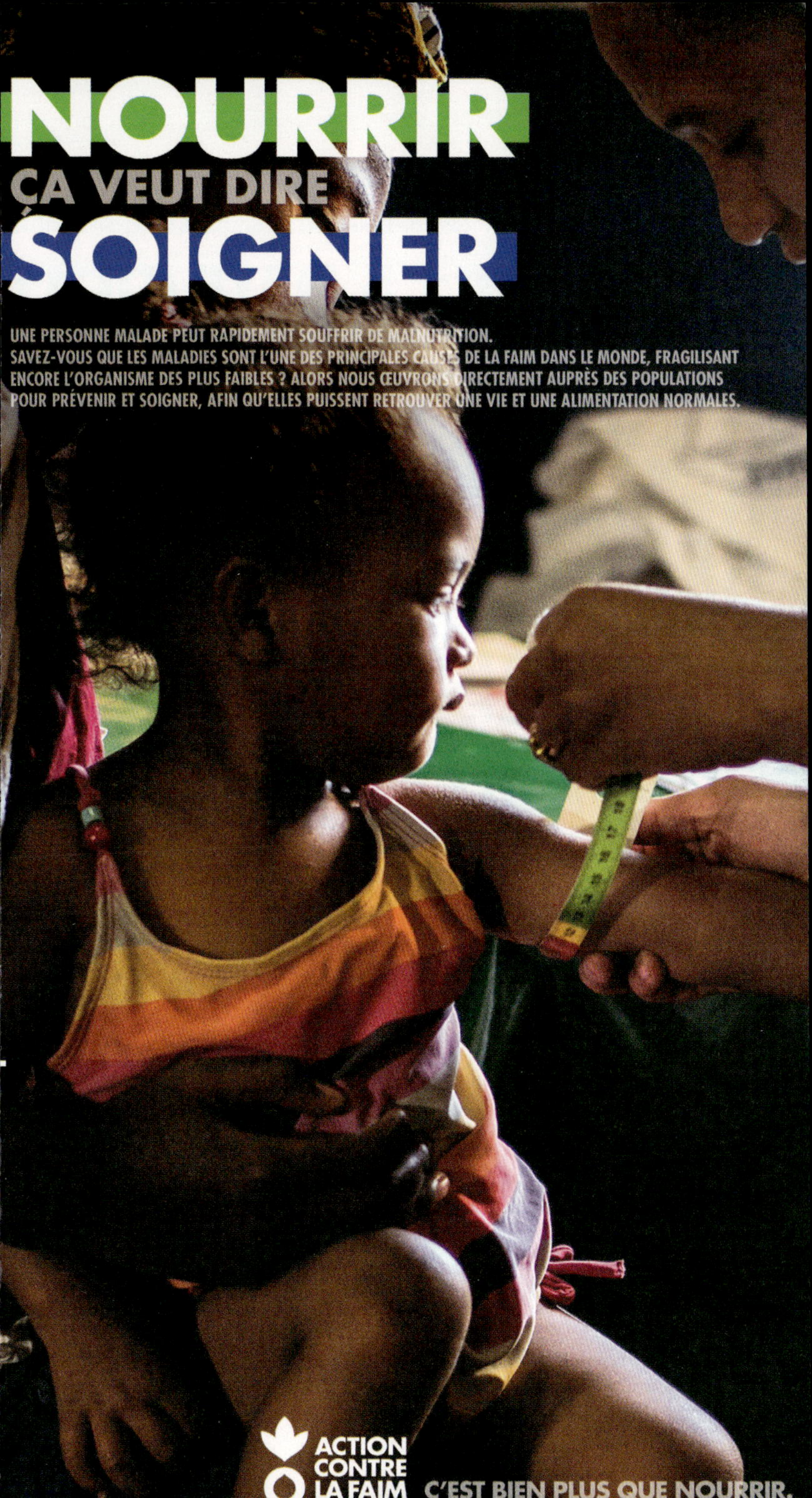
NOURRIR
ÇA VEUT DIRE
SOIGNER
UNE PERSONNE MALADE PEUT RAPIDEMENT SOUFFRIR DE MALNUTRITION.
SAVEZ-VOUS QUE LES MALADIES SONT L'UNE DES PRINCIPALES CAUSES DE LA FAIM DANS LE MONDE, FRAGILISANT ENCORE L'ORGANISME DES PLUS FAIBLES ? ALORS NOUS ŒUVRONS DIRECTEMENT AUPRÈS DES POPULATIONS POUR PRÉVENIR ET SOIGNER, AFIN QU'ELLES PUISSENT RETROUVER UNE VIE ET UNE ALIMENTATION NORMALES.
ACTION CONTRE LA FAIM
C'EST BIEN PLUS QUE NOURRIR.

MINISTÈRE DES AFFAIRES ÉTRANGÈRES

www.diplomatie.gouv.fr

Il est bon d'y jeter un œil avant votre départ pour connaître les formalités de départ et y glaner de bons conseils. Dans la rubrique « Services aux citoyens » vous trouverez un guide de l'expatriation, les démarches à effectuer, les modalités de demandes de documents officiels. Les informations mises à disposition dans l'espace politique, économie et socio-culturel, sont fort utiles pour les personnes qui s'intéressent aux enjeux et réalités du pays.

CAPCAMPUS

www.capcampus.com

CapCampus fut l'un des premiers portails étudiants français en ligne. Dans la rubrique dédiée aux stages et aux premiers emplois, vous trouverez aussi des offres pour l'étranger, classées par pays. Celles pour les Etats-Unis ne sont pas très nombreuses, le mieux est de consulter le site régulièrement pour ne pas passer à côtés des offres intéressantes. Le site est également utile pour se familiariser avec la vie aux Etats-Unis, car il propose également toutes les informations pratiques pour bien préparer son départ et son séjour à l'étranger.

WEP FRANCE

95, avenue Ledru Rollin

PARIS

✆ 01 48 06 26 26

www.wep.fr

WEP propose plus de 50 projets éducatifs et séjours linguistiques dans une trentaine de pays pour une durée allant de une semaine à 18 mois. Quel que soit votre projet d'études aux Etats-Unis, vous trouverez sur le site de WEP une rubrique qui y sera consacrée : étudier au lycée, dans une université, partir en séjour linguistique, faire une expérience professionnelle dans le cadre d'un stage ou vivre en immersion dans une famille américaine. Possibilité également de planifier des programmes combinés (études et projet humanitaire par exemple).

CLUB TELI

Les Clarets

SAINT-PIERRE-D'ENTREMONT

✆ 04 79 85 24 63

www.teli.asso.fr

Le Club Teli est une association d'aide à la mobilité internationale créée voici bientôt 30 ans, forte de 4 000 adhérents en France et dans 65 pays. Si vous souhaitez séjourner à l'étranger, quel que soit votre projet, vous trouverez par le biais de ce club des infos et des offres de stages, de jobs d'été et de travail pour francophones. Si vous avez besoin d'aide pour envoyer des candidatures, le Club peut vous aider à mettre votre CV aux normes du pays où vous souhaitez partir. Pour bénéficier de ces aides et informations, il faut adhérer.

BUSINESS FRANCE

77, Boulevard Saint-Jacques

PARIS

✆ 01 40 73 30 00

www.businessfrance.fr

L'Agence pour le développement international des entreprises françaises travaille en étroite collaboration avec les missions économiques. Le site Internet recense toutes les actions menées, les ouvrages publiés, les événements programmés et renvoie sur la page du Volontariat International en Entreprise (VIE). Fondée en 2015, cette structure est née de la fusion entre Ubifrance et l'Agence française pour les investissements internationaux. Elle est affiliée au Ministère de l'Europe et des Affaires étrangères et au Ministère de l'Économie et des Finances.

VIE - VOLONTARIAT INTERNATIONAL EN ENTREPRISE

www.civiweb.com

Si vous avez entre 18 et 28 ans et êtes ressortissant de l'Espace économique européen, vous pouvez partir en volontariat international en entreprise (VIE) ou en administration (VIA). Il s'agit d'un contrat de 6 à 24 mois rémunéré (avec un renouvellement de 24 mois possible) et placé sous la tutelle de l'ambassade de France. Tous les secteurs et métiers sont concernés et vous bénéficiez d'un statut public protecteur. Offres à consulter sur le site Internet.

INDEX

D

E

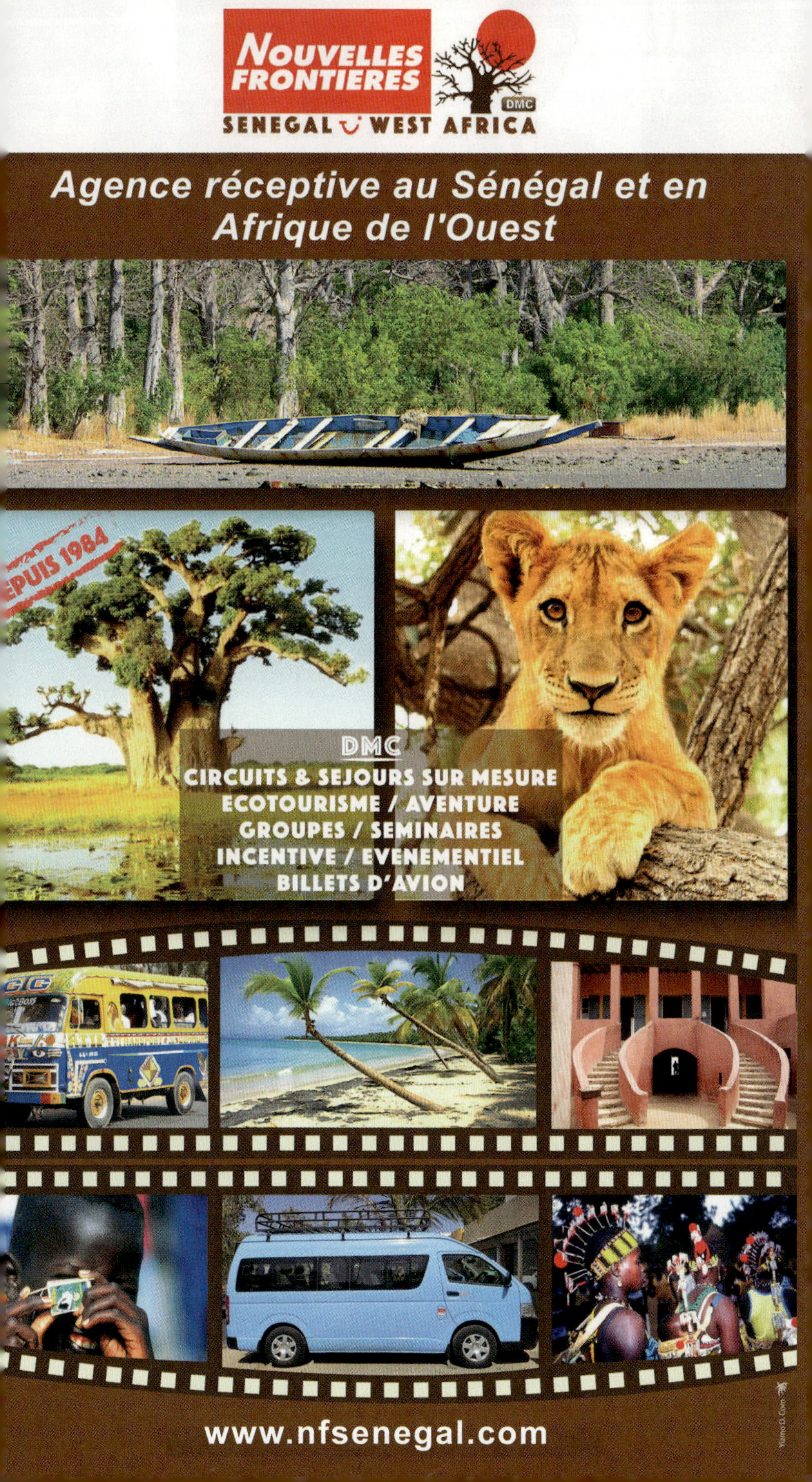
NOUVELLES FRONTIERES
DMC
SENEGAL WEST AFRICA
Agence réceptive au Sénégal et en Afrique de l'Ouest
DEPUIS 1984
DMC
CIRCUITS & SEJOURS SUR MESURE
ECOTOURISME / AVENTURE
GROUPES / SEMINAIRES
INCENTIVE / EVENEMENTIEL
BILLETS D'AVION
www.nfsenegal.com

Votre numéro en kiosques !
AMINA
SPÉCIAL CHEVEUX
ASSITA KANKO
NOS HOMMES
AMINA mag
MODE BEAUTE SOCIETE LIFESTYLE PEOPLE CULTURE AGENDA
RETROUVEZ VOTRE MAGAZINE PRÉFÉRÉ SUR LE WEB !
www.amina-mag.com
NOUVELLE VERSION
Retrouvez nous sur facebook.com/aminamagazine
et twitter @aminamagazine

M

EDITION

Directeurs de collection et auteurs : Dominique AUZIAS et Jean-Paul LABOURDETTE

Auteurs : Rozenn LE ROUX, Romain RISSO, Baptiste THARREAU, Sylvie DEL COTTO, Mathias DESHOURS, Mathilde LEROY, Priscilla PARARD, Corentin LAPALNCHE-TSUTSUI, Nicole GUTHRIE, Mathilde FLINOIS, Camille GRIFFOULIERES, Stéphanie BORG, Maya LEFEBVRE, Jean-Paul LABOURDETTE, Dominique AUZIAS et alter

Directeur Editorial : Stéphan SZEREMETA

Rédaction Monde : Caroline MICHELOT, Morgane VESLIN, Pierre-Yves SOUCHET, Natalia COLLIER

Rédaction France : Elisabeth COL, Tony DE SOUSA, Mélanie COTTARD, Audrey VEDOVOTTO

FABRICATION

Responsable Studio : Sophie LECHERTIER assistée de Romain AUDREN

Maquette et Montage : Julie BORDES, Delphine PAGANO

Iconographie et Cartographie : Anne DIOT assistée de Julien DOUCET

WEB ET NUMERIQUE

Directeur Web : Louis GENEAU de LAMARLIERE

Développeurs : Adeline CAUX et Kiril PAVELEK

Intégrateur Web : Mickael LATTES

Webdesigner : Caroline LAFFAITEUR

Community Traffic Manager : Alice BARBIER, Mariana BURLAMAQUI et Vincent PHAM

DIRECTION COMMERCIALE

Directeur commercial : Guillaume VORBURGER assisté de Manon GUERIN

Responsable Régies locales : Michel GRANSEIGNE

Responsables Développement régie inter : Jean-Marc FARAGUET et Guillaume LABOUREUR

Chefs de Publicité Régie internationale : Camille ESMIEU

Chefs de Publicité Régie nationale : Caroline AUBRY, François BRIANCON-MARJOLLET, Perrine DE CARNE MARCEIN,

Régie SÉNÉGAL : Mathieu BARON

DIFFUSION ET PROMOTION

Directrice des Ventes : Bénédicte MOULET assistée d'Aissatou DIOP

Responsable des ventes : Jean-Pierre GHEZ assisté de Nelly BRION

Relations Presse-Partenariats : Jean-Mary MARCHAL

ADMINISTRATION

Président : Jean-Paul LABOURDETTE

Directrice des Ressources Humaines : Dina BOURDEAU assistée de Sandra DOS REIS et Eva BAELEN

Directrice Administrative et Financière : Valérie DECOTTIGNIES

Comptabilité : Jeannine DEMIRDJIAN

Recouvrement : Fabien BONNAN assisté de Sandra BRIJLALL et Vinoth SAGUERRE

Responsable informatique : Elie NZUZI-LEBA

PETIT FUTE SÉNÉGAL

LES NOUVELLES EDITIONS DE L'UNIVERSITE
18, rue des Volontaires - 75015 Paris.
✆ 01 53 69 70 00 - Fax 01 42 73 15 24
Internet : www.petitfute.com
SAS au capital de 1 000 000 € - RC PARIS B 309 769 966

Couverture : Pirogues de pêche © djekker - stock.adobe.com

Impression : IMPRIMERIE CHIRAT - 42540 Saint-Just-la-Pendue

Achevé d'imprimer : Juin 2021

Dépôt légal : 27/07/2021

ISBN : 9782305044637

Pour nous contacter par email, indiquez le nom de famille en minuscule suivi de @petitfute.com
Pour le courrier des lecteurs : info@petitfute.com

IMPRIMÉ EN FRANCE